国家级一流本科专业建设 · 经济法教学用书
“十二五”普通高等教育本科国家级规划教材
全国书刊业协会“全国优秀畅销书”
上海市优秀教材奖
上海高等教育精品教材
上海财经大学优秀教材一等奖

国际商法 第九版

张圣翠◎主编

International Commercial Law

上海财经大学出版社
SHANGHAI UNIVERSITY OF FINANCE & ECONOMICS PRESS
上海学术 · 经济学出版中心

图书在版编目(CIP)数据

国际商法 / 张圣翠主编. —9 版. —上海：上海财经大学出版社，2023.10
国家级一流本科专业建设·经济法教学用书
ISBN 978-7-5642-4261-9/F.4261

Ⅰ. ①国… Ⅱ. ①张… Ⅲ. ①国际商法—高等学校—教材 Ⅳ. ①D996.1

中国国家版本馆 CIP 数据核字(2023)第 193962 号

□ 责任编辑 廖沛昕
□ 封面设计 张克瑶

国际商法
（第九版）
张圣翠 主编

上海财经大学出版社出版发行
（上海市中山北一路 369 号 邮编 200083）
网 址：http://www.sufep.com
电子邮箱：webmaster @ sufep.com
全国新华书店经销
上海新文印刷厂有限公司印刷装订
2023 年 10 月第 9 版 2025 年 6 月第 2 次印刷

787mm×1092mm 1/16 27.75 印张(插页：2) 710 千字
印数：197 001—200 000 定价：68.00 元

第九版前言

F OREWORD

1995 年，本书的两位作者与上海财经大学法学院和财务金融学院的其他五位教师编写了第一版《国际商法》。与当时的同类教材相比，该教材以其内容新、实务性和启发性强而在出版后受到广大师生和读者的欢迎，在短短的两年多时间内 4 次印刷达 2.6 万册(这一期间，校内用书约 1 500 册)。经校外专家评审，该书荣获 1995 年上海财经大学"中振优秀著作奖"。

1997 年，本书的两位作者及华东政法大学的张心泉老师对该书做了修订，修订本不仅继承了原版本的优点——以大量案例说明国际商法原理，而且在章节体系上进一步统一与合理化，使内容更加新颖和明晰。为此，1997 年的修订本获得了"上海市优秀教材奖"。

由于本书的两位作者于 1999 年先后到英国和瑞典留学，《国际商法》1997 年的修订本未能及时予以再次修订。承蒙全国师生和读者的厚爱，该修订本于 2001 年 6 月第五次加印。本书两位作者回国后即着手根据国外带回的新资料及师生与读者的新需求，开始了再一次修订工作。在上海财经大学出版社的大力支持下，第三版《国际商法》于 2002 年 8 月面世。

考虑到全球经济一体化和商法统一化或趋同化步伐的加快，第三版《国际商法》的重点放在介绍国际统一或趋同的商法规则方面，但是，基于以前案例实证法则教材广受欢迎的经验，在该版教材中，我们同样尽可能多地结合新的典型案例说明相关规则。此外，为活跃课堂气氛，该版各章均附两个案例，以供教师安排讨论。

第三版《国际商法》取得了比前两版更大的成功，2003 年以名列同类教材销售量榜首的成绩获得了全国书刊业协会颁发的"全国优秀畅销书"称号，同时再次获得了该年度"上海市优秀教材奖"。截至 2006 年 1 月，第三版《国际商法》已 11 次加印，达 5.5 万册。

鉴于第三版《国际商法》的结构、体例已获得全国师生和读者的较大认可，2006 年第四版和 2009 年第五版《国际商法》的重点放在大量吸纳最新的国际商法规则和案例上。在众多同名教材的竞争下，第四版和第五版《国际商法》仍然分别加印了 8 次和 7 次。同时，第五版也于 2011 年再次获得"上海市优秀教材奖"，并于 2012 年被教育部根据"大幅度减少遴选总量""优中选优"和"锤炼精品"的指导思想列入"十二五"普通高等教育本科国家级规划教材第一批。

由于我国高校非常偏好新版教材及"国际商法"一些领域又有较大的新发展，因此，我们于 2012 年 9 月推出了第六版《国际商法》，在反映有关领域规则新发展的同时，更新了较多的案例。我们不仅对照了有关法律文件的具体法条以确保阐述内容的准确性，还选择了更广范围的重要国家或地区的典型性新颖案例，并且为查阅这些案例的全文或详情提供了网址，而且较大程度地满足了本书以前版本使用者的需求，即多选我国的典型性案例，增加各章后案例题的问题设置。第六版《国际商法》也获得了较大的成功，先后 4 次加印，并于 2015 年第四次获得“上海市优秀教材奖”。

基于同样的原因，同一主编的 2016 年第七版和 2020 年第八版面世，在多个高校课程类别增多而使得同名课程减少的情况下，这两版也各自获得了多次加印的好成绩。其中的第八版入选首批“上海高等教育精品教材”。另外，为了与时俱进，特别是基于贯彻习近平总书记在党的二十大报告中提出的“坚持深化改革开放”“推进高水平对外开放”“深入实施人才强国战略”等政策和方针，我们又撰写了第九版《国际商法》，且在资料来源上更加注重最近三年内的中英文论文成果、国际规则及惯例和司法判决与仲裁裁决等来源网站的可靠性、国别或地区的多样性。同时，为提高读者的阅读深度和广度，并基于很多高校都有中文知网和英文 Westlaw 的电子数据库，第九版较多地列举了近年来这两个网站中可查到的论文作为“建议的选读资料”。

第九版《国际商法》由张圣翠任主编，王申、李虹旭、林彬、赵维加为参编人员。

需要特别说明的是，依据国家教材委员会办公室《关于做好党的二十大精神进教材工作的通知》(国教材办〔2022〕3 号)的要求，推动党的二十大精神进教材、进课堂、进头脑，除了本教材中已经体现的二十大精神内容外，为了及时增补与本教材相关的思政案例与二十大精神内容，及时修改在教学过程中发现的本书错误之处，我们与出版社共同建设新媒体动态服务窗口，使用本教材的教师可以通过手机微信扫以下二维码，获取相关最新内容。

限于时间和水平，第九版《国际商法》肯定仍有不少缺点和错误，欢迎广大读者批评指正。

编　者

2023 年 8 月

目录
CONTENTS

0 绪　论

一、国际商法的概念和范围

关于国际商法的概念，中外法学界尚无统一的界定。笔者认为，调整国际商事关系的法律规范的总和即构成国际商法。

根据对全球有重大影响的《联合国国际商事仲裁示范法》的脚注解释，“商事”一词应从广义上去理解，即“商事”并不限于狭义上的商业活动，而是包括买卖、代理、租赁、建造工厂、咨询、工程、许可证交易、投资、银行、保险、项目开发、合营和其他形式的工商业合作、货运或旅客运输等一切经济活动。可见，所谓的“商事”关系就是人们的各种经济活动关系。

调整一国国内商事关系的法律规范即构成一国的国内商法，而调整具有国际因素的商事关系的法律规范则构成国际商法。按照多数法学家的观点，商事关系存在下列情形的即视为具有国际因素：当事人的营业地分处于不同的国家；当事人具有不同国家的国籍；商事活动发生在当事人一方或几方所在国以外的国家或地区；商事关系的对象位于当事人一方或几方所在国以外的国家或地区。

从上述对国际商法概念的说明中可以看出，现代国际商法的范围是非常宽泛的，它不再局限于传统的组织、合同、代理、买卖、海商、保险、票据等狭窄领域，而是在上述基础上包括产品责任、技术贸易、服务贸易、投资和金融等众多国际经济领域。调整上述领域的法律规范都属国际商法范畴。

由于“国际商法”在多数学校课时很有限，本书只选择对学生而言最为基本的国际商法领域予以研究和阐述，包括商事组织、国际商事合同、国际商事代理、国际货物买卖、国际货物运输、国际货物运输保险、票据、国际贸易结算、国际技术贸易、国际电子商务、国际产品责任及国际商事仲裁 12 个方面。

二、国际商法的产生和发展

只要国家间有商事交往，就会有调整这种商事交往关系的法律规范。从这种意义上说，国际商法是随国家间商事交往的产生而产生的。早在古代的罗马，就曾制定过调整涉外商事关系的法律规范。但是，古代各国的商事交往并不十分频繁，有关法规十分简单，并与其他法规混杂，因此，那时并无独立的商事法。真正成为一项专门法律的国际商法产生于中世纪的意大利，当时的地中海是世界各国贸易的中心，意大利的一些城市如威尼斯、热那亚等则是这一贸易中心的“中心”。这些城市中的商人从封建领主那里购得自治权，便组成商人法庭，适用他们在商事交往中形成的习惯规则，因而这种法律被称为“商人法”(Law Merchant)。其内容涉及商事合同、汇票、海上保险、破产等。这种商人法后来随世界贸易中心转移至大西洋沿岸而传播至法国、西班牙、荷兰、德国及英国。商人法的典型特征就是国际性(它不局限于在一国使用)和自治性(纯粹为商人间的习惯约束规则，强调契约自由、私人财产神圣不可侵犯等，它亦由商人组成的法庭来执行)。

17 世纪以后，欧洲大陆各国相继形成了中央集权，便以立法的形式调整各种商事关系，这种法律便具备了国家的强制性因素，但它们一般也参考吸收了上述商人法并适用于与本国有关的涉外商事案件。因此，它仍有一定的国际性特征并为后来的资本主义各国的商法典的制定奠定了基础。资产阶级取得政权之初即重视商事立法。法国于 1807 年就制定了著名的商法典，德国和日本也分别于 1897 年和 1899 年制定了独立的商法典。应予指出的是，法国、德国、日本等国虽采取民、商分立原则，但是，对商事活动而言，民法典与商法典是普通法与特别法的关系,商法典中没有规定的事项仍然须适用民法典所规定的一般原则。大陆法系国家中的意大利等国则干脆民、商不分,将商事法律规则也纳进民法典。随着商事活动范围的扩大和复杂化,大陆法系国家也制定了很多单行的商事法规,如公司法等。

英国虽然是世界上最早发生资产阶级革命的国家之一,但是直到18世纪,英国的普通法才吸收了商人习惯法,并陆续制定了各种单行的商事法规,判例仍然为法源。英国法的这种传统对其原来的殖民地如美国、澳大利亚、新西兰等有重大影响,这些国家的商法至今仍采取单行法的形式。美国于1952年虽然通过一部由各州自由采纳的《统一商法典》(Uniform Commercial Code),但它完全不是大陆法意义上的法典,而只是一系列商事法规的汇编而已。当然,由于它们同为资本主义国家,同样实行市场经济制度,因此,两大法系国家关于商事活动的实质性规定是一致的。

总的来说,20世纪以前,国际商法基本上局限为国内法或区域习惯法。但是,这种状况不利于国际商事活动的进一步发展。于是,自19世纪末20世纪初,一些政府间或民间的国际组织便致力于制定统一的国际商法公约或编纂统一的国际商事惯例,并取得了重大成就,关于国际货物买卖、运输、贸易结算等方面的国际公约或国际惯例得到了很多重要的国际贸易大国的参加或接受。为扫除各国法律差异造成的商事活动壁垒,全球性或区域性的国际组织现在更是进一步地努力促成国际商法的统一化。当然,我们还应当看到,由于世界各国的经济发展不平衡和各国经济发展背景及文化差异等因素,全面地统一国际商法短期内是不可能实现的。

三、国际商法的渊源

国际商法有两大渊源或称两大表现形式,即国际法规范和国内法规范。

(一)国际法规范

国际商法中的国际法规范是指两个或两个以上的国家共同制定或普遍认可的跨国商事规范或惯例。国家间共同制定的商事规范称国际条约或公约,而国家间普遍承认的商事惯例则称国际商事惯例。

1. 国际商事条约或公约

今天,国际商事条约或公约已是国际商法的重要渊源。其中,属于双边性质的称条约,属于多边性质的则多称公约。多边公约还有全球性和区域性之分。

2. 国际商事惯例

构成对国际商事活动有约束力的惯例必须具备三个条件:(1)具有确定的内容,即具体包含了确定参加国际商事活动的当事人权利和义务规则;(2)它已成为国际长期商事活动中反复使用的习惯;(3)它是各国普遍承认具有拘束力的通例。

上述三个条件对一个国际商事惯例来说是缺一不可的。目前,受到全球普遍承认或在一定的重要区域内普遍接受的国际商事惯例主要是海牙统一私法协会、国际商会和国际海洋委员会等组织制定的关于国际商事合同、国际货物贸易、海商及贸易结算等方面规则。

(二)国内法规范

尽管已参加或承认大量的国际商事公约或惯例,但由于传统习惯与自身利益所在,各国仍在很多的商事领域中保留独占的立法权。即便在国际商事公约或惯例管制的领域,很多国家也以国内法的方式加以确认。

国际商法中的国内法规范也体现为制定法和判例两种形式。

1. 制定法

现在几乎没有一个国家不重视制定涉外商事法规的,包括我国在内的世界上绝大多数国家或地区,现在已很少在所有商事领域区分国内商事活动与涉外或国际商事活动而制定两套不同的法律。也就是说,现在大多数国家的国内商法也对涉外或国际商事活动适用。当然,对涉外或国际商事活动中的特殊问题如在服务领域的外国人待遇或市场准入等,很多国家在不违反有关国际条约或公约义务的前提下也有另作规定的。

目前,对世界各国国内、涉外或国际商法的制定最有影响的是资本主义两大法系国家的法律。就制定法的形式而言,英国、美国及受其影响的普通法系国家的商法或国际商法皆采取单行法形式;而以法国、德国为代表的大陆法系国家的商法或国际商法则主要采取法典的形式,随着情势变迁,这些国家也常以单行法补充法典之缺项。

2. 判例

判例一直是英美法系国家的重要法源,上级法院的判决对下级法院的审判有拘束力已成了这些国家的通例。因此,研究这些国家的商法或同这些国家做生意时绝不能无视这些国家的商事判例,本书很多章节对英美国家的有关典型条例作了清楚的介绍以支持有关论点。

判例虽不是大陆法系国家的正式法源,但是,由于存在上诉制度,这些国家的下级法院在审判时很可能要考虑到上级法院的态度;否则,自己的判决很可能会被上级法院推翻,而斟酌上级法院态度的最合法途径就是查阅上级法院以前的有关判例(这些国家强调法院独立审判,因此不允许下级法院就有关案件事先非法地请示上级法院)。这样,判例在这些国家的很多场合中便扮演着准法律的角色。为结合这些国家的司法实践,本书也引入了一些大陆法系国家的有关判例。

1 第一章
商事组织法

教学目的和要求

1. 了解公司的基本类型及其法律特征
2. 掌握关于公司创立的法律规则
3. 掌握关于公司组织机构的法律规则
4. 了解关于公司合并、分立和解散的法律规则
5. 掌握合伙企业的法律规则
6. 掌握合伙人相互之间及其与第三人之间的权利和义务关系

第一节 概 述

在商法中被称为商事组织者须符合法定条件。在具体条件上，各国的规定并不完全一致，然而，以下这些要求基本上是各国共同的主要规定：须有自己的名称（或商号），有固定的场所（或住所），拥有一定的自主支配的资本，以营利为目的，具有一定的组织形式，其设立的手续须符合法律规定等。

商事组织以其经济实力和影响而成为国际商事法律关系中最重要的主体，而很多商事关系都是由商事主体建立和承受的，因此，规范从事国际商事活动的商事组织法在国际商法中便具有首要的地位。

由于资本主义国家的商法不仅约束其国内的商事组织，而且也约束进入该国的外资商事组织，因此这些国家的商事组织法即是与这些国家有关的国际商事组织法。

发展中国家和社会主义国家由于体制和经济上的原因，大多对国内的商事组织和与其有关的国际商事组织适用两套不同的法律。不过，近年来，这些国家对后者的规定大多转而参照国际惯例特别是资本主义国家的做法。

根据多数国家商法的规定，商事组织的形式主要有三种：公司、合伙和独资。

据一些学者考证，公司作为一种法律人格（A Legal Body），已有近千年的历史。[①] 公司的数量在各国社会经济因素中所占比例并不是很大，但其经济实力和影响却是任何其他组织或个人所无法比拟的。以美国为例，据统计，美国非政府工作人员中每 6 人中就有 1 人受雇于美国 500 家最大的公司，美国 2/3 的非农业经济活动是由这 500 家公司包揽的。尽管公司在美国企业中所占的比例大约只有 1/5，但公司却为美国 3/4 的劳动力提供了就业机会。美国社会中的这些情况在其他发达的资本主义国家也同样存在。因此，我们可以说，公司是社会中最重要的商事组织，公司法不言而喻地成为商事组织法最核心的法律。

公司在资本主义社会经济生活中之所以如此兴旺，是由其优点决定的。与其他类型的商事组织相比，公司具有以下各种优势：公司的股东无须亲自管理企业却能保持其股份所有权和对企业的利益控制权，雇员也可以成为股东；公司一般具有独立的法人资格，除无限责任公司外；公司的财产与股东的财产完全区别开来，即股东对公司的债务仅以其出资额为限；公司作为法人可以永久存在，股东的死亡和变更并不会影响公司的存续；公司与自然人一样，在法律

① See Benedict Sheehy, Howard Pender & Juan Diaz-Granados, Restraint of Shareholder Voice in Australia: Corporate Governance, Corporate Law and Politics, *Australian Journal of Corporate Law*, March 2022, pp. 79－85.

上具有权利能力和行为能力，可以用公司的名义为法律行为和诉讼行为；除几类封闭公司外，公司的股东一般不受人数限制，因此，公司的形式便于集资，从而形成规模效益；等等。

公司正是由于上述诸多优越性而特别适合资本主义商品经济的发展，发达国家在其实施资本主义制度之初即制定出自己的公司法，并随着商品经济的发展而不断地予以完善。

英美法系国家关于公司的规定一般采取单行法的形式。英国最早的公司法是《1844 年股份有限公司法》，后经不断修订完善，形成了著名的《1948 年公司法》。这一时期的英国公司法的基本原则和内容对其原来的附属地如加拿大、澳大利亚、新西兰和印度等产生了重要影响，但对同属一个法系的美国公司法影响不多，这主要是因为，美国比英国更早地制定了自己的公司法。早在 1807 年，纽约州制定公司法时，英国尚不存在先例，纽约州是根据自己的情况而独创了美国的第一部州公司法，其他各州后来也按自己的情况相继制定了本州的公司法。各州法律规定的不同导致了很多诉讼中公司发起人责任的迥异和不确定性，为减少此种弊端，美国律师协会于 1950 年起草了一份《标准公司法》供各州自愿采纳。[①] 该《标准公司法》几经修订，目前已被美国很多州采纳，但纽约、特拉华和加利福尼亚州除外，其中特拉华《公司法》被认为在世界范围内具有领先性且吸引了众多著名的大公司在该州注册。[②] 另一方面，也有些联邦法对公司的一些方面做出了规定，如 2010 年修订的《证券法》(The Securities Act)及《证券与交易法》(The Securities Exchange Act)等。[③] 此外，美国"统一州法全国委员会"于 1994 年制定了《统一有限责任公司法》，确认了这种公司形态在整个美国公司法律形态结构中的地位，该法也不时地获得修改。[④]

这里还应指出的是，英美法系国家中的英国后来为配合欧共体的一体化进程，自 1967 年开始多次修订其公司法，其中最新也是最大规模的一次修改发生于 2006 年，因此称为《2006 年公司法》(The Companies Act 2006)。[⑤] 该法篇幅十分庞大，不仅整合了先前的公司制定法、相关判例法以及衡平法中的内容，而且还为适应公司法的现代化要求增加了很多新的条款，以至于全部内容多达 1 300 条，被认为是该国立法史上篇幅最长的法律文件。该法于 2009 年 10 月前全部内容生效并在随后的年份包括脱欧的当今都持续地做出与时俱进的修改，以保持其在全球公司法制度方面的竞争优势，澳大利亚、加拿大、新西兰、南非和中国香港等国家和地区都已借鉴了该制度中的一些规则。一些学者比较后认为，该法使得公司注册程序简化和成本降低，并较多地具有赋权性。[⑥] 与此相反的是，原属大陆法系国家的日本，在第二次世界大战后，其公司法中的很多事项却转而效法美国的规定。不过，日本 2021 年新施行的《公司法》[⑦]中的一些规定颇具自身特色，下一节将做出进一步说明。如日本这种原先较多借鉴大陆法系某

---

① See http://en.wikipedia.org/wiki/Model_Business_Corporation_Act，2015 年 4 月 16 日最后访问。

② See Odelia Minnes & Dov Solomon，Game of Thrones：Corporate Law and Bankruptcy Law in the Arena of Directors' Liability，*Columbia Journal of European Law*，Spring 2021，pp. 1－10，n. 13.

③ http://en.wikipedia.org/wiki/United_States_corporate_law，2015 年 4 月 16 日最后访问。

④ 参见王保树：《公司法律形态结构改革的走向》，《中国法学》2012 年第 1 期，第 107 页。也可参见 Richard A. Mann & Barry，*Business Law and the Regulation of Business*，10th Edition，South-western Cengage Learning，2011，p. 681，p. 696。

⑤ 该法英文本可下载于 https://www.legislation.gov.uk/ukpga/2006/46/contents，2023 年 2 月 26 日最后访问；其最新修订的相应各条情况可通过该网址进一步地搜索。

⑥ See Ido Baum & Dov Solomon，The Least Uncomfortable Choice：Why Delaware and England Win the Global Corporate Law Race，*South Carolina Law Review*，Winter 2021，pp. 387－436.

⑦ See Kellie Becker，Lou Longo & Lisa Roelofs，International tax news and other global updates for Q2 2022，https://www.plantemoran.com/explore－our－thinking/insight/2022/05/international－tax－news－and－other－global－updates－for－q2－2022#Japan，2023 年 8 月 22 日最后访问。

一国或某几个国制度而后却大比例地参考英美法中新规的现象在一些发展中国家也时有所闻。如赞比亚 2020 年 2 月 13 日生效的新《公司法》中的派生诉讼规范就是一个较新的实例。①

大陆法系国家起初将公司问题放置在民、商法典中加以规定，后来由于公司在社会经济活动中的作用和影响的日益扩大及公司问题本身的复杂性与特殊性，大陆法系中的很多国家包括颇具代表性的法国和德国陆续地将公司法从民、商法中分离出来，制定成单行的法规。法国早在 1856 年就对股份两合公司做出了单独规定，1925 年又公布了《有限责任公司法》，1966 年公布了著名的《工商业公司法》。德国于 1892 年颁布了《有限责任公司法》，1965 年联邦德国颁布了著名的《股份有限公司法》。法、德等国公司法按欧共体/欧盟有关公司的指令和基于提升立法竞争之目的等都做了数次修改或重构。例如，德国联邦国会于 2008 年 12 月 23 日正式通过并于当年 11 月 1 日生效的《有限责任公司法进行现代化改革和反滥用的法律》，就对之前的《有限责任公司法》中有关公司设立、公司破产等内容广泛条款进行了大幅度的修改。②

此外还应指出的是，不仅大陆法系中欧盟国家的公司法统一的趋势日益加强，世界上不少其他国家的公司法在国际货币基金组织、世界银行、经合组织和联合国等国际机构的推动下也出现了协同发展的局面，其缘起为 20 世纪 90 年代所发生的东亚金融危机。③ 另一方面，近年来，公司的"利益相关者理论"(Stakeholder Theory)出现了扩散和实践，如法国 2017 年通过了一项法律，要求某些大型公司制订并实施一项有效的警戒计划，借此识别并防止公司对人类权利、健康和安全以及环境造成潜在、重大和不利的影响，并且公司还应对其无论是否位于法国的子公司、分包商和供应商的活动保持密切关注和定期建立评估程序。对于未能制订或实施有效的警戒计划且与损害有因果关系的公司，受害方可以提起侵权诉讼，要求赔偿损失。瑞士、德国乃至于欧盟层面等也在考虑制定类似的立法。在全球范围内，联合国发布的一项指导原则宣示了同样精神。④

1979 年我国颁布了《中外合资经营企业法》⑤，尽管该法具有公司法性质，但它只适用于中外合资经营企业。直到 1993 年 12 月 29 日，我国才正式颁布了具有普遍适用性的《中华人民共和国公司法》(简称《公司法》)。该法自 1994 年 7 月 1 日生效后，经修改的《中外合资经营企业法》等和 2020 年 3 月 15 日通过的统一更替的《中华人民共和国外商投资法》⑥仍作为特别法存在。1999 年、2004 年、2005 年、2013 年和 2018 年，我国共 5 次⑦对该《公司法》做出了修正，

---

① See Friedrich Hamadziripi, A Critical Assessment of Pertinent Locus Standi Features of the Derivative Remedy under Zimbabwe's New Companies and Other Business Entities Act, *Journal of African Law* (UK), 1 June 2022, pp. 315—338.

② 参见高旭军、白江：《论德国〈有限责任公司法改革法〉》，《环球法律评论》2009 年第 1 期，第 120 页。也可参见 Jesper Lau Hansen, The Danish Green Paper on Company Law Reform—Modernising Company Law in the 21st Century, *European Business Organization Law Review*, 2009, pp. 74—81。

③ See Mariana Pargendler, The Rise of International Corporate Law, *Washington University Law Review*, January 2021, pp. 1768—1780.

④ 王涌、周晓冬：《论公司法修订中公司治理的目标迁移及范式重塑》，《财经理论与实践》2023 年第 1 期，第 146～150 页。

⑤ 该法分别于 1990 年、2001 年和 2016 年被修正了 3 次，http://www.sohu.com/a/236453974_100009953，2023 年 4 月 5 日最后访问。

⑥ 该法自 2020 年 1 月 1 日起施行，http://www.npc.gov.cn/npc/c30834/201903/121916e4943f416b8b0ea12e0714d683.shtml，2023 年 4 月 5 日最后访问。

⑦ 杨永清、潘勇锋：《公司法修订若干问题探讨》，《法律适用》2023 年第 1 期，第 23 页。

但仍保留了以上特别法。同时，随着时间的推移，这部《公司法》又面临了多处要修改的局面。[①]

尽管公司有众多优点，但其设立程序受法律管束较严，繁杂而正规，因此，公司并不是在一切情况下都是最合适的商事组织形式，在某些情况下，投资者选择合伙或独资才是力所能及并富有成效的。

合伙组织一般虽不及公司的经济实力和影响大，但其数量要远远超过后者。由于合伙组织的成立手续便捷、经营方式灵活、控制权集中，因而，它是很多中小投资经营者所乐于采用的商事组织形式。在实行市场经济制度的各国，合伙组织也扮演着重要的角色，发达的资本主义国家在加强公司立法的同时，也开始重视合伙组织的立法。

英美法系国家的合伙法也是以单行法的形式公布的。英国现行的合伙法是由经过多次修订的《1890 年合伙法》《1907 年有限合伙法》和《2000 年有限责任合伙法》组成的。其中，《2000 年有限责任合伙法》的一大亮点是允许设立具有法人地位的合伙企业，同时基于避免双重税的目的，规定这类企业在纳税时可选择合伙地位。美国的合伙法仍然属于州法，为统一各州的合伙法，1914 年，美国的统一州法全国委员会起草了《统一合伙法》（Uniform Partnership Act，UPA）和《统一有限合伙法》（Uniform Limited Partnership Act），这两个标准法经多次修订后[②]已得到大多数州的采纳。值得关注的是，前者也承认合伙具有法人地位。[③]

大陆法系国家一般将合伙放在民、商法典中加以规定。与一些英美法系国家一样，近来，大陆法系中的某些国家，如法国、日本等关于合伙规定的一项最重要的突破是承认合伙亦为法人。

合伙在我国经济活动中也大量存在。原《中华人民共和国民法总则》和《中华人民共和国私人企业暂行条例》《中华人民共和国中外合作经营企业法》等为我国合伙法的初期渊源。1997 年 2 月 23 日，我国终于通过了单行的《中华人民共和国合伙企业法》，该法于 1997 年 8 月 1 日生效并于 2006 年 8 月 27 日再次修订。另一方面，对于当今的多种合伙纠纷问题，取代《中华人民共和国民法总则》的我国现行《民法典》中的一些规定对多种合伙纠纷也具有适用性。

独资企业常指一名自然人个人投资建立的企业，因此又称个体企业。独资企业经营灵活简单，它在资本主义世界中为数最多，但为了严格其责任，包括我国在内的多数国家一般都不承认它有法人资格，投资者须以其全部财产对企业的债务负责。某些国家还规定独资企业的设立须履行一定手续并须符合一定的条件，其经营范围也受到一定的限制。我国 2000 年 1 月 1 日生效的《中华人民共和国个人独资企业法》也持这种态度。但独资企业在世界各国经济中并不起主要作用。

---

① 张俊勇：《论公司法修订中减资制度的完善》，《法律适用》2023 年第 1 期；同时参见吴晓璐：《公司法修订草案二审四方面强化上市公司治理》，《证券日报》2022 年 12 月 29 日，第 A03 版。

② 如 2013 年修订的《统一合伙法》就已得到了 35 个州的采纳。See Douglas K. Moll，Contracting Out of Partnership，*Journal of Corporation Law*，Spring 2022，pp. 756－757.

③ See David P. Twomey & Marianne Moody Jennings，*Business Law：Principles for Today's Commercial Environment*，3rd Edition，South-western Cengage Learning，2011，p. 881.

第二节 公司法

除具体内容上的差异外，各国公司法关于公司的事项范围上的规定大体相似，即主要包括公司的设立、权能范围、组织、经营、改组、合并、清算、终止及外国公司等问题。

在上述诸事项方面，各国对不同类型的公司所作的规定是不完全相同的。

一、公司的类型

在传统上，很多国家将以营利为目的的商事公司分成股份有限公司和有限责任公司两类。其中，股份有限公司是指其股东所持有的股本被划分成均等份额，股东对公司债务的责任仅以其出资额为限的公司。这种公司又被细分为股份转让受限制的公司（或非公开上市公司）和股份转让不受限制的公司（或公开上市公司）两个类别。有限责任公司则是指仅在特定当事人之间筹集资本，股本也不分为均等份额，且各股东的责任只以其出资额为限的商事组织。

研究公司法的学者们指出，股份有限公司中股份转让受限制的公司与有限责任公司实际上没有实质性的差别。

同时，某些资本主义国家还承认无限责任公司和两合公司等公司的组织形式。

无限责任公司是指股东对公司债务负连带无限责任的公司。其特征是：可以不拥有注册资本；账目不受外界查检；股东有权直接参加管理；股东对公司的债务负无限连带责任。在负无限连带责任这一点上，无限责任公司的股东与合伙组织中的合伙人是完全相同的，但是，很多国家都承认无限责任公司为法人而不承认合伙组织为法人，因此，无限责任公司在宣告破产或解散前，其债权人只能对公司起诉而不能向股东个人起诉。正是由于其具有法人地位，加上其设立和解散的手续简单等优点，某些几乎不可能负债的行业如律师、会计师等领域中仍然存在无限责任公司。

两合公司是由承担有限责任的股东和承担无限责任的股东联合组织成立的公司，其中负无限责任的股东对公司债务负连带的无限清偿责任，但他们享有代表和管理公司的权力，而只承担有限责任的股东对公司债务的责任仅以其出资额为限，但他们无权代表和管理公司。两合公司这种商事组织仅见于大陆法系国家，它很类似于英美法系中的有限合伙，但与后者不同的是，它具有法人资格。

还应予以注意的是，根据欧盟理事会 2001 年 10 月 8 日制定并于 2004 年 10 月 8 日生效的《关于欧洲公司法规范》(No. 2157/2001)，在欧盟成员国境内出现了简称为“SE”的欧洲公司，这种公司实际上是一种最低资本不少于 12 万欧元的股份有限公司，其优点在于：在欧盟成员国境内从事经营活动时，一般只需遵守该规范和登记国法律即可。

另一方面，日本现行的《公司法》为了使创业更加活跃，振兴情报、金融、服务业以及促进共同开发研究、产学结合，创设了普通合伙公司（General Partnership Company）、有限合伙公司（Limited Partnership Company）这两种类型，它们与有限责任公司（Limited Liability Company）并称为成员公司（Membership Companies），包括未成年人在内的这些公司成员可依法承担有限或无限责任。①

为了进一步发展作为基金管理活动和投资基金场所全球中心，同属亚洲的新加坡议会于2018年10月1日通过了《可变资本公司法》，该法于2020年1月14日生效并开始实施。这种所谓的"可变资本公司"享有独立法人人格，其股东责任也以各自所持股份的未缴股款为限承担责任。②

根据我国现行《公司法》第2条、第60条、第76条、第120条等规定，我国仅承认有限责任公司、封闭性股份有限公司和上市公司三种公司类型。其中，有限责任公司又被分为一人有限责任公司、国有独资公司和其他有限责任公司三个小类。

此外，在国际交往很频繁的当代，不同国家立法中都含有本国公司和外国公司的类型区别规则，有些国家还可能颁布对外国公司的单行特别规则。如导源于中国瑞幸咖啡财务造假行为，美国出台了2020年12月28日正式生效的《外国公司问责法》，对外国公司"无法检查"、其监管部门处罚权能、强制退市等问题做出了专门的规定。③

二、公司的设立

各国对各类公司设立的具体要求不尽相同，但关于公司设立的主要程序大体相同，即都要求设立各类公司时须履行以下手续：聚齐法定人数的创办人，创办人负责拟订公司的章程和内部细则，认缴出资额，选举或任命公司的管理人员，申请注册登记，等等。这些手续完成后，经主管当局核准登记，即可领取营业执照，至此，公司便告成立。

（一）公司的创办人

创办人（Promoter）是指发起创立公司者，各国一般规定自然人和法人皆可充当任何合法公司的创办人。

多数国家初期的公司法对各类公司的创办人有最低数量要求。随着社会经济思潮的发展，越来越多的国家修订了公司法的这方面规定，只对股份有限公司的创办人做出最低数量的规定。如英国原先的公司法规定：股份有限公司的创办人数最少为7人，封闭公司和无限责任公司的创办人至少为2人；1985年的公司法改而规定所有公司的创办人数只要凑够2人即可；1992年6月15日，英国又实施了《单一成员私人有限公司条例》（Single Member Private Limited Companies Regulations），至此，在英国，只有上市公司要求其成员最少为两个。美国多数州法却对创办人数不作限制性规定——1人或数人皆可。美国的州立法者解释称：若规定了最低限额的创办人数，则任何人都可拉些附庸来凑数，这是毫无意义的事情。

我国2005年和2013年修正的《公司法》对股份有限公司的创办人的最低数做出了改动，由以前的5人改为2人。根据2013年修正的《公司法》第78条，其中通过发起设立的封闭性股份有限公司的发起人人数不得超过200人。这两次修正的《公司法》同时对有限责任公司的股东人数也做了改动，即它们的第24条规定"有限责任公司由50个以下股东出资设立"，取代了以前股东人数下限为2人的规定。其原因在于，这两次修正的《公司法》增加了关于一人有

① 参见2022年7月5日翻译的日本《公司法》第2条、第580～584条，https://www.japaneselawtranslation.go.jp/en/laws/view/4135#je_pt3ch2，2023年8月22日最后访问。同时参见刘小勇：《解读日本2005年公司法的大修订》，《太平洋学报》2007年第1期，第25页。

② 参见林琳：《新加坡的创业投资：未来之路》，《经贸法律评论》2020年第1期，第51页。

③ 连北坤：《美国〈外国公司问责法案〉对中概股公司的影响及应对》，《财会通讯》2023年第2期，第157～160页。

限责任公司的规定。

承认一人公司的存在是现代法律的必然趋势,也是适应和促进现实经济的必然要求。这种所谓的一人有限责任公司,是指只有一个自然人股东或者一个法人股东的有限责任公司。很多国家的法律对一人公司的设立如注册资本、组织结构上都有不同于一般有限责任公司的规定,因此我国 2005 年和 2013 年修正的《公司法》都专门设了一节为“一人有限责任公司的特别规定”。

关于创办人的国籍,发达的资本主义国家一般是不作限制性要求的。仅个别国家如挪威规定:股份有限公司的创办人中至少有一半人数是在挪威居住 2 年以上的。

我国现行《公司法》第 78 条也规定,在我国设立股份有限公司,须有半数以上的发起人在我国境内有住所。

创办人的任务是负责公司的筹备工作,包括:决定公司的名称、宗旨、资本、每个股东的责任范围、注册地址;起草公司的初始章程和内部细则;认购必要的股本;提出董事、审计员、律师、往来银行的名单并任命公司秘书;在筹建公开招股公司的场合,印刷、拟订招募章程;申请注册;等等。

关于创办人对所创建的公司及其股东的义务,各国的规定基本上可概括为忠诚、无欺诈和办事公正。此外,各国还要求创办人在公司尚未注册正式成立之前尽量避免以公司名义与第三人订立契约,否则一旦该公司因某种原因而未成立,有关的创办人就须连带地承担个人责任;即使该公司合法成立,除非事后追认,该公司也有充分的权利拒绝受该契约约束。美国某些州法还明文规定新成立的公司不得追认这样的契约。有时,在公司的创建过程中,与第三人订立有关合同是不可避免的,为避免承担个人责任,创办人可在合同中订入包含以下内容的附加条件或免责条款:当公司未成立或成立后不予追认时,则该合同不发生效力;或者,该合同不能执行时,不能追究创办人的个人责任。

(二)公司的章程和内部细则

公司章程是公司设立过程中必须向公司注册机构提交的关于公司宗旨、组织、经营规模、活动等诸事项方面基本原则的最为重要的文件。公司的初始章程都是由发起人或其受托人起草的,经发起人一致同意后交主管部门审核,一经核准即为公司的“根本大法”,对外则须公开。

各国规定,公司章程一般应包括以下基本事项:

1. 公司的名称

在不违反法定的限制性规定的前提下,各国一般允许公司自由地选择其名称。包括我国在内的多数国家关于公司名称方面的限制性规定主要有以下几类:(1)公司的名称必须能反映其性质,即除无限责任公司或两合公司外,公司的名称中须包括“有限责任公司”或“股份有限公司”或它们缩写的字样;(2)公司的名称不得与本国(地)现有的公司或经授权在本国(地)从事营业活动的外国(地)的其他公司的名称相同或相类似,经其他公司名称拥有者事先许可的除外;(3)不得违反公司法和其他法律所禁忌的名字,包括不得使用与本国或外国中央或地方政府机关、立法或司法机关、国际政府间或民间组织有联系的名称,亦不得基于欺诈目的使用与其资本规模或营业范围极不相称的浮夸名称。

Pontiac Marina Pte 有限责任公司诉 CDL 国际饭店案(1997)

原告(Pontiac Marina Pte 有限责任公司)是新加坡一家资产 16.5 亿新币的综合性企业的开发商,该综合性企业包括两个饭店、两座写字楼和一座大型的购物中心。1994 年 6 月,原告宣布其企业名称为“Millenia”，其中一家饭店的名称为“Ritz-Carton，Millenia Singapore”。1994年3月，原告申请“Millenia”作为其饭店服务的商标。被告(CDL国际饭店)在世界很多地方拥有产业，其中在新加坡有四家饭店。被告申请“Millennium”作为其饭店服务的商标。原告要求被告停止使用“Millennium”。1995年10月，被告在新加坡开展了全球性的“Millennium”品牌推广活动。原告起诉被告假冒其商标，并申请强制令。新加坡高院判原告获胜，理由是：(1)决定被告的行为是否构成对原告商标假冒的相关日期是被告行为开始的日期。(2)原告的企业已经在“Millenia”上获得了商誉和声誉，企业商誉的获得不需要长期的经营；如果经营者进行了营业前的营销努力，比如广告、促销等，商誉则基于宣传而获得，所有者通过媒介宣传的广度则无关紧要。(3)“Millenia”尽管只是一个英文单词，但是它在特定条件下的含义是不能完全被描述的，它作为商标的显著性想象要比描述更贴切。(4)如果一个对原告的业务和产品有模糊的记忆和理解的人在面对被告的业务和产品时，可能会混淆和受骗，则存在欺诈的可能。

2. 公司的存续期限

很多国家规定，公司可在章程中自由地决定其存续期限。但法国、比利时等国家规定，公司章程中所载明的期限不得超过法定时限，法国所规定的公司存续时限为99年，比利时为30年。不过，法国、比利时等国皆规定，公司临近期限届满时可以根据决定延长这一时限。

3. 注册地址

即公司登记的地方。注明注册地址是为了便于公司与第三人之间的交往及公司收受诉讼或行政文书等。很多国家还将注册地址视作公司的住所而在该地向公司征税。

4. 公司的经营范围

关于公司的经营范围，发达的资本主义国家现在几乎无限制性规定，一切合法的商事活动，公司都可经营。但公司须在章程中载明其经营范围，其目的有二：一是保护公司股东的利益，使之知悉其投资流向；二是保护第三人利益，便于他们了解公司的权限，公司成立后超越其载明的经营范围所为的行为属“越权行为”。但是，公司的股东可以“越权”指控公司与做出越权决定的董事会。美国某些州法还规定，州首席检察官可以“越权”提起解散公司或禁止该公司从事未经授权活动的诉讼。这里还应指出的是，即便是资本主义国家，某些特殊行业诸如存贷款业务、医疗或保险业等须持有特许执照才能经营。

在我国的法律环境中，也存在“越权行为”的法律观念并不时地出现相关的判例。

中建材集团进出口公司诉江苏银大科技有限公司以及其他相关公司案(2009)①

2005年间，被上诉人中建材集团进出口公司(以下简称中建材公司)与北京大地恒通经贸有限公司(以下简称恒通公司)签订了5份进口项目委托代理协议书，对中建材公司代理恒通公司进口新加坡GXD公司工业计算机服务系统的有关事宜进行了约定。中建材公司按照双方约定履行完进口代理义务后，恒通公司未能及时履行合同义务，一直拖欠部分货款及各项费用。

2006年10月10日，中建材公司、恒通公司和北京天元盛唐投资有限公司(以下简称天元公司)签订一份备忘录，确认截至2006年9月30日，恒通公司仍欠中建材公司共计18 907 936.92元，其中，进口货款、各项费用计201 656.92元，逾期利息计2 706 280元，恒通

① 本案例刊载于《最高人民法院公报》2011年第2期。

公司需于2006年12月31日之前分期还清全部欠款。备忘录中同时约定，天元公司为恒通公司提供连带责任保证。此后，天宝盛世科技发展（北京）有限公司（以下简称天宝公司）、四川宜宾俄欧工程发展有限公司（以下简称俄欧公司）及上诉人江苏银大科技有限公司（以下简称银大公司）分别向中建材公司出具承诺书及承诺函，承诺为恒通公司对中建材公司全部应偿还债务（包括但不限于本金及违约金、利息、追索债权费用）提供连带责任保证。

上述备忘录、承诺函、承诺书签订和出具后，恒通公司仅向中建材公司归还欠款本金70万元，剩余欠款本金和利息未向中建材公司支付，天元公司、天宝公司、俄欧公司、银大公司亦未向中建材公司履行担保责任。

为此，中建材公司诉至北京市第二中级人民法院。该公司出具的一份证据显示，2006年10月19日出具加盖有“江苏广兴达银大科技有限公司”印章和法定代表人何寿山签字的承诺书载明：

“中建材集团进出口公司：

现我司承诺如下：如若北京大地恒通经贸有限公司和北京天元盛唐投资有限公司在上述备忘向中建材公司出具承诺书，均承诺对恒通公司根据备忘录对中建材公司的全部应偿还债务承担连带还款责任，直至债务全部还清。”

银大公司则以下列理由辩称中建材公司与银大公司之间的担保合同无效：承诺书的签署时间是2006年10月19日，而在2005年5月该公司已变更为现名，承诺书的主文是银大公司，加盖的公章却是银大公司的原名称江苏广兴达银大科技有限公司，形式要件上担保不成立；承诺书上该公司的公章是何寿山通过其他途径取得的，并非银大公司的印鉴；该公司章程第34条规定“董事、高级管理人员不得有下列行为……违反公司章程的约定，未经股东会、股东大会或者董事会同意，将公司资金借贷给他人或者以公司资产为他人提供担保”；中建材公司在签署承诺书过程中存在过失，未审查何寿山是否经银大公司董事会同意对外提供担保，亦未审查银大公司的印鉴是否真实。

北京市第二中级人民法院一审认为，本案所涉及的备忘录以及承诺书均系各方当事人真实意思表示，合法有效，对各方当事人均具有约束力；银大公司虽主张2006年10月19日承诺书上加盖的印章并非其公司印鉴，但经该院释明，银大公司表示不申请鉴定；天元公司、天宝公司、俄欧公司、银大公司作为保证人应当对恒通公司的债务本息向中建材公司承担连带清偿责任。

一审宣判后，银大公司不服判决，提起上诉。北京市高级人民法院二审驳回上诉，维持原判，理由是：在银大公司不能举证中建材公司存在恶意的情形下，应当认定中建材公司为善意第三人，中建材公司已经尽到合理的审查义务；银大公司提供担保的承诺应为有效。

5. 公司的具体形式

即公司须在章程中注明其属于股份有限公司还是有限责任公司，或者是无限责任公司或两合公司。

6. 资本总额及各类股份的权限

只要不违反《公司法》中关于公司最低资本金的规定，创办人可以任意决定公司的资本总额，但应当在公司章程中列明。此外，各国还要求公司须在其章程中载明股份的类别、数量、票面值及各类股份的权限等。

7. 公司组织的构成及权限

在不同的国家和地区，各公司组织的构成不尽相同。例如，境外的跨国公司多采用股东会→董事会→总经理领导下的矩阵或多维组织构成。就境外跨国公司在华所设的公司而言，董事会-总经理-总监-部门经理-部门内主管--一般科员的组织构成较为常见。其中总监的权力较大，不但对公司的业务和技术上有权威的发言权，而且还有对下属的人、财、物的行政调配权。在我国，国有公司除董事会等部门外还设有党委会，对于企业生产经营班子的成员如人事部长、生产部经理等成员具有主要的任命权，但必须通过这两部门联席会议才能生效。我国民营公司组织的构成则有繁有简，权限分配或好或差。①

8. *公司章程的修改规则*

此外，创办人还可以在公司章程中列入其他一些与法律不相抵触的规章。

公司的内部细则是公司关于其内部事务准则的基本文件。公司初始的内部细则亦是由创办人签名起草的，但它只能等公司成立后经董事会或股东大会认可后才能生效，董事会或股东大会有权修改或废除该内部细则。

除英国等少数国家外，世界上绝大多数国家并不要求公司将其内部细则呈交公司的注册机构备案，亦不要求将之公布于众，但各国皆要求公司的内部细则必须与法律及公司的章程不相违背。从各国的实践来看，公司的内部细则一般主要规定：公司的办事处所、股款的付足、资本的增减；董事的资格、人数、任期、权限与报酬；职员的选任、头衔、职责、权限及薪金；股息的分配和储备；账目记录与审核等涉及公司本身事务的专门性问题。

(三)认缴出资额

不少国家原先的公司法对所有公司或特定公司有最低资本金要求，因此，那时的创办人为获准成立某类公司必须凑足该类公司法定的最低资本金。总的来说，发达的资本主义国家越来越重视公司的创造性或让私人承担调查公司信誉的任务，因此，其中不少国家 20 世纪 80 年代以后修订的公司法对最低资本金起点规定得较低。如英国《1985 年公司法》对上市公司的最低资本金规定为 5 万英镑，对私人公司无要求。美国等国对公司最低资本金规定得更低，美国不少州规定，公司的资本额只要达到 1 000 美元即可，有些州甚至只规定为 500 美元。面对这种趋势或竞争压力，原先对最低资本金做出较高规定的一些国家相继通过修订公司法的方式进行了调整，如德国原《有限责任公司法》规定的最低注册资本额为 25 000 欧元，该国 2008 年《有限责任公司法进行现代化改革和反滥用的法律》在维持现有标准有限责任公司的基础上增设了一种名为“企业主(有限责任)公司”，这种公司仍然属于一种有限责任公司的类型，但没有最低注册资本的要求。不过，为了保护交易的安全和社会的稳定、维护债权人或者社会公共利益，该法第 5a 条也对此种公司规定了一些限制条件，包括：其商业名称中必须载明“企业主(有限责任)公司”字样或其缩写“UG(有限责任)”，旨在提醒人们该公司仅拥有较少的注册资本；必须缴足股本出资后才能向法院申请商业登记，且不允许实物出资；在年终结算时应将扣除上一年度亏损结转之后剩余的年度盈余的 1/4 留作法定储备金，储备金只允许用来增加公司的注册资本、弥补年度亏损和上一年度的亏损结转；公司应该将其最低注册资本额逐步增加至 25 000 欧元，完成上述增资后，才可以取消“企业主(有限责任)公司”这一后缀的名称。同时需要说明的是，该法并没有为这一增资规定期限。所以，股东实际上可以自由决定是否进行

---

① 程伟东、毛良伟、黄垂景：《跨国公司组织及权限和中国企业对比研究》，《中国市场》2016 年第 33 期，第 187 页。同时参见易斌、孙平：《基于集团管控模式的 B 公司组织结构优化研究》，《湖南工程学院学报》2019 年第 1 期，第 11～12 页。

上述增资。[①]

此外,值得关注的是,日本《2005 年公司法》废除了最低资本金制度。为了不至于损害债权人的利益,该法还加强了对公司财产状况披露等方面的立法,如明文规定了编制会计账簿的及时性、正确性(第 432 条第 1 项),创设了会计参与制度,扩大了会计监察人的设置范围(第 326 条第 2 项),对所有股份有限公司都规定了必须公告资产负债表(第 440 条第 1 项)等。此外,为了进一步地确保债权人的利益,该法还规定如股份有限公司的纯资产额不足 300 万日元时,不得向股东进行剩余金的分配(第 458 条)。[②]

为适应现代公司法的发展趋势,我国 2005 年修正的《公司法》在法定最低资本额上也做出了重大的改动。根据该法第 26 条的规定,除一人有限责任公司外,我国其他有限责任公司的注册资本的最低限额不再分类别而统一为 3 万元。我国 2013 年新修正的《公司法》进一步取消了对公司最低资本额的限制,但法律、行政法规以及国务院决定另行规定的除外。这是在全球经济一体化背景下,为了降低创业成本,鼓励个人尤其是青年创业的基础上,直接为最低可能为"一元公司"产生提供了制度上的便利和保障,并与改"严进宽管"为"宽进严管"且重公示的服务性政府理念相一致。[③]

然而,包括我国在内的各国并不禁止创办人认缴很高金额的资本设立公司。实际上,创办人拿出雄厚的资本设立公司有利于取信与之交易的第三人和促进就业等,因而都是现代理性政府所鼓励的。[④] 同时,一旦创办人在公司章程中做了出资额的承诺,即承担了认缴义务。此外,包括我国在内的各国皆允许创办人以现金、实物、技术等形式履行认缴出资额的义务。

临沂海诺置业有限公司股权转让纠纷再审案(2021)[⑤]

海诺置业有限公司(以下简称海诺公司)是净雅食品集团有限公司(以下简称净雅公司)全资控股的房地产开发企业。2011 年 5 月 10 日,一份协议书规定:净雅公司将其持有的海诺公司 100%的股权全部转让给王林、章庆乐;股权转让价款为人民币 6 058 万元,分两期支付;净雅公司为甲方,海诺公司为丙方,王林、章庆乐为丁方,另有四家公司作为戊方与丁方共同承担连带清偿责任。

其他当事人均在该协议书中签字或盖章,但海诺公司项下只加盖有印章,无代表人或代理人签字,戊方提交了各自公司股东会 2011 年 4 月 27 日股东会决议,同意为王林、章庆乐向净雅公司提供连带责任保证;海诺公司未提交同意提供担保的股东会决议。王林、章庆乐按约定第一笔股权转让款并办理了公司交接和股权变更登记手续。

未获得其余款项的净雅公司将诉至临沂中院,请求甲方、戊方与丁方连带支付股权转让款。该院判决认为:协议书关于海诺公司承担连带清偿责任的约定违反了公司法关于股东不

---

① 参见高旭军、白江:《论德国〈有限责任公司法改革法〉》,《环球法律评论》2009 年第 1 期,第 120～121 页。同时参见潘星、仝斌斌:《德国有限责任公司法改革述评》,《德国研究》2009 年第 1 期,第 26 页。

② 刘小勇:《解读日本 2005 年公司法的大修订》,《太平洋学报》2007 年第 1 期,第 25 页。同时参见翻译期为 2022 年 7 月 5 日的日本《公司法》英译本,https://www.japaneselawtranslation.go.jp/en/laws/view/4315,2023 年 8 月 18 日最后访问。

③ 邓书琴、周勇:《从"一元公司"看我国注册资本制度》,《湖南科技学院学报》2015 年第 2 期,第 132 页。

④ 李志刚:《公司资本制度的三维视角及其法律意义》,《法律适用》2014 年第 7 期,第 91～95 页。

⑤ 闫雅玲:《临沂海诺置业有限公司股权转让纠纷再审案》,http://congyanlf.com/newsinfo/2064268.html,2023 年 1 月 30 日最后访问。同时参见莫雪萱:《2022 最新涉公司纠纷典型案例 5 则》,https://www.bilibili.com/read/cv17525771/,2023 年 1 月 25 日最后访问。

得抽逃出资的强制性规定，且净雅公司在该行为中不具有善意，也不符合公司担保的形式要件，净雅公司要求海诺公司承担连带清偿责任的诉讼请求不能成立；海诺公司未提交股东会决议而在没有法定代表人或授权人签字的情况下仅在协议书上加盖公章，这导致了其中的连带清偿约定应为无效；公司为股东之间的股权转让提供担保，在受让股权的股东不能支付股权转让款情况下，由公司先向转让股权的股东支付转让款，导致公司利益及公司其他债权人的利益受损，形成股东以股权转让的方式变相抽回出资的情形。

二审的山东高院推翻了一审法院的判决，其理由是：海诺公司盖章，王林、章庆乐均在协议书上签字后，至第一笔股权转让款并办理了公司交接和股权变更登记时，净雅公司已非海诺公司股东，其实质是由公司为股东的对外付款责任提供连带担保；本案中虽未有股东会或者股东大会决议，但王林、章庆乐作为股权受让人，在涉案股权转让后为海诺公司仅有的两名股东，足以认定海诺公司为王林、章庆乐提供担保系公司的真实意思表示，符合公司股东与公司利益一致性的原则，并不存在损害其他股东权益的情形。

最高人民法院在驳回该案再审请求①时指出：法律并无禁止目标公司为支付其自身股权转让款提供担保的规定，当事方约定的也是净雅公司将海诺公司交接给丁方之后，由海诺公司对丁方的付款义务承担连带清偿责任；现海诺公司主张如其承担担保责任将构成净雅公司抽逃出资，但也没有提交证据证明净雅公司确系以海诺公司承担担保责任的方式抽逃出资，不能仅因目标公司为支付其自身股权转让款提供担保，就认为违反了《公司法》第 35 条关于股东不得抽逃出资的规定。

（四）注册登记

包括我国在内的各国皆规定，只有经注册登记后公司才告设立。创办人在申请注册登记时，除缴纳法定的手续费和捐税外，还得提交若干法定的文件，其中最主要的就是符合法律规定的章程。创办人履行了各种法定的手续，经主管官员审查完备合法后即予注册，并发给登记证书。至此，公司便告成立。

三、公司的基本权利和义务

公司设立后，为了生存并实现其宗旨，须拥有一些最基本的权利。各国法律所承认的公司的基本权利大体一致，归纳起来，主要有以下诸方面：

（1）能以公司的名义起诉、应诉；

（2）拥有并使用可随意改变的印章或其摹本；

（3）以任何合法的方式处理不论位于何处的动产或不动产、有形或无形财产、债权或债务；

（4）资助雇员；

（5）选举或任命公司的行政人员和代理人，明确其职权，确定其报酬；

（6）订约权；

（7）为经营和管理公司事务，制定或修改与法律不相抵触的章程和内部细则；

（8）有权贷款，使用其资金进行投资，为投资而作动产或不动产抵押；

（9）在本国内外开展业务活动，建立办事处及从事其他法律许可的活动；

（10）为公共福利、慈善、科学和教育目的而捐款；

---

① 该案的再审案号：(2021)最高法民申 2177 号。

(11)制订和实施对公司董事、雇员或任何个人的奖励或抚恤计划；

(12)拥有并行使其他有利于实现其宗旨的合法权利。

应予指出的是，公司在行使上述权利的同时也承担下列几项基本义务：不得侵犯国家和社会公共利益，不得侵犯第三人和股东的正当利益，依法经营，依法纳税，等等。如果违反上述义务，公司或有关责任人员须承担法律责任。

有时，公司所有者会利用公司这个实体，来达到长久欺骗、规避法律处罚的目的，或用其他方法达到一个非法目的。在这种情况下，相关法院会不认可公司实体，以“公司人格混同”“揭开公司面纱”等理由①，判决公司股东或母子公司中的控制公司承担法律责任。以下是美国法院做出的关于在公司集团内“揭开公司面纱”决定的典型案例。

CBF Industria de Gusa S/A 诉 AMCI 持股公司案(2018)②

2008 年 1 月 1 日至 9 月 17 日，原告 CBF Indústria de Gusa S/A (CBF)等多家巴西实体作为卖方与简称为 SBT 的公司达成了 10 项买卖生铁的合同，所有合同都包含了在巴黎由国际商会仲裁的条款。该 SBT 公司由属于被告 AMCI 持股公司旗下的 AMCI International GmbH 稍早前受让与控制。在生铁的市场价格下跌时，买方 SBT 从他处低价购买了替代品而违约停止购买原告的产品。原告于 2009 年 11 月 16 日启动了仲裁程序。SBT 则一面请求仲裁展期，一面签订协议将其所有的营业资产转给控股股东相同的 Prime Carbon 公司，并与其被告母公司 AMCI International 共享同一地址。2010 年 1 月 18 日，SBT 通知原告以外的所有供应商：受让全部资产的 Prime Carbon 公司将接管其所有合同。随后 SBT 在瑞士申请破产，同年 4 月 30 日获得了瑞士的破产宣告。

国际商会仲裁庭拒绝了搁置仲裁时，SBT 的债权人都不希望代表其参加仲裁。2011 年 11 月 9 日，该仲裁庭做出了仅针对 SBT 的有利于原告的仲裁裁决。原告 2013 年根据“揭开公司面纱”的规则开始针对被告在美国寻求裁决的执行，美国联邦纽约南区法院一审拒绝执行该裁决，美国联邦第 2 巡回法院 2017 年 1 月 18 日以数处错误为由撤销了该下级法院的决定并发回重审。该下级法院 2018 年 6 月 15 日最终决定应适用“揭开公司面纱”规则执行该裁决，理由是：公司实施一种控制以致其成为一种工具且该种控制被用于进行欺诈或导致另一方当事人不公平损害的其他不法行为时应适用该规则；本案中的记录表明了有利于“揭开公司面纱”的很多控制和其他因素，包括相关时间内通过 Prime Carbon 对 SBT 控制、资本不适当等足以表明该规则应适用。

我国人民法院有时也做出类似的判决，其中最高人民法院 2023 年 3 月 9 日对刘森文与厦门三点零文化传播有限公司等纠纷案的判决就是新近具有最高权威的一例。③

---

① 这方面的详情可参考李让、朱小静：《美国跨国公司人格混同认定标准的新发展及风险规避——以孟晚舟案为例》，《浙江理工大学学报》2021 年第 5 期，第 561～568 页；贡政、林金晶：《公司法修订背景下一人公司股东责任追溯－以完善法人治理结构并激发市场活力为视角》，《上海法学研究》2022 年第 17 卷，第 561～568 页。

② See Stephan W. Schill (ed), Yearbook Commercial Arbitration , Volume 44, *Kluwer Law International*, 2019, pp. 1－25.

③ 该案的案号为(2021)最高法知民终 2425 号，其判决全文可下载于 https://wenshu.court.gov.cn/website/wenshu/181107ANFZ0BXSK4/index.html? docId＝ZeFGB＋nzTA9t18mDWMDb7DNTMP0L3BFTg46RZfnw9/FVXk6xX4H5D5/dgBY-osE2go/ZCEzlseUOaqRZu/JZQ＋Ira＋3pSilwRDYrjWH397lQloWFXQNqawcKh9eYgOcQG，2023 年 4 月 7 日最后访问。

四、公司的资本

在广义上，公司的资本是指公司生产经营的全部资金，包括股本、公司债、利润留成、受馈赠的资金等；在狭义上，公司的资本则仅指公司的股本。各国公司法中的资本用语一般也仅限于狭义上的含义。这里，我们要探讨的也只限于公司的股本。

（一）股份与股本的概念

股份是计量公司股本的最小单位。股份可分成不同的类别。不同类别的股份金额不是一定相等的，但同一类别的股份金额则是相同的。

所有股份的总和构成股本。很多国家公司法中都有授权股本、发行股本和已缴付股本的概念。授权股本是指公司按其章程有权发行的全部股本。发行股本是指公司向投资者发行的股本总额。已缴付股本是指投资者实际向公司缴纳的股本总和。英美法系国家一般不要求公司在其成立时就须将所有的授权资本发行完毕，公司完全可以将一部分授权资本留待以后适当的时候发行。但是，大陆法系国家一般要求公司在其设立时即须将所有授权资本发行完毕，不过，大陆法系的诸国也允许股东在公司成立时缴纳一部分股款（25%左右），其余部分则延至公司成立后的一定时日内缴清。

（二）股份的种类

根据不同的标准，股份可分成不同的类别。股份一般可分成以下几大类：

1. 根据股东的权限，股份可分成普通股与优先股

（1）普通股（Common Stock）。这是公司股份中最为基本的一类，根据公司章程或内部细则，拥有这类股份的股东对公司的重大问题有进行表决的权利；在公司支付债息和优先股息之后分得不受限额的股利；在公司破产或结业时，有权分得公司偿付了所有债权后剩余的一切资产。

（2）优先股（Preferred Stock）。它是指在某些方面比普通股拥有更优先权利的股份。这类股份具体在哪些方面拥有优先权须依公司的章程、细则及发行条件来确定。一般而言，它在以下两个方面比普通股有优先权：优先分配固定的股息；在公司破产、清算时就公司偿付其他各种债务后的剩余财产有优先受偿的权利。此外，某些优先股还拥有对公司某些问题的表决权，特别是关于其自身利益的处置方面。

优先股常常又可分成以下几种类别：

①累积性（Cumulative）优先股。这类股份除拥有一般优先股的权利外，还拥有另一项特权，即如果在某个分红年度内，公司的获利不够分配规定的股息，则在以后的盈利年份里，公司须优先给予补足。各国一般规定，只有经过董事会的决议或股份证书上有明确的规定，该优先股才被认为是累积的。

②非累积性（Noncumulative）优先股。它是指其固定股息的偿付仅以当年的公司盈利为限的股份，若当年的利润不足以分配该股息，则到以后的年份里也不会补足。除非公司股份发行时另有明确的说明，一般的优先股皆为非累积性优先股。

③参与（Participating）优先股。它是指在分得固定股息后，还有权与普通股一道参与分享公司剩余利润的优先股，其参与程度可以是同等的，也可以是有一定比例的。优先股所享有的参与权也必须以明文规定为依据。

④非参与（Nonparticipating）优先股。它是指分配股息仅以事先规定的比例为限的优先股。如无特别规定，一切优先股都将被视为非参与的优先股。

在美国，还有一种称作累积性可转换的优先股，它同时具备累积性和可转换的双重特征。

⑤清算(Liquidation)优先股。它是指在公司清算时按规定的条件有权优先于普通股分得公司剩余资产的股份。

⑥加权投票权(Weighted Voting Rights)优先股。它又称为“超级投票权”优先股，指比其他类别的同数量股拥有更多投票权的优先股。当今头号经济强国的美国上市公司加权投票权制度可追溯到1925年，其优势在于：使管理者能够专注于公司的可持续发展和长期盈利，无须担心因短期股价波动而被解雇和接管。日本是亚洲最早引入该制度的国家。新加坡和中国香港分别于2016年和2018年采纳了该制度。2018年9月该制度也在我国大陆落地。[①]

2. 按股东是否被发给股份证书，股份可分为有证股和无证股

凡向股东发放证书证明其持有股的股份即称有证股(Certificated Stock/Certificated Shares)，其形式如今可能是电子的或纸质的。[②] 无证书证明的股份则称无证股(Uncertificated Stock/Uncertificated Shares)。目前，包括我国在内的很多国家都允许公司发行无证股，公司股东的股份皆记于公司的股份发行簿上，无证股的转让虽然无须出让人的背书或交付，但这类交易须向(一般通过证交所)公司登记转让，该公司亦须在登记后的一定时日内向受让人发送交易声明(Transaction Statement)。

3. 按股东是否被记名，股份可被分成记名股和无记名股

凡记上了股东姓名的股份即称记名股；未记载股东姓名的股份为无记名股。无证股虽然不发证书，但是都会记名的，有限责任公司的股份也都是记名的。股份有限公司的股份是否可以采取无记名形式，各国的规定不一。美国很多州法规定，在任何情况下都不得发行无记名股。另有一些国家规定，未缴足股款的股份不得采取无记名形式，这是为了防止公司股本的虚化。

4. 按股票上有无标明股份的价值，股份可被分成有票面值股和无票面值股

股份有限公司的股份证书即是股票。凡在股票上标明其价值的股份称有票面值股。为防止公司变相地减少股本，各国一般都禁止公司以低于票面值的价格发行股票，但允许公司以高于票面值的价格即溢价发行股票。

未标明价值的股份称无票面值股。欧盟中很多国家不允许发行无票面值的股份。但美国的州法一般允许公司发行这种股份，其发行价格由董事会或股东大会决定。

股款是取得股份的对价，股份持有者有义务缴清全部股款。至于是一次缴清还是分期支付，各国现在一般不作限制，它由各公司依股份的发行条件来决定。英美法系的国家一般规定，持股者若未按时缴清应付的股款，公司即享有提请法院强制催缴的权利，但这一权利的行使是有期限的。英国规定为从应缴款之日算起12年，而美国的某些州法则规定为从发行之日或认股的估价完成之日算起6年；对无缴付能力的持股者，英国规定了公司对股份的留置权，而美国则规定了公司对股份的拍卖权。大陆法系国家现在一般允许股东在公司成立后或增加资本后分次缴清现金股款，但是，很多国家规定，每次缴款须依董事会的通知立即缴付，法国《公司法》还将分次缴款的总时间限定在5年内。在以实物等做股份对价时，大陆法系国家一般都要求必须是全部立即缴付。

---

① 陆宇建、黄卫华：《日本上市公司加权投票权制度及其对我国的启示》，《现代日本经济》2020年第5期，第84～93页。

② See Duncan Sheehan, Taking Security over Certificated Shares in Private Companies, *Journal of International Banking and Financial Law* (UK), November 2022, pp. 658—660.

(三)股份的转让与抵押

各国皆允许持股者转让或抵押其股份,但要求持股者同时不违背下列限制:

(1)公司的内部细则、公司证书或股份证书上注明禁止或限制转让;

(2)法律上的限制性规定,如英国的《外汇管制法》曾规定,非经财政部的同意,持股者不得把股份转让或抵押给指定地区以外的人或这类人所指定的人;

(3)公司内部细则关于内部先买权的规定,这在有限责任公司中最为常见,如2000年法国《商法典》L223-14条规定,股权对外转让方案应通知公司和每个股东且须持有公司多数股权的股东同意[①];

(4)其他合法的限制。

(四)股本的变更

股本的变更包括股本的增加和减少两个方面。

1. 股本的增加

各国皆允许公司按一定的程序增加其股本。该程序一般是先由股东大会或董事会通过增加股本的决议,然后组织新股的认购,最后将有关增资报告送主管部门备案即成。法国等国还允许公司按特别股东大会决议将公司债转换成股份的方式来增加资本。各国关于新股认购对价的形式(现金、实物、技术)、缴付时限等与公司成立时的认购规定基本上相同。

2. 股本的减少

由于股本的减少会影响股东和公司债权人的利益,因此,各国对减少股本作了明确的限制性规定。这些限制大体一致:(1)须经股东大会决议;(2)须不影响公司的偿债能力;(3)须交主管部门备案。

某电气公司诉某科技公司减资纠纷案(2021)[②]

被告某科技公司是一家车辆公司的全资子公司。2020年11月20日,该车辆公司召开股东会通过决议确定将被告注册资本由11 950万元减资为6 000万元,同月24日原告某电气公司与被告签约出售后者生产的自动印刷机,但被告并未将减资相关事项通知电气公司原告。2021年1月5日工商部门完成被告减资审核工作并予以登记。后因被告无法按期交货发生纠纷,原告主张由上述车辆公司在减资范围承担赔偿责任。S市C区人民法院判决原告胜诉,理由是:被告完成减资登记手续前,案涉合同已经生效,对于减资工商登记变更前的所有债权人,都应当向已知债权人履行通知义务,并明确清偿债务或提供担保的意见;被告未履行通知义务,违反了法定程序,也未进行清偿或提供担保,损害了债权人原告的利益。

五、公司的组织机构

根据各国的实践,公司的主要组织机构为股东大会和董事会,但是某些国家如我国和德国的公司法还要求股份有限公司须设立监事会。有些国家的法律还规定:特定类型的公司可以或应当设立独立董事。此外,规模大的公司在董事会之下还设有执行委员会。

① 董伟:《有限公司股权对外转让时的同意权之存废》,《财经法学》2023年第1期,第8页。

② 张俊勇:《论公司法修订中减资制度的完善》,《法律适用》2023年第1期,第92页。

(一)股东大会

传统上,股东大会是公司的最高权力机构。现在,股东大会的权力在各国受到了不同程度的架空,美、英等一些发达的市场经济国家的公司法甚至不再承认股东大会为公司的最高权力机构。但美、英等国仍然承认股东大会具有下列权力:选举董事,讨论、决定并宣布股息,审查批准公司的年度报告、资产负债表和损益表、会计报表与审计员的报告;审查批准或追认公司某些交易。

我国和其他一些国家仍将股东大会视为公司的最高权力机构或象征性的最高权力机构。根据我国《公司法》,有限责任公司的权力机构为股东会,股份有限公司的权力机构为股东大会。我国公司的股东(大)会可以行使的职权包括:决定公司的经营方式和投资计划;选举和更换董事,决定董事的报酬事项;选举和更换由股东代表出任的监事,决定有关监事的报酬事项;审批董事会的报告;审批监事会的报告;审批公司的年度财务预算、决算方案;审批公司利润分配方案和亏损弥补方案;对公司增加或减少注册资本做出决议;对公司发行债券做出决议;对公司合并、分立、解散和清算等事项做出决议;修改公司章程。我国《公司法》允许有限责任公司依法变更为股份有限公司,而有限责任公司的股东会对变更本公司的公司形式有权做出决议。

1. 股东大会的类别

各国一般将股东大会分成年会和特别会议两种。

(1)股东年会。这是一年一度公司必须召开的会议,它一般由董事会召集。在某些情况下,拥有一定股权(通常为5%～10%)的股东请求法院责令召集。

为保证股东年会及其所通过决议的有效性,各国大多规定公司必须事先在规定的期限内向有权出席此年会的股东发出通知,并且要求出席该年会的股东达到法定人数。关于通知的期限,英国《2006年公司法》第307条规定,上市公司至少为21天前,非上市公司至少为14天前;美国州法规定为10～50天不等;大陆法系国家规定为14～30天。通知的内容应包括会议的议程。至于出席股东年会的最低法定股东数量,各国一般允许公司自主地在其内部细则中加以规定。但美国很多州法规定:公司细则中所规定的法定人数在任何情况下都不应少于在会议上有表决权股份1/3的股东。除公司法与公司细则另有规定者外,股东年会上的议案一般经符合已达到法定人数出席会议股东中简单多数票赞成即对全体股东有效。

(2)股东特别会议。它又称股东临时会议,指在法定年会之外为处理公司特别重要紧急事项而召开的股东会议,如临时任命或撤换董事或审计员、变更公司章程等。

股东特别会议可由董事会或公司内部细则授权人员召集,亦可经法定股权数的股东要求而召开。无论以何种方式召集,公司都应当在合理的时间内向所有股东发出通知并给予其参加会议及表决的适当机会。

马青诉北京鼎诚会计师事务所有限责任公司案(2009)①

被告北京鼎诚会计师事务所有限责任公司(以下简称鼎诚会计公司)2006年11月26日的公司章程载明:公司股东为马青、张睿、王俊英、韩冰和时雯;总出资为300 000元,其中马青出资100 000元;股东会会议由执行董事召集,执行董事主持,执行董事不能履行或不履行召

① 本案案号为(2009)海民初字第693号,原文可下载于 http://www.110.com/panli/panli_146300.html,2012年2月22日最后访问。

集股东会会议职责的，由监事召集和主持，监事不召集和主持的，代表1/10以上表决权的股东可以自行召集和主持临时股东会，提议应为书面形式并载明议事内容；无特殊原因，该股东会应当召开；股东会议依法行使的职权包括选举和更换执行董事、审议批准股东的加入、退出及股权转让方案等，以上事项股东以书面形式一致表示同意的，可不召开股东会议直接做出决定，并由全体股东在决定文件上签名、盖章；股东会议的召集人应当于会议召开15日前书面通知全体股东，股东会议有1/2以上股东出席方为有效，股东可书面委托其他股东代位行使职权，股东无正当理由既不参加又不办理委托的，视为同意本次股东会的各项决议；对于一般决议必须由代表1/2以上表决权的股东同意；对于修改事务所章程等对事务所产生重大影响的事项的决议，必须由代表2/3以上表决权的股东同意；对于批准股东的加入、退出及股权转让方案等事项的决议必须由全体股东过半数同意方为有效。

2007年11月8日，马青与唐晨签订一份股权转让协议，将马青在鼎诚会计公司的股权60 000元转让给唐晨，唐晨自协议签字之日起享有股东权利、承担股东义务；鼎诚会计公司曾于2007年11月8日做出股东会决议同意上述股权转让。诉讼中，马青、唐晨及鼎诚会计公司均表示，上述股权转让协议并未实际履行且当事人均无继续履行之意思表示，故唐晨不是鼎诚会计公司股东。

2007年12月1日，鼎诚会计公司第一届第一次股东会议决议载明了马青提出异议的内容：变更股东，同意马青辞去企业法定代表人职务，并退出企业股东会；增加股东，同意增加新股东范玉刚；转让出资，马青愿意将鼎诚会计公司股权100 000万元转让给范玉刚。马青不承认该日与鼎诚会计公司及范玉刚签署过愿意将100 000万元股权转让给后者的协议，从而诉至北京海淀区人民法院要求确认该日的股东会议决议和股权转让协议无效。

鼎诚会计公司辩称：涉案股东会决议及出资转让协议上"马青"的签名确实不是由马青签署，但转让出资及股东会决议事项等均经马青认可。鼎诚会计公司就此主张向法院提交有唐晨、韩冰、王俊英、时雯、马青签字的空白A4纸一张，以证明马青授权公司代表其同意股东会议的任何决议。马青对签名纸张的真实性无异议，但认为马青、唐晨及其他股东在空白A4纸上签字是2007年11月就马青将股权转让于唐晨一事召开股东会时为打印会议记录而准备的，与涉案股东会决议事项无关，故不认可鼎诚会计公司上述主张。

北京海淀区人民法院通过简易程序审理后认为：股东会决议本属于公司股东自治内容，但在股东会决议的内容违反了法律及行政法规规定的情况下，应受到司法的规制；本案中，鼎诚会计公司于2007年12月1日做出的第一届第一次股东会决议，是在股东马青未参加也未委托他人参加会议的情况下，由案外人冒用马青签字做出的；该股东会决议剥夺了马青在鼎诚会计公司的股东身份和相关职务，干涉了马青依照自己的真实意思对其他表决事项发表意见的权利，侵害了马青的股东权益，属于违反法律规定的侵权行为，故该股东会决议应认定为无效；马青对自己持有的股权享有处分权，如其欲转让股权，则享有决定转让时间、转让对象、转让对价的完全自主权，鼎诚会计公司股东会虽然可以否决马青对股东之外第三人的转让行为，但无权代替马青决定股权转让的对象，更无权在马青不知情的情况下擅自决定将其股权转让。

不过，在包括中国的不少国家中，一般情况下只有名义股东才有权参加股东(大)会及行使属于股东的其他权利。

Burberry Group plc 诉 Richard Charles Fox-Davies 案(2015)[①]

被告 Fox-Davies 成立了一家寻找上市公司股东的公司,一旦找到即向再次获得财产的股东收取佣金。针对 Fox-Davies 提供登记股东副本以使不知其权利的股东重新获得财产的请求,原告 Burberry 集团公司向英国法院申请不得满足被告请求的命令。英国法院判决原告胜诉,理由是:被告没有表明要与谁共享所请求的信息;在某股东请求获取注册股东信息的情况下,基于公司透明度和良好治理政策的维护股东权益的民主行为应倾向于强烈支持;法院一般不支持非股东的这类请求并更严格地审查此类请求;被告为其自身商业利益而不是原告股东的利益做出这样的请求;原告本身已有收佣金更低的代理机构寻找不知情的股东而使得被告的行为不具有正当的目的。

2. 股东大会决议的表决

股东对公司实施间接控制权的方式就是在股东大会上表决通过各种对公司有约束力的决议。各国一般规定,股东的表决权可以自己行使,也可委托代理人行使。在后一种情况下,该代理人的表决仅仅在一次股东大会或该次大会休会后的会议上有效。此外,各国一般要求代理人只能参与书面而不是举手表决的方式进行的表决。

顺便说明的是,组成股东(大)会的股东的权利近年来在一些国家的制定法或判例法中得到了很大的弘扬。如英国《公司法》要求公司建立多种可行方法以增强公司信息和信息披露程序的时效性和透明性,包括:将年度股东会议的举行与报告周期联系起来以确保股东拥有及时的机会把握董事将要汇报的内容;上市公司需将公司的年度结论、全部会计和报告的初步声明放在其网站上;上市公司应在网站上披露股东会上的投票结论等。[②] 同时,该法还扩大了英国首创的股东派生诉讼权的适用范围。[③]

新加坡、美国等其他普通法系国家同样相继有条件地确立和发展了股东派生诉讼权制度。大陆法系的一些国家则在引进该制度时改名为"股东代位诉讼权"或"股东代表诉讼权"。

Wong Kai Wah 诉 Wong Kai Yuan 案(2014)[④]

原告 Wong Kai Wah 与被告 Wong Kai Yuan 是兄弟关系,双方都是拥有同样股份的一家族公司的小股东和仅有的两名董事,却因大股东是其已故母亲而控制着公司。在 3 年多的时间内经数次尝试召开董事会和股东非常会议也未能使被告作为一名董事批准和签署已审计账目,原告便代表公司向新加坡高等法院提起了派生诉讼。Lee Kim Shin 法官准许了原告的派生诉讼请求,理由是:原告提供的相关客观证据证明是合理合法的,足以支撑其基础主张;原告没有将个人目的置于公司利益之上,其个人利益与公司利益充分一致;原告的行为是诚信的;允许派生诉讼符合公司利益。

---

① 本案在英国的报告编号为(2015)EWHC 222 (Ch)。

② 参见袁碧华:《股东权利的回归——解读英国公司法的修改(一)》,《西南民族大学学报(人文社科版)》2007 年第 5 期,第 169 页。

③ 参见钱玉林:《英国的股东派生诉讼:历史演变和现代化改革》,《环球法律评论》2009 年第 2 期,第 126 页。

④ See Alan K. Koh, Searching for Good Faith in Singapore's Derivative Action, *Company Lawyer*, 2015, 36 (7), pp. 207—209.

Seafarers Pension Plan 诉 Bradway 案(2022)[①]

原告 Seafarers Pension Plan 是波音公司的股东。2018 年 10 月 29 日波音公司的一架 737 MAX 在印尼的近海坠毁，机上人员全部遇难。2019 年 3 月 10 日，一架该机型的飞机在埃塞俄比亚发生了同样的情况。这两起事件导致了该机型的飞机全世界服务的停飞，直到 2020 年 11 月 28 日，美国的官方认可了其主要控制系统问题的解决而解禁飞行。

2019 年 12 月，原告便代表波音公司提起了针对该公司官员和董事会成员的派生诉讼，称被告们在过去三年中对以上机型的开发和运营做出了重大虚假且误导的代理人陈述。根据波音公司内部细则关于派生诉讼应在特拉华州法院提起的规定，一审的美国伊利诺伊北区法院在未审查实体的情况下判决驳回了此诉讼。

美国第七巡回上诉法院 2022 年 1 月 17 日推翻了以上判决并将该案发回重审，其理由是：联邦法院对根据《1934 年证券交易法》第 14 条(a)款下的诉讼有排他的管辖权；适用波音公司内部细则会导致原告根据该款提起的派生诉讼请求不能在任何法院得到听审；承认该细则规定的效力也违反了尊重联邦《证券交易法》第 29 条(a)款中不可弃权规范的特拉华州公司法。

我国 2005 年、2013 年和 2018 年修订的《公司法》也规定了股东代表诉讼权制度，其基本内容是：公司董事、高级管理人员执行公司职务时违反法律、行政法规或者公司章程的规定给公司造成损失，有限责任公司的股东、股份有限公司连续 180 日以上单独或者合计持有公司 1%以上股份的股东，可以书面请求监事会或者不设监事会的有限责任公司的监事向人民法院提起诉讼；监事有上述违法或违章行为的，符合上述条件的股东可以书面请求董事会或者不设董事会的有限责任公司的执行董事向人民法院提起诉讼；监事会、不设监事会的有限责任公司的监事或者董事会、执行董事收到前款规定的股东书面请求后拒绝提起诉讼，或者自收到请求之日起 30 日内未提起诉讼，或者情况紧急、不立即提起诉讼将会使公司利益受到难以弥补的损害的，符合上述条件的股东有权为了公司的利益以自己的名义直接向人民法院提起诉讼；他人侵犯公司合法权益给公司造成损失的，符合上述条件的股东也可以依照前两款的规定向人民法院提起诉讼。[②] 不过，适用股东代表诉讼权制度的前提是起诉者应具有股东资格。

上海高金股权投资合伙与许建荣等纠纷案(2015)[③]

2007 年 4 月 26 日，华东地勘局作为唯一出资人设立华东有色公司，注册资本为 7 000 万元。2013 年 1 月 17 日，华东地勘局与原告等四方签订《增资协议》约定：华东有色公司增资至 12 亿元，原告等按条件增资成为该公司新股东；增资款分三期进行缴纳，在协议生效先决条件全部满足后，华东有色公司发出缴款通知的 3 个工作日内，增资各方应缴纳增资款总额 20%的首期增资款，2013 年 6 月 30 日前缴纳增资款总额 40%的第二期增资款，增资款总额 40%的第三期增资款于 2013 年 11 月 30 日前缴纳。

以上协议另约定，如果增资方逾期缴纳增资款超过 30 个工作日，则守约方有权且应当在 10 个工作日内选择如下处置方式：(1)按违约方实缴出资重新调整认缴出资及出资比例；

---

① 23 F. 4th 714，2022 U. S. App. LEXIS 554，2022 WL 70841.

② 参见我国 2018 年修正的《公司法》第 149 条和第 151 条。

③ 本案的案号为(2014)民一终字第 295 号，本案裁定的详情可见于王正涵：《股东代表诉讼的案例分析》，http://blog.sina.com.cn/s/blog_74ed9f320102yhae.html，2015 年 5 月 15 日最后访问。

(2)取消违约方在协议项下的出资资格;(3)要求违约方继续履行本合同,向华东有色公司补缴欠缴增资款。参加增资的各方均按期缴付首期增资款。原告也缴纳了第二期增资款,但未能在约定缴纳时限内缴纳第三期增资款,并于2013年11月29日、2014年1月13日两次函告其决定中止对华东有色公司进行第三期出资。鉴于以上情况,华东地勘局与另一增资方通过会议纪要,以原告逾期缴纳第三期增资款的天数已超过30个工作日为由,表示取消其对华东有色公司的出资资格。华东有色公司于2014年5月28日形成减少注册资本的股东会年度会议决议1份,之后,该公司即申请办理工商变更登记手续。

原告诉称,被告许建荣等作为华东有色公司高管,同华东地勘局绕开公司董事会,滥用职权处分华东有色公司控股子公司澳大利亚全球金属与矿业公司的投资事宜,给华东有色公司造成重大经济损失而应连带向该公司赔偿19 597.62万元。

最高人民法院于2015年1月6日终局裁定原告不具有股东代表诉讼的起诉资格,理由是:有限责任公司的股东会有权以股东会决议形式解除股东资格;华东有色公司股东会根据增资协议约定,在被告未按增资协议约定缴纳第三期增资款,经过两次函告仍未缴纳的情况下,以减少注册资本的形式解除了上海高金合伙企业的股东资格;对于华东有色公司股东会年度会议关于解除上诉人股东资格的决议,股东可以提起确认股东会决议无效之诉,截至一审裁定做出时,上诉人并没有依法提起申请撤销股东会决议诉讼或申请确认股东会决议无效诉讼;确认股东资格问题,不仅是股东代表诉讼中面临的一个事实审查认定问题,同时也涉及诉的合并问题。股东资格诉讼与股东代表诉讼的诉讼请求不同、法律关系不同,诉讼中当事人的诉讼地位也不同而构成两个完全独立的诉讼,前一诉讼是前提,是基础,两类诉讼不符合诉的合并的条件;在股东代表诉讼中对于股东资格发生争议,人民法院应当向当事人释明,告知当事人可以通过提起撤销股东会决议诉讼或者确认股东会决议无效诉讼来解决,据此原告认为华东有色公司股东会决议解除其股东资格无效,可以另行向有管辖权的人民法院提起申请确认股东会决议无效之诉。

另一方面,如果公司董事、高级管理人员等执行公司职务时给股东直接造成了损害,其他国家与我国一样都允许股东直接向有管辖权的法院起诉。

(二)董事会

董事会是公司的业务管理与执行机构。英国等国甚至将董事会视为公司的权力机构。从其他国家的法律规定来看,现在的董事会实际上是公司最重要的机构。各国关于董事会的法律规定主要包括以下几个方面:

1. 董事会的组成

董事会是由董事组成的,董事是拥有实际权力与权威、能代表公司进行管理的人,其名称可以是总裁、经理或理事等。英美法系国家一般规定,自然人和法人皆可担任董事,但在法人为董事时须指定1名有行为能力的自然人做代理人。大陆法系国家中只有法国等少数国家的规定与英美的规定相同,而德国等大多数国家却明确规定:法人不得担任董事。

关于董事会的成员人数,各国法律皆允许公司在其内部细则中加以规定,只是一些国家公司法对特定公司的董事会的成员数有最低要求,如英国《2006年公司法》第154条规定,私募公司至少须有1名董事,公开招股公司至少须有2名董事。我国《公司法》对有限责任公司和股份有限公司董事会的成员数都有限制规定,即有限责任公司的董事会由3～13名董事组成,股份有限公司的董事会由5～19名董事组成,但规模较小和股东人数较少的有限责任公司可以设 1～2 名执行董事而不设董事会。

2. 董事的资格、任期、分组、报酬与解任

关于董事的资格，除公司内部细则或股东大会决议另有规定者外，多数国家的法律并未要求董事必须是公司的股东，但为了管辖上的方便，很多国家都规定董事会中至少有 1 名或一定比例的成员为本国(地)国民或居民。此外，各国法律中往往还规定一些公司的内部细则中关于董事资格的规定不得突破法定的原则。在这方面，英国《2006 年公司法》的规定最具典型性。该法第 157 条第 1 款规定：只有 16 岁以上的人才可以被任命为董事。这是一项强行性规范，违反该款的任命无效。但是，该条第 2 款同时规定，以上的第 1 款并不影响被任命者达到 16 岁才生效的董事任命的有效性。此外，该法第 158 条第 1 款规定国务秘书可就低于 16 岁者被任命为董事的情况做出规定。最后，很多国家还规定，取得董事职位者须认购一定比例的股份，该股份称作董事资格股，它大多采取记名的形式。各国做出此项规定的目的是使董事尽心尽力地为公司服务，否则即将其资格股充作因其玩忽职守而致公司损失的赔偿。

关于董事的任期，英美法系的国家一般由公司的内部细则规定，这些国家的公司通行的实践一般为 3 年，连选可以连任。我国和多数大陆法系国家的法律对董事的任期做出明确的规定，分别为 3～6 年不等。

关于董事的分组问题，美国多数州都作了明确规定，即为了保持董事会成员的相对稳定与公司政策的连续性并使董事会不断地优胜劣汰其成员，法律允许公司按其内部细则将董事分成几个组，从而在每届(或每几届)股东年会上都能轮流有一组董事任职期满而被更换掉。其他国家虽未在公司法中对此做出明确的规定，但其公司董事会在实践中也广泛采取这一方法。

董事为公司工作，绝大多数国家都允许董事可因此而取得报酬。大体上，英美法系国家及允许采取单一董事会制的部分大陆法系国家如法国等国一般规定：董事取得报酬的前提条件是公司章程中有如此规定或无禁止性规定，至于董事取得报酬的多寡则多由股东大会决定。德国等部分实行双董事会制(即董事会与监事会并行)的国家一般规定：董事的报酬须由监事会决定。

董事解任的原因有三：任职期满、免职、辞职。任职期满而未被连选的，董事当然得卸任；但在任职期满前，各国一般规定，公司的股东大会或监事会可以基于任何原因按一定的程序随时撤销公司某个人的董事之职甚至整个董事会。基于任何合法的原因，董事可以辞职，这也是各国通例。但各国一般要求董事应在辞职前的一定时日内向公司发出通知。

3. 董事会的权力与董事会议

前文已指出，董事会已是公司最重要的管理机构。很多国家法律明确规定：除法律或公司章程另有规定者外，董事会可行使或授权行使公司的一切权力，指导公司的一切活动。但董事会具体行使哪些权力很少有国家以法律的形式进行列举。有鉴于此，美国学者汉斯曾作过权威性的总结，结论是董事会主要在以下九个方面行使决策权：关于公司的产品和服务价格、工资与人事安排；选任、监督和免除公司高级职员和其他专门委员会；批准行政人员的报酬、抚恤金、退休费等计划；决定股息、公司财务原则和资金的周转；批准公司非一般性的交易活动和特殊重大的公司事务；批准公司签订的重大业务合同；通过、修改和撤销公司的内部细则；监督和提高整个公司的福利待遇；召集股东大会。应予指出的是，公司的管理权不是属于某个董事(仅有 1 名成员的董事会除外)，而是属于董事会这个集体，董事们必须依照董事会会议上所通过的决议办事才能对公司有效。虽然董事会中的董事长无须任何授权证明即可对外代表公司，但董事长也是董事会议选举产生的，其所有的行为亦应事先经董事会议的授权，否则，董事会议可随时基于

任何原因撤销其董事长之职。因此,董事会议便是董事会行使管理权的关键性环节。

中华环保科技集团有限公司与大拇指环保科技集团(福建)有限公司纠纷案(2014)

被上诉人大拇指环保科技集团(福建)有限公司(以下简称大拇指公司)于2004年经福建省人民政府商外资字〔2004〕0009号文件批准,取得了《中华人民共和国外商投资企业批准证书》,成为外国(新加坡)法人独资的有限责任公司。自成立始,该公司的名称、住所、法定代表人、股东名称、投资总额与注册资本等进行了数次变更。2005年9月起至今,该公司股东为注册于新加坡的上诉人中华环保科技集团有限公司(以下简称环保科技公司)。2012年12月18日,大拇指公司的法定代表人变更登记为洪臻。

2010年6月4日,新加坡高等法院做出法庭命令,裁定环保科技公司进入司法管理程序。该公司在446号案提供的新加坡腾福律师事务所对新加坡公司法所规定的司法管理制度的《法律意见》表明:(1)新加坡公司法所规定的司法管理程序系有关人士向新加坡高等法院提出申请以将一家公司置于司法管理程序。设计司法管理制度的目的是使那些无法按时偿还到期债务的公司获得一定的喘息空间,以便其在该制度的监管下获得一定的机会以重新恢复其财务实力或者更好地实现其资产的价值,而不是直接被置于清盘情形。(2)如果新加坡高等法院认为公司确实已经或者将要无法偿还到期债务,且发布有关法庭命令将有机会使得如下三个目的中的一个或者多个得到实现,那么高等法院会针对有关公司发布司法管理命令。这三个目的:一是使公司存续,或者使公司的部分或全部业务持续经营;二是根据新加坡《公司法》而许可有关公司与其债权人达成妥协方案;三是与清盘相比较,有关公司资产的价值能够得到更好的实现。(3)当法庭发布司法管理的命令且在该命令持续有效的期间,不得通过决议或者命令的方式使得公司进行清盘。

2010年8月18日,大拇指公司向福州中院起诉要求环保科技公司先行支付部分承诺的增资款。2012年5月16日与6月26日,环保科技公司向福州中院分别起诉大拇指公司及擅自将大拇指公司法定代表人变更为洪臻的两名相关人,要求确认董事长兼法定代表人为保国武等。2012年11月28日和2013年7月10日,保国武以环保科技公司法定代表人名义分别向福建省工商行政管理局、福州市鼓楼区对外贸易经济合作局递交《关于大拇指环保科技集团(福建)有限公司减资事宜的申请》。

对福州中院和福建高院裁判不满的环保科技公司最后上诉至最高人民高院,该院于2014年6月11日终审裁定上诉人胜诉,理由是:《公司法》第13条规定公司法定代表人变更应当办理变更登记,该登记的意义在于向社会公示公司意志代表权的基本状态,对外具有公示效力,如果涉及公司以外的第三人因公司代表权而产生的外部争议,应以工商登记为准;对于公司与股东之间因法定代表人任免产生的内部争议,则应以有效的股东会任免决议为准,并在公司内部产生法定代表人变更的法律效果,环保科技公司作为大拇指公司的唯一股东,其做出的任命大拇指公司法定代表人的决议对大拇指公司具有拘束力;本案起诉时,环保科技公司已经对大拇指公司的法定代表人进行了更换,其新任命的大拇指公司法定代表人明确表示反对大拇指公司提起本案诉讼,在这种情况下的本案起诉不能代表大拇指公司的真实意思……

董事会会议同样有普通会议和特殊会议之分。普通会议是董事会根据公司内部细则规定而定期召开的会议,俗称"例会";特殊会议是董事们认为必要时而随时召开的会议。

关于董事会会议出席董事的法定最低数,很多国家允许公司在不违背其章程的情况下,由内部细则予以规定。该法定最低数可低于简单多数,但美国很多州法却规定:无论在什么情况下,出席董事会会议的董事人数不得少于全体董事人数的1/3。

董事在会议上的表决权为1人1票,一项决议经符合法定人数的出席会议董事中的简单多数通过即为有效。此外,各国还承认,某董事先前未经召集会议而采取的行动事后经董事会会议追认的,也应视作董事会的集体行为。

4. 董事的责任

董事们对公司的业务管理拥有最高的决策权,其与公司有关的行为直接关系到公司、股东及第三人的利益,因此,各国法律在赋予董事会广泛权力的同时,亦规定了董事们对公司的严格责任。资本主义国家一般认为董事与公司之间是一种信托关系,董事兼具公司的代理人和受托人的双重身份,因此,民、商法中关于代理人与受托人的一般职责,董事们均应遵守。

根据各国的立法与实践,董事的责任可分为以下两个方面:

(1)作为公司的代理人,董事首先应在法律和公司章程及公司内部细则授权的范围内行使职权,否则,董事的行为即被视作越权行为,须对公司承担个人责任;其次,董事不能为其个人利益而使公司的利益受到损害,包括董事不得为自身利益而与公司业务相竞争,不得接受贿赂而抛却公司的营业机会等。

(2)作为公司的受托人,董事负有为公司的最高利益而尽忠诚、勤勉和谨慎之责,否则,该董事即被视作有渎职行为。所谓"忠诚",即董事不应进行欺骗,以使公司、股东、第三人或政府遭受损失;所谓"勤勉",即董事应依据法律、公司内部细则和服务合同等勤于关心公司业务,为公司尽心谋取最高利益;所谓"谨慎",即董事为了公司的利益,应像一个处于同样地位和类似环境中的普通智者那样,细心为公司办事。

董事违反上述诸项职责时,各国一般都规定了相应的经济责任和刑事责任。如英国法律规定,对欺骗债权人或本公司股东的董事不仅要罚款,严重者还可能要判处7年以下的监禁。如果董事违反受托义务,达到一定比例的股东可以公司董事为被告向法院提起诉讼。

Quarter Master 英国有限责任公司诉 Pyke 案(2004)

原告Quarter Master(Q)和AL都是由P和N创立的公司,P和N是两家公司的唯一董事。当P和N决定同另一家集团合并时,他们在Q公司的股份转让给了新的控股公司G,两人同样是G的董事。AL没有被G兼并,但是AL同意将其企业商誉作为名义对价转移给Q,并作为Q的代理商开展业务。AL的主要客户是一家大型的啤酒厂C,AL从C处所赚得的佣金最终归于Q。后来G陷入严重的财政危机,Q也因此资不抵债。P和N辞去了G的董事职务。Q成为自动清偿的债权人。同时,P和N商定,让AL以自己的名义继续与C的业务往来。Q认为AL与C从事Q曾和C之间的业务活动,P和N违背了其对Q的受托义务,起诉要求P和N支付因违反受托义务所得到的利益。P和N辩称当他们递上辞职信的时候,就已经不再是Q的董事了。英国法院判决Q获胜,P和N有责任支付他们和AL在与C的交易中所得到的利益,理由是:P和N的辞职信结束了他们和G之间的董事关系,但是辞职信是直接递向G公司董事会的,对Q没有同样的效力,除非辞职信的接收者能合理地相信P和N有意辞去Q公司的董事,因此,在AL与C进行交易时,P和N作为Q和AL两公司的董事具有明显的利益冲突,并且在这种情况出现之前,他们并没有征得Q的正式同意,违反了他们对Q公司的受托义务。而且,P和N通过对AL的控制,利用Q的信息和商誉,与C达成新的交易,无论他们是否辞去他们Q公司的董事身份,都违背了对Q的受托义务。

这里应予指出的是,各国法律中关于董事责任的规定并不是要求董事具备处于同样地位的管理者应具备的知识和经验以外的更多技能;换言之,法律并不要求董事必须同时也是专家。此外,董事的行为只要符合法律、公司章程和内部细则及服务合同的规定,他(她)并没有对公司给予更多关心的义务,也没有对公司的业务经营负有保证成功的义务,更不会对无过错的行为向公司负责。

Brehm 诉 Eisner 案(2000)

1995 年 10 月 1 日,Disney 公司雇用 Qvitz 为公司的总经理。身为 Disney 公司的主席和 CEO 的 Eisner 是 Qvitz 的好朋友,雇佣合同由 Eisner 单方协商,在听取 Disney 公司雇用的财务专家 Crystal 意见的基础上,Disney 董事会批准了该雇佣合同。该合同规定,Disney 公司同意支付 Qvitz 每年 100 万美元的基本工资、无限制的奖金和两组公司购股期权(A 期权和 B 期权),总额可以购买 500 万股 Disney 公司的普通股票。该合同还规定,Qvitz 的基本雇佣期限为 5 年,若合同非因 Qvitz 的过失而终止,Disney 公司将支付 Qvitz 的一揽子的离职金,包括直到 2000 年 9 月 30 日的工资,根据合同每个会计年度未付的另外 750 万美元,以及 300 万美元公司购股期权的即期支付。1996 年 12 月 27 日,Disney 公司董事会批准 Qvitz 无过失离职,并依据合同支付给 Qvitz 大额的离职费。Disney 公司的股东认为董事会没有计算 Qvitz 离职费的价值额就通过 Qvitz 的雇佣合同,没有适当注意,违反了受托义务。纽长斯尔县法院判决支持被告。原告股东上诉。州高级法院认为:根据特拉华州公司法的规定,董事会的成员或者董事会任命的任意委员会成员,在履行职责的过程中善意的信赖公司精心挑选的或代表公司的人在其职业和专业知识范围内提供给公司的信息,应该受到充分的保护。Crystal 是 Disney 公司雇用的财务专家,董事基于对 Crystal 专业知识的信赖做出的决定,符合经营判断决策规则[①],没有违反受托义务,应该受到保护。

最后需要说明的是,很多国家的公司法也为公司的控股者规定了类似于董事的诚信责任。本来,股东只需以其在公司中的投入资金对公司的债权人负责,平时便是按其意愿选举董事或对公司的重大业务进行表决以及分得股利等,谈不上对公司再承担忠诚之责。但是,由于控股者有能力选出自己所控制的董事或有足够的票数批准公司的重大行动,因此,控股者的行为可能损害少数股东的利益。在这方面,1967 年的布朗宁诉 C. 布里伍德案便是例证。在该案中,控股者企图减弱少数股的股东利益,这些控股者在知悉该少数股股东买不起配股时,便投票表决发行新股,少数股股东便告到法院,法院最后发布禁令,禁止该公司发行新股。此外,若控股者未经过缜密的调查即对有关重大业务进行表决,则也会使公司蒙受重大损失。因此,不少国家的法律明确规定:控股者得为其疏于调查潜在的购买者及其动机的疏忽行为负责。

(三)监事会

西欧大陆国家的公司法大多规定,股份有限公司的股东大会之下应设立监事会和董事会两个机构,所以,有些学者便称这些国家实行"双重董事会制"。其中,监事会的职责是对公司的经营管理包括董事会的业务活动进行监督;至于公司的经营管理活动则专门由董事会负责,

① 经营判断规则,是指在经营决策时,如果尽了应有的注意,不是为了自己的私利,而是根据已知的信息为公司的利益善意尽力,公司管理人员即董事会成员或高级官员可免责的规则。

董事会须接受监事会的监督和执行监事会的决议。这种制度以德国最为典型。

德国公司法强制性地规定:股份有限公司必须设立监事会。监事会成员的人数根据公司的雇员人数和资本总额确定,并且其中雇员代表和股东代表应占一定的比例。监事必须为自然人,其任期为 4 年。关于监事会的职责,德国公司法的规定主要有以下几项:选举董事会成员;监督董事会活动;决定董事的酬金;决定公司的经营方针;为公司的利益而在董事会不能召集时召集股东大会;代表公司与本公司董事进行交易等。为履行上述职责,德国公司法要求监事会:定期听取董事会关于公司经营方针、盈利能力、营业过程、资金周转、公司事务的状况和对公司或子公司十分重要的交易情况的报告;及时向董事会了解公司具有重要影响的情况,并亲自或通过专家对公司的账目和记录进行检查;批准公司的某些交易;等等。

德国《公司法》规定,监事的职责与董事的职责是一样的。监事的酬金由股东大会决定,但酬金的总额须在公司的年度报告中予以载明。

其他西欧大陆国家公司法中也有和德国法中上述内容相似的规定,只是某些国家如法国并不强制股份有限公司设立监事会,股份有限公司可自由地根据自身情况决定是否设立监事会。

日本 2016 年《会社法》的第 326～328 条规定,大公司可以在提名委员会等、监察等委员会及监事会等多重选项中选择其一,中小公司在此基础上还存在一种只设监事不设监事会的选项。①

根据我国《公司法》的规定,有限责任公司和股份有限公司都必须设立监事会。其成员不得少于 3 人,但是股东人数较少和规模较小的有限责任公司可以设 1～2 名监事,不设监事会。修订后的《公司法》规定:监事会应当包括股东代表和适当比例的职工代表,其中职工代表的比例不得低于 1/3,具体比例由公司章程规定。监事会中的职工代表由公司职工通过职工代表大会、职工大会或者其他形式民主选举产生。此外,现行《公司法》还规定,董事、高级管理人员不得兼任监事。扩大了不得兼任监事的人员的范围,高级管理人员不仅包括经理、财务负责人,还包括副经理、上市公司董事会的秘书和公司章程规定的其他人员。

监事行使下列职权:检查公司财务;对董事、经理执行公司职务时违法或违反公司章程的行为进行监督;当董事和经理的行为损害公司的利益时,要求董事和经理予以纠正;提议召开临时股东大会;公司章程规定的其他职权;列席董事会会议。可见,我国《公司法》中的监事会职权要比德国《公司法》中的监事会职权窄得多,监事会名副其实地处于公司的监督者角色。

(四)独立董事

独立董事是指来源于公司外部,在公司不担任除董事外的其他职务,并与其所受聘的公司及其主要股东不存在可能妨碍其进行客观判断关系的董事。独立董事制度最早确立于美国,后来为一些国家所效仿②,如日本 2002 年 5 月修改《商法》和《公司法》时就在《商法特例法》中引入了这一制度,其内容是:大型公司可以设置审计委员会、提名委员会、薪酬委员会等董事会专门委员会,各委员的过半数以上成员应为公司外部独立董事,同时,上述设置委员会的公司

①③ 参见周雪梅、朱庆:《破解强制——任意二分困局:公司法规则约束力分层体系确立论》,《安徽大学学报(哲学社会科学版)》2022 年第 1 期,第 67 页。

② 不过,最早创造该制度的美国仅要求独立董事必须来自管理人员之外,效法引入该制度的其他国家一般却同时规定,管理人员之外的主要股东也不能担任独立董事,这主要源自于经合组织 2004 年的《公司治理原则》(the 2004 OECD Principles of Corporate Governance)。See Mariana Pargendler, The Rise of International Corporate Law, *Washington University Law Review*, January 2021, pp. 1787－1789.

不得设置监事。不过，对于独立董事和监事会等监督机构是否有同时设置必要的问题，有学者认为，监事会与独立董事之间分工不明确，职能范围存在部分重叠，容易造成资源浪费，且监事会与独立董事相互推诿，导致公司监督机制失灵，同时，两者功能定位均在于监督，但在监督职责设计上简单重复，一定程度上具备互相取代的可能。[③]然而，日本2019年修订并于2021年3月1日正式实施的《公司法》第327条之2对规定了强制性的独立董事制度。[④]针对实践中公司监事会制度普遍虚化的现象，我国现行《公司法》也在第123条规定：上市公司可以设立独立董事，具体办法由国务院规定。[⑤] 我国国务院颁布的相应法规规定：在直接或间接持有上市公司已发行股份5%以上的股东单位、在上市公司前五名股东单位任职的人员及其直系亲属、直接或间接持有上市公司已发行股份1%以上或者是上市公司前十名股东中的自然人股东及其直系亲属，不得担任独立董事。

(五)经理及各执行委员会

由于两次董事会议期间总得有人主持公司的日常事务，因此，股东大会或董事会一般也会选举或任命1名称为经理或总裁的官员作为公司日常业务的总代表。此外，规模大的公司可能还要设立数个执行委员会来负责公司各个方面(如市场营销、投资或信贷审计等)的事务，这些执行委员会的官员大多也是由董事会任命的，也有少数公司的内部细则规定须由股东大会选举。董事可以兼任包括经理在内的上述各种职务。

包括我国在内的各国公司法规定，经理及各执行委员会中的有关官员的职责是作为公司的代理人，负责管理公司明示授权范围内的日常业务，明示授权的依据可以是公司法及其他有关法律、公司章程和内部细则、董事会的决议等。不过，现代各国公司立法和法院实践认为，公司的总经理在公司正常的日常业务范围内的行为即使没有明示授权也对公司有约束力。

经理和其他执行官员的权利是按公司章程细则、股东大会或董事会的决议及服务合同领取薪金，其义务即是对公司服从、忠诚和对职责范围内的公司业务做到合理的谨慎。“忠诚”“合理的谨慎”等解释标准与董事的职责解释标准相似。

六、公司债

公司债是公司以负债的形式筹集的资金，主要包括银行贷款和债券两种。

(一)银行贷款

各国一般都赋予公司借款之权，并规定公司可为每笔贷款提供担保，包括以其固定或流动资产作抵押。公司的借款权一般由董事会行使，但公司可在其章程或内部细则中对董事会的权力加以限制包括对借款数量的限制。此外，为了维护债权人的利益，很多国家规定，除少数例外情形外，公司的董事会不得借入超过公司股份资本和公积金总额的债款，这一原则也适用于公司发行公司债券的场合。

公司债款中的主要成分为银行贷款。银行贷款的主要形式为不超过一年期的短期担保贷款，少数中长期贷款则往往要求公司提供担保。

---

④ 参见朱大明：《公司法立法指导原则的研究——以日本公司法现代化改革为中心》，《清华法学》2022年第1期，第24—28页。同时参见曾斌、方荣杰：《日本独立董事制度最新情况及对我国的启示》，http://sjk14.e—library.com.cn/DRC-Net.Mirror.Documents.Web/DocSummary.aspx? docid=6538490&leafid=14136，2023年4月6日最后访问。

⑤ 参见吕世辰、韩卫平：《我国新公司法与日本公司法的比较分析》，《经济问题》2007年第1期，第67页。

最后应予指出的是，虽然股东向公司借款并获得公司担保常被承认有效，但在涉及公司破产或解散时，股东的优先债权常因股东涉嫌欺诈等而不再受到一些发达国家法院的承认。

坦茨诉纤维玻璃游泳池公司案(1980)

1968 年，原告建立纤维玻璃游泳池公司，做出售和安装游泳池生意。原告与其父母第一次投入资本为 3 000 美元。在第一年春季，原告用其个人资金贷款安装游泳池，在以后季节里便获得利润。1972 年，原告及其父母大约分别向被告公司投入 18 675 美元和 25 000 美元用以购买设备，1973 年，这些钱被列在公司贷款报表中的未偿付栏，同年，被告公司总销售额为 238 000 美元，被告向原告偿还 5 000 美元。1973 年 11 月 23 日，被告向原告及其母亲签发一张价值为 40 818.16 美元的本票，原告将贷款报表中的各种设备作为该本票的担保。后来，被告公司生意下滑，1976 年被告公司进入破产程序，原告以其(包括其父母)向被告公司贷予的款项有担保为由而向公司的设备主张权利。美国法院最后判决原告败诉。其理由是：在破产程序中，决定财产争议问题解决应依据下列标准，即资本投入的适合性，股东贷款与其股本的比例，股东对公司控制的程度，公司股东以外的贷款者类似贷款的受偿机会，及其他诸如贷款有无还款与偿还期限及其在公司记录中的记载方式等。在本案中，被告仅投 3 000 美元风险资本，它至多只能承受 200 000 美元的销售额；原告完全控制了公司，当公司赚钱时，原告就拿取利润，当需要扩大经营时，他就得对公司投入更多的资金；本票既无利息、偿还及固定的最终期限条款，已偿付 5 000 美元这一事实也不能确定它属于贷款。据此，法院认为原告所称的贷款应视作资本投入，采取本票形式只不过是为保障其家庭投资不受其他债权人追诉。

(二)债券

债券是公司确认收到借款并于规定的日期还本付息的书面凭证。

各国一般都允许公司发行债券，但对公司向公众发行债券的权力却作一定的限制。如法国规定，只有拥有 50 万法郎以上资本的公司才可以向公众发行债券，且公司还得于发行公众债券时将其具体情况在官方公报上进行公告；公司发行的债券额超过 1 500 万法郎的，须事先报告财政部长。根据我国《证券法》，只有符合下列条件的公司才可以向公众发行债券：股份有限公司的净资产额不低于 3 000 万元人民币，有限责任公司的净资产额不低于 6 000 万元人民币；累计债券总额不超过公司资产额的 40%；最近 3 年平均可分配利润足以支付公司债券 1 年的利息；筹集的资金投向符合国家产业政策；债券的利率不超过国务院限定的利率水平；前一次发行的公司债券已经募足；对已发行的公司债券或债务无违约或延迟支付本息的事实，或虽曾违约但已纠正；股东(大)会对发行公司债券已做出了决议(国有独资公司则由国家授权的投资机构或国家授权部门做出决定)；公司发行债券的规模没有超过国务院确定的规模。

1. 债券的发行

与股份发行相似，债券投资者的认购书只是要约，分配债券才是承诺。但是，与股份发行不同的是，除公司内部细则另有规定者外，各国一般都允许公司折价发行债券。债券的对价可在发行日或特定日期交付。

2. 债券的种类

各国允许公司发行债券的类别较多，归纳起来主要有以下几种：

(1)记名债券。它是指本息付给记名持券人或其指定人的债券。当今，各国公司很少发行记名债券。

(2)无记名债券。它是指本息付给债券持有人的债券。目前,世界各国公司发行的债券大多是无记名债券。

(3)固定设押债券。该债券的持有者对公司的特定财产享有固定的抵押权。虽然公司通常仍然占有固定设押的财产,但未经抵押权人同意,公司不得出售或抵押该财产。

(4)无担保债券。这类债券的持有人对公司的资产不享有抵押权,其地位与一般无担保债权人的地位相同。如债券上无明确的说明,该债券即被视作无担保债券。

(5)浮动设押债券。它是指其持有人对公司某一类现在或将来的财产享有抵押权的债券。这类债券的特征是:设押的公司财产在公司正常业务过程中是经常变化的;在采取强制措施处理抵押财产前,公司对设押的财产仍然拥有处置权。许多正在建设中的工程项目即可采用这种方式集资。

(6)可转换债券。它是指在一定的条件下可以调换成股票的债券。

3. 债券的转让

在现代各国,债券属于一种可流通转让的证券。一般而言,记名债券须经背书或签署转让文件并通知发行公司注册的方式转让,而无记名债券则仅凭交付即可转让。我国新《公司法》也删除了旧法中关于无记名债券持有人只能到依法设立的证券交易所转让其证券的规则,根据该法的现行规定,无记名公司债券交付给受让人后即发生转让的效力。

七、股利

股利是公司支付给股东的股本报酬。各国皆规定,股利只能从公司的纯利润中支付。公司的纯利润包括营业纯利润和资本纯盈余两部分。前者为公司营业所赚取的纯利,后者为资本增加而非营业结果,如公司所有的土地或其他不动产随着时间的推移而升值等。

多数国家公司法还规定,在确定可作分配股利的公司纯利前,公司应留足偿还债务的资金,并须扣除资产折旧、营业亏损等费用,此外,公司还必须依法或依其章程规定留存必要的储备金(又称"公积金")。总的来说,英美法系国家一般允许公司在其章程中自定储备金的数额,而大陆法系的国家则多以法律的形式明文规定储备金量。

我国现行《公司法》规定,对公司当年的税后利润,公司应提取10%作法定公积金,当该法定公积金累计达到公司注册资本50%以上时,公司可以不再提取,也可以根据股东会或者股东大会决议继续提取所谓任意公积金。此外,股份有限公司溢价发行股票的溢价款和国务院财政部门规定列入资本公积金的其他收入也列为资本公积金。公司的公积金就是由法定公积金、任意公积金和资本公积金构成的,它用于弥补公司的亏损、扩大公司生产经营或转为增加公司资本。但是,资本公积金不得用于弥补公司的亏损。法定公积金转为资本时,所留存的该项公积金不得少于转增前公司注册资本的25%。若公司的法定公积金不足以弥补以前年度亏损的,则在提取法定公积金之前以当年的利润弥补该亏损。对公司弥补亏损和提取法定公积金之后所余税后利润,有限责任公司依照该法第35条关于分红与优先认购权方面的规定分配,股份有限责任公司按照股东持有的股份比例分配,但股份有限责任公司章程规定不按持股比例分配的除外。

现行《公司法》第35条在分红与优先认购权方面主要作了两方面的改动:一是股东必须按照"实缴"的出资比例分红或认缴出资,这体现了民商法理论中的"权利义务相一致原则";二是新增了全体股东约定可以排除法定的分红或认缴出资的规定,即允许公司约定分配方法。

关于股利的形式，只要公司章程或内部细则有规定，或者经股东大会决议，公司可选择使用现金、实物或股份的方式支付股利。这里应予指出的是，在用股份支付股利时，该股份若有票面值，则公司应将等额的盈余转成股本；若支付的股份无票面值，则公司应按宣布股利时的价格将等额的盈余转成股本。但公司持有的本公司股份不得分配利润。

八、公司的合并、解散与清算

（一）公司的合并

公司的合并一般是指两家以上的公司同时解散而共同组成一家新公司，或一家现存的公司接管另一家现存公司的行为。各国公司法一般都规定，参加合并的公司都须事先由各自的董事会做出决议，然后交各自的股东大会批准；再由各方共同签署合并合同，并交各自的股东大会批准；最后请求主管部门审批登记。一般而言，只要公司的合并行为并不影响原来各公司的债权人利益，且也不违反所在国的反垄断法，各国一般都会批准合并申请并给予注册，一经注册，合并即告成功，原来的各公司的债权与债务随即也一并转入新合并公司。

北大方正集团有限公司等五家公司实质合并重整案(2021)①

2019 年底，北大方正集团有限公司(以下简称方正集团)流动性危机爆发，负债达数千亿元。2020 年 2 月 19 日，北京市第一中级人民法院受理债权人对方正集团的重整申请。同年 7 月 17 日，方正集团管理人提出实质合并重整申请，7 月 28 日，该法院组织各利害关系人及中介机构进行听证。经审查，该法院认为，方正集团与方正产业控股有限公司、北大医疗产业集团有限公司、北大方正信息产业集团有限公司、北大资源集团有限公司之间法人人格高度混同，区分各关联企业成员财产的成本过高，对其实质合并重整有利于保护全体债权人的公平清偿利益，降低清理成本，增加重整的可能性，提高重整效率，故于同月 31 日裁定方正集团等五家公司实质合并重整。

该法院在及时通过司法手段保护重整主体核心资产安全和持续经营的同时，指导管理人通过公开招募、市场化竞争选定重整投资人，并坚持公平对待债权人和切实维护职工权益。次年 5 月 28 日，方正集团实质合并重整案债权人会议高票通过重整计划草案，根据草案规定，有财产担保债权、职工债权、税款债权及普通债权 100 万元以下的部分均获得全额现金清偿；普通债权 100 万元以上的部分可在“全现金”“现金加以股抵债”“现金加留债”三种清偿方式中任选一种获得清偿，预计清偿率最高可达 61%。次月 28 日最终裁定批准以上相关的五家公司重整计划，使得方正集团重获新生。

（二）公司的解散

公司的解散(Dissolution)是指公司法人资格的消灭过程，而公司的清算是指公司解散时对其财产进行清理的过程。

根据各国法律规定，公司的解散有自愿和强制两种。各国规定，公司基于任何原因可根据

---

① 该合并案详情可见于刘帆：《2021 年全国法院十大商事案件》，https://www.court.gov.cn/zixun－xiangqing－344441.html，2023 年 4 月 11 日最后访问。

股东大会决议自愿解散公司，而强制解散公司则主要发生在以下场合：公司资不抵债破产[①]或只能亏本经营，公司有违法行为。此外，很多国家的公司法还规定了其他一些强制解散公司的情形，例如，法国《公司法》规定：股份有限公司的股东人数不足 7 人或其资本低于法定资本额持续 1 年，或有限责任公司的股东数只有 1 人的情况已达 1 年，则法院可根据利害关系人的请求强制解散这类公司。再如，美国的《修订标准公司法》第 14 条第 30 款规定，在下列三种情况下，股东也可以提起强制解散公司之诉：(1)董事在公司管理事务中出现僵局而股东们未能打破此僵局以致正在遭受不可修复的损害或损害威胁；(2)公司的资产正在不适当地适用或浪费；(3)股东之间在投票权方面出现僵局并且在特定时间内(通常为 2 次年会)没有选出到期董事的继任者。

根据我国现行《公司法》第 183 条的规定，在下述情形中，持有公司全部股东表决权 10%以上的股东，可以请求法院解散公司：公司经营发生严重困难，继续存续会使股东利益受到重大损失，通过其他途径不能解决的。

(三)公司的清算

无论是自愿的还是强制的，公司在解散时都要进行财产债权、债务清算。首先得确定清算人。各国关于清算人的任命方式的规定大致可分为三类情形：由公司的董事会指派一名董事担任；根据公司章程的规定，由股东大会选任清算人；在特殊情况下，根据利害关系人的请求由法院指派清算人。

清算人的主要任务是：调查公司资产的现状，制作公司现有财产的目录和资产负债表，经股东大会认可后将有关的财务报表提交法院；发表公告，催告公司的债权人限期申报债权；收回公司债权；清理终结公司的业务；变卖公司财产；按法定顺序清偿公司债务；将剩余财产分配给各股东；等等。完成上述诸多任务后，清算人即可制作清算报告。该报告经股东大会追认后，清算人的责任即告解除。不过，清算人还得将清算报告呈交法院。

清算人在进行清算的过程中，有权代表公司处理公司未了的事务并到法院起诉应诉。各国还规定，清算人有权取得报酬，该报酬与清算费用皆优先从公司剩余财产中扣除。

Stanford International Bank Ltd 与 HSBC Bank PLC 纠纷案(2022)[②]

上诉方 Stanford International Bank Ltd 是一家注册于安提瓜和百慕大的公司，在 2009 年 2 月倒闭前，其由名为 Robert Allen Stanford 的董事会主席控制，当时的主要业务是向国际客户出售允诺有良好回报的存托凭证(Certificates of Deposit)。对于所投入该公司基金中的资产，购买的投资人被误信将被再投资于低风险的资产项目和证券。实际情况却是一种庞氏骗局，上述主席及几位密谋者自 2003 年至其 2009 年倒闭阶段都是拆东墙补西墙，即用后投资人的款项偿还到期的前债务。

2008 年，上诉方剧增的客户请求赎回并产生了挤兑，2009 年 2 月，美国证券交易委员会(SEC)指控上述主席关乎欺诈并在对其金融集团任命了一位接管者。同年 4 月，安提瓜法院任命了上诉方的清算人。根据本国的《跨境破产法》(the Cross Border Insolvency Regula-

① 在处理公司跨境破产的情况下，有关国家的法院有时会考虑公共秩序或公共政策问题。See Csongor Istvan Nagy (ed.), Cross-Border Litigation in Central Europe: EU Private International Law Before National Courts, Kluwer Law International, 2022, pp. 267—338.

② 该判决详情可见于 https://www.bailii.org/uk/cases/UKSC/2022/34.html，2023 年 2 月 16 日最后访问。

tions,2006)，英国高等法院随即承认该清算为境外主程序(Foreign Main Proceedings)。鉴于可能的数十亿美元的净欠债，上述主席被美国联邦法院判处了 110 年的监禁。被上诉方 HSBC Bank PLC 曾为上诉方的四个账户提供主要为英镑、欧元、美元和在瑞士法郎的银行服务，2009 年 2 月 17 日，获知上诉主席遭 SEC 指控后，上诉方冻结了这些账户。2019 年 3 月 14 日，上诉方在英国法院提起了向被上诉方的索赔，认为其违背了标签为“Quincecare”①的一种谨慎义务，即没有拒绝接受上述主席对先前债权人的付款指示，同时也指控其不诚信或过失地协助上述主席违反义务。被上诉方则请求驳回该索赔主张和做出简易判决。除了简易判决外，被上诉方在二审中的其他请求都获得了支持，上诉方却仍坚持 Quincecare 义务没有得到遵循，英国最高法院 2022 年 12 月 21 日终审判决驳回了该主张，理由是：被上诉方对上诉方早期赎回债权人的付款并没有减损其资产。

九、关于外国公司的特殊规定

关于外国公司的划分方法，世界各国尚无统一的标准，一般以下面一个或几个因素作为区分外国公司和国内公司的依据：公司的注册地，公司的管理中心地，公司的主营业地，控股股东的国籍所在地或住所地，等等。不过，包括我国在内的当今世界上大多数国家都实行登记地主义，即将注册登记地作为确定公司国籍的标准，凡在国外注册登记的公司皆为外国公司。尽管主要的资本主义国家一般规定，其公司法对进入该国营业的外国公司也同样适用，但由于外国公司本身有特性，因而，这些国家的公司法也常对外国公司做出一些特殊的规定，这些规定主要包括外国公司的进入、法律待遇与法律控制以及外国公司的撤离三个方面。

(一)外国公司的进入

外国公司的进入是指外国公司到东道国来进行经营活动的行为，但是，偶然的交易行为或正常的买卖行为一般都不被视作进入。外国公司进入东道国的方式一般有以下几种：在东道国设立非营业性的代表处；在东道国设立不具有独立法律人格的营业性分支机构；单独投资或者以合并或收购的方式在东道国设立具有独立法律人格的营业性子公司。各国对第一种仅从事一般联络事务的代表处施加的特别规定较少；对第二种和第三种以营业性分支机构或子公司(以下统称“营业性机构”)方式进入本国的，早先基于各种考虑做出较为复杂的特别规定。如英国曾规定，拟以营业性分支机构或子公司方式进入英国的外国公司必须在其申请设立营业性机构后的 1 个月内向英国的公司注册署提交下列文件：特许证、公司章程与内部细则或其他规定公司组成的文件且经证明的副本一份；公司董事的姓名、地址、国籍与简历；居住在英国拥有代表公司接受诉讼文书或其他通知书的人员的姓名和住址等。外国公司营业性机构经英国的公司注册官依法审查合格后即予注册，至此，该外国公司的营业性机构即可在英国正式营业。不过，若以后该外国公司的营业性机构对上述注册事项有所变更，则亦须通知公司注册署。

美国州法也曾规定，所有的外国(州)公司只有在向州务卿申请，取得营业许可证后方可在该州从事营业活动。美国州法对外国(州)公司的进入申请书的必备内容要求较繁，包括：公司的名称及其设立地的国(州)名；公司设立的日期与存续期限；公司在设立地的办公地址；公司

① 由 Barclays Bank plc 诉 Quincecare Ltd and another 案的判决而定名，See[1992]4 All ER 363. 香港法院现也承认银行有这种 Quincecare 责任，但拒绝扩大其适用范围，这方面的司法实践详情可见于 https://hsfnotes.com/asiadisputes/2021/04/19/banks-may-rest-assured-as-hong-kong-court-refuses-to-expand-scope-of-quincecare-duty/，2023 年 3 月 19 日最后访问。

拟在本州设立的注册办事处地址及在本州拟任命的注册代理人；公司拟在本州从事业务的宗旨；公司各董事和高级职员的姓名和地址；公司授权发行的股份总额及股份的类别，有票面值和无票面值股份的数目；以美元表示的设定股本数；以美元表示的公司在下一年度所拥有的全部财产的估价与该年度设置于本州的全部财产估价，以及以美元表示的公司该年度的营业总额与在本州的营业总额的估价；其他必要事项；等等。可见，美国对外国公司进入的把关是比较严的，无一定信誉的公司是难以进去营业的。各州的州务卿对外国公司的进入申请依法进行审查，认为合格后由该外国(州)公司支付必要的费用与有关的捐税后即发给营业许可证，该外国公司随后即可正式地进入该州进行正当的营业活动。

对允许外国公司营业性机构进入的部门，大陆法系国家一般都允许外国公司以设立子公司或分支机构的方式进入本国从事营业活动。相比之下，在大陆法系国家设立一个子公司先前要简单一些，其手续与该国本国公司设立的手续大体相同，但是，如果要在这些国家设立一个分支机构，则该外国公司还要将其公司本身及其分支机构的具体情况呈交商事注册处备案。法国、比利时等国还曾规定要将这些情况公布于众。

应予指出的是，世界各国的法律或政策皆规定了一些领域是禁止或限制外国公司进入的，这些领域大多为军工、国防及一些特殊类别的服务业。

(二)法律待遇与法律控制

各国对获准进入本国或本地区的外国公司一般规定给予国民待遇，即外国公司享有与本国或本地区同类公司相同的权利，承担相同的义务，也有一些国家或地区在原则上规定给予外国公司国民待遇的同时，还具体规定了外国公司享有另外一些特权或承担另外一些义务。其中的特权规定主要体现在税收优惠、行政手续简化、更多的自主权、外汇优待等方面；同时，为达到某种目的，很多国家或地区往往也给外国公司规定了一些额外的限制，这些限制大体上包括：必须将产品大部分或全部出口，能实现进出口平衡，能带来先进技术，能促进当地原料的利用和当地人民的就业等。不过，由于世界上大多数国家或地区已成为 WTO(世界贸易组织)协议或其他区域协议的成员方，因此，这些国家或地区已按照其在有关承诺中规定的时间和条件给予进入的外国公司国民待遇。

在对外国公司的法律控制方面，当地的主要措施包括反滥用垄断、征税甚至国有化等。

辉瑞和弗林公司同英国竞争与市场管理局的纠纷案(2022)[①]

2012 年 9 月，辉瑞公司将自产自销的抗癫痫药苯妥英钠胶囊授权弗林在英国销售，后者推出了仿制版，并进行了去品牌化处理，从而不再遵循英国卫生部的价格管制。2012 年 9 月至 2016 年 12 月，辉瑞供弗林的价格提高了 7.8 倍至 16 倍，后者再提价 23 倍至 26 倍供应英国批发商和药店导致了英国国家医疗服务体系在该药的支出上增加了两位的倍数，患者也不满此种状况。2013 年 5 月至 2015 年 4 月，根据英国卫生部的投诉，英国竞争与市场管理局展开了密集的调查取证及多轮会谈。在辉瑞没有及时提供有关的证据和信息的情形下，2016 年 4 月管理局对辉瑞做出 1 万英镑的行政处罚决定，随后在同年 12 月认定辉瑞和弗林滥用市场支配地位，对其分别处以 8 420 万英镑和 520 万英镑。不服的辉瑞与弗林向英国竞争上诉法庭提起了上诉。该法庭 2018 年 6 月 7 日做出的判决令各当事方上诉至英国上诉法院，2020 年 3 月，判决部分支持了英国竞争与市场管理局的认定结论，同时指令其就两家公司在药物价

① 孙祯锋、孙伯龙：《英国对辉瑞和弗林公司开出反垄断罚单》，《检察风云》2022 年第 21 期，第 58～59 页。

格上"滥用"市场支配地位问题做进一步调查。2022 年 7 月 21 日，英国竞争与市场管理局对辉瑞和弗林做出新的反垄断处罚决定，分别对其处以 6 300 万英镑和 670 万英镑的罚款。

不过，在有国际条约义务的情况下，一国的法律控制规则应当符合国际条约标准。

某交通事故纠纷案(2019)[①]

一家依照丹麦法在丹麦有注册营业所的公司在波兰发生了一起交通事故，受害人根据第三方责任保险将索赔权转让给了波兰以外的一家保险机构。该保险机构便在波兰的 Bialystok 区法院起诉上述丹麦公司。基于该丹麦公司在波兰没有分支机构、代理方或其他常设机构以及该保险机构不是消费者、欧盟的布鲁塞尔条约规则，该区法院 2019 年宣告对该案没有管辖权。

(三)外国公司的撤离

关于外国公司的撤离，依各国的规定可分为强制和自动两种。

强制撤离是指外国公司违反当地的法律而由主管当局强令其撤离的情形。自愿撤离是指外国公司基于某种原因自动地撤离当地的情形。无论在哪种情况下，各国都要求该外国公司办理一定的手续，主要是结清当地的债权债务，向主管部门办理注销登记等。

第三节　商事合伙法

一、商事合伙的概念与特征

合伙是两个或两个以上的人为执行共同拥有的营利事业而组成的联盟。与其他商事组织相比，合伙主要具有以下几种法律特征：

(一)商事合伙的成员至少有两个

包括我国内地在内，世界上多数国家或地区的商事合伙法并不将合伙人限为自然人。不过，我国《合伙企业法》规定：国有独资公司、国有企业、上市公司以及公益性的事业单位、社会团体不得成为普通合伙人。至于无行为能力者和外国人，西方各国一般也不限制他们取得合伙人的资格，但无行为能力者一旦为合伙组织违约或违法，第三人是不能追究该无行为能力者的，不过第三人可以转而追究其他有行为能力的合伙人的责任，该无行为能力者已投入到合伙组织中的财产也被视作合伙组织的财产而对第三人的债权负责。

(二)合伙组织设立的基础是成员之间的合伙协议

至于该协议是口头的还是书面的，发达的市场经济国家一般无限制性要求。但是，我国《合伙企业法》第 14 条和第 18 条要求设立合伙企业的合伙人必须达成包含下列内容的书面合伙协议：合伙企业的名称和主要经营场所的地点；合伙目的和合伙企业的经营范围；合伙人的姓名或者名称、住所；合伙人的出资方式、数额和缴付的期限；利润分配和亏损分担方式；合伙

---

① See Csongor Istvan Nagy (ed.), Cross-Border Litigation in Central Europe: EU Private International Law Before National Courts, *Kluwer Law International*, 2022, pp. 267—338 & n23.

企业事务的执行；入伙和退伙；合伙企业的解散和清算；违约责任。我国《合伙企业法》中的上述规定对避免或减少合伙人之间的纠纷显然是大有益处的。那些不强行要求有书面合伙协议的国家的司法实践一般也主张合伙人之间最好还是采用有凭有据的书面协议。

（三）商事合伙是合伙人共同拥有的营利联盟

这一特征包含以下几个方面的含义：

(1)商事合伙组织的目的是营利。这是商事合伙组织与其他工会或行会组织及任何宗教或慈善组织、非营利性民事合伙[①]的区别之处。

(2)共同拥有合伙企业。这使合伙人之间的关系不同于雇主与雇员、房东与房客、出租人与承租人之间的关系。普通合伙人之间在合伙业务方面被视为具有相互代理关系。[②]

(3)共负盈亏。这是商事合伙关系的最基本特征。只享盈利不负担亏损者是债权人、雇员、代理人、出租人而不是合伙人。

在发达市场经济国家，一个组织只要具备上述特征，在实践中即被视作商事合伙组织，即使它的名称中无“合伙”二字。

Tarnavsky 诉 Tarnavsky(1998)

1967 年，玛丽和她的儿子 Morris Tarnavsky 及 T.R. Tarnavsky 购买了一个名叫克里斯特的 1 890 英亩的大农场。Morris 和 T.R. 开了一个户名为 Tarnavsky 兄弟的银行账户，存入他们各自在牧场的收入，用以支付地价，地产税和购买牛、设备、物资和服务。为了牧场，兄弟俩共同贷款，共同购买牛和机器设备。他们在州和联邦合伙企业所得税申报表上报告他们的业务活动为：Morris 负责牲畜，T.R. 负责簿记工作。1980 年，玛丽放弃其在牧场收入中的利益。1988 年，T.R. 的妻子患了癌症，T.R. 因此停止了簿记工作，几乎不花时间在牧场上。1992 年 8 月，Morris 发给 T.R. 一份解散合伙协议的通知，由于未能成功达成解散协议。T.R. 在联邦地区法院提起上诉，要求得到合伙企业资产中自己的一份，法院下令要求 Morris 支付 22 万美元。Morris 上诉，辩称合伙企业不存在。联邦上诉法院判决认定存在合伙企业，Morris 和 T.R. 是合伙人。法院认为合伙企业存在的关键因素是：有成为合伙人的愿望，共同拥有企业的所有权，盈利动机；原被告的所得税申请表，共同的银行账户和共同支付物资费用，表明他们有成为合伙人的愿望；共同拥有所有权表明分享利润和控制，分享利润可以从两人的税务申报和共同的银行账户清楚地看出；两人都控制企业的管理可从共同处理牧场的实务和分别承担不同责任得到证明；合伙企业最关键的因素是盈利动机，而对从事牧场经营活动的盈利动机，不存在争议。

相反，有些协议尽管有“合伙”字样，但不具备上述特征的组织者也不能视作合伙。

凯肯诉就业保障委员会案(1971)

由于两名曾在原告凯肯理发店工作的理发师失业未获补偿，被告特拉华州就业保障委员

① 民事合伙有营利性和非营利性之分，后者可能是为其他共同事业的非营利性目的。可参见周丽丽：《〈民法典〉合伙合同的规范解释》，《北方经贸》2022 年第 12 期，第 65 页；宋晓庆：《民法典体系下合伙份额法律属性阐释》，《政法论坛》2022 年第 4 期，第 134 页。

② See Branden Cave, Escaping the Shadow of Partnership: A New Framework for Distinguishing Contractual Joint Ventures from Joint Venture Partnerships, *University of Toronto Faculty of Law Review*, Winter 2022, pp. 9—41.

会便对原告进行了罚款。原告不服,诉称:失业的两名理发师并非雇员而是其合伙人,他们所订的合伙协议的第一段即明确要建立合伙组织,并且该组织已被登记为合伙企业,他们还按章缴纳联邦合伙税。法院却判决原告败诉。其理由是:原告所称的"合伙"协议的第二段虽规定了原告提供理发桌椅、水电供给和技术,两名理发师提供理发工具,但同时规定在解散时这些东西各归提供者,这是违反合伙法规定的,因为既为合伙投入合伙组织中的财产即为合伙财产,而合伙财产于解散时只有全部清偿了债务后才可分配给各合伙人,该协议却没有规定合伙财产在分配给原所有人之前需要用来偿付合伙费用;该"合伙协议"的第二段仅仅规定了原告和两名理发师的收入分配方式,这并不能构成合伙关系,因为订约时利润尚不存在,谈不上利润共享,且协议中也未规定共负企业的亏损,因此该利润收入分配模式实属支付工资方式;该协议的第四段规定合伙的一切政策皆由原告制定,这意味着其他两名理发师无经营决策权,因而他们不是普通合伙人;该协议的第五段规定了理发师的工作时间和节假日,这违反了合伙协议的通常做法;此外,在日常事务中总是由原告和所有供给者打交道,购买技术许可,办理保险并只以自己的名义出租理发店的财产。

不过,美国一些法院的司法构成合伙关系,而是承认当事人间排除合伙关系的协议具有法律效力,得克萨斯州最高法院 2020 年对 Energy Transfer Partners, L. P. 诉 Enterprise Products Partners, L. P. 案判决就是典型的一例。美国的一些学者对此种司法实践持批评态度,认为会产生违反传统的信义义务规则等消极后果。[①]

二、商事合伙的类型

在不同的国家,商事合伙的法定类型并不相同。

英国目前的制定法确定了普通合伙(General Partnership)、有限合伙(Limited Partnership)和有限责任合伙(Limited Liability Partnerships,LLPs)三种合伙的类型。其中,普通合伙无须办理任何手续就可设立,但是,合伙人必须对该种合伙企业的债务承担替代责任。有限合伙则需要获得指定地点当局的登记证书,这种合伙企业须至少有 1 名普通合伙人和 1 名有限合伙人,前者对合伙的债务承担全部责任,后者不参加管理而承担以其出资额为限的责任。这种有限合伙企业在苏格兰具有法人资格,但在英格兰不具有此资格。不过,英格兰的制定法允许普通合伙企业和有限合伙企业在不改变实体法的情况下以自身名义诉讼。在英国全境具有法人地位的有限责任合伙的制定法依据则为前述 2000 年的《有限责任合伙法》。

在美国,很多州承认普通合伙、有限合伙、有限责任合伙、有限责任有限合伙(Limited Liability Limited Partnership,LLLP)四种类型。其中的普通合伙、有限合伙和有限责任合伙与英国以上的同名企业具有实质的相似性。就有限合伙而言,尽管美国很多州在传统上仅允许其中的普通合伙人对合伙组织享有专属的经营管理权,有限合伙人不能以该组织的代理人、受雇人或保证人的身份参加合伙工作而仅有权分享合伙组织的利润,但这种规则已被逐步废弃。特别是在特拉华州,有限合伙人已被允许就解散、资产出售、合并、接纳或驱除某普通合伙人等问题投票表决,以及与普通合伙人或其控制的人咨询或协商。同时,与英国的苏格兰一样,美

① 如 2013 年修订的《统一合伙法》就已得到了 35 个州的采纳。See Douglas K. Moll, Contracting Out of Partnership, *Journal of Corporation Law*, Spring 2022, pp. 755—795.

国很多州的有限合伙企业具有法人资格。在美国有限责任合伙企业[①]中的合伙人与普通合伙企业中的合伙人相比要受到很多保护。有限责任有限合伙企业则混合了有限合伙企业与有限责任合伙企业中的某些特征,使得其中的普通合伙人承担与有限责任合伙企业中的合伙人类似的责任。

德国的制定法严格地区分民法与商法下的合伙。其中民法下的所有合伙人承担无限责任,但是,德国联邦法院在2001年的一项判决中认定民法下的合伙具有一定的"法律能力"(Legal Capacity),包括可以缔结合同、拥有财产和以自己的名义起诉或应诉等。德国商法下的合伙必须比民法下的合伙遵循诸如登记、会计等更多的规制要求。此外,与英、美等国一样,德国也存在有限合伙的类型,该种企业具有一定的"法律能力",但没有法人资格。

法国的制定法也对民法与商法下的合伙做出了区分,其中商法下的合伙同样需要遵循更多的规制要求。然而,与德国不同的是,法国的民法与商法下的合伙都具有法人资格。另一方面,法国与英、美、德三国一样,存在有限合伙企业的类型。[②]

日本在其《商法典》中对隐名合伙等问题做出了明确的规定,日本1998年制定的《投资事业有限责任合伙法》、2005年制定的《有限责任事业合伙法》都赋予了有限合伙的企业法人地位。西班牙的《商法典》也规定合伙具有法人资格。[③]

根据我国2006年修订的《合伙企业法》第2条和第39条,我国承认普通合伙和有限合伙两种企业形式,它们都不具有法人资格,通常情况下,其中的普通合伙人对合伙企业债务必须承担无限连带责任。不过,根据该法第6节(第55条至第59条),以专业知识和专门技能为客户提供有偿服务的专业服务机构可以设立为特殊的普通合伙企业。这种特殊的普通合伙企业须遵循以下各项规则:其名称中应当标明"特殊普通合伙"字样;一个合伙人或者数个合伙人在执业活动中因故意或者重大过失造成合伙企业债务的,应当承担无限责任或者无限连带责任,其他合伙人以其在合伙企业中的财产份额为限承担责任;合伙人在执业活动中非因故意或者重大过失造成的合伙企业债务以及合伙企业的其他债务,由全体合伙人承担无限连带责任;合伙人执业活动中因故意或者重大过失造成的合伙企业债务,以合伙企业财产对外承担责任后,该合伙人应当按照合伙协议的约定对给合伙企业造成的损失承担赔偿责任;应当建立单独立户管理以用于偿付合伙人执业活动造成债务的执业风险基金、办理职业保险。

此外,我国2021年1月1日施行的《民法典》第967～978条对个人合伙的关系也做出了规范,内容包括出资义务、合伙财产的确定及其分割、合伙事务的执行及其报酬、利润的分配与亏损分担、连带责任及追偿权、财产份额的转让、权利代位、合伙期限及终止等。

---

① 这种合伙企业形式最早于1991年在得克萨斯州出现,缘起数项执业丑闻使律师们担心个人责任并进而呼吁获得比普通合伙法更多的保护。1996年修订的《统一合伙法》包含了关于这种合伙企业类型的规范,截至2001年,美国所有的50个州都准允设立这种类型的合伙企业,但附加了或同或异的条件。其中相同的条件包括必须到州有关部门去登记、提交年度报告和支付年费等。不同的条件则如:有些州仅允许需要有执照的专业人士成立这种类型的合伙企业;有些州的登记费是划一的,有些州则按照合伙人数收取;有些州要求提供个人担保、设立保护性账户或购买特别保险等保护债权人的特别措施;有些州对合伙人提供了较广范围的责任豁免,有些州则仅免除其他合伙人侵权引起的索赔责任。

② 除了另行注明之外,本目中的其他正文及注释内容主要参考 Mathias M. Siems, Regulatory Competition in Partnership Law, *International & Comparative Law Quarterly*, 2009, pp. 769－771& pp. 781－783。

③ 参见肖海军、傅利:《合伙契约性与主体性的解构——基于民法典分则"合同法编"的视角》,《当代法学》2018年第5期,第17、19页。

三、合伙的内部关系

合伙的内部关系是指合伙成员之间的权利与义务关系，只要内容不违法，合伙人可以口头或书面契约自由地确定他们之间的关系，只有在合伙契约无规定或规定得不明确并发生纠纷时，有关的法律规定才适用于合伙人之间的关系。

Flanagan 诉 Liontrust 有限合伙责任公司案(2015)①

原告 Flanagan 曾是被告公司的一名合伙成员，被告公司却以强制退休的通知终止成员资格，原告便起诉要求仍然保持合伙成员资格。英国上诉法院 Henderson 法官 2015 年 7 月 24 日判决被告胜诉，理由为：英国 2000 年的《有限责任合伙公司法》的第 5 条规定，在符合该法或其他法律另行规定的前提下有限责任合伙公司与其成员之间的相互权利与义务按照成员之间或有限责任合伙公司与其成员之间的协议……确定；除非有限合伙公司仅有 2 名成员的情况，所有合伙人得遵循同样的内部管理规则……

根据包括我国在内的多数国家或地区的合伙法的规定，合伙人权利主要有以下几项：合伙人是合伙组织财产的共同所有人；除合伙协议另有规定者外，每个合伙人都有权按其对合伙组织的投资比例分享合伙组织的利润；普通合伙人都有权参加合伙组织的经营管理，并在正常的业务范围内有权相互代理；合伙人在处理合伙组织的正常业务中所做的支出有权从合伙组织中获得补偿，但除合伙组织的协议另有规定者外，任何合伙人不得为其在合伙组织中的劳务要求报酬；合伙人均有权查阅合伙账册；等等。

合伙人的义务主要有以下几项：除合伙协议另有规定外，每个合伙人须按其投资比例承担合伙组织的亏损；每个合伙人在处理合伙组织的业务时，须对其他合伙人负“绝对真诚”之责，不得谋私利，亦不得欺诈；每个合伙人都必须向其他合伙人提供合伙组织的真实账目和一切情况；任何合伙人都必须向其他合伙人公开合伙的全部利润和收益；未经其他合伙人的同意而以合伙组织的名义或财产进行的非正常业务的交易收益须归合伙组织，亏损则由个人承担；每个合伙人不得私自以合伙组织的名义与自己订合同，否则由此所产生的利润须归合伙组织；任何合伙人不得与合伙组织的业务相竞争或与之利益相冲突，否则由此所赚的利润须归合伙组织；任何合伙人未经其他合伙人的全体同意不得改变合伙的性质，亦不得接纳他人入伙；合伙人在正常业务经营中所发生的分歧应按多数人的决议办理；在涉及合伙的扩大、解散等其他重大事务时，应采取一致同意的原则；未经其他合伙人的同意，任何合伙人不得擅自转让其在合伙中的权益；等等。

任何合伙人违反上述规定，侵犯了其他合伙人的权利，就须承担个人的法律责任。

Benny Enea 诉 The Superior Court of Monterey County 案(2005)

1980 年被告 William Daniels 和 Claudia Daniels 及其他家庭成员组建了一名为“3-D”的普通合伙企业，唯一财产为一座由居所转化而成的办公建筑。1981 年以后，该财产的较大部分按 William Daniels 作为唯一成员的企业惯例以月份基准出租给 Claudia Daniels 及其他人。该合伙协议规定其主要目的是拥有、出租和销售以上建筑，但没有包含必须以公平市场价出租

① 本案在英国的报告编号为(2015)EWHC 2171 (Ch)或(2015)WLR (D) 338。

的条款。

作为 William Daniels 顾客的原告 Benny Enea 于 1993 年购买了其弟弟 John P. Daniels 在合伙中的 1/3 利益。2001 年，原告与被告之间的关系开始破裂。原告 2003 年退出了该合伙，同年 8 月 6 日，原告以自合伙成立时起被告没有书面租约就占领了合伙财产、对合伙账簿与记录及账户和融资拥有排除原告的控制权、事实上支付了比公平租金值低得多的租金为由，向美国加利福尼亚 Monterey 县的高等法院提起诉讼，请求确定收购合伙份额的价格和赔偿损失。被告除了承认 Claudia Daniels 有段时间占了一部分房间外，否定了其他所有指控。一审法院同意被告关于对原告没有支付公平租金信义义务的主张，以简易程序判决前者胜诉。

原告不服以上判决而上诉至加利福尼亚第六上诉区上诉法院。该上诉法院推翻了一审法院的判决，理由是：在本案中必须认定被告事实上以比公平租金值低得多的租金将合伙财产租给自己或关联企业；并不存在直接涉及这种情况的案例，但是，应当宣示不可以如此行为；一审法院援引的《公司法典》第 16404 条所列举的义务是综合性而不是穷尽性的；合伙属于一种信义关系(Fiduciary Relationship)，合伙人在与自己交易时应遵循(信托中的)受托人标准和义务，对其他合伙人承担最高诚信义务而不可以采用最轻微的虚假陈述、欺瞒、威胁或任何类型的压力方式获得任何好处。

四、合伙的外部关系

合伙的外部关系是指合伙组织与第三人的关系。各国一般规定，普通合伙人之间对第三人适用相互代理原则，即每个普通合伙人作为其他合伙人的代理人在经营合伙组织通常的业务中所做的行为及由此而产生的后果，对合伙组织和其他合伙成员均有拘束力。各国的立法与司法实践表明，合伙组织中的每个普通合伙人在处理下列事务时，除非有明确的反证外都会被认为有合伙组织的默示授权：出售合伙组织的商品或财产；以合伙组织的名义购买抵押其业务所需的商品或财产；收受或支付合伙组织的借款或欠款并出立字据；为合伙组织雇用职工；贸易性合伙组织中的合伙人有开立、背书支票与本票并开立、承兑、背书汇票的默示授权，但非贸易性的合伙组织的成员则仅有开立、背书支票的默许权；以合伙组织的名义开立账户、借款；委托律师进行诉讼；等等。

BancBoston 抵押贷款公司诉 Ledford&Sikes 案(1992)

本案被告 Sikes 与 Thomas Ledford 设立了一家合伙企业，在田纳西州的首府纳什维尔建造和销售公寓。Thomas Ledford 主管合伙业务，Sikes 不参与日常经营。原告 BancBoston 抵押贷款公司借 1.6 百万美元给合伙企业买建设用地，并同意另借 4 625 万美元的建设资金，条件是：合伙企业必须提供 14 个公寓买卖合同。最后，Ledford 提供了 14 个买卖合同，但其中几个合同是单方合同，且有些合同是由实际上无意购买的 Thomas Ledford 雇员或其朋友签订的。这些情况都是违背贷款条件的，原告却没有检查合同就贷款给了合伙企业。公寓建成后，所有合同也已到期，合伙企业拖欠贷款不还。后来合伙人申请破产，要求法院解除贷款。美国联邦破产法院判决：Thomas Ledford 因为欺诈不能免除债务责任，而 Sikes 的个人责任则得以免除。原告和 Thomas Ledford 上诉。美国法院的最终结果是，两个合伙人的债务责任都不能免除，其理由为：Thomas Ledford 承认其存在欺诈，应承担个人责任；Sikes 虽不知道

Thomas Ledford 的欺诈行为，但是 Thomas Ledford 的欺诈是在合伙企业的业务范围内实施的，所以无辜的合伙人也要承受欺诈行为的后果。

此外，包括我国在内的很多国家合伙法一般还规定：合伙成员之间约定的对某个合伙人权力的限制不得用来作为对不知情的第三人的抗辩；合伙成员对在合伙组织正常业务中所造成的债权行为应由所有的普通合伙人承担连带的法律责任；新合伙人对参加合伙前的合伙组织的债务不承担任何责任。对已退出合伙组织的原合伙人而言，如果日后发生的债务是在其退伙之前的交易结果，则他仍需对债权人负责，若该项债务与其退伙之前的交易无关，且使第三人知道他已不是合伙人，则他对退伙后的第三人的债务不承担任何责任。

CCS Corp 诉 Secure Energy Services 公司案(2016)①

被告 Secure Energy Services 公司与 Pembina 管道公司达成了一项联营协议，基于被告的各侵权行为，原告诉至法院，要求被告和 Pembina 管道公司连带地承担相应的法律责任。尽管 Pembina 管道公司称该联营协议有规定联营方无意创造合伙关系和变成合伙人，加拿大阿尔伯特省皇后法院的 Wittmann 法官仍然认为：没有必要决定被告和 Pembina 管道公司是否为契约型合资关系还是合伙关系；如同合伙人，合资人应对在日常业务中的侵权连带地负责。②

另一方面，包括受让方在内的合伙人对出让方或其他合伙人欠于第三人的个人债务不负履行或赔付之责。

上海双创科技投资中心与恒泰证券股份有限公司等纠纷案(2021)③

上诉方上海双创科技投资中心是一家有限合伙企业，其与被上诉方之一的神雾环保技术股份有限公司(以下简称神雾公司)曾同为海绿色技术创业投资中心(有限合伙)(以下简称绿色基金)中的有限合伙人。2018 年 4 月 30 日，上诉方与神雾公司签约规定：前者受让后者在绿色基金中所有的 3 亿元份额，自签约之日，该笔基金份额所有权即转移。尽管一直未办理完工商变更登记，上海仲裁委员会后来出具的裁决书也确认了上诉方这些份额的所有权。

神雾公司 2016 年非公开发行了公司债券，被上诉方之二恒泰证券股份有限公司(以下简称恒泰公司)是其中部分债券的持有人，神雾公司在 2018 年 3 月 14 日对这些债券发生了违约。次月 26 日，恒泰公司便向北京市第三中级人民法院起诉索赔。同年 7 月 3 日，该法院裁定冻结神雾公司在绿色基金中尚未更名退出的出资额，并在 1 个多月后判决恒泰公司胜诉。

针对恒泰公司强制执行神雾公司在绿色基金名下份额的请求，上诉方提起了执行异议之诉。北京市高级人民法院 2021 年 11 月 29 日终审判决上诉方胜诉，理由是：2018 年 5 月 4 日，

---

① 2016 ABQB 582。

② 不过，有学者对该法官的这种观点持批评态度。See Branden Cave，Escaping The Shadow of Partnership：A New Framework for Distinguishing Contractual Joint Ventures from Joint Venture Partnerships，*University of Toronto Faculty of Law Review*，Winter 2022，pp. 9—41.

③ 该案的案号为(2021)京民终 593 号，其判决全文可下载于 https：//wenshu. court. gov. cn/website/wenshu/181107ANFZ0BXSK4/index. html？ docId＝Xo/iK6Op8tpkEOR24faF2TJ＋MXVlNjV6pOvOdJ8QbY66auyJKnoTSZ/dgBYosE2go/ZCEzlseUOaqRZu/JZQ＋Ira＋3pSilwRDYrjWH397lQloWFXQNqaweHZH＋/g9gQu，2023 年 5 月 4 日最后访问。

绿色基金执行事务合伙人向各位合伙人发送的邮件附件三的附表为“全体合伙人名录及出资情况”，神雾环保公司已不在其中，该基金该年度的年报中也未列公司是合伙人，相反，所列上诉方缴出资额为180 000万元、实缴36 000万元并备注3亿元份额转自神雾环保公司，据此应认定上诉方关于其与神雾环保公司之间的基金份额转让已经完成的上诉意见有事实依据；上诉方原本就是绿色基金的合伙人，依法受让神雾环保公司的合伙份额无须其他合伙人同意，其关于其享有案涉出资份额所有权的上诉主张有事实及法律依据；绿色基金执行事务合伙人亦将转让情况通知其他合伙人，上诉方实际行使了案涉出资份额的权益，且并非自身原因未办理工商变更登记手续。

五、合伙组织的解散和清算

根据包括我国在内的世界上多数国家合伙法的规定，合伙组织的解散大体有三种情形：协议解散、依法解散和强制解散。

合伙组织是基于协议而成立的，法律当然允许当事人再以协议解散之。

依法解散是指合伙组织依照法律规定而解散。这种类型的解散大体有以下几种情况：合伙协议中订有期限，期满时合伙人又未能达成续期协议的；除合伙协议另有规定及有限合伙人外，合伙人之一死亡或退出合伙组织或普通合伙人之一破产的；如因发生某种情况，致使合伙组织所从事的事业成为非法或合伙成员在合伙组织中从事业务成为非法的，譬如发生了战争，合伙人之一成了敌国公民等。

强制解散是指法院根据有关申请强令合伙组织解散，它主要发生在以下场合：某合伙人永久地精神失常或永久地不能履行合伙协议中所应承担的责任；某一合伙人犯有渎职罪；发生了某种情况致使合伙组织只有在亏损的情况下进行经营；存在其他强制解散能恢复公正和合理的情况。

Della Ratta诉Dyas案（2008）

上诉人Della Ratta与被上诉人Dyas曾按平等的比例拥有两家旅馆和一座公寓。这两家旅馆通过Della Ratta独资拥有的子公司分别于1988年和2006年建成开张，挂在名为Spa的合伙企业名下，实际为Della Ratta独资拥有的经营管理公司（CMC）管理。该座公寓则通过一个银行的融资而于2004年完工，由名为Bay有限责任公司持有。

Dyas于2005年1月10日向美国Anne Arundel所在的巡回法院起诉，指控Della Ratta采用向所属公司支付名为运营费和建设成本的大笔资金、出于私利获取贷款、拒绝出售上述公寓以至于其无力偿还贷款及在Spa合伙企业下资金需求的方式，不正当地企图将其挤出Spa合伙企业和Bay有限责任公司。由于Spa合伙企业和Bay有限责任公司的主营业地所在之原因，该案于2006年8月7日被移送至Montgomery所在的巡回法院进一步审理。后一法院采纳了前一法院关于Dyas的指控有可信证据、Spa合伙企业和Bay有限责任公司继续经营不再合理可行的结论，经过审计和分配事宜以后，该法院于2007年10月12日判决Spa合伙企业和Bay有限责任公司解散。Della Ratta随后提出的上诉在2008年12月3日被马里兰州上诉法院驳回。

无论以哪种方式解散合伙组织，合伙人都应对合伙财产进行清算。如果合伙组织的财产（包括债权）不足以清偿合伙组织的债务时，普通合伙人须对余债承担连带的无限责任。但是，如果合伙财产清偿了所有债务之后仍有剩余，则所有合伙人都有权按其投资比例参加该剩余财产的分配，合伙协议另作规定的除外。

本章小结

商事组织法是商法的重要组成部分。本章重点介绍世界上有代表性的国家和地区关于公司和合伙这两种重要的商事组织的法律规则。其中的公司法部分主要包括公司的设立、基本权利和义务、组织机构、合并、分立及关于外国公司等法律规则；商事合伙法部分则主要阐明合伙的特征和合伙的内外部权利和义务关系。

建议的选读资料

1. 程磊、杨俊：《论公司控制权机制的突破与重构》，《河北法学》2023 年第 7 期。

2. 朱泓睿：《公司法修订背景下我国公司类型的差序规制及实现路径研究》，《金融经济》2023 年第 4 期。

3. 杨淦：《合规机制对公司治理的挑战及公司法回应》，《现代法学》2023 年第 2 期。

4. 宋晓庆：《民法典体系下合伙份额法律属性阐释》，《政法论坛》2021 年第 4 期。

5. 赵玉：《民法典背景下合伙企业财产制度构造》，《中国法学》2020 年第 6 期。

6. Sijad Allahverdiyev & Marvin Othman, "Verbandssanktionengesetz"—Corporate Liability for Germany? *German Law Journal*, May 2022.

7. Samuel Walpole & Matt Corrigan, Fighting the System: New Approaches to Addressing Systematic Corporate Misconduct, *Sydney Law Review*, December 2021.

8. Branden Cave, Escaping the Shadow of Partnership: A New Framework for Distinguishing Contractual Joint Ventures from Joint Venture Partnerships, *University of Toronto Faculty of Law Review*, Winter 2022.

思考题

1. 各国关于公司设立的基本规定是什么？
2. 各国关于外国公司进入本国的规定主要体现在哪几个方面？其具体内容是怎样的？
3. 合伙组织具有哪些法律特征？
4. 合伙人相互间有哪些权利和义务？

案例分析

1. X 为 A 公司的实际控制人，通过 B 公司持有 A 公司 34%的股份并担任后者的董事长。2020 年 4 月 7 日，经董事会决议，A 公司为 B 公司向 C 银行借款 400 万美元提供担保，2021 年 4 月 8 日，C 银行通知 A 公司，B 公司的借款到期未还，要求 A 公司承担保证责任。A 公司为此向 C 银行支付了 400 万美元借款的本息。

Y 在 2019 年 12 月至 2020 年 2 月底期间连续买入 A 公司股票达其股份总额的 3%。A

公司为B公司承担保证责任后，Y于2021年5月5日直接向法院提起派生诉讼，要求X赔偿A公司因承担保证责任造成的损失。X则辩称：Y在起诉前未向公司监事会提出书面请求，故请求法院驳回Y的起诉。

2021年3月10日，A公司公告拟于4月1日召开年度股东大会。董事会推荐了3名独立董事候选人，其中，候选人P为B公司财务主管，候选人W持有A公司股份总额1%的股份。

【问题】

(1)本案如果发生在美国，Y能否对X提起派生诉讼？为什么？

(2)本案如果发生在我国，Y是否具备对X提起股东代表诉讼的资格？为什么？

(3)P、W有无资格担任A公司的独立董事？为什么？

2.2018年1月，注册会计师A、B、C三人在德国成立了一家合伙制会计师事务所，他们的合伙协议约定：(1)A、C分别以货币40万欧元和10万欧元出资，B以一套房屋出资，作价50万欧元，作为会计师事务所的办公场所；(2)会计师事务所的盈亏按照各自的出资比例享有和承担；(3)A负责执行合伙事务。

2020年2月，B拟将其在会计师事务所中的财产份额转让给E。C表示同意，A则对B拟转让的财产份额主张优先购买权，B以合伙协议中未约定优先购买权为由予以拒绝。

2021年3月，C在为Y公司提供审计服务时，因重大过失给该公司造成150万欧元损失。该会计师事务所现有全部财产价值125万欧元，其中的75万欧元属于B提供的房屋变现升值所得，该房屋在经济危机期间升值的主要原因是地段和周边环境很好。该会计师事务所在将全部财产用于赔偿Y公司后，要求C向Y公司支付剩余的25万欧元赔偿金。C则认为，合伙协议约定合伙人对于会计师事务所的亏损按照各自出资比例承担，自己不应对合伙企业财产不足清偿的债务承担全部责任。A、B则认为其对此债务只应以出资额为限承担责任，B还主张C应偿还其房屋升值部分的25万欧元。

【问题】

(1)A对B拟转让给E的合伙企业财产份额是否享有优先购买权？并说明理由。

(2)B是否有权要求C偿还其房屋升值部分的25万欧元？并说明理由。

(3)A、B是否应当与C共同承担对Y公司剩余25万欧元的赔偿责任？并说明理由。

2

第二章 国际商事合同法

教学目的和要求

1. 了解调整国际商事合同关系的法律规范
2. 全面掌握国际商事合同成立、效力、履行、终止及违约救济的基本规则

第一节 概　述

一、合同及国际商事合同的定义

根据国际权威的《Black 法律辞典》(第十一版),合同是“双方或多方当事人之间设立法律上可执行或可承认义务的协议(An agreement between two or more parties creating obligations that are enforceable or otherwise recognizable at law)”。[①]

(1)合同不是任何一种单方行为或事件,而是两个或多个人之间意思表示一致的协议。参加该协议者又称合同的当事人。不过,应明确的是,其中的“人”字在这里无疑是指自然人或在法律上具有人格的组织。

(2)合同的内容是做或不做某特别事情的义务。其中“做某特别事情”可以包含我国《民法典》第 464 条中所指的做“变更民事权利义务”一事,而“不做某特别事情”显然也可涵盖该条中所指的不履行即“终止”原来设定或变更的“民事权利义务”。

(3)合同在当事人之间所设定的义务在法律上具有可执行性或可承认性。也就是说,与两个或多个人之间道德等方面的共识不同,合同对当事人具有法律约束力,不可单方非法废弃,否则要承担相应的法律后果。很少有国家或地区制定法律对“国际商事合同”(International Business Contract 或 International Commercial Contract)给出定义,根据由五大洲著名法律专家共同议定的《国际商事通则》,笔者将本章的“国际商事合同”界定为商人之间的国际合同和(或)交易具有商事性质的国际合同。其中的“商人”“商事性质”和“国际”都应从广义上加以理解,“商人”是指从事经营活动的自然人或具有法律人格的组织;“商事性质”不限于买卖等狭义的商业活动,而是包括金融、投资、租赁等各种以营利为目的的活动;“国际”则是跨国因素的泛指,即主体、客体、订立、变更或履行等行为与国外有牵连的商事合同,都是我们这里所称的国际商事合同。

二、调整国际商事合同关系的法律规范

(一)调整国际商事合同关系的国际法规范

调整国际商事合同关系的国际法规范是指两个或两个以上的国家共同制定或普遍认可的适用于国际商事合同的法律规范。

尽管欧洲委员会通信署(the European Commission's Communication)在 2001 年 7 月 1

① See Bryan A. Garner(Editor in Chief), Black's Law Dictionary (11th ed. 2019),https://1.next.westlaw.com/Link/Document/FullText?findType=Y&pubNum=223765&cite=BLACKS11THC33240&originatingDoc=Ifd1afc02808411e4b391a0bc737b01f9&refType=DA&originationContext=document&transitionType=DocumentItem&ppcid=755c08fdb80243acbf54d6b52402c93e&contextData=(sc.Search)#co_pp_sp_223765_contract|n.|||,2023 年 8 月 22 日最后访问。

日就发起讨论欧洲合同法问题，10 多年前，就有学术成果称：短期内在欧洲形成统一指令之类的规范，前景仍然是非常令人怀疑的。[①] 数年后，又有欧洲学者尖锐地指出，该委员会已失去了一体化努力进程的动力，连欧盟委员会这样官方的立法机构在《共同买卖法》等一些单个领域的统一立法活动都无疾而终。[②] 目前更不存在具有全球一般法性质而广泛适用于国际商事合同各领域的综合性的国际条约或公约。但是在销售代理、货物买卖、运输和票据等合同领域都出现了有很多国家参加的国际公约，在很多情况下，这些公约便是其适用领域中国际商事合同当事人之间权利义务确定的依据。具有这类性质的公约包括《联合国国际货物销售合同公约》等，本书后面的章节将会具体地评介其内容。

为提高国际商事合同当事人对相互间权利义务的可预见性，国际统一私法协会和国际商会等民间国际组织也积极主持制定国际商事合同统一惯例工作，并取得了丰硕成果和广泛影响性。其中，国际统一私法协会（UNIDROIT）分别于 1994 年、2004 年、2010 年及 2016 年制定的第 1～4 版《国际商事合同通则》（the UNIDROIT Principles of International Commercial Contracts，即"UPICC"，以下统称为《商事通则》），可以视为一部适用于所有类别国际商事合同的综合性惯例，其内容很受国际商法学界重视，并对一些国家或地区合同法规则的修订产生了重要的影响[③]，因此，本章将有多处引用 2016 年最新制定的该《商事通则》（本章以下简称《2016 年商事通则》[④]）中的规定。[⑤] 不过，应予指出的是，通常只有在经当事人明示选用或没有明示排除且在不违反有关国家强行法的情况下，相关的法院或仲裁庭才会考虑适用该《商事通则》解决当事人之间的国际商事合同纠纷问题。据统计，到目前为止，共有包括我国在内的 30 个国家的法院和 5 个国际法庭或仲裁庭在 267 个案件中引用了该《商事通则》作为裁案的依据。[⑥]

此外，国际商会等组织在货物贸易和贸易结算等领域制定具有普遍影响性的国际惯例，如适用于国际货物买卖合同的《2010 年国际贸易术语解释通则》等，这类惯例在特定的领域同样起着重要的作用，本书的其他相关章节也将会详细介绍。

（二）调整国际商事合同关系的国内法规范

以条约、公约或国际惯例为表现形式并适用于国际商事合同的国际法规范虽然已具有相当规模，但因参加或认可国家有限、当事人明示排除及这些规范自身在某些方面的缺漏等原因，在很多场合下，国际商事合同当事人之间的权利与义务只能根据有关国家的国内法确定。不少国家出于自身利益考虑，很久以前就制定了同时适用于国内一般合同和国际商务合同的法律规范，不过在这方面，由于传统习惯的差异，不同国家法律的表现形式也存在区别。

---

① Peter Burbidge，Black Holes at the heart of European Contract Law? Exclusion clauses in International Supply Contracts under Sections 26 and 27 Unfair Contract Terms Act 1977，*International Company and Commercial Law Review*，2012，p. 105.

② ［荷］扬 · M. 斯密茨著，邓辉译：《欧洲合同法的未来》，《法治现代化研究》2018 年第 3 期，第 189 页。

③ See Maren Heidemann · Joseph Lee，*The Future of the Commercial Contract in Scholarship and Law Reform*，Springer Nature Switzerland AG，2018，p. 102.

④ 该《2016 年商事通则》及相关说明的英文版下载网址为 https：//www. unidroit. org/wp－content/uploads/2021/06/Unidroit－Principles－2016－English－i. pdf，2023 年 8 月 23 日最后访问。

⑤ Toshiyuki Kono，Mary Hiscock & Arie Reich（ed），*Transnational Commercial and Consumer Law：Current Trends in International Business Law*，Springer Nature Singapore Pte Ltd.，2018，p. 92.

⑥ http：//www. unilex. info/dynasite. cfm? dssid＝2377&dsmid＝13619&x＝1，2023 年 5 月 1 日最后访问。

大陆法系国家一般将国内合同和国际合同问题归入民法典、商法典①或债务法典中加以规定，如最新修订于2006年的法国《民法典》的第三卷和德国《民法典》的第二篇②等。由于特定时代的需求，大陆法系中的某些国家也曾制定适用于国内和国际商事合同的单行法，如德国1976年的《普通合同条款法》。不过，就德国而言，该单行法在2002年经废改后并入《民法典》。

在英美法系国家，判例仍为规范国内和国际商事合同的主要法律形式。当然，这些国家的立法机构也制定了一些与货物买卖、海上运输、海上保险等类国内和国际商事合同有关的单行法，如英国的《1979年货物买卖法》《1995年海上货物运输法》及《1906年海上保险法》③，美国各州广泛采用的涉及十大类合同的《统一商法典》等。此外，美国法律协会主持而由著名合同法专家编写的《合同法重述》(第二次)④对合同方面的很多规则做出了系统和权威的阐述，因而是我们学习和研究美国国内和国际商事合同法的重要依据。

社会主义国家早期的立法一般将民事合同、经济合同和国际商事合同分开规定于不同的法律文件之中。总的来说，社会主义国家早期的适用于国际商事合同的法律规范较多地参考了国际通行的规定。为向市场经济的转型，包括我国在内的社会主义国家纷纷放弃了内外有别的立法体例，转而效法国际上多数国家的做法，制定了统一的合同法，适用于国内合同和国际商事合同，我国1999年的《合同法》即是典型的一例。

这里还应指出的是，包括我国在内的很多国家或地区的国内法或域内法的内容及其更新都受到了联合国贸易法委员员会(UNCITRAL)一系列示范法及其修订的影响。⑤取代上述《合同法》的我国现行《民法典》更无例外。

三、国际商事合同的基本原则

根据有关的国际条约、《商事通则》、其他国际惯例和当今绝大多数国家或地区的合同法，订立、履行、变更或终止国际商事合同的当事人必须遵循以下各项原则：

(一)当事人意思自治原则

当事人意思自治原则是指当事人有权自由地订立国际商事合同和确定合同的内容，并经相互间协商一致可以自由地进行修改或废止。

(二)诚实信用和公平原则

历次《商事通则》和包括我国与很多大陆法系国家或地区的合同法明确宣布了此项原则。它们在其第1.7条(表示第1章第7条，以下同类表达类推)第2项中还明确规定："当事人各

① 如日本 http://www.tomeika.jur.kyushu－u.ac.jp/transaction/contract.html＃chapter1。日本最新修订的《民法典》和《商法典》的非正式英译本可下载于 http://www.japaneselawtranslation.go.jp/? re＝2，2023年5月4日最后访问。

② See Maren Heidemann · Joseph Lee(ed), *The Future of the Commercial Contract in Scholarship and Law Reform*, Springer Nature Switzerland AG, 2018, pp. 8－12.

③ 其最新修订发生于2016年，参见陈荟：《中国法下海上货物运输保险赔付"合理时间"的确定》，《法制与社会》2017年5月上旬刊，第106页。同时参见汪鹏南：《对英国〈2015年保险法〉的评论及借鉴》，https://m.thepaper.cn/baijiahao_14193764，2023年8月23日访问。

④ 其最新更新于2020年，197 Con LR 53，[2022] 1 All ER (Comm) 361，[2021] 3 WLR 727，[2021] 2 Lloyd's Rep 234，[2021] UKSC 40，第38段，https://www.bailii.org/uk/cases/UKSC/2021/40.html，2023年3月6日最后访问。

⑤ See Maren Heidemann, Joseph Lee(ed), *The Future of the Commercial Contract in Scholarship and Law Reform*, Springer Nature Switzerland AG, 2018, pp. 238－239.

方不得排除或限制此项义务。"其中的"诚实信用原则"不仅意味着当事人相互间不得欺诈和胁迫，而且要求他们本着善意订立、变更或履行合同。英美法系的国家或地区早先的判例法也广泛的支持该原则，后来却逐步对有限类合同适用此原则；不过，近几年来英美法系中又有更多的国家或地区在更广的范围内强调诚实与信用原则。[①]

Bhasin 诉 Hrynew(2014)[②]

美加金融集团加拿大有限公司 Canadian American Financial Corp Canada Ltd. 使用名曰"招生主任"(Enrollment Directors)的零售贷款人向投资人销售教育储蓄计划。经营一小企业的本案上诉人 Bhasin 即为招生经理之一，本案被上诉人是上述公司和另一名招生经理 Hrynew 先生。Bhasin 与上述公司约定：合同期限为 3 年，在 3 年期截止时任一方当事人没有给予提前 6 个月的书面通知的情况下合同自动更新延续。上述公司没有延续与 Bhasin 的协议，Bhasin 以上述公司与 Hrynew 为被告诉至法院，称上述公司没有诚信，违背了合同中关于是否续约的决定应诚信地做出的默示条款。

加拿大最高法院判决上诉人胜诉，理由是：被上诉人 Hrynew 在加拿大 Calgary 是最大的代理商并与规范被上诉公司的 Alberta 省证券委员会有良好的工作关系，他长久以来企图获取上诉人的盈利市场，屡次接触上诉人意图合并代理，积极鼓动公司强制合并，该拟议合并在效果上是对上诉人代理权的敌意剥夺，向被上诉公司施压不延续与上诉人的代理关系，被上诉公司对这种压力进行了让步，Hrynew 还被任命为被上诉公司唯一的省交易主管而获得了审查上诉人和其他竞争者秘密商业记录的职权，被上诉公司告知了上诉人关于 Hrynew 作为销售主管有义务秘密处理信息的职能及省证券委员会已反对外部独立人履行此职能的两项虚假信息……被上诉方违反了诚信行为的一般原则。

(三)恪守合法合同的原则

依有关国家的法律是合法有效的国际商事合同，对当事人各方具有法律约束力，当事人应当履行合同中规定的各项义务，除非根据法律规定或当事人的合意，任何当事人不得单方修改或终止原定的合同义务。

(四)遵守强行法原则

"强行法"是具有强制通行的效力而不能为当事人协议排除的法律规范的统称。遵守强行法原则要求当事人不得以协议设定、限制或豁免违反强行法规定的义务。遵守强行法原则实际上是为了保护国家或社会公共利益而对当事人意思自治权利的约束和限制。

第二节　国际商事合同的成立

与国内合同成立一样，国际商事合同的成立一般包含以下各项基本要素：(1)当事人意思表示一致；(2)当事人意思表示真实；(3)当事人具有订立国际商事合同的能力；(4)协议的内容

---

① Julie-Anne Tarr, A Growing Good Faith in Contracts, *Journal of Business Law*, 2015(5), pp. 410－415.

② 本案详情可参见 Chris D. L. Hunt, Good Faith Performance in Canadian Contract Law, *Cambridge Law Journal*, 2015, 74(1), pp. 4－7.

合法；(5)协议的形式合法。此外，在英美法系国家，多数国际商事合同还必须具有另一要素——对价。关于以上(2)(4)(5)项方面的法律规则将分别在第三节和第四节中介绍。

一、当事人意思表示一致

当事人意思表示一致(Mutual Agreement)在法律上可以被分解为一方的要约(Offer)和对方的承诺(Acceptance)。

(一)要约

1. 要约的定义及其特征

要约是一方向另一方发出订立合同的肯定和明确的建议。[①] 其中，发出要约的一方为要约人，要约被发向的另一方为受要约人。

从这一定义中可以看出，要约包含以下特征：

(1)要约是关于订立合同的肯定建议。

所谓“肯定”，是指要约人受该建议约束的意思表示。一项订立合同的建议如果不肯定，则为邀请要约，即邀请对方向自己发出要约，在此情况下，只有发出邀请要约方承诺接受对方要约时，意思表示才视为一致。

在现实的国际商事活动中，很多场合中的当事人并不在自己的订约建议中明确注明其为一项要约或邀请要约，这就要靠当事人的法律知识和实际经验加以判断。一般而言，建议中包含由建议人确认为准(By Our Confirmation)或依赖其他条件之意的，则无疑为邀请要约；非广告类的其他建议，则可以根据其中的一些用词是否肯定而定，如“供应你方……”“向你方定购……”等在无相反的其他意思的情况下一般可以视作要约；广告类的建议包括价目表、商品目录、服务指南等多数应视为邀请要约，但建议人有相反意思的除外。有学者认为，购物网站上显示商品信息仅是要约邀请，客户点击提交订单为要约，因此，商家可以选择是否进行承诺。[②]

(2)要约是关于订立合同的明确建议。

所谓“明确”，是指要约应包含足以确定要约人与受要约人之间主要权利和义务的内容。建议人的一项提议如果对自己与受建议人之间主要权利和义务很不确定，则这样的提议即使被受建议人全盘接受，建议人与受建议人之间也不会存在有约束力的合同，因为任何国家的合同法或法院并不能为建议人和受建议人创立合同。由于交易类别及环境的差异，《2016 年商事通则》及多数国家的合同法回避规定一般建议要约究竟包含了哪些内容才视为具有明确性的要约。实践中，多数国家根据具体的案件来确定要约应具备的内容。

Baird 纺织品控股公司诉 Marks and Spencer 公司案(2001)

原告(Baird 纺织品控股公司)作为被告(Marks and Spencer 公司)的主要服装供应商一直持续了 30 年。双方当事人之间并没有明示合同，显然，被告有意维持这种状态的目的是不希望承担将来必须提交订单的任务。1999 年 10 月，被告毫无警告地终止了与原告的所有供应安排。但是，原告认为，双方当事人之间存在着一份默示合同，使得被告以合理的质量和价格从原告处取得服装，被告不应无合理通知地终止该安排。英国法官判决原告败诉，理由：在被

---

① 参见《2016 年商事通则》第 2.1.2 条、德国《民法典》第 145 条和我国《民法典》第 72 条。

② 参见陈吉栋：《智能合约的法律构造》，《东方法学》2019 年第 3 期，第 18～29 页。

告显然有意避免缔结一份合同的情况下，暗示这种合同的存在是不正常的；以合理的质量和价格向被告供应服装的义务在任何情况下都是不确定的；不存在法院能够据之评判质量或价格是否合理的客观标准；双方当事人之间的合约基础为具体的订单和销售确认；双方当事人之间存在的长期生意关系并不能进一步地扩展为一种更广的合同关系。

Sumitomo Trust & Banking 诉 UFJ 持股公司(2004/2006)[①]

2004 年 5 月 1 日，原告 Sumitomo Trust & Banking 与被告 UFJ 持股公司之间就后者向前者出售其信托业务部门问题，达成了含 Lock-in(即约定诚信商定合同)和 Lock-out(即约定排除与第三方进行合同谈判)内容的协议。被告却于 2004 年 7 月 14 日决定与东京三菱金融集团进行合并谈判。原告诉至法院，要求发布禁止被告与第三方谈判的禁令或赔偿总额为 1 000 亿日元的损失。在后来的诉讼过程中，原告放弃了禁令主张并将索赔额降至 100 亿日元，日本的东京区法院认为以上的 Lock-in 约定具有约束力，该法院和最高法院都认定以上的 Lock-out 约定也具有约束力。最后，该案经调解，以被告同意向原告支付 25 亿日元赔偿的方式结案。

有学者通过比较发现，同类争议在不同的国家可能会有不同的判决结论[②]，其主要原因是有些国家的制定法并无明确的规定而只能听凭法官决定。当然，也由个别的国际公约或国内法对特种类别的要约规定了应包含的最少内容，如《联合国国际货物销售合同公约》和美国《统一商法典》等，详见第五章。这里仅提供以下一例。

Pinchus Feldman and Yosef Feldman 与 Corey Stephen Tayar 纠纷案(2021)[③]

为了解决借款归还的争议，上诉方 Pinchus Feldman 和 Yosef Feldman 与被上诉方 Corey Stephen Tayar 达成了一项仲裁协议，其内容仅泛泛地表示将争议事项交仲裁庭依据书面陈述裁决，对于确切的争议事项并没有明确的界定。后来成立的仲裁庭却仅根据当事人的口头表示确定争议事项，并做出了对被上诉方有利的裁决。除了指控该裁决理由太短、语句不连贯之外，上诉方还声言该仲裁协议由于没有依法书面确定争议事项而无效。

澳大利亚维多利亚州最高法院 2021 年 6 月 24 日判决认定该仲裁协议有效，理由是：该书面的仲裁协议规定了“所有或某些争议”(all or certain disputes)，无论是其中的“所有”(all)或“某些”(certain)的争议特征都不需要表明更大的确定性；根据该州仲裁制定法的第 7 条，仲裁协议并不需要注明特别争议；本案中的仲裁协议表明了争议的一般性质，具体争议事项可由仲裁庭确定，符合该第 7 条的规定。

我国《民法典》第 472 条也只是抽象地要求要约应当“内容具体确定”，从理论上说，合同的内容一般是由起初作为要约人的当事人一方的要约确定的，因此，我国《民法典》第 470 条关于合同内容的规定可适用于要约内容，但是，从该条的行文看，该条的规则显然是建议性的，也就

① See Koji Takahashi, Walford v. Miles in Japan: Lock-in and Lock-out Agreements in SUMITOMO V. UFJ, *Journal of Business Law*, 2009, pp. 166－179.

② 如英国法院一般不承认这种 lock-in 协议的约束力，并只承认附期限的 lock-out 协议。有关详情可参考注释①的论文，pp. 179－181。

③ 该判决详情可见于 http://www.austlii.edu.au/cgi-bin/viewdoc/au/cases/vic/VSCA/2021/185.html，2023 年 2 月 13 日最后访问。

是说，该条中列举的8项条款并不是所有合同或所有要约应必备的。我国国内大多数合同或要约及一些涉外商事合同或要约实际上并没有具备以上8项条款，但是，我国法院或仲裁机构与国际社会普遍的做法一样，承认其约束力，合同或要约中未明确的事项可以根据合同法或其他具有法律性质的规则（如惯例）来确定。

笔者认为，总的来说，一般的国际商事要约最少应包含标的、价格或确定价格的方法（如按某时最高竞价或某交易所牌价确定等）、数量或确定数量的方法（如按需供应等）这三项内容，否则即会因缺乏明确性而对要约人或受要约人缺乏约束力。订约建议中连具体交易标的都未确定，显然不能被视为要约。交易的数量或确定数量的方法也是不可少的，否则无法确定要约人或受要约人权利和义务的大小。价格或确定价格的方法对存在市价的交易可能不是特别必要的（可参见第五章），但对不存在市价的交易特别是一些服务贸易而言是至关重要的，因为这些不存在市价的交易价格差别是很大的。我国《民法典》第510条规定："合同生效后，当事人就质量、价款或者报酬、履行地点等内容没有约定或者约定不明确的，可以协议补充；不能达成补充协议的，按照合同相关条款或者交易习惯确定。"可见，对按合同相关条款无法确定价格而又没有现存的或通行的交易习惯可参照时，该条也没有做出可操作的确定价格的规则。为防止自己达成的协议在法律上的不确定性，严谨的当事人应特别重视价格问题。以下以一建筑服务纠纷的实例说明价格对无市价要约的意义。

坎特雷有限公司诉特拉纳有限公司案

T与建筑承包商C达成一项协议：如果C介绍某人来投资，T将以公平合理的价格来雇用C为承包商。后来，T却将承包工作授予其他企业而与C发生争执。美国法院认为，建筑合同的价格条款为一基本条款，当事人对该价格或该价格的确定方法未作约定，因此，原被告之间并不成立一项有约束力的合同关系，也就谈不上被告违反合同。

2. 要约的生效时间

世界上绝大多数国家法律规定，要约到达受要约人时生效。何种情形才视为到达，各国法院的观点有时很不一致。有些国家的法院认为，要约与受要约人发生某种联系时（Communicated to the Offeree）即视为到达，如送达到受要约人的代理人处或受要约人设定的信箱等；另一些国家的某些法院则可能将要约送达到受要约人处并且出现被受要约人知晓甚至理解状态时才视为到达。《2016年商事通则》在其第2.1.3条中重申了多数国家要约到达生效的原则规定。电子时代下产生的我国1999年颁行的《合同法》在确认到达生效原则的同时，还专门规定了数据电文要约到达时间的确定规则：受要约人指定特定系统接收数据电文的，该数据电文进入该特定系统的时间，视为到达时间；未指定特定系统的，该数据电文进入受要约人任何系统的首次时间，视为到达时间。在相对人有提供多个系统，而又没有指定特定系统的情况下，该法第16条第2款规定的是该数据电文进入收件人的任何系统的首次时间，视为到达时间。这样规定存有弊端，如此规定无疑是在要求相对人要每天24小时查看邮件或者系统，而且会缩减表意人撤回意思表示的余地。所以，后来的《中华人民共和国民法总则》（以下简称《民法总则》）对此规则予以修改，其第137条第2款规定：以非对话方式做出的采用数据电文形式的意思表示，相对人指定特定系统接收数据电文的，该数据电文进入该特定系统时生效；未指定特定系统的，相对人知道或应当知道该数据电文进入其系统时生效；当事人对采用数据电文形式的意思表示的生效时间另有约定的，按照其约定。这意味着《民法总则》又回归到传统的意思表示到达标准，即可支配范围和相对人知悉合理期待的标准。[1] 替代以上两部法律的我国现行《民法典》第137条和第474条仍沿用了后者的规定精神。

要约到达生效的规则对要约人具有重要意义。有时由于出现了特殊情况，发出去的要约对要约人很不利，如果要约尚未到达，则要约完全可以采用快捷撤回的方式阻止要约对自己的约束。在某些情况下，要约到达生效的规则对受要约人也很有意义，以下的实例足能说明这一点。

A与B买卖纠纷案

某年3月28日，A向B发出了出售某种货物的要约，却忘了注明要约日期。几经周折，该要约于5月2日上午才到达B处。B于5月2日下午用电报答复表示接受。A收到的答复很是诧异，A因认为B不接受要约而于4月28日将货物低价卖予他人。为此，B诉诸法院，控告A违约。英国法官认为，A应承担违约责任，只有在以下情形下B的承诺因违反诚信原则而无效：A注明要约日期、其要约信件上可清晰辨认出发信日期或者其他能让B知悉要约日期的内容。B向本法官展示的却是一崭新的要约信件，一般的善意的收信人都会认为该信是几天前才发出的，根据要约生效原则，A的要约于5月2日上午才生效，B于5月2日下午表示接受并没有超过有效承诺所需的合理期限。

3. 要约的约束力

要约生效后，一经受要约人有效承诺即成立有效合同，非出现法定许可情形，当事人任何一方也不能单方中止合同。但是，到达生效之后受要约人尚未承诺而成为有效合同之前，要约能否被撤销？这便是要约的约束力问题。关于这一问题的原则规定，大陆法系法和英美法系法存在重大差别，总的来说，大陆法系国家一般规定，要约在其有效期内不可被撤销，而英美法系国家则一般规定，只要受要约人尚未接受要约，要约人可以随时撤销其要约。[2] 不过，随着时代的发展和当事人对交易提高可预见性要求的加强，不少英美法系国家对上述原则规定了很多例外，主要包括：有对价支持的要约；受要约人有合理理由信赖要约是不可撤销的并采取了某种实质性的行为或不行为。在这方面，《2016年商事通则》和我国及其他国家与地区的合同法现已采纳了与英美法系国家一样的观点。

4. 要约的失效

要约的失效是指要约对要约人或受要约人不再具有约束力的情形。要约失效的原因很多，主要有以下几种情况：

(1)要约过了有效期限；

(2)要约被有效撤回或撤销；

(3)要约变为非法，即要约发出后，国家实施的新法使要约非法，如某自然人有息贷款要约发出后，国家实施的新法禁止所有的私人有息借贷；

(4)要约人失去履行要约的能力，如要约人破产等；

(5)要约被受要约人拒绝。

(二)承诺

1. 承诺的定义及有效条件

承诺是指受要约人声明或以其他行为同意要约的意思表示。除法律或要约有相反规定，

---

① 参见王洪亮：《电子合同订立新规则的评析与构建》，《法学杂志》2018年第4期，第32～42页。

② See Joseph Lookofsky, Understanding the CISG (Sixth Edition), *Kluwer Law International*, 2022, pp. 77－114.

要约一经有效承诺，合同自承诺生效时即告成立，对当事人各方均有约束力。承诺的有效条件是：

(1)承诺必须由受要约人或其授权的代理人做出。受要约人或其代理人以外的第三人同意要约的意思表示，对要约人而言仅是一项要约，非经要约人承诺，不产生任何合同。

(2)承诺必须在要约有效期内做出。如果要约规定了承诺的期限，则受约人必须在一定的期限内做出承诺并送达要约人。承诺未在规定承诺期限到达的，要约原则上因过期而失效。如果要约未规定承诺的期限，则承诺应在合理的时间内做出并送达要约人。根据《2016 年商事通则》及很多国家和地区的合同法规定，“合理时间”应依交易的具体情况包括要约人所使用的通信方式的快捷程度而定。这就意味着，如果具体情况表明要约人很想快速成交并采用了快速的通信方式，则“合理时间”相应就较短；反之较长。不过，德国和我国台湾地区的《民法典》等规定，对口头要约，承诺应立即为之。《2016 年商事通则》及我国《民法典》在采用这一原则的同时，允许口头要约人做出相反表示或与受要约人做出相反约定。

受要约人超出有效期做出接受要约的表示属于逾期承诺范畴。逾期承诺在包括我国在内的多数国家一般被视为一项新要约，非经原要约人及时承诺，无合同产生。《2016 年商事通则》在其第 2.1.9 条第 1 款中也确认了这一点，即只有在要约人毫无延误的确认的情况下，逾期承诺才为有效承诺。但是《2016 年商事通则》同条第 2 款同时规定：受要约人以外的其他原因导致逾期承诺的，除非要约人及时做出相反表示，该逾期承诺为有效承诺。

(3)承诺必须是无条件地接受要约。承诺内容与要约内容一致才能表明要约人与受要约人的意思表示一致。这样，受要约人对要约修改或附加条件，则在法律上亦构成拒绝要约。

荷兰 H 公司诉英国 E 公司案

E 是一家英国的航空公司，一日为售出某台机器而向 H 空中服务公司要约：售 X 机器一台，请汇 5 000 英镑。H 立即回电：接受你方要约，已汇 5 000 英镑至你方银行账号，在交货前该笔款项将由银行代为你方保管，请立即交货。E 却将 X 机器高价售予第三人。H 便诉至英国法院控告 E 违约。英国法官判 H 败诉，理由之一是：被告要约中规定的付款是无条件的，原告在回电中却变更为付款以交货为前提，这样，原告尽管在回电中使用“接受”一词，也不能构成一项有效的承诺。

不过，有时受要约人诚心接受要约，却因自己的特殊需要而在答复中做出了一些认为要约人不会反对的非实质性变更要求，如将这种答复行为不视作承诺往往会给受要约人造成很不公平的后果，为此，包括美国、中国在内的一些国家及《2016 年商事通则》第 2.1.11 条第 2 款纷纷做出变通规定，即要约人如果没有及时相反的表示，在符合承诺其他有效条件的前提下，含非实质性变更要求的答复仍可以构成一项有效承诺。不过，美国《统一商法典》和《2016 年商事通则》等对何谓“实质性变更”并没有进行定义和列举。我国《民法典》对“实质性变更”也没有做出定义，但列明受要约人对以下事项的变更为实质性变更：标的、数量、质量、价款或报酬、履行期限、履行地点和方式、违约责任和解决争议的方法等(第 488 条)。我国《民法典》中的这一规定对避免或快速解决当事人之间的有关争议显然会起到积极作用。

(4)承诺必须以声明或做出其他行为的方式表示。承诺一般应以“声明”(我国《民法典》及我国台湾地区的《民法典》使用的是“通知”一词)方式做出，但是根据要约要求或交易习惯，承诺也可以用做出某种行为的方式表示。如买方向产品制造者的代销商发出要约订单，产品制造者可以根据双方以前的交易习惯而继续采用发货的方式表示承诺。总之,承诺必须以积极声明或行为的方式做出,缄默或不行为本身不构成承诺,这一点在体现国际惯例的《2016 年商事通则》中得到明确的确认(第 2.1.6 条第 1 款)。在某些国家或地区,握手甚或共享饮料等都可能被视为有效的承诺。[①]

2. 承诺的生效时间

《2016 年商事通则》、我国及多数大陆法系国家对以声明或通知方式的承诺都采用到达生效的原则,即声明或通知到达的时间为承诺的生效时间;以行为方式表示承诺的生效时间为行为做出的时间。英美法系的国家关于承诺生效的时间基本规则如下:

(1)不论是否到达受要约人,按要约采用的方式和手段做出的承诺,于该承诺脱离受要约人拥有时生效;

(2)要约中明示或暗示承诺手段的,承诺于受要约人采用该承诺手段时生效;

(3)对面对面要约和其他类型的要约,承诺自到达要约人时生效。

英美法中上述第一项原则即是著名邮箱规则(Mailbox Rule),按此原则,承诺一旦脱离受要约人之手,合同即告成立,受要约人不再能将之撤回,如果承诺在途中遗失,要约人也不能否定合同存在。不过,英美法中的上述原则都是在要约中没有相反规定时适用的,要约中如果另有规定,则依要约的规定。如要约人虽然委托邮局传递要约,但却规定受要约人必须将承诺通知送达要约人,则承诺通知不是在邮寄时而是在到达时生效。

3. 自动化交易方式下的承诺规则

在当事人缔约过程中,应当如何认定自动化意思表示或"电子代理人"的自动回复的性质,这一问题在网购环境下变得前所未有的重要。目前的网购交易模式下,大多数网站会在消费者下单后自动发送一封邮件至消费者的注册邮箱,其内容大致包括"感谢您在××购物!我们已经收到了您的订单,即将为您安排发货"、预计送达日期、送货方式、送货地址及"此邮件仅确认我们已收到了您的订单""只有当我们向您发出发货确认的电子邮件,通知您我们已将您订购的商品发出时,方构成我们对您的订单的确认,我们和您之间的订购合同才成立"等内容。

在德国"笔记本案"的判决中,法官认为"您的订单正由发货部门处理,感谢您的订购!"已构成一项有效的承诺。我国法院尚无此方面的判决,学者却已表示了关注,并认为若是仅有收到订单的通知,仅能视为订单意思表示的到达,不能构成一项有效的承诺。[②]

此外,在德国、日本、韩国和我国等国家或地区,特定类定期合同期限默示更新规则中的要约和承诺问题也很值得关注。[③]

二、当事人具有订立国际商事合同的能力

前文已指出,某份协议是否能成为有约束力的国际商事合同还取决于当事人或代理人是否具有订立这样合同的能力或资格。订立国际商事合同的能力(Capacity of the Parties to Contract)可以分为权利能力和行为能力两个方面。权利能力是指当事人或代理人订立国际商事合同的资格,行为能力则指当事人或代理人以自己的行为订立国际商事合同的资格(其中

① See Zackary Goldford, Contract as Transfer of Ownership, Even without Consideration, *Canadian Journal of Law and Jurisprudence*, August 2022, pp. 385－390.

② 王天凡:《网络购物标价错误的法律规制》,《环球法律评论》2017 年第 2 期,第 144～161 页。

③ 可参见杨立新、曾祥生:《定期合同期限默示更新规则的通用性与类推适用》,《法律适用》2023 年第 2 期,第 3～14 页。

代理人订立国际商事合同的能力问题详见第四章)。

签署国际商事协议的当事人大多为商事组织,少数才是自然人。发达的市场经济国家一般允许其境内的商事组织签订非管制类国际货物买卖、运输、租赁或技术转让等合同;而金融、保险、会计或法律等国际服务提供合同,则只能由经特许的商事组织同接受特许服务的其他商事组织或自然人签署。随着2001年中国加入世界贸易组织,国内相当多的商事组织取得货物进出口经营权,从而可以直接签署货物进出口合同。国内商事组织将具有订立越来越广的国际商事合同的权利能力和行为能力。

对自然人而言,很多国家允许签订非特许类国际商事合同,某些具有特殊技能的自然人常被有关国家的商事组织吸引签署较长期限国际商事服务合同,如某著名球星或教练与某国外的俱乐部签订了3～5年的雇佣合同等。与商事组织一样,自然人未经特许一般不能以特许服务提供者的身份签订特许类国际商事合同。即便是被允许签署国际商事合同的领域,各国一般也不赋予未成年人、禁治产人或精神病患者超出其认知状态签订这样合同的行为能力,也就是说,如果未成年人、禁治产人或精神病患者依法具有签订国际商事合同的权利能力,则在需要时由他们的监护人代签这样的合同。但是,根据我国《民法典》(第145条)、德国《民法典》(第107条)及英美法系国家的一些判例,未成年人签署的纯获利的国际商事合同具有法律效力。如某网络少年被德国某知名公司网上软件设计比赛广告吸引,背着监护人参加了比赛并获得了大奖,则该德国公司就不得以该少年无缔结国际商事合同的行为能力为由而拒绝发给奖品。

三、对价

对价(Consideration)是英美法系国家合同法中的重要概念之一。有些英美学者认为,合同有两大基础:一为意思表示一致,二为对价。考虑到英美法系国家与我国有重要的商事往来,这里单独列出一项予以介绍。

(一)对价的含义及其类型

在英美法系国家,对价通常是指为换取某一允诺(Promise)而付出的具有法律价值的代价。根据美国《合同法重述》(第二次)第71段,具有法律价值的代价既可以是一项回报的允诺(Return Promise),也可以是允诺以外的行为或不行为,还可以是一种法律关系的成立、变更或消灭。

根据对价发生的时间,英美法系国家的法官和学者将对价分为三种:过去的对价(Past Consideration)、已履行的对价(Executed Consideration)和待履行的对价(Executory Consideration)。过去的对价是指发生在允诺前的行为或不行为,已履行的对价是指发生在允诺后但已履行的法律义务,待履行的对价是指允诺后尚未履行的对价。

(二)关于对价的基本规则

1. 对价必须来自受允诺人

例如,A对B说:若B付10美元,A即将花瓶卖给B。本例中A卖花瓶允诺的对价是付10美元。但只有受允诺人B付10美元时,A才受其允诺约束。不过,这一规则也有例外,主要为:(1)代理关系中,受允诺人的代理人可以履行对价;(2)保险关系中保险人赔偿允诺的对价——支付保险费可以来自非为被保险人的投保人;(3)票据关系中承兑人付款允诺的对价可来自非持票人;(4)银行信用证或备用信用证关系中,银行保证付款允诺的对价可来自信用证的非受益人(如进口方)等。

2. 过去的对价不是对价

允诺前的行为或不行为即使有价值并使允诺人受益,该行为或不行为也不能成为允诺的对价而使允诺在法院得到强制执行。如 A 装修房屋,好朋友 B 帮了大忙,房屋一装修完毕,A 即向 B 表示要付 1 000 美元的酬劳,B 的帮忙行为发生在 A 允诺之前,属于过去的对价,因此 A 如果失言,拒绝支付 1 000 美元,B 将毫无办法。

3. 对价必须具有法律上的充分性(Legal Sufficiency)

所谓"法律上的充分性",既可以是受允诺人法律上的受损(Legal Detriment),也可以是允诺人法律上的利益。不过,法律上的受损并不一定是实际经济利益的减少。在英美法系国家的司法实践中,出现下列情形之一的,即认为发生了法律上的受损:做或允诺做先前并无法律义务去做的事情;不做或允诺不做先前并无法律义务戒除的事情。法律上受损的规则表明先前存在的合同义务或其他法律义务不构成对价。但是,晚近的这一法系国家的某些法院判决却没有完全固守以上原则。

Williams 诉 Roffey 兄弟公司案(1991)①

原告(Williams)同意按照 20 000 英镑的固定价为被告(Roffey)承包的一幢公寓做些木工活,双方约定了完工日期。原告完工 80%时收到了 16 000 英镑的报酬,此时却发现初始的 20 000 英镑的定价太低,以至于陷入了财务困难,由此也怠于监督其工人。鉴于这种情况,Roffey 担心 Williams 不能按时完工。为了避免业主引用与其所签承包合同中延迟完工的违约金条款,Roffey 向 Williams 许诺多付 10 000 英镑以确保后者按时完工。事后,Roffey 拒绝向 Williams 多支付 10 000 英镑的工钱。

英国上诉法院认为,虽然原告按时完工的行为丝毫没有超过原合同,但是在本案条件下却存在多付 10 000 英镑工钱的新合同,双方都受益于这一新合同,因为原告所提供的对价使被告避免了公寓业主对其执行延迟完工的违约金条款,原告所提供的这种对价是一种新对价。被告做出多付 10 000 英镑的许诺时没有受到任何欺诈或胁迫,在这种情况下允许其反言是不公平的。

新西兰上诉法院 2014 年对 Teat 诉 Willcocks 案的判决、加拿大不列颠. 哥伦比省上诉法院 2018 年对 Rosas 诉 Toca 案的判决等也体现了以上的例外精神。然而,并非英美法系所有国家的法院都效法这种立场,例如,在 2020 年 Ma Hongjin 诉 SCP Holdings Pte Ltd 案的判决中,新加坡上诉法院就仍然坚持修改合同需新的对价支持。②

4. 对价的适当性由允诺人自己决定

对价的适当性(Adequacy of Consideration)是指交易的公平性。总的来说,根据合同自由的原则,英美法系国家的法官一般不支持当事人以对价不适当为由撤销其允诺的主张,更不会去调查对价是否适当,这在消费者权益保护法领域也不例外。③ 然而,这一规则有两种例外:

---

① 1994 年澳大利亚新南威尔士法院在 Musumeci 诉 Winadell 公司案中即采纳了本案的判决原理,但在 1995 年的 Re Selectmore 案中,英国上诉法院拒绝将本案的判决理由适用于债务和解允诺。参见 Brendan Sweeney & Jennifer O'Reilly, *Law in Commerce*, Reed International Books Australia Pty Limited, 2001。

② See Zackary Goldford, Contract as Transfer of Ownership, Even without Consideration, *Canadian Journal of Law and Jurisprudence*, August 2022, pp. 385－390.

③ 托马斯·克莱布斯著,李村译:《确定性、公正性与英国的代理制度——兼评中国民法典中的代理规则》,《苏州大学学报(法学版)》2022 年第 3 期,第 103 页。

(1)以对价不适当证明欺诈、胁迫、不当影响的存在并进而主张撤销允诺;(2)对缺乏充分协商的标准合同(Form Contracts)等,以对价不适当主张其为无良心(unconscionable)的交易而撤销允诺。

(三)两种特殊债务安排允诺的对价规则

1. 减轻债款允诺的对价规则

如果债款数额是确定的,则因缺乏对价而使减轻债款的允诺归于无效,债权人仍有权要求偿足原债务总额。但是,当事人有时对债款数额存在争议,这种情况常出现于协议对价格未加规定的场合。前文已指出,对无市价的协议,任意方当事人可以欠缺明确性而主张无约束力的合同存在,然而,根据意思自治原则,当事人各方当然也可以一致承认合同的存在,其中一方当事人已履行了自己在协议中的允诺,对方当事人也接受了这种履行,只是将债款数额争议交给法官处理。英美法官的司法实践表明,如果债权人接受债务人声称为全额的款项,则不可再要求债务人偿付争议的余额。

E公司诉缅因野越橘公司案(1996)

原、被告签订一项买卖1990年生长的野越橘协议,却未规定价格,原告(E公司)交完野越橘后,双方对应付的价格发生争议,被告(缅因野越橘公司)向原告寄了一张支票及信函,称:此支票为最终的付款。原告兑现了支票后即诉至法院。美国缅因州最高法院最后判定:法律赋予原告按被告条件接受支票或退还支票的选择权;既然原告通过兑现方式接受了支票,则应禁止得到任何补偿。

2. 豁免安排允诺对价的规则

发生了侵权行为后,侵权人常会做出若受害人免除追究其进一步责任即付给一定数量金钱的允诺,如果受害人认为该笔钱款足以偿付自己的一切损失并签署书面的豁免文件,则日后即使能证明所遭受的损失远远超出该笔钱款,受害人也不能得到更多的赔偿。不过,豁免安排(Release)允诺具有下列特征时才是有效的:(1)符合诚信原则;(2)书面签署;(3)存在对价。

第三节 当事人意思表示的真实性

合同是各方当事人意思表示一致的结果。但是,为了培植良好的商业信誉、维护公正和社会正义,各国合同法一般规定,只有在当事人意思表示一致具备真实性即不存在误解(Mistake)、欺诈(Fraud)、胁迫(Duress)或不当影响(Undue Influence)的情况下,合同的效力才不受影响。

一、误解

(一)误解的定义和特征

我国学者将一些外国合同法及《2016年商事通则》中的“误解”一词翻译成“错误”,这对我们理解上应不构成任何问题。根据《2016年商事通则》第3.2.1条,误解是指在合同订立时对已存在的事实或法律所做的不正确的假设。由此可见,误解在合同法上具有两大特征:

1. 对已存在的事实或法律存在不正确的看法

应特别注意的是其中的“事实”(Facts)二字，事实是客观存在的，不同于因人而异的“观点”(View)，如某幢房子A认为很漂亮，B却认为很难看，这就是关于该幢房子是否美观的观点，即使B审美观较差，在法律上也不能认定为其对事实发生判断错误。但是如某幢房子实际上属于丙的，这便是一项事实，丁如果以为是甲的，则是对房子归属事实的判断错误。

2. 当事人的误解发生在订立合同之时

如果当事人的误解发生在订立合同之前，在订立合同之时却消除了，则当事人订立合同的意思表示完全是真实的，订立合同之前的误解当然不能影响合同的效力。

(二)误解的法律后果

根据《2016年商事通则》和世界上一些重要的经济大国的法律规定，当事人订立合同之时发生的误解能引起合同无效或得以撤销的法律后果。但是，能引起如此法律后果的误解必须具有一定的条件。

总的来说，大陆法系国家一般规定，必须是本质性的误解才能导致合同无效或得以撤销。但是，大陆法系国家关于本质性误解的限定范围很不一致，如法国限为涉及合同标的物本质的误解和主要因为对当事人个人的误解两类(法国《民法典》第1111条)，意大利却规定可以是以下四种本质性的误解：(1)涉及合同的性质或标的物；(2)涉及交付标的物同一性或应协议确认的同一标的物的质量；(3)涉及对方当事人身份或基本情况；(4)涉及构成唯一或主要原因的法律错误(意大利《民法典》第1429条)。不过，根据意大利《民法典》第1428条，上述错误只有为缔约另一方可识别时，才能构成合同被撤销的原因。

英美法系国家一般将误解区分为单方误解和共同误解两类。单方的误解通常不能导致合同无效或得以撤销。如A打算以9 500英镑的价格将车子卖给B，A在其要约信中却写成了5 900英镑，B如果接受了A的要约，则A的这种错误不能使之免除按5 900英镑价格向B交付车子的义务。不过，这一规则也有例外，即如果对方当事人知道或应当知道误解者发生了错误，则合同可以撤销。如果各方当事人都发生了误解，并且从事实角度来看都情有可原，则任何一方当事人可以解除合同。以下是一起英国法院判决的关于误解的经典案件。

Great Peace船运有限公司诉Tsavliris施救有限公司案(2002)

被告(Tsavliris施救有限公司)的Cape Providence号轮在南印度洋发生了严重的结构损害而面临着沉船危险。被告便委托其经纪人寻找最近的施救船舶，后者获知原告(Great Peace船运有限公司)所拥有的Great Peace号轮距离危船最近。根据该信息，被告与原告达成了雇用Great Peace号轮至少5天的合同。据估计，Great Peace号轮会在12小时的航程内赶到危船所在之处，事后却发现，关于Great Peace号轮位置的信息是错误的，该轮实际上在数百英里之外。鉴于此种情况，被告取消了合同，并拒绝支付任何租金。英国法院判决支持原告的索取5天租金的诉讼请求，理由是：本案中的原告并不知道任何关于两船之间距离是合同的先决条件，原告仅仅知道有义务向被告提供租船和有权利获得5天的租金；本案中只有被告发生单方误解。

《2016年商事通则》关于误解的规则较为详尽，其主要内容涉及可以宣告合同无效的误解情形和不能宣告合同无效的误解两个方面。

1. 可以宣告合同无效的误解情形

根据《2016年商事通则》第3.2.2条第1款的规定，可以宣告合同无效的误解不仅属于订约时发生的一个通情达理的人知道事实真相就会不签合同或签实质条款不同合同的重大误解，而且还应符合以下两种条件：

第一，在另一方当事人发生了同样的误解或导致了该误解，或者在知道或应当知道的情况下，违背公平交易的商业合理标准使误解的当事人处于错误之中。

第二，该误解属于另一方当事人尚未依其对合同的信赖行事前所发现的误解。

2. 不能宣告合同无效的误解

根据《2016年商事通则》第3.2.2条第2款和第3.2.4条，出现下列情形的，当事人不得以误解为由宣告合同无效：

第一，当事人自己的重大疏忽造成的误解。

第二，误解与某事实相关联，而对于该事实所发生的风险已被设想到，或考虑相关情况，该误解的风险应当由误解的当事人承担。

第三，情况表明当事人对不履行合同可以或本来可以提供救济。在国际商事交易中，很多情况下，发生误解的当事人可以或本来可以采取一些补救措施使合同得到履行。若出现了这种情况，误解的当事人不应以误解为由简单地宣告合同无效，而应积极地予以救济使合同得到履行，否则必须承担不履行合同的责任。

《2016年商事通则》中的以上规定表明，当事人以误解作为宣告国际商事合同无效的理由是受到严格限制的。

二、欺诈

（一）欺诈的定义和特征

欺诈是一方当事人为引诱对方当事人订立合同而对事实所做的欺诈性陈述（Fraudulent Misrepresentation）或沉默地隐瞒事实真相的行为（Misrepresentation by Silence）。欺诈在合同法上亦有两大特征：

（1）欺诈由对事实的欺诈性陈述或沉默行为所构成。但在英美法系的国家，具有优越知识当事人的观点有时也可能被视作对事实的欺诈性陈述。

应予注意的是，欺诈性陈述不仅包括欺诈性语言说明，而且包括欺诈性做法。例如，甲为了能卖出高价，将2008年车型说成是2016年车型，甲使用了欺诈性语言；甲在卖车子时故意用身子挡住油漆剥离部位则属于欺诈性做法。

（2）欺诈的目的在于引诱对方当事人订立合同。

（二）欺诈的法律后果

根据《2016年商事通则》第3.2.5条、我国现行的《民法典》第149条及一些有代表性的国家立法和司法实践，欺诈可导致一方当事人有权解除合同，在发生损害的情况下，受欺诈的当事人还有权要求赔偿。不过，欺诈也必须具备一定的条件才能引起如此法律后果。

1. 欺诈性陈述应具备的条件

《2016年商事通则》及多数大陆法系国家的民法典一般只简单规定，欺诈与缔结合同具有因果关系时，受欺诈的当事人有权解除合同。但是，根据很多大陆法系国家的票据法等规定，签订合同之后，出现了善意的第三人，则受欺诈的当事人不能以欺诈对抗善意的第三人（详见第四、第五、第七章等)。此外,在大陆法系国家,受欺诈的当事人如果寻求赔偿,则必须同时证明损害的存在。

曾恩财与中国人民财产保险股份有限公司纠纷案(2018)[①]

原告曾恩财系“浙台渔冷32890”轮所有人。2016年4月28日,原告通过陈祥杰就该轮向被告中国人民财产保险股份有限公司舟山市分公司投保沿海内河渔船一切险。因当年3月17日该轮未通过检验签证,陈祥杰在提供投保资料时,将该轮船舶检验证书的下次检验日期复印修改为2017年3月17日。2天后,被告出具了保单:保险期间自2016年4月29日至2017年4月26日,保险金额为800万元,保险费为103 430.18元。同年8月17日,经原告申请,被告出具保单批单,将航行范围变更为:中国近海、中日韩海域(含济州岛海域)、北太海域及来回航线,包括离福建海岸线370海里海域内(包括我国台湾地区)。保单签发后,原告已分期付清保费。同年10月11日,该轮出海至北太海域收购鱼货,5天后机舱着火,经灭火抢救后尚可航行和作业。次月5日,该轮出现了离合器传动轴、轴承损坏,无法修理,当日即向被告报告了船舶事故情况。后花费1 162 000元被其他船只拖带至温岭箬山港修理,又花去56 964元。

面对被告的拒赔,原告便提起了诉讼。宁波海事法院2018年判决撤销当事人之间的保险合同,指令被告返还保险费,驳回原告的其他请求,其依据:经查明陈祥杰不是被告的代理人,只是原告保险的代办人;尽管我国《海商法》与我国《保险法》对告知的前提规定有所不同,但船舶检验证书上所记载的年检时间不属告知的范围,因为原告投保时需要提交船舶检验证书,被告通过审查年检记载就可知道该情况,既无须询问原告,也不需要原告主动告知;原告知晓陈祥杰修改了船舶检验证书的下次检验时间,属于隐瞒真实情况与被告订立保险合同,违背了被告订立保险合同的真实意思,根据我国《合同法》第54条第2款的规定,被告有权请求人民法院变更或撤销保险合同;被告已明确同意法院认定涉案合同属于可撤销的合同。

英美法系的国家的司法实践一般承认,导致合同无效或得以撤销及承担赔偿责任的欺诈性陈述应具备以下条件:

(1)欺诈性陈述与签订合同具有因果关系。即欺诈性陈述是订立合同的关键性因素,如果没有这种欺诈性陈述,当事人就不会与欺诈者签订合同。

(2)陈述者存在过错并导致了无辜的当事人损失。其中的“过错”包括故意和过失两个方面。欺诈性陈述通常为陈述者故意所为,即陈述者明知与事实情况不符,但为了达成合同而做出欺诈性的虚假陈述。如A为了获得售房定金,将明知是X的房子说成是自己的而与B签订了售房合同,A的陈述便具有故意欺诈性质。在商事交往中,当事人有时也会做出过失性的虚假陈述,如某超市计重器很长时间未加检修,结果所称的重量与事实严重不符,对这种过失性的虚假陈述,英美法系国家一般将之等同于故意性欺诈陈述,受害方不仅可以宣告合同无效或撤销合同,而且在遭受损害时可以要求过失方赔偿。如果虚假陈述非出于故意或过失,受害方只能宣告合同无效或撤销合同,而不能要求赔偿。

(3)受欺诈的当事人信赖该欺诈性陈述属于情理之中。在这方面,英美法院一般根据受欺

① 该案的详情可见于 http://www.nbhsfy.cn/art/2018/4/8/art_1229571852_2010.html,2023年2月4日最后访问。

诈当事人的识别能力做出判决。欺诈方如果是行家，受欺诈方是外行，则会做出对受欺诈方有利的判决；反之做出对受欺诈方不利的判决。

2. 沉默性欺诈的构成条件

在这方面，《2016 年商事通则》、大陆法系国家与英美法系国家的规定大体一致，表现如下：

(1)法律或合同规定有说明义务的当事人沉默而不披露实情。一般而言，法律或合同没有特别要求，当事人并没有义务披露对自己不利的事实。如劳动者在签订雇佣合同时，对方当事人若未查问，劳动者完全不必披露因旷工而被原单位除名的事实。但是，如果法律或对方当事人有披露实情的特别要求，沉默者不进行实情披露即构成欺诈。如股份有限公司违反法律规定对其真实的财务现状不予披露，投保人无视保险人的特别要求和自己的承诺，对保险标的风险增加的事实不予披露等。

(2)沉默与订立合同有因果关系。也就是说，隐瞒性沉默是签订合同的关键性因素，否则，如果沉默者披露了事情，对方当事人就不会与之订立合同。

3. 当事人之外的第三人欺诈行为对合同效力的影响

德国《民法典》第 123 条第 2 款规定："第三人已进行欺诈的，仅在相对人知道或应当知道欺诈时，须以他人为相对人而做出的表示才是可撤销的。该表示的做出所须相对的人以外的人已因该表示而直接取得权利的，如其知道或应当知道欺诈，则该表示对他是可撤销的。"日本《民法典》第 96 条第 2 项同样宣示："就对某人的意思表示，第三人进行欺诈时，以相对人知其事实情形为限，可以撤销其意思表示。"[1]可能是受这些规定的影响。我国《民法总则》第 149 条也规定："第三人实施欺诈行为，使一方在违背真实意思的情况下实施的民事法律行为，对方知道或者应当知道该欺诈行为的，受欺诈方有权请求人民法院或者仲裁机构予以撤销。"

三、胁迫

根据某些有代表性的大陆法系国家《民法典》的规定（如法国《民法典》第 1112 条和第 1113 条、意大利《民法典》第 1435 条和第 1436 条）和英美的有关判例，胁迫是指以非法威胁的方法使对方当事人产生恐惧而被迫与之订立合同的行为。

胁迫也可以被受胁迫的当事人援引为宣告合同无效或撤销合同的理由，但是，根据《2016 年商事通则》第 3.2.6 条及很多国家的法律规定，受胁迫的当事人在行使上述权利时必须证明以下三点：

(一)胁迫采用的是非法威胁的方法

在商事交往中，有些威胁不仅是必要的而且是合法的。例如，鉴于承租人拖欠租金的行为，出租人威胁说，如果承租人 3 天内不付清拖欠的租金，将向法院申请冻结其资产，并请求警察署驱逐承租人。受此威逼，承租人只得做出 3 天内付清租金的书面承诺，事后，承租人不得以存在胁迫为由主张其承诺无效，因为出租人的威逼是合法的。但是，很多其他威胁则是非法的，如求租者威胁说，房主若不以某一低价出租其房屋，即绑架其本人、孩子或捣毁其房屋。

9178-6103 QUIBEC INC. 诉 UNITRANS-PRA CO.，INC.，ET AL.(2018)[2]

被告 Unitrans 是设立于美国新泽西州的公司，从事安排海洋运输承运人的中介无船公共

---

① 参见韩世远：《合同法总论》，法律出版社 2018 年 6 月第 4 版，第 253 页。

② 2018 WL 5084820，本案判决详情可见于 https://www.casemine.com/judgement/us/5bcd6496a217830e3993ce40，2023 年 4 月 1 日最后访问。

承运人(Non-Vessel Operating Common Carrier,NVOCC)的工作;另一被告FT&T是提供包括收取海运提单和运费等某些支持服务的Unitrans的分包商。原告9178-6103 Quibec Inc.(以下简称Quibec)是一家经营车辆出口的加拿大公司。

原告最初雇用Alexandre Morozov and STS Group, Inc.(以下简称STS)作为经纪人购买了Bentley和另外4辆豪华小汽车。另一被告FT&T为这些车辆的购买提供了贷款,STS则同意前者为这些贷款对车辆拥有留置权,该担保协议要求交货时支付全款。STS随后作为托运人与作为运输代理人(Forwarding Agent)的被告Unitrans签约安排这些车辆运往芬兰Kotka港。Unitrans拥有该车所有权的原件,并持续地用这些原件凭证作为运费和其他费用的担保。货物运到芬兰目的地后,FT&T称STS有135 172美元的货款与费用欠账,Unitrans便在无付款的情况下拒绝向原告交车。经数次沟通,原告最后同意支付104 000美元获得车辆的交付,用其中的52 000美元收取了其中的4辆车,用余款收取Bentley车。收到52 000美元后,被告向原告交了4辆车,但那辆Bentley车仍遭扣。

基于为获取4辆车而支付52 000美元是受到了胁迫之理由,以及为了收取以上的Bentley车,原告提起了诉讼。经受理法官听审后,原告同意提交52 000美元的担保以换取Bentley车的放货。随后的2018年11月17日,美国纽约东区联邦法院做出的简易判决指出:本案中当事人的权利与义务缘于海商交易;根据海商法考察胁迫问题的联邦法院常根据合同法的一般原则分析细节元素,纽约州法律也采取类似的标准;承运人对未付费用的货物有留置权已被美国法院多起判决所承认,要求支付合法债务不能构成不当威胁。

(二)胁迫使用的手段非常紧急严重以致受胁迫者无其他合理选择

如果威胁使用的手段很缓和而且不紧迫,则当事人无权要求解除合同。如威胁者只是简单地说,若不与之订立合同,则天天会上门纠缠。但是,如果威胁者手持炸弹逼签合同,则应认为情况非常紧急和严重,事后受胁迫者完全可以要求废除合同。以上是关于胁迫是否紧急严重的两个极端的例子,实践中当事人抗威胁能力是因人而异的,因此,法国、意大利等国规定,要考虑到受胁迫者的年龄、性别及个人情况。

(三)胁迫将影响声誉或经济利益

本条的适用不一定要求胁迫必须针对某一人或某一项财产,胁迫也可以是对声誉或单纯经济利益造成影响。

但是,根据法国《民法典》第1115条、我国《民法典》第150条和英美的一些判例,胁迫发生后,受胁迫者以明示或默示方式放弃行使合同撤销权的,则无权撤销合同。

四、不当影响

不当影响是英美合同法中的一个常见的概念。它是指一方当事人违背诚信原则,利用对方当事人的某种依赖关系、缺乏远见、无知、无经验或缺乏谈判技巧等以诱使其签订合同的行为。例如,A看出了X老太太很有钱,A便利用作为X长期律师的朋友B花言巧语的影响,诱使X签署了低息贷款合同。从本例中可以看出,X因与B之间存在信托关系而十分信赖B,A利用B对X施加的不正当影响使X签订合同的意思缺乏真实性,因此,X了解真相后,即可以不当影响为由要求撤销合同。

第四节 合同的内容和形式

一、合同的内容

(一)合同的内容构成

前文已指出,法律本身不能创造合同,如果当事人协议中明示条款太少或太含混以至于法官或仲裁员无法依法确定当事人的权利和义务时,该协议将因太不明确而不能成为有约束力的合同。但这并不意味着合同的内容仅由当事人明确议定的条款所构成,实际上,合同的内容是由明示条款和未用及不能用明示条款排除的暗示条款或默示义务共同构成的。根据《2016年商事通则》和很多国家合同法的共同规定,其中的暗示条款主要有三种:

1. 当事人之间的交易习惯

如果当事人之间不太久远前进行过数次类似的交易并形成了某些交易习惯,则只要当事人未予排除,以后的交易应遵循这些习惯。例如,A与B之间存在长期的供应关系,每次B订货被A接受后,都是由A安排运输和承担费用送货上门,在此背景下,如果A与B之间签订的协议对安排运输和支付运费未予明确,则该协议实际上仍暗含着由A安排运输和承担费用送货上门的条款。

2. 民商事惯例

各国法律一般承认与合同中明示条款不相冲突的民商事惯例为该合同的组成部分。《2016年商事通则》第1.9条第2款也规定:在特定的有关贸易中,合同当事人应受国际贸易中广泛知悉并惯常遵守的惯例约束,除非该惯例的适用为不合理。

3. 法定的暗示条款

法定的暗示条款有两类:

(1)强制性暗示条款。这类条款当事人不能用明示条款加以排除。例如,目前包括我国在内的很多国家法律规定:产品的卖方不得在合同中排除其产品导致的人身伤亡责任。据此,在包括我国在内的这些国家中,所有的产品买卖合同都含有一项强制性暗示条款:卖方应依法承担其产品所导致的人身伤亡责任。如果当事人在产品买卖合同中用明示条款排除上述强制性暗示条款,则该明示条款无效。

(2)任意性暗示条款。法治比较完善或立法技术水平较高的国家除规定很多强制性的暗示条款外,还规定了详细的任意性条款,以弥补实践中某些合同中的明示条款之不足。这些法定的条款之所以称之为"任意性"的,是因为当事人可以用明示条款加以排除。如果当事人没有用明示条款加以排除,它们即自动进入合同成为合同的一部分。如美国《统一商法典》第2条第3款第10项[①]规定:除非合同另有约定或是赊销性质的买卖,买方应在收到货物的时间和地点付款。据此,如果当事人之间的买卖协议有不同规定,则按协议的不同规定确定买方履行付款义务的时间和地点;若当事人无约定,则依该条确定买方履行付款义务的时间和地点。

(二)合同内容的合法性

各国皆要求合同的内容合法,否则该合同会因非法而无效或不能强制执行。在现代文明的

---

① 在《统一商法典》英文本中,其表示法为"§2-310"。

国家里，内容非法的合同主要是指那些违反法律强制性规定、社会善良风俗或公共政策的合同。

1. 内容违反法律强制性规定的合同

在现代法治国家中有很多强制性规定是当事人不能用协议的内容更改的。如反暴利法规定，禁止订立超过最高利率水平的借贷合同，则A与B之间违反此禁止规定的协议肯定得不到法院的合法承认。再如法律、会计服务提供许可法中规定，只有注册律师、注册会计师才能对外签署法律、会计服务提供合同，则仅有非注册律师、助理会计师资格的甲对外签署法律、会计服务提供合同肯定是无效的。但是，英美法系国家的司法实践并不将违反职业许可法的协议通通宣布无效。

本杰明诉凯伯尔案(1995)

原告(本杰明)是一名律师，被告(凯伯尔)则是原告签约的律师事务所。双方达成的协议规定：对从原告推荐客户处收取的费用，被告应付给原告1/3。协议履行过程中，双方发生了争议。被告认为，原告没有按州律师注册法注册登记，因此向原告付费会违反公共政策。美国纽约州最高法院1995年判决认为：鉴于20世纪70年代末两位数的通货膨胀和高失业，1981年实施的纽约州律师注册法明确表明其目的是要"产生估计1 750 000美元的财政收入"，该法的修订也表明其只有提高财政收入的基本目的，如该法的1990年修正案将注册费提高3倍时即规定了对这项财政收入的分配。上述情况表明，该律师注册法并不属于以保护公共健康、伦理道德或防止欺诈为目的的公共政策法，因此原、被告之间的协议是可以执行的，被告应按该协议的规定履行其义务。

应予说明的是，纽约州最高法院在以上案件中并没有认定原告不注册缴费行为是合法的，实际上，原告不注册缴费行为肯定是非法的，但这应另当别论，如纽约州律师注册署可以对原告的行为进行罚款等。

2. 内容违反社会善良风俗的合同

很多民族历史悠久，形成了不少的善良风俗，违反此种善良风俗的协议也是不能执行的。例如，A与妹妹B约定，若B在圣诞节期间不回去看望A所痛恨的父亲，A即会付给B 1 000法郎，B如果按此约定未回去看望父亲，B也不能要求法院强迫A支付1 000法郎，因为A与B之间的协议违反了基督教国家的善良风俗。

3. 内容违反公共政策的合同

公共政策(Public Policy)在有些国家或有些著作中又称公共秩序，一般是指体现社会公共利益的基本政策，如禁止拐卖人口的政策、婚姻自由政策、契约自由的政策等。非法违反这些政策的合同也是无效的。例如，X与Y达成一项协议，Y同意不与B结婚，Y为此得到了X支付的10 000美元，一年后，Y与B结了婚，在此情况下，X是不能向法院指控Y违约的，因为X与Y之间达成的违反婚姻自由公共政策的协议是无效的。就现代各国的契约自由的政策而言，某些合理的竞业禁止的合同还是被允许的。所谓"竞业禁止"，也称竞业限制，主要是指企业的职工(尤其是高级职工)在其任职期间不得兼职于竞争公司或兼营竞争性业务，在其离职后的特定时期或地区内也不得从业于竞争公司或进行竞争性营业活动。竞业禁止制度的一个重要目的就是为了保护雇主或企业的商业秘密不为雇员所侵犯。合理的竞业禁止的合同一般是指那些限制时间和范围等都适当的协议。

最后应予指出的是，如果当事人之间的协议只有部分条款不符合法律规定，各国现在一般只是宣告该不合法的部分条款无效或不能执行。但是，如果不合法的部分条款是合同的基础，则整个合同无效或不能执行。

二、合同的形式

各国现代的合同法对多数合同形式采取自由的态度，当事人可以采取口头、书面、默示或其他形式表示合意，发生纠纷时，当事人可以采用包括证人证言在内的任何证据证明其主张。

西班牙买方与法国卖方纠纷案(2013)

西班牙买方与法国卖方通过一经纪公司达成了一项按每吨 195 法郎的价格、共分 5 期交付 9 000 吨谷物饲料的买卖协议，该经纪公司 2008 年 6 月 17 日向双方当事人开具了发票，发票上载明了交货地和佣金，并标示：交易取决于(保险公司)承诺。保险公司 2008 年 7 月 21 日通知卖方只承保总值 78 万法郎中的 15 万法郎的交易。2008 年 8 月 18 日，卖方在交货地提交了第一批货物，随后的两批货物买方却没有收取。为索取损失，卖方诉至法院。

2013 年 7 月 1 日西班牙判决卖方胜诉，理由是：当事人的合同通过电话口头达成在先，经纪公司的发票为该合同的证明；按照适用于西班牙的国际法和国内法，这类合同可自由地采取任何形式。

但是，为了严肃某些重要的社会关系、确保公正或防止欺诈等，很多国家也规定，几种特殊类型的合同必须采用相应的特殊形式，否则无效或不能执行。有学者认为，法定的书面类特殊形式要求是合同自由原则的重要方面。[①]

(一)缺乏特定形式而无效的合同

现代各国只对极少数类别的合同从合同成立要素的角度做出特殊形式要求，当事人之间的协议不符合有关特殊形式的要求的，在法律上即是无效的，当事人不能根据该协议取得法律上的权利。如很多国家的不动产法规定，不动产买卖合同不仅要书面达成而且要采取公证形式，不少国家还要求办理过户手续，当事人签署买卖位于这些国家的不动产协议时，如果未采用上述规定的形式，则协议中的买方在法律上永远也未得到产权。除不动产交易外，很多国家对船舶、飞机等买卖及有关财产的抵押等协议要求书面签署并公证和/或登记，未采用规定形式的无效。德国等国甚至要求有限责任公司的股票转让或抵押也要采取公证的形式。[②]

此外，当代不少国家和地区要求争议解决中的仲裁合同必须采取书面形式。不过，对书面形式的认定规则，不同的国家有时有不同的认定。

安格尔沃德有限公司与江苏贝尔装饰材料有限公司纠纷案(2022)[③]

安格尔沃德有限公司(Angle World LLC/以下简称安格尔公司)曾长期向江苏贝尔装饰

---

① See Wei Wen, Formality, Freedom of Contract and China's New Civil Code: A Legal Reform Recommendation for Land Sale Contracts, *University of Pennsylvania Asian Law Review*, Volume 17, 2022, pp. 332—360.

② See Roman Jordans, Share pledge agreements concerning shares in a German GmbH may be notarised in Switzerland, *Journal of International Banking Law and Regulation*, 2014, 29(7), pp. 449—450.

③ 本案在美国判决的详情可见于 Arthur Dong, 'Angle World LLC v. Jiangsu Beier Decoration Materials Co., Ltd., Intermediate People's Court of Beijing, 21 April 2022', A contribution by the ITA Board of Reporters, Kluwer Law International, https://www.kluwerarbitration.com/document/getpdf/KLI—KA—ONS—22—22—001.pdf, 2022 年 9 月 16 日最后访问。

材料有限公司(Jiangsu Beier Decoration Materials Co.，Ltd./以下简称贝尔公司)购买强化木地板,因质量瑕疵,2018年双方签订了未包含仲裁条款的“628备忘录”,安格尔公司授权代表王彪在“628备忘录”骑缝处签字并交给贝尔公司盖章,但贝尔公司一直未将盖章原件返还一份给安格尔公司。10多天后,贝尔公司向安格尔公司传递了列明争议交由中国贸仲[①]仲裁和新履行期限的“710备忘录”,但后者一直在仲裁前未质疑和签署该新备忘录。在索讨货款未果的情况下,贝尔公司提请了仲裁。安格尔公司在仲裁一开始就提出了管辖权异议,并同时请求北京四中院确认上述“710备忘录”中仲裁条款的效力。该院审查后宣告仲裁条款有效,中国贸仲的仲裁庭便继续仲裁并于2021年3月11日做出了对贝尔公司有利的裁决。安格尔公司随后仍以“710备忘录”不具有约束性为由向北京四中院提出了撤销裁决的申请。2022年4月21日,该院做出了驳回该申请的裁定书，其理由是:双方当事人在长期业务往来中系通过电子邮件形式订立、修改合同,对于本案所涉“710备忘录”亦是如此;根据已查明的事实,“710备忘录”是对“628备忘录”的调整和补充;安格尔公司在收到“710备忘录”时并未对新增加的仲裁条款提出异议且事实上按照该备忘录行事,应推定其接受其中的仲裁条款。

美国联邦宾夕法尼亚东区法院却拒绝强制执行中国贸仲的以上裁决,其依据是:即使外国仲裁庭和中国法院已裁决,美国法院也应独立地按照《纽约公约》而不是中国法律重新审查仲裁协议是否存在;贝尔公司没有提交任何信息证明安格尔公司曾书面同意仲裁,也没有提供任何法律表明双方当事人的行为或面对面会议在该公约下有效仲裁协议的材料。[②]

Alita Group 与 the Serbian Privatization Agency 纠纷案(2018)[③]

2007年,被上诉方 the Serbian Privatization Agency 和 the State Share Fund 作为一上市公司股票的卖方,与立陶宛的 Alita 公司及瑞典的 United Nordic Beverages (UNB)达成了买卖合约 。在被上诉方终止该合约前，Alita 分为两公司。其中的一家称为 Alita Group(AG),接管了在立陶宛的生产设备。另一家仍使用 Alita 名称,后改名为 ALT Investicijos (ALTI),继续负责在塞尔维亚的投资。被上诉方提起了针对 ALTI 和 UNB 仲裁, ALTI 破产后,被上诉方将 AG 列成了仲裁程序新加的被申请方,并寻求其承担连带赔偿责任。AG 以不是含仲裁条款合约的当事方、仲裁庭一成员存在利害冲突为由提出了仲裁管辖权异议。

仲裁庭驳回了以上的管辖权异议,理由是:公司的拆分不可用于损害债权人拆分前约定程序方面的索赔权,否则,任何其他解释都会使一方当事人通过仲裁解决争议的合约义务。该仲裁庭也驳回了 AG 关于一仲裁员有偏袒性的主张。

以上裁决在一审和二审的司法审查程序中遭到了数轮的肯定与否定结论。2018年10月25日,塞尔维亚最高法院终审判决撤销该裁决,其依据:AG 没有与被上诉方书面签署仲裁协议;仲裁员之一没有披露其利害关系。

(二)缺乏特定形式而不能强制执行的合同

如果法律是从证据意义的角度对合同形式做出特殊要求,则缺乏这种形式的协议仍然是

① 中国国际经济贸易仲裁委员会。

② 该撤销争议的裁定书可见于 https://susong.tianyancha.com/b6c6365971764b61bd70604674ce1cf3,2023年8月23日最后访问。

③ 本案详情可见于 https://documents-dds-ny.un.org/doc/UNDOC/GEN/V22/033/67/PDF/V2203367.pdf?OpenElement,2023年2月8日最后访问。

有效的，但不能通过法院要求强制执行。例如，A 与 B 口头签订 50 000 美元国际货物买卖合同的同时又口头约定选用美国《统一商法典》作为合同的准据法，如果 A 与 B 双方皆全面履行了各自的义务，任何国家的法院也不能根据美国《统一商法典》中第 2 条第 2 款第 1 项关于非商人之间 5 000 美元以上买卖合同应具有签署记录形式的规定判决 A 与 B 之间不存在有效合同，双方所进行的履行是非法的。但是，如果本例中的 A 或 B 任一方在合同履行前否定合同的存在，另一方将因缺乏书面证据证明合同存在而不能要求法院强制执行。新加坡《合同法》第 8.3.1 条、菲律宾《民法典》第 1403 条第 2 款、泰国《民商法典》第 538 条等也有类似的规定。[①]

我国《民法典》中也有很多这类性质的规定，如第 736 条和第 851 条关于融资租赁合同与技术开发合同形式的规定等。

此外，根据契约自愿自由的精神，各国家或地区一般也不禁止当事人约定相互间的合同及其更新修改的合同采用特定的形式。

第五节 合同的效力、履行和解除

一、合同的效力

合同的效力是合同对当事人约束力的简称。前文已指出，具备法定要素的合同一般在承诺生效时成立，并开始对当事人产生约束力，直到合同被依法有效解除时终止约束力；在意思表示一致且真实、订约能力、形式或内容等要素方面有缺陷的合同一般是无效的或可以撤销的，对当事人自始无约束力或经撤销而无约束力。此外，当事人可因特殊需要而对合同的约束力做出特别的条件或时间规定。另一方面，为了维护社会关系的稳定和促进经济的发展，很多国家对一些特殊合同或特殊的合同条款的效力做出了特别规定。这里只简述这些特殊合同或特殊合同条款的效力规则。

(一)附条件或期限的合同

1. 附条件的合同

我国《民法典》和很多大陆法系国家的《民法典》中都有"附条件"合同的概念，但对什么是"条件"却没有定义。英美合同法学者中也有"附条件"合同的概念，根据美国《合同法重述》(第二次)第 224 段，"条件"是指将来可能的事件，其发生或不发生会引发合同下法律义务的履行或现存义务的终止。可见，"条件"是一种将来并不肯定就能发生的事件，当事人如果在合同中附加将来肯定能发生的事件作为履行或解除合同义务的条件，则这种合同属于以下所介绍的附期限的合同。如甲与乙约定双方间的合同自甲爷爷死去时生效，众所周知，死亡对每个人来说都是将来肯定能发生的事件，因此甲与乙的上述合同属于附期限而不是附条件的合同。

在我国和很多大陆法系国家，附条件的合同被分成附生效条件的合同和附解除条件的合同两类。前者规定条件成就时合同生效，其中的"条件"相当于英美一些学者或法官所称的先决条件(Condition Precedent)；后者则规定条件成就时合同失效，其中的"条件"相当于英美一些学者或法官所称的后决条件(Condition Subsequent)。

---

① 黄谟媛：《中国与东盟国家干预合同形式之比较》，《社会科学家》2022 年第 8 期，第 131 页。

此外，考虑到实践中一些当事人为了自己的私利千方百计地促成或阻止附条件合同中的“条件”成就，以达到合同生效或失效的目的，包括我国在内的很多国家规定：当事人为自己的利益不正当促成条件成就的，视条件不成就；不正当阻止条件成就的，视条件成就。

2. 附期限的合同

按照我国《民法典》第 160 条，除了根据其性质不得附期限以外，相关的当事人可以缔结附生效期限和附解除期限的两类附期限合同，它们分别对应于大陆法系国家《民法典》中的附始期的合同行为和附终期的合同行为。前者规定期限届至时合同生效，后者则规定期限届满时合同失效。

（二）格式条款合同的效力

格式条款在《2016 年商事通则》中称为标准条款，在大陆法系和英美法系国家及我国学者中间有时也称为附合条款（Adhesion Terms）。根据《2016 年商事通则》第 2.1.19 条第 2 款，格式条款是指一方为通常和重复使用目的而预先准备并在实际使用时未与对方谈判的条款。格式条款合同又称符合合同（Adhesion Contracts）或标准合同，指全部内容或主要内容为格式条款的合同。

关于合同效力的一般规则也适用于格式条款合同。但是，由于提供格式条款的一方在交易中往往处于优势地位，因此很多国家的合同法在涉及格式条款合同效力时特别强调公平原则，即如果格式条款未根据公平原则制定，另一方即便予以接受，事后法院也会将该合同视为无良心的合同而允许该另一方解除合同或做出对自己有利的解释。此外，根据《2016 年商事通则》第 2.1.20 条第 1 款，所有进入合同的格式条款应是对方当事人所能合理预见的，否则无效。我国《民法典》在第 496 条和第 497 条也规定：提供格式条款的一方应遵循公平原则，并“采取合理的方式提请对方注意免除或限制其责任的条款，按照对方的要求，对该条款予以说明”；免除本方责任、加重对方责任或排除对方主要权利的格式条款无效。

Banco Itaú Paraguay S. A. 诉 S. & S. Construcciones S. A. 等案（2017）[①]

在本案中，被索赔方当事人对其签发的票据做出了部分支付，索赔方当事人却起诉请求获得全部偿付。巴拉圭上诉法院判决被索赔方当事人的部分支付抗辩有效，理由是：该当事人是消费者，根据《2016 年商事通则》第 4.6 条的规则，应做出对标准条款非起草者的该方当事人有利的解释。

不过，在很多支持仲裁这种有约束性非讼解决争议的市场经济国家或地区，格式合同中的仲裁条款却常被法院宣告具有约束性。以下判决即是此类的一个典型。

Williford 诉 Covenant Care Vegas 公司案（2022）[②]

被告 Covenant Care Vegas 公司是一家非美国籍的外国公司，原告 Williford 与被告之间存在雇佣关系，2020 年 1 月 7 日签署了一份仲裁协议，规定原被告间任何或所有雇佣纠纷提交 1 名中立的仲裁员仲裁。2021 年 11 月 5 日，原告诉称雇佣中遭到了性别歧视等违法行为，被告则请求美国联邦法院审理并指令提交仲裁。美国联邦内华达区法院 2022 年 10 月 28 日

---

① http://www.unilex.info/case.cfm? pid=2&do=case&id=2150&step=Abstract，2023 年 5 月 1 日最后访问。

② LEXIS 196483，2022 WL16527720.

判决支持被告的请求，其理由是：美国《联邦仲裁法》支持当事人选择仲裁；尽管原告签署了很多文件，该仲裁协议却是用醒目的大号字予以提示。

另一方面，为做成生意，格式条款的提供方在实践中常常采取灵活的态度，允许对方当事人对某些格式条款做出变通规定或添加一些新条款。这些变通规定或新条款统称为非格式条款。非格式条款有时与同一合同中的格式条款相冲突，对此，《2016 年商事通则》第 2.1.21 条和各国的共同规定是，与非格式条款相冲突的格式条款无效。

（三）免责条款的效力

免责条款(Exculpatory Clauses)是指合同中规定的免除一方当事人违反合同或侵权损害责任的条款。实践中很多免责条款是具有优势谈判地位的当事人强行要求加进合同的，很不公平，甚至违反一国或国际社会的公共利益。因此，很多国家以国际公约或国内法的形式拒绝承认这些严重违反公平原则或公共利益的免责条款（拒绝承认免责条款的效力的国际公约可参见第六章和第十一章等）。违反一国公共利益的免责条款如免除债务人造成人身伤亡责任或故意或重大过失导致财产损害责任。这样的免责条款不仅损害个人的人身或财产安全，也威胁着社会正义，因而现代很多国家宣告其无效。

孙宝静诉上海一定得美容有限公司服务案(2012)

2010 年 7 月 18 日，原告孙宝静与被告上海一定得公司签订了协议约定：自 2010 年 7 月 18 日起至 2011 年 1 月 18 日止，原告选择被告提供的价值人民币 100 000 元的尊贵疗程，所有项目疗程单价按 85 折从卡内扣除；如原告未按计划及进程表接受被告提供的服务，经被告善意提醒，仍未能改善，且超过本协议约定的服务期限的，则视为原告放弃提供的服务；原告保证遵照被告制订的方案，适时参加各类项目及正确使用相关产品，如因原告自身原因不能按被告制定的方案切实履行，则原告不能要求退还任何已支付被告的费用；原告保证在一定得公司的合理安排下，参加协议约定的各类项目，如因自身原因连续三个月不能参加相关项目，则被告有权终止服务，原告保证不得向被告要求退赔任何费用；根据各人情况的不同，被告提供的服务期限一般为 3—12 个月，原告保证努力遵守被告制定的方案及进程，以配合被告服务的实施；原告任何懈怠的态度或违反方案及进程的行为，经被告善意提醒而未有改善的，被告有权终止对原告的服务，原告不得要求被告退赔任何费用。经被告要求原告签字确认了以下免责声明书："如原告个人原因，不能配合其安排而导致纤体疗程失败或进度缓慢，我司一概不负任何责任。"

2010 年 7 月 18 日及 20 日，原告分两次向被告一定得公司支付了人民币 100 000 元服务费。原告于 2010 年 7 月 19 日至同年 7 月 31 日在被告处多次接受相应的瘦身疗程服务，后因体重未能减轻而停止。退费交涉未果原告便提起诉讼，上海市第二中级人民法院 2012 年判决被告败诉，理由是：在消费者预先支付全部费用、经营者分期分次提供商品或服务的预付式消费模式中，如果经营者提供的格式条款载明"若消费者单方终止消费，则经营者对已经收费但尚未提供商品或服务部分的价款不予退还"的格式条款违反我国《合同法》《消费者权益保护法》的相关规定，应属无效；在预付式消费中，如果消费者单方终止消费，经营者并无违约或过错行为的，应结合消费者过错程度、经营者已经提供的商品或服务量占约定总量的比例、约定的计价方式等因素综合确定消费者的违约责任。

不过，也有些免责条款因是合理的、很少涉及公共利益、对方当事人应自行小心保管等原因而在法律上被承认是有效的。例如，买卖合同规定，在发生自然灾害而使卖方无收成的情况下免除交货责任。再如，地铁售票处即有大幅醒目告示：乘客应小心自己钱包，否则在地铁上被窃，本公司概不负责。地铁公司在与乘客签约时，加进上述免责条款是完全有效的。此外。为了鼓励某些较高成本的冒险，一些国际公约或国内法还明确承认某些类别的免责条款(可参见第六章和第十一章等)。

Andreson 诉 McOskar 公司案(2006)①

被告 McOskar 公司开了一家名为“Curves for Women”的体能与健康俱乐部。2003 年 4 月 2 日在加入该俱乐部时，原告 Andreson 被要求阅读一份采用醒目大写英文字母标题的“协议与责任免除”(Agreement and Release of Liability)文件，并在其中的三段文字处缩写该标题中各单词的首字母、加注日期和签名。其中的两段文字内容分别是：原告知道体能运动“涉及伤害风险”和明确同意承担伤害或死亡的任何风险；原告同意永远免除参加该俱乐部、使用其设备及其任何行为或疏忽造成的责任。其后，原告便在一训练师的监督下开始了训练活动。在 15～20 分钟内用过四至五个器械后，原告发生了头痛情况并声称告诉了训练师，得到归因于“先前缺乏训练”和“不会有事”的答复后，原告继续训练，完成了该节所有项目。原告回家后头部、颈部和肩部疼痛继续并经历了理疗和手术过程，之后诉至法院称被告在其训练受伤过程中有疏忽，被告则以原告同意免责的理由进行抗辩。一审法院判决被告胜诉。

美国明尼苏达州上诉法院也判决被告胜诉，理由是：法律并不偏好责任免除并对受益的当事人做出严格的解释；免责范围模糊或旨在免除受益当事人有意或放肆行为责任的条款是不能执行的；对于范围不模糊且只针对疏忽行为的免责条款，法院仍要根据当事人之间的谈判力量是否平衡和提供服务的类型是否大众化或基本必需这两种标准考虑其执行是否违反公共政策；原告没有证明与被告之间的谈判力量不平衡，健康和体能俱乐部活动也并非大众必需的服务。

二、合同的履行

(一)基本原则

按合同规定做某事或不做某事的作为或不作为都属于合同的履行(Performance of Contract)。这里顺便指出的是，大陆法系国家合同法中的履行常被我国学者翻译成“清偿”。

根据《2016 年商事通则》及包括我国在内的很多国家合同法的规定，当事人在履行各类合同过程中应遵循以下两项基本原则：

1. 全面履行明示和默示义务原则

按照《2016 年商事通则》第 5.1.2 条，可据之确定当事人默示义务的因素包括：(1)合同的性质与目的；(2)各方当事人之间确立的习惯做法和惯例；(3)诚实信用和公平交易原则；(4)合理性。

2. 合作原则

无论国内或国际商事交易，一方当事人在很多情况下只有靠对方当事人的合作才能履行

① 本案的英文判决书可下载于 http://caselaw.findlaw.com/mn-court-of-appeals/1324756.html，2023 年 4 月 25 日最后访问。

自己的义务,如货物运输合同中,承运人尽运输义务就离不开托运人提供货物。根据《2016年商事通则》第5.1.3条和很多国家的立法与司法实践,如果一方当事人履行其义务时,有正当理由期待对方当事人合作,则对方当事人即应予以合作。后者在应予以合作时如果未合作而导致前者不能履行其义务的,后者不仅不能指控前者违约,反而需对前者承担违约责任。

(二)获得特定结果或尽最大努力义务的合同履行规则

依据《2016年商事通则》第5.1.4条第1款,若某国际商事合同将一方当事人义务规定为获得某一特定结果,则该方当事人有义务通过履行获得此特定结果。如国际工程承包合同规定,承包方的义务为建成一座能开工的工厂,则承包方即必须向发包方交付这样的工厂。

有些国际商事合同只规定某方当事人在做某事时应尽力而为,如某一国际销售代理合同并未规定代理人要取得多少销售数量的结果,而只是要求:"代理人应尽最大努力在约定的销售区内扩大产品的销售。"按照《2016年商事通则》第5.1.4条第2款,义务方应履行一个与其具有同等资格、通情达理的人在相同情况下应尽的义务。

考虑到某些国际商事合同对获得特定结果或尽最大努力义务约定的模糊性,《2016年商事通则》第5.1.5条规定,在做此类识别时,除考虑其他因素外,还应考虑以下情况:(1)合同中明确规定义务的方式;(2)合同的价格及合同的其他条款;(3)获得预期结果时通常所涉及的风险程度;(4)另一方当事人影响义务履行的能力。一般而言,合同中明确规定义务的方式很详尽具体并且当事人不需对方合作即能完成的义务应是获得特定结果的义务,如加工100套童装的义务;收费很高并和实现某种结果挂钩的义务也多为获得特定结果的义务;风险较大取得特定结果可能性定数较小的义务通常应是尽最大努力义务,如大多数的诉讼代理义务;很大程度上受对方影响局限的义务一般也是尽最大努力义务,如受对方派出人员水平限制的技术培训义务等。

(三)有关事项未明确约定的合同履行规则

根据意思自治原则,各国一般规定,只要不违反本国的强行法,当事人应按合同中明确约定的质量、价格、时间、地点和方式等履行其义务。但是,由于种种原因,在具体的合同中当事人经常对上述一些事项没有约定或约定不明确。为促成合同的顺利履行或纠纷的及时解决,很多国家通过立法或司法判例对这些有关事项未明确约定的合同规定了履行规则,如德国、荷兰、法国、意大利、美国等发达的市场经济国家的法院就是通过多起判例宣示银行对有合同关系的客户具有谨慎甚至更重的调查义务。[①] 鉴于《2016年商事通则》是对具有广泛代表性的国家或地区对更广泛类型合同相关规定的总结,这里仍旧以其规定为重点阐述的内容。

1. 履行的质量义务规则

根据《2016年商事通则》第5.1.6条,如果合同对质量或确定质量的标准无明确规定,义务方应使其义务履行的质量达到合理的标准,并且不得低于此情况下的平均水平。日本及我国台湾地区的民法典也有类似的规定。[②] 我国内地《民法典》中的相关规定与《2016年商事通则》中的这一规定稍稍有些不同,按照该法典第510条和第511条,当事人对质量没有约定或约定不明确的,如果存在交易习惯则按该交易习惯确定,不存在交易习惯的按国家标准、行业标准确定;在交易习惯、国家标准或行业标准都不存在的情况下按通常标准或符合合同目的的

① Danny Busch & Cees Van Dam, A Bank's Duty of Care: Perspectives from European and Comparative Law-Part I, *European Business Law Review*, 2019, pp. 117—148.

② 柳经纬:《论质量条款欠缺时合同的履行》,《中国高校社会科学》2022年第6期,第92页。

特定标准履行。也就是说，在合同中既未规定而且也无法根据合同确定履行质量的情况下，只要不存在交易习惯，即使国家标准或行业标准不合理，权利方也只能要求对方按该标准履行。但是，我国《民法典》中的上述规定对防止司法或仲裁机构任意裁判显然是很有益的。

2. 履行的价格标准规则

《2016 年商事通则》规定了较为详尽的价格标准的履行规则。

(1)由一方当事人定价的合同履行规则。餐饮等行业的服务定价通常是由一方当事人(即服务提供方)决定的，也有少部分的货物买卖合同或租赁合同等规定由一方当事人定价的，而定价的当事人很多情况下又是在对方当事人已经接受了服务、货物，使用了租赁物以后才提出具体的价格，该价格有时令对方当事人大吃一惊。根据《2016 年商事通则》第 5.1.7 条第 2 款，在由一方当事人确定合同价格的情况下，该方当事人的定价明显不合理的，该定价一概无效，义务方仅有义务按合理价格履行。

(2)由第三人定价的合同履行规则。根据《2016 年商事通则》第 5.1.7 条第 3 款，对应由第三人定价而该第三人不能或不愿确定价格的合同，义务方应按合理价格予以履行。

(3)规定了定价参照因素的合同履行规则。按照《2016 年商事通则》第 5.1.7 条第 4 款，定价参照因素不存在、不再存在或不可获取的合同，义务方应按最近似的替代因素确定的价格予以履行。

(4)价格或确定价格方法不明确的合同履行规则。根据《2016 年商事通则》第 5.1.7 条第 1 款，如果没有其他任何相反表示，义务方应按订约时可比较的相关贸易中进行此类履行时一般应支付的价格履行；没有可比较价格的，则按合理价格履行。

3. 履行时间的确定规则

大陆法系国家和英美法系国家关于合同履行时间的确定规则至今仍存在一定的差别。如果当事人未明确约定履行时间的，大陆法系国家的总原则规定是：义务人可以随时履行，权利人也可以随时要求义务人履行，但必须给义务人必要的准备时间。我国《民法典》第 511 条中做出了和大陆法系国家总原则相一致的规定。英美法系国家的一般规定是：在合同无明确规定的情况下，权利人只能要求对方当事人在合理的时间内履行合同义务。《2016 年商事通则》第 6.1.1 条采用了和英美法系国家一致的立场。

4. 履行地点的确定规则

各国关于履行地点的确定规则较为一致，即如果合同无相反规定，付款义务的履行地为权利人的营业地；其他义务的履行地为义务人的营业地。《2016 年商事通则》在第 6.1.6 条中也确认了上述规则，并进一步规定：当事人应承担在合同订立后因其营业地的改变而给履行增加的费用。

5. 履行费用的确定规则

包括我国在内的很多国家合同法和《2016 年商事通则》第 6.1.11 条规定，当事人无明确约定的，履行费用由义务方承担。

(四)涉及第三人合同的履行规则

在多数情况下，当事人在合同中只为他们自己设定权利或义务。然而，由于种种需要，不少国际商事合同的当事人也经常在合同中为第三人设定权利或规定由第三人履行义务。其中为第三人设定权利的合同往往引出以下一个法律问题：能否直接向合同的义务人主张权利？由第三人履行义务的合同常常也引出一个法律问题，即合同的权利人可否直接要求第三人履行义务？

1. 为第三人设定权利合同的履行规则

为了便于国内和国际商事交往，包括我国在内的很多国家允许当事人在保险、票据、财产信托及信用证结算等合同中为第三人设定权利，并赋予第三人直接请求义务人履行合同义务的权利。但第三人只有在符合下列条件下才拥有此项直接的履行请求权：

(1)当事人确有为第三人设立直接的履行请求权的意图。如果合同只是附带地使第三人有潜在的好处，而当事人并没有赋予第三人得到该好处的意图，则第三人不能向义务人直接行使请求权。

卡丝沃尔诉祖亚国际公司案

被告(祖亚国际公司)租了一家商店，出租人在租约中规定：被告应投保以保护和补偿出租人和承租人因财产使用所遭受的一切主张。被告却一直未投保。原告(卡丝沃尔)作为顾客在通过商店内部通道上的一活板门时摔倒。在得知被告未投保后，原告立即向法院起诉。美国法官认为，被告与出租人合同中的保险条款只打算让签约双方受益，根本没有让原告直接受益的意图，因此原告无权直接向法院主张其在该合同下的利益。

(2)当事人未在合同中对第三人直接的履行请求权未做出任何保留。如果当事人在合同中对第三人直接的履行请求权有明示或默示的保留，则该保留可以对抗第三人。如票据的承兑人只作了限制承兑，则后手的履行付款的请求权即受到该限制承兑约束。

(3)此种直接的履行请求权的设定不为法律所禁止。除美国外，很多其他的英美法系国家只承认代理、保险、信托等少数几种为第三人设定权利的合同，其他的合同即使明确设定了第三人的直接的履行请求权，这些国家也宣布其无效。按国际惯例，我国亦承认代理、保险、票据和信用证等合同为第三人设定的直接履行请求权。根据我国《民法典》第 522 条，其他合同也可以为第三人设定权利，但当事人未按合同向第三人履行义务时，第三人不得直接控告义务人，因为义务人只对作为合同债权人的当事人承担违约责任。

2. 为第三人设定义务合同的履行规则

买卖、票据等国际商事合同常常为第三人规定了义务。如进出口合同规定由买卖双方以外的第三人(银行)向卖方开出信用证。各国的通例是，当事人对合同以外的第三人没有要求履行义务的直接请求权，如果第三人不履行合同中规定的义务，合同中的义务人应向权利人承担违约责任。如在汇票关系中，付款人若拒绝向受款人付款，出票人应向受款人承担违反汇票合同的责任。

APL 有限公司诉 UK Aerosols 有限公司案(2006)[1]

因所承运危险货物破漏遭受了损失，承运人试图就该损失向提单上指定的收货人索赔。美国法院驳回了这一要求，指出：当事人不能单边地采用一些定义约束另一方当事人没有同意受之约束的规则；只是请求运输、检查和抢救货物并询问了清理的成本，但是，在没有签署和接受提单的情况下，本案中的收货人对提单上货物发生的成本并没有支付的义务。

有些合同起初并没有为第三人设定义务，但由于情况变化，义务人需要委托第三人代为履

① David W. Robertson & Michael F. Sturley, Recent Developments in Admiralty and Maritime Law at the National Level and in the Fifth and Eleventh Circuits, *Tulane Maritime Law Journal*, Summer 2008, pp. 524—525.

行。不少国家允许义务人委托履行，但同时规定义务人应遵从一定的条件。如美国《统一商法典》第2条第2款第10项规定的条件是：(1)合同中没有禁止委托履行的规定；(2)委托履行不影响另一方当事人的根本利益。然而，如果受托的第三人不履行义务或履行不合格，义务人仍然要向另一方当事人承担违约责任。不过，根据意大利《民法典》第1268条，如果权利人明确表示解除对方当事人的义务或同意第三人履行却没有要求第三人履行的，不得向原合同的义务人请求履行。此外，还应注意的是，一些国家或地区的法律规定：某些义务不得委托第三人履行。例如，2017年日本民法（债权法）改正第474条第4项但书前段规定：债务若以一身专属性的给付为目的，则不许第三人清偿。其中，所谓"一身专属性的给付"，即重视债务之人的要素，以债务人的个性、技能等为条件的给付。[1]

三、合同的解除

合同的解除(Discharge of Contract)是指合同由于某种原因而归于消灭。根据《2016年商事通则》和很多国家的法律规定，导致合同解除的原因主要有以下几种：

（一）履行

履行是合同解除的最正常原因。被全面适当履行后，当事人之间除非达成了新的合同，否则即不存在任何合同关系。

（二）协议

合同因当事人协议而产生，当然也可以基于当事人的协议而解除。前已指出，在英美法系国家，一方当事人履行了义务后与对方当事人达成协议免除后者的合同义务常因缺乏对价而无效，但英美法系国家普遍允许当事人在任何一方尚未履行合同的情况下共同废弃合同(Mutual Rescission)。

有时当事人在合同中约定了合同解除的时间或条件，时间届至或条件成就致使合同解除的，也属于协议解除合同的类型。

Instagram公司与Dialogue咨询公司纠纷案(2022)

上诉方Instagram公司与被上诉方Dialogue咨询公司达成过一项国际仲裁协议，约定美国加利福尼亚为仲裁地，美国联邦仲裁法为仲裁协议的准据法。然而，在一审诉讼中，在请求搁置仲裁程序前，上诉方Instagram公司作为被告不仅没有援引案涉的仲裁协议，反而做出两项抗辩，提交两项通知，并请求获知进一步的案件细节，且参加了证据开示。澳大利亚Stewart等三位法官判决认为上诉方已放弃仲裁权的方式解除了当事人之间的仲裁协议。[2]

（三）违约

违约也是合同解除的常见原因。但是，并不是任何形式的违约都可以导致合同解除。

在大陆法系国家，违约常被识别为预期违约、延迟违约及其他违约等。预期违约是指履行期到来前，一方当事人的财产明显减少而难以履行的情形。很多大陆法系国家的合同法规定，遇到对方当事人难以履行的，当事人只能暂停履行自己的义务，当事人的这一暂停行为又称不安抗辩

---

① 韩世远：《合同法总论》，法律出版社2018年第4版，第332页。

② See Albert Monichino QC & Gianluca Rossi, Staying Court Proceedings in the Face of ADR clauses, *Australian Bar Review (ABR)*, September 2022, pp. 94－102.

权。难以履行的对方当事人若不能在适当时间内履行或提供担保，另一方当事人才可以解除合同。对延迟违约，大陆法系国家一般规定，若不影响自己订约时的根本目的，则只有经催告对方在合理期限履行而合理期限届至时对方仍未履行的，当事人才可以解除合同。对预期违约和延迟违约以外的其他违约，很多大陆法系国家允许当事人选择决定采用解除合同、要求赔偿或其他补救措施。但是，根据意大利《民法典》第 1455 条，预期违约和延迟违约以外的其他违约只有严重影响自己利益时，当事人才可以解除合同。

英美法系国家常将违约区分为违反条件的违约和违反担保的违约。违反条件的违约是指违反合同中重要条款的违约，美国的一些学者因此称之为重大违约；违反担保的违约则是指违反合同中次要条款的违约，美国的一些学者因此称之为轻微违约。只有一方当事人发生了违反条件的违约或重大违约，另一方当事人才可以解除合同。

此外，英美法系国家还有"提前违约"(Anticipatory Breach)的概念，它是指一方当事人在合同履行期到来前主动表示不履行合同的行为。一方当事人提前表示违约的，另一方当事人既可以立即表示接受而解除合同并行使其他的违约救济权，也可以坚持合同有效，等到履行期到来而对方仍未履行时再行使违约救济权。我国《民法典》第 578 条也暗含了提前违约可以作为当事人解除合同的一个理由规则。

《2016 年商事通则》在总结各代表性国家的规则基础上规定下列违约可使当事人解除合同：(1)根本不履行的违约；(2)经催告仍未在额外期限届满前履行的违约；(3)在合理时间内不能提供履行充分担保的预期违约；(4)履行前即明显根本不履行的违约。

(四)履约不可能

合同订立以后，有时因发生不可抗力或其他事变导致了合同履行不可能，如服务合同中的服务提供者死亡或破产、合同中特定的标的物毁灭、新法通过使履行非法等。总的来说，各国的基本规定是：只要履约不可能的原因不能归责于一方当事人，该当事人不仅可以解除合同，而且免于承担不履约的责任。《2016 年商事通则》在其第 7.1.7 条第 1 款中也确认了这一点。但是，根据《2016 年商事通则》同条第 2 款规定，如果履约不可能的原因只是暂时的，则在考虑这种原因对合同影响的情况下，免责只在一个合理的时间内具有效力。如某进出口合同规定的交货期为 11—12 月，出口方政府的出口禁运令到 12 月 20 日即终止效力，此合同的出口方仍然应在 12 月 31 日前交付货物。此外，根据英美法系国家的一些判例，如果履约不可能是由第三方造成的，当事人虽然可以解除合同，但不能免除违约责任。

Wiscousin 电力公司诉 Union 太平洋铁路公司案(2009)①

原告 Wiscousin 电力公司与被告 Union 太平洋铁路公司签订了一份自 1999 年初至 2005 年末的运煤合同，规定在回程不空载的情况下运费率为每吨 13.20 美元，否则为 15.63 美元。被告运煤火车的回程本来要为一家钢铁公司运钢。该合同签订时适逢该钢铁公司破产，尽管仍在运营，但是很明显将停业。2001 年该钢铁公司倒闭后未再开业，2004 年 2 月则彻底关闭。数月后被告寄信给原告称发生了"不可抗力"事件，并要对回程空载的运煤费按约定的较高运费率收取。原告诉至法院指控被告违反合同中的"不可抗力"条款。

美国第 7 巡回法院确认了一审法院判决原告败诉的结果，理由是：合同判例法中的不可能规则使得一方当事人在履行义务代价不合理昂贵(且有时简直不可能)时免除履行；当事人可以约

① 本案的判决全文可下载于 http://caselaw.findlaw.com/us-7th-circuit/1427128.html，2023 年 3 月 16 日最后访问。

定背离这项不可能规则；当今的缔约方确实常常通过明确不履行免责的情形而不是不履行担责的方式约定背离该规则，这种条款称为“不可抗力”条款，但是，如同其他书面合同条款一样，“不可抗力”条款必须总是根据其语言和上下文而不是名称进行解释；本案中当事人的合同没有规定任何意义上的履约不可能或不可行，也没有（被告）不履约的免责条款，该合同的第 11 条只是规定被告在“不可抗力”的情况下不能装载回程货物时向原告收取更高费率的运费；该第 11 条要求被告及时通知不可抗力事件，但原告并没有主张钢厂不可能真正关闭，同时，该合同其他条款规定未主张权利不应被视为弃权，这种“非弃权”条款对长期合同而言是非常适当的，且不再是不可执行的；原告关于被告应当寻找其他货源赚取运费的主张，会令被告承担寻找其他顾客及购买或租用车厢最佳地运送这些托运人货物之类繁杂的非限定义务，被告这种努力的合适性争议将使诉讼争议不可控，因此不能如此解释减轻损失的规则。

我国《民法典》第 180 条、194 条、563 条、590 条、832 条、835 条、1239 条、1240 条等中也直接或间接地构成了一般或特种约定履行中的不可抗力导致的合同解除及其他权责分配的规则。[①]不过，我国一些地方人民法院在实践中并不轻易地认可某些艰难情况具有不可抗力性质。同时值得注意的是，在认定非不可抗力的情况下，基于我国《民法典》第 585 条关于可以根据违约的情况和当事人的请求进行合理调整之规则，一些地方人民法院有时也会变通地做出判决。

海陆公司诉毅都公司案（2022）[②]

2020 年 11 月 28 日，原告海陆公司受托将 7 个 40 尺冷藏集装箱货物装载起运于俄罗斯东方港，12 月 5 日抵大连港。5 个集装箱于当日卸船，2 个集装箱于次日卸船，均卸载于大连港堆场。次月 15 日，相关职能部门在对该堆场例行检测中，发现 4 例新冠病毒无症状感染者，大连市相应部门接报告后就地立即封存冷链货物。被告毅都公司作为收货方于次年 2 月 9 日申请报关，3 月 10 日海关给予结关放行。4 月 1 日，毅都公司向大连海事法院申请强制令，次日获准。海陆公司于 4 月 6 日交付了上述货物，2 日后被告返还了 7 个集装箱空箱。

2021 年 4 月 19 日，原告诉请被告支付货物滞留大连港期间的滞箱费 1 421 676 元。大连海事法院 2022 年 1 月 17 日判决认为：双方当事人间的海上货物运输合同关系合法有效；虽然集装箱货物抵达港口 10 天后疫情暴发，在一定程度上造成集装箱超期使用，但原告证明了防控措施是常态化的，被告应能预见检测消杀为进口必经程序，对此被告非但没有提前反而超出了申请报关的合理时限，导致货物排队检疫时间延长，进而导致集装箱超期使用时间延长，据此应认定被告所述的不可抗力是不成立的，其作为收货人对超期使用集装箱构成违约；不过，新冠疫情的突然爆发确实也和被告迟延报关具有一定的竞合关系，基于双方的举证情况，对滞箱费应予调整，为此被告应向原告支付滞箱费 755 379 元。

此外，市场经济中还存在着其他各种风险，而这些风险是当事人在订立合同时应该考虑到的，不少国家的法律不允许当事人简单地以市场风险为由拒绝履行合同，以下意大利法院和我国法院相应的司法实践都能很好地说明这一点。

---

① 《民法典》全文（2021 年 1 月 1 日起施行），http://www.zjj.gov.cn/c10861/20211129/i635023.html，2023 年 1 月 22 日最后访问。

② 该案详情可见于 https://www.dlhsfy.gov.cn/court_wap/Home/Wap/detail/id/3468 及 https://www.dlhsfy.gov.cn/court_wap/Home/Wap/detail/id/3468，2023 年 3 月 19 日最后访问。

Nuova Fucinati 公司诉 Fondmetall 国际公司案(1993)①

原告(Nuova Fucinati 公司)同意向被告(Fondmetall 国际公司)出售 1 000 吨的亚铬酸盐(chromite),后来却因该货物的市场价格上涨 43.71%而以商业上的不可能为由要求法院撤销合同。意大利法院判决原告败诉,理由是:即使经证明存在上述幅度的涨价情况,原告也不能根据意大利法律中商业上的不可能规则要求免于履行,除非原告能证明履行会在经济上导致自己没有资源予以履行。

雷诺斯公司与迅达公司纠纷案(2022)②

2020 年 3 月 2 日,上诉方雷诺斯国际货运代理有限公司(以下简称雷诺斯公司)与被上诉方迅达电梯有限公司(以下简称迅达公司)签约规定:自 2020 年 3 月 1 日起至 2021 年 3 月 1 日止,由上诉方向被上诉方提供中国上海至意大利热那亚的海上货物运输服务,每个 40GP/HQ 集装箱运输费单价为 1 650 美元,20GP/HQ 集装箱运输费单价为 800 美元;在合同有效期内,被上诉方下发运输通知,上诉方不得寻找任何理由拒绝。同年 12 月 7 日,被上诉方运输需求,上诉方却以疫情影响为由拒绝承运。被上诉方只得以数倍价格委托第三方承运涉案货物。

被上诉方便起诉索赔损失,上诉方则在一审中反诉称:签约后,向被上诉方支付了人民币 10 万元保证金,而涉案合同已经到期,被上诉方应返还,并应承担律师费人民币 1 万元。

一审法院判决上诉方完全败诉,2022 年 11 月 14 日上海市高级人民法院二审终审维持了原判,理由是:涉案相关航线并未中断,上诉方仍具有履行合同义务的基础,在案证据亦无法证明本案具有构成不可抗力的情形;本案中,涉案协议签订时国际航运市场已出现价格波动,且雷诺斯公司作为从事国际航运业务的企业,对国际航运市场价格的变化应具有一定的敏感度和预见性,所涉运价波动情况不属于订约时无法预见的情况,并且涉案协议已约定上诉方在合同期内不得以任何价格波动作为原因;上诉方未能举证证明其在协议履行期限届满前与被上诉方(按《民法典》)进行协商,也未在履行期限届满前向人民法院或仲裁机构提出请求,不符合情势变更原则的法定适用情形。

(五)法律规定的其他原因

除上述几种原因外,混同(当事人进行了合并等)或提存等也被很多国家法律规定为合同解除的原因。

第六节 违约的救济措施

违约(Breach of Contract)有广义和狭义两种含义。广义上的违约是指当事人的任何与合同不符的行为;狭义上,违约则是指当事人无合法理由而不履行或不完全履行具有法律约束力的合

① See Ray August, The International Business Law, Pearson Education Ltd, 2004, pp. 588—590.

② 该案的终审案号为:(2022)沪民终 525 号。其详情可见于 https://wenshu. court. gov. cn/website/wenshu/181107ANFZ0BXSK4/index. html? docId = pL2llrin25YRL4oevt2f + JwJC9v8IwTPjSYg0T + X3NNuf6vm9qlxD5/dgBYosE2go/ZCEzlseUOaqRZu/JZQ+OQxMEu0BxHU9PkZ31OMaEQhFqzMs2SnrzBmpi8TAjcL,2023 年 5 月 1 日最后访问。

同义务的行为。一方当事人只能对另一方当事人狭义上的违约行为采取法律上的救济(Remedies),故本节中的违约是指狭义上的违约。根据《2016 年商事通则》及很多国家的合同法的规定,违约的救济措施可分成以下五大类:

一、损害赔偿

当事人因违约而遭受损害有权获得违约当事人的赔偿是各国合同法的一致规定,但是各国关于损害赔偿(Damage)的形式和范围的规定仍然存在一定的差异。

由法国所代表的某些大陆法系国家及英美法系国家以金钱赔偿为原则,以恢复原状为例外。损害赔偿的范围一般包括所遭受的损失和本来可获得的利益,但非欺诈性违约仅以订约时可预见的损失为赔偿之限,欺诈性违约也只以实际损失为赔偿之限,具有惩罚性质的违约金约定不受承认。在无任何损害的情况下,英美法院有时判违约方名义上的赔偿(Nominal Damage)。但在既涉及违约又涉及侵权的场合,美国法院有时还会考虑当事人的惩罚性赔偿(Punitive Damage)主张。我国对不符合《消费者权益保护法》和《食品安全法》的违约行为也分别规定了 3 倍和 10 倍的惩罚性赔偿。

大地财产保险公司与福海船务公司纠纷案(2018)

2017 年 6 月 5 日,案外人椰树集团海南椰汁饮料有限公司(以下简称椰树集团)委托被告海南福海船务有限公司(以下简称被告或福海船务公司)运输一批"椰树"牌椰汁,装载于编号为 CLHU3767913 的集装箱内,由海南海口运往福建泉州。涉案货物到达福建泉州后,收货人于 2017 年 6 月 19 日开箱卸货时,发现集装箱底部木地板整体有水湿现象,集装箱内共 450 箱椰汁被海水浸泡后发生不同程度毁损,其中 360 箱椰汁全损,90 箱椰汁需要更换包装,椰树集团随即向原告中国人地财产保险股份有限公司海南分公司报损。原告中国大地财产保险股份有限公司海南分公司(以下简称原告或大地财产保险公司)根据广州海江保险公估有限公司现场勘查的货损原因为集装箱在运输途中被海水浸泡、属于保险范围的结论,向椰树集团支付保险赔偿金 33 633.2 元。

厦门海事法院缺席判决被告应向原告支付以上保险赔款,理由是:原告取得的代位求偿权合法;被告违反了运输合同规定的将货物安全运到目的地的义务。

以德国为代表的某些大陆法系国家在损害赔偿的形式方面采用恢复原状为原则,金钱赔偿为例外。不过,德国法院在实践中也经常作金钱赔偿的判决,并且在有的判决中还包括受害的当事人所受的间接损失。

某公司与某买主违约纠纷案

被告(某买主)与原告(某公司)订约时保证:其所出售的胶黏剂适合于粘贴装饰天花板用的花砖。但在原告按被告的说明书用胶黏剂为原告的顾客装修房屋后不久,天花板上的花砖全部脱落,原告只得进行费用高昂的修复工作,共多花去 5 000 马克。德国法院法官不仅允许原告解除合同并索回全部价款,而且判令被告向原告支付另外 5 000 马克的赔偿金。此赔偿金的数额超过了合同价款的几倍,包括了卖方的间接损失。

此外,以德国为代表的某些大陆法系国家还承认当事人在合同中约定的惩罚性违约金。

我国《民法典》参考了上述具有代表性的规则,根据该法第 583～588 条的规定,我国关于违约损害赔偿的基本原则是:以订约时预见到或应当预见到的因违约可能造成的损失为限;具有过高惩罚性的违约金约定不受承认,但关于定金的约定即使具有惩罚性也是有效的。

《2016 年商事通则》关于损害赔偿的规定很详尽。根据《2016 年商事通则》第 7.4.2 条至第 7.4.6 条,当事人对违约造成的任何损失、被剥夺的收益及肉体或精神的痛苦等损害有权得到完全的赔偿,但以订约时能预见到或理应预见到且合理可确定的违约损失为限;受损害方若采用替代交易,损害赔偿额按原合同价格与替代交易价格之间的差额及任何进一步的损害确定;受损害方未采用替代交易的,损害赔偿额按原合同价格与合同终止时的时价之间的差额及任何进一步的损害确定等。

The Eternal Bliss 轮租约纠纷案(2020)[①]

根据一份修改过的北美谷物租船合同,The Eternal Bliss 装载了 70 133 吨的大豆从巴西的图巴朗(Tubarao)港运到了我国某港。由于拥堵和缺乏储存空间,该轮在锚地等待了约 31 天,到能卸货时,发现了货物损坏。与收货人及保险人和解争议后,船东便开始了仲裁程序向租船人索讨这笔和解款。

租船人辩称:货损是货物滞留在船上导致的,滞期费涵盖未在规定期限内卸货引发的一切损失,是唯一的救济。根据英国 1996 年《仲裁法》第 45 条,滞期费是否为延期卸货的排他性救济问题被交由英国高等法院 Baker 法官决定。该法官拒绝效法先前类似案件的一些判决,转而认为:滞期费仅能弥补使用船舶的运费损失;没有必要再考察是否存在另一单独导致了货损;滞期费不能抵偿货方索赔引发的损失。

同时值得注意的是,一些国家或地区的法院在实践中有时按照违约利得额确定损害赔偿额,如英国上诉法院 1974 年对 Wrotham Park Estate Co Ltd 诉 Parkside Homes Ltd 案以及 2003 年 Experience Hendrix LLC 诉 PPX Enterprises Inc 案判决等。这种确定损害赔偿额的司法态度受到了一些学者的肯定。不过,加拿大最高法院的庭审在 2020 年对 Atlantic Lottery Corp Inc 与 Babstock 彩票买卖纠纷案中以 5∶4 的微弱多数判决支持此种损害赔偿额的确定方法。[②]

最后应予指出的是,除法国等国家外,包括我国在内的多数国家的合同法及《2016 年商事通则》(第 7.4.8 条)规定,在发生违约时,受损害的当事人有义务采取合理的措施防止损害的扩大,否则损害扩大的部分将在损害赔偿额中扣除;受损害的当事人采取合理的措施防止损害的扩大而发生的合理费用可要求为违约方赔偿。

二、实际履行

实际履行(Specific Performance)即要求违约的当事人全面、适当履行其合同义务。实际履行两种类型:(1)要求不履行的当事人履行;(2)要求履行不合格的违约方通过修补、替代或其他补救等措施使履行合格。包括我国在内的很多国家及《2016 年商事通则》允许当事人提出实际履行的主张,但受下列条件的限制:(1)实际履行必须是法律上或事实上可能的实际履行;(2)实际履行或相关的强制执行不会带来不合理的负担或费用;(3)要求实际履行的当事人无法合理地从其

---

① [2020] EWHC 2373 (Comm). See Melis Ozdel, International Recent Developments: United Kingdom, *The Tulane Maritime Law Journal*, Summer 2021, pp. 656—659.

② See Krish Maharaj, Alternatives to Expectation: When Can You Get Disgorgement, Gain—Based, or Restitutionary Damages for Breach of Contract?, *Queen's Law Journal*, Fall 2022, pp. 121—159.

他渠道获得履行;(4)所履行的事项不具有强迫劳动的性质。《2016年商事通则》在其第7.2.2条中还进一步规定,当事人应在已经知道或理应知道对方当事人不履行后的一段合理的时间之内提出实际履行要求。

总的来说,各国法院只在不判实际履行很不公平的情况下,在对独一无二的艺术品、不动产等交易的违约诉讼中支持受害方的实际履行主张。

Aranbel公司诉Darcy&Crampton案(2010)①

原告Aranbel公司与被告Darcy与Crampton在2006年间签订了一份投资购买位于爱尔兰都柏林西城公寓的合同,后来被告由于公寓价格大跌和财力有限而未能履行该合同。原告诉至法院要求实际履行。爱尔兰高等法院判决驳回了原告的这项请求,理由是:被告的购买价36万镑加利息共40万镑,即使出售了其家庭居住的房屋,被告仍需借得26万镑才能履行合同,在此情况下,实际履行的判决令不会得到执行且也不应当做出,为此,原告只能请求赔偿损失。

三、禁令

禁令(Injunction)是英美衡平法上的一种违约救济方法,即通过法院禁止违约方从事某种行为。不过,英美法官通常只在不发禁令不足以防止非违约方损失情况下才发布禁令,它主要适用于违反竞业禁止合同。不过,英美法院在决定是否发布禁令及禁令内容时也很注意考虑对违约方是否公平合理。若违约方不从事于或就业于与另一方当事人相竞争的事业即无任何合理生活来源的,法官便更倾向于只判决损害赔偿或只发布较短时间的禁令。

属于英美法系的我国香港特别行政区在发布禁令方面则更严格和少见,以下是较新的一件判案。

原被告竞业禁止纠纷案(2021)②

原告是一家为机构投资者资金提供管理的服务者,第1被告是软件构造、安全和引领方面的专业人士,为固定期一年的合约,于2019年2月11日入职原告之处。该合约包含了多项离职后为期6个月的竞业禁止规定。后来达成的一份常任制合约仅改了标题而未动其他条款。次年3月,因上司生病,该被告承担了更多的职责。2021年2月22日,该被告提交了离职书。同年4月底,该被告完成了事务交接工作和获得了"圈养"(Garden)假,并被提醒其竞业禁止限制及6个月限制期间的薪水会月付。次月24日,该被告在一竞争方就职。

针对上述情况,原告便申请了直到同年10月31日截止的禁令。经听审,2021年9月30日,香港特别行政区原审法院准许了该申请,理由:通常情况下的竞业禁止规定是不能执行的,除非当事方和公共利益是合理的;原告寻求保护的是其秘密信息,其提出足够有效证据表明,特别显著的是,2020年3月至2021年5月,新职责使第1被告获得了其正当技术及涉及所有资产类型交易策略的高度私密与敏感信息,其中的技术策略发展量的85%都曾向第1被告报

① http://www.herald.ie/news/developers-cant-force-couples-to-buy-property-despite-contract-judge-2253756.html,2012年3月16日访问。亦可参见Alan Dowling,Vendors' application for specific performance,*Conveyancer and Property Lawyer*,2011,pp.212—228。

② See Hong Tran,Hong Kong Court Grants Rare Temporary Injunction Enforcing Non－compete Covenant against Employee, https://www.mayerbrown.com/en/perspectives－events/publications/2021/11/hong－kong－court－grants－rare－temporary－injunction－enforcing－non－compete－covenant－against－employee, 2023年1月29日最后访问。

告过;即使这些信息可能已被忘记,它们的一般印象也具有致害性而使原告有正当利益寻求保护;第1被告在禁业期间还有基本薪水等。

由于国外的一些不法之徒利用信用证对我国的一些企业进行高额诈骗,我国内地的一些地方法院在20世纪90年代常向开证的中国银行发布禁止付款的禁令。除了在第997条标题中包含了“禁令”两字外,我国内地《民法典》的其他条文中没有明确地将禁令规定为一种违约救济措施。但是第179条关于民事责任规则中列明了“停止侵害”等,这显然意味着违约的受害方可据之请求人民法院等有管辖权的主体发布此种内容的禁止令。

四、解除合同

解除合同的原因有数种,违约是其中常见的一种。不过,为防止当事人假借对方各种不严重的违约逃避自己应履行的合同义务,包括我国在内的很多国家规定,只有对特定的几类违约或者违约情况非常严重时,当事人才可以寻求解除合同的救济措施。

M/V ARCTIC 轮案(2019)①

原告 Silverburn Shipping (IoM) Ltd 是涉案 M/V ARCTIC 轮的船东。2012年10月17日,原告签订光船租约将该轮租给了被告 Ark Shipping Company LLC,为期15年,次日该轮即交付给了被告。2017年10月31日,该轮到达某港进行维修,次月6日其船级证书到期。2017年12月17日,原告以等级证书到期造成违约为由宣告终止租约,随后原被告参加了在英国的仲裁,并在2018年3月12日获得了一项部分裁决:租约规定的被告应保持船级证书有效性不是一项绝对义务或条件性义务而仅是一项中间性的义务。

不满于上述裁决,原告便根据英国1996年《仲裁法》第69条向法院对该裁决的这种认定提起了上诉,考虑到仲裁庭的这种认定“至少受到严重质疑”(at least open to serious doubt)及符合通用公开的意义,英国法院准许了这种上诉,并于2019年2月22日判决本案中保持船级证书有效性是一项条件性义务和其遭违反可令原告有权解除合同,其理由是:当事人争议的这项问题是一个纯粹的法律问题;船舶维护义务与保持船级证书有效性在本案中是不同的,后者是船舶维护义务之外的一项额外义务,租约中明确规定要一直(at all times)维护船级;被告方代理人实际上已接受后者是一项绝对义务;仲裁庭法律上的错误在于认定保持船级证书有效性仅为一项在合理时间内恢复已失效船级证书的义务;英国法院数起判决类似案件中的义务为条件性义务,船级的状况会影响保险、船舶抵押和悬挂旗帜;违反船级义务的损害可能会非常难以评估。

北京某旅游公司诉北京某村民委员会等合同纠纷案(2022)②

2019年2月26日,被告北京某村民委员会与原告北京某旅游公司等就北京某村域范围

① [2019] EWHC 376 (Comm),该案的判决详情可见于 https://www.bailii.org/ew/cases/EWHC/Comm/2019/376.html,2023年5月2日最后访问。

② 该案详情可参见:《“合同僵局”的处理规则——北京某旅游公司诉北京某村民委员会等合同纠纷案》,https://m.thepaper.cn/baijiahao_19335191。2023年1月25日最后访问。同时亦可参见张磊、汪希:《北京门头沟法院案例入选人民法院贯彻实施民法典典型案例(第二批)》,https://baijiahao.baidu.com/s?id=1754917905044145041&wfr=spider&for=pc,2023年1月25日最后访问。

内旅游资源开发建设签订经营协议，经营期限50年。原告缴纳合作费用300万元。2018年年中，该区水务局开始进行城市蓝线规划工作，至2019年底形成正式稿，将涉案经营范围内一部分的河沟两侧划定为城市蓝线。得知此种情况后，原告于2020年5月11日通知要求解除相关协议并随后撤场。

为索讨已支付的款项等，原告诉至了北京门头沟法院。该法院2021年8月26日做出的一审判决认为：本案中城市蓝线的划定不属于无法预见的重大变化；经营协议确定的绝大部分经营区域并不在城市蓝线范围内；对于在城市蓝线范围内的经营区域，北京某旅游公司亦可在履行相应行政审批手续、符合政策文件具体要求的情况下继续进行开发活动，城市蓝线政策不必然导致其履约困难；原告未提交证据证明其对经营范围内区域进行旅游开发时曾按照政策要求报请相关审批手续，也未提交证据证明因城市蓝线的划定相关政府部门向其出具禁止开展任何活动的通知；被告并不存在违约行为，原告明确表示不再对经营范围进行民宿及旅游资源开发，属于违约一方；开发建设既属权利，也系义务，该不履行属"不履行非金钱债务"情形，且该债务不适合强制履行，据此依据我国《民法典》第580条应解除当事人之间的合同；解除合同关系终止不影响违约责任的承担，综合考虑被告前期费用支出、双方合同权利义务约定、北京某旅游公司的违约情形、合同实际履行期间等因素，酌定被告退还原告部分合作费120万元。二审法院于2022年1月25日做出的民事判决书完全支持了一审法院的决定。

五、行使法定或约定的担保权

各国一般都允许当事人在对方违约时行使法定或约定的担保权。如在买方不付款或不足额付款时，卖方可以对所有权已经转移给买方但买方尚未提走的货物实行留置；[①]贷款人在借款人不还款时可对抵押物进行拍卖等。

Simpson Marine (SEA) Pte Ltd 与 Jiacipto Jiaravanon 纠纷案(2019)

上诉方 Simpson Marine (SEA) Pte Ltd 是一家在新加坡注册的从事豪华游艇交易的公司。被上诉方 Jiaravanon 则是一位印度尼西亚的男性公民，2015年病逝时40岁，生前为印度尼西亚一家公司的副总裁，其在2013年初即决定以好的价格、早交货、可买得的条件至少买一艘意大利 Azimut 的游艇，型号为100L或100G，其后被双方当事人的代表建议为现有的两艘游艇交一笔定金，直至去意大利看后决定喜欢买哪一艘。2013年4月23日，被上诉方与上诉方的经纪人签订的一份协议规定：被上诉方同意以1 916 675欧元购买一艘 Azimut 游艇；为 the 100G ＃12 与 the 100L ＃15 两艘游艇支付1 000 000欧元定金，直至2013年5月15日成为任一艘游艇的预付款。2013年4月29日，被上诉方支付了定金。由于 the 100G ＃12 卖给了美国的一买家和后来双方及其代表就 the 100L ＃15 的购买与其他类型游艇交易进行了3个多月的沟通，双方于2013年7月31日达成了一项妥协性安排：以上的一半定金用作上述协议中游艇的购买款，另一半用于被上诉方拟新买的两类游艇中的一艘的购买款。不久，被上诉方即表示不再购买另一艘游艇而索讨所付的一半定金。新加坡上诉法院2019年1月23日推翻了原审判决，认定上诉方有权保留该定金，其理由是：被上诉方2013年8月5日支付一艘游

① 我国有关这方面的较新实例可参见孔玲玲、赵伟：《船舶建造合同纠纷案评析——未实际丧失占有或未实际接受担保不消灭船舶留置权》，《世界海运》2023年第2期，第33～36页。

艇的余额而未记入另一半的定金,这表明其同意在决定不购买拟购另两艘中任一游艇的情况下该定金不具有返还性。

本章小结

本章主要阐述国际商事合同各个方面的法律规则。

国际商事合同成立的要素有:第一,当事人必须具有成立国际商事合同的意图并且意思表示一致;第二,当事人必须具有订立国际商事合同的权利能力和行为能力;第三,当事人订立国际商事合同的意思表示必须真实;第四,当事人之间的国际商事合同的内容和形式依有关国家或地区的法律必须合法。此外,英美法系国家还要求具备适当对价因素才能使国际商事合同成立。

国际商事合同的履行必须遵循全面与合作两项原则。

国际商事合同解除的原因主要有履行、当事人之间的协议、违约、履约不可能等。

违反国际商事合同的救济方法主要包括请求损害赔偿、要求实际履行、主张解除合同、请求发布禁令、行使法定或约定的担保权等。

建议的选读资料

1. 刘飞:《以民事合同方式完成行政任务的可能性——以“永佳纸业案”为例的考察》,《法学》2023 年第 5 期。

2. 李建伟、崔建远:《融资性贸易合同的定性及效力规制研究》,《法学评论》2023 年第 3 期。

3. 纪海龙:《所有权保留担保权构成下保留卖主的合同解除权》,《政治与法律》2023 年第 4 期。

4. 林洹民:《数字服务合同单方变更权之规制》,《现代法学》2023 年第 2 期。

5. David McLauchlan, Some Damages Dilemmas in Private Law, *Victoria University of Wellington Law Review*, December 2021.

6. Klaas Hendrik Eller, Comparative Genealogies of “Contract and Society”, *German Law Journal*, October 2020.

思考题

1. 国际商事合同成立的要素有哪几项?

2. 当事人意思表示真实的抗辩理由有哪几种?

3. 违反国际商事合同的救济措施主要有哪些?

案例分析

1. 韩国籍李昌镐同学因父母为上海某大学的访问学者而就读于其住处附近的 A 小学,某日,李昌镐同学的父母通过 A 小学向某保险公司购买了 1 年期的住院保险。半个月后,李昌镐同学因急性肺炎住院,花去了人民币 18 000 元。该保险公司拒绝支付该笔费用,理由是保险合同中的免责条款规定:被保险人在投保后3个月内住院的,保险公司免责。

【问题】 保险公司的拒付理由在合同法上是否成立?为什么?

2. N是一位伊朗公民,在意大利同姐夫E一起开设了一家五金店。E声称五金店申请贷款需要签署一项文件,尽管N会读写意大利语,却未注意该文件用意大利文大写的"本票"二字,也就是说,N被引诱签发了一张付给第三人20 000里拉的本票。当第三人要求N兑现本票时,N以存在欺诈作为该本票无效的抗辩理由。

【问题】

(1)根据合同法,N是否能提出以上的抗辩理由?为什么?

(2)如果针对第三人的抗辩遭驳回,N可以对E提出哪些合同法上的救济?为什么?

3

第三章 国际商事代理法

教学目的和要求

1. 了解调整国际商事代理关系的主要法律规范

2. 掌握国际商事代理权的产生依据、代理法律关系的基本内容及代理权终止方面的法律规则

第一节　概　述

一、代理与国际商事代理的定义

根据世界上大多数国家的立法规定，代理是指代理人按照被代理人的授权或法律规定，代表被代理人同第三人签订合同或作其他有法律意义的行为，由此产生的权利和义务直接对被代理人发生效力的一种服务。其中，经他人授权或依照法律规定代表他人完成某项法律行为者，称为代理人(Agent)；由代理人依照自己的授权或法律规定代表自己完成某项法律行为者，称为被代理人或本人(Principal)。

国际商事代理则是指代理人按照被代理人的授权或法律规定，代表被代理人从事同第三人签订国际商事合同或作其他由法律意义的国际商事行为，由此产生的权利和义务直接对被代理人发生效力的一种服务。

二、国际商事代理的特征

从以上的定义中可以看出，国际商事代理具有以下一些法律特征：

(一)国际商事代理的行为是具有法律意义的行为

所谓"具有法律意义"是指根据有关的国际法或国内法规范该行为能产生、变更或消灭法律上的权利和义务。代他人作无法律意义的行为，如某跨国公司的经理代表全体职员去看望病中住院的东道国同事，就不是法律上的国际商事代理。相反，代订国际商事合同或代理进行国际商事诉讼等行为却能产生、变更或消灭法律上的权利和义务的效果，因此它们都是国际商事代理。

(二)国际商事代理的根据是被代理人的授权或法律规定

在现代市场经济国家，国内或国际商事代理的绝大部分产生于被代理人的授权。同时，为了维护某类当事人的利益，很多国家也采用法律规定某些人在某些场合可以不经被代理人的授权而获得代理人资格。归纳起来，法律规定的代理(简称法定代理)主要存在于下列两种场合：监护人对被监护人的代理，清算人对破产人的代理。

(三)代理行为产生的权利和义务直接对被代理人发生效力

在一般情况下，代理行为尽管由代理人做出，但其法律后果，即由此产生的权利和义务并不归于代理人，而是归于被代理人；但是，代理人和被代理人及第三人有明示或默示约定的除外。

(四)代理的行为在法律上具有可代理性

这是世界各国的一致要求。所谓的"代理的行为在法律上具有可代理性"，是指代理的行为在法律上是被允许代理的。在现代各国，被允许代理的行为类型很多，但不被允许的代理行

为也有例可举，如订立遗嘱、申领某类车辆执照等。

三、调整国际商事代理关系的法律规范

（一）国际法规范

1. 国际公约

到目前为止，已生效的、具有统一各成员商事代理法作用的国际公约只有欧共体 1986 年 12 月 18 日制定的《关于协调成员国自营商业代理人法指令》（以下简称欧盟《指令》）。欧盟所有成员适用于自营商业代理人与本人之间的关系的法律规则自 1994 年 1 月 1 日始都必须符合欧盟《指令》。

此外，以下三大公约虽未生效，但它们因归纳了很多国家的共同规定而受到国际商法学界的重视：(1)《代理统一法公约》；(2)《代理合同统一法公约》；(3)《国际货物销售代理公约》。这三大公约都是由国际统一私法协会制定的，其中制定于 1983 年的《国际货物销售代理公约》比前两个公约更具代表性，可适用直接和间接的销售代理关系，它不仅得到智利和瑞士等国的签署，而且已被意大利、法国、南非和摩洛哥等国核准或加入。根据该公约的第 33 条，在第 10 个国家核准或加入 1 年后该公约生效，可以预见，该公约是有希望最终生效的。有鉴于此，本章在有些地方将会援引该公约（以下简称《公约》）中的有关规定说明相应问题。

2. 国际惯例

目前，国际社会尚不存在规范化的专门适用于国际商事代理关系的国际惯例。国际商会 1960 年曾拟定了一份《商业代理合同起草指南》（本章以下简称《指南》）。《指南》在促进国际商事活动中本人与代理人之间合同关系标准化方面具有一定的积极作用，但其内容实际上仅仅就本人和代理人之间的内部关系提供一些建议。《指南》并不像《国际贸易术语解释通则》或《统一跟单信用证惯例》那样明确有关当事人之间的权利和义务，而且其适用范围也仅仅局限于直接代理关系。

然而，由于《国际商事合同通则》可以适用于各类国际商事合同，因此，国际商事代理关系中的当事人可以予以援引，用之确定他们相互间合同权利和义务的框架规则。

（二）调整国际商事代理关系的国内法规范

由于调整国际商事代理关系的国际法规范的局限性，国内法规范在调整国际商事代理关系中依然扮演着重要角色。大陆法系国家适用于国际商事代理关系的法律规范仍然主要体现于民商法典之中。不过，大陆法系国家中也有一些国家制定了专门调整商事代理关系的单行法，如德国 1953 年的《商业代理法》等。

在英美法系国家，判例仍是调整国内和国际商事代理关系的法律规范的重要渊源。但是，由于英国的商事代理业早已十分发达，因此英国很早即出台了将判例成文化的制定法，如 1889 年《商业代理人法》。英国早期的其他商事制定法中也含有调整特定代理关系的规范，如 1906 年《海上保险法》。英国近 50 年内的大部分年份中都有数个有关代理的立法或立法修订，单在 2023 年就颁布了 2 项此类法律。[①] 该国代理法的显著特点是：具有较强色彩的确定性。[②] 在美国，调

---

① 该 2 项此类法律的详情可下载于 https://www.legislation.gov.uk/all/2023? title=agency，2023 年 3 月 15 日最后访问。

② ［英］托马斯・克莱布斯（李村译）：《确定性、公正性与英国的代理制度——兼评中国民法典中的代理规则》，《苏州大学学报（法学版）》2022 年第 3 期，第 100～115 页。

整国内和国际商事代理关系的制定法至今也不及英国全面和完善，但是由美国法律协会主编的《代理法重述》（最新为2006年修订的第三版）①经常成为美国法官判案援引的根据，因此，它可视为美国代理法重要的辅助渊源。此外，美国各州的公司法等单行法中也含有一些代理法性质的规则。

我国调整国际商事代理关系的法律规范主要体现于我国《民法典》之中。

第二节　国际商事代理权的产生

前文已指出，代理的根据是被代理人的授权和法律规定，这两因素实际上就是代理权产生的原因。法律规定的代理权包括父母对未成年子女的代理权、监护人对被监护人的代理权、破产清算人对破产人的代理权等。但是，国际商事代理权产生的主要根据是被代理人的授权，因此，这里只阐述各国关于被代理人授权的法律规则。

根据各国的立法和司法实践，被代理人的授权可分为以下几种类型：

一、明示授权

明示授权，是指被代理人以口头或书面的形式明确地指定代理人及其代理权限的行为。一般而言，被代理人既可以采用列举明示的方式授予代理人处理一项或数项事务的代理权，也可以采用概括明示的方式授予代理人处理一切事务的代理权。但是，后一种授予方式在很多国家或地区并不能使代理人获得广泛的代理权。如法国《民法典》第1988条规定：以概括词句委任者，仅包括管理行为；委任如有关所有权转让、抵押权或其他所有权行为的设定时，以明示授权为之。我国台湾地区的《民法典》要求特别明示授权的事项更多，其第534条规定："受任人受概括委任者，得为委任人为一切行为。但为左列（注：即下列）行为，须有特别之授权：一、不动产之出卖或设定负担；二、不动产之租赁，其期限愈二年者；三、赠与；四、和解；五、起诉；六、提付仲裁。"在美国，很多州法要求，法律规定必须采用书面形式的合同，代理权必须采用书面明示的方式授予，否则无效。从斯洛伐克的尼特拉（Nitra）区法院对15Cob/182/2017的判决结果来看，该国的货物销售代理权也必须采取书面形式。②

二、默示授权或实际授权

默示授权或实际授权（Actual Authority），是指明示授权之外，被代理人使代理人有合理根据相信自己有代理权的行为。代理人所依据的合理根据主要是行业习惯或被代理人的明示授权。如在国际货物买卖关系中，如果货主将货物交给代理人出售，则通常意味着货主暗示代理人有收取货款的代理权。但是，如果货物仍在货主手中，货主只是明示委托代理人与买方签订买卖合同，根据国际商事习惯不能认为代理人有代收货款的默示授权。再如，公司的董事会指定W为公司的秘书，W便可合理地认为自己有为公司会议代购办公用品的权利，W的这一代理权即暗示于公司的董事会明示授予其履行秘书职责的权利之中。总之，代理人和第三人

① 该版的详细内容可见于 https://studylib.net/doc/8168533/restatement-of-the-law-agency-restatement-third-of-a...，2023年4月29日最后访问。

② See Csongor Istvan Nagy (ed.), Cross-Border Litigation in Central Europe: EU Private International Law Before National Courts, *Kluwer Law International*, 2022, pp. 447－490.

都应了解相关的行业习惯，否则所为的行为可能不具有法律效力。

LNOC有限公司诉Watford有限公司案(2013)[①]

被告Watford足球俱乐部想改建部分已在建的某场所，一名律师W代理原告LNOC有限公司与被告所有人及事实上的执行董事B签订了一份贷款协议，根据该协议，原告向被告提供了共计262万英镑的两笔贷款，被告方则向原告出具了几张远期升水本票。因违反了足球联盟的规范，上述场所停止改建，该俱乐部拒绝兑付以上本票，后经交涉，B等偿还了部分本票款项，但仍有90万英镑的差额与利息未能偿还。原告便对被告提起了诉讼，英国法院于2013年11月21日判决原告完全胜诉，理由是：该场所工程实际获得了原告的投入，不予偿还属于不当得利；B诚信地相信自己有被告的实际授权……

在大陆法系国家，有实际授权却不对外声称的代理称为“间接代理”或“行纪”，这种代理中的代理人破产时，第三人应该直接对被代理人负责[②]。

三、表见授权

表见授权，是指被代理人使第三人有合理的根据相信代理人拥有代理权的行为。如B长期代理A公司从某农家购买不限量的大米。从某时起，A公司取消了B的这一代理权，或将其代购权限定为一定的数量。该农家对此一无所知，基于B一直为A公司不限量的大米代购商这一事实，该农家便有合理的理由认为B仍然拥有代表A公司购买不限量大米的授权。A公司必须对B从上述取消或限制代理权之后的擅自代买米行为负责，即向该农家支付大米的货款。

表见授权制度对于维护交易安全、保护合理信赖起着重要作用。不过在某些国家或地区的立法和/或司法认定中，表见授权的成立，可能需要表见被代理人具有可归责性这一条件[③]，或者要求第三人承担更重的举证责任。[④] 在我国，表见授权纠纷的司法审判体现了所谓的“集体行动”特征。[⑤]

此外，还应予指出的是，表见授权和默示授权是截然不同的两种“授权”。表见授权仅对第三人而言是合理的，而默示授权对代理人而言是合理的。当然，默示授权对第三人而言也应是合理的，否则，被代理人可以“显然无授权”对第三人进行抗辩。

第一能源公司诉匈牙利国际银行案(1993)

原告(第一能源公司)是一家安装商业供暖系统的公司。因业务需要大量贷款，原告找到了被告(匈牙利国际银行)所在的曼彻斯特分行一名高级经理。该高级经理告知原告其所需的融资规模需要在伦敦的总行董事会批准。后来，由于相信能够获得伦敦总行的批准，该高级经理便向原告写信表示提供该笔信贷，原告答复表示接受。实际上，被告的伦敦董事会并没有批准该笔贷款并在最后决定拒绝提供该笔贷款。英国上诉法院一致判决被告有义务

---

① [2013]EWHC 3615 (Comm)。

② 托马斯·克莱布斯著，李村译：《确定性、公正性与英国的代理制度——兼评中国民法典中的代理规则》，《苏州大学学报(法学版)》2022年第3期，第105页。

③ 刘应民、徐凯利：《论表见代理中的被代理人可归责性——兼谈〈民法典〉语境下对被代理人的救济》，《华南理工大学学报(社会科学版)》2022年第3期，第55～63页。

④ 余亮亮：《论表见代理制度中“有理由相信”要件的证明》，《时代法学》2022年第3期，第55页。

⑤ 廖振中：《表见代理司法裁判中法官集体行动逻辑实证研究》，《政法论坛》2023年第3期，第169～179页。

向原告提供贷款，理由是原告有权相信被告的代理人即该高级经理的伦敦董事会已批准该笔贷款的信息。

招商银行大连东港支行与大连振邦氟涂料公司等纠纷案(2014)[1]

2006年4月30日，再审申请人招商银行股份有限公司大连东港支行（以下简称招行东港支行）与被申请人大连振邦氟涂料股份有限公司（以下简称振邦股份公司）签订编号为2006年连贷字第SL006号借款合同约定：借款金额为1 496.5万元人民币，借款期限自2006年4月30日至2006年6月30日，如贷款放出的实际日期与上述起始日期不一致，则贷款起止日期以借款借据确定的起止日期为准，借款用途为债权转化（借新还旧），贷款利率为年利率6.435%，振邦集团公司未按期偿还贷款的，对其未偿还部分从逾期之日起按在原利率基础上加收50%计收，贷款期间若遇中国人民银行调整贷款利率，则按中国人民银行调整贷款利率的有关规定执行。2006年6月8日，大连振邦集团有限公司（以下简称振邦集团公司）出具了编号为2006年连保字第SL002号“不可撤销担保书”，承诺对上述贷款承担连带保证责任，保证范围包括借款本金、利息、罚息、违约金及其他一切相关费用。保证期间为自本保证书生效之日起至借款合同履行期限届满另加两年。2006年4月30日，招行东港支行与振邦股份公司分别签订了两份“抵押合同”，规定以振邦股份公司所有的位于大连市甘井子区管城子镇郭家沟村182 559平方米的国有土地使用权（土地证号为大甘国用2005第04038号）及大连市甘井子区管泰街17套计24 361.09平方米的房产作抵押。同年6月6日在大连市国土资源和房屋局甘井子分局对位于大连市甘井子区营城子镇郭家沟村182 559平方米的土地办妥了抵押登记，同年6月8日在大连市房地产登记发证中心对位于大连市甘井子区营泰街8号17套计24 361.09平方米的房产办理了抵押登记，担保范围包括但不限于借款本金、利息、罚息、违约金、损害赔偿金及实现债权的费用。招行东港支行在中国银行之后为第二抵押权人。2006年6月8日，招行东港支行按照合同约定将1 496.5万元贷款如数转入振邦集团公司账户内。贷款到期后，振邦集团公司未能偿还借款本息。振邦股份公司也没有履行担保义务。

2008年6月18日，招行东港支行以振邦集团公司和振邦股份公司为被告，向大连市中级人民法院提起诉讼，请求判令振邦集团公司偿还贷款本金1 496.5万元及至给付之日的利息（包括逾期利息）；要求振邦股份公司对上述债务承担连带责任；要求两被告承担诉讼费、保全费等。其中的振邦股份公司辩称：所提供的担保无效，招行东港支行提供的《股东会担保决议》没有征得振邦股份公司股东会的同意，违反了《公司法》第16条第2款的规定而无效；被担保的股东振邦集团公司在该担保决议上加盖了公章，违反了《公司法》第16条第3款被担保股东必须表决回避的强制性规定；其他四个单位的股东单位盖章，其中两枚印章经过司法鉴定是伪造的，另外两枚印章的名称与股东单位名称不一样，也是伪造的；事后该四家股东对《股东会担保决议》的内容也不予追认。

最高人民法院2014年4月22日最终审结判决再审申请人完全胜诉，理由：作为公司组织及公司行为当受《公司法》调整，同时其以合同形式对外担保行为亦受合同法及担保法的制约；案涉公司担保合同效力的认定，因其并未超出平等商事主体之间的合同行为的范畴，故应首先从《合同法》相关规定出发展开评判；《合同法》及相关司法解释均已明确了将违反法律或行政

[1] 本案案号为(2012)民提字第256号。

法规中效力性、强制性规范作为合同效力的认定标准之一；公司作为不同于自然人的法人主体，其合同行为在接受合同法规制的同时，当受作为公司特别规范的《公司法》的制约；《公司法》第1条与第16条第2款规定已然明确了其立法本意在于限制公司主体行为，防止公司的实际控制人或者高级管理人员损害公司、小股东或其他债权人的利益，故其实质是内部控制程序，不能以此约束交易相对人而宜理解为管理性强制性规范，违反该规范的原则上不宜认定合同无效，否则会降低交易效率和损害交易安全，如股东会何时召开、以什么样的形式召开、何人能够代表股东表达真实的意志，均超出交易相对人的判断和控制能力范围，如以违反股东决议程序而判令合同无效，必将降低交易效率，同时也给公司动辄以违反股东决议主张合同无效的不诚信行为留下了制度缺口；《合同法》第50条规定“法人或者其他组织的法定代表人、负责人超越权限订立的合同，除相对人知道或者应当知道超越权限的以外，该代表行为有效”；本案再审期间，招行东港支行向本院提交的新证据表明，振邦股份公司提供给招行东港支行的股东会决议上的签字及印章与其为担保行为当时提供给招行东港支行的签字及印章样本一致；振邦股份公司向招行东港支行提供担保时使用的公司印章真实，亦有其法定代表人真实签名，且案涉抵押担保在经过行政机关审查后也已办理了登记，至此招行东港支行在接受担保人担保行为过程中的审查义务已经完成，其有理由相信作为担保公司法定代表人的周建良本人代表行为的真实性；《股东会担保决议》中存在的相关瑕疵必须经过鉴定机关的鉴定方能识别，必须经过查询公司工商登记才能知晓，必须谙熟公司法相关规范才能避免因担保公司内部管理不善导致的风险，如若将此全部归属于担保债权人的审查义务范围，未免过于严苛，亦有违《合同法》《担保法》等保护交易安全的立法初衷；担保债权人基于对担保人法定代表人身份、公司法人印章真实性的信赖，基于担保人提供的股东会担保决议盖有担保人公司真实印章的事实，完全有理由相信该《股东会担保决议》的真实性，无须也不可能进一步鉴别担保人提供的《股东会担保决议》的真伪。因此，招行东港支行在接受作为非上市公司的振邦股份公司为其股东提供担保过程中，已尽到合理的审查义务，主观上构成善意；本案周建良的行为构成表见代表……

四、客观需要的授权

客观需要的授权，是在某一当事人根据其他法律关系照管另一当事人的财产时，发生了为保存该财产而必须采取某种行动的紧急情况时产生的。这种授权可推定为广义上的默示授权。如承运人在遇紧急情况时，可推定自已拥有替托运人处分易腐或易灭失财物的代理权。从我国《民法典》第935—936条等的规定中可以看出，我国也承认客观需要的授权。不过，英美法院一般不轻易承认这种客观需要的授权规则，除非代理人的行为具备了以下三个条件：

(1)实施这种代理行为是客观上和商业上所必需的；

(2)做出这种代理行为前无法与货主取得联系，从而无法得到货主的指示；

(3)代理做出的措施必须是出于善意的，并且必须考虑到所有有关当事人的利益。

斯普林诉GW铁路公司案

斯普林委托GW铁路公司承运西红柿从泽西至柯芬加登市场。因被告的船员罢工，轮船延期，当轮船到达中途港时，西红柿已有部分腐烂，被告随决定将西红柿就地全部出售。斯普林认为GW铁路公司未经其授权出售其西红柿构成侵权，随起诉要求被告按承运目的地的市场价格给付全部价金作为赔偿。法院认为，西红柿虽是易腐物品，但是当时被告有充分的时间和足够的条件与原告联系并获得指示，却未与原告联系。因此不认为被告有客观需要的代理权，应按原告的要求做出赔偿。

五、事后追加的授权

事后追加的授权，简称追认。代理人未经授权或超出授权范围而以被代理人名义为某种法律行为，如被代理人觉得可以承担该法律行为的后果，就可以对该法律行为进行追认。但是，根据很多国家代理法的规定，只有符合下列各项条件，追认才有效并产生使代理人的法律行为自始约束被代理人的效果：

（1）代理人在为法律行为时用的是被代理人的名义。

（2）追认只能由为法律行为时已指明的被代理人做出。

（3）追认的被代理人，必须在代理人为该法律行为时已取得了法律上人格的人。这一条件主要是针对法人而言。我们在第一章中已指出，一些国家和美国的一些州不允许代理人以尚未成立的公司名义为某些法律行为，否则，该公司成立后也不能追认该法律行为。

（4）追认时，被代理人必须已知或有理由知晓有关法律行为的基本内容。如代理人代理购买一辆轿车，被代理人追认时以为是一辆卡车，则追认无效，代理人购买轿车的交易合同不能约束被代理人。

（5）追认必须在被代理人知晓代理一事后合理的时间内做出。何谓"合理时间"在很多国家视个案而定。我国《民法典》第 171 条规定的时限为被代理人收到相对人催告通知之日起算的 30 天。我国台湾地区的《民法典》将被代理人追认的时间限为 1 个月。

（6）必须是对法律行为的全部而不是部分做出追认。

最后应予指出的是，很多国家一方面赋予被代理人追认权，另一方面又赋予了第三人的撤销权，即第三人在知悉代理人缺乏代理权后，可以撤销向无权代理人所为的意思表示。不过，第三人的撤销权必须在被代理人追认前行使。

葛小萍与北京赛都广告有限责任公司等纠纷案（2021）[①]

再审被申请人之一的北京赛都广告有限责任公司（以下简称赛都公司）2008 年 9 月 1 日举行了股东会并通过了《章程修正案》，经笔迹鉴定，其上的再审申请人葛小萍签字不真实。为此，葛小萍起诉请求判令该股东会决议不成立、《章程修正案》无效等。葛小萍在一审与二审诉讼中都遭到了败诉的结局，便又提出了再审申请。

北京市高级人民法院 2021 年 11 月 28 日裁定葛小萍再次败诉，理由是：赛都公司章程规定的原经营期限已于 2008 年届满，葛小萍仍于 2010 年 7 月 19 日又签署《第一届第四次股东会议决议》同意变更公司住址，后针对赛都公司提起多起与公司有关的诉讼，并在起诉材料中认可其 2012 年才退出公司经营。原审法院认为葛小萍在长达九年的时间内一直未提异议，其应当知晓赛都公司继续经营，其行为应视为对第三次股东会决议及 2008 年 9 月 1 日赛都公司《章程修正案》进行了追认。

---

① 该案的案号为（2021）京民申 6024 号，其裁定书原文为 https://wenshu. court. gov. cn/website/wenshu/181107ANFZ0BXSK4/index. html? docId=KdfagSZnUF+VVYwv7le3NecJ49TPbBL912DMADI9SGdIm6wEDHeu+5/dg-BYosE2go/ZCEzlseUOaqRZu/JZQ+Ira+3pSilwRDYrjWH397lS/2rCKqU4cSY5LXmZCQ67c，2023 年 4 月 11 日最后访问。

第三节 国际商事代理的法律关系

一、被代理人与代理人的关系

在国际商事领域，被代理人和代理人的关系一般为一种服务合同关系，即被代理人与代理人是以协议来确定他们之间的权利和义务关系的。如果被代理人与代理人之间的约定非法，则非法的部分无效；如果约定不明确，则根据有关的国际公约或国内法来确定他们之间的权利和义务。

(一)被代理人对代理人的义务

被代理人对代理人的义务主要有下列几项：

1. 支付佣金

此为被代理人最主要的一项义务。如果代理合同对支付佣金有明确的规定，则除非该代理合同无效，被代理人必须按代理合同支付佣金。如果一项交易按通常的惯例或习惯必须支付佣金或报酬，则即使代理合同中无佣金条款，被代理人也必须支付佣金或报酬，该佣金的数额亦按类似交易惯例或习惯中的比例确定。

泰隆房地产策划有限公司诉中盛市场开发有限公司案(2010)①

一审原告泰隆房地产策划有限公司(简称泰隆公司/乙方)与一审被告中盛市场开发有限公司(简称中盛公司/甲方)于2007年3月8日签订的协议规定：按约定的销售佣金与溢价佣金由前者为后者提供黄山国际旅游礼品城项目营销策划及代理商品房销售；合同期限自2006年2月18日至2007年12月31日共22个月，到期后7天之内凭双方书面通知终止；商品房的销售基价由甲方确定，乙方可根据市场销售情况征得甲方签章认可后灵活浮动；客户缴纳首期款、签署购房合同并办理完成按揭手续后，即视为乙方已完成了该销售行为，甲方应按其提供的委托物业清单为衡量标准结算代理费用；乙方必须协助甲方办理完成产权证；2006年2月18日至2006年12月31日的销售佣金已于2007年2月7日进行结算；对已销售未结算的销售佣金和以后的销售佣金，按销售返租折扣后的6.5%计算；从合同生效之日起，以双方确认的附件委托物业清单中的单价为依据，乙方销售的每个铺位单价超过附件中的销售单价时，超出部分乘以建筑面积为溢价，乙方不得在溢价中再提取6.5%的佣金，但溢价在单价500元之内的，乙方可得30%，超过单价500元以上的部分可得35%。2008年1月4日，泰隆公司书面通知中盛公司终止以上的代理协议并于同年3月25日诉至一审法院，请求判令中盛公司支付尚欠销售佣金、溢价佣金、所没收的定金、违约金及代垫费用等共437万元，并承担本案诉讼费用。中盛公司提出反诉，请求确认双方佣金标准和溢价佣金的约定无效，并判令泰隆公司返还已付的代理佣金3 941 787元、承担反诉费用。

安徽省黄山市中级人民法院2010年8月2日做出了一审判决：本案争议焦点是双方当事人在委托代理协议中关于佣金标准、溢价佣金及罚没定金的约定是否有效的问题；国家计委、建设部发布的《关于房地产中介服务收费管理的通知》规定独家代理的收费标准不得超过成交

① http://www.ahcourt.gov.cn/gb/ahgy_2004/cpws/ms/userobject1ai27345.html，皖民四终字第00148号。

价的3%，本案当事人约定的佣金超出了国家法律法规允许的范围，超出部分应依法认定无效；泰隆公司所销售的房款总额为117 244 968元，佣金标准应以3%计算即实为3 517 349.04元，泰隆公司从中盛公司已领取的5 160 391元远远超过了其应得的佣金，其再要求中盛公司支付销售佣金、溢价佣金、所没收的定金、违约金等及代垫费用437万元的诉请不予支持；中盛公司多支付给泰隆公司的1 643 041.96元属非法利益，故其要求返还于法无据，应依法收缴。

泰隆公司、中盛公司均不服上述判决而提出了上诉。安徽省高级人民法院2010年12月27日维持了一审中关于驳回中盛公司反诉请求的判决部分，并改判了其他部分，理由是：本案二审的争议焦点是双方有关佣金比例及溢价佣金的约定是否有效、一审判决未予认定的5间商铺能否作为泰隆公司完成的销售任务、一审判决认定泰隆公司收取的1 643 041.96元房屋销售代理佣金为非法利益并予以收缴是否符合法律规定；《合同法》第52条第5项规定的"强制性规定"是指效力性强制性规定，从价格法的有关规定看，本案所涉及的房屋销售代理佣金的政府指导价规定应属管理性强制性规定而不属于效力性强制性规定；《合同法》的主要精神是鼓励交易、尊重合同当事人的意思自治、维护交易的安全，本案纠纷发生时泰隆公司代理销售房屋的行为已经完成，在没有证据证明其存在哄抬物价、欺诈消费者的非法销售行为的情况下，不能认定其行为损害了国家利益和社会公共利益，因此，应认定合同约定的佣金及溢价佣金条款有效；对于约定的代理佣金中包含销售佣金、分销点佣金、置业顾问佣金、管理人员奖金和策划佣金，中盛公司在未提供证据证明除销售佣金以外的其他费用已支付的情况下，主张超出3%的佣金比例部分无效，应承担举证不能的法律后果；对于泰隆公司上诉提出的一审判决未予认定的5间商铺，根据中盛公司所举证据，该5间商铺有的已经退还房款或定金，有的交付房款时间不在双方合同履行期内，均不符合双方约定的计算代理佣金的条件，故一审判决认定该5间商铺不属于泰隆公司完成的销售任务并无不当；双方当事人关于佣金比例及溢价佣金的约定为有效约定，泰隆公司已收取的1 643 041.96元房屋销售代理佣金为合法所得，一审判决认定为非法利益并予以收缴无事实和法律依据，应予纠正。

此外，在某些商事代理中，关于佣金还存在下列两个问题：(1)被代理人未经代理人的介绍，直接与代理人代理地区内的第三人达成交易合同，代理人可否就此类交易合同收取佣金？(2)代理人介绍的客户日后连续直接同被代理人达成交易，被代理人是否仍必须支付佣金？对此，欧盟《指令》第7条对其境内采用佣金方式的商业代理关系统一规定：对代理合同期内由于其行为达成的交易、被代理人与其先前成功促成交易的第三人进行的交易、被代理人与特别指定的代理区域或特别指定的顾客群体进行的交易，商业代理人有权获得佣金。同时，欧盟《指令》第8条和第17～18条还规定：如果交易主要归因于商业代理人在代理合同期内的努力且交易发生在代理合同终止后的合理期限之内，或者在符合前条规定的条件下第三人的订单在代理合同终止前到达被代理人或商业代理人处，则该商业代理人也有权对这些交易收取佣金；如果商业代理人给被代理人带来了新顾客或实质性地增加了与已有顾客的交易量，且被代理人继续实质性地受惠于同这些顾客的交易，则他在代理合同终止后有权获得不超过以其前5年为基准或代理期不足5年则以实际代理期内的平均年代理费的补偿；该补偿不得妨碍商业代理人依法寻求赔偿；商业代理人因违约导致被代理人根据成员国法律立即正当地终止代理合同的，则无权获得以上的补偿或赔偿。大陆法系中很多国家对其他类型的代理关系也实行着类似的规则。

沃尔沃汽车德国公司诉 Autohof Weidensdorf 公司案(2010)①

本案中的沃尔沃汽车德国公司(以下简称沃尔沃)与作为代理人的 Autohof Weidensdorf 公司(以下简称 AWH)达成的经销前者车辆的协议规定:凭提前两年的通知终止代理协议。与此同时 AHW 的数位董事与 Autovermietung Weidensdorf 公司(以下简称 AVW)一起谋划运营,AVW 便通过另一家公司与沃尔沃确立了适用《大买主框架协议》的商业关系,涉及特别折扣供应新品牌的沃尔沃汽车。根据该框架协议,AVW 以约定的折扣购买从 AHW 处购买沃尔沃汽车,作为回报,AHW 从沃尔沃处收取津贴。1997 年 3 月 6 日,沃尔沃按照该规定通知 AWH 于 1999 年 3 月 31 日终止经销协议。1998 年 4 月至 1999 年 7 月间,AWH 违反约定了最低持货时间的经销协议提前向 AVW 转售 28 辆汽车。沃尔沃在经销协议终止后才知道这一违约行为。沃尔沃如果及时发现该违约行为,则有权根据德国法律立即终止协议。

AWH 向德国 Landgericht 地方法院请求判决沃尔沃做出商誉补偿和按照业绩记录支付酬金。该法院判决 AWH 胜诉,令沃尔沃赔偿前者 180 159.46 欧元并按照业绩记录支付酬金。沃尔沃提出了上诉。在上诉程序中,德国 Oberlandesgericht 高等法院在确定 AWH 存在违约之后,请求欧洲法院就代理人在这种情况下是否仍有权获得补偿的问题进行先行判决。欧洲法院 2010 年 10 月 28 日做出了先行判决,内容是:由于根据德国法适用于商业代理人的规则被类比适用于经销关系及德国实施欧盟《指令》的立法必须以前后一致的方式解释,因此欧洲法院不应被排除对请求问题的管辖权;欧盟《指令》第 19 条规定在代理合同终止前,当事人不可以背离欧盟《指令》第 17～18 条以损害商业代理人;欧盟《指令》第 18 条中的"因为"一词表明,只有代理人违约行为与代理的终止有直接的因果联系的情况下,代理人才无权获得补偿;本案中的代理是根据当事人之间的协议而不是代理人违约行为终止,因此代理人仍有权获得补偿,但是,根据欧盟《指令》第 17 条在评估补偿水平时可以考虑违约导致补偿降低的正当性。

除了有义务实施欧盟《指令》的爱尔兰以外,另一些英美法系国家或地区通过判例区分代理人在被代理人与第三人交易中的作用来决定代理人应否得到佣金。如果被代理人同第三人的交易是代理人努力的结果,代理人就应得到佣金,否则不应得到佣金。关于代理合同被终止后被代理人是否支付佣金问题,这些英美法系国家或地区的判例确定的原则是:如果代理合同规定了期限,则期限届满后,被代理人无须就代理介绍的客户同自己达成的交易向代理人支付佣金;如果代理合同未规定期限,只要代理人介绍的客户再次同被代理人达成了交易,被代理人就应支付佣金。

2. 为确定佣金数额,被代理人有义务让代理人检查和核对其账册

允许代理人基于确定佣金数额之目的检查和核对其账册。由于账册通常情况下属于商业秘密范畴,被代理人一般并无义务让代理人检查和核对。然而,在确定佣金数额的账目众多及计算较复杂等情况下,被代理人应当允许代理人以合理的方式进行检查和核对。

① 该判决书的英译文可下载于 http://eur-lex. europa. eu/LexUriServ/LexUriServ. do?uri=CELEX:62009CJ0203:EN:HTML. ,2023 年 5 月 1 日最后访问。See also Thom Vaughan & Adrian Pym,Case Report:Volvo Car Germany GmbH v. Autohof Weidensdorf GmbH,http://www. eadsolicitors. co. uk/news/case-report-volvo-car-germany-gmbh-v-autohof-weidensdorf-gmbh. aspx。

3. 偿还代理人因履行代理义务而产生的费用

如果代理合同中对此有明确规定，被代理人就应履行此项义务。如果代理合同中对此无明确规定，被代理人应该对代理人执行其指示发生的正常代理开支以外的额外费用或损失予以补偿。

在我国，代理人也有获得约定佣金及垫付费用补偿等权利。

欧戈国际贸易有限公司与万马国际货运代理有限公司纠纷案(2020)[①]

2018 年 1 月 22 日，上诉方欧戈国际贸易有限公司（以下简称欧戈公司）向被上诉方万马国际货运代理有限公司（以下简称万马公司）发送订舱委托书，委托其预订两个 45 英尺超高集装箱将一批餐桌、餐椅由中国天津新港运至俄罗斯圣彼得堡港。原告同意照办，并缮制了编号为 WMS18013482A、WMS18013482B 的无船承运人提单。万马公司实际让鹏信公司安排货物的实际运输，次月 24 日货物抵目的港。同年 3 月 30 日，欧戈公司被向万马公司出具了电放通知，要求将这两单货物直放给收货人。然而，在目的港一直无人提货，同年 6 月 26 日，万马公司联系欧戈公司催促提货并告知风险及费用却仍无提货人。同年 9 月 6 日货物被目的港海关罚没。鹏信公司支付了货物在目的港发生的费用 87 522 美元后，于次年 2 月 11 日向宁波海事法院起诉要求万马公司支付该目的港费用、律师费人民币 1 万元及上述款项的违约金。鹏信公司获得了完全胜诉且生效的判决。

万马公司随后在天津海事法院提起了针对欧戈公司的诉讼并几乎获得了全胜，欧戈公司便提起了上诉。终审的天津市高级人民法院 2020 年 5 月 28 日的判决驳回了该上诉，理由是：欧戈公司出具订舱委托书，委托万马公司办理涉案货物出运事宜，双方成立海上货运代理合同关系；万马公司虽在为欧戈公司安排货物出运过程中，以自己名义签发了无船承运人提单，但万马公司提起本案诉讼系依据其与万马公司之间的海上货运代理合同关系，就宁波海事法院依据其与鹏信公司之间的海上货运代理合同判令其对鹏信公司的赔偿责任，向欧戈公司进行追偿，万马公司具有诉因的选择权，由此应定本案为海上货运代理合同纠纷；处理委托事务时，因不可归责于万马公司的事由受到了损失和发生了费用，依法都应由欧戈公司承担。

4. 与代理人合作以便利其履行义务

在很多情况下，离开被代理人的合作，代理人无法完成代理任务。如在诉讼代理中，被代理人若不向代理律师提供有关案情的资料，代理律师根本就无法将诉讼代理事务进行下去。国际货物销售代理是一种重要类型的国际商事代理，这种代理关系中的代理人特别需要被代理人在某些方面给予合作。为此，欧盟《指令》第 4 条和第 5 条明确规定，当事人不得以约定的方式排除被代理人对代理人的下列合作义务：(1)向代理人提供所涉及货物的有关必要文件；(2)为代理人获取履行代理合同所必需的信息，特别是在预见到商业交易量实质性地低于代理人通常所期望的交易量时即在合理的时间内通知代理人；(3)在合理的时间内就其接受、拒绝或不执行代理人已议定的交易通知代理人。在其他的国际商事代理关系中，被代理人也应根据具体情况与代理人合作，否则，因被代理人不予合作而导致代理人不能完成代理任务的，代理人无须承担任何违约责任，若代理人因被代理人不予合作而遭受其他损失的，代理人还有权

---

① 该案的终审案号为：(2020)津民终 26 号。其判决全文可见于 https://aiqicha. baidu. com/wenshu? wenshuId=ab1e01a944a5e97cbdfdedf309fd4dbb3c498715，2023 年 2 月 13 日最后访问。

向被代理人索赔。

5. 为代理人提供安全的工作条件

如果根据约定或惯例，国际商事代理人的工作场所、设备、用品等工作条件是由被代理人提供的，则被代理人有义务按代理事务所在国的安全法规提供安全的工作条件。代理人因被代理人提供工作条件不安全而遭受损害的，被代理人有义务予以赔偿。

(二)代理人对被代理人的义务

根据各国法律规定和代理有关的实践，代理人对被代理人的义务主要有以下几项：

1. 勤勉谨慎地履行代理职责

除非代理行为属于非法，代理人必须以自己的技能勤勉地履行其代理义务，并在完成代理任务的过程中予以适当谨慎的注意，否则，得对被代理人的有关损失承担赔偿责任。

领建国际物流有限公司诉金日印染有限公司(2021)[①]

2021年7月27日，原告领建国际物流有限公司(以下简称领建公司)委托被告金日印染有限公司(以下简称金日公司)办理中国宁波出运至美国芝加哥的40英尺集装箱高柜货物运输事宜，双方约定全程运费为19 760美元。金日公司向领建公司号为WHL058B556247的货代提单。近一月后，货物即将运抵美国西雅图时，出现了转运费用问题并导致货物一直滞留在西雅图港区。领建公司至此才发现：金日公司交付的货代提单签发人既未在我国交通主管部门办理提单登记也未在美国联邦海事委员会(FMC)办理提单备案，即该货代提单签发人安士敦公司并未取得无船承运业务经营资质。领建公司只得请求其他公司转运，并分别支付了89 316元海运费及操作费、10 470美元的美国境内派送服务费及杂费2 665美元。

上海海事法院不仅判决解除双方当事人间的货代合同和返还约定的代理费，而且指令金日公司赔偿领建公司所遭受的其他损失，其理由是：双方的海上货运代理合同关系依法成立并合法有效；原告公司依约向被告公司支付了案涉货物全程海运费和代理费用；案涉货物在运抵美国西雅图中转港后却未能继续其余陆路运输，原因在于被告在履行代理业务中未尽谨慎义务而将货物托运给了没有资质的无船承运人。

2. 服从被代理人的指示

代理人应在被代理授权的范围内行事，否则被代理人不受代理人代理行为的约束。

3. 忠实的义务

具体包含以下几个方面：

(1)非经被代理人同意，不与被代理人相竞争。不过代理人的这项义务只限于其代理期限及代理合同中约定的代理关系结束后一段合理的期限内。

(2)不密谋私利。它包括：不从代理业务中牟取超出被代理人给付佣金以外的其他利益；不接受第三人的贿赂；非经被代理人同意，不得代表被代理人同自己做交易[②]；非经被代理人和第三人同意，不得作被代理人和第三人双方的代理人。代理人违背上述义务，即具有滥用代

---

① 该案案号为：(2021)沪72民初1231号。其判决详情可见于：https://baijiahao.baidu.com/s? id=1739017729538207717&wfr=spider&for=pc，2023年2月13日最后访问。

② 包括德国和我国在内的各国或地区同类规定的根本原因在于：该种交易形态因在被代理人与代理人之间存在利益冲突风险而很可能使被代理人遭受损害。参见朱广新：《代理制度中自我交易规则的适用范围》，《法学》2022年第9期，第125页。

理权的属性[①]，被代理人有权不经代理人事先同意而解除代理关系，如果第三人参与共谋或行贿而使被代理人遭受损失，被代理人也可对该第三人起诉索取赔偿。不过，英国等国的最近判例表明，在事先无相反约定且被代理人知情的情况下，代理人同时代表数个相互竞争的被代理人行为并不违反忠实的义务。

Rossetti Marketing 有限公司诉 Diamond Sofa 有限公司案(2011)[②]

第一被告 Diamond Sofa 有限公司(以下简称 Diamond)是一家基业在泰国的皮革家具品生产商，第二被告 Solutions Marketing 有限公司(以下简称 SML)则从事代理众多被代理人在英国销售家具的业务。2004 年 1—3 月，SML 与 Diamond 通过各自负责人在展销会上认识交谈、会后电子邮件来往、交流记录转递等方式达成了一项协议，确定自 2004 年 3 月 1 日开始为期 1 年的由前者按 10%的佣金标准代理在英国销售后者的皮革家具品。该协议期满后，与 Diamond 在未约定期限的情况下继续保持着代理关系。因 SML 所代理的 Linkwise 中国公司的皮革产品在处理过程中使用的化学品引起零售顾客过敏导致在英国对零售商的集体诉讼，为了避免伴生责任，SML 在 2008 年 1 月将 Linkwise 中国公司代理业务以外的其他代理业务转给了其负责人新设立的 Rossetti Marketing 有限公司(以下简称 RML)。2008 年 6 月 4 日，Diamond 以数种理由通知 SML 和 RML 的代表终止代理关系。其后因继续代理的佣金问题没有谈妥，RML 作为原告提起了要求 Diamond 给予代理终止损害补偿的诉讼。本案中，原告与第一被告都没有向第二被告索偿，第二被告也未向前两者寻求任何救济。针对 RML 的赔偿要求，Diamond 提出 SML 和 RML 不具有英国 1993 年《商业代理人条例》下"商业代理人"的资格而不受该法的补偿保护、SML 和 RML 代理多个与自己竞争的被代理人行为违背了忠实义务等抗辩。

英国高等法院在就审前先决问题的判决中驳回了 Diamond 的以上抗辩，理由是：欧盟《指令》和实质相同的英国 1993 年《商业代理人条例》语言是清晰的，并没有将代理相互竞争被代理人的商业代理人排除在适用范围之外，其中"被代理人"一词使用单数也没有将复数排除在外，与此相违背的看法不符合这些法律保护商业代理人的目的；代理多个相互竞争的被代理人有驱动产品价格下降的危险性，当事人之间应当采用明示条款禁止这种情况的产生；前述法律下的诚信义务是不可背离的，但是，其内容不是不变的而是由合同条文铸就的，Diamond 一直知道 SML 和 RML 代理多个与自己竞争的被代理人而未提出异议，应视为其与后者的代理协议允许这种行为存在的默示条款。

(3)不泄露被代理人的商业机密。在代理业务中，代理人难免得到被代理人的商业秘密资料，代理人在代理期限内和代理关系终止之后都不得将该商业秘密资料向第三人泄露。

(4)代理人因被代理人授权模糊或指示不当、遇紧急情况无法与被代理人联系时，应诚信地处理代理事务。

4. 申报账目

代理人应对一切代理交易作正确的账目，并应按照代理合同的规定或在被代理人提出要

---

① 参见迟颖：《德国法上的禁止代理权滥用理论及其对我国代理法的启示——兼评〈民法典〉第 164 条》，《河北法学》2020 年第 11 期，第 65～85 页。

② 本判决原文可下载于 http://www.bailii.org/ew/cases/EWHC/QB/2011/2482.html，2023 年 8 月 18 日最后访问。See Adrian Wood，Rossetti Marketing Ltd. v. Diamond Sofa Co.，Ltd.，Commercial Agency—a Tale of the Tail not Wagging the Dog，*Coventry Law Journal*，2011，Cov. L. J. 2011，16(2)，pp. 67－71.

求时向被代理人申报账目。除为抵消应得的佣金外，代理人为被代理人收取的全部款项或其他财产必须全部交给被代理人。此外，代理人不应将自己的钱款或财产与被代理人的钱款或财产相混杂，否则发生纠纷时，被代理人可以主张全部的钱款和财产。

5. 披露与通知义务

代理人应把代理过程中的一切真实重要的事实尽可能迅速地披露并通知被代理人，以便被代理人进一步地做出决策。

偌蒙赛诉高邓案

原告偌蒙赛是一名经特许的不动产经纪人并从事购买和持有土地再售的生意。被告高邓聘用原告作为经纪人，为其约181英亩的土地寻找一位买主。后来原告获悉该地的地价会迅速飙升，便决定自己买下该块土地，被告也同意以800美元/英亩的价格卖给原告，双方还签署了书面的转让协议。但是，在执行该协议之前，被告却以800美元/英亩的同样价格将该块土地卖给了第三人。与此同时，原告以本人的身份寻找到了一位同意以1 250美元/英亩的价格购入该块土地的买主。当原告得知被告将该块土地卖给了第三人后，便诉向法院，要求被告赔偿其90 000多美元的差价损失。美国得克萨斯州上诉法院判定：当代理人在代理协议中具有个人利益而违背其对被代理人的诚信义务时，只要被代理人不完全知道该代理人有关利益的所有事实，被代理人即有权撤销合同；本案中的原告作为代理人有义务披露其所知的一切影响被告决定的信息，原告在与另一位买主谈判中知道该块土地大大超过被告的定价，原告对此未作披露即违背其对被告的诚信义务，因此被告有权撤销合同。

此外，法国最高法院2017年的一项判决表明：代理人的此项义务是合同中的诚信原则在意定代理领域的贯彻结果。[①]

6. 不擅自将代理事务转委托给他人

除非有被代理人的事先许可，或遇到特殊情况为保护被代理人的利益，或被代理人事先未禁止而贸易习惯允许这样做，代理人不得将代理事务交给他人去处理。

二、被代理人及代理人同第三人的关系

（一）合同关系

1. 被代理人与第三人的合同关系

在大陆法系国家，如果代理人在代理权限内以被代理人的名义同第三人订立合同，则这种代理称为直接代理。由直接代理达成的合同，其效力直接及于被代理人。如果代理人无代理权（包括无暗示代理权、无表见代理权、超越代理权[②]等）而以被代理人名义同第三人订立合同，被代理人对该第三人不负合同责任。然而，大陆法系也把代理人拥有代理权而以自己名义同第三人订立合同的行为视作间接代理。对间接代理订立的合同，经代理人的让与后，被代理人取代该合同中的代理人地位，承担有关权利和义务。

英美法系国家在确定被代理人与第三人的合同关系时，一般不用上述直接代理和间接代

① See Maren Heidemann · Joseph Lee(ed), The Future of the Commercial Contract in Scholarship and Law Reform, Springer Nature Switzerland AG, 2018, p. 111.

② 我国《民法典》第171～172条将这三种代理权该的人称为"相对人"。

理两大区分概念，而是用显名代理、隐名代理和未披露的代理三大区分概念。

(1)显名代理(Agency for a Name Principal)，是指代理人作代理行为时指明了被代理人的姓名或名称。如果显名代理中的代理人在代理权限内替被代理人同第三人订立了合同，该被代理人就得对该合同直接负责。当然，和大陆法系国家一样，显名代理中的代理人如果无代理权(包括无暗示代理权或无表见代理权或超越代理权等)，而以被代理人名义同第三人订立合同，则该被代理人对该合同也概不负责。

(2)隐名代理(Agency for an Unnamed Principal)，是指代理人作代理行为时表明了自己的代理身份，但未指明被代理人的姓名或名称。隐名代理中的被代理人的法律地位与显名代理中被代理人法律地位完全相同，然而在某种法律关系中是否为隐名代理人的问题，当事人之间可能会有不同的观点。

D/S NORDEN A/S 诉 CHS DE PARAGUAY, SRL(2017)[①]

被申请方 CHS DE ARAGUAY, SRL(以下简称 CHSP)为从事农产品国际贸易、基地在美国明尼苏达的 CHS 公司的全资子公司所拥有的一家企业。2015 年 1 月 26 日，申请方 D/S NORDEN A/S 与被申请方的祖母公司 CHS 订立了一份航次租船合同，所涉船舶由申请方先用航次租船合同租下。换句话说，被申请方是航次租船关系中的一个承租人。该分租合同仲裁条款载明：船舶所有人和承租人之间产生的任何争议均应在纽约进行仲裁。由于申请方相当于分租合同中的船东，其与 CHS 之间的争议理应仲裁。凭借 CHSP 是 CHS 的隐名被代理人之理由，申请方请求司法判令 CHSP 参加仲裁。美国纽约南区联邦法院 2017 年 2 月 3 日判决拒绝了该请求，理由是："关联关系"与"因该关联关系产生的相互利益"并不足以使得该合同的仲裁条款基于代理关系能够约束合同签订一方的关联方；所查明事实并不能证明 CHS 和 CHSP 之间存在隐名代理关系，也不能证明 CHS 是按照 CHSP 的指示行事和受其控制。

(3)未披露的代理(Agency for an Undisclosed Principal)，是指代理人拥有被代理人的授权，但在作代理行为时，既未指出被代理人的姓名或名称，也未声明自己是代理人。有学者考证，该种代理在英美法系国家已存在了数个世纪。[②] 这种"未披露的代理"相当于大陆法系中的"间接代理"。但与间接代理不同的是：在英美法系国家，未披露的代理中的被代理人可行使介入权，直接向第三人要求其在合同中的当事人的权利和义务。不过，英美法在赋予这种代理中的被代理人这一权利的同时，也赋予了第三人的选择权，即第三人可选择代理人或被代理人作为合同的当事人。如果第三人选择了代理人作为合同的当事人，则被代理人的介入权实际上就被否定。就第三人而言，其选择行为是不可撤销的，即如果他选择了代理人为合同当事人之后就不能改变主意，要求被代理人承担合同责任；反之亦然。

我国《民法典》将合同中的代理关系主要区分为一般委托关系和行纪关系两大类。该法关于一般委托关系的规定实际上包含了英美法系中的上述分类并采用了很相似的规则(第 925～926 条)，对行纪关系的规定则显然吸收大陆法系中的上述间接代理规则(第 958 条)。

---

① 2017 WL 473913，该案的详情可见于 https://law.justia.com/cases/federal/district-courts/new-york/nysdce/1:2016cv02274/455346/33/，2023 年 5 月 1 日最后访问。

② See Finlay T T Dempster, The Undisclosed Principal Doctrine: Rationalisations, Justifications and Origins, *Victoria University of Wellington Law Review*, August 2022, pp. 219－222.

《公约》的相应规定折中了大陆法系国家和英美法系代理法的原则精神。《公约》第 12 条和第 13 条第(1)项规定:代理人在授权范围内代表委托人行事,而且第三人知道代理人是以代理身份活动时,代理人的行为直接对被代理人和第三人产生约束力,除非出现例外情况,如根据行纪合同的规定,代理人允诺仅对其本身具有约束力;在第三人不知道也无从知道代理人是以代理人身份实施行为或代理人实施该行为只对自己发生拘束力的情况下,代理人于其权限范围内代理本人实施行为只约束代理人和第三人。这说明该公约的基本原则是,除行纪合同等特殊例外情况,在相当于大陆法中的直接代理、英美法中的显名和隐名代理、第三人知悉或应当知悉的情况下,代理人代理订立的合同直接约束被代理人与第三人。

但是,《公约》在第 13 条第(2)项、第(4)项和第(5)项中分别规定了以下几种突破上述原则的规则:

(1)若代理人由于第三人不履约或其他任何原因而未履行或无法履行他对被代理人所应承担的义务,被代理人可以对第三人行使代理人在代理中所取得的权利,但应受第三人对代理人提出抗辩的限制。

(2)若由于代理人未履行或无法履行他对第三人所应承担的义务,第三人可以对被代理人行使他从代理人代理中所取得的权利,但应受代理人和委托人对第三人提出抗辩的限制。

(3)若被代理人不履约致使代理人未履行或无法履行他对第三人所承担的义务,代理人必须向第三人披露被代理人的姓名。

(4)若第三人不按合同规定履行他对代理人所承担的义务,代理人必须向被代理人披露第三人的姓名。

根据《公约》第 13 条第(3)项,被代理人或第三人在行使上述(1)或(2)规则中的权利前应通知对方和代理人,被代理人或第三人一旦收到了通知,即不得再与代理人交涉以解除自己的义务。不过,《公约》允许代理人按照被代理人明示或默示的指示,与第三人协议变更上述(1)或(2)中的规则。此外,《公约》第 13 条第(7)项还规定:当有情况表明,若第三人事先知道被代理人的身份就不会订立合同时,被代理人不得对第三人行使代理人在代理中所取得的权利。

2. 代理人对第三人的合同责任

依各国代理法的一般原则,代理人经被代理人授权或依据法律规定,代表被代理人同第三人订立合同,其效力直接及于被代理人,而代理人本人一般不负个人责任。我国的代理法也同样体现了这一原则,并在实践中得到人民法院的贯彻。如上海市长宁区人民法院曾经做出的一项判决中,货代公司被认定为航空公司的代理人后,在原告不同意追加该航空公司为诉讼被告的前提下,该人民法院驳回了原告的诉讼请求。[①] 但是代理人未得到授权或无法定的代理权、代理人与第三人另有约定或商业上另有特别惯例、习惯而当事人又未加明示排除的除外。具体地说,在下列情况下,代理人对其代理订立的合同,得单独或与被代理人共同地向第三人负责(在被代理人依上述原则对合同无责任时,代理人应单独负责):

(1)代理人无合法的代理权。未得到授权也不具有法定的代理权而以被代理人名义签约时,代理人实际上违反了他向第三人所作的具有合法代理权的明示或默示担保。因此,包括我国在内的很多国家或地区代理法规定,由冒名的代理人个人对第三人承担合同责任,但是,冒名的代理人个人承担这一责任的前提是签约的第三人没有过错,即第三人不知道或不应当知道代理人缺乏代理权。《公约》第 16 条也规定:若代理人未经授权或超越代理权范围行事,事

① 参见杨惠、郝秀辉主编:《航空法评论》第 6 辑,法律出版社 2017 年版,第 61 页。

后又未能得到追认，代理人必须赔偿第三人遭受的损失，使第三人得到的补偿，如同代理人业经授权并在授权范围内行事；但是，若第三人知道或理应知道该代理人未经授权或其所作的行为已超出授权范围时，代理人不承担责任。

(2)代理人以明示或暗示的方式同意对该合同负责。在很多国际商事合同中，具有合法代理权的代理人为得到客户的合约，常以明示或暗示的方式向第三人表示其对合同单独或与被代理人连带负责。只要不存在误解、欺诈或胁迫等情形，代理人的上述表示是具有法律约束力的。

(3)被代理人是虚构的或属于无行为能力的人。

(4)在被代理行业或业务中存在代理人应对合同负责的商业惯例或习惯，代理人知道或应当知道此惯例或习惯的存在，而代理人在代理订立合同时又未明确排除此惯例。

(5)在合伙关系中，每个合伙人都是其他合伙人的代理人，各合伙人对第三人都要负连带责任。因此，一合伙人以其他合伙人代理人的身份同第三人订立与合伙业务有关的合同时，该合伙人亦就合同向第三人负个人责任。

Altobelli 诉 Hartmann(2016)[①]

原告 Altobelli 是被告 Hartmann 等所在律所中的一名律师，其加入该所时签订的一份执业协议规定：律所与任何一名现合伙人或前合伙人之间的任何纠纷应提交仲裁。在该所的份额所有权被终止时，原告便提起了针对该所 7 名合伙人而不是该所本身的侵权诉讼。美国密歇根州最高法院 2016 判决支持被告关于争议应提交仲裁的主张，理由是：公司的官员与代理人的行为在其雇佣范围内属于公司的行为；在终止原告份额所有权过程中，单个的合伙人在其雇佣范围内行事而视为代表公司；原告不能通过以该所单个官员而不是该所本身的方式避开该仲裁协议。

此外，在英美法系国家出现以下两种情况，代理人也要对合同负责：(1)代理人在合同上签上自己名字，但未注明自己是代理人，或仅注明自己是经纪人(Broker)或经理人(Manager)；(2)代理人在签字蜡封合同上签了名，尽管注明自己为代理人，他也要对此合同负责。

(二)侵权关系

侵权是指无法律根据侵犯他人法律权利的行为，现代各国法律大多实行错责自负不得株连原则，即由侵权者单独对被侵权者负责。这一原则体现在代理关系中既可以表述为：代理人对其侵权向被侵权的第三人承担个人责任，被代理人对代理人在履行代理职责过程中发生的对第三人的侵权一般不负责任。

Mclaurin 诉 Noble Drilling 公司案(2009)

原告 Mclaurin 作为脚手架的木工受雇于建造船舶的 Friede Goldman 离岸公司。为了改造和整修名为“Noble Clyde Boudreaux”的项目，被告 Noble Drilling 公司(以下简称 Noble)与 Friede Goldman 签订了一份协议。为了建造、喷漆和安装低矮舷平底船扩展部分，Noble 与 Friede Goldman 以“总包价”的标准另外订立了一份提供所需劳务、材料和设备的合同。

---

① 499 Mich 284, 287. 该案的判决详情可见于 William D. Gilbride Jr. & Erin R. Cobane, Extending Arbitration Agreements to Bind Non-signatories, *Michigan Bar Journal*, February 2019, pp. 21—22.

2002年7月30—31日，Friede Goldman指派McLaurin在该平底船扩展部分的内部制造脚手架，Friede Goldman的雇员们操作的起重机在吊放平底船扩展部分的顶部时严重地伤到了McLaurin的左手和手臂。McLaurin依法从Friede Goldman领到了医疗费和伤残补助。随后，McLaurin根据密西西比州法和美国《沿岸与港口工人补偿法》（The Longshore and Harbor Workers' Compensation Act），对Noble提起了疏忽侵权之诉。

2009年2月10日美国联邦区法院判决Noble胜诉，理由是：McLaurin的监工做证Noble从未告诉Friede Goldman的任何员工做什么而是该监工本人对这些员工全面控制，McLaurin也承认没有来自Noble的人指示其完成工作而是Friede Goldman的监工叫他在平底船扩展部分的里面工作；尽管Noble和Friede Goldman有合作计划并完成了该项目，但显然是Friede Goldman对其员工的日常工作和活动有最终的决策指挥权；Friede Goldman确定了完成该项目工作的程序且对完工方式负责；McLaurin受伤时只有Friede Goldman的雇员在场操作，Noble可以观察、检查和建议的单纯事实并不能确立其对这场操作有实质上的事实控制；以上证据表明，Noble既不被期望也不被允许指挥Friede Goldman雇员的工作，且也无证据表明有Noble的雇员在场注意到了McLaurin的手不安全地放在了平底船扩展部分。

若代理人为不诚实的被代理人为代理行为，因缺乏必要的注意义务而给第三人造成了损失，则代理人也要直接向第三人承担侵权责任。不过，代理人可于事后向不诚实的被代理人进行追偿。

但是，如果出现下列情况，被代理人对代理人向第三人的侵权也要负责。这一原则在英美商法术语中被称为替代责任（Vicarious Liability）。

(1)被代理人指使代理人向第三人侵权。如果代理人指使某被雇的打手砸坏竞争对手的办公设备，被代理人即应对此侵权向被害的竞争对手负赔偿责任，情节严重的，被代理人还应承担刑事责任。

(2)被代理人疏忽地允许代理人开动危险设备，然而被代理人知道或应当知道代理人无合法资格地或不能安全地操作该设备。如邻居学会了开车，但未取得驾驶执照，被代理人请该邻居代运货物，该邻居在运输中撞伤了一位老人，被代理人得对这一侵权向受害人负责。

(3)被代理人未适当地监督代理人代理工作中的不轨行为，致使代理人造成了对第三人的侵权。如某公司唯一的股东兼董事因病不能亲自参加公司的管理，他便将公司的业务交予其子代管，该子却怠惰经营，与第三人的往来交易从不入账，致使公司最后破产并使一些被骗债权人遭受重大损失。在此情况下，该公司唯一的股东兼董事尽管有病，也得以其个人财产对受骗的债权人负责，因为查看公司账目是他力所能及的。假如他做了此项力所能及的监督，就能立即发现代理人的不法经营行为，从而避免一些对第三人的侵权行为的发生。

(4)在严格产品责任制度下，被代理人得对代理人代理销售的缺陷产品造成的侵权负责。

此外，有一类被英美法称为主人（Master）或雇主（Employer）的被代理人，还得对被称作其仆人（Servant）或雇员（Employee）的代理人雇佣范围内的侵权负责，尽管该雇员的侵权既不出于雇主的唆使，也不能归于雇主疏忽或未适当地加以监督。这里的"雇主"是指不仅可以指示雇员做什么，而且可以决定雇员如何去做的被代理人；"雇员"则是指完成代理任务的行为方式或方法受主人控制的代理人。根据英美的判决实例，下列一些标准常被用来作为判断某代理人是否为"雇员"：

(1)对代理工作的方式和方法有无决定权。有决定权的为非雇员的独立代理人（Independent Contractor)，无决定权的为雇员。

(2)有无独立于代理工作以外的业务或职业。在代理工作之外，有独立业务或职业的为非雇员的代理人，该独立业务或职业与代理工作性质相同的，也不影响其独立代理人地位。如W律师作为A的诉讼代理人之外可同时作为B的诉讼代理人，尽管W对B的诉讼代理工作与对A的代理工作相同，W仍可被视作A的独立代理人。

(3)完成代理工作是否使用自己的设备、工具或场所。如使用的为自己的设备、工具或场所，则该代理人往往即被视作独立代理人，反之为雇员。如出租汽车司机一般视作顾客的独立代理人，而公司自己的司机往往被视作公司的雇员。

(4)代理酬金是如何计算的，按时、周、月或年计酬的多半被视作雇员，按代理工作量计酬的大多被视作独立代理人。

(5)代理工作是否为被代理人的日常工作。代理工作如为被代理人的日常工作，该代理人很有可能被视作为雇员，反之为独立代理人。如公司的经理处理的事务，一般都为公司的日常事务，因此，经理为公司的雇员。与公司经理不同的是，公司的诉讼代理律师一般不被视作公司的雇员，因为诉讼并不是公司的日常业务。

最后，还应予注意的是，雇主只对雇员受雇期间雇佣范围内的侵权负责。但雇佣期间可能因“雇员”而异，如公司的总经理雇佣期间可能视情况而昼夜兼算的。此外，雇佣范围有时也不是绝对的，如公司的运货司机为到路边杂货店买包烟而将车子开到路边撞坏了停靠的另一辆他人的车子，尽管买烟并非履行公司的工作，但公司也要对该司机的侵权负责，因为司机的行为只是稍微偏离公司的雇佣范围，且这种偏离是公司可以预见的。

同时还应指出，被代理人对代理人的侵权行为在多数情况下至少是民事赔偿责任，少数情况下甚至要同时承担刑事责任。①

此外，在被代理人破产的情况下，如果先前已就代理人的侵权行为购买了保单，受害的第三人可向保险人追偿，但要受保单涵盖范围的限制。

ERS Syndicate 218 at LLOYDS 与 Allianz Insurance PLC 等纠纷案(2023)②

本案中第1被告Motorshifter Limited的业务是替其客户运输车辆，2017年其一雇员收取了一部车子，计划为其在3天后运交客户。第2天晚上十点半，该车却与一辆Leon车相撞，导致后车司机重伤及在后座的女儿膝关节以下被截肢。该起事故致以上雇员被判刑和吊销驾照。起初，原告方ERS Syndicate 218 at LLOYDS仅起诉以上雇员及第1被告。然而，由于第1被告自此即处于破产境地，向第1被告出售了保单的第2被告便加入了诉讼。

英国高等法院的Adrian Beltrami K. C.法官2023年2月22日判决第2被告不负赔偿责任，理由是：第2被告所售保单仅承保第1被告有临时车牌号的车辆出于商业目的的移动风险，本案中，肇事现场没发现临时车牌号，并且肇事司机出事的当时是私用该车辆娱乐而不是实现第1被告的商业目的。

① Mark Hsiao, The Shift in China from Corporate Crime to Corporate Manslaughter Crime: Comparisons with the United Kingdom and Australia, *Journal of Business Law*, 2015, J. B. L. 2015, 1, pp. 68－83.

② [2023] EWHC 342 (Comm), https://www.bailii.org/ew/cases/EWHC/Comm/2023/342.html, 2023年5月6日最后访问。

第四节 国际商事代理法律关系的终止

一、代理关系终止的情形

代理关系终止的情形主要有以下两类：

(一)根据当事人的行为终止代理关系

基于当事人的行为终止代理关系的情形，又可分为以下几种：

1. 代理目的的实现

代理目的的实现，是指代理任务被全面完成。

2. 代理期限届满

如果代理人和被代理人约定了代理期限，且一方或双方当事人不愿意再延长的，则代理期限一届满，代理关系即告终止。

3. 代理人和被代理人协议终止他们之间的代理关系

除法定代理外，尽管代理目的没有实现或代理期限没有届满，双方当事人也有权协议终止他们之间的代理关系。

4. 代理人或被代理人单方终止代理关系

代理合同是一种提供服务性质的合同，一方单独要求终止代理关系，另一方一般不能要求强制实际履行，而只能要求损害赔偿。但是，英美法系国家、我国及我国台湾地区的代理法不允许被代理人单方面撤回与代理人利益结合在一起的代理。这里的“利益”是指代理人佣金以外的“利益”。如 A 为清偿对 B 的欠款，便指定 B 为收取其房租的代理人，B 的这种代理是与其对 A 的债款利益结合在一起的，在该债款被全面清偿前，A 不能单方面终止 B 的代理权。

(二)根据法律终止代理关系

依法终止代理关系的情形主要有以下几种：

1. 被代理人死亡、丧失行为能力或破产

包括我国在内的很多国家或地区的代理法规定，被代理人生前或丧失行为能力前与代理人另有约定或根据委托事务性质不宜终止的除外。

2. 代理人死亡、丧失行为能力或破产

不少国家规定，代理人突然死亡等影响被代理人利益时，代理人的继承人应采取必要的措施。如德国《民法典》第 673 条规定：在产生疑问时，委任关系因受任人死亡而消灭；如委任关系消灭，受任人的继承人应立即通知委任人，在拖延会引起危险时，在委任人能有其他处理方法之前，应继续处理已移交的事务，委任关系视为继续存在。我国《民法典》第 936 条也做了相似的规定。

3. 法律的改变使代理成为非法

如代理期间有新法规定：任何人不得代理他人申领车辆牌照，则代理申领车辆牌照的关系自行终止。不过，对不法代理前已完成的代理工作，被代理人在不少情况下仍需支付佣金。

4. 主要标的物灭失

如代理出售某建筑物的关系因该建筑物在火灾中灭失而终止。

二、代理关系终止的效果

(一)对代理人和被代理人的效果

代理关系一经终止,代理人对原来被代理人即不再拥有代理权。但是,除非双方协议另有明示或默示规定或存在法定的免责事由,任何一方单独终止代理关系,该方即属违约,应给予对方因此所遭受的损失以补偿。

W代理机构诉T有限责任公司案(2006)

原告(W代理机构)是被告(T有限责任公司)的商业代理人,双方之间的代理关系在持续了13年之后,由于被告公司业务的终止而结束。根据英国1993年商业代理规则的有关规定,商业代理人因与委托人代理关系终止所遭受的损失,有权获得赔偿。原告起诉要求赔偿,认为他与委托人之间的代理关系持续了合理的期间,并且他作为代理人在代理期间很好地履行了代理职责,原则上应该获得相当于两年佣金的补偿。初审法院判决原告有权获得赔偿,但是,原告只有权获得相当于终止的代理关系价值的赔偿,因为在代理关系终止时,被告的业务严重下降,在极其糟糕的条状况下,代理应得的收入很低并且不断减少。据此,初审法官确定赔偿数额为5 000英镑。上诉法官支持初审判决,理由是:代理人因与委托人的代理关系终止所遭受的损失通常是代理业务的损失,包括与之有关的任何商誉,因此代理人有权获得的赔偿应反映代理关系终止时,代理业务的价值;相当于两年佣金的赔偿请求不能被支持,法庭没有权利给予代理人与其实际所受损失无关的赔偿;代理关系持续时间和代理人履行代理职责的情况不是确定赔偿数额必定要考虑的重要因素;初审法官考虑到代理关系终止时委托人的业务已严重下滑的事实是正确的,因为这不可避免地影响着与之有关的商誉的价值。

(二)对第三人的效果

被代理人取消代理权而导致代理关系的终止对第三人是否有效取决于第三人是否知情或应当知情。如果第三人不知且不应知代理权被终止,两大法系国家皆规定,第三人仍可合理地认为代理权的存在,有关的交易对被代理人仍有拘束力。《公约》第19条也规定:第三人不受代理权终止的影响,除非他知道或理应知道该项终止或造成终止的事实。

第五节　承担特别责任的代理人

前文已指出,各国代理法的一般原则是:代理人在授权范围内代表被代理人同第三人签订合同,在被代理人违反该合同时,代理人对第三人不承担个人责任。同样,代理人只要履行了勤勉、服从和诚信等一般代理人的义务之后,在第三人不履行合同时,他对被代理人也不承担其他任何责任。但是,各国法律也允许代理人和第三人或被代理人进行特别约定或按某行业的商业惯例,对第三人或被代理人承担特别责任。依特别约定(按商业习惯可视为默示的特别约定)承担特别责任的代理人在国际商事交往中起着越来越重要的作用。其原因是:这些承担特别责任的代理人大多为长期从事自营或代理国际商事交易的商人,因而对本国和外国客户的资信和经营事项等非常熟悉,其本身在本国和外国客户中建立了良好的信誉。这样,不太了解交易对手的被代理人或第三人便要求其较为了解的代理人对交易合同承担特别责任;为扩大客源，代理人也乐于承担特别责任。依承担特别责任的对象，承担特别责任的代理人可被分为：对第三人承担特别责任的代理人和对被代理人承担特别责任的代理人两类。

一、对第三人承担特别责任的代理人

（一）保付代理行

保付代理行（Confirming House）在一些发达的市场经济国家很常见，他们是由出口协会的出口商设立的。该保付行是一种专门从事无追索权的对外贸易资金融通的商业机构，其主要业务是：接受国外买方的委托，向本国的卖方订货；在国外买方的订单上商家自己的保证，在该被代理的买方违约不付款时，由其向本国的卖方支付货款。可见，保付代理行的作用是确保第三人即本国的卖方在国际贸易中不致因国外买方信用的缺陷而遭受损失，这对促进本国的出口有非常积极的意义。

然而，通过保付代理行订立的货物进出口合同中的卖方并不是无条件被保证能够坐收货款的。该卖方必须注意严格按合同规定交付货物和有关单据，否则，因卖方违反合同而使买方有合理的理由迟延或拒付货款时，保付行即解除其对卖方的保付责任。此外，保付行也只承担保付协议中规定的信用额度风险，超过该额度的发货部分，保付行也无保证付款责任。

（二）保兑银行

保兑银行（Confirming Bank）是应开证行的请求，对开证行开出的不可撤销信用证再加保兑的银行。在国际贸易中，当事人经常采用开立信用证的方式支付货款，但其中的一些卖方当事人对国外的某些开立信用证的中小银行也不大放心，于是便通过买方，要求该开证行对其开立的信用证取得其他银行的保兑。该信用证一经保兑，出口商便获得了开证行和保兑行议付或付款的双重保证，从而大大地加强了自己的收汇安全。在实践中，保兑行通常是通知行，但有时也可能是出口地其他银行或第三国银行。通知行负责保兑责任时，一般在信用证通知书上加注保兑文句，其他银行的保兑文句则一般直接加于信用证上。

（三）货物运输代理人①

在国际贸易中，货物运输代理人（Forwarder）的服务也很受欢迎。在早期，这类代理人被认为是托运人和实际承运人之间的中介，他们对海、陆、空运具有专门知识，对国内外的海关手续、运费及其折扣、港口、路站及机场的习惯与惯例、运输货物的包装和安置等都非常精通。有时他们还承担代验商品和催收债款的业务。自从集装箱运输方式出现以后，这类代理人扮演着更多的角色，包括充当承运人和转销货物等。②

国际上的运输代理人经常参照英国的运输代理机构（Institute of Foreign Forwarders, Ltd.）制定的标准交易条件，同被代理的客户和从事实际运输的承运人即第三人签立合同。这类合同的主要内容如下：

（1）运输代理人必须留置被代理客户的商品，直至该客户对实际承运人和自己的债务均已

---

① 这种代理人更详细的业务情况可参见 Wendy E. Scaringe, Cargo Insurance and Construction Delay Risk ,Construction Lawyer, Fall 2018, pp. 38－39.

② See Nil Kula,The Turkish Legislation Governing Freight Forwarders Vs. United States Legislation Governing Ocean Transport Intermediaries (Otis): Differences, Odds and Pro, University of San Francisco Maritime Law Journal,2019－2020 ,pp. 108－146. See also Liang Zhao, International Recent Developments: China ,Tulane Maritime Law Journal, Summer, 2021, pp. 694－698.

付清。

(2)运输代理人有权接受所有经纪费用、佣金、津贴及其他报酬。

(3)被代理人可委托运输代理人投保,但运输的代理人不能自行决定投保。

(4)运输代理人如果同意对已仓储的货物投保,则其仓储费用必须包含于保险单中,否则得对有关损失负赔偿责任。

(5)运输代理人对被代理人怠于指示而致在有关商品关税提高之日以前未能报关所造成的损失概不负责。

(6)运输代理人根据被代理人请示代订舱位,如被代理人未能装货而使船舶空舱航行,运输代理人得向承运人即第三人支付空舱费。当然,运输代理人事后可就该费用向被代理人追偿。

在我国的进出口贸易中也有运输代理人的频繁介入,并且同样会出现一些纠纷案件与司法判决。[①] 以下便是新近出现的一则案例。

郭某与上海中谷新良物流有限公司纠纷案(2022)

2020 年 10 月,上诉方郭某通过网上订舱平台委托被上诉方中谷新良公司代理两箱货物运输业务。上述两箱货物分别于 2020 年 11 月 8 日和 11 月 15 日运抵目的港。此后被上诉方多次通过邮件、QQ、电话等方式催提,并明确告知不予提货的后果,上诉方却不做任何回应。被上诉方根据双方先前的代理约定,积极委托第三方寻找买家,但无人购买。涉案货物于 2021 年 6 月 1 日作垃圾处理,产生垃圾处理费 15 000 元,码头堆存费 1 570 元,码头提箱到场站的拖车费、提箱费、场站堆存费、场站间拖车费、垃圾场地使用费共 4 150 元,另有未支付的涉案货物代理费用共计 5 202 元。

上海市高级人民法院 2022 年 5 月 24 日支持一审法院做出的被上诉方完胜判决,理由是:对于被上诉方在涉案货物处置过程中存在过错及涉案货物具体价值的问题,上诉方都没有提供证据证明。[②]

不过,我国关于运输代理人的现行制定法和相应的司法解释存在着一些缺陷,由此导致了货方的不当损失,据此,以有学者做出了修改的建议。[③]

(四)保险经纪人

根据 2015 年第 4 次修订的《中华人民共和国保险法》(以下简称《保险法》)第 118 条规定,保险经纪人(Insurance Broker)是基于投保人的利益,为投保人与被保险人订立保险合同提供中介服务,并依法收取佣金的单位。我国《保险法》中的这一定义与其他国家中的保险经纪人的概念基本相同,只是很多国家并未限定只有单位才能为经纪人。不过,实践中,很多国家的经纪人都已组成为经纪人公司或合伙企业。

保险经纪人的具体业务是代投保人向保险人洽订保险合同,办理投保手续,代缴保险费或代为索赔等。按照英国保险界的习惯,海上保险合同的订立必须通过保险经纪人。我国《海商

---

① 此类判决实情可参见吴虹宇:《货运代理企业对目的港弃货风险的防范对策》,《世界海运》2022 年第 11 期,第 23～29 页。

② 该判决书原文可下载于 https://www.hshfy.sh.cn/shfy/web/flws_view.jsp? pa=adGFoPaOoMjAyMqOpu6bD8dbVMTQ0usUmd3N4aD0xz,2023 年 3 月 15 日最后访问。

③ 陈秭锟:《FOB 条件下实际托运人优先获得提单权与海上货运代理合同义务之冲突问题研究》,《西部学刊》2022 年 4 月上半月刊,第 99～102 页。

法》中并未有此项要求。我国《保险法》第 119 条还明文规定：保险经纪人应当具备国务院保险监督管理机构规定的条件，取得保险监督管理机构颁发的经营保险经纪业务许可证。

与一般代理不同的是，根据国际保险界的习惯，保险经纪人接受投保人的委托后，其佣金并不是由被代理的投保人而是由保险人即第三人支付的。与此习惯相对等的是，保险经纪人对保险人即第三人也承担不同于一般代理人的特别责任，即当投保人不支付保险费时，保险经纪人必须向保险人缴纳该保险费。就国际货物运输的保险经纪人而言，其与标准的保险经纪人并没有差别。[①]

Racine & Chamberland 公司诉 9124-7452 Québec 公司(2022)[②]

原告 Racine & Chamberland 公司是被告 9124-7452 Québec 公司的保险经纪人，通过原告的中介协助，2018 年 5 月 30 日之次年同月同日，被告拥有的在蒙特利尔建筑物、内在财产等获得了 Intact 的承保。2019 年 3 月 21 日 Intact 的代表通知原告负责该经纪业务的 Labrecque 女士表示不再向被告提供续保。该女士随即联系了至少 16 家保险商或经纪商，结果都被拒绝，原因显然是：该被告建筑物的年龄并缺乏自动喷水灭火装置液压驱动的计算报告。不过，该女士最后努力为被告获得了 Evolution Lloyd's 保险人的 1 年期承保，只是其保险费是原先的 4 倍且免赔额自原先的 1 万加元提高到了 10 万加元。2019 年 6 月下旬，被告开始抱怨原告购买的保险太贵，并对原告开出的 9 万多加元的保险费账单仅付了 13 000 加元，被告实际也在寻求其他保险经纪服务并在该年底获得了一份保险。鉴于原告拒付其余的保险费，Evolution Lloyd's 保险人在 2019 年 12 月份也终止了保险。

为了索讨保险费，原告提起了诉讼，加拿大魁北克法院 2022 年判决原告胜诉，依据是：合约的确认也可以采取默示的方式，被告在原告洽订保险合同并未表示异议；保险合同与保险单是两码事情，保险合同一经订立，被保险人就有义务按约支付保险费；很多证人也证明数月内很难为被告寻到合适的保险人。

此外，与一般的代理人一样，保险经纪人作为代理人的代理行为也不能越权，否则，对被代理人不能发生法律效果。

紫金公司与速稳公司纠纷案(2023)[③]

就其临时工意外险申报事宜，被上诉方上海速稳货架有限公司（以下简称速稳公司）向保险经纪方 A 公司做出了委托。2019 年 4 月起，A 公司的张某 2 与上诉方紫金财产保险股份有

---

① See Wendy E. Scaringe, Cargo Insurance and Construction Delay Risk, Construction Lawyer, Fall 2018, pp. 38－39.

② 2022 QCCQ 4069，该案的判决详情可见于 https://1.next.westlaw.com/Document/Ie445b3f9e2db7151e0540010e03eefe0/View/FullText.html?navigationPath＝Search%2Fv1%2Fresults%2Fnavigation%2Fi0ad73aa60000018814f253091e8fe1c7%3Fppcid%3Db716555bc99e4889a5d603aa7f502111%26Nav%3DINTERNATIONAL-CASES%26navQualifier%3DI1dec5f10a08911e28578f7ccc38dcbee%26listQualifier%3DI1dec5f10a08911e28578f7ccc38dcbee%26fragmentIdentifier%3DIe445b3f9e2db7151e0540010e03eefe0%26parentRank%3D0%26startIndex%3D1%26contextData%3D%2528sc.Search%2529%26transitionType%3DSearchItem&listSource＝Search&listPageSource＝4791aad9b27262db788bec5d0d3b19e1&list＝INTERNATIONAL－CASES&rank＝75&sessionScopeId＝3384fe44b2b80abdb4c3671a960fe466a934785a1c7c19137ca9bbc8fe3ac1a2&ppcid＝b716555bc99e4889a5d603aa7f502111&originationContext＝Search%20Result&transitionType＝SearchItem&contextData＝%28sc.Search%29，2023 年 5 月 13 日最后访问。

③ 该案的案号为（2022）沪 74 民终 785 号，其判决详情可见于 https://wenshu.court.gov.cn/website/wenshu/181217BMTKHNT2W0/index.html?pageId＝127c714fdb28d5799a3220650bccb020&s21，2023 年 5 月 9 日最后访问。

限公司上海分公司(以下简称紫金公司)的张某1进行沟通。次年3月起,以上两人就上诉方续保事宜再次进行沟通。同月24日,张某2将上诉方的投保单和208人的被保险人名单的盖章件发送给了张某1。同日张某1回复称:"另因涉及高空作业,需在特约里加高空条款如下:被保险人从事高空(高处)作业或楼宇外墙作业时,必须按照相关行业安全管理规定(包括但不限于必须佩戴安全绳、安全带或者安装防护网架等安全设施设备)开展作业活动,否则本保险公司对可能发生的人身伤亡及医疗费用不承担赔偿责任"。张某2当即表示可以接受该免责条款。其后上诉方出具的生效日期自2020年3月25日0时起至次年3月24日24时止的保单包含了同样内容的免责条款。

2020年8月10日,列于被保险人名单的上诉方临时工刘某1在工地约6米高空处作业时摔下昏迷,被发现仅佩戴安全帽而无安全带。一周后,刘某1身故。上诉方以上述免责条款为由拒绝赔付约定的保险金和医药费。上诉方在一审中遭到了败诉的结果。上海市金融法院2023年4月18日终审判决维持原判,依据是:被上诉方受让被保险人所有继承人的起诉权于法有据;上诉方案涉前一年保单和案涉保单中的免责条款都未被证明向被上诉方做出过提示,案涉保单中保险经纪人张某2未被授权接受该免责条款;该免责条款处并无被上诉方同意的签章;佩戴安全带作业既非是强制性法律要求,也非被上诉方所在行业的普遍性要求。

二、对被代理人承担特别责任的代理人

在国际商事活动中,对被代理人承担特别责任的代理人主要为出口保理人(Factor)。这种保理人向出口商提供一套包括对买方资信调查、全额的风险担保、催讨货款、进行财务管理及融通资金等综合性的代理服务。

比较典型的情况是:为安全收取货款而选择此种代理的出口商,在与外国进口商订立买卖合同前,必须先与保理人联系,将准备与之订约的进口商名称和地址告之代理人,在得到保理人认可并签立了保理协议(Factor Agreement)后,方可在协议规定的限度内与进口商订立正式的买卖合同。买卖合同签订后,出口商应按合同规定提交货物,并向保理人提交发票、汇票及提单等有关凭证,再由保理人通过其在进口地的分支机构或代理人向进口商收取货款。如进口商不按时付款或拒付,保理人应负责追偿和索赔,并负责按保理协议规定的时间向出口商支付赔款。但是,作为被代理人的出口商因自己违反买卖合同而遭受进口商的拒付或延迟支付,保理人对出口商是不负责的。

此外,出口保理关系的性质在不同的国家可能会有所不同。在我国,按照《民法典》的规定,这种关系实际上是一种借贷关系或有追索权的保理关系,即出口应收账款转让人有义务在债务人不付款的情况下向保理商付款。在德国,这种关系却可以随当事人选择而变成无或有追索权关系。在俄罗斯等国,这种关系则如同普通的债权让与关系。①

本章小结

国际商事代理法是调整国际商事代理关系法律规范的总称。国际商事代理法的渊源包括国际公约、惯例和国内制定判例等。国际商事代理关系的产生、运行和终止等都必须遵循有关

① 参见曾艳、贾姝娴:《〈民法典〉视域下出口保理商面临的法律风险及其防范》,《唐山学院学报》2023年第1期,第49～50页。

的国际商事代理法。

国际商事代理关系的产生原因有两大类，即被代理的授权和法律规定。

国际商事代理法律关系可以分为两个方面：(1)被代理人与代理人之间内部的权利与义务关系；(2)被代理人与代理人同第三人之间外部的权利与义务关系。

国际商事代理关系既可以根据当事人的行为也可以根据法律规定而终止。但是，由于国际商事代理关系的终止往往涉及被代理人、代理人或第三人的利益，因此，有关当事人只能根据合法的原因并以适当的方式终止代理关系，否则要承担相应的责任。

国际商事代理法中的不少规则具有任意法性质，因此，代理人可以根据与被代理人或第三人特别的明示或默示约定向后者承担特别的责任。

建议的选读资料

1. 汪志刚：《自然资源资产国家所有权委托代理的法律性质》，《法学研究》2023 年第 2 期。
2. 廖振中：《表见代理司法裁判中法官集体行动逻辑实证研究》，《政法论坛》2023 年第 2 期。
3. 朱广新：《代理制度中自我交易规则的适用范围》，《法学》2022 年第 9 期。
4. 冉克平：《论商事职务代理及其体系构造》，《法商研究》2022 年第 1 期。
5. Pinchas Huberman, A Theory of Vicarious Liability for Autonomous-Machine-Caused Harm, *Osgoode Hall Law Journal*, Winter 2021.
6. William Bull, Michael Faure, Regulation of Football Agents in Europe: A Comparative Law And Economics Analysis, *American University Business Law Review*, 2023.

思考题

1. 产生代理权的原因有哪几种？
2. 代理人和被代理人之间相互承担哪些基本义务？
3. 代理人对哪些合同负个人责任？

案例分析

1. 原告是一家总部在美国的建筑公司，被告则是一家总行在东京的银行。因业务需要大量贷款，原告找到了被告所在纽约分行的一名高级经理。该高级经理告知原告其所需的融资规模需要在东京的总行董事会批准。后来，由于相信能够获得日本总行的批准，该高级经理便向原告写信表示提供该笔信贷，原告答复表示接受。实际上，被告的东京董事会并没有批准该笔贷款并在最后决定拒绝提供该笔贷款。

【问题】

(1)被告分行的上述高级经理表示提供信贷的信件是否构成要约？为什么？

(2)原告与被告之间是否存在合同关系？为什么？

(3)就此案而言，被告应吸取哪些经验教训？

2. X 国的甲公司于 2018 年 1 月与 Y 国的乙公司签订委托销售 T 牌电脑合同，规定乙公司以自己的名义销售 100 台 T 牌电脑,销售价格为每台 400 欧元,每销售一台收取代销费 60 欧元。同年 9 月某日,乙公司向其所在国的丙大学以每台 400 欧元的价格签订了一份合同,约定:丙大学当日支付 2 万欧元,提货 50 台,另 20 台电脑由丙大学代为其为主要投资股东的丁公司购买,价格同样为每台 400 欧元,收货与付款人为丁公司。同年 10 月初,丁公司收到乙公司发运的 20 台 T 牌电脑,并将该批电脑进行营利性出租,但丁公司多次以资金困难为由拒绝了乙公司的付款要求。

【问题】

(1)如果丙大学使用的 50 台电脑出现质量问题,应向谁主张违约责任?为什么?

(2)乙公司如果起诉请求支付 20 台电脑货款,应以谁为被告?为什么?

4

第四章

国际货物买卖法

教学目的和要求

1. 掌握国际货物买卖合同的成立规则
2. 了解国际货物买卖关系中当事人相互间的权利和义务
3. 掌握国际货物贸易术语中当事人相互间的权利和义务
4. 了解违反国际货物买卖合同的救济方法

第一节　概　述

一、国际货物买卖法的概念和特征

国际货物买卖法是指调整国际货物买卖关系的所有法律制度和法律规范的总称，包括国际公约、国际贸易惯例以及各国有关对外货物买卖方面的法律、制度、法令与规定。其中的“货物”在各国买卖法中一般是指一切有形的和可以被移动的物品，包括各种工业制成品、半制成品、原材料、农产品和附着于不动产中可以被分离出来的物品等。“买卖”则是指转移货物所有权的合同行为。对于“国际”一词，有许多标准。根据《联合国国际货物销售合同公约》第1条的规定，它适用于“营业地在不同国家的当事人之间所订立的货物销售合同”，可以看出公约采用了以当事人的营业地为标准，而不论当事人的国籍所属，也就是指所买卖的货物必须跨越一国国界。由于国际货物交易商广泛采用单据买卖或期货交易，从事国际货物买卖的当事人在很多情况下营业地实际上处于同一国家，因此，国际货物买卖关系并不一定是营业地处于不同国家当事人之间的货物买卖关系，只要买卖涉及的货物要被运出一国，则这种买卖关系都是我们这里所说的国际货物买卖关系。

在市场经济占主流的国际社会里，当事人一般是通过合同形成国际货物买卖关系的，因此，国际货物买卖关系实质上是国际货物买卖合同关系，国际货物买卖法实质上就是指调整国际货物买卖合同关系的所有法律制度和法律规范的总称。

调整国际货物买卖关系的国际货物买卖法具有如下一些特征：

(一)“统一化”运动成果突出

许多政府和非政府组织很早即开展了使调整国际货物买卖关系的法律规范统一的运动，并卓有成效。有很多重要贸易国参加的公约已被签署和生效。各国广泛地宣布承认通行的国际货物买卖惯例。这些成就是技术或服务贸易领域所不可比拟的。

(二)作为国际货物买卖法的重要组成部分的各国买卖法有很大的相似性

具体表现在以下几个方面：

(1)各国都承认货物买卖合同的当事人拥有订立合同的意思自治权。只要当事人不违反有关强制性法律，各国允许当事人就货物买卖合同的内容做出约定，并且这些约定的效力都高于买卖法中的任意性规则。

(2)各国都强调当事人必须全面适当地履行有效的货物买卖合同。各国关于货物买卖当事人之间的权利和义务的规定在很多方面具有一致性。

(3)各国一般都将货物买卖纠纷列为可仲裁的纠纷，允许当事人选择仲裁的方法解决有关争议，并承认和执行有关的仲裁裁决。

二、国际货物买卖法的渊源

(一)国际公约

国际上很早就出现了买卖法的统一化运动，并产生了一系列有关货物买卖的公约。主要的国际公约包括1964年罗马国际统一私法协会(UNIDROIT)编撰的两个海牙公约和1974年《国际货物销售时效期公约》、1980年联合国制定的《联合国国际货物销售合同公约》。有关货物买卖的国际公约都属于任意性法律规定，由当事人双方自主决定是否采用。现简要介绍以下几个公约：

1. 统一私法国际学会主持下制定的两个海牙公约

为了统一各国的买卖法，促进国际货物贸易，从1930年开始，统一私法学会就着手拟定关于国际货物买卖的公约草案，历时三十多年，终于在1964年的海牙会议上正式通过了《国际货物买卖统一法公约》(The Uniform Law on International Sale of Goods，ULIS)和《国际货物买卖合同成立统一法公约》(The Uniform Law on the Formation of Contract for International Sale of Goods，ULF)。由于两个海牙公约在理论和实践中存在着明显的不足，参加国并不多，因此并未起到公约所预期的统一国际货物买卖法的作用。

2.《国际货物销售时效期公约》①

该公约通过于1974年6月14日，1980年4月11日通过的《议定书》对其做出了修改。它适用于营业地位于不同缔约国或者国际私法规则使缔约国法律适用的当事方之间的货物销售合同。在其他情况下，当事各方可选择适用。

该公约的基本内容是：时效期限定为4年(第8条)，在某些条件下，该期限最多可延长至10年(第23条)；求偿人开启诉讼或仲裁程序以及在现行程序中提出求偿时，计算时效期即停止；如果时效期在程序进行期间届满或所余期间不到一年，便再给予求偿人一年时间以开启新的程序(第17条)；凡在时效期届满后开始的任何法律程序，任何求偿均不应予以承认或强制执行[第25(1)条]；只有在程序的当事方援引时效期届满为理由时，才应考虑时效期届满问题(第24条)；国家可声明允许法院主动考虑时效期届满问题(第36条)；当事一方凭借其求偿作为辩护或用以抵销当事他方主张的求偿是阻止承认和执行的规则中唯一的例外[第25(2)条]。

到目前为止，未经修正的该公约(以下简称《时效公约》)的缔约方30个，经1980年《议定书》修正的该公约的缔约方23个。重要的贸易大国中，仅美国和俄罗斯是缔约方。不过，包括我国在内的很多非缔约方的规范与该公约中的一些规范完全相同或十分相近。如我国《民法典》第594条规定的4年时限就是一例。

波兰卖方与奥地利买方纠纷案(2017)②

波兰卖方作为原告自2008年开始向作为被告的奥地利买方出售灯具，转售后发现这些产

---

① 其详情可见于 https://uncitral.un.org/zh/texts/salegoods/conventions/limitation_period_international_sale_of_goods，2023年2月8日最后访问。

② 本案详情可参见 https://documents-dds-ny.un.org/doc/UNDOC/GEN/V18/018/22/PDF/V1801822.pdf?OpenElement，2023年2月8日最后访问。

品有缺陷。原被告参加了在波兰法院进行的一项程序到 2011 年 9 月结束时却未果。被告认为该程序的终止引发了波兰法下 3 年时效期的重新计算。由于缺陷的持续存在，转售后买方修理了产品并于 2012 年 3 月起诉被告。同年 6 月，被告向原告通知并提及原告参加这一诉讼的可能性与不参加的法律后果。原告没有参加该诉讼。2014 年被告以 30 000 欧元的赔款承诺结了该案。

2014 年，被告向原告订购了 26 734.59 欧元的其他产品，该年 5 月原告索取货款时，被告却拒付称：该货款应抵销之前产品缺陷的赔款。2016 年 3 月，原告在奥地利 Wiener Neustadt 区法院提起了诉讼，依据是：《时效公约》在波兰具有优先的效力[1]，先前当事双方在波兰的程序并不中止时效期的流逝。该一审法院认为：本案的准据法应为波兰法，该《时效公约》应予以适用；由于先前的波兰司法和解程序没有实体决定，根据该公约的第 17 条第 2 款，本来在该程度结束后的 1 年内可以提出索赔，被告却没有这样做；该公约的第 18 条第 2 款并没有要求被告与其转售的买方间关系具有国际性，被告本来根据该款和通条第 3 款在与其转售的买方间和解程序结束后 1 年内起诉，却也没有这样做；总之，被告已不再能主张抵销。奥地利维也纳上诉法院较多地支持了该一审法院的主张，只是认为该法院关于上述公约第 18 条第 3 款的释义是错误的，该款所指的索赔应包含司法内外的索赔。

Derways 与 GEELY Motors 纠纷案(2021)[2]

在俄罗斯有营业地的 Derways 与中国 the GEELY Group 下的几个公司签订了数份货物买卖合同，约定：按《联合国国际货物销售合同公约》解释和确定当事人间的权利与义务；瑞典法适用于该公约未规定的所有事项。在 Derways 未付货款的情况下，在俄罗斯有营业地的 GEELY Motors 受让了卖方的索赔而提起了诉讼。

俄罗斯联邦最高法院 2021 年 3 月 11 日判决 Derways 胜诉，理由是：当事人约定《联合国国际货物销售合同公约》以外的事项适用瑞典法，该公约对时效问题无规定而应适用瑞典法；《时效公约》是一项非附属的公约，并不构成《联合国国际货物销售合同公约》的一部分，选择适用《联合国国际货物销售合同公约》并不必然导致《时效公约》的适用；鉴于当事人选择的瑞典法、有营业地的中国和俄罗斯都不是缔约方，该《时效公约》不应适用；按照瑞典法、中国法和俄罗斯法，诉讼时效都已届满。

3. 联合国国际贸易法委员会主持下制定的《联合国国际货物销售合同公约》

为了使公约能够被不同的经济制度的国家和社会所接受，1966 年 12 月 17 日联大专门创立联合国国际贸易法委员会，其目的是促进逐步协调和统一国际贸易法律。1969 年该委员会设立工作组专门研究有关国际货物买卖的法律。该工作组的工作重点是审议 1964 年的海牙两公约。通过对这两项公约的逐条研究和广泛征求各国政府的建议，该工作组于 1978 年完成了一项新的国际货物买卖公约的起草工作。该公约被称作《联合国国际货物销售合同公约》(United Nations Convention on Contracts for the International Sale of Goods，CISG)(本章以

① 波兰是该时效公约的缔约方，https://uncitral.un.org/en/texts/salegoods/conventions/limitation_period_international_sale_of_goods/status，2023 年 2 月 9 日最后访问。

② 其详情可见于 https://documents－dds－ny.un.org/doc/UNDOC/GEN/V22/002/59/PDF/V2200259.pdf?OpenElement，2023 年 2 月 15 日最后访问。

下简称《公约》)。《公约》于1980年在维也纳外交会议上获得通过,并于1988年1月1日起生效。到目前为止,其成员国已有96个[①],包括世界经济列前五位的大国美国、中国、日本、德国、法国及俄罗斯、意大利、挪威、瑞典、瑞士等世界重要的贸易国。[②]

与各国国内货物买卖法不同的是,《公约》是专门调整国际货物买卖合同关系的,因而充分考虑到了国际货物买卖合同关系的特征,加之世界上主要贸易大国的接受,因此它是国际货物买卖法的重要代表。有学者进行了统计,目前已有数千个报道过的诉讼和仲裁案例中适用了《公约》。[③]

有鉴于此,本章在很多地方重点以《公约》为依据说明当事人在国际货物买卖中所有的法律问题。然而,应予指出的是,并不能依靠《公约》解决所有的国际货物买卖纠纷,除了不能在非允许范围内[④]非缔约方当事人之间适用和受缔约方保留限制以外,《公约》还主要有以下几项局限性:

首先,《公约》只适用于销售合同的订立和买卖双方因此种合同而产生的权利和义务,对以下三个与国际货物买卖关系非常密切的问题未作规定或未作全面规定:国际货物买卖合同的效力,或其任何条款的效力,或任何惯例的效力;对所售货物所有权可能产生的影响;卖方对货物引起的人身伤亡责任。就上述第一个问题而言,《公约》仅仅规定了意思表示一致和合同的形式规则,而对决定货物买卖合同效力的其他因素,如当事人的订约能力、意思表示的真实性、协议内容的合法性等无规定。关于第二个问题,《公约》仅仅规定卖方对买方承担权利担保义务,而对卖方无货物所有权对买方的影响或不能向买方转移所有权,或何时转移所有权等问题无规定。对于第三个问题,《公约》明确规定自己不涉及。

其次,《公约》明确规定自己不适用于下列商品买卖:

(1)供私人、家人或家庭使用的货物买卖,但卖方订立合同时不知道且没有理由知道这些货物是供这种用途的除外。

(2)用拍卖的方式进行的货物销售。

(3)根据法律执行令状或其他令状进行的货物销售。

(4)公债、股票、投资证券、流通票据或货币的销售。

(5)船舶与飞机的销售。

(6)电力销售。

(7)卖方绝大部分义务在于供应劳动力和服务的合同。

《公约》对上述商品的买卖之所以不适用,是因为各国皆视这些买卖为特殊的买卖而做出了很多不同于一般货物买卖的特殊规定,并且各国的有关特殊规定也很难统一。

---

① https://uncitral.un.org/en/texts/salegoods/conventions/sale_of_goods/cisg/status,2023年8月23日最后访问。

② 目前,世界贸易大国中仅英国没有加入该公约,由此导致国际货物买卖当事人在选择英国法的情况下就不会予以适用,我国山东省东营市中级人民法院2021年对托克私人有限公司与东营方圆有色金属有限公司等国际货物买卖合同纠纷案的判决就是例证之一。连俊雅:《〈联合国国际货物销售合同公约〉在中国的司法适用困境及应对——以当事人协议选择中国法为视角》,《国际法研究》2023年第1期,第129~139页。

③ 截至2022年3月,CISG-online.org网站里就报道了4 885件司法判决和830个司法裁决。See Joseph Lookofsky, Understanding the CISG (Sixth Edition), *Kluwer Law International*, 2022, pp1—12 & n8.

④ 《公约》允许非保留的缔约方国际私法规则导致其适用。——编者著

SAS K. C. 诉 G. H. 案(2017)①

被告 K. C. 是一家专门建造木材框架和结构的法国公司，原告 G. H. 则是一家经营锯木厂和木材贸易的德国公司。由于法国 K. C. 公司未按照合同对在 2010 年 9 月 30 日至 2011 年 2 月 21 日之间的一些发票支付货款，原告 G. H. 公司在斯特拉斯堡地方法院对该公司提起诉讼。K. C. 公司通过反诉声称，所交付的各种货物存在不符合合同的情形。

法国科尔马上诉法院确认《公约》可适用，其依据是：订立合同的双方分别来自德国和法国；法院强调，涉及向特定工地供应外墙和屋顶的争议合同根据法国法律被界定为工程合同或分包合同都无关紧要；《公约》第 3 条意义上的销售行为确已发生，尽管 G. H. 公司设计和制作了仅用于制造 K. C. 公司所订购材料的工程图纸，但是这些要素构成了“执行订单的一个步骤”；G. H. 公司供应给 K. C. 公司并单独开具发票的服务未构成 G. H. 公司根据第 3 条第(2)款应承担义务的主要部分。

最后，即使属于涵盖货物类型的买卖，《公约》还有其他方面没有规定，如关于损害额的利率幅度。为此，有些国家或地区的法院只能依据冲突法规则等适用一国国内法。②

(二)国际贸易惯例

国际贸易惯例由各国的商业习惯做法及由诸如国际商会、联合国欧洲经济委员会、国际法律协会及其他国际组织所制定的各种标准规则等组成。有关国际货物买卖最重要的国际贸易惯例来自国际商会制定的《国际贸易术语解释通则》(INCOTERMS)。该种惯例最初于 1936 年制定，以后经过数次修改，现行文本是国际商会 2019 年 9 月 10 日推出的 INCOTERMS ® 2020，该术语于 2020 年 1 月 1 日生效。③ 应予指出的是，Incoterms 与 CISG 始终处于一种共生和互动的关系中，后者的第 9 条规定：已约定或未排除的已知或应知的包括 Incoterms 在内任何惯例对双方当事人均有约束力。中美等国的一些司法实践也将该惯例作为“理所应当”的裁判依据。④

(三)各国国内有关货物买卖方面的法律规定

调整国际货物买卖关系的国内法在英美法系国家由制定法和有关判例所构成。如英、美分别于 1893 年和 1952 年制定后，经多次修改的《货物买卖法》和《统一商法典》的前两编等，即为关于货物买卖的制定法。英美法系国家中有关货物买卖的大量判例所确立的原则，亦被这些国家用来作为确定国际货物买卖关系中当事人间权利与义务的根据。由于当事人经常选择英国货物买卖法作为他们之间国际货物买卖关系的准据法，同时英国尚不是联合国国际货物买卖公约的缔约国，因此，该国的相关司法判例尤其值得关注。

---

① 16/00946，本案判决的英文简要可见于 https://documents-dds-ny. un. org/doc/UNDOC/GEN/V18/006/28/PDF/V1800628. pdf? OpenElement，2023 年 8 月 23 日最后访问。

② Csongor Istvan Nagy (ed.)，Cross-Border Litigation in Central Europe: EU Private International Law Before National Courts，*Kluwer Law International*，2022，pp. 33－100.

③ 参见卓平：《INCOTERMS 2020 看了吗?》，https://www. sohu. com/a/347901709_740841，2022 年 9 月 10 日最后访问。参见 Guy Lefebvre、焦杰：《〈2020 版国际贸易术语解释通则〉：创新性与实践中的差异性》，《贵州民族大学学报(哲学社会科学版)》2021 年第 5 期，第 197～198 页。

④ 不过，有学者认为，在没有顾及当事人选择贸易术语时真实意思的情况下，此种司法态度是应当受到批评的。参见贺辉：《Incoterms 何以在国际贸易中适用——从 CISG 第 9 条切入》，《法学》2022 年第 7 期，第 179～191 页。

Exxonmobile 供销公司诉 Texaco 有限公司案(2003)

原、被告双方达成了一份柴油机买卖合同,其中有一个条款规定:合同包括当事人之间的整个协议……没有其他允诺、陈述、担保、惯例或交易过程影响本合同。后来,针对被告根据所测试的保留油样习惯或惯例提出抗辩的企图,原告主张合同不允许纳入这种习惯条款。英国法院在接受原告这一主张的同时,却指出:在有必要根据商业效率使一条款成为合同暗示条款的情况下,"整个协议"条款不应当排除这种暗示条款。

大陆法系国家的货物买卖法一般也包含在民、商法典中,如法国《民法典》的第 3 编第 6 章、法国《商法典》的第 1 编、德国《民法典》的第 2 编第 7 章、《德国商法典》的第 3 编、日本《民法典》的第 2 章第 2 节、日本《商法典》的第 7 编等皆为货物买卖的法律问题的规定。

我国 2021 年实施的《民法典》对于我国有关国际货物买卖合同同样适用,该法典第 9 章第 595～647 条对包括货物买卖在内的各种买卖合同作了专门的规定。因此,该法是我国关于国际货物买卖关系法律规范的主要渊源之一。此外,我国是《公约》的缔约国,所以《公约》也是我国关于国际货物买卖关系法律规范的另一重要渊源。但在批准《公约》时,我国对《公约》提出了两项保留:

1. 关于采用书面形式的保留

《公约》第 11 条规定,国际货物买卖合同无须以书面订立或书面证明,在形式方面也不受任何其他条件的限制,而且还可以用包括人证在内的任何方法证明。批准《公约》时,我国仍在实施《涉外经济合同法》,该法要求包括国际货物买卖合同在内的所有涉外经济合同必须采用书面形式,故我国宣布该条规定对我国不适用。《涉外经济合同法》已被我国废止,取而代之的其后《合同法》及现行的《民法典》对国际货物买卖合同的形式不再限定,因此我国关于该条的保留已无任何意义。根据我国《缔结条约程序法》和《公约》的相关规定,我国政府于 2013 年 1 月 16 日向联合国秘书处递交了撤回对《公约》第 11 条及与第 11 条内容有关规定所作保留的声明。该撤回于 2013 年 8 月 1 日生效。

2. 关于对《公约》适用范围的保留

《公约》适用于缔约国中营业地在不同国家的当事人之间所订立的货物销售合同。同时,如果双方当事人的营业地或一方当事人的营业地所处国家不是《公约》的缔约国,但按照国际私法规则适用某一缔约国的法律,则《公约》也适用。对于后一点,我国也提出了保留,认为《公约》的适用范围仅限于双方的营业地处于不同缔约国的当事人订立的货物买卖合同。

Chateau Des Charmes 酒业有限公司诉 Sabate 公司案(2003)

Chateau Des Charmes 酒业公司是一家加拿大公司(以下简称加拿大公司),被告美国 Sabate 公司(以下简称美国公司)是法国一软木塞制造公司设在美国加利福尼亚州的一家分公司。2000 年 9 月,加拿大公司和美国公司签订了一份关于买卖软木塞的合同。合同规定,美国公司供给加拿大公司 1 200 万软木塞,软木塞不得有损坏葡萄酒的污点。每次装货,美国公司都会出具一份发票,发票上规定法国一地区法院对合同的任何争端有唯一管辖权。加拿大公司按照合同约定支付了货款。2001 年,软木塞出现了污点,加拿大公司在加利福尼亚州北区地方法院对美国公司及其总公司提起了诉讼,但是美国和法国总公司认为该案管辖地的选择条款是法国的某地方法院,加利福尼亚州北区地方法院没有管辖权。北区法院支持了被告美国公司的请求，驳回了原告的诉讼请求。加拿大公司不服，提出了上诉。

上诉法院认为：《联合国国际货物销售公约》适用于营业地在不同缔约国的当事人之间的货物销售合同，公约在关于管辖权选择问题上主要涉及的是实质性问题；美国、法国、加拿大均是公约的缔约国，而且这几个国家在加入公约时对管辖权均未做出保留，公约对这几个国家是有约束力的；买卖合同中并没有关于管辖权选择条款，因此区法院关于美国法院没有管辖权的判决应予撤销，案件发回重审。

第二节　国际货物买卖合同的成立

国际货物买卖合同成立的要素与其他合同是一样的，包括意思表示一致，内容合法、明确，意思表示真实，形式合法，等等。上述事项的有关规定可参见第二章。本节重点以《公约》为依据，介绍国际货物买卖法关于国际货物买卖当事人意思表示一致及国际货物买卖合同形式的规则。

一、国际货物买卖中的意思表示一致的规则

（一）发盘

发盘是向一个或一个以上的特定的人提出的订立合同的建议。在国际货物买卖中，“发盘”又被称为要约、发价或者报价。

1. 发盘的要件

一项有效的发盘必须具备以下要件：

（1）发盘必须向一个或一个以上的特定人做出，发盘人有明确相反表示的除外。非向一个或一个以上的特定人提出的建议，仅应视为邀请发盘，除非提出建议的人明确地表示相反的意向。因此，如果只是向不特定的人发出的出售或求购商品的广告一般不能视为发盘，但广告人明确其广告具有发盘性质的，则该广告构成发盘。

（2）发盘人必须表明经受盘人接受即受发盘约束的意思。发盘人的这种肯定性质的表示在很多国家使发盘被称作“实盘”（Firm Offer）。如果当事人在向对方递送的货物买卖信息中附上某些保留条件，如“此报价须经报价人的最后确认方有效”（Subject to Final Confirmation）或注明“仅供参考”（For Reference Only）或者“有权先售”（Subject to Our Prior Sale）等，则不能构成发盘，而是一种邀请发盘或称“虚盘”。

（3）发盘的内容必须十分确定。所谓“明确”，即是指发盘的内容应能达到可以确定买卖双方权利和义务的最低程度。各国的买卖法及《公约》对发盘应明确的最低内容有不同的规定，《公约》中的十分确定是指发盘中写明货物并且明示或暗示地规定数量和价格或规定如何确定数量和价格。

国际联合技术公司诉匈牙利 Malev 航空公司案（1991）

原告（国际联合技术公司）的 Pratt & Whitney 分部在 1990 年底频繁地与被告（匈牙利 Malev 航空公司）洽谈交易。1990 年 12 月 14 日原告向被告发出的协议文本中载明了如下内容：在被告同意购买两个 PW4056 飞机发动机以驱动其所购的 767-200ER 飞机（被告有多买另一架 767-200ER 飞机的选择权）和一个备用的 PW4056 发动机（被告也有多买另一个备用

发动机的选择权)的条件下,原告将向被告提供融资、产品担保和PW4056飞机发动机有关的所有支持服务。同日发出的另一份单独文本注明:原告同意向被告出售两个PW4152或者PW4156发动机(被告有多买一个这样发动机的选择权)以驱动其所购A310-320飞机(被告有多买另一架这样飞机的选择权);一个新的PW4152发动机的底价为5 552 675美元、一个新的PW4156的底价为5 847 675美元。以上两个协议文本都规定:适用《公约》,被告于1990年12月21日之前接受有效,且被告的承诺要以通过匈牙利政府和美国政府的批准为条件。被告于1990年12月21日做出了接收以上协议文本的表示。1991年3月25日被告向原告表示不再受以上协议约束,理由是原告的协议文本没有具体确定货物的数量、价格等,匈牙利政府和美国政府也没有批准该协议。

匈牙利布达佩斯城市法院判决认为:本案是关于飞机发动机而不是飞机的买卖纠纷,因此不能排除《公约》的适用;争议的协议文本中的货物是确定的,数量是由被告单边确定的,这种单边权利在商业实践中是常见的,因此被告关于货物和数量不确定的主张是没有依据的;争议的协议文本对货物的价格有明确的规定;争议的协议文本关于匈牙利政府和美国政府批准的规定是一项后决条件,协议只有在受到匈牙利政府和美国政府干预的情况下才能解除。最后匈牙利法院以协议完全符合《公约》第14条的规定为由判决原告与被告之间存在有效的合同关系。

美国的《统一商法典》降低了对发盘内容明确性的要求,认为一项货物买卖合同即便未载明基本条款仍然是有效的,只要双方当事人表明了订立合同的意图且有一个给予适当救济的合同基础。该法典第2条第3款第5项更进一步规定缺乏合同的价款并不当然使合同无效,在这种情况下价格为一合理价格。该法典第2条第3款第8项和第9项还详细规定了如合同未明确规定交货时间、地点时的填补方法。可见,按《统一商法典》的精神,只要包括了标的和数量两项内容,发盘即具备了明确性。而大陆法系各国一般对此作了严格解释,规定发盘应明确标的、数量和价格等基本条款。英国的《货物买卖法》也有类似的规定。

《公约》折中了美国和其他国家的有关规则,在其第14条中规定发盘人无须在其发盘中详细列出合同的全部条款,但最少要明确以下三项内容:买卖货物的名称;买卖货物的数量或确定数量的方法;买卖价格或确定价格的方法。然而,《公约》第55条又规定,合同对价格未作规定的,买方应支付有关交易在可比较的情况下所售的价格。可见,若发盘中未包含价格或确定价格的方法,但发盘人和受发盘人都将之视为发盘而据此成立了合同,则《公约》的缔约方法院不应否定合同的存在,除非当事人之间协议的其他内容违法。发盘对其他事项如交货时间、地点及方式和付款方式等未作规定的,不影响合同的效力,在买卖合同成立后可按《公约》的有关规定执行。

2. 发盘的生效时间及发盘的约束力

各国的买卖法和《公约》都规定,发盘到达受发盘人时生效。

关于发盘的约束力,英国和大陆法系国家的规定与其他交易中要约约束力的规定相同。

美国《统一商法典》第2条第2款第5项规定,保证具有要约约束力的出售或买进货物的"实盘"不得撤销。这样的实盘须满足以下两个条件:(1)发盘人必须是专门从事经营发盘中所指货物买卖的商人;(2)发盘采用书面方式并由发盘人签名。实盘如果规定有效期限,则发盘人在规定的时间内不得撤销实盘;实盘如果未规定有效期限时间,则在合理期限内不得撤销。但在任何情况下,实盘不可撤销的时间不得超过3个月。

《公约》在其第16条中原则上允许发盘人在受发盘人接受发盘前撤销发盘,但同时规定了下列两种例外的情况:(1)发盘中注明了接受发盘的期限或以其他方式表明发盘是不可撤销的；(2)受发盘人有理由相信该项发盘是不可撤销的，并且已基于该信赖而行事。

(二)承诺

英国以及大陆法系国家关于货物买卖中的承诺规则和其他交易中的承诺规则是一致的。但是，德国对书面订单的承诺采用了特别规则，即若卖方在对买方订单的正式书面确认书中变更了购买条件，除非买方及时提出异议，否则该变更的条件在合同中具有有限的效力。美国《统一商法典》对货物买卖中的承诺的规定也不同于普通法一般原则。按照传统的普通法原则，承诺必须向镜子一样完全和发盘一致——此原则被称为“镜子规则”(Mirror Rule)。《统一商法典》第2条第2款第7项规定，只要受发盘人以记录的形式明确表明接受发盘的意图，尽管其所做出的接受表示中包含有不同的新条件，该接受仍构成有效的承诺。

关于接受中新附加条件在合同中所处的地位，《统一商法典》规定：如果双方都是商人，则新条件即自动成为合同的一部分；如果合同双方当事人都不是商人，则除非发盘人接受，否则受发盘人所提新条件不能成为合同的条款。

《公约》关于承诺的规则如下：

1. 承诺必须由受发盘人做出

与非国际货物买卖中的承诺规则一样，受发盘人以外的第三人同意发盘的意思表示，对发盘人而言仅是一项新的发盘，非经发盘人承诺，不能成立任何国际货物买卖合同。

2. 承诺应与要约的内容一致

但是，《公约》同时又规定，如果承诺中含有新增加的条件或对发盘中所提条件做出了更改，只要这些新增加的条件或不同的条件未对发盘做出实质性的变更，且发盘人未在收到受发盘人的答复后的一合理期限内以口头或书面形式提出异议，则这项接受是有效的接受，由此所成立的合同的内容就是发盘中所提条件以及接受中新增加的条件或更改的条件。

《公约》第19条采用列举的方法规定了以下六个方面的变更或添加构成对发盘做出了实质性变更：(1)货物价格；(2)付款方式；(3)货物质量与数量；(4)交货时间、地点；(5)当事人赔偿责任范围；(6)争端解决方式。在其他事项上变更或添加的，则由缔约方法院根据个案决定是否构成实质性变更。受发盘人的答复中实质性变更发盘内容的，则该答复只是一项还盘，未经发盘人的确认，不能成立合同。

3. 承诺必须在发盘规定的期限内做出

如发盘未规定时间的，则应在合理时间内做出。违反上述规定的承诺为一项逾期承诺，原则上为一项新发盘。但《公约》同时又规定，逾期的承诺在下列两种情况下可变成一项有效的承诺：(1)发盘人在收到受发盘人逾期的承诺后立即通知受发盘方该接受有效，则合同即告成立；(2)如果一项逾期的承诺之所以延迟并非由于受发盘人的过错造成，那么，除非发盘人在收到接受通知后立即以口头或书面形式通知受发盘人，表示拒绝承认这一延迟的接受，否则该接受即产生效力并使合同成立。

4. 承诺于到达发盘人时生效

但是，《公约》同时又规定，如果根据发盘或依照当事人之间的惯例或习惯做法，受发盘人可以做出某种行为来表示承诺，则承诺于做出该项行为时生效。

费兰图诉洽尔维奇国际公司案(1992)

作为卖方的被告(洽尔维奇国际公司)与苏联一外贸公司签订了销售鞋子的合同，规定所有争议在莫斯科仲裁。接着被告即与位于意大利的原告(费兰图)协商落实货源。1990年5

月,被告将一份自己已签名的书面文件寄给原告签署。该文件不仅包含交货价格及信用证支付条款,而且合并了上述仲裁条款。被告当月给原告开出了信用证,部分货物得到装运和支付。8月,原告签署了上述书面文件,同时也附了一封信表示不接受仲裁条款。由于被告拒绝接受其余的货物,原告诉向美国法院。被告却辩称:该案应在莫斯科仲裁。美国联邦法院1992年判决被告胜诉,理由是:《公约》第18条第1款规定承诺既可以用声明的方式,也可以用其他行为的方式;原告对被告要约中的仲裁条款没有及时表示异议,反而接受了被告的履行,原告的这种行为构成了《公约》中的承诺。

二、国际货物买卖合同的形式

各国国内法的有关规定可参见第二章,这里只介绍《公约》的规定。在总结世界上大多数国家的有关规定之后,《公约》在第11条中做出了如下规定:"销售合同无须以书面订立或书面证明,在形式方面也不受任何其他条件的限制,销售合同可以用包括人证方式在内的任何方法证明。"可见,《公约》对合同的形式并没有严格的要求。

MCC Marble Ceramic 公司诉 Ceramica Nuova D'Agostino 公司案(1998)[①]

原告(MCC Marble Ceramic 公司)与被告(Ceramica Nuova D'Agostino 公司)的代表在一次交易会上结识,双方商定由原告按照交易会上的样品向被告出售一批瓷砖。由于被告的代表不懂意大利文,双方的代表先通过翻译商定了价格、质量、数量、交货期限及支付等关键性条款,然后这些内容被记录于原告的标准供货合同并经被告的代表签署。后来,原告指控根据该标准供货合同中未经议定的条款指控被告违约,并对被告关于货物不合格的反诉进行抗辩。美国第11巡回法院判决双方当事人的合同内容不能根据上述标准供货合同确定,理由是:在没有明确选择的情况下,本案当事人之间的合同不能适用含有"口头证据规则"[②]的美国法,而只能适用美国和意大利共同参加的《公约》;《公约》第11条规定买卖合同可以用包括人证方式在内的任何方法证明,本案中代表双方当事人证人及译员的宣誓证词都证明双方订约时没有意图受未议定条款的约束。

泉州坤达礼品有限公司诉哈特切利美术与设计有限公司案(2011)

被告哈特切利美术与设计有限公司系一家在中国香港注册的公司,2008年4月7日,被告以电子邮件方式向原告泉州坤达礼品有限公司发出订单号为654081和877238的购买手拉坯之类产品的要约,载明总金额为122 694.8美元,付款方式为预付30%定金,装运后见提单付清余款。2008年4月8日,被告支付了订单号654081项下的合同30%定金33 660.02美元。2008年5月21日,原告依约将这两单货物通过船运发给了被告。2008年5月29日,被告通过电子邮件告知原告已经收到货物的发票、装箱单及货运代理单据电子附件,同时承诺余款89 034.78美元将于2008年6月10日支付。2008年6月11日,被告向原告支付了这两单货款39 418.52美元。

2008年4月7日,被告又以订单号为TPCH12308的电子邮件方式向原告发出订购老公

① Karen Halverson Cross, Parol Evidence under the CISG: The "Homeward Trend" Reconsidered, *Ohio State Law Journal*, 2007, pp. 149—152.

② 英美法系各国中口头证据规则的基本内容是:如果经签署的书面合同规定当事人之间的权利与义务以该书面合同为准,则当事人事后不得根据该书面合同之前的口头协议提出主张或抗辩。

饼干罐的要约，货款金额为 33 911.30 美元，付款方式同上，两天后确认将此订单号改为 883611。2008 年 6 月 26 日，被告支付了该单下的 30%定金即 10 173.39 美元。原告依约通过开航日期为 2008 年 7 月 26 日的船运发给被告该单货物。

对于上述三单货款，被告尚欠 73 354.17 美元未付。厦门市中级人民法院一审判决[①]被告偿付该余款 73 354.17 美元及利息。被告不服，提起上诉称：原审法院予以认定核心事实的证据是无法核对真实性的电子邮件，虽有“公证书”却很清楚地显示，公证员只是针对被上诉人职员陈金波的电脑中的内容（实际上是存在于可移动磁盘上的内容）所进行的公证；这些所谓经公证的电子邮件明显可以看出经过多次的转存、自相矛盾和不能自圆其说的疑点；电子邮件存在着易编辑、易删改又不留痕迹等特点，能否作为证据目前在学术界仍是值得讨论的课题；被上诉人在原审中提供的电子邮件打印稿，不仅无法确认真实性，而且这些证据是任何熟知 Word 的人可以轻易制作的；被上诉人不能证明已经交付货物的事实，其在一审时除了上述经过人为复制、漏洞百出的电子邮件外，并没有提供任何证据；原审法院对本案准据法未作审理，却直接适用中国内地法律是错误的，但上诉人同意适用《联合国国际货物销售合同公约》，该公约规定合同的签订有多种形式，但不论以何种形式，法院都应对该形式是否存在的证据进行审查，包括对这些证据的真实性及证明效力进行审查。

福建省高级人民法院 2011 年 10 月 15 日做出了维持原判的终审判决，理由是：本案系国际货物买卖合同，双方当事人未选择合同适用的法律，原审法院根据《最高人民法院关于审理涉外民事或商事合同纠纷案件法律适用若干问题的规定》第 5 条最密切联系原则适用卖方所在地法即中国内地法律是正确的；本案被上诉人在原审中所提交的电子邮件，有中国银行入账证明、国际货物运输代理业务专用发票及当事人的陈述相佐证；上诉人在原审中辩解双方之间从未有过货物买卖合同关系，二审中经被上诉人提交了中国银行入账证明后辩解支付的款项不知道是否和上诉人主张的合同相对应，接着转而承认了涉案的三份订单等表明了上诉人在极力隐瞒案件的事实真相；对于上诉人辩称被上诉人未交付货物问题，从上诉人支付的款项来看，在双方签订了前两份订单后，上诉人支付了订单项下的订金，若上诉人未收到订单项下的货物，不应继续支付部分货款，之后又支付第三份订单的订金，这不符合正常的交易习惯；二审庭审中，被上诉人提交两份“国际货物运输代理业务专用发票”，拟证明被上诉人履行交货义务时交付给船代公司的港杂费用，提单号分别为 XIM281054、XIM0287405，与邮件内容能够相互印证，进一步证明被上诉人已经履行交货义务的事实；被上诉人所提交的上述证据是客观存在的，且是对一审已提交的证据进行补强，并能证明本案相关事实，在本案中可以作为证据使用。

第三节　国际货物买卖合同中卖方的义务

在国际货物买卖合同中，卖方的义务主要包括三项，即提交货物、转移货物所有权、移交与货物有关的单证。其中第二项义务将在本章的第五节中介绍。

---

① 该判决案号为(2009)厦民初字第 570 号。

一、提交货物

(一)提交货物的时间

各国法皆规定,如果合同中规定了卖方交货的时间,卖方必须按该时间提交货物。如果合同对交货时间未作规定,英美法系国家一般规定,卖方应在合理的时间内交货。我国和多数大陆法系国家则规定,买方有权要求卖方立即交货,但应给卖方以合理的准备时间。

此外,我国和多数大陆法系国家还规定,如果合同规定了履行期限,买方不能在履行期到来前要求卖方交货,但卖方在不给买方造成额外负担的前提下有权提前交货。

《公约》第 33 条规定,卖方必须按以下的规则提交货物:如果合同规定有日期,或从合同可以确定日期,应在该日期交货;如果合同规定有一段时间,或从合同可以确定一段时间,除非情况表明应由买方选定一个日期外,卖方应在该段时间内任何时候交货;在其他情况下应在订立合同后一段合理时间内交货。

(二)提交货物的地点

合同中对交货地点有规定的,卖方必须在该地点交货。如果合同对交货地点未作规定,英美法系国家一般规定:如果买卖的是种类物,交货地点为卖方的营业地,卖方无固定营业地的,为其住所地;如果买卖的是特定物,且买卖双方都知道该特定物的存放地点,则交货地点为货物所在地。我国和大陆法系国家采用的一般原则是,如果合同对交货地点无规定的,应在义务人(即卖方)的住所地交货。但日本却规定,在这种情况下应在权利人(即买方)的住所地交货。

《公约》规定,如果卖方没有义务在任何其他特定地点交付货物,那么卖方的有关义务如下:

(1)如果销售合同涉及货物的运输,卖方应把货物移交第一承运人以运交买方;

(2)在不属于上述情况时,如果买卖的货物为特定货物,或从特定存货中提取,或尚待生产的未特定化货物,且双方当事人在订约时已知道这些货物在特定地点或在特定地点生产,则卖方应在该特定地点将货物交给买方处置;

(3)在其他情况下,卖方应在其订约时的营业地将货物交给买方处置。我国《民法典》在其 603 条[①]中也非常接近地吸收了《公约》中上述规则。

(三)提交货物的方式

《公约》、各国立法和司法的一般原则是:除非合同有相反规定,卖方必须将货物一次交付给买方。如果卖方不恰当地将货物分批交付,买方在一定情况下有权拒绝接收。但是,在有些情况下,一次性交货实际上是不可能的,如买方可能无充足的仓储设施或者卖方无法获得充分的运输工具进行一次性交货,那么在此种情况下,交货也可分批进行。

Youlchon Chemical Co 诉天津市高盛科技发展有限公司案(2017)[②]

中国买方与韩国卖方订立了一份货物销售合同。卖方以装运港釜山港船上交货的方式装

---

① 该条的全文是:出卖人应当按照约定的地点交付标的物。当事人没有约定交付地点或者约定不明确,依据本法第五百一十条的规定仍不能确定的,适用下列规定:(一)标的物需要运输的,出卖人应当将标的物交付给第一承运人以运交给买受人;(二)标的物不需要运输,出卖人和买受人订立合同时知道标的物在某一地点的,出卖人应当在该地点交付标的物;不知道标的物在某一地点的,应当在出卖人订立合同时的营业地交付标的物。

② 该判决案号为(2017)津民终 21 号。

运货物至香港，并要求付款。买方则称其未收到货物而拒绝付款，理由是订单中的目的港为中国新港。

初审法院以双方商定选择中国法为由认为应适用我国《合同法》，同时认定没有证据证明卖方关于买方后来在电话中改变了目的港的主张，并判决称将货物交付至香港(并非订单中指定的目的港)的行为属于未履行合同而不应获得货款。

天津市高级人民法院终审确认了初审法院认定的事实和将货物交付至香港等同于未履行合同的结论，但该院认为适用法律应为《公约》，理由是中国和韩国均为《公约》缔约国，且买卖双方并未排除这项《公约》的适用。

此外，《公约》还规定了以下内容：

(1)如果卖方应将货物交给承运人，但没有在货物上加标记，或没有以装运单据或其他方式清楚地注明有关合同，卖方必须向买方发送列明货物的发货通知。

(2)如果卖方有义务安排货物的运输，卖方必须订立必要的合同，以按照通常运输条件、用适合情况的运输工具，把货物运到指定地点。

(3)如果卖方没有义务对货物运输办理保险，卖方必须在买方提出请求时，向买方提供一切现有的必要资料，使他能办理这种保险。

二、对货物的担保义务

卖方对货物的担保义务包括对货物的品质担保义务和对货物的权利担保义务两个方面。

(一)对货物的品质担保义务

对货物的品质担保义务是指卖方对其所交的货物的质量、特质、性能和用途方面应与其担保相符。卖方的这种担保既可以是明示的，也可以是默示的。

所谓“明示的担保”，是指卖方以口头或书面方式所作的担保。各国的买卖法都要求货物必须与卖方的明示担保一致，否则即构成对买方的违约。即使卖方无明示担保，包括我国在内的各国买卖法一般也规定了卖方对货物所承担的默示担保义务。不过，有些国家规定得较为简单，另一些国家规定得较为详尽，其中较为详尽的国家有美国、英国和意大利等。以下列举的是美国《统一商法典》中的有关规定：

1. 商销性的默示担保

根据《统一商法典》第 2－314 条的规定，如果卖方是专门经营某种商品的商人，那么在这种商品的买卖合同中，他必须向买方承担该商品具有适合商销性的默示担保义务。在《统一商法典》中，所谓“适合商销性”，是指，合同项下的货物在该行业中可以无异议地通过；在出售的货物为种类物的情况下，该货物具有同类货物的平均良好品质；货物具有同类货物的一般用途；在合同允许的差异范围内，货物的每一单位和所有单位在品质、品种和数量方面相同；货物按合同要求，适当地装箱、包装和加上标签；货物与容器或标签上的说明相符。

2. 适合特定用途的默示担保

《统一商法典》第 2－315 条规定，如果卖方在订立合同时有理由知道买方要求货物适用于特定用途，且有理由知道买方依赖卖方挑选货物的技能或判断力，卖方即默示承担货物将适用于特定用途的义务。根据这一规定，货物不但须具备该类货物一般的商销性品质，还必须满足特定用途。同时，要使卖方承担这一担保义务，买方还必须依赖卖方的判断力或技能。如果买方是行家或向卖方提供了技术规格或其他选择标准等，则说明买方未依赖卖方的判断力。

《公约》关于卖方对货物品质担保义务的规定主要体现于其第35条。根据该条的规定，如果合同对货物的质量、规格与包装方式有规定的，卖方所交付货物必须符合合同规定。此外，卖方交付的货物还必须符合下列要求：

(1)货物适合于同一规格货物通常使用的目的。

(2)货物适合于订立合同时买方曾明示或默示地通知卖方的任何特定目的，除非情况表明买方并未依赖或没有理由依赖卖方的技能和判断力。

(3)货物的质量与卖方向买方提供的样品或模型相同。

(4)货物按此类货物的通常方式装箱或包装，或者无此种通常方式，以一种足以保护货物的方式包装。

但《公约》同时又规定，如果买方在订立合同时知道或没有理由不知道货物与合同不符，则卖方无须按上述第(1)和第(4)项规定承担货物与合同不符的责任。

RJ & AM Smallmon诉Transport销售有限公司与Grant Alan Miller案(2010)

在澳大利亚昆士兰州从事陆地运输和搬土业务已有20年的原告RJ & AM Smallmon 2006年通过非书面合同的方式，从第二被告Grant Alan Miller作为卖方所拥有且成为一董事的第一被告Transport销售有限公司处购买了沃尔沃品牌的4辆卡车，这些卡车实际上是在澳大利亚组装，全装出口到新西兰后再返回澳大利亚。原、被告之间为履行合同而将这些卡车从新西兰运至澳大利亚昆士兰后遇到的数项严重问题为：(1)澳大利亚海关当局以太脏为由要求检疫清洗而花费3 993澳元。(2)尽管一个月前另一商人从被告处购买的同样未装合格标签的车辆，通过从沃尔沃处获取一封证实“建造规格”(Build Spec)的评定信(Ratings Letter)和一封来自合格工程师的符合澳大利亚设计规则(ADRs)的证明信的方式，视为ADRs中的“Roadworthies”和制造时装入的合格标签(The Compliance Plate)要求获得了登记而能在澳大利亚全境公路上正常行驶，对于本案中的这些卡车可能因遭原告得罪或执行新政策之故，昆士兰当局以未装入的合格标签及与以上另一商人持同样的文件不充足为由拒绝了原告的登记请求，后经一位律师及地方上国会议员的介入，该当局只允许原告按有限的条件使用这些卡车，即仅提供为期5年的许可期、期满后再更新为另5年的许可、不得用它们承揽以前出昆士兰进入南威尔士的业务、不得转让该许可。(3)2007年原告被澳大利亚海关当局以前一年的纷争为由抽中审计，为这些卡车支付进口税12 979.83澳元。为此，原告诉求退货和赔偿损失。

新西兰高等法院2010年7月30日判决被告赔偿检疫清洗费用3 993澳元的同时，驳回了原告的其他请求，理由是：有证据表明，买方所购车辆根据ADRs要求在澳大利亚原装制造，相符标签只是没有被装上而是随货出口到新西兰和太平洋地区，沃尔沃因自身理由扣押了这些标签，(且)所有卡车不能再造(以装入这些标签)；原告所依据的诉因有很大的重叠性，本案应适用澳大利亚和新西兰都参加的《联合国国际货物销售合同公约》，当事人没有意图排除该公约第35条的适用，是否按照买方所在国盛行的法规要求决定与该公约第35(2)(a)条[①]在数项海外判决和文章中考虑过，如德国最高法院1995年5月8日做出的“新西兰海蚌案”判决[②]……美国Louisiana联邦区法院1999年5月17日对Medical Marketing诉Internazionale

① 即以上列举的第(1)项义务。

② 其概况可见下文。

Medico Scientifica 案做出的判决……从这些权威资料中可提炼的原则是，在总体上即使知道货物的目的地，除非卖方国家也存在同样的法律、买方提醒卖方注意这些(进口国)法律并依赖卖方技能、卖方因特殊情况知道或应当已知该要求、卖方已在进口国维持一分支机构、卖方经常出口于买方国家，否则，卖方对与进口国的法律或标准的相符性不负责任；有足够的海外案例法可以自治地解释《公约》第 35 条而不必援引国内案例法，对于本案事实适用相关原则的共识是昆士兰的登记要求与新西兰盛行的规定不同、买方在任何阶段未曾(向卖方)提及登记要求问题，也没有证据证明卖方知道昆士兰的登记要求是什么，尽管卖方先前已向澳大利亚出口 7 辆沃尔沃卡车属于(以上)权威资料中所称的特别情况，考虑到卖方明确地推荐能协助买方处理进口和 ADRs 相符性问题的澳大利亚签约人等因素，关于卖方已应知 ADRs 具体要求的说法是错误的，从而导致买方未能满足成功确立违反《公约》第 35(2)(a)条的依据必须是被告因特别情况已知 ADRs 的具体要求的条件；同样考虑也适用《公约》第 35(2)(b)条[①]，买方告知了(卖方)要在澳大利亚使用这些卡车，这可以说是特别的目的，然而，情况表明买方依赖卖方的判断是不合理的，买方是有经验的交通运营商，比卖方处于更好的位置知道其国家的登记要求，这些卡车没有合格标签的事实并没有被隐藏而是能被看见的，经买方同意卖方推荐专家合同人代理(买方)查看、咨询是否与 ADRs 相符，在这些情况下对卖方或其公司关于澳大利亚法规要求的技能或知识的任何依赖都是不合理的；本案还应根据考虑卖方虚假陈述问题，当事人之间有明示的(口头)合同条款(涉及货物的清洁检疫)，根据《公平交易法》(the Fair Trading Act)和《合同救济法》(the Contractual Remedies Act)第 6 条的规定，卖方违反了该项条款；至于进口税问题，证据表明先前这样的卡车被视为返回澳大利亚的货物而不缴税，买方不能免除证明卖方的这一说法是假的责任，买方与自己的专家海关经纪人沟通过的事实同样表明对卖方任何说法的依赖是不合理的，因此其违反前述两法的主张是不成立的。

还应指出的是，根据《公约》第 39 条和第 44 条的规定，买方如不在其发现或应当发现货物有缺陷之后的一个合理期限内就货物不符合合同规定的情况及时通知卖方，除非具备合理理由，买方就丧失了声称货物与合同不符的权利。因合理原因导致买方未能发出上述通知的，买方仍可向卖方索取赔偿金或请求减低货价，但不能要求利润损失。不过，无论如何，如果买方未能在从货物实际交付之日起 2 年之内及时就任何货物与合同规定不符的情况通知卖方，除非这一期限与合同的规定不符，买方不能获得任何赔偿。买方的此种通知义务在包括我国在内的一些国家的国内立法中也有体现。[②]

La San Giuseppe 诉 Forti 模具有限公司案(1999)

原告(La San Giuseppe)是一家位于意大利威尼斯的画架模具制造公司，被告(Forti 模具有限公司)则是一家位于加拿大多伦多的模具与画架分销公司。双方自 1989 年开始交易，一直持续到 1996 年。但是双方从没有签订书面合同，通常由买方 Forti 公司发传真定购货物，注明是否空运或海运。起初卖方按照“货到付款”(COD)的条件与买方交易，要求交货后 30 天内付款。尽管在以后的几年内买方并没有总是在 30 天内付款，双方的关系运转还是较顺利

---

① 即以上列举的第(2)项义务。

② 可参见吴泽勇：《买卖合同标的物瑕疵的证明责任以买受人通知义务为中心》《法商研究》2023 年第 1 期，第 173～186 页。

的。但是自1996年1月开始,双方发生了较大的分歧。卖方发现买方已经延迟付款长达6个月的时间,所以致信要求其60天内将余额付清。卖方还于1996年3月5日发出了最后一批货物。3月6日卖方收到买方回函,称他们欠款的原因为其下游一些客户欠款。该信中没有提及货物存在瑕疵问题。随后买方支付了部分货款,但以货物存在瑕疵、交货超过数量等理由请求拒绝支付全部货款。

加拿大多伦多高等法院在1999年8月31日判决中除了驳回被告的其他抗辩主张外,还以买方没有满足《公约》第39条第1款中在合理的时间内给予卖方通知为由驳回了被告关于货物存在瑕疵的反诉赔偿请求。

瑞士和德国当事人之间的纠纷案(2021)[①]

瑞士的买方按合同向两家德国供应商购买了一批外墙板。后以交货延迟及质量不符合约定为理由,买方拒付的部分货款。另一家德国公司受让了这两卖家的索赔权并提起了诉讼。瑞士联邦最高法院2021年1月4日判决买方败诉,理由是:《公约》第39条第1款并非一项强制性条款,卖方可弃权引用该条;弃权可采用默示的形式,卖方无条件地承认货物不符合约定、无条件地取回货物、宣布愿意修理货物或交付替代品、无条件地允诺调查所称的缺陷皆能表明该弃权;相反,从就缺陷问题单纯地开始协商中、从结合请求付合同全价的允诺中、在法院程序中第1次延迟表示缺陷的事实中都看不出弃权;本案中买方没有履行货物瑕疵通知的义务,卖方也没有显示弃权;买方根据《公约》第50条行使减价权的前提也是要按《公约》第39条第1款及时发出货物不符的通知并明确地宣告,单纯的通知和部分付款也不够,买方连及时的通知也没有发送,从而没有减价发生。

我国《民法典》分别在第615～619条、第510～511条直接或间接地规范了卖方对货物的品质担保义务,包括:合同对货物的品质、包装有约定,货物的品质必须符合约定;卖方对货物的质量提供说明的,货物的质量应与该说明相符;凭样品买卖,货物的品质应与样品相符,但样品有买方所不知道的潜在缺陷的,货物应与同类货物的通常标准一致;对货物的包装没有约定的,应按通用的方式包装,没有通用方式的,应按足以保护货物且有利于节约资源、保护生态环境的方式包装;在其他情况下,货物的品质应与国家标准、行业标准相符,没有国家标准、行业标准的,货物的品质应与通常标准或符合合同目的特定标准一致。可见,我国《民法典》关于卖方对货物的品质担保义务的规则既吸收了美国等国和《公约》的普遍性规定,也保留了本国特色,同时还与时俱进地规定了节俭和环保理念。

(二)对货物的权利担保义务

卖方对货物的权利担保义务是指卖方必须保证:其对所售货物拥有完全所有权或合法出售权;货物不存在任何买方所不知道的对买方不利的担保物权;货物不存在对第三人任何权利如所有权或知识产权等合法权利的侵犯。

Louis Dreyfus 贸易有限公司诉 Reliance 贸易有限公司案(2004)

原告Louis Dreyfus贸易有限公司向被告Reliance贸易有限公司购买了一批蔗糖,订约时

---

① 本案详情可见于 https://documents－dds－ny.un.org/doc/UNDOC/GEN/V22/002/59/PDF/V2200259.pdf?OpenElement,2023年2月15日最后访问。

后者知道前者将予转售。原告支付了货款，但是，货物正在目的国卸货时，第三人以违反排他销售协议为由在冈比亚法院获得了禁止继续卸货的禁令。该禁令1个月后被取消，英国法院仍然判决被告应向原告做出赔偿，理由是：被告作为卖方违反了让原告安静地拥有货物的义务。

由于各国关于卖方对货物的权利担保义务方面的规则较为接近，《公约》在考虑国际货物买卖特殊性的基础上吸收总结了这些规则，将之规定于第41～44条中。《公约》的这四条具体内容如下：

(1)就货物本身的物权或债权而言，非经买方同意，卖方所交付的货物必须是第三方不能提出任何权利或要求的货物。

(2)卖方所交付的货物，必须是第三方不能根据工业产权或其他知识产权主张任何权利或要求的货物，但以卖方在订立合同时已知道或不可能不知道的权利或要求为限，而且这种权利或要求根据以下国家的法律规定是以工业产权或其他知识产权为基础的：①如果双方当事人订立合同时预期货物将在某一国境内转售或作其他使用，则根据货物将在其境内转售或作其他使用的国家的法律；②在任何其他情况下，根据买方营业地所在国家的法律。

然而，在以下两种情况下，卖方可不承担上述不侵犯第三方知识产权的义务：①买方在订立合同时已知道或不可能不知道此项权利或要求；②此项权利或要求的发生，是由于卖方遵照买方所提供的技术图样、图案、程式或其他规格。

(3)除非卖方知道第三方的权利或要求，以及此一权利或要求的性质，或者买方有合理理由，否则买方如果不在已知道或理应知道第三方权利或要求的合理时间内，将此一权利或要求的性质通知卖方，即丧失了上述(1)项和(2)项下的权利。

德国某卖方与荷兰某买方纠纷案(2004)

当事人之间买卖的汽车因被怀疑系从法国盗得的而遭到了荷兰警方的扣押，遭受损失的荷兰买方便向德国卖方提起了索赔之诉。德国法院判决荷兰买方败诉，理由是：该买方在知悉货物存在权利瑕疵之后的合理时间内没有就权利瑕疵问题向买方发出通知。[①]

三、提交与货物有关的单据

卖方必须按合同或惯例要求的时间、地点和方式提交与货物有关的单据。在实践中，有关单据主要为商业发票、装箱单、交货或装运单据、品质证书等。经买卖双方特别约定，还应包括原产地证书、领事证书等。

第四节　国际货物买卖合同中买方的义务

《公约》中买方的义务主要有两项：支付价款；接受货物。

① 以上两个案子均转引自 Thomas M. Beline, Legal Defect Protected by Article 42 of the Cisg: A Wolf in Sheep's Clothing, *University of Pittsburgh Journal of Technology Law & Policy*, Spring, 2007, pp. 8—16, pp. 17—22.

一、支付价款

买方应按合同规定的时间、地点、方式、币种和金额支付价款。如合同中无规定，那么，买方应依有关法律和规章规定的步骤和手续履行此项义务。

就买方的付款义务而言，大陆法系国家和英美法系国家的规定不尽相同。大陆法系国家一般规定，除合同另有规定外，买方应立即在卖方的住所地付款。英美法系国家的一般原则是，如果没有相反的明示或默示约定，买方在有合理机会检验货物之前无支付价款的义务；如果买方放弃合理机会或经检验接受了货物，买方就应在接受货物的时间和地点支付价款。

《公约》也将付款规定为买方的主要义务之一。

Brands 国际公司诉 Reach 有限责任公司案(2023)[①]

原告 Brands 国际公司（International Corporation/ “Brands”）是一家制造美容与卫生产品的加拿大公司，被告 Reach 有限责任公司（Reach Companies, LLC/Reach）Reach 是一家分销各种消费品的美国公司。由于零售商 Five Below 公司（Five Below, Inc. /Five Below）的大量订单，原被告双方的官员约定了两款消毒洗手液的买卖价格和条件：按照 cash on delivery（C. O. D.）术语成交，即装载消毒洗手液的卡车一被核实到达 Five Below 交货点，被告即应向原告付款。依照该协议，原告很快交了三批货物，被告却没付款。原告起诉索讨这些货款等，被告则反诉称：原告没有及时开出付款发票，违反了付款的先决条件；原告没有交付余货而可能将货物高价卖予其他人构成了违约，应赔偿被告因此遭受的损失。

美国联邦明尼苏达区法院 2023 年 4 月 11 日简易判决原告胜诉，依据是：当事人间买卖关系中的合同部分纠纷应适用美国、加拿大都参加的《公约》；当事人都不否认买卖合同的存在，美国判例法中先决条件都是在合同中写明的，案涉合同却都没提及付款前要开出发票，因此被告所称的付款先决条件是不能成立的；C. O. D. 术语使得被告有义务在收货时立即付款，被告违约如同《公约》中分批交货合同中预期违约，原告有理由认为会对余货违约而能正当地拒绝继续履行。

此外，由于国际货物买卖中的付款比国内货物买卖中的付款复杂得多，因此，《公约》在其第 54～59 条中很有针对性地做出了详细的规定。其主要内容如下：

（一）办理付款手续

买方必须按照合同或有关法律规定的必要步骤与方式向卖方支付价款。这些步骤可能包括向政府机关或银行登记合同，获取官方核准向国外汇款的许可证，换取外汇，向银行申请信用证或付款保证书等。

（二）约定不明时货物价格的推算

如果合同已有效地订立，但没有明示或默示地规定价格或规定如何确定货物价格的方法，在没有任何相反表示的情况下，货物的价格应为双方当事人在订立合同时此种货物在有关贸易的类似情况下销售的通常价格；若货价以重量计算，存在疑问时，应按净重确定。此外，按照《公约》第 52 条第(2)款规定，如果卖方交付的货物数量大于合同规定的数量，买方可以收取也可以拒绝收取多交部分的货物。如果买方收取多交部分的全部或一部分，则必须按合同价格付款。

---

① 2023 U. S. Dist. LEXIS 62967.

(三)买方付款的地点

如果合同对付款地有约定的,买方应在约定的地点付款,如果合同未对付款地点做出规定,则买方应在以下地点向卖方付款:(1)卖方的营业地。如果卖方有一个以上的营业地,买方必须在与合同的履行关系最密切的营业地付款。(2)如果付款以卖方交货或提交单据为条件,则买方必须在卖方向其交货或提交单据的地点付款。但是,合同订立后,如果卖方的营业地发生变动而使付款费用增加的,卖方应承担该增加的费用。

(四)支付价款的时间

如果合同没有相反规定,卖方向买方交货或移交控制货物处置权的单据时,买方必须付款。卖方可以将付款作为向买方交货或移交控制货物处置权的单据的条件;如果合同涉及货物的运输,卖方可以将付款作为向买方交货或移交控制货物处置权的单据以发运货物的条件。

但是,《公约》在第 58 条第(3)款同时又规定,买方在未有机会对货物进行检验之前,无义务支付货款,除非此种检验货物的机会与当事人议定的交货或付款程序相抵触。《公约》的这项规定主要是考虑到国际货物买卖的很大一部分属于单据买卖,卖方交付单据时,买方即应付款,而此时货物很可能仍在运输途中,买方根本无机会对货物进行检验。

J. F. i A. M. 诉 B. (2018)①

具有波兰国籍的本案原告 J. F. i A. M. 每月作为卖方根据合同都向被告即德国籍的买方 B. 交付一定数量的木材。本案争议中的橡木运抵波兰的一个堆场,装入集装箱封好后即运往一港口,再海运至遥远的目的地,买方既没有检验货物,也没有促成他人检验。终端受让的另一买方在最终目的地才发现包括短量、太短在内的各种缺陷,被告拒绝全额支付货款。原告在波兰原审法院胜诉后,被告提起了上诉,波兰 Bialystok 上诉法院 2018 年 5 月 30 日公布判决仍然是被告败诉,理由是:除非当事人另有约定,应在根据《公约》第 31 条决定的交货地检验货物;本案中,该交货地为在波兰的集装箱装木材之地,当时在该处检验货物是合理的,而等到数千千米以外的最后目的地检验是不合理的;买方本应雇一代理人或要求货物的承运人在波兰的交货地检验货物;所声称的太短之类的缺陷在货物装进集装箱之前是可以通过日常检查发现的。

我国《民法典》关于买方付款义务的规定主要参考了《公约》中的上述规则,其基本内容为:合同对付款的数额、时间和地点有规定,买方必须按合同规定付款;合同无明确规定,付款数额按订约时履行地市场价确定(依法应当执行政府定价或政府指导价的,按政府规定确定),付款时间为收货或收取货物单据的时间,付款地点是卖方的营业地,但付款以交货或交付货物单据为条件的,付款地点为交货或交付货物单据的地点;买方收取卖方多交的货物,应按合同的价格对多收的部分付款。

二、接受货物

接受货物为买方的另一项义务。除货物与合同不符时买方有权拒绝接受货物外,买方不接受或不及时接受货物将会给卖方带来额外的麻烦。

---

① I AGa 84/18。该案的波兰语判决书可下载于 www. orzeczenia. ms. gov. pl,该案的英文简介可见于 https://documents-dds-ny. un. org/doc/UNDOC/GEN/V19/009/04/PDF/V1900904. pdf? OpenElement,2023 年 8 月 23 日最后访问。

在这种情况下，还要注意分清接收和接受的区别。买方收取货物并不等于接受货物，因为货物有可能存在不符合合同要求的情况。接受表明买方认为货物的质量符合买卖合同的规定；而接收并不表明买方对货物的质量没有异议或在货物严重不合格的情况下放弃拒绝接受权。

各国关于买方接受货物的义务的规则并不完全一致。

大陆法系国家一般将接受货物视为买方从属性义务，只是在少数情况下，如煤炭和粮食等很占空间的货物的买卖中，卖方会因买方不及时接受货物而遭受巨额的仓储损失时，允许卖方提起实际履行之诉，要求买方取走货物。

英美法系国家关于买方接受货物的规定较为具体。如美国《统一商法典》第 2－515A 条和第 2－606 条规定，出现下列三种情况之一的，即视为买方接受了货物：(1)买方拥有合理机会检验货物之后向卖方明确表示接受货物；(2)买方拥有合理机会检验货物之后在合理的时间内未表示拒绝接受货物；(3)卖方交货后，买方对货物采取了与卖方所有权不相称的行为。不过，在货物确实与合同不符而买方以上述三种方式之一接受了货物时，买方因货物与合同不符而产生的降价权或索赔权并不受影响，他只是不能再要求解除合同。

卡尔卡都·马缇尼实业公司诉马克斯鞋业公司案

被告(马克斯鞋业公司)是一家巴西的制鞋商，与原告(卡尔卡都·马缇尼实业公司)达成了出售 12 042 双鞋子的合同。原告先付了一部分款项，到收取鞋子时，原告经检验发现不少鞋子有裂痕和脱皮，于是立即停止付款并通知被告拒收货物。被告对此无反应。两个月后，原告将鞋子送往另一家公司修理，然后予以出售，并留下钱款。卖方诉向美国法院讨取货款，一审法院认为，在未获得卖方指示的情况下，买方通过将货物修理和出售的方式采取了与卖方所有权不相称的行为，构成了对货物的接受，因此应向卖方付款，但买方可以扣除修理费。买方对此判决不服而上诉，1994 年马萨诸塞州上诉法院最后确认了一审判决。

《公约》第 60 条对买方接受货物的义务规定具体如下：

(1)买方必须采取一切理应采取的行动协助卖方完成交货。例如，如果买卖合同中规定的交货条件为 FOB 条件，那么买方就要安排货物的运送，签订必要的运输合同，以便让卖方将货物交给第一承运人运送给买方。

(2)接收货物。即使买方认为卖方交付的货物不符合合同规定的，买方也必须采取合理措施接收货物，以减轻由于卖方违反合同而引起的损失。否则，卖方可以要求从损害赔偿中扣除原可以减轻的损失数额。此外，根据《公约》第 65 条的规定，如果买方应根据合同规定订明货物的形状、大小或其他特征，而他在约定的日期或收到卖方要求后一段合理时间内没有订明这些规格，则卖方在不损害其可能享有的任何其他权利的情况下，可以依照他所知的买方的要求，自己订明规格并通知买方，如买方没有在该通知规定的合理时间内提出异议，卖方按其订明的规格交货应视为与合同相符，买方应接受这种规格的货物。

第五节 货物所有权及风险的转移

一、确定货物风险及所有权转移的重要意义

在国际货物买卖活动中，货物风险的转移是一个非常重要的问题。它关系到买卖双方谁

承担货物损坏或灭失的风险，只有先确定了货物的所有权归属，才能解决双方的实体权利义务。因此，确定货物所有权及其风险何时由卖方转移给买方在当今国际货物贸易中具有重要的意义：

首先，在当今的市场经济中，买卖双方都有可能破产或丧失偿付能力。对卖方来说，若买方无偿付能力而货物所有权已转移于买方，则由于已失去对货物的处分权，卖方只能以普通债权人的身份参与买方剩余财产的分割，结果其实际所得可能大大少于应收货款。同样，若买方预付了部分付款，而卖方在移交货物所有权之前破产，买方也只能以普通债权人的身份参与卖方剩余财产的分配，而不能讨回全部预付款。

其次，不少国家至今仍实行着物主承担风险的原则，谁拥有货物，谁将承担货物灭失的风险，因此，在这些国家，货物所有权的转移还决定着货物灭失风险的转移。在双方都未违约时，发生货物灭失的情况后，货物灭失的风险是否已转移到买方，决定着买方是否仍有义务缴付货款。如果风险已转移到买方，那么尽管货物损坏或灭失，他仍必须无条件向卖方支付货款。

二、货物所有权的转移

各国一般都承认当事人以约定的方式决定货物风险的转移时间。在当事人没有约定的情况下，世界上关于货物所有权转移的代表性原则主要有以下三种：(1)以合同成立的时间作为所有权的转移时间；(2)以交货的时间作为所有权的转移时间；(3)货物特定化之后直至卖方放弃对货物处分权时，所有权转移给买方。采用第一个原则的国家主要为法国、意大利、比利时和葡萄牙等国，采用第二个原则的国家主要有美国、德国、荷兰和西班牙及中国等国，英国等国则采用第三个原则。但很多国家的货物买卖法中具体的规则很可能相互交叉。如美国《统一商法典》第 2－105(2)条也规定，在特定化(Identification)之前，货物的所有权不转移给买方(在英美国家，所谓“特定化”，是指将特定货物指定划归为合同下货物的行为)。尽管如此，美国仍属于采用交货时间决定所有权转移时间的国家，这从美国《统一商法典》第 2 条第 4 款第 1 项第(2)目中可以看出。该目明确规定：除非有相反的明示规定，所有权自货物实际交付的时间和地点转移给买方。美国一些州法院的判决也说明了这一点。

P 实业公司诉 U 公司案(1992)

1989 年原告(P 实业公司)同意以 FOB 装运港条件分四次向被告(U 公司)出售价值 955 000 美元的机器设备，被告先付了 295 000 美元，余款则于每次装运时支付。原告将大部分机器设备运给了被告委托的工程咨询公司。由于被告产品的海外买方毁约，被告于 1989 年 10 月通知原告终止履行。原告却未采取任何措施停止交付或取回已交给咨询公司的货物。直到 1989 年 12 月 28 日，原告才通知咨询公司停止向被告交货。因违反贷款合同，被告的贷款人行使了担保权，扣押了咨询公司处的机器设备。原告认为，在得到付款前自己并无意图转移所有权，自己与咨询公司也达成了一项让后者作为自己货物保管人的谅解协议，因此，货物所有权仍属于自己。但 1992 年美国宾夕法尼亚州法院判决被告胜诉，理由是：美国《统一商法典》规定，在 FOB 合同下，货物在卖方所在地交给独立承运人的时间即为实际交货时间，所有权在货物交给独立承运人时转移给买方。

三、货物风险的转移

各国一般规定当事人以约定的方式决定货物风险的转移时间。当事人如果没有明确约定的，多数国家或地区采用下列两种原则之一决定货物风险的转移时间：(1)货物的风险在货物所有权转移时转移给买方；(2)货物的风险在卖方向买方交货时转移到买方。英国、法国等国采用第一项原则。但现在越来越多的国家都采用第二项原则，如美国、德国、奥地利及中国等国。

《公约》吸收了世界上多数国家的风险转移规则，在其第四章中做出如下规定：

(1)在货物上加标记、装运单据、买方发出通知或其他方式清楚地注明有关合同以前，风险不转移给买方承担。

(2)如果销售合同涉及运输，即卖方有义务订立运输合同将货物运交买方，但没有义务在某一特定地点交付货物，则自货物按销售合同交付给第一承运人以转交给买方时起，风险就转移给买方承担。如果卖方有义务在某一特定地点把货物交给承运人，在货物在该地点交给承运人以前，风险不转移给买方承担。

(3)对于在运输途中销售的货物，从订立合同时起，风险转移给买方承担。但是，如果情况表明有需要，从货物交付给签发载有运输合同单据的承运人时起，风险就由买方承担。然而，如果卖方在订立合同时已知道或理应知道货物已经遗失或损坏而不将这一事实告知买方的，则这种遗失或损坏应由卖方负责。①

(4)在其他情况下，从买方接收货物时起，或如果买方不在适当时间接收货物而违反合同时，货物风险转移给买方承担。但是，如果买方有义务在卖方营业地以外的某一地点接收货物，当交货时间已到而买方知道货物在该地点交给他处置时，货物的风险才转移给买方承担。

第六节 国际贸易术语中买卖双方的义务

在国际货物买卖中，当事人经常选用关于货物的国际贸易术语来确定他们之间的权利和义务。② 目前国际上最广泛采用的是国际商会的《国际贸易术语解释通则》。

如前文所述，该惯例的最新版本于2020年1月1日生效而常简称为INCOTERMS 2020，共11个术语。其特点是：(1)首先根据适用的运输方式分成两个组，第1组适用于任何一种运输方式或多种运输方式，第2组只适用于海运或内河航运方式。(2)然后按买卖双方义务的大小排列各术语，被排于第1组的共7个，即EXW、FCA、CPT、CIP、DAP、DPU、DDP；被排于第2组的共4个，即FAS、FOB、CFR、CIF。③ (3)首次增加了条款的“横向”格式，将所有类似条款集中在一起，使得使用者可更清晰地观察到不同术语交货地、费用、保险、清关、通知等项目的区别。④ 下面介绍我国进出口当事人曾经常用或将可能常用的贸易术语下买卖双方的义

① 在运输途中销售的货物常被简称为“路货”，关于其风险转移特别规则的法理问题的较新研究，可见于邓纪璇：《国际贸易中路货买卖风险转移问题探究——以CISG第68条为中心展开》，《社会科学动态》2021年第11期，第89～94页。

② 不过所选的贸易术语一般仅能解决当事人之间的部分权利与义务问题，所售商品的特性、所有权转移、支付的期限与地点、支付方式或币种、合同解除时的救济程序、延迟履行及其他违约所造成的大多数后果、制裁的影响、进出口禁令、不可抗力与情势变更、知识产权、争议解决的方式、地点与适用法律等仍需要另行商定或由其他类型的法律规范所补充。参见Guy Lefebvre、焦杰：《〈2020版国际贸易术语解释通则〉：创新性与实践中的差异性》，《贵州民族大学学报(哲学社会科学版)》2021年第5期，第198页。

③ 该版术语的英文简表情况可见于国际商会的以下官方网址：https://iccwbo.org/publication/incoterms－2020－practical－free－wallchart/，2022年9月10日最后访问。

④ 参见李双清：《Incoterms ® 2020解析》，《中国外汇》2021年6月15日刊，第51页。

务，以供读者掌握和使用。

一、FCA

FCA 是 Free Carrier 的缩写，中文一般译为“货交承运人”。本术语可适用于任何运输方式，包括多式联运。其基本含义是：卖方在其所在地或另一指定地点将货物交给买方指定的承运人或另一人并在需要的情况下办理了货物的出口结关，即完成交货。货物的风险在指定的交货地点转给买方。在本术语下，卖方没有义务办理任何进口手续和支付任何进口税。

（一）FCA 合同下卖方的义务

（1）卖方必须在指定的地点，按约定的日期或在约定的期限内，将符合合同规定的货物交由买方指定的承运人或另一人。如果卖方的所在地为指定地点，卖方将货物装入买方指定的承运人的运输工具时即完成交货。在其他情况下，卖方则应将置于自己运输工具上的货物准备好卸载并交给买方指定的承运人或另一人处置。如果在指定地点范围内买方没有通知特定地点并有几个地点可以选择，则卖方可选择最适合的交货地点。除非买方另有通知，卖方可按照货物数量和/或性质所要求的方式将货物交付运输。

（2）卖方必须按照合同提供商业发票和已按上述第（1）项要求交货的通常证明，以及合同可能要求的证明商业发票和货物符合合同要求的任何其他凭证。应买方要求并由买方承担风险及费用，卖方应协助买方取得运输单据。在已有约定的情况下，根据买方对其承运人的指示在货物装船后获得所签发的装船提单，并于随后（通过银行）向买方提交该提单。[①]

（3）在需要时，卖方必须自负风险及费用，取得出口许可证或其他官方批准证件，并办理货物出口所需的一切海关手续和支付一切有关的税费。

（4）卖方无订立运输合同的义务。但是，如果应买方的要求或按商业惯例并且买主未及时做出相反的指示，在由买方承担风险和费用的前提下，卖方可以按照通常的条件订立运输合同。在任一情况下，卖方可以拒绝订立运输合同，如果拒绝，则应当立即通知买方。同时，卖方无订立保险合同的义务，但是应买方要求，卖方必须提供买方获得保险所必需的信息。

（5）除应由买方承担的风险外，承担货物灭失或损坏的一切风险，直至货物按上述第（1）项要求已交付时为止。

（6）除应由买方承担的费用外，卖方必须支付有关货物的一切费用，直至货物按上述第（1）项要求交付时为止；卖方必须支付货物按上述第（1）项要求交付所需的货物核查（如核查品质、丈量、过磅、点数）费用；除非在特定行业中，否则运送该合同货物通常无须包装，卖方必须自负费用包装货物；除非订立买卖合同前买方已通知卖方特别的包装要求，否则卖方必须以适合运输的方式包装货物，包装上应适当地加上标记。

（7）在买方承担风险及费用的情况下，卖方必须给予买方货物按上述第（1）项要求交付或买方所指定的承运人或者另一人尚未在约定的时间内取走货物的充分通知。卖方还应提供列明了所有费用的清单（其他所有术语下的卖方有同样的义务）。[②]

---

① 参见锋信环球产品部：《INCOTERMS 2020 出炉，变化内容详解》，http://www.ficientglobal.com/tce/vip_doc/15099847.html，2023 年 8 月 23 日最后访问。同时参见王庆颖：《〈2020 年国际贸易术语解释通则〉的新变化及应用解析》，《中国科技术语》2021 年第 1 期，第 56 页。

② 参见劳玮裕（Wai Yue Loh）、盖偌礼（Ruaridh Guy）：《律师解读：国际商会 2020 版〈国际贸易术语解释通则〉》，http://www.sohu.com/a/343063252_175033，2022 年 9 月 10 日最后访问。

(8)应买方要求并由买方承担风险及费用,给予买方一切协助以取得买方可能要求的由交货地国和/或原产地国签发或传递的关于货物进口以及必要时经任何国家过境所需的任何单证或相等的电子单证[上述第(2)项中所提到的单证除外]。在适用时,应买方要求并由买方承担风险及费用,卖方必须及时提供或协助买方获得货物进口和/或货物运往最终目的地所需的任何文件或信息,包括安全相关的信息。

(二)FCA合同下买方的义务

(1)买方必须按买卖合同规定支付价款。买方以下各项义务中的任何文件可以是相等的电子记录或程序。

(2)在需要时,买方必须自负风险及费用,取得进口许可证或其他官方授权,并办理为货物进口及经任何国家运输所需的一切海关手续和支付一切有关税费。

(3)在卖方拒绝订立运输合同并立即给予通知的情况下,除非选用自己的交通工具,①否则,买方必须负担费用自行订立从指定地点承运货物的合同。

(4)买方必须在充分的时间内给予关于承运人或另一人指定人名称的通知以卖方能够按其义务交货;买方必须向卖方通知指定人使用的运输方式、指定地点内收货点;在适用时,买方必须就约定期限内所选择的承运人或指定人收货时间向卖方发出通知。

(5)买方必须收取卖方按其合同义务交付的货物和有关证明,并自货物交付时起,承担货物灭失或损坏的一切风险。如果买方未履行上述第(4)项通知义务,或其指定的承运人或者另一人未收受货物,则自规定的交付货物的约定日期或未约定日期的情况下卖方在约定期限内的通知日期或无此通知时约定期限届满之日起,承担货物灭失或损坏的一切风险,但应以该货物已清楚地划归本合同项下为准。

(6)自卖方按其义务交付货物时起,买方必须支付有关货物的一切费用。若买方未指定承运人或另一人,或者其指定的承运人或另一人未按约定时间收受货物,或未根据上述第(4)项义务给予适当的通知,支付由此所产生的任何额外费用,但应以该货物已清楚地划归本合同项下为准;支付卖方有义务承担部分以外的出口所必要的海关手续费;支付装运前货物的检验费用,出口国当局强制检验的除外;支付卖方协助订立运输合同和取得有关单证的一切费用。

(7)买方必须及时地对所请求的安全相关信息向卖方做出建议。同时在适用时,应卖方要求并由卖方承担风险及费用,买方必须及时提供或协助卖方获得货物出口和货物运往经任何国家运输所需的任何文件或信息,包括安全相关的信息。

二、CPT

CPT是Carriage Paid to的缩写,中文译为"运费付至……"本术语可适用于各种运输方式,包括多式联运,其基本含义是指卖方在约定的地点(在当事人之间约定这样地点的情况下)将货物交给其指定的承运人或另一人并订立运输合同和支付必要运费以将货物运往指定目的地,但是货物的风险在交货地转移给买方。

(一)CPT合同下卖方的义务

(1)卖方必须提供符合合同规定的货物和商业发票,以及合同可能要求的证明货物符合合

---

① 参见锋信环球产品部:《INCOTERMS 2020出炉,变化内容详解》,http://www.ficientglobal.com/tce/vip_doc/15099847.html,2022年9月10日最后访问。

同要求的任何其他凭证。在当事人之间有约定或符合惯例的情况下，这些单证和以下各项义务中的任何文件可以是相等的电子记录或程序。

(2)在需要时，卖方必须自负风险及费用，取得出口许可证或其他官方批准证件，并办理货物出口所需的海关手续和支付一切有关税费。

(3)卖方必须按通常条件自负费用订立运输合同，将货物按惯常航线和习惯方式运至指定目的地的约定地。如果具体交货地点未约定或习惯上未确定，卖方可在指定目的地选择最适合其意图的地点，支付因本项义务所产生的运费和其他一切费用，包括按运输合同应由卖方承担的装货费用、经过任何国家的运输费用及在目的地卸货的费用。

(4)在约定的日期或期限内将货物交给按前项要求签约的承运人，除非买方有权决定交货时间和/或指定的目的地或者该地的收货点而没有向卖方发出充分通知，卖方必须承担货物在此之前的一切灭失或损坏风险和有关货物的一切费用。

(5)卖方必须给予买方关于货物按上述第(4)项规定已交付的充分通知，以及为使买方采取通常必要的措施能够提取货物所要求的其他任何通知。

(6)如果存在习惯或买方做出了请求，卖方必须自付费用向买方提供符合上述第(3)项运输合同规定的通常的运输单据。该运输单据必须列明合同货物和约定期限内的装运日期，且能使买方在指定的目的地向承运人主张货物，以及能使买方通过向后续买方转让单据或者通知承运人的方式出售货物。如果这种运输单据以流通方式签发并有数份原件，卖方必须向买方提交全套原件。

(7)卖方必须支付交货目的所需的货物核查费用(如核查品质、丈量、过磅、点数)和出口国当局强行的装运前检验费用。除非在特定行业中，否则运送该合同货物通常无须包装，卖方必须自负费用包装货物；除非订立买卖合同前买方已通知卖方特别的包装要求，否则卖方必须以适合运输的方式包装货物，包装上应适当地加上标记。

(8)在适用时，应买方要求并由买方承担风险及费用，卖方必须及时提供或协助买方获得货物进口和/或货物运往最终目的地所需的任何文件或信息，包括安全相关的信息。同时，应买方要求，卖方也必须提供买方办理保险所必需的信息。此外，对于经请求由买方提供或协助货物运输与出口及经过任何国家的运输所需任何文件和信息的所有成本与费用，卖方还必须向买方做出补偿。

(二)CPT 合同下买方的义务

(1)买方必须支付买卖合同规定的价款。买方以下各项义务中的任何文件可以是相等的电子记录或程序。

(2)在需要时，买方必须自负风险与费用取得进口许可证或其他官方授权，办理货物进口以及经由任何国家过境所需的一切海关手续和支付一切有关的税费。

(3)买方必须接受卖方按其义务交付的货物，并在指定地点从承运人那里收取货物，以及接受卖方按其义务提交的运输单据。

(4)自货物由卖方按其义务已交付时起，买方必须承担货物灭失或损坏的一切风险和支付有关货物的一切费用，但属于卖方应承担的风险和费用除外。

(5)在有权确定装货时间和/或目的地时，买方必须给予卖方充分的通知，否则，自约定的日期或期限届满之日起，承担货物的一切风险和支付由此所产生的一切额外费用，但应以该货物已清楚地划归本合同项下为准。

(6)买方必须支付装运前货物的检验费用，出口国当局强制检验的除外。

(7)买方必须及时地对所请求的安全相关信息向卖方做出建议。同时在适用时,应卖方要求并由卖方承担风险及费用,买方必须及时提供或协助卖方获得货物运输和出口及经任何国家运输所需的任何文件或信息,包括安全相关的信息。

三、CIP

CIP是Carriage and Insurance Paid to的缩写,中文一般译成"运费及保险费付至……"它是指卖方除负有CPT术语相同的义务外,还必须办理货物运输途中应由买方承担的货物灭失或损坏风险的保险,因此卖方应订立保险合同并支付保险费。

CIP合同中,买方的具体义务与CPT合同下的买方义务完全相同,卖方的义务则包括了CPT合同下卖方所有义务并加投保和支付保险费的义务。应予注意的是,在CIP术语下,卖方的最低投保和支付保险费的义务必须与《协会货物保险条款》(A)条款的范围相当。[①]

四、FOB

FOB是Free on Board的缩写,中文一般译成"装运港船上交货"。本术语只适用于海运或内陆水道运输,其基本含义是卖方在指定的装运港将货物交到买方选定的船上或促成货物已如此交付,货物灭失或损坏的风险自货物装上该船时转移,且买方自此刻时起承担所有的费用。在我国的出口贸易中,一半以上的交易采用该贸易术语成交。[②]

(一)FOB合同下卖方的义务

(1)卖方必须提供符合合同规定的货物和商业发票,以及合同可能要求的证明货物符合合同要求的任何其他凭证。在当事人之间有约定或符合惯例的情况下,这些单证和以下各项义务中的任何文件可以是相等的电子记录或程序。

(2)在需要时,卖方必须自负风险及费用取得出口许可证或其他官方授权,并办理货物出口、交货前经任何国家运输所需的海关手续和支付一切有关税费。

(3)尽管没有订立运输合同的义务,经买方请求或在存在商业惯例而买方没有在适当时间内给予相反指示的情况下,卖方可以按通常条件订立运输合同,而风险与费用归给买方。在每一种情况下,卖方可以拒绝订立运输合同,且应将拒绝决定及时通知买方。

(4)卖方必须在约定的日期或期限内以装货港惯常的方式将货物交到买方选定的船上或促成货物已如此交付,且承担此刻之前的货物灭失或损坏的风险与所有费用。如果买方没有指定特定的装货点,卖方可以在装货港内选择最合适其目的的地点。

(5)卖方必须自负费用向买方提供已按上述第(4)项要求交货的通常证明。除非这样的证明是一种运输单据,经买方要求并由买方承担风险与费用,卖方必须同时协助买方获取运输单据。在由买方承担风险与费用的情况下,卖方还必须给予买方关于按上述第(4)项要求已交付或船舶没有在约定的时间内收取货物的充分通知。

(6)卖方必须支付交货目的所需的货物核查费用(如核查品质、丈量、过磅、点数)和出口国当局强行的装运前检验费用。除非在特定行业中运送该合同货物通常无须包装,卖方必须自

---

① 参见劳玮裕(Wai Yue Loh)、盖偌礼(Ruaridh Guy):《律师解读:国际商会2020版〈国际贸易术语解释通则〉》,http://www.sohu.com/a/343063252_175033,2022年9月10日最后访问。同时参见王庆颖:《〈2020年国际贸易术语解释通则〉的新变化及应用解析》,《中国科技术语》2021年第1期,第56页。

② 参见李俊锋:《信用证结算中使用FOB术语存在问题的案例分析》,《商业经济研究》2019年2期,第13页。

负费用包装货物;除非订立买卖合同前买方已通知卖方特别的包装要求,卖方必须以适合运输的方式包装货物,包装上应适当地加上标记。

(7)在适用时,应买方要求并由买方承担风险及费用,卖方必须及时提供或协助买方获得货物进口和/或货物运往最终目的地所需的任何文件或信息,包括安全相关的信息。同时,应买方要求,卖方也必须提供买方办理保险所必需的信息。此外,对于经请求由买方提供或协助货物运输与出口及经任何国家运输所需任何文件和信息的所有成本与费用,卖方还必须向买方做出补偿。

(二)FOB 合同下买方的义务

(1)买方必须按合同规定支付价款。买方以下各项义务中的任何文件可以是相等的电子记录或程序。

(2)除非卖方按前述义务条件订立了运输合同,买方必须自负风险与费用订立自指定装运港的货物运输合同,且给予卖方关于船名、装船地点和在必要情况下在约定期限内所选择交货时间的充分通知,并承担货物在装运港自越过船舷后的一切风险。货物已适当地划归合同项下后出现下列情况之一的,自约定的交付日期或约定的交付期间届满之日起,买方必须承担货物的损坏或灭失风险:①未按以上义务给予指定船舶的通知;②指定船舶未按时到达以使卖方能够交货、指定船舶不能收取货物、指定船舶早于通知的时间结束装运。

(3)买方必须负担货物在装运港越过船舷后的一切费用,以及货物已适当地划归合同项下后出现下列情况之一而发生的额外费用:①未按以上第(2)项要求给予适当通知;②指定船舶未按时到达、指定船舶不能装载货物、指定船舶早于通知的时间结束装运。

(4)在需要时,买方必须自负风险与费用取得进口许可证或其他官方批准证件,并办理货物进口以及必要时由另一国过境所需的一切海关手续。

(5)承担货物的检验费用,但出口国当局强制检验的除外。接受与本术语规定相符的有关单证,并补偿卖方协助取得有关单证的费用。

(6)买方必须及时地对所请求的安全相关信息向卖方做出建议。同时在适用时,应卖方要求并由卖方承担风险及费用,买方必须及时提供或协助卖方获得货物出口和货物运往经任何国家运输所需的任何文件或信息,包括安全相关的信息。

Aston FFI (Suisse) SA 诉 Louis Dreyfus Commodities Suisse SA 案(2015)

原告 Aston FFI(Suisse)SA 作为买方与作为卖方的被告 Louis Dreyfus Commodities Suisse SA 于 2011 年 10 月 7 日签订了一份 30 000MT 俄罗斯麦粉(买方可选择少要 10%)交易的 FOB 合同,双方约定凭单付款及发生争议时由总部在伦敦的谷物与饲料贸易协会(GAFTA)仲裁。

10 月 11 日买方指定了运输船舶,10 月 22 日到达装运港并于 11 月 1 日开始装货,次日买方的下一买家代表声称货物有瑕疵而指令买方停止装货。11 月 3 日装货停止及部分货物卸载且被卖方换装,11 月 4 日装货完毕。11 月 5 日买方通知卖方,称其下一买家已确定不接受货物并声明保留其对货物异议的权利。买卖双方 11 月 10 日约定该货在 Kerch 卸载,以上船舶再回原装货港装另一批小麦,如此发生的费用各摊一半,争议则交仲裁。GAFTA2014 年 4 月 23 日做出了对作为卖方被告 Louis Dreyfus Commodities Suisse SA 有利的二审裁决。

不服的买方提起了诉讼,英国上诉法院商事法庭 2015 年 1 月 23 日判决指出:FOB 买方通常有拒绝货物和单据的两项不同权利,其结果是在单据即使符合约定时买方也可以拒绝货物;FOB 买方拒绝货物的独立权利可以经协议修改或排除,本案却不存在此种情况;二审仲裁庭忽视货物是否与约定相符的证据行为在法律上是错误的……

商泰勒公司与丰泽公司纠纷案(2022)①

原告荷兰商泰勒(香港)有限公司(Tel Hong Kong Limited)(以下简称商泰勒公司),被告漳州市丰泽创意工艺品有限公司(以下简称丰泽公司)。2020 年 9 月 11 日,原告与被告签署了 2 份买卖合同,规定由原告向被告采购约定型号的花盆,约定交货方式为 FOB 厦门,目的地为荷兰。次年 3 月 24 日,原告向被告发送邮件称货物有倒柜情况。被告回复:"在装柜时没有这个问题,已经安排塞紧。"2021 年 10 月 29 日,原告再次向被告发送邮件称:收到客人投诉,经再度检查发现不良品真的很多很严重,现在客人要求赔偿金额为 USD11093.72。次月 4 日,被告回复:"显示缺陷的部分货物并非其产品;缺陷恐由倒柜特别是卸柜所致,本方无责。"在索赔要求不能实现的情况下,原告提起了诉讼。

被告辩称:由原告 2021 年 1 月 20 日向被告所发的邮件内容可知,在出货之前,需要经其验货人员 William 确认质量合格并要把验货照片发给荷兰最终确认同意的情况下,被告才能出货;按照当事人约定的"FOB Xiamen"交易方式,原告自行订舱后货柜即由其委托的承运人调派;本案原告同意被告将货物正常装上原告的货柜启运,即证明这些货物经原告验货人员检验合格;货物在 2021 年 1 月下旬就已装运并于同年 3 月收货,原告在半年多以后才发邮件称货物外观质量存在问题是不合法、不真实性和不关联的。

福建省漳州市龙海区人民法院 2022 年 12 月 12 日判决被告胜诉,其依据是:合同约定交货方式为 FOB 厦门,即一旦卖方在指定的装运港将货物交至买方指定的船只上,买方将承担货物灭失或损坏造成的所有风险;被告已按合同约定对货物进行包装及固定后装柜交付被告指定的承运人;原告未能提供证据证明被告装柜不当及货物损毁系发生在装船之前;根据国际贸易规则,如承运的货物损毁系发生在装船之前,承运人理应出具不清洁提单,但原告并未提供相应证据予以证实。

五、CFR

CFR 是 Cost and Freight(insert named port of destination,插入指定的目的港)的缩写,中文一般译为"成本加运费"。本术语只适用于海运或内陆水道运输,其基本含义是卖方将货物装上船舶或促成货物已如此交付,货物灭失或损坏的风险自货物装上该船时转移给买方,但是卖方必须订立运输合同和支付必要的运费与费用将货物运到指定的目的港。本术语要求卖方办理货物出口清关,并只能用于海运或内河运输。

(一)CFR 合同下卖方的义务

(1)卖方必须提供符合合同规定的货物和商业发票,以及合同可能要求的证明货物符合合同要求的任何其他凭证。在当事人之间有约定或符合惯例的情况下,这些单证和以下各项义务中的任何文件可以是相等的电子记录或程序。

(2)在需要时,卖方必须自负风险及费用取得出口许可证或其他官方授权,并办理货物出

① 该案案号为(2022)闽 0681 民初 5953 号,其判决详情可见于 https://wenshu.court.gov.cn/website/wenshu/181107ANFZ0BXSK4/index.html?docId=pkJD1aFRguqTyh05MEEPaCWrJdSIiSvrQ1zis4dLcetDLaKQgE80M5/dgBY-osE2go/ZCEzlseUOaqRZu/JZQ+OQxMEu0BxHU9PkZ31OMaESCoL3hVn8D7XeJgLarFgGi,2023 年 5 月 2 日最后访问。

口、交货前经任何国家运输所需的海关手续和支付一切有关税费。

(3)卖方必须按惯常航线中通常类型可供装载该合同货物的海上航行船只的标准自负费用订立或促成运输合同,以将货物装运至指定的目的港。如果有约定的交货点,从约定。卖方还必须在规定的日期或期限内将货物交到船上或促成如此交付,并给予买方任何必要通知以使买方能够采取通常必要的措施提取货物。

(4)卖方必须自负费用毫不迟延地向买方提供为约定目的港所用的通常的运输单据。该单据必须载明合同货物,单据上的日期在约定装运期限内,以使买方能够在目的港从承运人那里提取货物。并且除非另有约定,否则买方能够通过转让单据或以通知承运人的方式向其后的买方出售在运输途中的货物。在该运输单据以流通方式签发且有数份原件时,应向买方提供全套原件。

(5)在需要时,卖方必须自负风险及费用取得出口许可证或其他官方批授权,并办理货物出口所需的一切海关手续和支付出口税费。

(6)承担货物灭失或损坏的一切风险,直至货物交到船上或促成如此交付时为止。

(7)卖方必须支付交货目的所需的货物核查费用(如核查品质、丈量、过磅、点数)和出口国当局强行的装运前检验费用。除非在特定行业中运送该合同货物通常无须包装,卖方必须自付费用包装货物;除非订立买卖合同前买方已通知卖方特别的包装要求,卖方必须以适合运输的方式包装货物,包装上应适当地加上标记。

(8)卖方必须给予买方任何必要通知,以使买方能够采取通常必要的措施提取货物。

(9)在适用时,应买方要求并由买方承担风险及费用,卖方必须及时提供或协助买方获得货物进口和/或货物运往最终目的地所需的任何文件或信息,包括安全相关的信息。同时,应买方要求,卖方也必须提供买方办理保险所必需的信息。① 此外,对于经请求由买方提供或协助货物运输与出口及经过任何国家的运输所需任何文件和信息的所有成本与费用,卖方还必须向买方做出补偿。

(二)CFR 合同下买方的义务

(1)买方必须支付买卖合同规定的价款。买方以下各项义务中的任何文件可以是相等的电子记录或程序。

(2)在需要时,买方必须自负风险与费用取得进口许可证或其他官方授权,并办理货物进口及必要时经由另一国家过境运输所需的一切海关手续,支付进口或过境有关的税费。

(3)买方必须接受与卖方义务相符的货物和运输单据,并在指定的目的港从承运人那里收领货物。

(4)买方必须自在装运港装上船或如此交付时起承担货物灭失或损坏的一切风险。在买方有权确定装运货物的时间和/或目的港时给予卖方充分的通知,否则,自约定的装运日期或期限届满之日起承担货物灭失或损坏的一切风险,但应以已被清楚地划归为本合同项下的货物为准。

(5)除应由卖方承担的费用外,支付货物交付至装运港船上时起的一切费用,以及包括运输合同规定由卖方承担部分以外的卸货驳运与码头费在内的卸货费;在没有履行应承担的通知义务时,承担货物自约定的装运日期或期限届满之日起产生的额外费用,但应以货物已被清

---

① 因卖方没有适当履行此项义务所致买方不能投保而遭受拒收货物的实例可参见曹远波、许俊铭:《托收实务案例及风险解析》,《中国外汇》2022 年第 10 期,第 63 页。

楚地划归为本合同项下的货物为准；支付装运前货物的检验费用，但出口国当局强制检验的除外。

(6)支付卖方协助取得单证所产生的费用。买方必须及时地对所请求的安全相关信息向卖方做出建议。同时在适用时，应卖方要求并由卖方承担风险及费用，买方必须及时提供或协助卖方获得货物出口和货物运往经任何国家运输所需的任何文件或信息，包括安全相关的信息。

六、CIF

CIF是Cost，Insurance and Freight(insert named port of destination，插入指定的目的港)的缩写，中文一般译成“成本、保险费加运费”。本术语只适用于海运或内陆水道运输。在本术语下，卖方除负有CFR术语下的义务外，还必须办理货物在运输途中应由买方承担的货物灭失或损坏风险的海运保险，订立保险合同并支付保险费。但应注意，买方根据CIF术语只能要求卖方投保与协会货物条款(the Institute Cargo Clause/IUA)C款险相符的最低保障范围的保险险别。如买方需要更广范围的保险险别，则需要与卖方明确地达成协议，或者自行做出额外的保险安排。

在CIF合同下，买方的义务与CFR合同下完全相同，卖方的义务则包括了CFR合同下卖方所有义务并加投保和支付保险费的义务。[①] 该项投保和支付保险费义务的具体内容如下：

(1)卖方必须根据合同约定自负费用取得货物保险，使买方或任何其他对货物拥有保险利益的人有权直接向保险人索赔。

(2)卖方应与信誉良好的保险人或保险公司订立保险合同，应根据与协会货物条款C款险相符的最低保障范围的保险险别获得货物保险。保险涵盖范围至少为货物自装运港交货点开始至指定目的地。在买方要求并根据其提供的卖方所请求的必要信息时，卖方应提供由买方额外负担费用的诸如协会货物条款A款或B款险别。

Hefei Ziking钢管公司诉Meever & Meever案(2021)[②]

原告Hefei Ziking钢管公司拥有中国基地，被告Meever & Meever则在荷兰拥有中国基地，并在美国有附属的分销机构。2018年8月，被告的美国分销机构签订了2份合同向原告购买钢柱，CIF休斯敦目的港，总价1 821 892.60美元，凭2单不可撤销的信用证付款。2019年2月16日，原告及时装运了货物。此前，被告的代表检验了货物并出具了合格证明。原告在通过银行议付货款时被告知单据不符信用证的规定。听取开证行关于货物缺陷和保险单保障范围等后，被告方代表指示该行拒付货款，被告也拒绝收货即在信用证之外按合同付款，原告只得指示将货物转运一墨西哥港口并遭受了巨额损失。

美国得克萨斯南区法院2021年9月20日做出了对原告有利的判决，其部分理由是：判例法表明，在CIF术语下，货物的灭失风险自装运港越过船舷时转于买方；买方代表确认货物与合同相符时即放弃了对货物的异议权。

---

① 2022年9月13日，美国达拉斯第5区得克萨斯上诉法院法官在Far E. Mach. Co.诉Aranzamendi案中也做出了同样的认定，其详情可见于https://www.casemine.com/judgement/us/6323fc6b61f1561063872c41，2023年5月2日最后访问。

② 本案详情可见于https://www.casemine.com/judgement/us/614ae76f86193350b085109d，2023年5月2日最后访问。

第七节　违反国际货物买卖合同的救济措施和保全货物

国际货物买卖合同是合同的一种，因此，本书第二章中的违约救济方法除禁令外，都可具体地运用于国际货物买卖合同遭违反的场合。本节即是关于这种具体运用的概要。

一、违反国际货物买卖合同的类型

从不同的角度可以分出违反国际货物买卖合同的不同类型。这里仅从涉及救济方法选择的角度介绍《公约》的分类，而有关国内法的相应分类可参见第二章。

(一)根本违反合同和非根本违反合同

《公约》第25条规定，一方当事人违反合同的结果如使另一方当事人蒙受损害，以至于实际上剥夺了他根据合同规定有权期待得到的东西，即为根本违反合同，除非违反合同一方并不预知，且一个同等资格、通情达理的人处于相同情况中也没有理由预知会发生这种结果。

对属于根本违反合同的违约行为，《公约》规定受害的当事人可以同时采用解除合同和其他任何合法的救济方法。

根本违反合同以外的实际违反合同行为即是非根本违反合同。对此，《公约》规定，受害的当事人只能采取其他合法的救济方法而不能要求解除合同。

德国蒂森克虏伯冶金有限责任公司与中化国际新加坡有限公司纠纷案(2014)[①]

2008年4月11日，被上诉人中化国际新加坡有限公司(以下简称中化新加坡公司)与上诉人德国蒂森克虏伯冶金有限责任公司(以下简称德国克虏伯公司)签订采购合同，约定：中化新加坡公司向德国克虏伯公司采购燃料级石油焦25 000吨，数量可有10%浮动，石油焦的HGI指数典型值为36～46；石油焦的装货港为加利福尼亚匹兹堡，目的港为中国港口，具体港口由中化新加坡公司确定，由双方确认的独立检验人在装货港船上采样检验并出具检验证书，该检测结果是终局的并对双方有约束力；中化新加坡公司有权在卸货港对石油焦的数量和品质进行检验，德国克虏伯公司有权委托独立检验人见证上述检验过程并自行承担相应费用。如果中化新加坡公司发现石油焦的品质或数量与在装货港确定的品质或数量不符，其应向德国克虏伯公司发出索赔通知，并有权在石油焦到达目的港之日起60日内向德国克虏伯公司提出索赔(采购合同第7.2.3条)；本合同应当根据美国纽约州当时有效的法律订立、管辖和解释。2008年8月8日，双方认可的检验人A. J. EDMODN公司在装货港出具的检验证书载明，石油焦的HGI指数为32。

中化新加坡公司认为德国克虏伯公司构成根本违约，起诉请求判令解除合同、返还货款并赔偿损失。江苏省高级人民法院一审认为，根据《联合国国际货物销售合同公约》的有关规定，德国克虏伯公司提供的石油焦HGI指数远低于合同约定标准，导致石油焦难以在国内市场销售，签订买卖合同时的预期目的无法实现，故德国克虏伯公司的行为构成根本违约。判决支持中化新加坡公司的诉讼请求。

德国克虏伯公司提出了上诉，2014年6月30日最高人民法院终审撤销原判，改判德国克

① (2013)民四终字第35号。

虏伯公司承担部分货款及堆存费损失，理由是：该国际货物买卖合同纠纷的双方当事人营业地分别位于新加坡和德国，当事人在合同中约定适用美国法律；新加坡、德国、美国均为《联合国国际货物销售合同公约》缔约国，当事人未排除公约的适用，因此本案的审理应首先适用《联合国国际货物销售合同公约》；对于审理案件中涉及的问题公约没有规定的，例如合同效力问题、所有权转移问题，应当适用当事人选择的美国法律；根据《联合国国际货物销售合同公约》的规定，德国克虏伯公司交付的货物与合同约定不符，构成违约，但新加坡石化公司能够以合理价格予以转售货物，不构成公约规定的根本违约情形。

（二）预期违反合同

预期违反合同是指订立合同后、履行合同前，明显看出对方当事人将根本违反合同或对方当事人由于下列原因显然将不履行其大部分重要义务的情形：该对方当事人履行义务的能力或其信用有严重缺陷，或者他在准备履行合同或履行合同中的行为表明如此。

对预期明显看出对方根本违反合同的，本方当事人可宣告合同无效。[①] 但是，除对方当事人已声明他将不履行其义务外，如时间许可，打算宣告合同无效的本方当事人必须向另一方当事人发出合理的通知，使他可以对履行义务提供充分保证。

其他预期违反合同的，本方当事人仅可以暂时中止履行自己的义务，并应立即通知对方当事人。如对方当事人对其履行义务提供充分保证，则本方当事人必须继续履行义务。

塞浦路斯卖方与白俄罗斯买方贸易纠纷案(2016)[②]

本案当事人之间订立的合同规定：被告作为卖方应在一特定的时间段内为作为买方的原告生产并移交货物（机械和设备部件）；原告应预付货款，在不遵守预付截止日期的情况下，可延长交货截止日期。尽管买方预付过货款，有时却未能按照合同规定的截止日期预付。另外，尽管原告对每份合同支付了全部预付款，但被告只交付了部分货物并表示要中止履行其在合同下的义务。

白俄罗斯工商会国际仲裁院裁定原告胜诉，理由是：《公约》第 71 条规定，只有明显看到对方的信用、准备履行或履行方面有严重缺陷以致将不能履行其主要义务的情况下，才能行使中止本方履行义务的权利，且要立即通知对方，并在对方提供适当担保的情况下继续履行本方的义务；本案的被告没有满足该条件，其中止履行合同义务的行为不具有正当性。

（三）违反分批交货合同

《公约》第 73 条规定，对于分批交货的合同，对方当事人不履行对任何一批货物的义务，便对该批货物构成根本违反合同，本方当事人可宣告合同对该批货物无效。如果对方当事人不履行对任何一批货物的义务，使本方当事人有充分理由断定其对今后各批货物将会发生根本违反合同，则本方当事人可以在一段合理时间内宣告合同今后无效。如果各批货物是相互依存的，不能单独用于双方当事人在订立合同时所设想的目的，则买方宣告合同对任何一批货物的交付无效时，可以同时宣告合同对已交付的或今后交付的各批货物均无效。

① 周雪：《〈联合国国际货物销售合同公约〉根本违约制度研究》，《兰州文理学院学报（社会科学版）》2021 年第 5 期，第 124 页。

② 1352/24－14，该裁定的中文摘要可下载于 https://documents－dds－ny.un.org/doc/UNDOC/GEN/V17/070/20/PDF/V1707020.pdf? OpenElement，2023 年 8 月 23 日最后访问。

二、卖方违约时买方可采取的救济措施

在国际货物贸易中，卖方违约主要包括三种情形：不交货、延迟交货或所交货物与合同不符。对每种情形的违约，买方可以依法采取相应的救济措施。

(一)卖方不交货时买方可采取的救济措施

1. 请求实际履行

为了保护交易安全，在国际货物买卖中，卖方不交货时，如果买方仍然需要货物，而卖方也能够提供货物的，各国的货物买卖法和《公约》都允许买方提起实际履行之诉。《公约》第 46 条规定，买方可以要求卖方履行义务，除非买方已采取与此一要求相抵触的某种救济方法。

2. 宣布解除合同

在国际货物买卖合同中，卖方不交货是一种严重的或根本的违约行为。《公约》规定，如果卖方不在买方规定的合理时限的额外时间内交货，或卖方声明他将不在规定的时间内交付货物的，买方有权宣布解除合同。但是，买方宣布解除合同后就不能再请求实际履行。

3. 要求赔偿损失

如果买方由于卖方的不交货行为受到了损失，各国法律及《公约》都规定买方在采取其他救济措施的同时还有权要求赔偿损失。且《公约》还规定，买方请求损害赔偿的权利，并不因他行使采取其他补救办法的权利而丧失。此外，《公约》第 74 条还规定了损失赔偿额确定的基本原则，即一方当事人违反合同应承担的损害赔偿额，应与另一方当事人因他违反合同而遭受的包括利润在内的损失额相等。这种损害赔偿不得超过违反合同一方在订立合同时，依照他当时已知道或理应知道的事实和情况，对违反合同预料到或理应预料到的可能损失。

如果买方因卖方不交货而宣布合同无效，并在此之后的一段合理时间内以合理的方式购买了替代货物，或者卖方以合理方式把货物转卖，买方可索取的损害赔偿额为合同价格与替代交易价格之间的差额，以及按《公约》第 74 条规定可以取得的任何其他损害赔偿。如果买方没有补进货物或者卖方没有将货物转卖而货物又有时价，按《公约》第 76 条规定，买方可取得合同价格与时价之间的差额，以及按《公约》第 74 条规定可以取得的任何其他损害赔偿。《公约》第 77 条同时规定，声称另一方违反合同的一方必须按情况采取合理措施，减轻由于该另一方违反合同而引起的损失；否则，违反合同一方可以要求从损失赔偿中扣除原可减轻的损失数额，包括利润方面的损失。

(二)卖方延迟交货时买方应采取的救济措施

1. 要求卖方在一段合理的额外时间交货

在英美法系国家，买方并没有此项义务。但英美法系国家也没有禁止买方采取此项措施，因此，在这些国家，如果买方觉得此项措施对己有利并且可行，便可采取此项措施。我国和大陆法系国家一般则规定，在交货期届至，买方应发出催告让卖方在一段额外的合理时间内交货。《公约》只是明确规定，买方可以采取此项措施。因此，按照《公约》的规定，买方也没有必须采取此项措施的义务。

2. 宣布解除合同

在英美法系国家，只有延迟交货违反合同要件或构成严重违约时，买方才可以宣布解除合同。大陆法系国家则强调，只有经催告卖方仍未能在催告规定的额外时间内交货的，买方才能解除合同。《公约》融合了上述两项原则后做出如下规定：卖方延迟交货等于根本违反合同，卖

方或在买方规定的额外合理时间内仍不交货，或声明他将不在该额外时间内交货，买方即有权宣布解除合同。

3. 请求赔偿损失

各国法律及《公约》都规定，如卖方延迟交货给买方造成了包括利润在内的损失，则买方在采取其他救济措施的同时，有权请求赔偿损失。

（三）卖方交货与合同不符时买方的救济措施

卖方交货与合同不符是指，卖方虽然履行了交货的义务，但是其所交的货物在数量、品质、包装等方面不符合合同的约定，包括以下几种情形：卖方违反其权利担保义务使其所交货物遭第三人侵权指控；卖方违反品质担保义务使其所交货物品质存在瑕疵；卖方所交货物的规格、数量或包装与合同规定不符；等等。对此，买方可根据情况分别采取下列救济措施：

1. 要求卖方提交符合合同的货物

在英美法系国家，只有当其他救济方法不足以弥补买方损失时，买方才可能寻求此种救济措施。大陆法系国家一般允许种类物的买方采取此种救济措施。例如，德国《民法典》第480条规定："买卖的物仅指定种类者，其买受人得以请求向其提交无瑕疵的物代替有瑕疵的物……"

《公约》允许买方在下列条件下采取此项救济措施：(1)货物与合同不符达到了根本违反合同的程度；(2)买方在发现或理应发现货物有缺陷后的一个合同期限内就货物不符合合同规定之情形发出了通知，并在通知的同时或其后的一段合理时间内提出了提交符合合同的货物的要求；(3)买方必须采取合理措施对有缺陷的货物进行保全并做好退还卖方的准备。

2. 要求卖方对与合同不符的货物进行修补

各国法律及《公约》都规定，在某些情况下，买方可以采取此项救济措施。大陆法系国家一般规定，买方可在合同中规定其要求修正权，负修正义务的卖方应负担为修正目的而支付的必要费用。英美法系国家则一般规定，与合同不符的货物是可以修补的，并且对之修补不会给买方造成不合理的负担时，买方应让卖方对货物进行修补。《公约》规定，除非考虑所有情况之后认为修补是不合理的，否则买方就可以要求卖方通过修理对不符合合同之处做出补救；但是，买方应将修理的要求在合理的时间内通知卖方。

3. 要求减价

大陆法和《公约》都明确赋予买方在某些场合下要求减价的权利。英美制定法对此无规定，但在实践中，遇卖方所交货物与合同不符的场合，买方还是可以提出这项要求的。依照《公约》的规定，如果卖方不按公约规定对不符合合同规定的货物做出补救，买方即可要求减价；减价额按实际交付的货物在交货时的价值与符合合同的货物在当时的价值之间的比例计算。但是，如果卖方在交货日期前后，曾对交货不符合同进行了修补，或买方拒绝卖方对不符货物进行修补，买方就不能再采取减价的救济方法，只能请求损害赔偿。

4. 要求赔偿损失

《公约》规定，买方并不因行使了其他的救济方法而丧失请求赔偿的权利。因此，卖方所交货物如果与合同不符给买方造成了损失，买方即有权获得赔偿。

5. 宣布解除合同

《公约》规定，如果卖方所交货物不符合合同，构成根本性违约，或者虽然卖方所交货物不符合合同，未构成根本性违约，但卖方未能在买方规定的额外的合理时间内交付与合同相符的货物的，买方即可宣布解除合同。

三、买方违约时卖方的救济措施

在国际货物买卖合同的履行过程中，买方的义务包括支付货款和收取货物。因此，买方违约主要包括不付款或不完全付款、不收货或不全部收货、延迟付款或延迟收货等。对于买方违约后卖方可采取的救济措施，大陆法系国家一般规定卖方可以采取各种救济方式，如请求损害赔偿、请求解除合同、要求支付货款或提起支付价金之诉。

英美法系国家关于卖方救济措施的规定较为详尽，以美国《统一商法典》为例。该法典第2条第7款第3项规定了卖方以下几种救济措施：

1. 重新出售货物

当买方错误地拒收货物、不适当地撤销其已对货物的接受以及到期未付货款或未全部付款，卖方可以出售货物并将出售货物的价格作为计算其应得赔偿的基础。但卖方重新出售货物的方式必须合法且必须善意地将货物重新出售，否则，卖方不得以重新出售货物的价格作为计算其应得赔偿的基础。

2. 请求损害赔偿

在买方违约时，卖方可直接采取此项救济措施。损害赔偿额为应交货时交货地的市场价与合同价之间的差额以及任何其他的可预见的合理损失。

3. 提起支付货款的诉讼

在下列情况下，卖方可采用此项救济措施：(1)卖方无法重新出售货物。如果货物为特定物，卖方必须为买方妥为保管。(2)买方已接受了货物。(3)在货物灭失风险转移到买方后的一个商业上合理时间内货物灭失。

4. 拒绝交付货物

这是物权方面的救济。卖方行使这一权力的前提是发生买方无偿付能力的情况。具体分为两种情形：(1)如买方已收到货物，然后发生无偿付能力的情况，卖方有权在10天之内向买方发出通知，要求其归还货物。但如果买方在收到货物之后的3个月内曾以书面形式就自己的偿付能力欺骗了卖方，卖方就不受此10天期限的限制，而有权在任何时候要求买方退货。(2)如果在货物已交到承运人或其他受托人之后才发生买方无偿付能力的情况，卖方有权停止交货，但只能停止整批的交货(如一整车或一整船等)，而不能停止对一整批货的一部分的交货。

《公约》第3章第3部分在总结各国买卖法中关于买方违约时卖方的救济措施的规则后做出了如下规定：

1. 要求买方实际履行合同

《公约》第62条规定，卖方可以要求买方按合同的规定支付货款、收取货物或履行其他义务，除非卖方已采取与此种要求相抵触的某种救济方法。

2. 确定一段合理时间让买方履行其义务

买方违约后，卖方可以规定一段合理时限的额外时间让买方履行义务，在这一期限内卖方不得采取其他救济措施，除非卖方收到买方表示不在此期限内履约的书面通知。但因买方延迟履约而造成的损害，卖方有权要求赔偿。

3. 宣告合同无效

卖方只有在下列两种情况下才有权采取此项措施：(1)买方未履行其依合同或《公约》而承担的义务构成了对合同的根本违反；(2)在卖方确定了额外期限后，买方未能在此期限内履行其义务或宣布他拒绝在此期限内履约。宣布合同无效后，卖方仍然可以依据《公约》的有关规定采取其他的救济措施。

4. 要求赔偿损失

如果买方不履行他在合同中的义务，只要卖方因其违约行为遭受了损失，即可按《公约》规定的赔偿原则要求赔偿。卖方可能享有的要求损害赔偿的任何权利，不因他行使采取其他救济办法的权利而丧失。

四、保全货物

控制了货物的当事人在对方当事人违反了国际货物买卖合同时，采取保全货物的措施，既有此便利，也可以减轻对方当事人的损失，并可以在某些情况下保障自己的违约救济权利。《公约》在第 85～88 条中分别规定了买卖双方保全货物的义务。

在下列情况下，买方负有保全货物的义务：(1)如果买方收到货物后打算行使合同或《公约》规定的任何权利，把货物退回，他必须按情况采取合理措施，以保全货物。他有权保有这些货物，直至卖方把他所付的合理费用偿还给他为止。(2)如果货物已到达目的地并交给了买方来处置，而买方行使退货权利，则买方必须代表卖方收取货物，除非他这样做需要支付价款而且会使他遭受不合理的不便或承担不合理的费用；如果买方收取了货物则必须承担保全货物的义务。

卖方在下列情况下有保全货物的义务：(1)如果买方推迟收取货物，或在支付价款和交付货物应同时履行时，买方没有支付价款，而卖方仍有这些货物或仍能控制这些货物的处置权，卖方必须按情况采取合理措施，以保全货物。他有权保有这些货物，直至买方把他所付的合理费用偿还给他为止。(2)在上述买方承担保全货物的第 2 种情形下，如果卖方或授权代表他掌管货物的人也在目的地，那么卖方承担保全货物的义务。

《公约》规定，买卖双方均可采取将货物寄放或出售的方法保全货物。有义务采取措施以保全货物的一方当事人采取寄放的方式保全货物时，费用由另一方承担，但该项费用必须合理。

如果另一方当事人在收取货物或收回货物、支付价款或保全货物费用方面有不合理的迟延，有义务保全货物的一方当事人，可以采取任何适当办法，把货物出售，但必须事前向另一方当事人发出合理的意向通知；如果货物易于迅速变坏，或者货物的保全牵涉到不合理的费用，有义务保全货物的一方当事人必须采取合理措施把货物出售，在可能的范围内，他必须把出售货物的打算通知另一方当事人；出售货物的一方当事人，有权从销售所得收入中扣回为保全货物和销售货物而付的合理费用，但他必须向另一方当事人说明所余款项。

本章小结

国际货物买卖是一种常见的国际商事交易，国际货物买卖法由此而成为国际商法的重要组成部分，本章主要阐述国际货物买卖合同中买卖双方的权利和义务以及违反这些义务的救济措施。

建议的选读资料

1. 连俊雅：《〈联合国国际货物销售合同公约〉在中国的司法适用困境及应对—以当事人协议选择中国法为视角》，《国际法研究》2023 年第 1 期。

2. 林燕萍、朱玥:《突发性重大传染病疫情下 CISG 第 79 条的适用及其启示》,《华东政法大学学报》2021 年第 4 期。

3. 贺辉:《Incoterms 何以在国际贸易中适用—从 CISG 第 9 条切入》,《法学》2022 年第 7 期。

4. 覃娜、尤一帆、杨帆:《基于〈国际贸易术语解释通则 2020〉的贸易术语实践》,《对外经贸》2022 年第 11 期。

5. Michael G Bridge, The CISG and Commodity Sales: A Relationship to Be Revisited? *Singapore Journal of Legal Studies*, September 2021.

6. Loïc Stucki, Specific Performance and Article 28 CISG: The 'Domestic Law Defence' in the Age of Digital Sales, *Vindobona Journal of International Commercial Law & Arbitration*, 2021.

思考题

1.《联合国国际货物销售合同公约》规定的买卖双方的义务各主要有哪几项?

2. 关于货物所有权转移时间的基本规定有哪几类?分别以哪个国家为代表?

3.《联合国国际货物销售合同公约》规定的卖方的违约救济措施包括哪几项?

4. 试简述在《2010 年国际贸易术语解释通则》中,FOB 术语和 CIF 术语下买卖双方的权利和义务分别包括哪几项?

案例分析

1. 2022 年 8 月 15 日,中国 A 公司应美国 B 公司的请求,向对方提出出售某初级产品 150 吨,人民币 3 850 元/吨 CIF 伦敦,即期装运的要约。对方接到中国 A 公司报盘后,请求后者增加数量,降低价格,延长有效期。中国 A 公司 8 月 26 日回电:数量增至 250 吨,价格减至 3 770 元,有效期延至 9 月 15 日。美国 B 公司 9 月 12 日来电表示接受中国 A 公司报盘,但附加了包装条件为"需提供良好的适合海运的袋装"。与此同时,中国 A 公司发现因气候影响,该产品的国际市场价格猛涨,于是在 9 月 13 日复电称:"由于世界市场的变化,货物在接到你方 12 日来电前已出售。"对方认为合同已成立,坚持要求我方依约履行合同。中国 A 公司不认为合同已经成立,且无货可供。

【问题】

(1)双方发生纠纷时,应适用什么法律?(提示:中、美两国都是《联合国国际货物销售合同公约》的成员国。)

(2)中国 A 公司 8 月 26 日的回电是否构成要约?为什么?

(3)对方 9 月 12 日的来电是否构成承诺,为什么?

(4)根据《联合国国际货物销售合同公约》,中国 A 公司可否于 9 月 12 日前撤销要约?为什么?

(5)中国 A 公司 9 月 13 日的复电是否构成拒绝?理由是否充分?

2. 2020 年 3 月 6 日,德国的 S 公司与美国 W 公司签订了由前者向后者销售 M 规格 600 台冰箱的合同,规定每台纽约到岸价 1 200 美元,隔 2 个月共 6 批,每批交 100 台,当年 4 月底卖方应发送第一批货物。第一批货物得到了顺利的交接,第二批货物却由于S公司错发规格被退回。由于竞争激烈及经济危机等原因,以上第一批货物在被W公司收取后的2个月内仅售出35台。2020年7月16日,W公司正式向S公司发出通知称:鉴于S公司存在违约交货情况,W公司决定取消今后各批次的冰箱订购,并退回第一批余货。

【问题】

(1)根据德、美两国都参加的《联合国国际货物销售合同公约》,W公司针对S公司第二批货物的违约行为可采取哪些救济措施?为什么?

(2)如果W公司坚持上述主张,S公司可以采取哪些符合《联合国国际货物销售合同公约》的对策?为什么?

第五章

5

国际货物运输法

教学目的和要求

1. 全面掌握海上货物运输关系中当事人的基本义务
2. 熟悉《国际铁路货物联合运输协定》的基本内容
3. 掌握《华沙公约》和《蒙特利尔公约》对空运当事人权利和义务的规定
4. 了解《联合国多式联运公约》的基本内容

第一节 国际海上货物运输概述

一、国际海上货物运输的定义和类型

国际海上货物运输，是指承运人(Carrier)负责将托运人的货物由一国某一港口运往他国另一港口并收取运费的活动。

国际货物海上运输具有运输量大、运输成本低、通过能力较少受限制等优势，因此，在国际贸易货物总量中，几年前，大约有80%或90%[①]的货物采用这种运输方式。目前仍达到2/3以上的，且在我国的进出口运输总量中占比仍约为90%[②]但是，海上运输容易受自然条件的影响，航行速度也比较慢而且运输风险较大，并且由于涉及的当事人较多，需要调整的法律关系较为复杂。故本章着重介绍海运方面的法律问题。

海上运输根据船舶经营方式不同可以分为班轮运输和租船运输两类。

(一)班轮运输

班轮运输(Liner Transport)，又称定期运输，是指承运人接受众多托运人的订舱，将属于不同托运人的货物装于同一船舶，按预先规定的船期，在一定的航线上，以既定的港口顺序，经常地航行于各港口之间的运输。由于承运的主要是零货或杂货，所以班轮运输又称件杂货运输。班轮运输在运费方面的特点是：班轮公司按固定的费率收取运费，船公司负责装卸费，并且不计滞期费和速遣费。根据班轮运输合同，承运人接收货物后，一般向托运人签发提单，班轮运输由此也称提单运输。但在实践中，承运人根据不定期船运输合同的特别规定也会签发提单，因此，仅将提单运输界定为班轮运输是不确切的。

(二)租船运输

租船运输(Carriage by Charter)又称不定期船运输(Tramp Shipping)。这种运输方式没有固定的船期、航线、港口和航行日期，完全根据货源的情况决定船舶的去向。运费或租金随各地区、各个不同时期的市场行情而定。它主要适用于需要整船的大宗货物的运输。

按不同的租赁方式，租船运输又可分为期租船(Time Charter)、程租船(Voyage Charter)和光船租船(Bare Charter)三种。根据不同的租船方式订立的租船合同相应地可分为期租船合同、程租船合同和光船出租合同。各种租船运输中的船东与承租人就船舶和货物运输的权

---

① 参见曹姗、蒋正雄：《东亚其他地区海上货物运输立法对于中国的借鉴价值》，《中国海商法研究》2017年第3期，第32页。See also Wendy E. Scaringe, Cargo Insurance and Construction Delay Risk, *Construction Lawyer*, Fall 2018, pp. 34—35.

② 参见罗薇、吉海龙：《〈国际海事危险货物运输规则〉39—18修正案主要修订内容介绍》，《国际交流》2020年第1期，第61页。

利、义务、风险、责任和各种费用的划分等，均视具体的租船合同而定。但光船租船实际上仅为财产租赁的一种形式，出租人并不承担运输义务，因此光船租船合同本身不能视为一种海上运输合同。

二、调整海上货物运输的法律规范

（一）国际公约

国际上调整提单运输的公约有四个：《海牙规则》《维斯比规则》《汉堡规则》和《鹿特丹规则》。

1.《海牙规则》

为统一各国提单运输方面的法律规则，国际海洋法委员会于 1921 年在海牙召开会议，制定了《海牙规则》。该规则后经数次修改，于 1924 年 8 月 25 日在布鲁塞尔召开的 26 国外交会议上获得通过，全称为《关于统一提单若干法律规定的国际公约》（International Convention for the Unification of Certain Rules Relating to Bills of Lading），通常仍称之为《海牙规则》（Hague Rules）。该规则自 1931 年 6 月 2 日起生效，现已拥有 80 多个缔约方。

2.《维斯比规则》

为适应海洋运输发展的新形势，1968 年 2 月 23 日召开的第 12 届海洋法外交会议对《海牙规则》进行了修订，通过了《修订统一提单若干法律规定的国际公约的议定书》（Protocol to Amend the International Convention for the Unification of Certain Rules Relating to Bills of Lading），简称《维斯比规则》（Visby Rules）。该规则自 1977 年 6 月 23 日起生效，目前已拥有 20 多个缔约方。

该规则与前面的《海牙规则》都不适用于舱面货运输。①

3.《汉堡规则》

很多发展中国家对不合理维护船方利益的《海牙规则》和《维斯比规则》很不满意，有鉴于此，在联合国主持下，1978 年通过了《联合国海上货物运输公约》（United Nation's Convention on the Carriage of Goods by Sea）。该公约制定于汉堡，所以又被称为《汉堡规则》（Hamburg Rules）。《汉堡规则》于 1992 年 11 月 1 日起生效，目前的缔约方达 20 个。但由于该公约较多地体现对货主的保护，因此，其缔约方主要为一些发展中国家和航运业因本国年轻人越来越少地选择非海员而萎缩的一些发达国家，世界上主要的航运大国尚未加入这一公约。

Handelsges. m. b. H. 诉某承运人纠纷案（2018）②

原告 Handelsges. m. b. H. 作为托运人同被告某承运人达成了一项合约，规定将两集装箱的有机小麦经多瑙河水道从乌克兰运到奥地利。运送船撞上了河堤致该批货物浸泡和鼠患严重的危机。原告意图按照《汉堡规则》起诉索赔损失，奥地利最高法院 2018 年 6 月 22 日判决驳回其主张，理由是：该规则第 2 条规定它适用于不同国家间的"海上运输合同"（Contracts of Carriage by Sea）；联合国贸发会秘书处的一份报告表明"海上"（By Sea）仅指"海洋上的运输"（Maritime Transport Only）；本院认为，根据该规则第 2 条，必须与海上运输有联系时，该规则才可被适用，本案由于是经多瑙河水道运输而缺乏这种联系。

① 参见吴权道：《舱面货运输下承运人的责任制度》（二），《集装箱化》2018 第 7 期，第 24～27 页。

② 本案详情可见于 https://documents-dds-ny.un.org/doc/UNDOC/GEN/V20/031/77/PDF/V2003177.pdf?OpenElement，2023 年 2 月 5 日最后访问。

4.《鹿特丹规则》

由于海上运输法很不统一，早在1988年4月22日，国际海事委员会(CMI)在讨论1990年巴黎会议议程的大会上即已提出海上货物运输法的统一问题。1994年4月13日，CMI执行理事会成立了国际工作组专门研究海上货物运输法的统一问题。后来，联合国贸易发展委员会(UNCITRAL)在启动新一轮统一国际海运立法时，委托了CMI具体组织起草工作。CMI于2001年年末完成了"运输法文书草案"(或称运输法框架文件)，并把该草案提交UNCITRAL。为审核该文书草案，UNCITRAL于2001年第34次会议上决定成立专门的"运输法工作组"(第三工作组)，到2008年1月后形成了新草案文本，在2008年12月11日第63届联合国大会第67次会议上以《联合国全程或部分海上国际货物运输合同公约》之名获得通过，并定于2009年9月23日在荷兰鹿特丹举行签字仪式，将公约称作《鹿特丹规则》(The Rotterdam Rules)，先后有20多个国家签署，几乎一半是非洲国家，亚洲的签字国仅有地处高加索地区且无沿海的亚美尼亚，但只有西班牙一个国家批准加入，离需满20个国家的批准生效要求相去甚远。同时，虽然已习惯将《鹿特丹规则》归类为"海运公约"，但其适用范围却不仅限于海运，它对包括了海运的多式联运也是适用的。[①] 尽管如此，由于其代表着国际海运规范的发展方向，本章也会在其他一些地方介绍其相关的具体规定。

(二)国际惯例

目前，关于海上货物运输的最重要的国际惯例要数1990年的《国际海事委员会海运单统一规则》。

由于造船技术的进步、航运速度和装卸效率的提高，证明海上货物运输合同并构成货物收据的海运单(Sea Waybill)越来越受到船货双方的青睐。在此形势下，《国际海事委员会海运单统一规则》(CMI Uniform Rules for Sea Waybills)便应时而生。该规则供海运当事人自愿采用，其主要内容如下：

(1)适用范围。该规则第1条规定适用于当事人明确采纳该规则的不可转让的海运单。

(2)明确收货人在运输合同中的地位。该规则第3条第1款规定："托运人不仅代表其本人，同时也作为收货人的代理人代为订立运输合同，并且向承运人保证他具有此种权利。"据此可见，收货人可以以承运人的被代理人的方式成为运输合同的当事人。

(3)承认强行法的效力。该规则第4条第1款规定：运输合同应受适用于由提单或类似所有权单据所包含的运输合同的国际法或国内法约束。

(4)规定海运单的性质。该规则第5条第2款规定：如承运人未作保留，海运单或类似单据中有关货物数量或状况的任何记载，在承运人与托运人之间应是收到如此记载货物的初步证据，在承运人与收货人之间应是收到如此记载货物的终局证据，并且不得提出反证，但以收货人善意行事为条件。该规则第7条进一步规定，承运人凭收货人出示适当身份证明交货。这说明海运单仅具有运输合同证明和货物收据的作用。

(5)明确托运人的权利和义务。根据该规则第6条的规定，托运人是唯一有权就运输合同向承运人发出指示的当事人。除非所适用的准据法禁止，否则在货物抵达目的地后，收货人请求提取货物之前的任何时候，托运人有权改变收货人的名称，但托运人做出改变时，应采用书面或其他承运人可接受的方式，给予承运人合理的通知并承担由此产生的额外费用。托运人

---

① 参见韦经建：《〈鹿特丹规则〉对于国际多式联运合同的适用》，《中国海商法年刊》2011年第3期，第9页。See also Wendy E. Scaringe, Cargo Insurance and Construction Delay Risk, *Construction Lawyer*, Fall 2018, pp. 35－36.

可以采用在海运单或类似单据上批注的方式将上述对货物的支配权转让给收货人，此权利一经转让即不能收回。此外，托运人还应保证其提供的有关货物情况的正确性，否则应对承运人由此所造成的损失负责赔偿。

（三）国内法

随着海上货物运输日益重要，许多国家都制定了有关海上（或水上）货物运输的专门的法律规范。美国国会早在 1893 年就通过了《关于船舶航行、提单以及与财产运输有关的某些义务、职责和权利法》（An Act Relating to Navigation of Vessels，Bill of Lading，and to Certain Obligations，Duties and Rights in Connection with the Carriage of Property），即著名的"哈特法"（Hart Act）。受美国影响，澳大利亚、新西兰等国家也纷纷制定了海上或水上货物运输法，英国制定了《1924 年海上货物运输法》（Carriage of Goods by Sea Act，1924，并于 1992 年修订）。《海牙规则》生效后，很多缔约方以国内法的形式将《海牙规则》法典化，如美国 1936 年的《海上货物运输法》等。后来，很多国家和地区这方面的法律制度都发生了与时俱进的变化。例如，随着电子技术的发展，澳大利亚 1998 年的《海上货物运输法》（Carriage of Goods by Sea Regulation 1998，COGSG 1998）率先地授权当事人自由地使用电子提单，美国 2003 年修订的《统一商法典》和韩国 2007 年的《商法》也都对电子提单做出了规范。[①]

中国于 1992 年 11 月 7 日通过了《海商法》，1993 年 7 月 1 日《海商法》开始实施，用以调整海上货物运输、旅客运输、海上保险、海上救助等法律关系。我国至今尚未参加上述三个国际公约。但我国《海商法》关于海上货物运输合同的规定是以《海牙规则》和《维斯比规则》为基础的，而且适当吸收了《汉堡规则》的某些规定。同时由于历史的局限性，我国《海商法》没有吸收英国《1992 年海上货物运输法》等中的先进性规定，使得提单之外的海运单、提货单、电放单等单据的持有人不具有与托运人相同的合同诉权，从而在实践中产生了不利于保护收货人合法权益的后果。[②] 该法还有未将内河运输涵盖、承运人的责任期限不合理等其他多种缺陷。[③] 值得期待的是，该法的修订已列入了我国人大的立法规划，并且其修改稿已做了多处重要的修改。[④]

第二节 提单运输

一、提单的概念和作用

（一）提单的概念

提单是指用于证明海上货物运输合同和货物已由承运人接收或装船以及承运人保证据以交付货物的单证。提单中载明的向记名人交付货物，或者按照指示人的指示交付货物，或者向

① Ling Zhu & Zhuangyi Li，The Blockchain Bill of Lading and Its Function as a Document of Title 1，*The Tulane Maritime Law Journal*，Winter 2022，pp. 87－92.

② 姚新超：《"电放"货物的风险及海运单的应用》，《中国海商法年刊》2010 年第 3 期，第 22 页。

③ 参见曹姗、蒋正雄：《东亚其他地区海上货物运输立法对于中国的借鉴价值》，《中国海商法研究》2017 年第 3 期，第 35 页。同时参见曹姗、蒋正雄：《关于将内河货物运输纳入〈海商法〉调整范围的立法建议》，《中国海商法研究》2017 年第 3 期，第 11 页。

④ Ling Zhu & Zhuangyi Li，The Blockchain Bill of Lading and Its Function as a Document of Title 1，*The Tulane Maritime Law Journal*，Winter 2022，pp. 87－96.

提单持有人交付货物的条款，构成承运人据以交付货物的保证。货物由承运人接管或装船后，应托运人的要求，由承运人、船长或承运人的代理人签发提单。

(二)提单的作用

1. 提单是承运人与托运人之间达成的海上货物运输合同的证明

提单不是海上货物运输合同本身，却能证明运输合同的存在及其内容。除承运人与托运人事先另有约定外，提单上的条款，是承运人与托运人之间达成的海上货物运输合同的内容。然而，如果提单的内容与运输合同条款不一致时，承运人与托运人之间的权利和义务以合同内容为准。

2. 提单是承运人接管货物或将货物装船的证明

承运人签发提单，就意味着一定数量、品质条件的特定货物已装上船，或者在其保管下。《海牙规则》第 3 条第 4 款规定，提单是承运人已按提单上所载情况，收到货物的初步证据(Prima Facie Evidence)。如果承运人实际收到的货物与提单上的内容不符，承运人必须证明自己尽了适当谨慎职责，否则应按提单内容向提单持有人负责。特别是对经受让而变成的提单善意持有人，承运人不得以提单中的“承运人对货物数量、重量、件数、表面状况未详”或“托运人装船并点数”等“未知条款”(Disclaimers)免除自己按照提单中所列的数量或表面良好的状况向收货人交货的义务。因为在购买提单时，由于没有机会接触货物和了解货物的实际状况，受让人只能完全依赖承运人在提单中所承认的事项做出购买提单的决定。承运人只有在不违反有关强行法的情况下，采用具体明示的方法限制其对提单中货物的责任。

西路咖啡公司诉莱特努案(1982)

原告(西路咖啡公司)作为提单受让人购买了 1 710 箱巴西咖啡。在负责检验和点数的一政府官员监督下，这些咖啡装封于 6 个集装箱并加锁，接着存于装运港仓库，然后装入被告(莱特努)的船上。被告签发了一份已装船的提单，列明了集装箱的号码、装入咖啡的箱数和装入后的毛重。被告没有点数箱数。被告在提单的未知条款中声称集装箱“据说装入”托运人描述数量和种类的货物并由托运人点数和装载。船舶到达纽约后经原告检验发现短少 419 箱或大约 20 吨咖啡。针对原告的索赔，被告以提单中的未知条款作抗辩。美国第 2 巡回区法院 1982 年判决认为，提单中“据说重量”的一般声明不能对抗受让提单的原告，因为提单中列出的数量构成了被告装运所有咖啡的初步收据；由于装箱采用金属丝封合和加贴 IBC 标志并不独特，因而很容易复制，集装箱上的锁也是可以拧下的，在装运、航行途中(包括停靠过其他三个港口)和卸货过程中有足够的时间使集装箱遭到偷窃，而咖啡又是一种高需求易售出的产品；这样，只有在被告成功地证明其监督与防范的范围、内部安全措施和其他安全措施使偷窃在码头或运程中不可能发生的情况下，才能得出被告没有过失的结论，被告却仅证明在码头上采取了一般安全措施；尽管具体的偷窃技巧尚未查明，被告未能证明自己采取了有效防止货物被盗的安全措施，原告的初步证据未被适当反驳，因此，原告有权要求赔偿损失。

值得注意的是，为避免纠纷，《维斯比规则》和英国《1992 年海上货物运输法》干脆规定：对善意的受让人而言，提单是承运人收到货物的终局证据(Conclusive Evidence)。

3. 提单是货物所有权的凭证

物权凭证是法律承认它能够代表凭证上所指货物的一种单据，持有者可据以对该提单下的货物主张权利[①],既可以以出售提单的方式出售货物,也可以凭提单向承运人或其代理人提货。而非提单持有人即使是真正的货主也无权提走提单项下的货物。若承运人将货物交于非提单持有人,则该承运人须对提单持有人的损失负赔偿责任。在第八章提及的跟单信用证买卖的情况下,无论货物何时实际交付,货物所有权自提单交付时转于买方。[②]

Mitsui Osk Lines 泰国公司诉 Jack Fair Pty 公司案(2015)[③]

本案中的原告 Mitsui Osk Lines 泰国公司是一份 1 760 袋泰国大米的联运提单承运人,该批货物的目的地为澳大利亚悉尼。被告 Jack Fair Pty 公司为该批货物的通知方。被告在目的地领取该批货物时,向原告提供了背面有其一董事签字并加封该公司封印的不可转让提单的副本。原告在通过和解方式向提单原件真正持有人和真正的货主赔付了 1 518 711.04 泰铢之后提起了诉讼,澳大利亚联邦巡回法院 2015 年 3 月 10 日判决被告赔偿原告包括先前律师费等一切损失,理由是:提单两百多年来都代表了货物的所有权,被告不是提单原件真正持有人和真正的货主,原告员工在识别提单文件时做到了合理的谨慎,被告的行为误导了原告以为其是提单原件真正持有人。

不过,在收货人出现破产的情况下,挪威最高法院的多数法官在近年来的一项判决中却表明了不同的立场。

Genfoot 公司诉 SCHENKERocean 有限公司案(2019)[④]

原告 Genfoot 公司的国籍是加拿大,其业务包括通过分销商将鞋子出售到欧洲市场。2011 年 11 月,原告与名为"Portland Norge AS"挪威方当事人(以下简称买方)达成了分销 Kamik 鞋子的协议,约定:准据法为魁北克法(The Laws of Quebec);装运前付款。然而,实践中有时允许买方赊购。

被告 SCHENKERocean 有限公司注册于中国香港,并在中国、挪威、加拿大等国都有代理人。2014 年 5 月 14 日,买方与被告的挪威代理人 Schenker AS 达成了运货有关的框架协议。次月,原告从中国两家工厂购得鞋子后按 FOB 价赊销于买方,后者负责安排了去挪威的运输。这批货物分装于编号为 ＃993、＃994、＃995 和 ＃049 的 4 个集装,案涉其中的 ＃994 和＃995 两箱。中国代理人代表被告于同月 18 日签发了 3 份提单原件,注明中国制造商是托运人,原告为收货人。获得付款后,中国制造商向原告交付了提单。同年 7 月 18 日,原告空白背书了提单,经被告在加拿大的代理人 Schenker 之手寄给了上述的 Schenker AS。按原告先前的指示,该提单直接给了买方,后者之后又提交给了 Schenker AS。

货到目的港奥斯陆时,原告指示被告放货。当天,买方的银行因透支而终止支付货款,买方立即向原告做了通知。次日,原告指示 Schenker 保有集装箱待进一步的通知,同日,后者将该指令发给了 Schenker AS 。Schenker AS 第 2 天回应称买方已持有这些集装箱提单的原

---

① See Juliet M. Moringiello & Christopher K. Odinet, The Property Law of Tokens, *Florida Law Review January* 2022, pp. 624—625.

② See Hossein Nabilou, Transaction Finality in Blockchains: Legal Considerations, *Journal of International Banking and Financial Law* (*UK*), June 2022, pp. 411—422.

③ [2015]FCCA 558.

④ 该判决的英译文可见于 https://www.domstol.no/globalassets/upload/hret/decisions-in-english-translation/hr-2019-231-a.pdf,2023 年 2 月 8 日最后访问。

件，由此暗示货物已属于买方而不能按原告指示保有。原告复答不能接受这种立场并提到 Schenker 已明令保有奥斯陆的集装箱。然而，此时的集装箱并没有交于买方。原告便反复试图阻止向买方交货。与此同时，被告逼迫买方支付增值税、先前未付的运费、港口其他税费及储存费等并威胁称要卖掉集装箱。在支付商定的款项后，Schenker AS 向买方交了货，1 周多后的次月 6 日，买方就进入了破产程序。

未获付款的原告便向被告索偿。2019 年 2 月 6 日，挪威最高法院 5 人法庭中 4 人赞同的判决认为，被告应向原告赔偿 350 048 美元及指定日之后延期支付的利息，外加承担三审法院的诉讼费用及延期支付的利息，理由是：《联合国国际货物销售公约》第 71 条赋予了原告的停止交货权，该权利并未被规定以向买方及时通知为前提；本案涉及承运人的注意义务和侵权责任，相关损失发生在挪威而应适用挪威法；承运人应注意到基础合同赋予的原告的停止交货权，这是一项准合同的义务；至少被告的代理人 Schenker AS 意识到了买方缺乏经济偿付能力，在此情况下，被告就不能忽视原告的停止交货指令；被告作为专业运输人对其缺乏《海商法典》第 307 条中知识的状态必须明确地承担风险。

此外，针对现实中船到单未到的现象，为便利交易、加速货物的流转、减少不必要的经济损失而屡屡发生的无单放货问题，以及平衡承运人与收货人的利益，《鹿特丹规则》第 47 条首次以国际公约的形式明确规定：签发可转让运输单证或可转让电子运输记录时，在正常情况下，承运人必须严格遵循凭单放货(第 1 款)；可流通运输单证上明确记载无须提交该运输单证便可交货的，则如果单证持有人在接到了到货通知后未能在规定的时间和期限内到达目的地要求提货，或者持有人未适当表明身份的，或经合理努力承运人无法确定持有人，承运人就有权听从托运人或单证托运人的指示放货，并视为承运人已经正确履行了交货义务，而无须承担无单放货的责任(第 2 款)。[①]

二、提单的种类

(一)按货物是否已装船划分

1. 已装船提单

已装船提单(Shipped Bill of Lading 或 On Board Bill of Lading)指在货物装船后签发的提单。这种提单一般列明了船名和装船日期。国际货物买卖合同和信用证一般都规定，卖方须提供已装船提单。

2. 备运提单

备运提单(Received-for-Shipment Bill of Lading)又称待运提单，其内容表明承运人已收到货物但尚未装船。由于货物何时装船和启运未定，因此国际货物买卖中的买方在多数情况下不愿意接受备运提单。但在集装箱运输中，尤其是承运人在内陆站收货时，常常签发这种提单。为推动集装箱运输，国际商会 1993 年修订的《商业跟单信用证统一惯例》规定：除非信用证明确要求已装船的运输单据，否则银行将接受表明货物已接受监管时或收货待运的运输单据。货物装船后，托运人也可凭备运提单向承运人换取已装船提单。

---

① 参见韩立新：《〈鹿特丹规则〉下可流通提单“物权凭证”功能沦丧抑或传承？》，《海商法年刊》2010 年第 3 期，第 5 页。同时参见卢小青：《〈鹿特丹规则〉规制无单放货之新动向》，《世界海运》2010 年第 10 期，第 71～72 页。

(二)按提单上有无不良批注划分

1. 清洁提单

清洁提单(Clean Bill of Lading)指提单上没有任何有关货物表面状况不良批注的提单,表明承运人在接受货物时,货物的外表状态良好(In Apparent Good Order and Condition)。表现状况良好并不排除货物内在的缺陷和其他目光不能企及的不足。承运人签发了清洁提单,就要受其约束,如果货到目的港后发现表面残损,承运人应对收货人负赔偿责任。提交清洁提单也常常是国际货物买卖中卖方承诺的合同义务。

El Jordan 诉 Solymar 案(2004)

El Jordan 是一家电子消费品的零售商和批发商,纽约海事公司(以下简称货运代理人)是 El Jordan 的货物保险人,双方为本案的共同原告。本案的被告 Solymar 公司为一家运输公司。

2001 年 8 月,El Jordan 从 S & A 公司(以下简称卖方)购进一批电视和音响并订船运输该批电子产品。El Jordan 要求货运代理人安排运输。货运代理人选择了被告负责将货物从佛罗里达的 Everglades 港运至洪都拉斯的 San Pedro Sula 港。被告提供了一个 45 英尺的集装箱交给了卖方,卖方将货物在完好的状态下装于集装箱内并交给了承运人。被告根据货运代理人的要求签发了清洁提单,注明托运人是卖方,收货人是洪都拉斯的 El Jordan 公司。当货物到达洪都拉斯时,货物遭到了损害。原告以没有按照提单交付货物为由起诉被告,要求损害赔偿。被告则声称自己不是清洁提单的一方当事人,拒绝承担责任。

法院认为:被告承运公司在答辩中声称其不是承运人的说法毫无证据;该案适用的法律是美国《海上货物运输法》,该法规定提单上对货物的描述对于承运人来说是最初证据;本案中原告提供的证据表明货物在交给被告时是完好无损的;被告签发了清洁提单,表明其在接收货物时货物是完好无损的;没有证据证明被告行使了正当的注意义务以避免货物的损害,也没有证据证明货物的损失是由于不可避免的原因造成的。法院在综合考察了事实和法律后,判决被告败诉。

2. 不清洁提单

不清洁提单(Unclean Bill of Lading)是指承运人对货物表面状况作有不良批注的提单。这种不良批注包括"污损"(Stained)、"包破"(Bags Broken)或"锈损"(Rust Damage)等。在目的港交货时,承运人对属于不良批注范围内的货损不负责任。因此,国际货物贸易中的买方及其委托的银行一般拒绝接受不清洁提单。在实践中,对有问题的货物,托运人多出具保函向承运人求得清洁提单。若承运人明知或应知货物有问题而仍签发清洁提单的,保函则是无效的;反之,若承运人出于善意,并且无任何过错,则保函是有效的。《汉堡规则》在其第 17 条中也承认这点。

(三)按提单上收货人的抬头划分

1. 记名提单

记名提单(Straight Bill of Lading)指只能由指定收货人提货的提单。记名提单不得背书转让,也称不可转让提单。我国一些法官作者主张:记名提单不具有物权凭证的性质。[①] 不过,值得注意的是,英国上议院 2005 年在对 The Rafaela S 案的判决中认为:记名提单尽管不

① 参见何永宏:《"一带一路"背景下记名提单凭单放货理论依据的再探索——国家对海上货物运输合同自由的干预》,《法律适用》2021 年第 12 期,第 93～104 页。

能转让，在记名的收货人手中，该提单却仍然是货物所有权凭证，记名的收货人有权凭提单收取货物。

2. 不记名提单

不记名提单(Open Bill of Lading 或 Blank Bill of Lading)指在提单的收货人栏内，不写明具体的收货人或某人指示，通常只注明“持有人”(Bearer)或“交与持有人”(to Bearer)。这种提单无须背书即可转让。凡持票人均有权提取货物。

3. 指示提单

指示提单(Order Bill of Lading)是指提单的收货人一栏内载明“凭某人指示”(to the Order of…)或“凭指示”(to Order)字样。前者称为记名指示提单，承运人应按记名的指示人(Named Person)的指示交付货物；后者称“不记名指示提单”，承运人按托运人的指示交付货物。指示提单可以经背书而转让。在国际贸易中多采用指示提单。

(四)根据运输方式划分

1. 直达提单

直达提单(Direct Bill of Lading)是指货物由一艘船舶从装运港运至目的港的提单。

2. 转船提单

转船提单(Through Bill of Lading)是指货物需经两艘以上船舶连续运至目的港的提单。

3. 联运提单

联运提单(Combined Bill of Lading)是指货物需经两种以上运输工具连续运至目的地的提单。

(五)按体现形式划分

1. 纸质提单

纸质提单(Paper Bill of Lading)是指内容书写和/或打印于传统纸类材料上的提单。

2. 电子提单

电子提单(Electronic Bill of Lading)是指通过电子形式签发和流转的能够模拟纸面提单达到功能等同效果的电子数据。①

3. 区块链提单

区块链提单(Blockchain Bill of Lading)是指用区块链技术记录的提单。②

三、提单的内容

国际上许多大的船运公司都有自己的格式提单，但内容基本一致，一般分为正面记载事项和背面条款两部分。

提单的正面一般记载下列事项：船名，承运人的名称和主营业所，托运人的名称，收货人的名称，装运港和在装货港接收货物的日期，卸货港(如是转船或联运提单还要列明转船或转运地点)，货物的品名、标志、包件的数量与种类、重量或体积，货物表面状况，运费及支付方式，提单签发的日期、地点和份数，承运人或其代理人的签名等。

提单的背面一般是托运人和承运人规定各自权利义务的主要条款。通常有以下内容：管

① 刘佳琪：《我国电子提单法律地位研究》，《珠江水运》2021年第1期，第61页。

② Ling Zhu & Zhuangyi Li, The Blockchain Bill of Lading and Its Function as a Document of Title, *The Tulane Maritime Law Journal*, Winter 2022, pp. 87—92.

辖权及法律适用，承运人的责任范围、责任期间、免责事项及赔偿限额，装货、卸货和交货的方式及费用分担，货物灭失或损坏的通知及时限，危险货物及其处理方法，转运、换船、联运与转船，留置权的行使，熏蒸条款，共同海损条款和新杰森条款，双方有责任碰撞条款等。

四、提单当事人的责任制度

(一)承运人的责任制度

1. 承运人的基本义务

根据《海牙规则》《维斯比规则》《汉堡规则》《鹿特丹规则》和包括我国在内的有关国家的国内法，承运人有以下几项基本义务：

(1)提供适航船舶。《海牙规则》等国际公约和包括我国在内的很多国家的国内法将提供适航[①]船舶作为承运认的一项绝对义务，承运人不得采用与托运人约定的方式排除此项义务。根据《海牙规则》第 3 条第 1 款，承运人提供适航船舶的义务包括：提供适于航行的船舶；配备适当的合格船员、装备和供给；使货舱、冷藏舱和其他载货处所适于并能安全接受、载运和保管货物。不过，《海牙规则》并不要求承运人所提供的船舶在任何时候都必须处于适航状态，而仅限于开航前和开航时，并限于做到“谨慎处理”(Due Diligence)的程度。这种“谨慎处理”不仅包括承运人的“谨慎处理”，还应该包括代理人或其雇员的“谨慎处理”。

格波公司诉萨宾公司案

被告(萨宾公司)的船舶承运了原告的一批钢材，装运时，该批货物的表面状况良好，到达目的港时却显示出受潮锈损，原告(格波公司)以未备用覆盖货物的防水油布为由指控被告的船舶不适航。但美国法院认为，运输船舶的舱口及舱盖在船舶到达目的时经主管官员检验仍处于良好状态，没有证据表明实践中存在用防水油布覆盖舱盖的习惯或通常标准，因此船舶离开安特卫普时是适航的；船舶的航海日志表明海上发生了飓风和海啸，这种不可预见的海上风险损坏了舷窗和舷侧门并由此造成了货损，承运人无任何疏忽，承运人对由海上风险造成的货损不负责任。

The “CMA CGM Libra”案(2021)[②]

“CMA CGM Libra”为案涉货轮的名称。该货轮离开中国厦门港后不久发生了搁浅事故，原因为其船长和海员对关于不能去水域的一项通知做出记录，从而使得航行计划存在缺陷和过时。基于航行计划是船舶适航性一个方面、船东或其雇员没有安排适当航行计划导致船舶不适航之理由，货方拒绝分摊该事故导致的损失。在一审和上诉审中，货方都获得了胜诉。2021 年英国最高法院的终审判决仍然支持了货方，其理由是：适航性并不是与船舶的“固有质量和品性”(Inherent Qualities and Attributes)排他地相关，而是可能扩展到涵盖为船货安全所公布的国际守则和规范。[③]

---

① 有学者考证，适航概念的存在已超过了 2 500 件。See M. Bob Kao, Cybersecurity in the Shipping Industry and English Marine Insurance Law, *Tulane Maritime Law Journal*, Summer 2021, pp. 491—493.

② See Melis Ozdel, International Recent Developments: United Kingdom, *The Tulane Maritime Law Journal*, September 2022, Summer, 2022, pp. 656—660.

③ [2021]UKSC 51, [2021] WLR(D) 577. 该案的判决全文可见于 https://www.bailii.org/uk/cases/UKSC/2021/51.html，2023 年 2 月 6 日最后访问。

然而，《鹿特丹规则》第 14 条规定："承运人必须在开航前、开航当时和海上航程中谨慎处理。①使船舶处于且保持适航状态；②妥善配备船员、装备船舶和补给供应品，且在整个航程中保持此种配备、装备和补给；③使货舱、船舶所有载货处所和由承运人提供的载货集装箱适于且能安全接收、运输和保管货物，且保持此种状态。"可见，该公约并没有将承运人的适航义务限定在开航前和开航时。

(2)妥善、谨慎地管理货物。这也是承运人不得排除的绝对义务。根据《海牙规则》第 3 条第 2 款，妥善、谨慎地管理货物义务包含承运人在装载、搬移、积载、运输、保管、照料和卸载七个环节中无过失地处置货物。如果承运人或其雇员没有妥善、谨慎地操作，致使货物受损，承运人应负赔偿责任。

Volcafe Ltd and others 诉 Compania Sud Americana De Vapores SA(2018)①

Volcafe Ltd 与其他原告是 9 批哥伦比亚绿咖啡豆的货主和提单持有人。被告 Compania Sud Americana De Vapores SA 拥有的多艘船舶在 2012 年 1 月 14 日至 4 月 6 日间采用 20 个集装箱从该国 Buenaventura 运送这些咖啡豆，运输途中有在巴拿马 Balboa 转船情况，卸货港则为数个欧洲港口，目的地为德国的 Bremen。这些提单的准据法为并入《海牙规则》的英国法且选择英国法院管辖。承运人负责集装箱的准备和装货，在目的地打开集装箱后发现 18 个集装箱咖啡豆变潮受损，原告方便提出索赔。被告声称是货物的固有缺陷而主张免责。

英国最高法院 2018 年 12 月 5 日判决原告胜诉，理由是：《海牙规则》第 3 条第 2 款对承运人规定了合理照料货物的一般义务，然而，除有限方面以外并不涉及其他举证责任问题；英国受托人法的规则是必须证明对发生的不存在违背以上一般义务的过错或损害由不负责的海上风险所引发；一旦援引《海牙规则》第 4 条第 2 款关于"货物固有缺陷"进行了抗辩，承运人就必须证明在导致货损的该种缺陷发生过程中没有过错，即无论采取何种合理的措施仍然会发生损失；涉案咖啡是一种吸湿性物质，运输途中由热变冷的情况下会散发水分并在集装箱中凝结，从而有必要用纸板或本案中的牛皮纸吸湿；下级法院认定被告未能证明用了多少层或多重的牛皮纸，没有证据显示多厚的纸能确保咖啡安全，无此方面一致接受的惯例；从衬料缺乏证据推知承运人没有适当处理集装箱。

(3)及时开航并不得无故绕航。《海牙规则》等公约和有关法律中还规定，承运人应当按约定的、习惯的或者地理上的航线行驶，急速在合同规定的期限内把货物运至目的港。除非出于救助海上人命财产或其他合理原因，承运人不正当绕航(Deviation)，否则应对由此发生的一切损失负责。

(4)按运输合同签发提单等运输单据，并在指定的目的港向运输单据指定的收货人交付货物。

浙江物产道富有限公司申请海事强制令案(2022)②

2021 年 11 月，申请人浙江物产道富有限公司(以下简称物产道富公司)从俄罗斯进口一批 4 万余吨的钢坯，价值近 3 000 万美元，由菱州船务(香港)公司所属的"江远太仓"(Josco Taicang)轮运输，该公司向卖方支付信用证项下的货款后取得全套正本提单。承运船舶靠港

① [2018]UKSC 61，该案判决的详情可见于 https://www.bailii.org/uk/cases/UKSC/2018/61.html，2023 年 5 月 10 日最后访问。

② 本案详情可见于 http://www.njhsfy.gov.cn/en/about/detail/id/6262.html，2023 年 2 月 3 日最后访问。

后，中国太仓外轮公司作为船舶代理人以案涉船舶的转租船东与其租家在相关租约下尚有费用争议为由，拒绝向物产道富公司交付“江远太仓”轮载运的1/J号提单下剩余的1 500余吨钢坯。物产道富公司遂向南京海事法院申请海事强制令，请求责令被请求人菱州船务（香港）公司、中国太仓外轮代理公司根据提单交付货物。

考虑到案涉钢坯是工业生产的重要原材料且货值较大、国际价格波动较多、长期堆存在港口会产生高额堆存费并可能影响下游企业的生产经营，南京海事法院迅速通过书面函询和线上听证等方式听取各方当事人意见后，依法及时做出海事强制令①，责令被请求人立即放货，同时发出“预处罚通知”风险警示，告知被请求人限期不交付货物的法律后果。最终中国太仓外轮代理公司主动发出放货指令，物产道富公司顺利提取全部剩余钢坯。

（5）对承运责任期间内货物发生的损坏或灭失或交付延迟负赔偿责任，但依有关法律可以免除责任的除外。

关于承运人的责任期间，《海牙规则》规定承运人的货物运输期间为从货物装上船时起至货物从船上卸完为止。实践中也将其称为“装到卸”责任或“钩到钩”责任。这期间货物发生的损失由承运人承担，依该规则可免除责任的除外。该规则还规定，承运人和托运人可以就承运人在货物装船之前，即承运人在码头仓库接管货物至装上船以及货物卸船后到向收货人交付货物这两段时间内，发生的货物灭失或损坏所应承担的责任与义务自行约定。承运人一般在提单上规定免除承运人在上述两段期间的运输责任。

The “Dolphin I”案（2009）

承运人收取待运乳香黄连木籽后将其放在码头的炎热太阳下共达三周，在装上“Dolphin I”轮到达目的地后，这些乳香黄连木籽布满了虫子。货方便指控承运人没有适当地照料货物以致发生了虫害，同时，针对承运人关于提单上的“之前和之后”条款（“Before and After” Clause）规定其对装船前和卸货后发生的货物损坏或灭失免除责任的抗辩，货方进一步声言：根据对提单适用的荷兰法律，在本案情况下按照合理和公平性标准，该“之前和之后”条款是不可接受的。荷兰鹿特丹法院一审判决称（《民法典》中的）合理和公平性的规则确实禁止承运人依赖该“之前和之后”条款。

荷兰海牙上诉法院2009年9月29日推翻了以上关于承运人不能依赖该“之前和之后”条款的判决，理由是：承运人不可能知道其收取备运货物时该6个集装箱已布满虫子/虫卵；一般而言，根据荷兰《民法典》第6-248条中的合理和公平性的规则，只有在义务人故意或有意疏忽的情况下，免除责任的条款才是不可接受的。

《汉堡规则》扩大了承运人的责任期间，采取“接到交”的原则，即自装运港接收货物时起至卸货港交付货物时为止，货物处于承运人掌管之下的一段时间为承运人的责任期间。

《鹿特丹规则》第12条规定：“承运人根据本公约对货物的责任期间，自承运人或履约方为运输而接收货物时开始，至货物交付时终止。”由于该公约也适用于海上运输之前或者之后的公路、铁路或航空等运输，因此该条规定的责任期间显然比《海牙规则》和《汉堡规则》下的责任期间宽泛得多。其次，根据《鹿特丹规则》第17条规定，承运人在如下两种情况下承担赔偿责任：（1）货物灭失、损坏或者延迟交付的结果发生在承运人责任期间内；或（2）造成、

①　（2022）苏72行保3号。

促成货物灭失、损坏或者迟延交付的事件或者情形发生在承运人责任期间。因此,不论是货损的结果形态还是货损的致因事件发生在责任期间,承运人都应当根据该公约的规定承担赔偿责任。[①]

我国《海商法》第 46 条规定:"承运人对集装箱装运的货物的责任期间,是指从装运港接收货物时起至卸货港交付货物时止,货物处于承运人掌管之下的全部期间。承运人对非集装箱装运的货物的责任期间,是指从货物装上船时起至卸下船时止,货物处于承运人掌管之下的全部期间。"可见,我国《海商法》关于承运人对一般货物的责任期间的规定与《海牙规则》一致。但是,随着国际航运事业的发展,集装箱运输越来越广泛地被采用,该法对集装箱运输下的承运人的责任期间的规定又和《汉堡规则》一致。

中国人民财产保险股份有限公司与大太平洋航运公司纠纷案(2020)[②]

被告大太平洋航运公司注册于巴拿马。2018 年 12 月,被告所属的"Global Diamond"轮,承运 680 件桥用预制梁从中国张家港运往文莱穆阿拉港,提单记载收货人为中国建筑集团有限公司。该轮到达目的港后发现第 3 舱内预制梁有倾斜情况,后货物又用驳船运至淡布隆,接着继续运至收货人当地堆场,经检测共有 42 件破损。作为货物保险人,原告中国人民财产保险股份有限公司江苏分公司理赔了这些损失,然后起诉请求被告赔偿。南京海事法院判决被告胜诉,理由是:案涉船舶 4 个舱内以及舱盖上均存放了货物,而最终到达目的港后只发现了第 3 舱内货物发生倾斜,并无其他舱内或者舱盖货物发生货损的报告,由此可以判断第 3 舱内货物的绑扎和衬垫不足应当是货物发生倾斜的直接原因;根据案涉提单批注,货物的堆放、绑扎、定位、放置和衬垫均系据货物所有人的指令而非由承运人完成,这属于《海商法》第 51 条第 1 款第 8 项规定的免责事项;本案在运输途中存在多个可能发生货损的原因和区间,收货人及保险人在货物交付时没有依照《海商法》第 81 条规定提出异议,原告理赔后向承运人追偿时,仅举证证明货损可能发生在承运人责任期间,这并不能排除货损发生于非承运人责任期间。

2. 承运人的免责事项

《海牙规则》列举的免责事项共 17 种,概括起来可分为以下四大类:(1)不可抗力或承运人无法控制的事项,如海上危险、天灾、战争、公敌行为、暴动和骚乱、政府扣押船舶、检疫限制、罢工或停工、司法扣押等。(2)托运人、货物所有人或他们的代理人的行为;货物的自然特性或固有缺陷;货物的包装不良或标志欠缺、不清。(3)火灾,包括船长、船员或承运人的其他雇佣人的行为造成的,但是,由于承运人本人的实际过失或参与,不能免责;在海上救助或者企图救助人命或者财产;经谨慎处理仍未发现的船舶潜在缺陷。(4)非由于承运人或其雇员、代理人的过失造成的其他原因。

可见,《海牙规则》实行的是不完全过失责任制,即在某些情况下,承运人即使有过失也可免除责任,而在另外一些情况下,承运人只有无过失才可免责。如在管货方面坚持承运人无过失原则,但《海牙规则》第 4 条第 2 款第 1 项同时规定"由于船长、船员、引航员或者承运人的其他受雇人在驾驶船舶或者管理船舶中的行为、疏忽或过失"引起的货物灭失或损坏,承运人可以免除赔偿责任。但是,英美法院近年来逐步通过司法解释将承运人的根本违约行为排除在

---

① 郭萍、高磊:《海运承运人责任期间之研究》,《海商法年刊》2011 年第 3 期,第 31 页。

② 本案案号为(2020)苏 72 民初 170 号。

《海牙规则》的免责范围之外。

Kapition Petko 诉 Voivoda 案(2003)

承运人明示承诺将货物放于船舱内,却没有恪守此项承诺而将货物放于甲板上。航行中船舶遇到了恶劣的气候,货物遭受了海水损害。承运人企图根据《海牙规则》中的海上危险免责事由主张免责。英国 Langley 法官却认为:在货物按照承诺放在船舱内不会损害的情况下,承运人不能根据《海牙规则》中的海险例外主张免责。

《汉堡规则》删除承运人的一些免责事项,实行了完全过失责任制度,它规定:"除非承运人证明他本人、其他雇佣人或代理人为避免事故的发生及其后果已采取一切所能合理要求的措施,否则承运人应对因货物灭失或损坏或延迟交货所造成的损失负赔偿责任。"但由于《汉堡规则》的抽象立法模式在司法实践中出现了诸多不确定性,《鹿特丹规则》在免责事项上又回归到之前《海牙规则》的逐一列举模式。[①] 该规则第 17 条第 3 款列举了 15 项免责事由,取消了《海牙规则》中航海过失免责和火灾过失免责事由。

在承运人免责事项方面,我国《海商法》第 51 条规定与《海牙规则》的有关规定大体相同,也采用了不完全过失责任制。

3. 承运人的责任限制

承运人的责任限制是指对承运人不能免责的原因造成货物的灭失或损坏,将其赔偿责任限制在一定范围内。《海牙规则》第 8 条第 5 款规定,在任何情况下每件或每单位不得超过 100 英镑,但托运人于装运前已经就该项货物的性质和价值提出声明,并已在提单上注明的不在此限。美国法规定的责任限制为 500 美元。不过,当事人可以做出另外的约定,只是有关法院可能会对当事人的不同约定做出特殊的解释。

AGCS 海上保险公司与 Expeditors 国际远洋公司纠纷案(2020)[②]

本案中,原告 AGCS 海上保险公司(AGCS Marine Insurance Co.)所承保的 8 880 件平板玻璃被装入 7 个集装箱,这些集装箱从韩国釜山港运到目的港上海时被另一坠落集装箱砸中而发生了 790 000 美元以上的损失。被告承运方认为不应适用美国国内的海运法而应适用《海牙规则》或《海牙-维斯比规则》,其责任限额应是每单位 500 美元或毛重每千克 2 美元中更低的一个数,在本案的情况下就是 7 个集装箱乘上 500 即 3 500 美元。

美国联邦华盛顿西区法院同意被告所称的不应适用其国内法主张,但认为不能按原被告双方的请求采用简易判决,理由是:计赔单位和额度有争议,货方向被告递交的 3 张发票中有 2 张显示货物为 8 880 件,第 3 张发票注明货物装于 28 个大木箱;被告签发的海运单则列明了货物 8 880 件,装进了 28 个大木箱后放入 7 个集装箱,总重 75 501 千克;海运单中集装箱的定义模糊,将托盘、拖车等都包含在内,这就使得大木箱显得符合该海运单中的"集装箱"定义,从而使得被告的责任限额是 3 500 美元和 14 000 美元(28×500)中的一个数。

---

① 参见陈宪民:《论国际海运公约承运人责任制度变革》,《华东政法大学学报》2010 年第 6 期,第 126 页。

② See Michael F. Sturley & Matthew H. Ammerman, Recent Developments in Admiralty and Maritime Law at the National Level and in the Fifth and Eleventh Circuits, *The Tulane Maritime Law Journal*, Summer 2021, pp. 570－575 & n125.

《维斯比规则》对《海牙规则》规定的每件或每单位的赔偿责任限额进行了修订，提高到以每运费单位或每件 100 金法郎或按灭失或受损货物的毛重计，每千克为 30 金法郎，以两者中较高者为准。《汉堡规则》关于承运人责任限额的规定是：每件或每单位 835 个特别提款权或毛重每千克 25 个特别提款权，以两者中较高者为准；延迟交货的，相当于该延迟交付的货物应付运费的 2.5 倍，但不超过合同中规定的应付运费的总额。

《鹿特丹规则》第 59 条第 1 款规定的最高赔偿限额为每件或每个货运单位 875 个计算单位或毛重每千克 3 个单位，以两者中较高限额为准。不过，该规定仅仅强制适用于从货物装船至卸船这一期间，至于承运人接收货物至装船之前阶段和卸船之后至承运人交付货物阶段，如果存在强制适用的其他国际公约，则按其他公约决定赔偿限额。其与其他国际公约中关于诉讼时效等问题的规定也遵从同样原理。①

我国《海商法》折中了《海牙规则》和《汉堡规则》的赔偿规则。《海商法》第 56 条规定：承运人对货物的灭失或损坏的赔偿限额，按货物件数或其他货运单位计算，每件或每个其他货运单位为 666.67 计算单位，或者按毛重计，每千克为 2 个计算单位，择两者中较高的为准；延迟交付货物的为延迟交付货物运费的 2 倍；运输合同或提单中规定的限额超过上述限额的，以该合同或提单的规定为准。

(二)托运人或收货人的基本义务

1. 托运人的基本义务

(1)对货物情况作正确陈述并按合同约定提供托运的货物。商定运输合同时，托运人应对货物的名称、性质、包数或件数、重量或体积向承运人做出正确陈述，以便后者决定是否承运、如何承运及运费率。运输合同签订后，托运人应妥善包装货物并就货物品名、标志、包数或件数、重量或体积等做出正确的标识。托运人违反上述义务给承运人造成损害的应负责赔偿。此外，托运人违反运输合同没有提供货物或没有及时提供货物，给造成船舶亏舱或滞期的，也应赔偿承运人由此所遭受的损失。不过，托运人自身没有过错的，一些国家或地区的法院判决其他有过错者承担损害赔偿责任。

The M/V MSC Flaminia 案(2023)②

The M/V MSC Flaminia 是 Conti 11 Container Schiffahrts-GMBH & Co KG MSC "Flaminia"(以下简称 Conti)所拥有的一艘集装箱轮的船名(以下简称 Flaminia 轮)。该轮的承租人是 Mediterranean Shipping Co (以下简称 MSC)，运营者为 Schiffahrtsgesellschaft MBH & Co KG(以下简称 NSB)的运营商。Flaminia 轮依照当事人之间的协议将一批二乙烯基苯(简称 DVB)从美国的路易斯安那州运往比利时，BDP International Inc (以下简称 BDP)为该批货物签发了清

① 参见郭萍、高磊：《海运承运人责任期间之研究》，《海商法年刊》2011 年第 3 期，第 32 页。

② In re M/V MSC Flaminia，72 F. 4th 430 (2d Cir. 2023)，该案的判决详情可见于 https://1.next.westlaw.com/Document/I34366170176c11eeadcbcfe0feb6c1ed/View/FullText.html?navigationPath=Search%2Fv1%2Fresults%2Fnavigation%2Fi0ad604ab0000018a227c8815852f21f1%3Fppcid%3D8c53252109e540de84f4df047dc6c887%26Nav%3DCASE%26fragmentIdentifier%3DI34366170176c11eeadcbcfe0feb6c1ed%26parentRank%3D0%26startIndex%3D1%26contextData%3D%2528sc.Search%2529%26transitionType%3DSearchItem&listSource=Search&listPageSource=a08f4d1c7df9f431fa1a0608a7ffe558&list=ALL&rank=2&sessionScopeId=1f18e4545918a201d6a103c1a7517415a3d959bf9eb9d8d196c1149ee71a09da&ppcid=8c53252109e540de84f4df047dc6c887&originationContext=Search%20Result&transitionType=SearchItem&contextData=%28sc.Search%29，2023 年 8 月 23 日最后访问。https://law.nus.edu.sg/cmlcmidatabase/re－mv－msc－flaminia，2019 年 4 月 26 日最后访问。

洁提单。该种 DVB 有自动聚合功能，在运输途中因火星发生了爆炸和火灾，导致 3 名船员丧生、数千个集装箱被毁和船舶本身的严重受损。

Conti 与 NSB 提起了诉讼，主张根据美国《海上货物运输法》(COGSA)或《海牙规则》中的火灾例外免责或限责、喜马拉雅条款(The Himalaya Clause)中对承运人的抗辩与限责扩展至代理人，DVB 的托运人、无船公共承运人(以下简称 NVOCC)也以无确保适当装载 DVB 指示为由对 BDP 提起了法律责任之诉。

美国纽约南区法院 2018 年 9 月 10 日判决认为：MSC 与 NSB 未违反任何相关的法律义务，托运人或承运人装船前实际不知或在法律上不能推定应知该货物的危险性；该货物的制造商及 NVOCC 没有警示而有过失，应对爆炸承担严格责任；由于 MSC、Conti 及 NSB 没有实际过失，Conti 及 NSB 的抗辩成立，并有权根据海运单的明示条款获得 DVB 的制造商与 NVOCC 的全额赔偿；在喜马拉雅条款方面，代理人或分承运人有权获得提单签发人在《海上货物运输法》(COGSA)或《海牙规则》下的相同限制与保护。

针对该案的上诉争议，美国第 2 巡回法院 2023 年 6 月 30 日认定：根据 COGSA，托运人与 NVOCC 不应承担严格责任而应按照该法中疏忽地没有警示的原理负责；船长提单指示中包含的一般受热警示不足以令承运人注意货物的特殊类别和危险程度；承运人在涉案货物的装载和处理中没有违反 COGSA 下的谨慎义务；船员在对待涉案货物冒出的云气方面没有疏忽行为；新奥尔良终端(New Orleans Termina)在终场露天中允许涉案货物的堆放方面没有疏忽；NVOCC 无权获得单证代理人约定的补偿与分摊；承运人、船东、船舶运营商有权获得托运人和 NVOCC 的赔偿。据此，该法院部分地维持了原判并发回重审。

(2)托运人应当及时向港口、海关、检疫、检验和其他主管机关办理货物运输所必需的各项手续，并将已办理各种手续的单证送交承运人；如果托运人没有及时办妥这些手续，并把它们送交承运人，或送交的单证不齐全、不准确，使承运人的利益受到损害的，托运人应对此负赔偿责任。

(3)按合同规定及时支付运费。托运人可以与承运人约定运费由收货人支付。不过，根据我国《海商法》第 69 条的规定，仅在运输合同中做出约定是不足以使承运人取得向收货人收取运费权利的，为获取此项权利，承运人应在运输单据中注明此项约定。未能根据运输合同收到运费的承运人有权留置货物。

2. 收货人的基本义务

收货人可以是托运人也可以是托运人指定的其他人。收货人的义务主要有两项：

(1)按运输合同和运输单据的规定及时支付运费和其他费用。其他费用可能包括共同海损分摊费用、卸货港滞期费或货物的保管费等。收货人不付运费或其他费用的，承运人有权留置货物。

康科德联合有限公司诉艾莎国际货物运输代理(上海)有限公司案(2017)[①]

2017 年 1 月，原告康科德联合有限公司(UNIVERSAL CONCORD CO.，INC)接受收货人委托后，向案外人捷世隆深圳公司订舱，托运 5 票货物从中国上海港海运至美国亚特兰大

---

① 该案的民事判决书号为(2017)沪 72 民初 2381 号。该案的详情可参见杨婵的《货代扣单致第三人清偿是否构成胁迫或不当得利的认定》，https://mp. weixin. qq. com/s? __biz = MjM5ODI2NzI5Ng% 3D% 3D&idx = 1&mid = 2650836828&sn=be6f6d36e4f5673d47e8daff8f21df18，2023 年 8 月 23 日最后访问。

港。该案外人转请求被告即艾莎国际货物运输代理(上海)有限公司出运上述货物,被告随后向长荣公司直接订舱出运。长荣公司为涉案货物出具了5套不可转让海运提单,载明的收货人均为原告。

在捷世隆香港公司与被告的代理协议中,捷世隆深圳公司是前者的"分支机构"并与前者共同作为协议一方,以"JCL"指代。该协议约定:若JCL未遵守双方之间关于付款的约定,被告有权扣留海运提单。2017年2月16日,被告称JCL尚未结清一些款项而"留置"多票货物。捷世隆深圳公司告知原告集装箱被扣。次日,捷世隆深圳公司向被告支付了包括涉案11个集装箱的业务款项。在此期间,原告主动联系被告,建议先释放2票提单项下的4个集装箱,并称将确保被告在2月25日另7个集装箱到港前收到所有到期款项。同年2月20日,被告向原告发送了2票海运提单电放件。2017年2月21日,捷世隆深圳公司要求被告放行即将到港的3票海运提单项下货物。次日,被告向捷世隆深圳公司发送了对账单,称未收到相应款项前无法放行集装箱。经抵消后,该种对账单最终显示欠款金额为17 725.38美元。

同年2月23日,原告告知被告,7个集装箱将于2017年2月24日到港,请被告尽快安排放货,并称如捷世隆公司还有应收款未付,请邮件告知详情,原告将催促支付。被告回复称捷世隆公司的确有应收款未付,昨日已将最新的对账单发送给他们,并将此份对账单发给了原告。原告称会竭尽所能催促捷世隆公司向被告支付17 725.38美元。此后,原告再次发邮件称,还没有收到捷世隆公司的答复,因货物即将到达,原告将在美国时间2017年2月23日向被告转账17 725.38美元,请尽快安排电放。当天,原告向被告指定的艾莎香港公司账户汇付了17 725.38美元。被告在收到原告汇款前,向原告发送了另外2票海运提单的电放件。

后来,原告称17 725.38美元的上述支付是基于被告胁迫下的错误支付而应撤销,或者在不构成胁迫的情况下应视为被告的不当得利而应返还。

上海海事法院判决驳回原告的诉讼请求,理由是:被告在原告支付之前的扣单行为是对抗捷世隆深圳公司违约的自力救济行为,不构成胁迫;被告受领原告清偿的行为使其对捷世隆深圳公司的债权消灭,不构成不当得利。

(2)在卸货港及时收取货物。否则对由此造成的额外费用,承运人可以通过对货物的合理处置货物获得赔偿。

五、倒签提单和预借提单

(一)倒签提单

倒签提单(Anti-dated Bill of Lading)是指提单中注明的签发日期早于实际签发日期的提单。国际货物买卖合同一般规定了货物交付装船的期限,在该期限内未能备妥货物或及时装船的情况下,为避免承担违约责任或为求得与信用证相符结汇,有些托运人在托运货物时往往会请求承运人作弊,倒签提单日期,承运人如果同意,便签出了此种提单。可见,倒签提单是托运人和承运人合谋的欺诈行为,因此,《海牙规则》等国际公约及包括我国在内的很多国家的海商法都将倒签提单行为视为非法行为,承运人和托运人应对此种非法行为连带地向善意的提单受让人负违约或侵权赔偿责任。为获得倒签提单,托运人常向承运人出具保函,承诺一旦承运人遭到提单受让人追索,托运人给予承运人赔偿。各国都不承认这种保函的效力。

某外轮公司倒签提单日期纠纷案

1956年11月29日和30日,我国某公司先后与伦敦B公司和瑞士S公司签订价值共计

82 750 英镑出售农产品合同，合同规定：装运日期为 1956 年 12 月至 1957 年 1 月；目的港均为鹿特丹；付款条件为保兑的、不可撤销的信用证。该货于 1957 年 2 月 11 日装船完毕。在托运人的请求下，我国某外轮代理公司按 1957 年 1 月 31 日签发“已装船提单”，并凭以向中国银行办理结汇手续。货物一到鹿特丹，提单持有人聘请的律师即上船查阅航行日志，从而获得了倒签提单日期的证据，于是提单持有人向当地法院控告，并由法院发出通知扣留该船。经过 4 个月协商，最后在我方某公司同意赔款 20 600 英镑的情况下，提单持有人才撤诉。

(二)预借提单

预借提单(Advanced Bill of Lading)是指在货物尚未装船或尚未完全装船的情况下签发的“货物已装船”的提单。这种提单通常是承运人在信用证规定的装船日期和交单结汇日期行将届满时，应托运人的要求签发的。同倒签提单相比，预借提单隐瞒了货物迟交或未交的真相，是更严重的违法行为。承运人和托运人不仅要连带地向善意的提单受让人负违约或侵权赔偿责任，而且可能被有些国家视为犯罪。为获得预借提单出具的保函也是无效的。

值得注意的是，《汉堡规则》在一定范围内承认了保函的效力，认为托运人如果为了换取清洁提单向承运人出具保函的，此保函在托运人与承运人之间有效。如保函有欺诈意图，则保函无效，承运人应赔偿第三者的损失，且不能享受责任限制。《汉堡规则》的上述规定可以概括为三项：(1)善意保函有效；(2)恶意保函无效；(3)有效的保函也只在托运人与承运人之间有效。我国《海商法》对保函的效力也没有做出规定，实践中主要参照《汉堡规则》的规定。

六、提单运输中的索赔与诉讼

(一)索赔

《海牙规则》规定，在提货时如果货物发生灭失或损坏，应立即向承运人提出索赔(Claim)的书面通知，如果货物的灭失或毁损不明显，应在 3 天之内提出索赔的书面通知。收货人未按上述时限提交索赔通知的，即构成承运人所交货物符合提单规定的初步证据。不过，即使没有按期把货损情况通知承运人，收货人并不因此而丧失索赔权，只是收货人需要另行举出充分的证据材料推翻上述初步证据。《汉堡规则》将收货人就货损向承运人发出通知的期限从 3 天延长到 15 天，延迟交货的索赔通知时限为自收货后 60 日内。如果运送的是非集装箱货物，我国《海商法》规定的不明显货损通知时限为从交货次日起的 7 日内，如果是运送集装箱货物，则为 15 日。

(二)诉讼

1. 诉讼管辖

《海牙规则》和我国《海商法》对诉讼(Action)未作明确规定。在我国司法实践中，此类纠纷按民事诉讼法有关规定处理。《汉堡规则》规定，原告可以从被告的主营业所或惯常居所、合同订立地、装货港、卸货港、运输合同中指定的任何其他地点中选择起诉地点。《鹿特丹规则》第 66、68 条规定，在不影响排他性法院选择协议效力的前提下，原告对承运人提起的诉讼可由承运人的住所地、运输合同约定的收货地以及交货地，货物的最初装船港或货物的最终卸船港，或者托运人与承运人就运输合同项下可能产生的争议所协议指定的一个或数个管辖法院管辖；对海运履约方提起的诉讼，由海运履约方的住所地或海运履约方接收货物的港口或交付货物的港口或从事与货物有关的各种活动的港口的管辖法院管辖。

2. 诉讼时效

《海牙规则》第 3 条第 6 款规定:“除非从货物交付之日或应交付之日起 1 年内提出诉讼,承运人和船舶在任何情况下都应被免除对于灭失或损害所负的一切责任。”《维斯比规则》第 6 条规定,托运人和承运人可以协议延长《海牙规则》的上述时效时间;向第三人追偿的,可以在 1 年时效期间内或者时效期间届满后拥有 3 个月的宽限期。《汉堡规则》与《鹿特丹规则》规定的诉讼时效为 2 年。我国《海商法》第 257 条规定:“请求赔偿的时效期间为 1 年,自承运人交付或应当交付货物之日起计算;在时效期间内或者时效期间届满后,被认定为负有责任的人向第三人提起追偿请求的,时效期间为 90 日,自追偿请求人解决原赔偿请求之日起或者收到受理其本人提起诉讼的法院的起诉状副本之日起计算;有关航次租船合同的请求权,时效期间为 2 年,自知道或应当知道权利被侵害之日起计算。”不过,一些境外法院的判决表明:以上的诉讼时效规则仅适用于其涵盖的时段。

Minmetals South-East Asia Corp Pte Ltd 诉 Nakhoda Logistics Sdn Bhd 案(2018)

原告 Minmetals South-East Asia Corp Pte Ltd 是一家新加坡公司,被告 Nakhoda Logistics Sdn Bhd 是一家马来西亚公司,双方达成了后者作为承运人通过海上从马来西亚的 Klang 港运送一批木材到中国上海的合同,Yang Ming 号海轮出立了清洁提单和运送了这批货物。该提单中有些差错,上海的买家没有向原告直接付款。原告便根据仍拥有的仓储提单安排提货,却发现这些提单上没有关于在上海可取货物的承运人或其代理人的详细信息。为此原告提起了 13 591 622.62 美元的损失赔偿诉讼,尽管一审认定诉讼时效已过,马来西亚 Putrajaya 区的上诉法院 2018 年 7 月 11 日却判决原告胜诉,理由是:被告无单放货违背了运输合同下的义务而应承担赔偿责任;《海牙规则》第 3 条第 6 款中关于 1 年的诉讼时效规定仅适用于装卸期间发生的违约或违反义务的情况;根据该规则的第 2 条,该款不适用于针对其范围之外不交货的索赔主张。

但是,在所签发的提单上载明交货后的时效争议也适用以上规则的情况下,另一些法院又得出了不同的司法结论。

Dimond Rigging Co LLC 诉 BDP 国际公司(2019)案①

原告 Dimond Rigging Co LLC(以下简称 Dimond)委托被告 BDP International Inc(以下简称 BDP)和另一被告 Logitrans International Inc(以下简称 Logitrans)将一批货物从美国俄亥俄的 Cleveland 运往中国的新港,由于运输延迟增加了成本,原告起诉索赔时称 BDP 没有披露其与 Logitrans 不是适当许可的海运中介或无船运营的公共承运人。

美国俄亥俄北区法院 2018 年 6 月 22 日判决原告败诉,理由是:对于装运前与卸载后的货

---

① 2019 WL 321862,该案的判决详情可见于 https://1.next.westlaw.com/Document/I1caea37020d911e9a99cca37ea0f7dc8/View/FullText.html? navigationPath=Search%2Fv1%2Fresults%2Fnavigation%2Fi0ad604ab0000018a22b5d538852f49b9%3Fppcid%3Dd2f02731b26a45cc9680ace9c4fe8488%26Nav%3DCASE%26fragmentIdentifier%3DI1caea37020d911e9a99cca37ea0f7dc8%26parentRank%3D0%26startIndex%3D1%26contextData%3D%2528sc.Search%2529%26transitionType%3DSearchItem&listSource=Search&listPageSource=fe8ee346841fcd56d317c50b3e57d3ed&list=ALL&rank=1&sessionScopeId=1f18e4545918a201d6a103c1a7517415a3d959bf9eb9d8d196c1149ee71a09da&ppcid=d2f02731b26a45cc9680ace9c4fe8488&originationContext=Search%20Result&transitionType=SearchItem&contextData=%28sc.Search%29,2023 年 8 月 23 日最后访问。

物由承运人掌管期间，适用于原被告之间争议解决的提单规定遵循美国《海上货物运输法》与《海牙规则》的规则，这些规则已使得原告的主张超过了诉讼时效。美国第6巡回法院2019年1月25日做出了维持以上原判的判决。

第三节　租船运输合同

一、航次租船合同

（一）航次租船合同的定义和特点

航次租船合同又称程租船合同，指船舶出租人向承租人提供船舶的全部或部分舱位，装运约定的货物，从一港口运往另一港口，由承租人支付约定运费的合同。

在航次租船合同中，出租人一般实际上是货物的承运人，而承租人则是货物的托运人或托运人的代理人。航次租船合同的具体特点如下：由承运人或出租人全面负责船舶的营运，完成运输任务。如果承租人租用整船或整舱送货，不论是否装满，都要按约定的包干费或约定的吨位付费。

1. 出租人负责船舶营运并负担营运费用

在航次租船合同下，出租人仍保留着对船舶的占有权、管理权和调度权。船舶的维修、保养、燃料供给、保险、检验等仍由出租人负责，雇用的船长或船员仍是出租人的雇佣人员，他们的工资、伙食等依旧由出租人负担。

2. 出租人必须提供适航船舶并对货物负责

航次租船合同下的出租人如果签发提单，则出租人必须按照有关提单的国际公约或国内法，承担提供适航船舶和妥善而谨慎地装载、积载、照料、保管、运送、卸船和交付及不得无故绕航的义务。如果不签发提单，出租人也应按有关国家的国内法承担上述对船舶和货物的义务。如我国《海商法》第94条第1款规定：该法第47条和第49条关于承运人对船舶和货物义务及不无故绕航义务的规定，适用于航次租船合同的出租人。

艾斯欧洲集团有限公司与连云港明日国际海运有限公司及上海明日国际船务有限公司纠纷案(2011)[①]

2006年1月27日，艾斯欧洲集团有限公司（以下简称艾斯公司）作为共同保险人连同其他8位保险人向被保险人玛吕莎公司和玛吕莎钢铁公司签发了T099281号保险单，被保利益为全世界范围内基于所有交通方式的货物，承保险种为一切险等。连云港明日国际海运有限公司（以下简称连云港明日）系“桐城”轮的光船租赁人。同年11月初，玛吕莎公司和玛吕莎钢铁公司与上海明日国际船务有限公司（以下简称上海明日）通过电子邮件达成关于由后者提供“桐城”轮部分舱位以装载前者托运的货物的航次租船合同。根据该合同，上海明日签发了13套清洁提单，艾斯公司根据T099281号保险单签发了每套提单项下货物的相应保险证书。2007年1月22日，“桐城”轮大副发表共同海损声明。2月20日至28日，AIMU海事检验及

① 本案案号为(2011)民提字第16号。

管理公司作为劳氏代理出具“桐城”轮临时修理规格报告，指出“桐城”轮存在多种瑕疵。4月12日，海上海事检验师有限责任公司出具的货物检验报告指出，“桐城”轮2号舱底舱进水，涉案货物受损，货损原因应归结于船舶整体上处于不良状态且不适航。报告同时认定，在发生货损事故后，承运人未尽管货义务。5月21日，上海明日向上海海关发出“桐城”轮海损货物放弃申请。最终，在13票货物中，TCP010号、TRD011号、LD04号、LD13号、LD15号提单项下的货物全损，收货人未提取货物。“桐城”轮在上海港进行永久修理后，发生部分短缺及受损的货物被重新安排出运，上海明日在卸货港的代理就该些货物重新签发了提单，并于2007年7月分别交付于各收货人。

涉案货损事故发生后，艾斯公司等9家共同保险人向玛吕莎公司支付了保险赔偿金956 459.61美元，并向保险经纪人支付了佣金9 656.85美元，向玛吕莎钢铁公司支付了保险赔偿金402 232.77美元，并向保险经纪人支付了佣金4 062.95美元。因艾斯公司在共同保险中承保的风险比例为5%，其实际向玛吕莎公司及玛吕莎钢铁公司支付了68 620.61美元。玛吕莎公司及玛吕莎钢铁公司收到赔偿金后出具了收据，同时出具了权益转让书，确认将涉案货损的索赔权转让给上述9家共同保险人。

艾斯公司于2009年1月22日起诉要求连云港明日与上海明日承担连带赔偿责任。上海海事法院一审判决①认为，连云港明日与上海明日应对货损承担连带赔偿责任，由于所有实际货损共计921 899.50美元、作为共同保险人所承保的货物风险比例为5%，艾斯公司实际损应获赔46 094.98美元，但其按保险价值的110%计算损失金额的请求因缺乏相关依据而不应被支持。以上当事人对该判决均不符提出了上诉，上海市高级人民法院二审维持了原判。②

连云港明日仍不服二审判决而提出了再审申请，最高人民法院于2010年12月30日以(2010)民申字第1491号民事裁定决定提审本案，并于2011年3月18日判决撤销二审判决、维持一审判决第二项、撤销一审判决第一项、改判上海明日单独向艾斯公司赔偿46 094.98美元及利息损失，其理由是：艾斯公司系在中华人民共和国领域外注册的企业法人，本案系涉外法律关系，各方当事人对适用中华人民共和国法律处理本案均无异议，原审判决适用中华人民共和国法律正确；连云港明日是涉案运输船舶“桐城”轮的光船承租人，实际承运涉案货物，但并非原审判决认定的涉案航次租船合同的当事方，艾斯公司就航次租船合同提出索赔请求，按照合同相对性原则，应由航次租船合同的出租人上海明日承担相应的责任；艾斯公司作为货物保险人在发生货损后，向被保险人玛吕莎公司、玛吕莎钢铁公司支付了保险赔款，便依法取得了代位请求赔偿权利，对其向航次租船合同的出租人上海明日主张权利应予支持；根据我国《海商法》第257条第2款的规定，原审判决关于艾斯公司诉上海明日的时效期间为2年的认定正确，因连云港明日不是本案航次租船合同的当事方而致艾斯公司对其提起的请求缺乏依据，故该请求的时效问题不予评判；尚无充分证据证明涉案货损是因船舶在航行过程中遭遇意外事故所致，原审判决对涉案货损事故原因的认定并无不当，现有证据均不足以证明确实存在可以免责的事由，亦无可以推翻原审判决认定事实的新证据，故原审判决认定上海明日作为航次租船合同项下的出租人应对艾斯公司承担货损赔偿责任并无不当。

3. 运输的标的

一般为大宗货物。

---

① 该判决案号为(2009)沪海法商初字第243号。

② 该判决案号为(2010)沪高民四(海)终字第71号。

4. 约定货物的装卸时间和期限并规定滞期费和速遣费率

承租人可以租用整船或整舱运货，不论是否装满都要按约定的包干费或约定的吨位付费。承租人如未能在合同规定的期限内完成装卸作业，需向出租人支付一定数量的滞期费；反之，如果承租人提前完成装卸任务，则出租人应向承租人支付一定金额的速遣费。除合同另有约定外，速遣费通常为滞期费的一半。

(二)航次租船合同的主要条款

目前，世界上的航次租船合同一般采用一些民间航运组织制定的标准合同，其中使用最广泛的为波罗的海国际海运协会（The Baltic and International Maritime Council，BIMCO ）1922年首次公布并经1976年、1994年及2022年三次修订①的《统一杂货租船合同》（Uniform General Charter），其代号为“金康”（GENCON），其现行版本中英文简称分别为“金康2022”和“GENCON 2022”。此外，石油、谷物等商品的航次租船合同常使用专门的标准合同，如美国船舶经纪人和代理人协会制定的《油轮航次租船合同》（Tanker Voyage Charter Party）等。以下主要以“金康2022”为依据，说明航次租船合同的主要条款：

1. BIMCO认证条款（Authenticity Clause）

该条款一般规定：负责签发租约最终执行版本的一方保证，其签发的合同是从适当授权来源采购的BIMCO批准的可编辑电子格式的标准合同，且对已有条款的所有修改都清晰可见。该条款旨在减少GENCON假冒版本的使用，并促进Smart Con平台的推广。使用Smart Con平台时，系统将自动强制标识修改痕迹。②

2. 船东责任条款

该条款规定船东的权责范围。根据“金康2022”第2条，船东可以享受《海牙-维斯比规则》下的权利、抗辩、免责、时效及责任限制，其范围包括货损在内的其他责任（灭失、损坏、延误或者履行不能）。

3. 货物条款

该条款规定了租船方关于货物的义务，并按照货物种类（散装货、拼装货、对海洋环境有污染的货物）进行区分且提出了具体的权责分配方式。③

4. 装货、卸货及装卸时间计算条款

根据“金康2022”第4条和第12条，租船方应在船长的监督下负责装卸货，承担安全配载的义务和责任和由此产生的额外费用，并应对装卸工人造成的船舶任何部位损坏（合理磨损除外）负责，同时还应在装货完成后3小时内提供全套货物单证，否则延长的时间需算入装卸时间或滞期时间承担。

5. 准备就绪通知书（Notice of Readiness，NOR）条款

根据“金康2022”第9条，船东可以在港内或者指定地点、习惯锚地等地点递交NOR，即使抵达港口或者指定地点后无法靠泊指定泊位，也有权在任何等候地点递交NOR并开始计算装卸时间。

6. 船东的解约权、中止和终止权条款

这类条款重点规定解约权行使的条件、程序、解约通知应包含的内容以及在租船方拖延支

①② 参见初北平、裘静宜：《金康2022修订内容及其实践影响》，《中国远洋海运》2022年第12期，第39页。

③ 陈柚牧：《金康2022的应用及实务》，《中国远洋海运》2022年第12期，第64页。

付大额滞期费的情况下船东可采取的中止和终止履行合同等救济措施。[①]

7. 运费条款

本条款规定租船方对船东所提供的海上货运服务支付报酬的义务，包括规定运费数额及运费的计算方法、运费支付的时间、地点、币种及收款银行的名称等。

8. 法律与争议解决条款

本条款主要规定争议实体适用的法律、争议仲裁或诉讼解决的程序选择等。

澳亚公司与恒通公司纠纷案(2022)[②]

原告澳亚航运私人有限公司(以下简称澳亚公司)的驻所地在新加坡，被告江苏恒通国际货运有限公司上海分公司(以下简称恒通公司)。2019年12月，被告就9件槽罐拖车从中国上海港至澳大利亚阿德莱德港的运输向原告订舱。同月17日，原告就前述货物运输签发订舱单，载明：起运时间2020年1月15日至2020年1月25日；若船舶抵装货港但货物由于任何原因不能交付，则承运人有权在48小时后开航，亏舱费即告到期，亏舱费利息自到期之日起第15天按英格兰银行基准利率上浮8%收取；海运费为钩至钩75美元/计费吨+10美元/计费吨(燃油附加费)；全部运费应根据货方订舱的货物数量支付，自承运人收到货物时即被认为已全部赚取及到期。

2020年1月15日，涉案船舶“AALSHANGHAI”按时抵达上海港并出具装卸准备就绪通知书，但被告未依约将货物交付原告且一直拒付亏舱费及利息，原告便诉至了法院，要求被告支付用于约定运费的76 064.36美元亏舱费、支付以该款为基数自2020年2月5日起至实付款日止按同期英格兰银行基准利率上浮8%即按照8.1%的利息、支付其他相关费用。

被告辩称：案涉纠纷应适用1年诉讼时效，其于2020年1月6日发电子邮件表示因船舶绕航问题解约时，原告即应知其权利受到侵害而可起算诉讼时效至次年1月5日；原告次年10月12日起诉时已过诉讼时效；原告存在不合理绕航行为构成了根本违约；原告的索赔额不合实际地过高。

上海海事法院2022年9月28日判决原告部分胜诉，理由是：双方当事人均当庭表示选择中华人民共和国法律作为准据法，原告出具的订舱单及所附AAL提单条款和条件明确记载钩至钩责任条款，滞期费条款、递交装卸准备就绪通知书条款、运费按照货物数量计算等均具备航次租船合同特征的条款，被告系专业从事航运业务的主体，应当视这些条款不是班轮运输条款；按照我国《海商法》的规定，有别于1年期的一般海上货物运输合同，航次租约诉讼时效为2年，据此原告起诉时并未超时；涉案船舶在预估时间到达指定装货港，双方并未明确约定到达卸货港的时间，在案证据亦不足以证明原告存在不合理绕航行为，被告在此情况下单方面提出解除涉案合同，缺乏事实和法律依据；关于亏舱费金额，涉案订舱单所附AAL提单条款和条件载明亏舱费视同违约金，其额度应以违约造成的损失为基准，兼顾合同履行程度、违约方的过错程度及合同预期利益等公平诚信地确定，虽然原告未能按约收取76 064.36美元运费，却未能举证证明由此节省的装卸和港口等费用及实际损失，被告在涉案船舶到达指定装货

---

① 参见初北平、裘静宜:《金康2022修订内容及其实践影响》,《中国远洋海运》2022年第12期,第39～40页。

② 该案的案号为(2021)沪72民初1529号,其判决详情可见于https://wenshu.court.gov.cn/website/wenshu/181107ANFZ0BXSK4/index.html?docId=WF+HPKPejYHKbgr9zMARkgJmvQz7maJKPSMANCVSdNHhVZBSQHSBFJ/dgBYosE2go/ZCEzlseUOaqRZu/JZQ+OQxMEu0BxHU9PkZ31OMaERLGawGBnCCQQLVZojMOXnd,2023年5月3日最后访问。

港近10天前即表示不再履约交货，原告即应积极采取适当减损措施如寻找替代货物等防止损失继续扩大，事实也是原告明知被告即将违约却仍选择靠泊上海港并实际装载了其他货物，同时，亏舱损失应结合货物种类、体积、积载因数、积载方式、船舶舱容、船龄等因素综合考虑，原告未提供有效的船舶配载图等证据证明其已为履约做相应准备，综上应判定被告应向原告支付亏舱费22 819.31美元；对于利息损失，原告所称的起止时间符合约定且不违法，然而，原告未能提供有效证据佐证英格兰银行之基础利率而不应支持其主张，鉴于其诉请系美元，其酌定利率应按照中国银行同期美元活期存款利率计算；本案案件受理费及诉讼财产保全申请费，属涉案纠纷所致的诉讼费用，应由原告、被告按案件胜负比例予以负担，至于原告主张的诉责险保费非属案件诉讼费用而应由其自行承担。

Kawasaki Kisen Kaisha有限公司诉Whistler国际有限公司(2000)

原告(Kawasaki Kisen Kaisha有限公司)与被告(Whistler国际有限公司)根据修订的《纽约土产交易所1946格式》达成了一份定期租船合同，约定的租赁对象为The Hill Harmony号轮。根据该合同，承租人有权为任何合法的贸易使用该轮。在承租人指示该轮船长沿跨太平洋航线的“大圈”行驶时，遭到了该轮船长的拒绝。该轮船长认为应当沿更南的航线行使，因为该轮沿更北的航线行驶时，遭遇了恶劣的气候损失。由于南部航线更长，承租人便扣除了部分租金。船东对此表示了异议。英国终审法院认为：双方当事人之间的租船合同中包含的“最快遣运”条款，目的在于有效地节省时间；船东或船长不必要地选择更长的航线导致船舶延迟地到达目的港即是对该条款的违反；本案当事人之间的合同对船舶航行的水域做出了规定，船舶就应当视为适合在这些水域航行，在此情况下，船东无权主张船舶不适合按承租人指示沿更短的航线行使；偏好平静的水域或意图避开恶劣的气候都不是好的理由，因为船舶能够被设计和建造成适于在恶劣的气候下航行。据此，该法院最后判决承租人有权减少租金。

二、定期租船合同

(一)定期租船合同的概念和特点

定期租船合同又称期租船合同(Time Charter)，指船舶出租人向承租人提供约定的由出租人配备船员的船舶，由承租人在约定的时期内按照约定的用途使用，并支付租金的合同。

定期租船合同的主要特点如下：

(1)出租人提供具备约定性能的船舶，配备船长和船员，负责船长和船员的工资和伙食及内部管理事务。

(2)承租人负责船舶调度和营运，并负担船舶的燃料、物料、淡水港口的适用和货物的装卸等营运费用。

(3)承租人只能在约定用途和航行区域内使用船舶。

(4)租金按租用船舶的时间长短来计算，不管船舶有无使用。

(5)定期租船合同的出租人一般不是货物的承运人，承租人则常常为承运人。

(二)定期租船合同的主要条款

当事人一般也选用世界上常用的标准定期租船合同，如波罗的海航运公会制定的《统一定期租船合同》(Uniform Time Charter，代号“BALTIME”)，纽约土产交易所制定的《纽约土产定期租船合同》(New York Produce Exchange Time Charter-Party，代号“NYPE”)，中国租船公司制定的《定期租船合同》等。目前，国际上最常用的定期租船合同格式主要是"NYPE"，其最新修订于2015年(以下简称NYPE2015)。①

根据以上标准定期租船合同特别是"NYPE 2015"②

1. 船舶说明条款

由于船舶的状态与营运成本密切相关，因此定期租船合同中的船舶说明条款的详细和准确描述对承租人非常重要。本条款一般不仅列明出租船舶的船名、船籍、船旗、船级、船舶吨位、船龄，而且详细规定出租船舶的载重量、船速和燃料消耗等。出租人必须确保其在该条款下所有陈述的正确性，否则承租人有权要求赔偿损失。

2. 租期条款

租期(Charter Period)条款规定租用船舶的开始和结束时间和必要的宽限期。从英国等国家的一些判例来看，在非极端的情况下，当事人应严格地遵循租期约定。

Isabella Shipowner SA 诉 ShagangShipping Co., Ltd(The "Aquafaith")案(2012)

原告Isabella Shipowner SA是"Aquafaith"轮的船东，于2006年9月19日同被告Shagang Shipping Co., Ltd按照修订的NYPE格式条款签订了出租该轮59～61个月的协议。该租约也有一条明示担保：在最低租满59个月之前不得交还该轮。被告于2011年7月6日宣布要在当时航程至中国港卸货(实际为2011年8月9日)后归还该轮，这离最短租期到2011年11月10日截止的时间约差94天。2011年7月25日尚未还船，原告就提请了仲裁，请求裁决被告必须履行租约。2011年9月6日，仲裁员裁决原告应当通过接受还船、重新寻求客户的方式减轻损失，然后再索取损失差额。

原告以法律问题为由向英国商法院提出上诉。该法院2012年4月26日判决原告胜诉，理由是：娱乐或体育服务合同关乎对服务者心理、身体或体能持续展示至关重要的特别技能或天赋，从而对其发出不允许违约的禁令是不可能的，船租约则完全不同；光船租约与期船租约也不同，在前者情况下如果承租人还船并撤走其人员，船东除了派人员上船占有外别无他法，在定期租船下船上人员一直是船东的雇员；在考虑船东维持94余日的租约和收取租金中是否有合法利益时显然适用了错误的标准，仲裁员没有着眼于相关案例法中的原则、没有考虑船东是否应在所有理由下接受解约要求、没有考虑船东拒绝接受解约要求是否没有任何理由、没有考虑坚持合约是否并非不合理和并非完全不合理；仲裁员关于被告解约不存在任何异常、极端或不正常情况的裁决是正确的，但其核心错误是采用对被告而不是原告有利的方式使用这一因素。

3. 交船条款

明确出租人交付船舶的时间、地点和船舶应具备的状态。在交船(Delivery of Vessel)时，船舶必须处于适航和适货状态，并且船上所剩的燃油量符合租船合同的规定。根据"NYPE 2015"第3条的规定，如果船舶未在交付之日或之前交付并做好交船的，承租人有权解除合同。

4. 航区条款

规定船舶航行的区域范围。根据我国《海商法》第134条的规定，承租人超出航区(Trade

---

① 参见张琪、郑睿：《反技巧性条款新论——兼评NYPE 2015第11条(b)款反技巧性条款的改动》，《中国海商法研究》2016年第3期，第106页。

② 其中文译本可参见任雁冰：《NYPE 2015中译本》，https://www.163.com/dy/article/HMKVTEO90514C1PI.html，2023年8月23日最后访问。

Limits)范围使用船舶的,出租人有权解除合同。

5. 供给分担条款

明确出租人和承租人供给分担的范围,按照"NYPE 2015"第6条和第7条,出租人分担的供给项目包括:船长和船员的工资、供给品及领事费,船舱、甲板和机房的备用品,船舶保险费、保养费、保级费等。出租人分担的供给项目包括:船舶燃料、垫仓用品、港口使用费、货物装卸费,引航费、拖带费等出租人分担费用以外的任何费用等。

6. 货物限定条款

规定所装运的货物必须是依航区内有关当局的规定为合法货物,并且是出租人在租船合同中承诺接受的对船舶安全的货物。

7. 租金支付条款

支付租金是承租人的首要义务。本条款规定租金数额、租金支付(Payment of Hire)的时间、地点、币种及收款银行的名称等。承租人必须按时、按量支付租金,否则,出租人可以撤回船舶或对承租人的货物或财产行使留置权。

8. 停租条款

明确停租(Off-Hire)事由、停租的时间计算规则等。

9. 转租条款

本条款一般赋予承租人转租(Sublet)船舶的权利,但转租合同中关于时间、航区及货物范围等的规定不得与租船合同相冲突。

10. 承租人指示条款

本条款规定承租人就船舶的营运指令船长的权利范围。

11. 留置权条款

本条款一般规定,出租人为了获取租金、共同海损分摊费用等有权对货物、转租租金和运费实行留置,直至承租人支付了有关费用或提供充分担保。

12. 还船条款

明确还船(Redelivery of Vessel)时间、地点,还船时船舶应具备的状态,船舶检验及其时间和费用的分摊,还船时船上燃油的处理等。

除上述主要条款外,定期租船合同中通常还包括管辖条款、互有责任碰撞条款、共同海损条款、燃油条款、船体污损条款、船舶速度与性能条款[①]等。

第四节　国际铁路货物运输法和航空货物运输法

一、国际铁路货物运输法

(一)调整国际铁路货物运输关系的法律规范

国际铁路货物运输(Rail Transport)是指两个或两个以上的国家铁路联合进行的货物运输。为了简化国际铁路货运手续,加速货物流转,降低运费和杂项费用,保障运输的顺利进行,不少国家间通过双边或多边铁路联运协定,规定铁路联运的各项规章制度。

---

① 参见曾彩丽:《NYPE2015 船体污损条款解析》,《世界海运》2016年第9期,第37页。

当前，关于国际铁路货物运输的国际协定主要有两个，即《国际铁路货物运输公约》和《国际铁路货物联运协定》。

(1)《国际铁路货物运输公约》(The International Convention on Concerning the Carriage of Goods by Rail，CIM)，1890 年欧洲各国在瑞士首都伯尔尼举行的各国铁路代表大会上制定了《国际铁路货物运输规则》，1938 年修订后改称为《国际铁路货物运输公约》(以下简称《国际货约》)并于该年生效，成员国主要为西欧、北欧国家。目前使用的是 1980 年通过、1985 年生效的文本。2011 年 7 月 1 日起欧盟整体加入《国际货约》，俄罗斯、匈牙利、乌克兰等原先《国际铁路货物联合运输协定》的缔约方现同时也是该公约的缔约方。[①]

(2)《国际铁路货物联合运输协定》，(以下简称《国际货协》)。1951 年 11 月苏联和东欧各国在波兰首都华沙签订了《国际铁路货物联运协定》。我国于 1954 年 1 月参加了该公约，开办了国与国间的铁路联运。目前，我国对朝鲜、俄罗斯的大部分货物的进出口和东欧一些国家的小部分进出口货物的铁路运输大多是按《国际货协》的有关规定进行的。不过，近年来，根据“一带一路”的倡议，我国与西欧、北欧等《国际货约》的缔约国之间的货物贸易也通过铁路运输实现，只是由于这两大运输公约在适用范围、具体规则、赔偿标准与技术标准诸多方面的差异，导致一些铁路货运不得不换车、换装等作业而使得运费昂贵得有时甚至比海运要高出 1 倍等弊端。[②]

此外，在国际协定所不涵盖的领域，一国相关的国内法就起着重要的规范作用。

孚骐公司诉中外运公司案(2020)[③]

2019 年 2 月 28 日，被告重庆中外运物流有限公司(以下简称中外运公司)作为货运代理人、第三方物流金融公司作为融资担保方及英飒(重庆)贸易有限公司(以下简称英飒公司)作为进口商签订了《铁路提单汽车进口业务合作协议》，约定铁路提单是无争议的排他性的提货凭证。被告依约在境外接收进口货物，并于同年 5 月 10 日向出口商签发铁路提单。该铁路提单流转至国内后，英飒公司与原告重庆孚骐汽车销售有限公司(以下简称孚骐公司)于次月 24 日签订案涉车辆的销售合同，约定该铁路提单的交付视为车辆的交付，并将铁路提单交予原告。2 天后，原告持铁路提单要求提货却遭被告拒绝。原告便提起了诉讼。

重庆自由贸易试验区人民法院 2020 年 6 月 24 日判令被告败诉并承担诉讼费，依据：本案所涉及的铁路提单系动产物权纠纷，其签发等产生、变更或者消灭民事关系的法律事实发生在中华人民共和国领域外而属于涉外民事关系，根据《中华人民共和国涉外民事关系法律适用法》第 3 条关于当事人无约定时适用动产所在地法律的规定，在车辆已经运送至目的地中国的情况下应当适用中国法；本案被告事先与两家第三方签约保证向铁路提单持有人交付货物，便明确了铁路提单与提货请求权的对应关系；在各方未禁止案涉铁路提单转让的情况下，铁路提单签发人实质上通过协议及铁路提单做出了向不特定的铁路提单持有人交付货物的承诺。

---

① 参见李大鹏：《论“一带一路”倡议下以铁路运输为中心的国际货运规则重构》，《武大国际法评论》2017 年第 4 期，第 52 页。

② 曾文革、王俊妮：《“一带一路”视野下亚欧铁路运输条约体系的冲突与协调》，《国际商务研究》2019 年第 1 期，第 60～62 页。

③ 该案案号为(2019)渝 0192 民初 10868 号，其判决详情可见于 https://wenshu.court.gov.cn/website/wenshu/181107ANFZ0BXSK4/index.html? docId=bJZNHdNjlwcg0ID+0z0QlsxkiCa5081AV3FnQhOqeYQdRT3G2SjbEp/dgBY-osE2go/ZCEzlseUOaqRZu/JZQ+OQxMEu0BxHU9PkZ31OMaETLy9lE899pC0r7SjJzJ0a/，2023 年 5 月 10 日最后访问。

(二)两个铁路运输公约的主要内容

鉴于我国只是《国际货协》的缔约方,以下仅重点阐述《国际货协》的主要内容。同时,基于一些学者的倡议及未来我国加入实际影响更大的《国际货约》的可能性[①],一些地方将提及该公约的相应内容。

1. 适用范围

《国际货协》主要适用于缔约国铁路之间直通货物的联运,对铁路、发货人和收货人都有约束力。

2. 运输合同

《国际货协》规定:合同的形式是含有铁路始发站和托运人共同签名的运单,发货人在托运货物时,应对每批货物按规定的格式填写运单和运单副本并签字,然后由铁路方面在铁路记载事项上填写。当发货人提取运单中所列的全部货物,按照发送国国内规定付清所负担的费用后,铁路部门即在运单上加盖戳记,此时即认为运输合同成立。发货站为合同的成立地,戳记日期为合同的成立日期。

运单是发货人、收货人与铁路之间订立运输合同的证明,对三者都具有法律约束力。运单是铁路方面收到和承运单据上所列货物的表面证据。它随同货物由发运站到目的站,全程附送,最后交给收货人。它既是铁路方面向收货人核收运杂费用和点交货物的依据,也是货物出、入各国海关的必备文件。

运输合同订立后,运单副本应退还给发货人。运单副本虽不具有运单的效力,但可作为卖方通过银行向买方结算的单据,也可作为向铁路索赔的依据。近年来,该种运单与《国际货约》下的运单在形式上得到了统一,并在跨到《国际货约》的区域内也能"一单到底"地直通使用,由此可以避免换单造成的翻译错误,也减少了文件流转,提高了工作效率,节约时间成本。[②] 在此还应说明的是,《国际货协》与《国际货约》下的运单都不具有物权凭证的效力。

3. 运输合同当事人的基本权利和义务

《国际货协》的基本规定如下:

(1)发货人、收货人的基本权利和义务。

①发货人应对他在运单中所记载和声明事项的正确性负责。由于记载和声明事项不正确、不准确或不完备,以及由于未将上述事项记入运单相应栏内而发生的一切后果,发货人均应负责,并按协定规定承担罚款。

②发货人提交的货物必须具有符合要求的包装和标记。标记应包括下述主要内容:每件货物的记号(标记)和号码;发送路和始发站;到达路线和到站;发货人和收货人;零担货物件数。

③发货人必须将货物在运输途中为履行海关和其他规章所需要的添附文件附在运单上。发货人如未履行此项规定,始发站可以拒绝承运货物。由于没有添附文件或文件不齐全、不正确而产生的后果,发货人应对铁路负责。

④发货人和收货人应按协定规定的运费计算办法和支付方式缴付运送费用。运送费用通常包括货物运费、押运人乘车费、杂费和运送的其他费用。

---

① 参见李大鹏:《论"一带一路"倡议下以铁路运输为中心的国际货运规则重构》,《武大国际法评论》2017 年第 4 期,第 46～61 页。

② 曾文革、王俊妮:《"一带一路"视野下亚欧铁路运输条约体系的冲突与协调》,《国际商务研究》2019 年第 1 期,第 63～65 页。

⑤发货人和收货人有变更运输合同的权利，但只能各自变更一次。发货人可以在发货站领回货物，变更到站，变更收货人，将货物发还发货站。收货人可以在到达国范围内变更货物的到站，变更收货人。

⑥收货人在终点站凭运单领取货物。

(2)铁路方面的基本权利和义务。

①铁路方面有收取运送费用和其他费用的权利；在发货人或收货人无正当理由拒付运费和其他合理费用时，铁路方面有权留置其承运的货物。

②出现下列情况的，铁路方面有权拒绝发货人变更铁路合同或延缓执行变更要求：变更要求与参加运送的铁路所属国家现行法令或规定有抵触；变更要求违反铁路营运管理；在变更到站的情况下，货物的价值不能抵偿运到新指定的到达站的一切费用，但能立即交付或能保证支付这项变更费用的除外。

③铁路有权检查发货人在运单中所记载的事项是否正确。如果所记载的或声明的事项不正确、不准确或不完全，铁路有权核收罚款。

④出现以下原因造成货物灭失、毁坏和短量的，铁路方面不负责任：铁路方面不能预防和不能消除的情况；货物的特殊自然性质引起自燃、损坏、生锈、内部腐坏或类似的后果，以及自然减量；发货人或收货人或其押运人员过失；容器或包装的缺点而造成的损失，此种缺点在承运时无法从其外表发现；托运人托运违禁品或有特殊要求的货物而未按照规定办理；因自然灾害而延期15天以内交货的，或因有关国家政府的命令而致行车中断或受到限制而延期交货的；等等。

⑤按照规定的条件把运单项下的货物运至目的站，交付给收货人；参加运输的铁路在规定的责任期间和责任限额内，对货物承担连带责任；执行托运人按协定提出的变更合同的要求；妥善保管发货人在运单内所记载并添附的文件。

4. 索赔和诉讼

《国际货协》的基本规定如下：

(1)索赔。发货人或收货人有权根据运输合同提出赔偿要求。赔偿请求应以书面方式提出并附证明文件，并提出具体的赔偿金额。索赔可以由发货人向发送站提出，也可由收货人向到达站提出。

当运单项下的货物全部灭失时，如由发货人提出索赔要求，需提交运单副本；由收货人提出，需提交运单副本或运单。当货物部分灭失、毁损或腐坏时，也可由发货人或收货人提出，同时需提交运单和铁路在到达站交给收货人的商务记录。货物逾期运到或逾期交付时，由收货人提出，并提交运单。多收运费的，可由发货人按他已交付的款额提出，同时需提交运单副本或发送站的国内规章、规定等文件；也可由收货人按照他所交付的运费提出，同时也要提交运单。

(2)诉讼。只有当铁路全部或部分拒绝赔偿，或在180日内不作答复或不给予合理解决的情况下，发货人或收货人才可以提起诉讼。诉讼只能向受理索赔请求的发货站或到达站铁路所在国家有管辖权的法院提起。

(3)索赔和诉讼时效。逾期交货的索赔和诉讼时效为2个月，其他请求和诉讼的时效为9个月。

二、国际航空货物运输法

(一)有关国际航空货物运输的国际公约

早在20世纪20年代，国际航空货物运输就开始有所发展。据一些学者考察，到2016年，国际航空运输的货值达到了世界总贸易的1/3，运量却不到1%。[①] 由此推断：当事人一般是对高价的货物才选择国际航空运输。近百年来，这种运输已受到多项国际条约的规范。目前有关国际航空货物运输的国际公约主要有《统一国际航空运输某些规则的公约》（简称《华沙公约》）、《海牙议定书》《统一非缔约承运人所办国际航空运输某些规则以补充华沙公约的公约》和《蒙特利尔公约》。

1.《统一国际航空运输某些规则的公约》(Convention for the Unification of Certain Rules Relating to International Carriage by Air)

该公约于1929年在华沙签订并由此简称为《华沙公约》(Warsaw Convention)，它于1933年2月13日生效。到目前为止，已有130多个国家加入该公约。因此，该公约为调整国际航空货物运输关系最主要的国际公约。我国于1958年7月申请加入《华沙公约》，同年10月正式成为其成员国。

《华沙公约》适用于运输合同中规定的启运地和目的地都属于公约成员国的航空运输，也适用于启运地和目的地都在一个成员国境内，但飞机停留地在其他国家的航空运输。

2.《修改1929年10月12日在华沙签订的统一国际航空运输某些规则的公约的议定书》(Protocol to Amend the Convention for the Unification of Certain Rules Relating to International Carriage by Air Signed in Warsaw on 12 October 1929)

该公约于1955年在海牙签订并由此简称为《海牙议定书》(Hague Protocol)，于1963年8月1日生效，目前已有九十多个缔约方。1975年11月18日《海牙议定书》对我国生效。

《海牙议定书》的适用范围比《华沙公约》更为广泛。无论是连续运输或是非连续运输，无论有无转运，只要启运地和目的地在两个成员国的领域内，或者在一个成员国领域内而在另一个成员国的或非成员国的领域内有一定的经停地点的任何运输，该《议定书》都适用。就内容而言，它主要在航行过失免责、责任限制以及索赔期限等问题上，对《华沙公约》作了较大的修改。

3.《统一非缔约承运人所办国际航空运输某些规则以补充华沙公约的公约》(Convention Supplement to the Warsaw Convention for Unification of Certain Rules Relating to International Carriage by Air Performed by a Person other Than the Contracting Carrier)

该公约1961年在墨西哥的瓜达拉哈拉签订，简称《瓜达拉哈拉公约》。它于1964年5月1日生效。我国尚未加入该公约。该公约把《华沙公约》中有关承运人的各项规定，扩大到非合同承运人，即根据与托运人订立航空运输合同的承运人的授权办理全部或部分国际航空运输的实际承运人。

4.《蒙特利尔议定书》(Montreal Protocol)

由于《华沙公约》和《海牙议定书》对于非缔结合同的承运人权利与义务未作规定，且最高责任限制、免责事由等方面的缺陷，《华沙公约》的缔约国于1975年在蒙特利尔达成了修订《华沙公约》的第一至四号《议定书》，它们统称为《蒙特利尔议定书》。目前，只有其中的第四号《议定书》已生效，参加的国家有阿根廷、澳大利亚、巴西、埃及、芬兰、希腊、匈牙利、爱尔兰、以色列、意大利、科威特、荷兰、挪威、葡萄牙、新加坡、瑞典、瑞士、西班牙、土耳其、英国和美国等。

5.《蒙特利尔公约》(Montreal Convention)

《华沙公约》为统一各缔约方航空货运制度做出了不可磨灭的贡献，但历经半个多世纪，随

---

① See Jason JIN, Is the Cargo Liability Limit Unbreakable under the Montreal Convention?: Implications of a Civil Case in China, *Air & Space Law Issue* 6, 2018, p. 561.

着社会和科学技术的飞速发展及航空运输业的强大，其弊端日益明显。首先，其采用的过错推定原则对承运人的保护并不理想。从表面上看，航空运输事故发生后，根据1929年《华沙公约》的规定，如果承运人能够证明其不存在过错，就可以免除责任。但实际情况并没有那么简单，由于现代航空技术十分复杂，承运人想做到万无一失是不可能的，特别是在航空事故原因不明的情况下更是如此。因此，过错推定原则能在多大程度上保护承运人是存在疑问的。其次，过错推定原则有可能使受害人故意延长诉讼时间和增加诉讼成本，原则上此举对航空运输不利。再次，实践中各国对过错推定原则的关键用语的解释很不一致。鉴于上述情况，为进一步促进航空运输承运人责任的统一化，国际民航组织(ICAO)在加拿大蒙特利尔市组织签订了1999年《蒙特利尔公约》，该公约已于2003年11月4日生效并自2005年对我国也有约束力。[①] 目前已有139个缔约方参加了该公约。[②]

(二)航空货物运输单据

航空货物运输单据为航空货运单(Air Consignment Note/Air Waybill)。根据《华沙公约》的规定，航空货运单不是物权凭证，在无相反的证据时，它是运输合同、承运人接受货物、承运条件以及货物重量、尺寸、包装和件数等的初步证据。

航空货运单一般包括以下内容：(1)启运机场和目的机场；(2)约定的经停地点；(3)航班号、启运和到达时间；(4)托运人的名称和地址；(5)收货人名称和地址；(6)承运人的名称和地址；(7)货物的性质、包装方式、件数、特殊标志或号数货物的重量、数量、体积或尺寸；(8)托运人供运输声明的货物价值；(9)运费数额及其支付方式；(10)承运人的责任限制；(11)货运单的份数及其签发的时间和地点；(12)所适用的公约；等等。

(三)承运人的责任制度

1. 承运人的责任范围

根据《华沙公约》的规定，承运人对在其保管期间内货运单项下货物的毁灭、遗失、损坏或延误交付而造成的损失负责。出现下列情况的，承运人可以免除或减轻责任：(1)承运人能证明自己或其代理人，为避免损失的发生已经采取一切必要的措施或不可能采取这种措施；(2)承运人能证明损失的发生是由于驾驶上、航空器的操作上或导航上的过失，而在其他一切方面，承运人及其代理人已经采取一切必要的措施以避免损失；(3)承运人如能证明损失完全由自然原因引起，除非这种损失能够确定是由于承运人的疏忽或有意过失引起的；(4)由于遵守法律、法规、法令或超出承运人的管辖以外的原因，从而造成任何直接或间接的损失；(5)承运人能证明损失是由于受损人的过失所造成的。

Winchester Fruit 有限公司诉 American Airline 公司案(2002)

原告(Winchester Fruit 有限公司)在伦敦收到被告(American Airline 公司)从南美巴拉圭空运过来的桃子时发现：该批桃子严重变质。专家认为，原产地的气候、到达伦敦前经停的航站环境等是该批桃子损坏的主要原因。伦敦中区的郡法院判决指出：根据修订的《华沙公约》第18条，索赔人首先不仅必须证明货物托运时处于良好状态而到达时有损害的情形，而且必须证明空运期

① 参见肖永平、孙玉超：《国际航空货物运输承运人归责原则的嬗变》，《北京航空航天大学学报》(哲学社会科学版)2010年第1期，第32～33页。同时参见庄建伟、沈志韬：《论国际航空货物运输期间》，《福建农林大学学报》(哲学社会科学版)2011年第4期，第83页。

② http://www.doc88.com/p-4995123324622.html，2023年8月22日最后访问。

间发生了导致损害的事件，然后，主张免除责任的承运人才有义务举证存在该公约中的免责事由。

但是，如果损失的发生是由于承运人或其代理人的“有意不良行为”（Willful Misconduct）或过失，承运人就无法引用公约关于免除或限制承运人责任的规定。

《海牙议定书》扩大了承运人的责任范围，规定以下两种事由不能使承运人免责：（1）由于承运人及其受雇人、代理人故意的行为及承运人明知可能造成损害而仍置之不顾的作为或不作为；（2）承运人驾驶上、航空器的操作上或导航上的过失。

蒙特利尔第四号《议定书》进一步地采用了承运人的绝对责任原则。取消了《华沙公约》中关于承运人或其代理人为避免损失的发生已经采取一切必要的措施而可以免责的规定。

《蒙特利尔公约》中的免责事由仅限于其第 20 条与第 18 条第 2 款规定的 4 种情况：货物的固有缺陷、质量或者瑕疵，货物包装不良，战争行为或者武装冲突，公共当局实施的与货物出入境或者过境有关的行为。这意味着该公约对承运人实行的也是严格责任原则。

BEST VALUE KOSHER 食品公司诉美国航空公司案（2016）①

原告 BEST VALUE KOSHER 食品公司（Best Value Kosher Foods，Inc.）与美国航空公司（American Airlines，Inc.）达成了一份将一批奶酪从法国巴黎运往纽约肯尼迪机场的合同。12 月 22 日，奶酪被送到巴黎由被告接管，次日抵达纽约肯尼迪机场。原告获得的航空货运单的“商品的性质和数量”栏目中注明：“奶酪应保存在冰箱中！紧急！”其背面却限制了易腐货物损坏的赔偿责任。货物下一次转运前在食品药品管理局及美国海关边境保护局放置数天接受检查。12 月 30 日，原告的代理人才收到货物。由于此时的地面温度是 70 华氏度（21℃），奶酪发酸变质而丧失了商销性，原告声称受损 18 076.90 美元，2016 年 4 月 11 日提起了索赔诉讼，为了支持其货交被告时处于良好状况的主张，原告提交了一份表面上看来出自法国政府的官方文件以证明奶酪中不包含危险的细菌，以及发货人称承运人收到奶酪时该奶酪温度状况良好（3℃）且没有任何细菌性缺陷的文件。被告则辩称：其在肯尼迪机场包括冰箱在内的存货设施在货机降落日至取货日期间是开放的和处于功能良好的状态。

美国联邦纽约地区法院 2016 年 12 月 7 日判决被告胜诉，理由是：原告提供的这些文件提到了其运送到美国之前的近三个月的奶酪样品，由此不能证明承运人收到奶酪时奶酪的温度；所显示的货损主要是政府有关部门的检验延迟所致。

2. 承运人的责任期间

承运人的责任期间为货物在其监管之下的所有时间，但不包括在航空站以外的任何陆运、海运和河运。不过，《华沙公约》第 18 条第 3 款、《蒙特利尔公约》第 18 条第 4 款同时规定：“如这类运输是在履行航空运输合同中为了装、送或转运目的而进行的，在无相反证据的条件下，应把任何损失推定为在航空运输期间发生事件的结果。”

① https://1. next. westlaw. com/Document/I08593940c20c11e690aea7acddbc05a6/View/FullText. html? navigationPath=Search%2Fv1%2Fresults%2Fnavigation%2Fi0ad604ab0000018a22e99711852f7582%3Fppcid%3D1db14ba6ee47494c984a73411035445d%26Nav%3DCASE%26fragmentIdentifier%3DI08593940c20c11e690aea7acddbc05a6%26parentRank%3D0%26startIndex%3D1%26contextData%3D%2528sc. Search%2529%26transitionType%3DSearchItem&listSource=Search&listPageSource=8c7559c80b5d0bdb7a53e2663ec6655a&list=CASE&rank=1&sessionScopeId=1f18e4545918a201d6a103c1a7517415a3d959bf9eb9d8d196c1149ee71a09da&ppcid = 1db14ba6ee47494c984a73411035445d&originationContext=Search%20Result&transitionType=SearchItem&contextData=%28sc. Search%29，2023 年 8 月 23 日最后访问。

人保财险上海分公司诉文渊物流公司与卓越运输公司案(2014)[①]

2013年8月,钜泉光电公司委托被告上海文渊国际物流有限公司(以下简称文渊物流公司)将其出售给盛泰环球有限公司的6箱总毛重为76千克、总金额为78 020.80美元的货物自上海运输至香港沙田安平街6号新茂中心B座21楼10室处。文渊物流公司又转委托被告卓越(上海)国际货物运输代理有限公司(以下简称卓越运输公司)。卓越运输公司为该笔货物配载2013年9月1日自上海浦东机场出发、由中国货运航空有限公司所经营的CK263航班,并签发不可转让运单。运单记载操作信息为"DPP TERM",即完税后于指定目的地交货贸易条款。同年9月3日,卓越运输公司在提取货物送至上述收货人途中发生事故,1箱货物丢失。文渊物流公司确认货物短少,损失金额为13 728.00美元。

原告(中国人民财产保险股份有限公司上海市分公司,以下简称人保财险上海分公司)根据钜泉光电公司为涉案货物投保的航空运输货物一切险向后者支付了保险金13 728美元。原告作为代位求偿者起诉要求两被告连带赔偿上述13 728美元折合人民币为83 698.24元(按照汇率6.096 9计算)的货损,并支付自原告支付保险金之日起至涉案判决生效之日止以银行同期存款利率计算的相应利息。

上海市第二中级人民法院2014年二审维持了虹口区人民法院关于两被告连带赔偿人民币2 494.44元的判决,理由是:原告依据与钜泉光电公司保险合同关系履行赔付义务后已取得权益转让书而取得保险代位求偿权;钜泉光电公司委托文渊物流公司进行货物运输,后者转委托于卓越运输公司,两被告应承担连带责任;根据《蒙特利尔公约》的相关规定,一国有两个或者多个领土单位,在各领土单位内对于本公约处理的事项适用不同的法律制度的,该国可以在签署、批准、接受、核准或者加入时,声明本公约适用于该国所有领土单位或者只适用于其中一个或多个领土单位,该国也可以随时提交另一份声明以修改此项声明;国务院于2006年9月7日发布批复,决定《蒙特利尔公约》适用于中国香港特别行政区,故涉案航空运输系适用于《蒙特利尔公约》的国际运输;《蒙特利尔公约》第18条第4款规定,航空运输期间是指货物处于承运人掌管之下的期间,不包括机场外履行的任何陆路、海上或者内水运输过程,但是,此种运输是在履行航空运输合同时为了装载、交付或者转运而办理的,在没有相反证明的情况下,所发生的任何损失推定为在航空运输期间发生的事件造成的损失;原告承保的是货物航空运输一切险,责任起讫为"仓至仓",与本案货物按照提单指示送至收货人处路径一致,究"航空运输一切险"及"仓至仓"之文意及《蒙特利尔公约》的上述规定,结合原告向钜泉光电公司赔付之行为,说明其对于货物丢失在航空运输期间已予以认可;CK263航班虽为中国货运航空有限公司所经营,但卓越运输公司因文渊物流公司的委托代理行为,与钜泉光电公司建立航空运输合同关系,并实际向中国货运航空有限公司订舱,故两被告就本案航空运输事宜都有权援用《蒙特利尔公约》中承运人有权援用的条件和责任限额;本案中,涉案货物运至香港机场后,提单签发人即卓越运输公司尚未完成运输,运至提单指示的地址香港沙田安平街6号新茂中心B座21楼10室盛泰环球有限公司才能视为合同履行完毕,故货物自香港机场至盛泰环球有限公司途中当属航空运输期间;现行的《蒙特利尔公约》第22条第3款规定的每千克货物的赔偿责任限额是19特别提款权;原告未提供钜泉光电公司索赔时应提供的发票和装箱单,根据卓越运输公司提供的装箱单结合文渊物流公司确认丢失货物的型号、数量等确定涉案丢失货

① 本案两审详情可参见陈道喆、姚依哲:《航空运输期间的认定》,《人民司法》2015年第14期,第59~60页。

物毛重为 13.84 千克(参照《蒙特利尔公约》第 22 条第 4 款的规定确定赔偿限额的重量应指毛重),两被告的赔偿责任以 13.84 千克、每千克 19 特别提款权为限,按判决做出之日 IMF(国际货币基金组织)公布的特别提款权与人民币的换算比例为 9.486 计为人民币 2 494.44 元;原告要求两被告支付保险金相应利息的诉讼请求无法律依据。

国外也曾有类似如上的判例,机场以外的运输常被学界称为"替代运输",只要此种"替代运输"是在履行航空运输合同时为了装载、交付或者转运而办理的,且无经托运人同意免责等相反证据,即构成《蒙特利尔公约》第 18 条第 4 款中的"推定航空运输期间"。[①]

3. 承运人的责任限制

根据《华沙公约》的规定,承运人对货物的灭失、损坏或迟延交付承担的赔偿限额为每千克 250 金法郎,承运人不得采用约定的方式降低这一限额。托运人在交货时就对货物运到的价值作特别声明,并缴付了必要的附加费的,承运人赔偿的金额在声明的价值内按实际损失计算。

威廉姆斯公司诉国际空运快递公司案(1993)

原、被告签订了空运 50 盎司金牙到瑞典的合同。原告(威廉姆斯公司)与被告(国际空运快递公司)的雇员联合检验、包装和签封了该批黄金,然后即交付运输。货到目的地时,发现签封遭破坏,黄金无踪影。为此原告要求被告按照声明的 23 474 美元价值赔偿。被告则主张,其赔偿限额按《华沙公约》应为 1 262 美元。1993 年美国法院判决认为,本案应适用《华沙公约》;根据该公约第 22 条第 2 款的规定,除非托运人在交货时对价值做出特别声明并在有此要求时支付了附加费用,承运人的责任应限为一定数额;本案中的原告声明了货物的总价为 23 474 美元,其中为了通关声明黄金价格为 21 690 美元,原告还支付了较高的运费率;原告向被告提供了关于托运货物是黄金的足够信息,作为商业上成熟的承运人,被告或者拒绝承运或者以收取较高运费的方式承担额外风险;根据《华沙公约》第 22 条第 2 款的规定,托运人不可以超出市场价声明货物的价值并在损失时索取该声明的价值。因此,本案中原告可以索赔的最高数额为丢失黄金的市场价,该价格 21 680 美元列于原告的发票上并与 1992 年 8 月 21 日的黄金的市场价一致,至于关于其他牙齿设备的声明价值——1 794 美元,因这些设备并未丢失,所以原告不能索赔。

《蒙特利尔公约》第 22 条提高了货损赔偿限额,规定每千克为 17 特别提款权。当时相当于从《华沙公约》的每千克 20 美元提高到了 23 美元。[②] 该公约第 24 条第 1 款还规定了一项定期复审赔偿限额的机制,使得国际民航组织有权每隔 5 年复审赔偿限额,当加权通胀因素超过 10%时,限额便会相应调整。为此,2009 年底,该限额已被调整到 19 特别提款权。[③]

不过,一些国家或地区的法院判决表明:只有在给予托运人合理提醒的情况下,承运人才能援引《蒙特利尔公约》下的赔偿限额规定降低自己的赔偿额。

---

① 王翰、张超汉、孙玉超著:《国际航空法专论》,法律出版社 2017 年版,第 231～232 页。

② See John W. Reis, United States: Navigating Cargo Claims-Part 2, http://www.mondaq.com/unitedstates/article.asp? articleid=94408,2023 年 8 月 23 日最后访问。

③ http://www.doc88.com/p-4995123324622.html,2019 年 4 月 6 日最后访问。同时参见王翰、张超汉、孙玉超著:《国际航空法专论》,法律出版社 2017 年版,第 18 页。

Durunna 诉 Air Canada(2013)[①]

原告 Durunna 委托 Air Canada 将价值约 4 600 加元的 10 台手提电脑空运至尼日利亚。被告的柜台代理人问询货值时，原告回答为 4 000 加元。接着，该代理人要求原告填写一张出口声明表，原告填完该表交还时，空运单已备好。该空运单未提及货值，而是在表面用大写字母包含了一方框中的文字提示托运人注意《蒙特利尔公约》下承运人责任限制的通知，该方框还同时注明托运人在声明更高价值和增加缴费的情况下可提高承运人的责任赔偿额。原告支付了费用，但对所获得的该空运单一副本并未签字。这些电脑后来在运输途中全部丢失，根据《蒙特利尔公约》，原告仅能获得约 975 加元的赔偿。加拿大阿尔伯特省法院(The Provincial Court)却判决被告应赔偿原告所声明的 4 000 加元的损失，理由是：被告没有按《蒙特利尔公约》第 7 条让原告在空运单上签字；没有根据判例法足够合理地提请原告对被告责任限制规定的注意；未给予机会阅读和提示购买额外的保险。

(四)托运人和收货人的权利和义务

1. 托运人的权利和义务

托运人的权利包括：在启运地机场将货物取回；在停经地点终止运输；在交货前更改航空货运单上指定的收货人；要求将货物退回启运地机场。但托运人在行使以上权利时，有赔偿承运人由此所遭受的损失。

托运人的义务主要有以下几项：

(1)填写航空货运单，并对其所填写的关于货物的各项说明和声明的正确性负责。如果托运人所填写的说明和声明不合规定、不正确或不完全而使承运人或承运人对其负责的其他任何人遭受损害，那么托运人应承担赔偿责任。

(2)向承运人交付货物和与货物有关的各种资料。如果因这种资料或证件的缺乏或不合规定以至造成损失，那么应对承运人承担责任。

(3)支付运费和约定的其他各项费用。

联邦快递公司诉源魅公司案(2022)[②]

本案原告联邦快递(中国)有限公司上海分公司(以下简称联邦快递公司)，被告源魅(上海)文化传播有限公司(以下简称源魅公司)。

2017 年 3 月 16 日，被告与案外人天地国际运输代理(中国)有限公司上海分公司签订《国际航空快件运输协议》，约定：前者委托后者办理文件和包裹的国际航空快件运输服务以及有关的报关服务；后者按月将运费及其他相关费用的发票/账单送至前者；前者须某收到发票/账单日起的 15 天内付清款项，前者若对发票/账单有异议则应在签收日起 5 天内提出；若前者逾期付款则应向后者支付 5‰/天的滞纳金。

---

① 本案详情可参见 Artem N. Barsukov，Alberta Court says Air Cargo Liability Limits can be Broken，https://www.bennettjones.com/en/Blogs-Section/Alberta-Court-says-Air-Cargo-Liability-Limits-can-be-Broken，2019 年 3 月 27 日最后访问。See also Ruwantissa Abeyratne，Law and Regulation of Air Cargo，*Springer Nature Switzerland* AG，2018，pp. 214—215.

② 该案的案号为(2022)沪 7101 民初 1096 号，其判决详情可见于 https://wenshu.court.gov.cn/website/wenshu/181107ANFZ0BXSK4/index.html?docId=nOE3NrYf+UYoCE4flRhnAnNSjjk0LRNkF3B0fMY9nhBEy1GeGJBq0p/dgBYosE2go/ZCEzlseUOaqRZu/JZQ+JcAjw48aZWPEvOVxPYVpi/M8dOgYOmt/UqA7GtH/xSx，2023 年 5 月 18 日最后访问。

2018年7月19日至8月30日，被告4次委托上述案外人将货物航空快递至美国，后者随后向被告开具累计金额为23 780.16元的4张发票及4份发票明细清单并要求支付运费。在一直未获支付的情况下，上述案外人于2020年8月1日将其对被告的债权转让给了原告。

上海铁路运输法院2022年11月24日缺席判决原告完全胜诉，理由是：被告与案外人依法成立的合同受法律保护，案外人按约履行运输义务，被告即应支付运费；关于滞纳金，原告主张按全国银行间同业拆借中心公布的贷款市场报价利率的3倍计算，低于合同约定5‰/天，且不违反法律规定；被告经本院合法传唤无正当理由未到庭参加诉讼，应视为其自愿放弃举证、辩驳等诉讼权利，相应的法律后果由其自负。

(4)承担承运人因执行其指示所造成的损失。

2. 收货人的基本权利和义务

货到目的地后，如发现货物有任何损害，收货人有权向承运人索赔。收货人的基本义务是：在到付运费和其他费用的情况下，收货人交付规定的费用并在货物到达目的地机场后及时提取货物。

(五)索赔和诉讼

1. 索赔

根据《华沙公约》的规定，当货物发生损坏时，发货人或收货人有权立即向承运人提出异议，但最迟应在收到货物后7天内提出。如果是迟延交货，最迟应在收货后14天内提出。异议必须采用书面形式或写在运输凭证上提出。除非承运人有欺诈行为，否则一旦超过规定期限，收货人就不能对承运人起诉。《海牙议定书》对上述期限分别延长1周，即分别为14天和21天。《蒙特利尔公约》第31条第2～4款规定的期限分别为7天和21天，且明确异议只能采用书面形式。

2. 诉讼

《华沙公约》规定，原告可以按其意愿选择以下缔约国之一的法院起诉：(1)承运人的住所地；(2)承运人的总管理处所在地；(3)签订合同的机构所在地；(4)目的地。《蒙特利尔公约》第33条第1款除了将《华沙公约》中的第(2)种诉讼管辖地换成了“承运人的主营业地”外，保留了其他3种诉讼管辖地。

《华沙公约》和《蒙特利尔公约》第35条规定当事人提起诉讼的时效都是2年，从航空器到达目的地之日或应该到达之日或停止运输之日起算。诉讼程序依法院地法。

第五节　国际货物多式联运

一、概述

国际货物多式联运(International Multimodal Transport of Goods)，是指多式联运经营人按照多式联运合同，安排两种以上的运输方式将货物从一国指定地点运到另一国指定地点的运输。

随着国际之间贸易往来日益密切，不同国家两地间很少单纯能靠海运、陆运或空运中的一种方式直通。实际上，将货物从一国的某地运往他国的另一地，在很多场合下需要海陆联运、海空联运、陆空联运或海陆空联运才能完成。这样，如果货物的卖方或买方单独同海运、陆运或空运承运人分别订立运输合同则既费时又费力。为解决这一问题，国际运输界便创立了将几种不同运输方式结合起来的新的运输方式——国际货物多式联运，而集装箱这一新型包装方式的采用又使多式联运的高效和安全更多地成为现实。因此，在不能单靠一种运输方式即能使货物直通的情况下，有关当事人便越来越多地采用多式联运的方式。

当然，采用多式联运的运输方式也会产生许多原来没有遇到过的问题，主要表现在以下几个方面：

(一)法律适用

多式联运方式中经常会经过不同的区段，由于各区段受制的国际公约或国内法对承运人采取的责任原则、责任期限和责任限额等皆不相同，而在联合运输下，由于货物被封在集装箱中而常常不知其损害发生在哪一区段。这样，在发生有关赔偿纠纷时，应适应哪个国际公约或国内法就不能确定。

(二)货主与承运人的关系

在多式联运中有两类承运人：联运经营人；区段实际承运人。在货物发生损害时，该损害到底是应该由联运经营人负责，还是由区段实际承运人负责或者是由他们连带负责？尤其是在损害发生的区段不明时，各区段的实际承运人应否负连带责任？

(三)联运单据的法律性质

在《海牙规则》中，提单是运输合同的证明，而且可以作为物权凭证进行转让。但是《华沙公约》和《国际货协》中规定空运单和铁路运单虽然具有权利凭证的性质，但是不能转让。那么，结合了海运和陆运、海运和空运或海运、陆运和空运的运输单据有无物权凭证性质？

为解决上述有关问题，一些国家的国内法做出了规范，如我国《海商法》第105～106条及2018年修订的日本《商法典》第578条等。[①] 此外，很多国际组织和国际商业团体[②]也积极开展工作，制定了一些草案规则。其中，最有成效的是联合国贸发会起草的《联合国国际货物多式联运公约》。该公约于1980年获得通过，目前尚未生效，但已具有重要影响性，有关当事人在订立联运合同时可参照该公约的规定。

二、《联合国国际货物多式联运公约》的基本内容

(一)多式联运合同的定义

多式联运合同是指多式联运经营人凭以收取运费，负责完成或组织完成国际货物多式联运的合同。

(二)多式联运单据

多式联运人在接管货物时，应向发货人签发一项多式联运单据，以证明多式联运合同和联运人接收货物并负责按合同条款交付货物。根据发货人选择，联运人可以做成可转让的单据，

---

① 参见陈昊泽、何丽新：《〈日本商法典〉运输总则最新修订之评析》，《中国海商法研究》2018年第3期，第95～96页等。

② 如国际商会20世纪70年代就曾制定了《多式联运单证统一规则》并于1992年做出了修改。参见俞旭明、李根：《〈海商法〉中多式联运经营人"网状责任制"的法律适用问题》，《世界海运》2023年第1期，第35页。同时参见刘丹：《国际货物多式联运定域损失赔偿责任法律适用问题分析》，《世界海运》2021年第11期，第29页。

也可以做成不可转让的单据。

(三)联运人责任

1. 责任性质

联运人对联运的全程负责，不得以全程或某一阶段委托给其他运输分包人为由推卸责任。

2. 责任期间

自接收货物之时起至交付货物时止为联运经营人的责任期间。在此期间内，联运经营人应对货物的灭失、损坏、延迟交货等事故负责，除非联运经营人能证明其本人、受雇人或代理人等为避免事故的发生及其后果已采取了一切所能合理要求的措施。这种责任制被称为联运经营人的全程统一责任制。

3. 责任限额

联运人对每包或每货运单位的损害赔偿限额为920记账单位(即特别提款权)，或每千克2.75记账单位，以较高者为准；联运不包括海运或内河运输的，为每千克8.33记账单位；延迟交货的，为延迟交货部分应付运费的2.5倍，但不超过全部运费总额；能确定损失发生的区段，而该区段所适用的国际公约或有关国内法有较高赔偿限额规定的，依该公约或国内法规定。

此外，该公约还明确规定，如经证明，货物的灭失、损坏或延迟交付是由于联运人或其受雇人或代理人有意造成，或明知可能造成而任意的行为或不行为所引起，则该联运人或其受雇人或代理人无权享受赔偿限额规定的利益。

(四)发货人的责任

联运人遭受损失时，能证明该损失是由发货人或其受雇人或代理人的过失或疏忽造成的，发货人得对该损失负赔偿责任。

(五)索赔与诉讼

无论是收货人向联运人索赔，还是联运人向发货人索赔，都应在规定的时间内就遭受的损失情况向对方发出书面通知。收货人向联运经营人发出的书面通知期限：对于货物的一般性灭失或损坏，应在收货后下　工作日内发出；对丁表面不易看出的灭失或损坏，应在收货后6日内发出；延迟交货的索赔，应在交货后60日内提出。但是，如果交货时，联运人和收货人进行了联合调查或检验，则无须就调查或检验所证实的灭失或损坏递交书面通知。对于发货人或其受雇人或代理人的过失或疏忽给联运经营人造成损失的索赔，联运经营人应在损失事故发生后90日内向发货人发出书面通知。

国际货物多式联运的诉讼时效为2年，自联运人交付货物或应交付货物之日的下一日起算。但自货物交付之日或应交付之日起6个月内未提出书面索赔通知的，则在此期限届满后诉讼时效即告结束。

关于诉讼管辖权，该公约规定，原告可选择下列有管辖权的法院之一提起诉讼：被告主要营业地法院；联运合同订立地法院；接收或交付货物地法院；联运合同或单据载明地法院。但纠纷发生后，当事人也可约定其他地点。

该公约同时还规定，当事人可通过仲裁的方式解决他们之间的争议。

三、两起典型的多式联运法律纠纷解决实践

深源公司于中锐公司等多纠纷案（2022）[①]

原告温州市深源电器有限公司(以下简称深源公司)，第 1 被告宁波中锐环球国际货运代理有限公司(以下简称中锐公司)和第 2 被告深圳市鹏远国际货运代理有限公司宁波分公司。

原告多次以包干形式委托第 1 被告出运货物和支付运费。2021 年 7 月 21 日，原告根据第 1 被告指示将约定的 800 箱货物运送至第 2 被告所属的洞桥仓库。第 2 被告就这些货物原安排了 2021 年 7 月 27 日船期，后因舱位不足，要求第 1 被告每票各 400 箱拆分成两票出运。其中 386 箱货物实际被安排装箱出运。次日，台风“烟花”生成，数日内对浙江特别是宁波一带造成了严重影响，洞桥仓库遭到水淹，案涉剩余未能装箱的 414 箱货物受损，原告公司取回部分完好货物后，剩余货物经允正公司评估残值为 18 304 元，其如未损坏，完好价值为 143 826.55 美元。

原告诉请法院判决第 1 被告和第 2 被告连带赔偿货损人民币 926 083.52 元。宁波海事法院 2022 年 4 月 20 日判决第 1 被告和第 2 被告连带赔偿原告 814 790.83 元，依据：本案中，原告以包干形式委托第 1 被告出运货物，其责任区间为自货物交付其指定仓库至货物送交收货人指定地址，双方依法成立了包含海运方式在内的多式联运合同关系；第 2 被告受第 1 被告委托出运涉案货物，并实际操作了涉案货物的装箱、报关等业务和签发了托运人为原告的无船承运人提单，从而也与原告之间亦成立多式联运合同关系；第 2 被告作为多式联运经营人，其责任区间亦为自货物交付至其仓库至货物运送至收货人；涉案货物交付至第 2 被告洞桥仓库后，由其负责安排装箱及之后的出运，则在该仓库至实际装船出运之前的区段，第 2 被告就是实际承运人，从而应当与第 1 被告承担连带责任；宁波官方自 2021 年 7 月 18 日起即发布台风预警，对台风等级及影响范围等进行了预判，同月 21 至 24 日间每日不断提高灾害天气应急响应等级，第 1 被告与第 2 被告作为专业的物流公司，完全可以预见该次高强度台风来临及可能造成的后果；涉案货物共 800 箱于 7 月 21 日即送到洞桥仓库，原定计划全部于 27 日装船启运，但因鹏远宁波分公司所订舱位不足原因只能拆分为两票出运，第一次仅出运了 386 箱，如果剩余 414 箱能同时出运，则可避免本次损失；即便已经面临遭遇水淹的现实危险，第 2 被告仍有时间在政府相关部门疏散人员前将货物转移至高处，但该被告仅称其对货物采取了垫高措施，且未提供证据证明其已经采取了足够、必要的措施克服了危险，可见此次损失并非不可预见、不可避免及不能克服的客观情况所造成，从而不应支持两被告的不可抗力抗辩；根据原告的证据，涉案货物出运时的完好价值为 143 826.55 美元，按原告起诉之日 2021 年 8 月 23 日美元对人民币汇率中间价 1∶6.496 9 折算为 934 426.71 元。根据中锐公司提供的报关单等材料，报关单所载货物价值系包含了货物的运费、保险费，涉案货物因未实际出运，原告并未支付运费、保险费从而应从上述货值中扣除。

---

① (2021)浙 72 民初 1638 号。

Hapag-Lloyd AG 诉 Iamgold 公司及 NIOBEC 公司案(2021)①

2011 年 8 月 4 日，上诉方 Hapag-Lloyd AG 作为多式联运的承运人与从事海上运输业务第 1 被上诉方 Iamgold 公司签约，规定由后者将装入铌铁的 4 个集装箱从加拿大的蒙特利尔运往比利时的安特卫普。1 周后，第 2 被上诉方或其代理人指示上诉方在同月 15 日用卡车将这些货物运往其在荷兰的莫尔迪克(Moerdijk)市仓库，上诉方便安排 1 位授权的卡车司机担当此任。同月 12 日，这些集装箱在安特卫普港卸离了船舶而放在了该港的终端待下一程的卡车转运。当天 1 位未经授权的卡车司机使用密码从该终端偷运走了其中的重达 66 266 千克的 3 个集装箱而无下落。被上诉方因此遭受了 160 多万美元的损失。

对于当事人之间赔偿限额的纠纷，一审法官做出了对被上诉方有利的判决，即上诉方应按陆运的每千克 8.33 个特别提款权而不是海运的每千克 2 个特别提款权赔偿，理由是：当事人都同意德国法为准据法；德国法在庭审中被视为事实，2 位德国法专家援引该国不同的判决分别认定损害发生于海运和陆运阶段，其中认定为陆运阶段的观点较为正确，因为该专家提及判例的案情与本案相似且形成的时间较新。

加拿大联邦上诉法院 2021 年 6 月 2 日判决驳回上诉方的上诉，依据：外国法必须视为事实被证明；在没有明显重大错误的情况下，一审法官关于外国法的认定不应被推翻。

本章小结

国际货物买卖离不开国际货物运输，因此，国际货物运输法在很多场合下被视为国际货物贸易法的一部分。国际货物运输法主要从海上货物运输法发展而来。国际铁路运输法、国际航空运输法和国际多式联运法中的很多规定与海上货物运输法中的相应规定至今在很多方面仍非常相似。它们之间最主要的差异在于对承运人的免责事项和责任限额的规定不同。

建议的选读资料

1. 于娟:《国外铁路多式联运实践及经验启示》,《国际经济法学刊》2023 年第 2 期。

2. 张珠围:《国际多式联运合同法律适用问题研究》,《国际经济法学刊》2021 年第 1 期。

3. 何永宏:《“一带一路”背景:记名提单凭单放货理论依据的再探索——国家对海上货物运输合同自由的干预》,《法律适用》2021 年第 12 期。

4. 谢海霞:《〈蒙特利尔公约〉在我国法院适用的实证分析》,《经贸法律评论》2020 年第 2 期。

① 2021 CAF 110. 其判决详情可见于 https://1.next.westlaw.com/Document/Ic42168343cce39d5e0540010e03eefe0/View/FullText.html?navigationPath=Search%2Fv1%2Fresults%2Fnavigation%2Fi0ad62aee000001881620cf50b4193ad2%3Fppcid%3D34520001c5d9400cbcb9080687f18029%26Nav%3DINTERNATIONAL-CASES%26navQualifier%3DI1dec5f10a08911e28578f7ccc38dcbee%26fragmentIdentifier%3DIc42168343cce39d5e0540010e03eefe0%26parentRank%3D0%26startIndex%3D1%26contextData%3D%2528sc.Search%2529%26transitionType%3DSearchItem&listSource=Search&listPageSource=d08304eaed307cdf33c867059d65231c&list=ALL&rank=1&sessionScopeId=18ece2fc932c54ec4948d650d4a6ca78b2c2bd528a7b0bad31057e83b7992b71&ppcid=34520001c5d9400cbcb9080687f18029&originationContext=Search%20Result&transitionType=SearchItem&contextData=%28sc.Search%29，2023 年 5 月 14 日最后访问。

5. William Murphy & Raymond Friel, Are We There Yet? The Long Road to an e-Bill of Lading May Be Coming to a Conclusion, *Uniform Commercial Code Law Journal*, May 2023.

6. James Henry Bergeron, Attilio M. Costabel, Andrew M. Danas, Gregory C. & Maddaleni, Rebecca Fenneman, *International Transportation Law*, 2022.

7. Nil Kula, The Turkish Legislation Governing Freight Forwarders Vs. United States Legislation Governing Ocean Transport Intermediaries (Otis): Differences, Odds and Pros, *the University of San Francisco Maritime Law*, Journal, 2019—2020.

8. David P. Stewart & Andrew Feinstein, Private International Law: An Introduction from an American Perspective, *Syracuse Journal of International Law and Commerce*, Spring 2022.

思考题

1. 提单按不同的标准可以分为哪几类?
2. 简述提单的作用。
3. 国际货物承运人有哪些基本义务?
4. 国际货物托运人有哪些基本义务?

案例分析

1. 英国A公司委托希腊X海运公司运送一批燕麦食品和一台大型设备到新加坡。希腊X海运公司所派的运送该批货物的"玛丽"号轮在运途中发生了以下几种货损情况:因途中救助人命耽误了航行,致使迟延交货而使A公司受损;因暴风雨导致的剧烈颠簸致使装载于舱面的大型设备跌落大海;因船舱螺丝松动,在遭遇暴风雨时货舱进水打湿了2/3的燕麦食品而发生了霉变损失;X海运公司的工作人员在卸载货物时因操作不慎使两箱燕麦食品落水。

【问题】

(1)X海运公司是否对因救助人命导致的A公司损失承担赔偿责任?为什么?

(2)大型设备跌落大海损失是否由X海运公司承担?为什么?

(3)船舱螺丝松动导致的湿损责任是否应归X海运公司?为什么?

(4)卸载时两箱燕麦食品落水是否属于X海运公司的责任范围?为什么?

2. 承租人A为托运石油而与租船人B签订了一份航次租船合同,规定卸货完毕后应立即支付运费。A总共托运了29 500吨成品油,B的F轮在目的港卸下26 500吨成品油后以未收到运费为由拒绝继续卸货。

【问题】 本案中,B有无拒绝继续卸货的权利?理由是什么?

第六章

6 国际货物运输保险法

教学目的和要求

1. 掌握国际货物运输保险的基本原则
2. 了解我国海洋货物保险条款的基本内容
3. 掌握《ABC 条款》的基本内容
4. 了解我国陆上和航空货物保险条款的基本内容

第一节 概 述

一、国际货物运输保险的概念和种类

国际货物运输保险是指保险人(保险公司)与投保人(国际贸易中的买方或卖方)签订合同约定,投保人支付规定的保险费,在货物遭受国际运输途中约定的保险事故损害时,由保险人负责给予约定的保险受益人(被保险人)补偿的行为。

根据不同的标准,国际货物运输保险可分为不同的种类。

(一)根据运输方式划分

国际货物运输保险可分为海上货运保险、陆上货运保险和航空货运保险等

(二)根据保险期限划分

国际货物运输保险可分为运程保险、定期保险和混合保险

1. 运程保险

该保险是指按保险合同规定,保险人只负责指定地点之间的一次或几次运程的保险。

2. 定期保险

该保险是指规定保险人在某个固定时间内负责的保险。

3. 混合保险

该保险是指运程和定期相结合的保险,即保险人对运程之内且定期之内的损失负责。

(三)根据承保方式划分

国际货物运输保险可分为逐笔保险、预约保险、流动保险和总括保险

1. 逐笔保险

逐笔保险(Specific Insurance),是指对一批货物由投保人一笔笔向保险人申请保险。

2. 预约保险

预约保险(Open Cover),又称开口保险。在实践中,选用预约保险的保险人与被保险人事先达成一项协议,规定总的保险范围,包括保险标的、总保险限额、运程区域、运输工具、保险条件和保险费率等。保险期限可以是短期的,也可以是长期的。在保险期限内,对保险范围内的货物,保险人负有自动承保之责。每批货物出运之前,由被保险人填制启运通知,通知保险人签发保险凭证,将来根据所签凭证结算保险费。我国进口货物大多采用这种承保方式。其保险金额一般按 CIF 价格加 10%为准。

3. 流动保险

流动保险(Floating Insurance),是一种预约的定期保险,也称不指名保险。流动保险合同

一般不规定运输工具名和运输路线，但对每一运输工具每次事故确定一限额。被保险人在保险期限内对可能运送的物资数量大体上有一定安排，然后向保险人预付一部分保险费，每批货物发运时，通知保险人自动承保。待保险合同到期时再行结算保险费，多退少补。流动保险的适用范围比预约保险要窄。

4. 总括保险

总括保险(Blank Insurance)，也称闭口保险。保险双方当事人议定一个保险范围，明确保险标的、保险总额、运程、保险险别、保险期限，及投保人的保险费总额。在总括保险下，每批出运的货物无须逐一通知保险人，保险人也不再根据每批货物的不同种类按不同费率计算保费，如发生赔款，则在保险总额内扣除，直至保险总额扣完、保险公司终止责任为止。当事人如果无相反约定，总保险金额在保险期满时如有剩余，保险人无义务退还与剩余保险金额相应的保险费。

(四)根据保险金额固定程度划分

国际货物运输保险可分为定值保险和不定值保险等

1. 定值保险

定值保险下当事人不考虑货物的实际价值而对保险金额或限额做出约定。在没有欺诈的情况下，无论损失是属于全损或部分损失，当事人所固定的价值都是终局性的，货物价值的单纯高估也不能成为保险人主张合同无效的理由。但是，在决定是否存在推定全损时，当事人所固定的价值并不是终局性的。

2. 不定值保险

定值保险以外的保险都可以称为不定值保险。从英国等保险强国的判例来看，仅仅声明保险总额的保险单依然为不定值保险单。

Thor 航运公司诉 Ingosstrakh 保险有限公司案(2005)

当事人之间的保险合同约定：船舶外壳与机器“被保险总额”为 150 万美元；合同适用英国法律与惯例。后来，当事人就该合同下的保险单是否为定值保险单的问题发生了争议。英国法院判决指出：仅仅提及“被保险总额”而无价值的进一步说明文字的保险单通常的解释均为不定值保险单。

二、调整国际货物运输保险类系的法律规范

目前，世界上还没有很多国家都参加的关于国际货物运输保险的国际公约，但出现了一些关于国际货物运输保险特别方面的国际惯例，如 1877 年制定的《约克·安特卫普规则》(2004 年 6 月国际海事委员会在温哥华会议上通过共同海损新规则，称为“2004 共同海损理算规则”)。然而，国际货运保险的大部分关系主要靠有关国家的保险法来调整。其中的一些国家还制定了海运等方面的专门法①不过，各国的保险法中关于货运保险的规定都深受英国保险法②的影响，我

① See Haifan Yang & Ling Zhu, Reassessing Warranty in the Marine Insurance Contract under Chinese Law, *Hong Kong Law*, Journal, 2021, pp. 1109—1111.

② 其最新修订发生于 2016 年，See James Border, International Transportation, The Year in Review (ABA), 2023, pp. 152—166. 同时参见陈荟：《中国法下海上货物运输保险赔付“合理时间”的确定》(载《法制与社会》2017 年 5 月上旬刊第 106 页)；Kate Lewins & Ashwin Nair, International Recent Developments: Australia, *Tulane Maritime Law Journal*, Summer 2018, pp. 536—537; Stephen M. Shapiro, Navigating a Risk-Filled Sea: Insights on How the Law and Insurance Chart A Course by Allocating Liabilities and Creating Incentives, *Fordham Journal of Corporate and Financial Law*, 2020, pp. 423—457.

国1995年颁布并迄今修订了4次①的《保险法》亦如此。

三、国际货物运输保险的基本原则

根据各国法律，国际货运中的投保人和保险人及被保险人在签订和履行合同时，必须遵守下列各项基本原则：

（一）合法原则

合法原则（Principal of Legality）要求，保险人必须是合法经营国际货运保险的承保人；被保险人对保险标的有合法的利益；承保的对象为法律许可运输的货物；保险合同的签订符合有关法律的规定等。

（二）诚信原则

诚信原则（Utmost Good Faith）是国际公认的货运保险的原则。保险合同是最大诚信合同。当事各方尤其是投保方和被保险方在订立和履行保险合同时必须遵循此原则，因为国际货运保险中的保险人在同意承保时往往远离运货现场，不知保险标的底细，一般只凭投保人的叙述。因此，为了维护保险人的利益，必须要求被保险人坚守诚信。包括我国在内的很多国家和地区的法律规定保险人可以以被保险人违反诚信原则为由，解除保险合同。当然，诚信是相互的，这一原则也适用于保险人。有时个别保险人或其代理人为了保险生意也会做出一些不切实际的宣传，或者在理赔过程中不遵循诚信原则，如果保险人或其代理人这种行为导致了被保险人的损失，保险人也必须承担赔偿责任。

North American外贸公司诉Mitsui Sumitomo美国保险公司案②（2007）

被告（Mitsui Sumitomo，美国保险公司）拒绝对原告（North American，外贸公司）在中国两个仓库里货物的神秘消失给予保险赔偿，纽约南区法院判决支持原告的索赔主张，理由是：被告处理理赔过程中行为存在恶意，等于违反了其应承担的诚信和公平交易的义务。

就投保人和被保险人而言，为履行诚信义务，必须向保险人正确陈述、披露有关保险标的的重要情况，并保证其陈述和披露的正确性。

1. 陈述和披露

陈述和披露（Disclosure and Representation）在保险术语中称作“告知”，即要求投保人在投保时对保险标的有关重要情况必须向保险人申报。投保人应将决定保险人是否承保及保险费率高低的事实如实告知保险人。投保人对其已知的、并影响一个谨慎保险人判断的重要事实不告知，保险人有权解除合同。投保人告知不真实的为误告，因误告而产生的保险合同，保险人有权解除。

商业联盟保险公司诉Franklin Lord案（2005）

保险人发现被保险人在给其提供的重要资料中存在虚假陈述，遂向法院申请该保险合同

---

① 该法的历次修订情况及现行内容可下载https://www.66law.cn/tiaoli/22.aspx，https://www.66laws.com/fagui/5044.html，2023年5月3日最后访问。

② See David W. Robertson & Michael F. Sturley, Recent Developments in Admiralty and Maritime Law at the National Level and in the Fifth and Eleventh Circuits, *Tulane Maritime Law Journal*, Summer 2008, pp. 529－530.

无效。被保险人(Franklin Lord)向保险人(商业联盟保险公司)提供的资料中注明船舶是从制造商处购买,日期为 2000 年 10 月 7 日,购买价格为 450 000 美元。但是,事实上被保险人是在 1996 年 8 月 20 日以 48 000 美元从他人处购买的,购买时部分破损,随后在 2000 年自己完成修理。由于保险合同是最大诚信合同,被保险人有义务避免向保险人传递错误信息。本案中被保险人显然没有履行告知义务——准确、完全地向保险人陈述重要事实。美国法院判保险人胜诉,保险合同无效。

不过,由于国际货物运输的信息传递难免有不实时等情况,有些判案法官可能会根据具体案情决定当事人是否履行了此项任务。以下就是这种司法立场的一个新典型。

太平洋公司与八面公司纠纷案(2023 年)[①]

2019 年 11 月,被上诉方中国太平洋财产保险股份有限公司上海分公司(以下简称太平洋公司)与上诉方上海八面商贸有限公司(以下简称八面公司)续签约,规定上诉方按照以下内容负责承保:被上诉方是投保人,被保险人为被上诉方之货主;保险标的是非集装箱与集装箱袋装/散装水泥、水泥熟料、石膏;袋装水泥、水泥熟料、石膏;全年保额预计人民币 5 亿元;保险价值按照货物发票价值加成 10%确定保险期限从 2019 年 12 月 1 日至 2020 年 11 月 30 日止;保险区域运线为东南亚国家至东亚及东南亚国家,东亚国家至东亚及东南亚国家,阿曼至东南亚及东亚国家,东南亚至非洲,南亚至东亚及东南亚国家等;每一航次/车次/班次的运输限额为人民币 2 000 万元,如有超过,被保险人/投保人应在起运之前两个工作日书面通知承保人,除非保险人/投保人事先未按规定要求提前通知或等到承保人的书面认可;主条款及险别是散装货物水渍险,集装箱货物为一切险,附加罢工险、战争险、淡水雨淋险;附加仓至仓条款。

2020 年 6 月 21 日,案涉“AXXXL”轮发生搁浅事故。2020 年 6 月 24 日 14 点 55 分,被上诉方通过第三方向上诉方提交了投保单,要求预保,具体数据装运完毕后提供,被保险人为华茂水泥公司。次月 3 日,被上诉方签发了 ASHH05058020QXXXX96Q 电子保险单,注明签单日期为 2020 年 6 月 24 日,被保险人为华茂水泥公司,承保标的为案涉货轮上被保险人的货物,运输路线为自印尼比林卡斯港至中国靖江港。

被上诉方声称于 2020 年 7 月 6 日获知案涉轮船在装货港搁浅并于当日通过第三方向上诉方报案,获得了报案号为 DSHH26058020XXXX86 的手机回执短信。同月 24 日,第三方就搁浅的共同海损和救助费用向上诉方寻求正式意见,获得答复:事故发生时间早于签单日期,无保赔责任。面对上诉方持续的这一立场,被上诉方提起了诉讼并获得了胜诉的一审判决。

上海市高级人民法院 2023 年 3 月 2 日终审判决终审维持了原判,依据:一审法院关于涉案的预约保险合同是比较典型的预约保险合同不能单独产生保险合同义务、其与分别签发的保险单证是相互补充的关系、该种预约保险合同能简化烦琐的投保过程及避免漏保并能使保险人可以相应取得稳定的保险费收入、基于这一合同目的保险业界普遍认为被保险人善意的错漏迟报应被允许和矫正、上诉方从相互间投保习惯中可合理地产生“航次申报时间是否晚于货物出运时间并不重要”的信赖、被保险人在货物出运以后才得以获知确切的信息是符合航运

---

① 本案案号为(2022)沪民终 702 号,其判决详情可见于 https://wenshu.court.gov.cn/website/wenshu/181107ANFZ0BXSK4/index.html? docId=ZeFGB+nzTA/ysnfp0QgAOpO3GhkrIV4MFWHZnzoYQ3CPDHe0cJtF1Z/dg-BYosE2go/ZCEzlseUOaqRZu/JZQ+OQxMEu0BxHU9PkZ31OMaERcgmdJM2Kg7aIP8QR3wQwb,2023 年 5 月 14 日最后访问。

实际的、不出险时安然收取保险费而一旦出险则主张保险合同无效的做法有违诚信等认定事实清楚，适用法律也正确。

2. 保证

国际货运保险合同是诚意合同，保证（Warranty）在国际货运保险合同的订立过程中有着重要的意义，它是构成保险合同的重要条款之一。英国1906年的《海上保险法》第33条规定："不管保证的内容对风险是否重要，必须确切照办，被保险人违反了保证就可以使保险人宣告保单无效，但是保险人对于违反保证前所发生的损失仍然要负责赔偿。"

保证分为明示保证与默示保证。

（1）明示保证（Express Warranty），是指以书面的形式，或以特约条款的形式附加于保单之内，或在保单本身内就规定此项特约条款。实际上，当被保险人的告知构成保险契约的一项条件，而以文字规定于保单之内或记载于附属文件时，即已成为被保险人的明示保证。

Hua Tyan发展公司诉Zurich保险公司案（2014）[①]

上诉方Hua Tyan发展公司2008年1月2日就一批原木从马来西亚运往中国的张家港向被上诉方Zurich保险公司申请保险金额为150万美元保险，被上诉方接受了该申请并出具了保险凭证。该凭证的背面载明：每船得经批准且必要时增加额外收费，船龄不超过30年，担保的载重吨不低于1万吨。2008年1月11日的一份打印出保险利益为1 555 209美元及载重担保的保险单取代该保险凭证。2008年1月中旬，所涉船舶沉没、货物全损。上诉方以沉船经被上诉方认可为由要求后者赔偿1 555 209美元，被上诉方则以沉船载重吨低于1万吨为据拒绝赔偿。中国香港最高法院终审法院法官2014年9月10日一致判决被上诉方胜诉，理由是：载重担保显然是一项海事担保，被保险人违反载重担保；由于无实际或推定知悉船舶载重的能力，保险方没有弃权或禁止自食其言的行为；在违反一项海事担保的情况下，保险方即自动解除责任；在海事保险合同中指定船舶的单纯事实在任何意义上都不意味着保险人在某种程度上被阻止坚持该船拥有某种特性的担保；香港《保险条例》中没有任何相反的规定。

（2）默示保证（Implied Warranty），是指此项保证在保单内虽无文字规定，但习惯上认为被保险人应该保证其对一事项的作为或不作为。实际上，绝大多数的默示保证都是过去法院判决的结果，也可以说是船舶航行习惯的合法化，它与明示保证一样，对被保险人都具有约束力。默示保证主要有两条：合法保证和适航保证。

康涅狄格保险公司诉Stanley Palivoda案（2005）

被保险人购买了一艘船，需要从明尼苏达州运输至弗吉尼亚州。船沉在离海岸70英里处的墨西哥海湾。保险人拒绝承担赔偿责任，理由是：被保险人违反了保单中的航线规定，事实上，被保险人偏离了保单上的既定航线，使船舶并没有顺着内河道穿过墨西哥海湾；被保险人还违反了适航保证，没有对船舶配备合适而有能力的船员，船上除了船长没有人有经验驾驶过此类船舶或者穿越过墨西哥湾。法院接受了保险人关于被保险人违反默示保证没有使船舶适航的主张和证据，认定保险合同无效，判决保险人不承担赔偿责任。

① 17 HKCFAR 493.

(三)近因原则

近因(Proximate Cause)是指对保险财产造成损失的最直接原因,这原因不是按时间远近的标准来判断的,而应是指影响上的最重要、具有现实性、支配性和有效性的原因。近因原则意味着保险人只对所承保的风险所导致的损失负责赔偿。然而,保险财产的损失常常由多种原因引发,只要所承保的风险是造成损失的同等重要原因之一,实践中一般也视为与损失具有近因关系。

Miss Jay Jay 案(1987)

被保险的船舶存在设计上的缺陷,在第一次航程中因天气正常而未发生任何损失。返程时,该船的外壳由于巨大的海浪遭受了损失。海洋工程师鉴定的损失原因为两个:船舶结构存在缺陷;海浪的拍打。保险人认为,损失不是保险范围中规定的"偶然性的外在因素"所致,并且,如果船舶没有设计上的缺陷,损失便不会发生。法院最终判决被保险人胜诉,理由是:海浪拍打的本身不是损害结果的单一原因,却仍然为损失的直接原因;保险合同并没有规定在致损原因之一不是保险风险的情况下保险人不承担赔偿责任;保险单中的条款足够广泛,使得被保险人有权提出索赔。

(四)可保利益原则

可保利益(Insurable Interest),也称保险利益,是指投保人或被保险人对保险标的所具有的利害关系。投保人或被保险人因保险事故的发生致使保险标的不安全而受损,或因保险事故不发生而受益,这种利害关系就是可保利益。它可以体现为承运人在运输、保管他人财产安全时所负有的责任,也可以体现为债权人享有的利益或由民事侵权行为引起的损害赔偿等。可保利益是保险法律关系的基本要素。

1. 可保利益的条件

作为保险标的的可保利益,必须具备以下三个条件:

(1)可保利益必须是合法的。如投保人以走私物品投保货物运输险,即使他对这批走私物品确实具有财产利益,但由于这在法律上是不可以主张的利益,因而所签订的保险合同是无效的。

(2)可保利益必须是确定的、可以实现的。投保人无根无据的主观臆断会得到的利益,不能视作可保利益。至于货物运输保险的"预期增值"(Anticipated Increased Value)和"预期运费"(Anticipated Freight)等,虽然在保险合同订立时并不存在具体利益,但在保险事故发生时能实际估计其受损金额,在客观上也可以得到社会的承认,因此可以作为保险标的列入保险合同。

(3)可保利益必须具有经济价值,其价值可以货币形式来计算,并为客观所承认,数额必须合理。如票证、账册等由于无法计算其实际价值,除非特别约定,一般不得作为保险标的列入保险合同。

Broadgrain Commodities Inc. 诉 Continental Casualty Company 案(2018)[①]

原告 Broadgrain Commodities Inc. 根据采用 CIF 术语的协议向北大荒谷物集团有限公司

---

① 2018 ONCA 438 (CanLII),该案的判决详情可见于 https://www.canlii.org/en/on/onca/doc/2018/2018onca438/2018onca438.html,2023 年 5 月 9 日最后访问。

(Beidahuang Grain Group Co. Ltd.)(以下简称北大荒)出售了26集装箱芝麻籽，从尼日利亚Tin Can岛运往中国的新港。为了该运途中的货物，原告向在加拿大营业的被告Continental Casualty Company购买了其灭失或损坏保险，由此获得了保单受益人的资格。

货物于2014年10月15日装船，北大荒同年12月12日做出了支付，同月17日货到中国，但货损时间不能确定。该货不适合人类消费而被北大荒贱卖止损和保留了出售款。对于原告的索赔诉讼，加拿大安大略省原审法院的法官判决称：原告对运输的货物有可保利益，但因得到北大荒的全额付款而没有损失；原告没有支持的文件或细节证明北大荒对其后来的货物少付的说辞。在原告提起的上诉中，被告请求判决原告作为上诉人没有可保利益。加拿大安大略省的上诉法院2018年5月10日判决确认了原审的其他理由，但在宣告原告因没有损失的任何证据而无资格起诉和上诉索赔后认为不必再就其是否有可保利益问题做出决定。

2. 可保利益原则的例外情况

英国S. G.保单中"无论灭失与否"条款(Lost or not Lost)是可保利益原则的一个例外。所谓"无论灭失与否"，是指在签订保险合同之时，不论保险标的物是否已发生灭失，保险都有效。但若被保险人事先已知发生灭失情节，则保险无效。同样，若保险人已知保险标的物安全到达目的地，仍与被保险人签订保险合同者亦无效。本条款反映了过去海上运输和通讯不便利条件下的两种特殊情况。就保险利益原则而言，无论在上述哪种情况下，被保险人向保险人投保时，对保险标的都已无可保利益。所以说"无论灭失与否"条款是可保利益原则的例外情况。

(五)赔偿原则

(1)由于保险合同是以补偿被保险人的损失为目的，所以，保险人在履行赔偿义务时应遵守的赔偿原则(Principle of Indemnity)包括：

①保险人的赔偿必须以实际损失为限，被保险人不能从损失中获益；

②保险人的赔偿必须以保险金额为限，赔偿限额不能高于保险金额；

③保险人的赔偿应以被保险人对标的的保险利益为限；

④在重复保险(Double Insurance)的情况下，保险标的发生损失，应由各保险人分摊。

葡萄牙忠诚保险有限公司与史带财产保险股份有限公司纠纷案(2017)[①]

原告葡萄牙忠诚保险有限公司(FIDELIDADE-COMPANHIA DE SEGUROS, S. A.)与被告史带财产保险股份有限公司(曾用"大众保险股份有限公司"之名)同时承保了阿萨伊实业公司从中国新港运至安哥拉罗安达港70 200千克焊管的运输风险。货物到港后，阿萨伊实业公司发现货物部分受损，并及时向原告和被告通知了货物出险情况。后原告向阿萨伊实业公司支付了保险赔偿金42 973.22欧元，并为此支付了2 536.47欧元检验费用。原告2015年11月16日提起了诉讼，请求判令被告分摊保险赔偿金21 486.61欧元和检验费用及其利息。

被告拒绝分摊请求时的辩称包括：投保人及被保险人故意隐瞒重复保险的行为，未如实履行法律所规定的"通知"义务，属于"恶意的重复保险"，违反了《保险法》第16条第4款、第56条第1款以及《海商法》第222条、第223条的规定，造成极大的"道德风险"；根据《保险法》和

① 该案的编号为(2015)沪海法商初字第3049号，其判决书原文可下载于 https://wenshu.court.gov.cn/website/wenshu/181107ANFZ0BXSK4/index.html? docId=MPLip4EWDjjpho3NJ2qehVubOEuSEL7cBZHomtogI2kxYrb0dlyCpZ/dgBYosE2go/ZCEzlseUPy+hixgun6geu/TuI1dIMD4pw21uFqx9sVkBseFIySvrS4I+CFQXH1，2023年8月24日最后访问。

《海商法》的相关规定，重复保险承担的是比例责任而非连带责任，原告在赔付时本应按其应承担的赔偿责任比例支付赔偿金并应证明不存在其他重复保险人等。

上海海事法院 2017 年 6 月 29 日判决原告胜诉，理由包括：本案具有涉外因素且鉴于原、被告在庭审中的共同选择，中国法为审理本案纠纷的准据法；依据《海商法》第 225 条的规定，被保险人对同一保险标的就同一保险事故向几个保险人重复订立合同，而使该保险标的的保险金额总和超过保险标的的价值的，构成重复保险；本案符合重复保险要件，原、被告之间存在法定的重复保险法律关系；在重复保险法律关系中，当被保险人选择向其中一个保险人提出赔偿请求并获得全额赔偿后，先行做出赔付的保险人（第一赔付保险人）有权向其他保险人（分摊保险人）提起重复保险分摊之诉；在保险事故发生时存在重复保险的前提下，判断原告的分摊请求权是否成立，还应当考虑原告向被保险人已经做出的赔付是合理和谨慎的、被告在其保险合同项下对被保险人也负有赔偿责任、原告支付的赔偿金额超过其在重复保险法律关系下应当承担的赔偿责任的三要件；在案证据表明，原告与被保险人存在保险合同关系，且涉案货物因承保风险发生了货损，原告根据保险公估的结果及保险合同约定向被保险人进行了赔付的行为可被认定是合理和谨慎的；本案是在海上保险中发生的重复保险，应优先适用《海商法》的相关规定。依据《海商法》第 225 条规定，在无特别约定的情况下，“被保险人可以向任何保险人提出赔偿请求”，并且先行赔付的保险人享有向“未按照其应当承担的赔偿责任支付赔偿金额的保险人”主张分摊的权利，现无证据证明原告与被保险人的保险合同中存在“禁止他保条款”“无分摊条款”或“按比例条款”之类的特别约定，原告在被保险人向其提出赔偿请求时予以全赔并不违反合同或法律；本案是否还存在其他保险人，属于被告主张的反驳事实，应由被告举证却未举证；被告确认涉案该起海上保险事故属于其与被保险人阿萨伊公司之间的保险合同项下的承保范围，且并不存在保险合同约定的免赔事由，被告与被保险人的保险合同中亦无可能影响被告赔付责任的特别约定，据此被告在其保险合同项下对被保险人也负有赔偿责任；针对重复保险中的通知义务，《海商法》作为特别法未作规定，应当适用《保险法》第 56 条第 1 款“重复保险的投保人应当将重复保险的有关情况通知各保险人”之规定，即投保人或被保险人应在知道存在重复保险的合理时间内履行通知义务，否则应承担对保险人的损失赔偿责任，但本案中并未发生被保险人双重受偿的结果而使保险人并未因此遭受损失，反而使重复保险法律关系中的各保险人在全额收取保险费对价的情况下仅需分摊损失风险，降低了保险人的经营成本；此外，法律设定重复保险通知义务的目的在于防止被保险人恶意重复受偿，而非禁止重复保险。

对重复保险，也有一些国家采取顺序责任制，即由先承保的保险人首先承担赔偿责任，不足部分由后面的保险人来承担，总的赔偿到保险标的的价值为止。

(2)规定补偿原则的基本目的：一是防止被保险人从保险中营利，如果发生一次损失，只应该使被保险人大致恢复到与损失发生之前相同的财务状况；二是减少道德风险，避免故意制造损失赔偿。

(六)代位求偿原则

保险代位求偿原则(Principle of Subrogation)是赔偿原则的补充。它是指当被保险财产的损失是由第三者的责任造成的，保险人在赔偿了财产的损失后，被保险人应将向第三者追偿的权利转让给保险人，保险人可以被保险人的名义向第三者责任方请求损害赔偿。

对代位求偿的几点说明：

(1)无论是全损还是部分损失,保险人只有赔偿了被保险人的损失后,才可以取得代位求偿的权利。

(2)定值保险单下,保险人向第三方追偿回来的款额如果少于赔款,则全部归于保险人;如果多于赔额则余额部分全部归于被保险人。

(3)被保险人可以取得保险人赔付之前的损失利息,保险人可以取得保险人赔付之后的利息,但也可以根据保险合同约定的方法处理利息。

德国某保险公司代位求偿纠纷案(2018)[①]

在赔付被保险方途径波兰因一起车辆事故造成的货运损失后,原告德国某保险公司在波兰向肇事者的保险公司提起了代位求偿之诉,波兰华沙上诉法院 2018 年 7 月 26 判决认为,波兰作为缔约方的 1971 年《海牙公约》第 2 条第 5 款将保险公司代位求偿和追索主张排除在适用范围之外,罗马规则二(the Rome II Regulation)第 19 条规定了法定代位求偿的适用法即德国法,该代位求偿准据法仅限于评估第三方是否获得对债务人的索赔权及该受让的索赔权范围,然而,该代位求偿准据法并不影响发生代位求偿中债权人与债务人关系的内容,债务人法律地位的所有问题仍然要受制于最初债权人先前关联的法律关系准据法,本案中即是波兰法。

此外,被保险人对第三人的损害赔偿请求权在具有人身专属性的情况下,赔付的保险人不能获得代位求偿权。[②]

第二节 国际货运保险合同

一、国际货运保险合同的当事人和关系人

国际货运保险合同的当事人就是保险人、投保人或被保险人。与保险合同有关的为保险代理人、保险经纪人和保险公证人等。

(一)保险人

保险人(Insurer)也称承保人。保险人是保险合同的一方当事人,即为收取保险费,而在保险事故发生时,对被保险人承担赔偿损失责任的人。一般来说,保险人都是公司或机构法人。在英国,自然人可以成为保险人。特别是劳合社中,保险人是自然人的为多数。为了保护被保险人、受益人的社会利益,各国都有专门管理保险人的法律。

(二)投保人

投保人(Applicant)又称要保人、保单持有人,是与保险人签订保险合同并负有缴付保险费义务的人,可以是法人,也可以是自然人。在保险合同生效后,投保人通常就成为被保险人。根据法律规定,没有行为能力的人不能签订合同,因而也不能作为投保人申请订立保险合同。

---

① See Csongor Istvan Nagy (ed.), Cross-Border Litigation in Central Europe: EU Private International Law Before National Courts, *Kluwer Law International*, 2022, pp. 267—338 & n75.

② 参见何丽新:《海商法》,法律出版社 2016 年版,第 239 页。

(三)被保险人

被保险人(Insurer)是受保险合同保障的人,也就是指保险事故发生时,有权按照保险合同要求赔偿损失的人。国际货运合同中的投保人和被保险人是不是同一对象,还将视具体情况而定。

(四)保险代理人

保险代理人(Agent)是保险人的代理人,根据代理合同协助保险人代理保险业务并收取佣金。在国外,保险人广泛使用代理人招揽和销售保险业务。我国涉外保险业务的代理人,一般都由我国对外经济贸易单位兼任;同时,为了方便国外客户在出险时能就地得到处理,及时取得赔款,我国还在全世界一百多个国家和地区的主要港口委托了四百多家货物、船舶检验和理赔代理人。

(五)保险经纪人

保险经纪人(Broker)即为被保险人的利益,代被保险人向保险人洽订保险合同、办理投保手续、代缴保费或代为索取赔款等的人。当保险人接受经纪人安排的业务后,由其付给经纪人佣金,但保险经纪人一般没有约束保险人的权力。西方各国保险经纪人不仅招揽保险业务赚取佣金,而且对保险人可以施加种种影响左右保险市场。我国的涉外保险业务中也有通过外国保险经纪人开展业务的做法。

(六)保险公证人

保险公证人(Notary)是为保险当事人办理保险标的查勘、鉴定、估损等给予证明的人。保险公证人可受保险人或被保险人的委托而进行工作,其酬金由委托人支付。

二、国际货运保险合同中的有关用语

(一)保险标的

保险标的是保险契约的客体,是构成保险契约关系的重要依据。作为指明保险事故发生所在的客体,它是被保险人转嫁风险或取得保险保障的对象。国际货运保险的标的为国际运输中的货物及其有关责任。

(二)保险价值

保险价值是衡量保险金额足额或不足额以及确立损失赔偿的计算基础。国际运输中,货物的保险价值是订立保险合同时货物在起运地的发票价格(如果不是贸易商品,以起运地的实际价值)加上运输费用和保险费的总和。

(三)保险金额

保险金额是计算保险费的依据,是保险契约的最高赔偿限额。它不一定是保险人认定的保险标的实际市场价值,也不一定是保险标的发生损失时保险人应予赔偿的金额。被保险人在可保利益的范围内,可以把保险标的保险价值作为保险金额,也可以另行估价作为保险金额,但一般均以保险标的国际市场价值作为保险的保险金额。

经保险双方约定,并在保险契约内约定明确,以标的保险价值作为保险金额和保险赔偿损失的标准者,称定值保险;保险双方未经约定标的保险价值者,称不定值保险。当保险标的受损时,保险人按受损的实际价值进行赔偿。保险金额超过实际价值的,称超值保险,超值部分是无效的;保险金额低于实际价值的,称低值保险或不足额保险,若发生赔款时,则按比例扣减;保险金额等于实际价值的,则按损失足额赔偿。

目前,国际货运保险市场上采用的大多为定值保险。

(四)委付

委付(Abandonment)是放弃物权的一种法律行为。当被保险人在发生法定委付的原因时,以将保险标的一切权利转移给保险人为条件,请求赔付该标的全部保险金额。因此,委付是以获得保险标的金额为条件的,委付亦必须以保险标的全部去委付。

不过,保险人在法律上并无接受委付的义务。因此,保险人在接受委付之前,必须周密考虑,特别是接受委付后对被委付保险标的物的义务,诸如清除残骸等,如认为有利可图,则可以接受委付;如认为得不偿失,则可以不接受委付和在被保险人提出委付请求前即赔付全部保险金额,以避免卷入新产生的债权纠纷。

保险人一旦接受委付,就成为委付财产的完全所有人。但是,当发生推定全损的时候,保险标的并未在物质形态上完全灭失,如果经过施救、修理和运输还能继续使用或者出售,而此时,若被保险人认为这样做得不偿失,而通知保险人进行委付,就会产生被保险人和保险人均不愿采取行动去保全受损失的船舶或货物的情况,因为双方都担心自己的保全行为会对委付的法律效果产生影响。这样会使船舶和货物遭受更大的损失。所以"放弃条款"规定,在推定全损的情况下,保险人或被保险人为防止保险标的的进一步损失或保全保险标的所采取的行为不得视为接受或放弃委付的表示。

Kastor 航运有限公司诉 AGF MAT 和其他当事人案(2003)

一艘被抵押的船舶发动机舱内发生火灾,船员弃船,15个小时后,船尾开始下沉,最后全部沉没。被保险人以船舶遭受火灾而破损、修理费用超过保险标的价值构成了推定全损为由,向保险人提出了全损赔偿请求。保险人基于以下理由拒绝被保险人的委付和推定全损赔偿请求:单独发动机舱内进水并不会使船只沉没,必须两个舱进水才会发生沉船;被保险人提出因火灾或者爆炸、海难而发生了实际全损,就应当证明是火灾还是爆炸引起了海水侵入导致全损,被保险人却没有提供确切证据证明损失的近因是火灾。法院判决保险人胜诉,认为被保险人推定全损的申请并不构成委付通知,委付通知必须在发生实际全损之前做出。

三、国际货运保险合同的成立、变更和转让

(一)国际货运保险合同的成立

与其他合同一样,国际货运保险合同的成立过程为:一般先由投保人申请,称要约;要约以投保单形式提出,在投保单上列明订立保险契约所要求的内容和项目;经保险人同意后,以签发保险单或保险凭证的形式表示承诺,保险契约即告成立。

有时,保险人由于业务上的需要,也有临时采用暂保单的做法。暂保单的效力与正式保单一样,但最长有效期一般为30天,在出立正式保险单或保险凭证后,暂保单即自动失效,暂保单的出立并非必经的程序。

(二)国际货运保险合同的变更

国际货运保险合同一经有效成立,任何一方都不能擅自变更和解除。但是,保险契约又是非即时清洁合同,在合同有效期内,有时根据实际情况确需对合同所载的内容进行某些变更,在这种情况下,被保险人必须事先向保险人提出,并征得保险人的同意。

保险契约的内容变更有以下两方面：

1. 保险事项的变更

它主要是指保险标的数量的增减、保险金额的变化、保险地点的变更、危险程度的改变、保险期限的变化以及运程、航次变化等。我国《海洋运输货物保险条款》规定："如遇航程变更或发现保险单所载明的货物、船只或航程有遗漏或错误时，被保险人应在获悉后立即通知保险人并在必要时加缴保险费，本保险才继续有效。"

2. 保险责任的变更

如果投保人希望变更保险契约的责任条款，那么，向保险人提出申请，双方协商一致后，一般采取批改的方式。批改是保险契约的组成部分，保险契约一经批改，双方当事人均须按照批改后的内容承担各自相应的责任和义务。

(三)国际货运保险合同的转让

在国际贸易中，买卖双方分处不同国家，货物在运输途中即可能被出售，如按没有保险利益即失去保险权利的原则，货运保险合同立即因货物转让而失效，则很不利于货物的成交；或者如一般财产保险合同那样，在财产转让时立即办理产权转让批注手续，每转让一次货物即需办理一次，也不胜其烦。为便于国际货物贸易，保险人对货物运输保险契约的转让，采取通融简化的背书的办法，即只要被保险人在保险契约上背书后，将保险同时转移给受让人，被保险人的权利和义务亦随之而转移，保险人对该受让人仍按原订保险契约的各项条款负责。如货物在运输保险契约转让过程中，货物本身、货物包装、货物标志等有所变更，则保险人不负损失赔偿之责。

货物运输保险契约经背书后，可随同该货物的提单在市场上作为有价证券流通，但其有效期以保险契约承保的货物实际抵达目的港或保险契约规定的日期为止。

第三节　海上货物运输保险

一、货物运输保险的保障范围

货运保险的保障范围，包括保障的危险、保障的损失和保障的费用三个方面。

(一)保障的危险

海上危险主要有两类，即海上风险和外来风险。

1. 海上风险

海上风险(Perils of Sea)也称海难。它包括海上发生的自然灾害和意外事故，如暴风雪、雷电、海啸、流水、搁浅、触礁、碰撞、沉没等事故。现分述如下：

(1)恶劣气候(Heavy Weather)，一般指海上发生的飓风、大浪引起船只颠簸、倾斜造成船舶的船体、机器设备的损坏或者因此而引起船上所载货物相互挤压、碰触而导致破碎、渗漏、凹瘪等损失。恶劣气候也叫暴风雨(Wind Storm)。

(2)沉没(Sunk)，是指船体的全部或大部分已经没入水面以下，并已失去继续航行的能力。

(3)搁浅(Grounded)，是指船底同海底或浅滩保持一定时间的固定状态。这一状态必须是在事先没有预料到的意外情况下发生的。

(4)触礁(Strand),是指船舶在航行中,船身擦过或碰着水中的礁石或其他障碍物仍继续前进的情况。船只同沉船的"残骸"相接触,也视作"触礁"。

(5)碰撞(Collision),是指船舶与他船或其他固定的、流动的固体物猛力接触。

(6)失踪(Missing),船舶在航行中失去联络,音讯全无,达到一定时间,仍无消息,可以作为实际全损,由保险公司按"失踪"负责。

(7)破船(Shipwreck),是指由于非常风浪,使船舶驱向岸边、浅滩、礁石或与其他物体发生撞击导致的破漏。

2. 外来风险

外来风险(Extreme Risks)是指外来原因引起的损失。主要的外来风险责任有失火(包括烧毁、烧焦、烧裂、烟熏以及在救火中的损失,但不包括货物本身特性引起的自燃损失)、偷窃、提货不着、雨淋、短量、沾污、渗漏、破碎、受潮受热、串味等。

除上述这些一般外来风险外,保险上还有一种特殊的外来风险,如战争、罢工、交货不到、拒收等。

(二)保障的损失

从程度上划分,可以分为两类,即全部损失和部分损失。其中的部分损失,从性质上划分,有单独海损和共同海损。现分述如下:

1. 全部损失

全部损失(Total Loss)也称全损,指保险标的遭受全部损失。全损又可分为实际全损和推定全损。

(1)实际全损(Actual Total Loss),又称绝对全损,主要有以下几种表现形态:保险标的物遭受保险承保范围内的保险危险而造成的全部灭失,如船舶爆炸;保险标的物的受损程度已使其失去原有的形态和特性,如大米在运输过程中串味变质不能食用;被保险人对保险标的物被永久性地剥夺了所有权,如战争时期船舶及货物被敌对国扣留没收及船舶失踪满 6 个月者都构成实际全损。

(2)推定全损(Constructive Total Loss),是指保险标的物遭受保险承保范围内的保险危险而造成损失,但尚未达到全部灭失,可是估计已不能再行恢复,或者恢复的费用将超过标的物的原有价值的一种推定性的商业性的损失。它主要有以下几种表现形式:保险标的物受损后,修理费用已超过货物修复后的价值;受损后,整理和续运到目的地的费用超过货物到达目的地的价值;保险标的的实际全损已经无法避免,或者为了避免实际全损需要花费的施救费用将超过获救后的标的价值;保险标的物遭受保险责任范围内的事故,使被保险人失去标的所有权,而收回这一所有权所花的费用,将超过收回后的标的价值。

Sailor Incorporated F/V 诉 Rockland 城案(2004)

原告(Sailor Incorporated, F/V)被保险的船舶发生了沉船的保险事故。市场上,该船舶的价值为 150 000~180 000 美元,而估计修理费用为 187 543 美元。由于修理费用超过船舶的市场价格,法院认定船舶的损失为推定全损。

在构成推定全损的情况下,被保险人必须向保险公司办理"委付"(Abandonment)手续。

2. 部分损失

凡损失没有达到全部损失者,都属于部分损失(Partial Loss)。部分损失可按其性质分为单独海损和共同海损。

(1)单独海损(Particular Average,P. A.)。它指船舶或货物在运输过程中,因受海上风险和外来风险所造成的部分损失。这种损失只对单独利益方有关,不涉及其他货主或船方。例如,船舶在航行途中发生搁浅、触礁事故使船只受损或者货物因船只的触礁漏水而遭受湿损,这些都属于单独海损。单独海损一般由个别货主、船方或其承保人单独负责。

(2)共同海损(General Average,G. A.)。该种概念已存在了数个世纪①,它是指在海上运输途中,船舶及其所载的物资遭遇自然灾害或意外事故等情况时,船长为了解除共同危险,有意识地采取合理的救援措施所导致的特殊损失和额外费用,在习惯上被称作共同海损。共同海损通常是由利害关系人——船方、货方和运输方按获救价值共同分担。② 在当代,属于共同海损性质的特殊损失和额外费用包括发生的船货损失、救助费用、船货在避难港的成本、减少对环境损害的成本、为避免更大损失所发生的费用等。

Navalmar (UK) Ltd 诉 Glencore Grain BV(2018)

原告 Navalmar (UK) Ltd 与被告 Glencore Grain BV 达成了一项海运协议,由原告在马耳他注册的 MS Rochester Castle 轮将被告的一批货从俄罗斯的 Tuapse 运往非洲的吉布提,在博斯普鲁斯海峡的北侧,该轮发生了一些问题,导航员请求了拖船服务。经 the Turkish Directorate General of Coastal Safety (DGCS)的三拖船牵拉,该轮继续前行并被指令在土耳其的伊斯坦布尔航道上抛锚等待事关拖航的调查,该轮的船长由此宣布了共同海损。原告与 the DGCS 就拖船服务达成了 155 万美元的和解。意大利热那亚的一位评估者将货方在共同海损中分摊的比例定为 955 800 美元,货方的保险人按该估算的分摊份额做出了担保。在请求获得该分摊额的诉讼中,荷兰鹿特丹法院 2018 年 1 月 31 日判决原告胜诉,其理由是:可靠的报告与视频显示该轮不再能定锚而飘向浅水区;船志未提危险局面对依照数种来源做出的该报告而言没有足够的抵消作用;航行技术低劣部分地导致该危险对认定共同海损是无关的;原告由此成功证明了在船长接受援助时,该轮处于危险之中;原告方关于该轮在开航前和开航开始时的不适航导致该次事故的主张没有具体的证据支持,由此声称没有义务分摊共同海损的抗辩不能成立。

然而,只有在同时具备以下四个要素的前提下,某项牺牲或费用才会被认定为共同海损:

①共同海损的危险必须是实际存在的,或者是不可避免地产生的,不是主观臆测的。

Watson 有限公司诉 Fireman 基金保险公司案(1922)

发现货舱内冒烟,船长以为有火情而命令灌注蒸气进船,但当船到达目的港卸货后发现舱内没有着火的迹象。这种由船长臆测的危险不能作为构成共同海损的危险,因此,由于灌注蒸

---

① See Wendy E. Scaringe, Cargo Insurance and Construction Delay Risk, *Construction Lawyer*, Fall 2018, pp. 35—36.

② See Mary Kate Brennan, Controlling Cargo: Amazon's Predatory Attempt to Disrupt the Fashion Industry by Dominating the International Transportation of Goods, Fordham Intellectual Property, *Media and Entertainment Law Journal*, Winter 2019, pp. 493—494.

气造成的货损不能构成共同海损牺牲。

②必须是自动和有意采取的行为。

Atheline 诉 London & Liverpool WRA 案(1944)

货轮的船长接到了战时航运司令的命令而不得不延迟航行。法院认为共同海损必须是船长有意或主动下令行为,本案中船长根据服从航运司令命令的义务实施的行为所导致的损失不属于共同海损范畴。

③必须是为了船货共同安全而采取谨慎合理的。

McCall 诉 Houlder Bros 案(1891)

争议中的货船遇到恶劣气候损坏,船长下令船舶进入避难港修理。为了修理,必须将该船的船头按下,在按下船头的过程中,海水侵入了船舱导致了货损。法院认为尽管船长不想损害货物,但该货损是船长采取合理谨慎措施所导致的结果之一,因而也属于共同海损。

不过,英国法院在 Corfu Navigation 公司诉 Mobil 运输公司案中曾判决船长不合理地自救行为所导致的损失也属于共同海损。为了防止这种违背共同海损正统规则的判例再次发生,《约克·安特卫普规则》的 1994 年修订本就开始明确地规定:除非采取的措施或发生的情况合理,不得分摊任何牺牲或支出。[①]

④必须属于非常性质的损失。

Robinson 诉 Price 案(1877)

争议中的货船发生了破裂,需要不停地抽水以保持漂浮,由此需要很多的燃料。在船上燃煤用尽之后,船长又下令使用船桅和货物作燃料。法院判定船桅和货物的牺牲属于共同海损,因为这些牺牲不是航行中的正常损耗而是具有非常性质。

Societe Nouvelle d'Armement 诉 Spillers&Baker 有限公司案(1917)

争议中的船舶为一艘法国船只,为了减少被德国潜水艇攻击的危险,船长雇用一只拖船将该船从爱尔兰拖到英国。法院认为,该拖船费用不能视为共同海损,因为在战争期间受到潜水艇攻击是一种常见的危险,由此所发生的损失或费用不具有非常性质。

人寿财产保险股份有限公司与太平船务有限公司纠纷案(2016)[②]

被告新加坡太平船务有限公司[Pacific International Lines(PTE)Ltd.](以下简称太平船务公司)于 2010 年 6 月 22 日签发了编号分别为 TXGJIB1000911 和 TXGJIB1000969 的两份提单,载明托运人为新乡黑田明亮制革有限公司(以下简称黑田明亮制革公司),收货人是中非洋皮业股份有限公司,装货港为天津新港,卸货港为吉布提港,船舶为“KOTAKADO”轮(以下

① See Jonathan Spencer, Hull Insurance and General Average-Some Current Issues, *Tulane Law Review*, June, 2009, pp. 1247—1248.

② 该案编号为(2016)津民终 85 号,其判决详情可见于 https://www.tianyancha.com/lawsuit/687acc18cea846de856b470dbf96182d,2023 年 8 月 24 日最后访问。

简称“笃城”轮)第 KADO037 航次。两提单的货物描述共为 23 个集装箱。根据箱位图记载,2 个集装箱位于 4 号货舱甲板上,11 个集装箱位于 4 号货舱甲板下,5 个集装箱位于 1 号货舱甲板上,5 个集装箱位于 1 号货舱甲板下。该轮于 2010 年 6 月 22 日起运。对于在该轮上的以上货物,原告人寿保险新乡支公司于 2010 年 6 月 24 日签发了保险金额分别为 1 125 319.58 美元和 95 744 美元的两份货运保单。

“笃城”轮于 6 月 30 日约 04:31 时在从南沙驶往新加坡的途中发生了触礁,约 14:24 时于香港外水域长洲岛南约 2 海里处抢滩。该轮航行记录仪显示:04:33:03 时,2 号货舱发出进水警报;04:33:24 时,3 号货舱发出进水警报;04:39:21 时,艏侧推进器发出进水警报;05:44:03 时,4 号货舱发出进水警报;17:26:59 时,5 号货舱发出进水警报;23:35 时,1 号货舱发出进水警报。后查明仅 1 个集装箱未发生货损。太平船务公司于 2010 年 7 月 2 日通知黑田明亮制革公司,船舶现在香港水域,正由救助人以劳氏救助标准合同进行救助作业,船东、租船人已宣布共同海损并指定查尔斯泰勒理算有限公司(以下简称查尔斯理算公司)作为共同海损理算机构。黑田明亮制革公司于 2010 年 11 月 9 日向人寿保险新乡支公司发出索赔函,双方于 2011 年 3 月 2 日达成赔偿协议书,前者获得 698 万元人民币保险赔款,后者则获得了前者出具的两份保险权益转让书。

人寿保险新乡支公司随后即以应给付共同海损分摊费用为由提起了针对太平船务公司的诉讼,截至一审庭审辩论终结时,查尔斯理算公司尚未出具理算报告。尽管天津市海事法院一审表示“不能排除 22 个集装箱的部分货损构成共同海损的可能性”,却判决只能等待查尔斯理算公司的理算结果后才能认定是否实际构成具有触礁事故后船长为救助船货抢滩而造成的具有非常性质的共同海损牺牲。天津高级人民法院 2016 年 12 月 26 日二审维持了这一原判,理由包括:本案事故发生后,太平船务公司选择了查尔斯理算公司作为共同海损理算机构,并通知了人寿保险新乡支公司签署共同海损协议书和共同海损担保;在理算过程中,人寿保险新乡支公司也与理算机构进行联系表达了对理算的意见,应当认定人寿保险新乡支公司对于协议理算和理算机构的选择做出了明确的遵守和认可;人寿保险新乡支公司在已经协议委托理算机构进行理算,尚未完成理算报告的情况下,又直接向海事法院提起诉讼,不仅违反了理算协议,亦不符合《中华人民共和国海事诉讼特别程序法》第 88 条“协议委托理算机构理算”的规定;查尔斯理算公司于 2013 年 10 月 29 日出具书面声明,对涉案货物损失是否列入共同海损牺牲并无明确定论,表明“对该事宜,会保持一种开放的态度”,故理算机构并未正式将涉案 22 个集装箱的货损完全排除出共同海损牺牲;人寿保险新乡支公司可以采取适当的途径与理算机构进行沟通,就其损失应当被列入共同海损牺牲阐明观点、提供依据,以便在理算机构处寻求救济。

(三)保障的费用

保险货物遭遇到保险事故,除了使货物本身受到损失外,还会产生费用方面的损失。这些费用主要有:

1. 施救费用

当保险标的遭遇保险责任范围内的灾害事故时,被保险人或者是他的代理人、雇佣人员和受让人等采取措施,抢救保险标的,以防止损失的扩大。因采取措施而支出的费用,就是施救费用(Sue and Labour Expense),保险人对这种施救费用负责赔偿。

施救费用是海上保险的重要内容之一。根据上述定义,对施救费用的责任解释如下:

(1)施救费用必须是由于保险危险的最近原因造成,例如,保险单没有战争的责任,如果发生战争危险,由此而花费的施救费用不在责任范围内。

(2)施救费用必须是合理的,即被保险人要像没有参加保险一样审慎地采取施救措施。所谓合理或不合理应该根据具体情况和具体条件而确定。

北岸海产品公司诉加拿大 ING 保险公司(2003)

被告(加拿大 ING 保险公司)对被保险人所有的船体、机器设备进行保险,包括用来培育、生产牡蛎和蚌类水产品的设备,但是不包括牡蛎这些水产品本身。由于保护这些设备的安全绳被人剪断,致使这些设备沉入海港。根据保单,被保险人有施救义务,于是雇人修复了这些设备,同时也救出了这些牡蛎等水产品,避免了损失的扩大。保险人主张应当按照其承保的设备与水产品的价值比例来确定应当由其赔偿的施救费用。法庭认为:保险人无法通过保单确定出令人信服的保险财产和未保险财产之间的比例;保单中对被保险人施救行为的限制只局限于保险标的的损失,而不适用于由于救助行为而附带避免的非保险标的的损失;尽管有些不公平,保险人还是应当按照保单的文义对被保险人产生的施救费用全部赔偿。

(3)施救费用必须由被保险人、其雇佣人员或代理人在自救中发生。第三者的自愿救助按救助费用处理。

(4)施救费用必须花费在保险财产上;如果用于共同利益的费用,则属于共同海损的范围。

(5)不足额保险,施救费用按比例分摊。

(6)施救对象有两种或两种以上的保险财产,又分别属于不同的被保险人所有,施救费用按保险金额的比例分摊。

(7)保险单上规定有"免赔率"的,被保险人不得将施救费用加进货物的损失值内以达到"免赔率"而取得索赔权。

(8)施救没有取得效果或经过施救后保险财产没有损失的,只要施救是合理的,保险人仍负责赔偿施救费用。

(9)对施救费用的赔偿限额,不受保险财产损失的赔偿额的约束,独立地以保险金额为限。

2. 救助费用

保险标的遭遇保险责任范围内的灾害事故时,由保险人和被保险人以外的第三者采取救助行动而向他支付的费用,即救助费用(Salvage Charge)。国际上一般都采用"无效果、无报酬"(No Cure, No Pay)的原则。然而,在效果一定的情况下,报酬的大小则会因案而异。在上述 Navalmar (UK) Ltd 诉 Glencore Grain BV(2018)中,荷兰法院认为原告所付的 155 万美元的救助费用是合理的,其理由是:土耳其的一位教授认为,在该国救助费通常是依照船货、船上的燃料被救价值和未付的运费来定的,低于总被救值的 6%是一个很好的结局,和解费在被救值的 6%~7%是合理的;尽管该国法院有 2.5%的判决先例,从避免在该国漫长且昂贵的诉讼而言,本案约 6%的比例应被视为是合理的。

无论是海上货物运输保险还是船舶保险,救助费用都作为一种费用损失列入保险承保责任范围之内。但保险人对此项费用的赔偿责任,同保险标的本身的赔偿责任加起来,不应超过保险金额。

3. 特别费用

货物的运载工具遭遇海上灾害或意外事故不能继续航行时，必须把货物卸下存仓，或再由原船装载续运，或由他船受载代运等，由此所产生的费用即特别费用(Special Charge)。

4. 额外费用

额外费用(Extra Charge)，是指为索赔举证等支付的必要的费用。此项费用只有在保险标的确有损失、赔案确实成立的情况下，保险人才予以负责。

二、我国海洋货物运输保险条款简介

(一)保险人承保的责任范围

按照我国当事人较常使用的中国人民保险公司 2009 年版的海洋运输货物保险条款，将各种险别分为主险、一般附加险、特别和特殊附加险几种。保险人按照平安险、水渍险和一切险三种不同的险别(Scope of Cover)承担不同的责任范围：

1. 平安险(Free from Particular Average, F. P. A.)

原意是对单独海损不负赔偿之责。单独海损按照国际保险界多年来的解释是指部分损失。该险原来保障范围只赔全部损失，经过国际保险界对平安险条款的不断修订，目前该险种的责任范围已不是只赔全部损失，对某些原因所造成的部分损失也是负赔偿责任的。概括地说，这一险别的责任范围包括：

(1)货物在运输途中由于恶劣气候、雷电、海啸、地震、洪水等自然灾害造成整批货物的全部损失或推定全损。当被保险人要求赔付推定全损时，须将受损货物及其权利委付给保险人。被保险货物用驳船运往或运离海轮的，每一驳船所装的货物可视作一个整批。推定全损是指被保险货物的实际全损已经不可避免，或者恢复、修复受损货物以及运送货物到原定目的地的费用超过该目的地的货物价值。

(2)由于运输工具遭受搁浅、触礁、沉没、互撞、与流冰或其他物体碰撞以及失火、爆炸等意外事故造成货物的全部或部分损失。

(3)在运输工具已经发生搁浅、触礁、沉没、焚毁等意外事故的情况下，货物在此前后又在海上遭受恶劣气候、雷电、海啸等自然灾害所造成的部分损失。

(4)在装卸或转运时由于一件或数件的整件货物落海造成的全部或部分损失。

(5)被保险人对遭受承保责任内危险的货物采取抢救、防止或减少货损的措施而支付的合理费用，但以不超过该批被救货物的保险金额为限。

(6)运输工具遭遇海难后，在避难港由于卸货所引起的损失以及在中途港、避难港由于卸货、存仓以及运送货物所产生的特别费用。

(7)共同海损的牺牲、分摊和救助费用。

(8)运输契约订有"船舶互撞责任"条款，根据该条款规定应由货方偿还船方的损失。

2. 水渍险(With Particular Average, W. A.)

原意是"负责单独海损的赔偿"。它承保的责任范围除包括平安险的各项责任外，还包括被保险标的由于恶劣气候、雷电、海啸、地震、洪水等自然灾害所造成的部分损失。

我国水渍险条款与国际保险市场的水渍险条款基本相同，但有些国家则有免赔额(率)的规定。欧洲大陆国家习惯采用绝对免赔率，英美国家习惯采用相对免赔率，我国则没有免赔率的规定。目前，国际保险市场也逐渐效仿我国水渍险"不计免赔率"的优惠办法。

3. 一切险(All Risks,A. R.)

它的承保责任范围,除了包括"平安险"和"水渍险"的所有责任外,还包括保险货物在运输过程中,因各种外来原因所造成的货物全部或部分损失。

(二)除外责任

除外责任(Exclusion)是保险公司明确规定不予承保的损失或费用。主要有:被保险人的故意行为或过失;发货人的责任;保险责任开始前保险货物已存在的品质不良和数量短差;保险货物的自然损耗、本质缺陷、特性;保险货物的市价跌落、运输延迟等造成的损失和引起的费用;海洋运输货物战争险条款和货物运输罢工险条款规定的责任范围和除外责任。

我国海运险条款中的这些除外责任规定在国际上也是普遍适用的并被有关国家法院所承认。

麦杰公司诉人保公司案(2023)[①]

原告麦杰国际有限公司(以下简称麦杰公司),被告中国人寿财产保险股份有限公司上海市分公司(以下简称人保公司)。

2021年1月4日,被告向原告麦杰国际有限公司签发了1份国际货物运输电子保险单,列明:被保险人是原告,合同号为"TM-PSP-2020001783/4500009010",保险货物项目为Wire-rope(钢丝绳),保险金额为99 757.85美元;装载运输工具为"Pacific Qingdao 2101W",保险期限自Yokohama(日本横滨)至Shanghai(中国上海),承保险别为"Covering War Risk and all Risks Including TPND Breakage and Leakage Irrespective of per Centage(战争险和一切险,一切险包括盗窃和提货不着险、破损险和泄漏险,不计免赔)"

同月9日,涉案货物抵上海港码头并被立即在卸货时发现涉案3个集装箱外观有不同程度的变形受损。次月4日涉案集装箱运至收货人仓库拆箱发现货物的外包装有不同程度的受损。原告便起诉索赔。

上海海事法院2023年3月30日判决被告胜诉,依据:在案已有优势证据可以证明涉案货损是因涉案货物在集装箱内部的积载、绑扎不当所造成;鉴于涉案货物是由托运人东京制纲株式会社负责装箱,涉案货损事故所造成的损失可以被认定为"属于发货人责任所引起的损失",依据涉案保险合同第二条第(二)项的"除外责任"约定,被告作为保险人对此可不负赔偿责任。

不过,就其中的货物本质缺陷而言,我国相关法律规则没有如英国等拥有完善海上保险制定那样规定:只有该缺陷是货损唯一近因的情况下,保险公司才能免除赔偿责任。[②]

(三)保险期限

保险期限(Period of Insurance)是保险人对被保险人承保责任起讫的时间规定。我国海运险条款中的责任起讫主要可以概括为如下内容:

---

① 该案的案号为(2022)沪72民初1193号,其判决详情可见于 https://wenshu.court.gov.cn/website/wenshu/181107ANFZ0BXSK4/index.html?docId=8PAXKtUruF0ttZA75ic6UoYk4wcRfBGUZBrXACqubQ4eQaYFHjzXSZ/dgBYosE2go/ZCEzlseUPy+hixgun6gW51FP7ak3PSURXg2B63vuLY7Joogg4YfWwUQy/vw2oW,2023年5月15日最后访问。

② 我国这方面的法律缺漏导致了"同案不同判"的局面。参见王涵:《论海上保险纠纷中货物内在缺陷的认定——以The Cendor MOPU案为例》,《大连海事大学学报(社会科学版)》2021年第3期,第22页。

仓至仓条款(Warehouse to Warehouse)责任,即保险公司对保险货物所承担的保险责任,从保险单所载明的起运港(地)发货人的仓库开始,一直到货物运达保险单所载明的目的港(地)收货人的仓库时为止。

事实上,保险货物运抵目的港(地)的情况并不像上面所述的那样简单。责任的终止,应按照不同的情况加以规定。

(1)当被保险货物在最后卸货港全部卸离海轮后,并未进入收货人的最后仓库,保险责任可以从卸离海轮时起算满60天终止。

(2)被保险货物在目的港卸货后,收货人并未运往最后仓库,而是对货物进行分配、分派或者分散转运,保险责任在这时即行终止。

(3)保险单上所载的目的地不在卸货港,而是在内陆某地,收货人在内陆运输途中将货物进行分配、分派或分批运往各地,即使其中有一部分仍运往保险单载明的最终仓库,保险责任同样在分配时全部终止。

以上三种情形保险责任的终止以首先发生者为准。

(四)被保险人的义务

我国的海洋货物运输险条款明确规定了被保险人的应尽义务,并申明如果由于被保险人未能履行其义务,从而影响保险人的利益时,保险公司有权拒赔。这些义务具体有五条:

(1)当被保险货物运抵保险单所载明的目的港(地)以后,被保险人应及时提货;当发现被保险货物遭受任何损失,应即向保险单上所载明的检验、理赔代理人申请检验;当发现被保险货物整件短少或有明显残损时亦应即向承运人、受托人或有关当局(海关、港务当局等)索取货损货差证明。如果货损货差是由于承运人、受托人或其他有关方面的责任所造成,则应以书面方式向他们提出索赔,必要时还须取得延长时效的认证。

(2)对遭受承保责任内危险的货物,被保险人应迅速采取合理的抢救措施,防止或减少货物的损失,被保险人采取经项措施,不应视为放弃委付的表示,保险人采取此项措施,也不得视为接受委付的表示。

(3)如遇航程变更或发现保险单所载明的货物、船名或航程有遗漏或错误时,被保险人应在获知后立即通知保险人并在必要时加缴保险费。

(4)被保险人向保险人索赔时,必须提供保险单正本、提单、发票、装箱单、磅码单、货损货差证明、检验报告及索赔清单。涉及第三者责任的,还须提供向责任方追偿的有关函电及其他必要单证或文件。未履行前述约定的单证提供义务,导致保险人无法核实损失情况的,保险人对无法核实的部分不承担赔偿责任。

(5)在获悉有关运输契约中"船舶互撞责任"条款的实际责任后,应及时通知保险人,否则保险人对有关损失不负赔偿责任。

(五)索赔期限

我国海运险条款规定,被保险人的索赔时效从被保险货物在最后卸货港全部卸离海轮后起算,最多不超过2年。

三、英国协会货物运输保险条款简介

在国际海上保险市场,英国是一个历史悠久的国家。自1523年第一张意大利文的佛罗伦萨保险单传入英国,到1779年英国劳合社制定自己的船货保险单(Lloyd's S. G. Policy),并正式编入1906年的《英国海上保险法》，其基本内容一直为国际海上保险界所采用。但S.G.保险单毕竟是在几百年前制定的，文字晦涩难懂，条理也不甚清晰，许多附加条款在保单边上加注，有印刷的，手写的，还有用图章盖上去的，使保单内容烦琐复杂，不易辨认。为了取得一致，逐步统一，其间曾进行多次修改，到1963年正式形成一套完整的伦敦《协会货物保险条款》(Institute Cargo Clauses，I. C. C.)，作为S.G.保单的附加条款。该条款分三套，即保险协会货物保险平安险条款、水渍险条款和一切险条款，每套条款各有14条另加一个备注。I. C. C.虽然是S.G.保单的改进和补充，但由于其基本上未改变原来的面貌，因此不能适应海上航运贸易迅速发展的需要。特别是自20世纪60年代以来，第三世界国家相继在政治上获得独立，在经济上要求冲破旧的经济秩序，建立新的经济秩序。这个愿望也反映到国际保险事业上来，要求建立一套国际通用的保险单和条款，以利民族保险事业的发展。联合国接受了这个要求，在1979年航运委员会国际航运立法问题工作组第六届会议上，正式着手拟订海上船舶及货物保险国际性条款的工作。于是，在1982年1月1日，产生了新的英国海上保险单格式和货物条款。二十多年后联合货物保险委员会(Joint Cargo Committee)又推出了2009年1月1日起生效的新条款。① 虽然有数处变化，该新条款仍沿袭1982年版的ABC三种险别条款的分类办法。鉴于只有较为对应中国人民保险公司海洋运输一切险的A条款在实践中得到了广泛的适用②，以下仅进一步阐释该条款的基本内容。

(一)A条款的承保责任

(1)保险标的由于除外责任以外的一切灭失或损害责任。

(2)按照运输契约或政府法律及惯例所理算或决定的一切旨在为避免损失或与避免损失有关而引起的共同海损和救助费用。但损失原因属于除外责任者不在此限。

(3)运输契约"船舶互撞责任"条款规定的由被保险人应承担损失的比例责任。

(二)A条款的除外责任

(1)可归因于被保险人故意行为的损失或费用。

(2)保险标的的正常漏损，重量或容器的正常损耗或正常磨损。

(3)由于保险标的包装不良或配备不当造成无法抵抗运输途中发生的通常事故而产生的损失或费用。此情况适用于该种包装或配载是由被保险人或其雇员完成或该种包装或配载是在本保险责任开始前完成(本条所称的"包装"包括集装箱，本条所称的"雇员"不包括独立合同商)。

(4)保险标的内在的缺陷或特性所致的损失或费用。

(5)由于延迟的近因造成的损失或费用，即使延迟是由于承保危险所致的损失或费用(共同海损和救助费用除外)。

(6)由于船舶所有人、经理人、租船人或经营人的破产或经济困难造成的损失或费用，此情况适用于在保险标的装上船舶之时被保险人知道或者被保险人在正常业务经营中应当知道此种破产或者经济困难会导致该航程取消，但不适用于当保险合同已经转让给另一方即另一方已经受保险合同的约束购买或同意购买保险标的且善意受让该保险合同。

---

① 参见王莹:《2009年伦敦协会货运险条款较1982年版的变化》,《上海保险》2009年第7期。

② 参见卢洁:《英国协会货物保险条款(ICC2009)(A)之修订》,《商品与质量》2012年第12期。该条款中译文可参见 http://wenku.baidu.com/link?url=P2FHMNzaOQ6wZsT2N0IY9K651Hxpo6VoKn14zSVjOuk0fUR8SDHUhQw5FcYKbEJ8vYKUE0Wkh3jkJ1mS56PB1RjcKA02qhnTtSWcUa53Uyy，2023年8月24日最后访问。

(7)任何使用原子或中子的裂变和聚变,或其他类似的热核反应或具有放射性能量或具有放射性物质的任何战争武器直接或间接造成的损失或费用。

(8)除非保险人放弃船舶适航或船舶适合运输保险标的运往目的地的默示保证,以及除非保险合同已经善意转让给另一方而后者已经受保险合同的约束购买或同意购买保险标的,被保险人在货物装船时已经知道船舶或驳船的不适航及船舶或驳船不适合安全运输保险标的所引起的损失或费用。[①]

(9)除非保险人放弃船舶适航或船舶适合运输保险标的运往目的地的默示保证,以及除非保险合同已经善意转让给另一方而后者已经受保险合同的约束购买或同意购买保险标的,在本保险合同生效前装货已经开始或被保险人或其雇员在货物装船时已经知道集装箱或运输工具不适合安全运输保险标的。

(10)罢工者、被迫停工的工人或参加工潮、暴动或民变人员的损失或费用。

(11)罢工、被迫停工、工潮、暴动或民变的损失或费用。

(12)恐怖主义行为或与恐怖主义行为相联系、任何组织通过暴力直接实施的旨在推翻或影响法律上承认的或非法律上承认的政府的行为以及任何人出于政治、信仰或宗教目的实施的行为造成的损失或费用。

(三)A 条款下的保险人责任期限

该条款规定了以下两种确定保险人责任期限的规则:

1. 规则一

本保险责任自保险标的为了开始航程立即搬运至运输车辆或其他运输工具的目的开始进入仓库或储存处所(本保险合同载明的地点)时生效,包括正常运输过程,直至运到下述地点时终止:

(1)在本保险合同载明的目的地最后仓库或储存处所,从运输车辆或其他运输工具完成卸货;

(2)在本保险合同载明的目的地任何其他仓库或储存处所,或在中途任何其他仓库或储存处所,从运输车辆或其他运输工具完成卸货,上述任何其他仓库或储存处所是由被保险人或者其雇员选择用作在正常运送过程之外的储存货物或分配货物或分派货物;

(3)被保险人或其雇员在正常运输过程之外选择任何运输车辆或其他运输工具或集装箱储存货物;

(4)自保险标的在最后卸货港卸离海轮满 60 天为止。

上述情况以先发生者为准。

2. 规则二

(1)如果保险标的在最后卸货港卸离海轮后和本保险责任终止前需被转运至非保单载明的其他目的地时,本保险在依照以上规则一制约的同时,截止于该项保险标的开始转运之时;

(2)在被保险人无法控制的任何运输延迟、任何绕航、被迫卸货、重新装载、转运以及承运人运用运输合同授予的权利所作的任何航海上的变更的情况下,本保单仍然继续有效(但需要受上述规则一中的规定和本条款中的运输终止规则制约)。

---

① 值得注意的是,适航的内涵具有与时俱进的变化性,同时,按照英国 2016 年生效的保险法的规定:对于船舶变得适航后的货损,保险人仍然得依照其他保险条件负责赔偿。See M. Bob Kao, Cybersecurity in the Shipping Industry and English Marine Insurance Law, *Tulane Maritime Law Journal*, Summer 2021, pp. 491—498.

(四)两起适用《协会货物运输保险条款》的典型判例

Engelhart CTP (US) LLC 诉 Lloyd's Syndicate 1221(2018)①

原告作为被保险人买了2 000条铜铸块并获得了提单,且在同一天订约卖给中国的买家,集装箱打开后发现几乎是无价值的矿渣,提单也是伪造的。中国的买家拒绝付款。在遭到作为保险人的被告拒绝赔偿后,原告提起了索赔诉讼,其依据不仅是双方议定的标准的协会货物一切险条款(Institute Cargo Clauses 'all risks' terms),而且还有两条涉及集装箱和伪造单据的特别定制的条款扩大保险范围。前一特别定制条款规定,集装箱即使原封不动,本保险合同对其内包括水汽蒸发等造成的物品短少也予以赔偿。后一特别定制条款规定本保险合同涵盖被保险人和/或托运人通过接受包括欺诈的所有权凭证等文件遭受的被保险货物实际灭失或损害。

英国法院2018年4月判决原告败诉,理由是:以上两条款的文字都表明其是在货物有物理损失的情况下才有效力,其中的物理损失是指货物原先存在而不再存在的情况,本案却根本没有货物的物理损失;除非有清晰的文字扩展了承保范围,货运保单仅承保实际的物理损失。

Northwestern Selecta 公司诉 Guardian 保险公司案(2021)②

原告是一家全球包括海鲜在内的冷冻食品进口和分销商。2020年2月6日,原告从被告处购买了生效期间为该年3月1日起至次年3月1日止的协会货物一切险保单,注明:公务或军事当局在战争、内乱等之外防止进一步损害或威胁等造成的损失也属于承包范围。

在同年3月15日前的某个时间点,原告进口了100多万美元的海鲜品并予以适当储存。然而,由于新冠疫情引发的全球健康危机,该日行政当局发布了封控令,要求人们居家并禁止一般的商业活动。不过,该封控令并不适用于食品零售或批发业及与食物供应链相关的服务活动。截至该日,原告仍有50多万美元的产品滞留在仓库中。其后,原告就称该封控令及类似的命令导致这些产品的损害,并向被告和另一再保险人索赔。遭拒后,12月24日原告提起了诉讼。美国波多黎各区法院2021年5月24日判决原告败诉,依据:延迟是该保单列举的除外责任,即使该延迟的原因属于承保范围,在此情况下讨论近因问题没有意义。

第四节 陆上与航空货物运输保险

在国际贸易中,货物运输方式除了海运以外,还有陆运、空运等。与之相适应,陆上、航空运输保险业务也迅速发展起来。由于现代的陆上、航空货物运输保险业务均是在海上货物运输保险的基础上产生、发展而来的,因而有关的内容也大体相同,本节仅就不同之处作简单介绍。

① [2018]EWHC 900 (Comm),该案详情可见于 https://www.lexology.com/library/detail.aspx?g=31507b89-d0c5-426a-b8fc-0eb4180a2575,2023年8月24日最后访问。

② 541 F. Supp. 3d 206.

一、我国陆上货物运输保险条款

根据被誉为“新中国保险业的长子”[①]的中国人民保险集团股份有限公司下属的中国人民财产保险股份有限公司（以下简称人保）制定的适用于进出口货物的《陆上运输货物保险条款》，陆运货物保险承保对象以火车和汽车运输为限。基本险别分为陆运险（Overland Transport Risks）和陆运一切险（Overland Transport All Risks）两种[②]。

（一）陆运险的责任范围

陆运险的责任范围与海上运输货物保险条款中的“水渍险”相似。保险公司除负责赔偿被保险货物在运输途中遭受暴风、雷电、洪水、地震等自然灾害，或由于运输工具遭受碰撞、倾覆、出轨，或在使用驳船驳运过程中因驳运工具遭受搁浅、触礁、沉没、碰撞，或由于遭受隧道倒塌、崖崩或失火、爆炸等意外事故所造成的全部或部分损失外，还负责赔偿被保险人对遭受承保责任内的货物采取抢救、防止或减少货损的措施而支付的合理费用，但这种赔偿以不超过该批被救货物的保险金额为限。

（二）陆运一切险的责任范围

陆运一切险的责任范围与海上运输货物保险条款中的“一切险”相似。保险公司除负责上述陆运险的赔偿责任外，还负责被保险货物在运输途中由于外来原因所造成的全部或部分损失。

陆运险与陆运一切险的除外责任与海洋运输货物保险的除外责任相同。

（三）陆上运输货物保险责任起讫

它采用“仓至仓”责任条款。保险人负责自被保险货物运离保险单所载明的起运地仓库或贮存处所开始运输时生效，包括正常运输过程中的陆上和与其有关的水上驳运在内，直至该项货物运达保险单所载目的地收货人的最后仓库或贮存处所或被保险人用作分配、分派的其他贮存处所为止。如未运抵上述仓库或贮存处所，则以被保险货物运抵最后卸载的车站满 60 天为止。

（四）陆上运输货物保险索赔时效

从被保险货物在最后目的地车站全部卸离车辆后起计算，最多不超过 2 年。

盘龙支公司及大地公司与中畅公司纠纷案(2022)[③]

第 1 上诉方盘龙支公司和第 2 上诉方大地公司的全称分别为“中国大地财产保险股份有限公司昆明市盘龙支公司”和“中国大地财产保险股份有限公司”，以下有些地方统称为“上诉方”。被上诉方中畅公司的全称则是“云南中畅物流有限公司”。

2015 年 6 月 2 日，为了履行与涉案货物所有人能源公司签订的《桑河二级水电站机电及金属结构设备物流服务合同》，被上诉方以托运人的身份与实际承运方广西航记签约规定：由

① 这一提法可见于 https://www.picc.com/gyrb/jtjs/，2023 年 8 月 24 日最后访问。

② 其详细内容可见于 http://www.epicc.com.cn/ecargo/provision.jsp，2023 年 8 月 24 日最后访问。

③ 本案的案号为（2022）云民终 396 号，其判决详情可见于 https://wenshu.court.gov.cn/website/wenshu/181107ANFZ0BXSK4/index.html? docId=+Xmgp0VlSnXZkgmKS/OUaOoYgllfN7CVx2bqgctuaRRiB7RVOV4/KJ/dgBYosE2go/ZCEzlseUOaqRZu/JZQ+OQxMEu0BxHU9PkZ31OMaEQLXA/wDXgBYlPyjV4UUAia，2023 年 5 月 16 日最后访问。

后者负责将涉案货物自指定地点运往柬埔寨的某处目的地。

2017年4月18日，被上诉方购得了第1上诉方承保上述涉案货物的陆运一切险保险单，保险金额为5 237 927.20元，该保险单载明的保险人是“中国大地财产保险股份有限公司云南分公司”，签章却是第1上诉方。3天后涉案货物中的“油浸变及附件设备”在该保险单涵盖的运输过程中发生货损，被上诉方做出了出险报案，上诉方的保险代理第一时间前往现场勘查。被上诉方也将货损维修事宜通知了上诉方且未遭异议。随后产生了362 081元的维修费用。同年12月4日，被上诉方与广西航记商定：前者垫付的修理费用，后者在运费结算时予以扣减，待保险公司赔偿后，前者将其支付给广西航记。第1和第2上诉方却一直以种种理由拒绝给予保险赔偿。

云南省高级人民法院2022年9月23日终审判决被上诉方胜诉，理由是：被上诉方在本案中投保货物运输险是以托运人而非承运人的身份，其为分散涉案货物交付运输后可能产生的损失投保而对本案中所投保货物具有保险利益，据此关于承运人不能作为投保人的相关法律规则不能适用；被上诉方与广西航记的运费清算约定既不能视其在本案中遭受的损失已得到全额赔偿，也不能视其对保险事故责任人请求赔偿权的放弃。

二、我国的航空运输货物保险条款

我国的航空运输货物保险基本险别有航空运输险（Air Transport Risks）和航空运输一切险（Air Transport All Risks）两种。

（一）航空运输险的责任范围

这点与海洋运输货物保险条款中的“水渍险”大致相同。保险公司负责赔偿被保险货物在运输途中遭受雷电、火灾、爆炸或由于飞机遭受恶劣气候或其他危难事故而被抛弃，或由于飞机遭受碰撞、倾覆、坠落或失踪等自然灾害和意外事故所造成的全部或部分损失。除外责任同海洋运输货物保险的除外责任基本相同。

（二）航空运输一切险的责任范围

除包括上述航空运输险的全部责任外，保险公司还负责赔偿被保险货物由于被偷窃、短少等外来原因所造成的全部或部分损失。其除外责任同海洋运输货物保险的除外责任基本相同。航空运输货物保险的责任起讫采用“仓至仓”条款。但与海洋运输险的“仓至仓”责任条款不同的是，如货物运达保险单所载明的目的地而未运达保险单所载明的收货人仓库或贮存处所，则以被保险货物在最后卸载地卸离飞机后满30天为止。如在上述30天内被保险货物需转运到非保险单所载明的目的地时，则以该项货物开始转运时终止。

本章小结

国际运输货物保险是一种重要的国际商事活动，调整国际运输货物保险关系的法律规范目前仍以国内法为主要表现形式，但各国的国内法都采用以下各项原则：合法原则；诚信原则；近因原则；可保利益原则；赔偿原则；代位求偿原则。

根据运输方式，国际运输货物保险法可以分成国际海上运输货物保险法、国际陆上运输货物保险法、国际航空运输货物保险法等，其中国际海上运输货物保险法历史最为悠久。

国际海上运输货物保险法深受英国1906年的《海上保险法》和协会货物保险条款的影响。

调整其他运输方式下货物保险关系的法律规范与国际海上运输货物保险法并无实质的区别。

建议的选读资料

1. 徐玉梅:《我国多式联运保险立法的完善》,《黑龙江政法干部管理学院学报》2021 年第 4 期。

2. 王庆颖:《“一切险”并非“一切”险——由一则国际贸易海洋运输保险案例引发的思考》,《上海保险》2023 年第 2 期。

3. 司玉琢、吴煦:《论雇佣救助费用和船舶优先权、共同海损之间的关系》,《中国海商法研究》2023 年第 1 期。

4. Erik S Knutsen, The COVID-19 Pandemic and Insurance Coverage for Business Interruption in Canada, *Queen's Law Journal*, Spring 2021.

5. M. Bob Kao, Cybersecurity in the Shipping Industry and English Marine Insurance Law, *Tulane Maritime Law Journal*, Summer 2021.

6. Liang Zhao, International Recent Developments: China, *Tulane Maritime Law Journal*, Summer 2021.

思考题

1. 国际货物运输保险的基本原则有哪几项?

2. 共同海损的构成条件是什么?

3. 英国协会货物保险《ABC 条款》有哪些基本特征?

案例分析

中国 A 保健品公司将 6 000 粒鳕鱼鱼肝油胶囊从中国深圳运往英国费利克斯托港,采用常温包装的运输方式,并向保险公司投保了“协会货物运输条款一切险”。航线经过南亚、地中海到达欧洲。不料,货物到达目的港后,买家拆箱发现胶囊处于粘连状态,无法出售,遂拒收全部货物且拒绝支付货款 13 万余美元。

【问题】 保险公司对该批货物是否负责赔偿?为什么?

2. B 轮满载货物从纽约驶往香港,强大的海流使该轮搁浅于礁石之上,导航设备受损。几分钟后,该轮遇到一拖轮。经过十多分钟的拖拽,B 轮开始移动,但在其飘浮之前拖绳被拉断,海风与海浪在将 B 轮推向海上的同时,导致了船底的额外损失。

【问题】

(1)本案中导航设备的损失属于单独海损还是共同海损?为什么?

(2)B 轮上述从礁石上向大海拖拽的费用具有何种性质?为什么?

(3)B 轮上述的船底受损应如何定性?为什么?

7 第七章 票据法

教学目的和要求

1. 掌握各国票据法关于票据要件的规定
2. 熟悉票据流通规则
3. 了解各国关于持票人权利的规定
4. 掌握票据的承兑与付款规则

第一节　概　述

一、票据的概念和特征

“票据”在各国一般是指具备一定格式、可以流通转让的货币债权凭据。它载明一定的货币金额，由出票人本人承诺或指令某一付款人于一定的时间向持票人支付该笔款项。然而，个别国家（如意大利）承认物品债权凭据也是票据。

根据世界上多数国家的立法规定，票据的特征主要有以下几项：(1)票据是货币证券。即票据上设定的权利是给付货币，至于该货币为哪一国发行的则不论。[1] (2)票据是要式证券。即票据必须具备法定的格式要件，否则即不被承认为有效。(3)票据是文义证券。即票据上的权利、义务只依票据上所记载的文义来确定，票据文义以外的任何事实与证据皆不能用来作为认定票据上的权利和义务的依据。(4)票据为无因证券。即票据上的权利、义务不以任何原因为其有效的条件。(5)票据是设权证券。这是指票据权利是经过出票人的出票行为而产生，即由出票行为设立票据权利。其他票据如股票、债券等并不能设立一种权利，它们只能证明一种已存在的债权。(6)票据是流通证券。即票据的权利仅以背书或交付就可有效转让。其他证券的转让，如股票、债券等则有可能要登记过户或到特定的场所进行。

二、调整票据的法律规范

票据是当今各国尤其是发达的资本主义各国广泛使用的支付工具和信用工具，其在我国也得到了大量的使用[2]。票据被用来执行货币现金的上述两种职能的主要原因：持有大量现金既不安全又不方便；长距离地输送现金涉及运(邮)费和保险费，成本太高。票据却能避免或减弱上述这些问题。票据的金额可以写得很大，携带很方便，可用限定性文句等方式确保付款安全。此外，票据亦可作债权凭据流通转让并可抵押，还可作为会计凭证或证据；从政府方面来看，票据也可作征税对象，如印花税等。

杜月星与北京燕通水煤浆有限公司纠纷案(2012)

杜月星是北京市坨里顺鑫农具修理部（以下简称顺鑫修理部）的业主，主要经营的是焊接金属构件。2011 年 2 月及 7 月 4 日，上诉人北京燕通水煤浆有限公司（以下简称燕通公司）分

---

① See Ian Fong & Moin A. Yahya, In Defense of the Free-Banking Stablecoins, *Journal of Technology Law and Policy*, Dec 21, 2022, pp. 40—41.

② 参见施天佑:《票据法》,法律出版社 2016 年版,第 1 页。

两次购买了杜月星多个油罐。2011年7月4日,燕通公司支付1万元现金后,又向杜月星交付了一张以该公司为出票人的中国农业银行的转账支票,票面金额为118 000元,收款人为顺鑫修理部。中国农业银行北京分行第二天以"密码支票未填写密码或密码填写错误"为由退票。之后,杜月星要求燕通公司更换支票或给付现金。2011年7月13日,燕通公司支付给杜月星72 000元,但拒绝支付与支票款的差额即46 000元。杜月星便诉至人民法院索取。

北京市房山区人民法院一审判决[①]原告胜诉。燕通公司不服该判决,提起上诉称:2011年2月,燕通公司从杜月星处购买了5个油罐,2011年7月购买了1辆洒水车,金额一共是128 000元,后杜月星提供了4个油罐,按原口头约定每吨的金额为3 500元,4个油罐共计72 800元;其2011年2月14日为洒水车定金,杜月星也将洒水车交付给燕通公司。

2011年7月4日,燕通公司为杜月星开具金额为118 000元的支票一张,但因财务人员疏忽,将密码写错,导致支付失败。之后燕通公司多次要求杜月星办理洒水车过户登记后再支付剩余款项,但杜月星拒不办理过户登记。后经燕通公司了解,该车没有合法的登记手续,故提出不再购买洒水车,但杜月星拒不同意。现燕通公司已经向警方报案,怀疑杜月星销售赃车。上诉请求法院撤销一审判决,判决驳回杜月星的诉讼请求。

北京市第一中级人民法院2012年2月15日做出了维持原判的判决,理由是:根据《最高人民法院关于民事诉讼证据的若干规定》第2条规定:当事人对自己提出的诉讼请求所依据的事实或者反驳对方诉讼请求所依据的事实有责任提供证据加以证明,否则,由负有举证责任的当事人承担不利后果;燕通公司上诉称,其从杜月星处购买了5个油罐及1辆洒水车,金额一共是128 000元,杜月星只给付了其4个油罐,未完全将标的物给付燕通公司,但杜月星提出燕通公司是基于4个油罐的买卖关系而以支票方式支付的货款,燕通公司未能就上述辩称提供充分的证据。

然而,由于票据不是法定现金,它可能被任意出立、伪造、涂改或止付等。这些都可能严重扰乱人们正常的经济活动,为了避免或减少这些风险,各国便以立法形式将票据规范化。

各国的票据法规范的形式和内容很不一致,但归纳起来可分为两大法系。

(一)英美法系

英国很早就有关于票据的判例,其1882年的《票据法》即是有关判例的总结。当时票据已被广泛地使用和流通,英国制定《票据法》的目的即是保护票据的正常使用和流通,促进商品经济的发展。因此,英国《票据法》将票据关系与票据的基础关系严格地区别开来,凡善意取得票据者,不问其有无支付对价,其所持票据的基础关系有无缺陷,除个别情形(有伪造背书)外,皆给予保护。英国还于1957年专门制定了《支票法》,不过,从内容上看,它仅是对1882年《票据法》的补充。

英国的《票据法》对原英属殖民地的国家有很大影响。它们纷纷效法英国制定了自己的票据法。这些国家主要是美国、加拿大、澳大利亚、新西兰、印度等。其中,美国又因为有自己的特色而使这一法系被冠以"英美"称号。

美国于1896年制定了《统一流通证券法》,到1920年该法得到了各州的采纳。1952年该法被《统一商法典》第3编所取代。尽管美国的票据法源于英国传统,然而却具有一些不同于英国法的特色。首先,美国票据法在很多具体规定上比英国法更灵活、周详而更有利于现代商

① 该案号为(2011)房民初字第9576号。

业票据的发展；其次，在立法体例上，美国摒弃了英国法所采用的对各种票据分类并列规定的做法，代之以“法典式”的方法，在《统一商法典》的“商业票据”编中，先在第 1 章对票据的总要件加以概括，并对各种票据进行定义，在接下来的章节中开始对所有票据的流通与转让、承兑与付款等进行规定，从而避免了英国法中不同票据之间不必要的雷同重复之规定。

当然，美国票据法的上述某些特色掩盖不了它与英国《票据法》主要内容方面的一致性。因此，两国的票据仍然毫无疑问地属于同一法系。

（二）大陆法系

在票据方面，大陆法系原先存在两个分支法系，即法国法系和德国法系。

法国早在 1807 年《拿破仑商法典》中即对票据做出规定。不过该商法典中的规定仅限于汇票和本票，法国《支票法》是于 1865 年制定的，并与商法典中的票据无大关系。这一时期法国票据法的主要特点是将票据作为资金的输送工具，对票据的流通作用并不看重；它强调票据的基础关系，规定票据必须载明代价，否则就不产生票据的法律效力；只承认指示票据，而将承兑视作在付款人处存有资金的证据。尽管如此，法国的票据法对意大利、比利时、荷兰、西班牙、葡萄牙及拉美拉丁语系国家在 19 世纪制定的票据法产生过重大影响，从而形成了所谓的法国法系。然而，法国法系的这种传统不能适应高度发达的商品经济社会的“非现金化”的需要，这些一度效法法国的国家大多转而采用有生命力的德国法系。法国本身的票据法也于 1935 年按日内瓦统一票据法进行了大量的修改，次年 2 月 1 日，新法即公布施行。

德国于 1871 年公布了全国统一实施的《票据法》，1908 年又颁布了《支票法》。当时德国的商品经济已进入世界先进行列，为适应国内外经贸发展的需要，德国《票据法》与英美法一样，重视票据的流通作用，但在形式和一些具体规定上与英美法有不少差异。德国《票据法》对票据形式要求很严整，并不承认判例为法源，仅此一点即不能将之并入英美法系。德国法系对奥地利、瑞士、丹麦、瑞典、挪威、日本等国产生了经典影响，原属法国法系的那些国家后来大多也加入了德国法系的行列。

英美法系、法国法系、德国法系三足鼎立，加之同一法系内部各国的具体规定的差异性，导致票据在国际经济贸易领域和国际一般交往中的使用和流通严重受阻。为消除这类障碍，19 世纪末，票据统一法运动开始了。然而，直到 1930 年和 1931 年在国际联盟的主持下才在日内瓦先后签署了 6 个票据方面的公约，这 6 个公约为《1930 年统一汇票、本票法公约》《1930 年解决汇票、本票法律冲突公约》《1930 年汇票、本票印花税公约》《1931 年统一支票法公约》《1931 年解决支票法律冲突的公约》《1931 年支票印花税公约》。这些公约现已为曾是法国法系和德国法系中包括法国、德国、日本等大多数国家所接受。这些缔约国随后根据日内瓦的票据法对本国的票据法进行了修订。这样，法国法系和德国法系关于票据规定中的分歧之处便基本被消除了，“日内瓦统一票据法系”就此产生。

英美法系中的英国在汇票、本票印花税公约以及关于支票的三个公约上签了字，但美国的《支票法》仍然保留了英国传统。其他英美法系的国家既未派代表（美国仅派观察员列席会议）参加谈判，也未接受其中的任何公约。因此，在票据法方面，英美法系和大陆法系迄今依然并存。

两大法系的对立依然严重阻碍票据的跨国流通，为促进全球范围内的票据法统一，联合国国际贸易法委员会自 20 世纪 70 年代初期开始起草新的统一票据法草案，1988 年终于正式通过了《联合国汇票与本票公约》。但该公约尚未生效。

我国自 1978 年改革开放以来，票据也得到了日益广泛地使用。我国政府和有关学者开始研究建立我国的票据法问题。1988 年 6 月 8 日,上海市政府发布了《上海市票据暂行条例》,该条例参照国际惯例,比较系统全面地规定了票据的各项制度。中国人民银行于 1988 年 12 月 19 日颁布了全国性的《银行结算办法》,该办法已于 1989 年 4 月 1 日实施。自此,我国在结算领域开始全面推行票据制度。1990 年底,中国人民银行又正式成立了票据法起草小组,着手研究制定我国的统一票据法。1995 年 5 月 10 日,我国正式公布了《中华人民共和国票据法》(以下简称《票据法》),该法自 1996 年 1 月 1 日起施行。2004 年 8 月 28 日,第十届全国人民代表大会常务委员会第十一次会议对《票据法》进行了微小的修订。随着我国经济的发展,该《票据法》的内容受到了理论界和实务界人士的批评,认为其第 10 条要求票据的签发、取得和转让应具有真实的交易关系和债权债务关系的规定破坏了"无因性"原则和流通性的功能。① 同时,随着近几年我国票据市场失信违约大案、要案频发等扰乱金融市场稳定因素的增加,中国人民银行和/或原银保监会发布或修订了《标准化票据管理办法》《关于规范商业承兑汇票信息披露的公告》,修订了《商业银行承兑贴现与再贴现管理办法》等规范性文件。然而,这些文件中的规范仍被认为存在效力层次地、严重滞后于经济社会的发展等缺陷。② 另一方面,我国的最高人民法院也数次发布和修改了票据方面的司法审查规则。③

此外,由于电子商务和网络技术的突飞猛进,我国也出现了所谓的"电子票据",一些行政规章等也使用该概念表示一些类型的电子支付指令,如中国人民银行总行 2009 年和 2016 年分别发布的《电子商业汇票业务管理办法》《关于规范和促进电子商业汇票业务发展的通知》等。④ 然而,据一些学者的考证,该种电子支付指令在其发源地的美国并未被称为"电子票据",而是采用"可转让记录"(Transferable Records)以及"支付命令"两种名称⑤,同时联合国国际贸易法委员会 2005 年《国际合同使用电子通信公约》第 2 条、新加坡 2010 年《电子交易法》第 4 条等法律规定都将商业票据明确排除在电子交易法或电子签名法的适用范围之外及其与纸质票据的差异和被承兑的困难性⑥,本章以下若无特别说明,则"票据"一语都不包含该种"电子票据"。

三、与票据有关的基本用语

与票据有关的用语很多,有些在后面的章节中将予以解释,这里只介绍以下几种用语的含义。

(一)票据行为

它是指能产生、变更和消灭票据上的权利和义务的法律行为。票据行为是产生、变更和消灭票据关系的唯一法律事实。归纳起来,票据行为主要有以下几种:出票、流通转让、提示、承兑与付款。此外,还包括在特殊情况下的保证、拒付和追索等。

---

① 参见范可新:《关于修改完善〈票据法〉的几点建议》,http://www.cndca.org.cn/mjzy/lxzn/czyz/jyxc/1094575/index.html,2023 年 8 月 24 日最后访问。同时参见张鸿:《电子票据法律制度初探》,《经济师》2018 年第 6 期,第 73 页。

② 吴京辉:《票据信用风险的共治规则研究》,《法商研究》2023 年第 1 期,第 104～107 页。

③ 曹守晔:《〈民法典〉实施背景下〈关于审理票据纠纷案件若干问题的规定〉的修改与应用》,《中国应用法学》2023 年第 1 期,第 107～108 页。

④ 参见卢家瑜、谢宝友、冒鹏莉、叶青、陈杭燕:《电子票据法律问题研究》,《金融纵横》2018 年第 1 期,第 75～76 页。

⑤ 参见张德君、马欣:《论电子票据对传统票据法的挑战及其应对》,《中国商贸》2014 年第 9 期,第 148 页。

⑥ 参见刘满达:《论电子票据适用票据法的可行性》,《法学》2017 年第 6 期,第 128、131 页。同时参见任永青:《电子票据法律制度探析》,《上海金融》2014 年第 5 期,第 95～98 页。

(二)票据关系

它是指由票据行为引起的票据上的权利和义务关系。从权利角度而言,票据的权利基本有三种:流通转让权、付款请求权和追索权。这些权利都属于持票人。票据义务主要是票据上的债务人对持票人的保证付款责任。

(三)非票据关系

它又称票据的基础关系,指与票据行为密切相关,但在法律上不产生票据权利和义务的关系。在学理上,非票据关系又分为两种:票据原因关系和票据资金关系。前者是指票据行为做出的缘由,如因约定、买卖、赠与、借贷等原因而出票和接受票据等;后者是指出票人和付款人或保证付款人之间的权利、义务关系,如借贷、资金存放等。

票据关系和非票据关系在法律上进行严格区分是当今各国通行的做法。票据上的权利、义务关系因票据行为而产生、变更和消灭,它们与票据的原因关系和资金关系无关,即这些非票据关系无效并不会导致票据关系的无效。如以票据支付货款的买方收到货物时,因发现该货物有严重瑕疵而拒绝接受货物并要求废除买卖合同,然而,即使该合同被宣布无效,该买主所出立的票据经收款人——卖主流通转让给善意的第三人后,买主仍须按票据载明的金额向善意的第三人付款,买主不得以该票据的原因关系即买卖关系无效而宣告该票据无效。同时,本节"(五)票据的类型"中所描述的案例表明,一些国家在诉讼中面对相同当事人之间的票据关系和非票据关系的争议时,往往优先保障票据权利的实现。2019 年,加拿大萨斯喀彻温省(Saskatchewan)上诉法院对 Fauser 能源公司诉 Skjerven(2019 SKCA 81)案的判决就是这种司法态度的新近典型之一。[①]

(四)票据当事人

它是指票据关系的参加者。票据关系中有三个基本的当事人,即出票人、付款人和收款人。此外,还有背书人、持票人、承兑人、融通人和保证人等。其中的收款人和持票人在票据关系中处于债权人角色,其他当事人皆处于票据债务人或票据债务保证人的角色。

(五)票据的类型

各国票据法中规定的票据类型并不一致,但基本有三种,即汇票、本票和支票。

1. 汇票

根据多数国家的定义,汇票(Bill of Exchange)是指由出票人签发指令,受票人在可确定的时间向特定的人或特定的人所指定的人或持票人支付一定金额的书面凭证。

这种票据根据是否承兑及承兑主体等,又可分为非承兑汇票、商业承兑汇票与银行承兑汇票等几种类别。其中,非承兑汇票仅凭出票人和未免追索权的前手信誉,商业承兑汇票则多了一层商业承兑人的保障,银行承兑汇票则至少获得了某一银行的担保付款。通常情况下,银行承兑汇票的信用度较高,但在经济危机期间,该种汇票的可接受性往往也大打折扣。不过,在当前我国社会信用制度不健全的情况下,银行承兑汇票具有利用银行信用弥补商业信用、促进商品流通、提高资金使用效率等积极功能。[②]

---

① 在该案中,法官自由裁量地认为:持票人的本票权利可先通过简易程序予以维护,对方当事人在该程序中不得主张未清偿的债权进行抵销。See Michelle Biddulph & William Lane The Judgments of the Court of Appeal for Saskatchewan, 2019 and 2020, *Saskatchewan Law Review*, 2022, pp. 53－55.

② 参见汤莹玮、张婕珂:《美国票据市场发展借鉴》,《中国金融》2017 年第 22 期,第 81～83 页。

2. 本票

本票(Promissory Note)又称期票，是指出票人承诺在可确定的时间向特定的人或特定的人所指定的人或持票人支付一定金额的书面凭证。本票的显著特征是出票人和受票人是同一人。

美国票据法中还有"银行存折"概念，是指"银行开出的证明收到金钱且有偿还义务的凭证"[见《统一商法典》第3条第1款第4项(j)目]。可见，这实际上是一种以银行为出票人的本票。

Oxigen Environmental Limited 诉 Shaun Mullan and Brian Mullan 案(2012)

被告Shaun Mullan和Brian Mullan所经营的B Mullan & Sons Contractors Limited(以下简称B公司)拥有被认为适合填埋废弃物的场地。2009年7月6日，原告Oxigen Environmental Limited与两被告及B公司达成的口头协议规定：在原告先支付200万英镑的情况下由原告与B公司设立一合资企业；原告与B公司各占合资企业50%的股份，双方各注入100万英镑进该企业；B公司成本约达70万英镑将开新公司发票；由原告提供员工和管理填埋场的经营。B公司在随后获取计划许可与从事合资企业所必需工作的过程中发生了额外的成本。2009年8月13日，原告向被告转移了20万英镑的资金；2009年8月28日，被告向原告签发了一张本票，该本票后因丢失而被2009年9月22日的本票所取代。2011年6月13日，原告的律师发函称不会继续经营合资企业，并寻求返还20万英镑的钱款。

被告认为以上20万英镑钱款是原告根据合同应按约定投资额的10%投入的预付定金，同时被告反指控原告违约并使B公司发生了巨额的成本和费用，据此要求法院宣告该所谓的本票实际上不是本票，不能见票即付，且判决原告实际履行该合资企业合同和不得在履行期间要求返还票款。

英国北爱尔兰高等法院2012年2月29日满足了原告的请求，以简易判决的形式要求被告向该法院先行缴纳20万英镑钱款，以确保票据权利下的款项不拖延执行，理由是：Chitty所著的Contracts(第30版)第34～185段将本票界定为"由出票人签名的一人向另一人做出的支付特定金钱的无条件书面承诺"；根据对本票适用的《1882年汇票法》第84条，本票自交付收款人或持票人就完成，原告的注册会计师兼董事Fee先生的宣誓证词表明该本票已被交付；被告声称本票上的"value received"的短语是指该本票的对价为原告对合资企业的贡献且由于原告违约终止合资协议而使其未得到该对价，原告则争辩称是指被告所收到的20万英镑，对于此源自本票的争议不能按照原诉与反诉源于相同标的及抗辩原诉引起反诉的情况下一般无条件允许被告抗辩的原则；White著作中就有"拒付的汇票或支票不得抵消"(No set off in an action on dishonoured bill or cheque)的标题，该著作的正文阐述了汇票、支票或本票的拒付诉讼中对有关抵消或反诉奉行完全不同的实践，即除非属于例外或依据强烈的理由，被告不得主张抵消或反诉某种其他合同的违约或侵权索赔，原告则有权获得不拖延执行索赔额的权利；在1977年的Nova (Jersey) Knit Ltd诉Kammgarn Spinnerei GmbH案判决中，Wilberforce大法官宣誓了同样的规则；本案中被告提出原告违约未履行对价义务的事由不属于例外或强烈的理由；合资协议与本票协议有关但具有独立性。

在司法实践中，针对受票人对出票人同时具有票据债权和原因债权的情况，我国也有人民法院表明了前一项债权可以优先行使的立场。[①]

3. 支票

支票(Check)是指以银行为付款人(即受票人)的即期汇票。从本质上说,支票也是一种汇票,但与一般汇票相比,它有两个显著特征:受票人为银行;付款期限是即期的,即见票即付。

英国《票据法》中除支票外还有"股息单"(Dividend Warrant)的概念。它是指一家公司签发至一家银行,指令付给其大小股东的即期汇票。可见这种股息单实际上也是一种支票,只是这种支票的出票人是一家公司,而受款人是该公司的股东。在个别条例中,英国法官还对股息单作扩大解释,认为它包括政府债券的息票。

此外,很多国家的票据法中还有划线支票(Crossed Check)的概念。它最早见于 1882 年英国《票据法》,随后各国也效法之而相继在本国票据法中做出规定,日内瓦《1930 年统一支票法公约》中也有这一规定。

各国票据法中的划线支票一般有两种:普通划线支票和特别划线支票。

普通划线支票是被划上两条平行线的支票,有时在平行线上加注"某某公司"或"银行业者""不可转让"之类的字样等皆不影响该划线的普通性。普通划线支票的含义是:该票款只能通过银行托收,如果受票银行将某个普通划线支票的票款兑付给非银行以外的持票人,该受票银行即须对该支票的真正所有人因此而遭受的损失负责。

支票上不仅被划线,而且还加注"某某银行",即写明了具体银行名称,则这种划线被称作特别划线,受票银行只能将该支票款付给支票上注明的银行。应予指出,特别划线内只能指明一家银行,若指明一家以上银行,则肯定会遭到受票银行的退票。各国规定,普通划线支票可改作特别划线支票,但特别划线支票不得改写成普通划线支票。

出票人为了防止支票的遗失、遭窃而被冒领票款所引起的损失,可在出票时对支票进行普通或特别划线,这样,即使票款被冒领,也可根据受票银行的记录而能追查到。持票人与托收银行基于同样的目的,也可在支票上作普通或特别划线。为了防止已有的划线被涂销,各国规定涂销划线的行为无效,该划线依然视为有效存在。

日内瓦统一法系国家大多还有"转账付款支票"的概念。该种支票是由出票人或持票人在支票的正面横跨票面写明"转账付款"或同义字样而构成。加注这类字样的支票含义是付款人得以转账的方式结算付款(如将票款记在持票人的账户上,用于抵消持票人的债务等),不得向持票人支付现金,否则,付款人须对真正的所有人承担不超过票面额的损害赔偿责任。

值得关注的是,尽管支票直到前不久仍是美国等国最常用的流通票据,签发量和总额都大得惊人,[②]近年来却由于电子支付手段日益发达等原因,连美国在内的很多国家或地区的支票使用量都有所下降,甚至有报告称到 2018 年英国要终止使用支票。不过,有专家指出,支票在相当一段时间内仍应作为重要的票据类型。[③] 还有些专家认为,支票鼎盛时间确定的一些经

① 江苏省淮安市中级人民法院 2016 年对实联化工(江苏)有限公司与江苏省连云港金蔷薇化工有限公司所做的判决即为一实例。该案详情及判决理由可参见刘弘:《票据债权和原因债权的行使顺序》,《人民司法(案例)》2017 年第 8 期,第 71~72 页。

② See Richard A. Mann & Barry S. Roberts ,*Business Law and the Regulation*,10th Edition,South-western Cengage Learning,2011,p. 473.

③ See Andreas Rahmatian,Must Cheques Disappear by 2018? *Journal of International Banking Law and Regulation*,2011,26(7),pp. 310－312. See also Jonathan Yovel,Relational Formalism and the Construction of Financial Instruments,*American Business Law Journal*,Summer,2011,pp. 372－378 & n7.

典义务对当今社会相关的权利与义务建构仍有很大的借鉴价值。①

第二节 票据的出立

票据的出立简称为出票(Issue)。它是指做成要式票据并交付给受款人的行为。其中,做成票据者称出票人,而出票人在票据上载明的有权取得票款的人即称作收款人。

一、票据的要件

如前所述,票据是一种要式凭证,包括我国在内的很多国家规定:只有具备法定要件的书面凭证才能构成有效票据。

然而,各国票据要件(亦称要项)的规定是很不一致的,总的来说,英美法系的国家规定得较少,而我国和日内瓦统一法系的国家要求很多。

为便于叙述,下面按日内瓦统一法系的国家一般规定的票据要件要求分项列出,并分别结合我国和英美法系的规定叙述。

(一)须注明其为某类票据的字样

即汇票上须写有"汇票"字样,本票上须注有"本票"字样,支票上须列有"支票"字样。我国《票据法》也有此项要求。但英美法系的各国票据法并无此项要求,在这些国家,只要一张凭据符合其法律关于票据要件的那些要求,即使其无"汇票""本票"或"支票"字样也不失为有效票据。

(二)须是无条件地支付一定金额的指令或承诺

这一要件亦为我国和英美法系的各国所要求。其具体含义是:

1. 付款的指令或承诺必须是肯定的,不能用商量的口吻或含混的语气

如不可用"承蒙付款,将不胜感激"或"到时将根据情况给付报酬"等语。但用"请付"这样的客气用语在英国是允许的。

2. 付款须无条件

"无条件"是指未对付款加任何限制。在实践中,各国多将以下情况视作附有条件:以其他协议为付款依据;以某一可能的事件发生或某一行为的履行为付款的先决条件,如"甲若出场参加比赛,凭票即付甲或其指定人5万美元"的字据即属这种情况;规定限于用特定资金付款,如"从本人的活期存款中支付给甲或其指定的人1 000法郎";等等。含这些条件的债据皆不能构成有效票据。

然而,未加限制的付款指令或承诺在附有下列事项时,仍然被视作是无条件的:(1)加注出票条款,这是很常见的事,如可在汇票上载明它是根据某个信用证开立的,其用意仅在说明票据的起源而已,并无限制付款之意;(2)指定借记账户或指定用作补偿资金来源的,如"付玛丽或其指定的人1 000英镑,借记于托马斯公司账户"或"付汤姆5万美元,以本人的小麦售款补偿"等,这些用句皆为嘱咐之语,对付款并未构成任何限制,因而这类字据应是有效票据。此

① See Sandra Booysen, The Legacy of Cheques on the Evolution of a Bank Customer's Duties: Enduring Principles Regarding Risk Allocation, *Banking & Finance Law Review*, September 2022, pp. 36-53.

外，票据还须受默示或推定的条件约束。虽然票据在法律上是一种典型的无因债据，但这并不意味着它不受任何约束。相反，法定的默示或推定的条件是当事人所必须遵守的，如持票人在请求付款时即须提示并交出票据等。

3. 付款金额必须是可确定的

在票据上直接写明付款数额当然符合此项要求，但英国《票据法》规定，即使存在以下这些情况也不影响付款金额之确定性：(1)附计已载明的利息(各国规定，未载明利息者视作无记载，即不可要求付款人同时支付利息)；(2)按规定或待定的牌价折付票款；(3)按规定分期付款；(4)在分期付款的票据上载明如有任何一期违约则全部票款即告到期；等等。

美国票据法除吸收上述前三种规定外，还规定以下这些要求也不影响金额的确定性：按已载明的违约之前或违约之后，或者某个确定日期之前或之后不同的利率加付利息；在规定的付款日之前或之后，按载明的折扣率或增加率付款；加付违约时的收款费用或律师费用，或两者并付。

日内瓦统一法系国家的票据法一般只规定附计利息的票据有效，而分期付款方式则不被允许。此外，日内瓦统一《票据法》要求票据的金额须以文字大写和数字小写同时注明，两者若不符，以文字为准，这是为了防止持票人或收款人涂改金额；若票据上有数处不一致的大写或小写金额时，则以该票据的金额中的最小者为准。英美法系国家并未规定票据的金额须同时用大小写数字表示，因此，在这些国家只用数字小写表示票据金额也是有效的。实践中，遇到大小写数字不符时，英美法国家的法定处理办法与日内瓦统一票据法的规定基本相同。

(三)付款人姓名或商号

付款人又称受票人，是指按票据规定承担付款义务者。付款人可以是自然人，也可以是法人；既可以是出票人本人，也可以是其他人。然而，日内瓦《1931 年统一支票法公约》第 6 条规定：不得以出票人本人为支票的付款人，除非该支票是由出票人所属的一机构签发而由该出票人之另一机构为付款人。

英、美票据法不以写明付款人为要项。如果出票人在票据上未载明受票人或受票人是虚构的，则按其法律规定，出票人本人即为受票人；在受票人无行为能力时，持票人可将出票人视作受票人。此外，英国、美国都允许在票据上指明受票人为两个以上的人，但英国法律不承认以任选或依次的方式确定付款人的票据为有效，如一张指明“甲和乙”为付款人的汇票是完全合法的，在这类票据中，甲与乙的付款责任是连带的，但若将付款人写作“甲或乙”或“先甲后乙”则不会被英国法承认为有效票据。美国则将后种以依次方式确定付款人的票据视为无效，而对以任选的方式确定付款人的票据确认为有效。

我国《票据法》要求汇票和支票必须标明付款人名称。

(四)付款日期

日内瓦统一法系国家一般要求出票人以四种方式规定付款日期：见票即付，即一经持票人提示就得立即付款，这种票据又称即期票据；见票后定期付款；出票后定期付款；定日付款，即规定特定的某日付款。除这四种方式外，日内瓦法系国家不承认以其他任何方式规定付款时间。

付款日期亦是英美法系国家所要求的票据要件之一，除日内瓦统一法系国家上述四种规定的付款时间外，美国等国还允许出票人规定在某日期(包括该日期)之前付款。

北方银行诉皮费如尼比萨公司案(1996)

被告(皮费如尼比萨公司)为获得125 000美元向贷款人P签发了一张字据,该字据包含了允许被告随时议定还款条件,然后将还款时间延长到84个月。P为获得原告(北方银行)的贷款,将该字据押给了原告。P未能按期偿还原告的贷款,原告试图以该字据向被告收款,却被拒绝。美国内布拉斯加州上诉法院1996年判决认为,被告签发的字据不属于票据,理由是:该字据上的付款日期可以再议定,也就是说,它没有规定确定的付款日期。

但是,应予指出的是,未载明付款时间的票据在日内瓦统一法系国家和英美法系国家也并不是当然无效,该票据仍然可视作即期票据而有效。此外,由于支票皆为见票即付,因此,日内瓦统一法系国家和英美法系国家也不要求支票上注明付款时间。

付款时间在我国《票据法》中属于出票人任意记载事项,出票人若在票据上记载付款时间,则应遵循上述日内瓦统一法系国家一般采用的规则。值得注意的是,2022年11月18日,为了更好地保障中小微企业合法权益,中国人民银行、原银保监会联合修订了发布自2023年1月1日起施行《商业汇票承兑、贴现与再贴现管理办法》,将商业汇票最长期限由1年调整至6个月。①

(五)付款地

日内瓦统一法系的国家虽然一般都有此项票据要件之规定,但是,它们同时又规定,未载明付款地点者以记载于付款人姓名旁边的地址为付款地址,该地址同时视为付款人之住所所在地。这就是说,缺乏付款地在日内瓦统一法系国家亦不导致票据的当然无效。

英美法未将付款地点规定为票据之要件,缺乏付款地点的票据是完全有效的。在这种情况下,付款地点被确定为付款人的营业地或住所。若付款人无营业地或住所,则以付款期届满时该受票人所在地为付款地。总之,只要该付款人是真实存在的,并且能被找到,该票据就被认为是有效的。在英美法系国家,即使付款人是虚构的或无法找到的,该票据依然被认为是有效的,在这种场合下,持票人可根据需要将该票据视作汇票或本票。

付款地在我国《票据法》中属于出票人任意记载事项,出票人若在票据上无记载,则以付款人的营业地、住所或经常居所地为付款地。

(六)收款人或其指定人的姓名或商号

根据日内瓦统一法,出票人本人或第三者皆可成为收款人,但这一法系国家一般都不承认未注明受款人或其指定人姓名或商号的无记名式票据,即收款人或其指定人的姓名或商号是有效票据必不可少的要件之一。这种注明收款人或其指定人名称的票据称作指示票据。

英美法系国家却允许使用无记名式的票据。根据这些国家的法律,票据上既可以注明收款人的名字,也可以不写收款人的名字或虚构一个收款人的名字,前一种票据的票款只付给载明的人或其指定的人,后一种票据的票款只付给被称作“来人”(Bearer)的持票人,这种票据因此而被称作来人票据。

我国《票据法》要求汇票和本票必须载明收款人名称。

---

① 张艳芬:《票据新规落地!商业汇票最长期限6个月,承兑和保证金两线压风险,利好中小微》,https://m.thepaper.cn/baijiahao_20841352,2023年3月21日最后访问。

（七）出票日期与出票地址

出票日期对确定出票人出票时的行为能力，以及出票后定期付款票据的付款时间和票款利息起算时间等很有意义，因此，日内瓦统一法将之规定为票据要件。出票地点对判断票据是否为国内票据从而确定其形式要件具有重要意义，但日内瓦统一法并未将无出票地之明确记载的票据规定为当然无效，而是补充规定：未载明出票地的票据，以记载于发票人姓名旁之地址为出票地。

英美法系国家都未将出票日期和地址规定为票据的要件。对未注明出票时间的票据，英国法规定持票人有权加填真实日期，若持票人虽为善意却错填了日期，该票据只要到了正当持票人的手中，其上的责任者就不能以日期被错填作抗辩理由，该错填日期即被视做出票日期。不过英国法规定，当事人必须在合理的时间内行使填补权利。至于何谓“合理时间”，则由法院根据商业习惯及具体情况判断。美国法也规定，未填或错填出票日期不影响票据的有效性和流通性，对票据或票据的签名旁边所填的日期在无充分反证之前假定其为正确的，对即期付款或自出票日后定期付款的票据，其付款日期按错填的日期计算。关于缺乏出票地址的票据，英美法系国家皆规定以出票人的营业地或住所地为出票地，有时法院则根据票据的表面情况判断出票地，如书写语言或邮戳等。

我国《票据法》规定票据上必须注明出票日期，但出票地为票据的任意记载事项。票据上未记载出票地的，出票人的营业场所、住所或经常居住地为出票地。

（八）出票人的签名

日内瓦统一法系、英美法系各国及我国票据法都要求票据上应当有出票人的签名。不过，从一些判例来看，英美法系国家的法院并没有将出票人的签名视为票据的要项。

尽管如此，在英美法系国家，出票人的签名仍然时常具有重要意义，因为出票人对其出立的票据在被拒付并得到必要的拒付通知或拒付书（又称拒绝证书）时，须向持票人或任何支付了票款的背书人承担支付票据的义务，而在票据上未显示其签名或签名被伪造者，均不对票据承担任何责任，可见，签名为承担责任所必须具备的。当然，出票人在签名时为避免承担责任，可同时加注“免予追索”字样，但日内瓦统一法规定，出票人这样仅能免除担保承兑之责，而任何免除其担保付款的记载，均被视为无记载。签名用何种笔墨，法律上并无规定，一般认为应当用钢笔或者圆珠笔。在有些国家，铅笔签名也具有效力。美国 1906 年 Drefahl 诉 Security Sav. Bank 一案确认这一原则。我国《票据法》对此虽未作限制，但实践中一般都是用钢笔或圆珠笔书写。

关于无行为能力者出票签名和无代理权而以代理人名义出票签名者，两大法系国家的处理原则是一致的，即无行为能力者签名的票据不能约束该无行为能力者，但其他在票据上签名的有行为能力者所负的票据债务仍然有效；无权代理者所签票据，由该无权代理者本人承担票据责任。

诉旅游者快运公司案（2004）

原告（Robert J. Triffin）通过支付现金取得了被告（旅游者快运公司）为出票人的 17 张支票，承兑时被拒绝。此 17 张支票为 T 公司放在 Brooklyn 药房的被盗支票，由盗取者伪造被告公司签名后转让与原告。被告公司得知支票被盗后，即停止支付。原告要求被告履行付款义务。本案事实比较清楚，票据被盗，伪造人伪造签名后兑现，法院即将此作为一种法律问题处理，最后判定被告胜诉，即被伪造人不承担票据责任。据调查，所有支票上的被告公司签名全部是印上去的，并没有被告公司的合法签名。票据责任的承担是以签名为主要依据的，当票据被盗并被伪造签名时，出票人无付款责任。本案中，原告 Robert J. Triffin 提交的证据中并未涉及对支票上文义的质疑，问题在于他并不是正当持票人。因此，被告公司不需要承担任何票据责任。

此外，英美票据法中还有融通出票人的概念，融通出票人是指未取得对价而将其名字借给其他人做出票人的签名的人。根据英美票据法的规定，融通出票人须对对价持票人承担出票人的责任，无论后者是否知悉融通出票之事，但他对被融通的人不承担任何责任。如甲与乙是好友，甲的信誉很好，乙未给任何对价即要求甲出立一张以乙为受款人的汇票，乙又背书将该汇票卖给丙，丙在提示付款时遭受票人的拒付，这时，甲须对对价持票人丙承担出票人的保证付款责任。

Constantaras 诉 Anagnostopoulos 案(1987)[①]

Souloutas 先生制作了数张未签名字的支票，由被告(Anagnostopoulos)在这些支票上以融通出票人的身份签名。这些支票流通至持票人即本案原告(Constantaras)手中后，有两张遭到了银行的拒付。原告便向被告索赔。被告则辩称：所适用的南非《汇票法》第 2 节对汇票和支票的定义使得支票含有特定的要件，其中第五项要件便是应当被出票人签名；本案中的支票没有出票人的签名是无效的。南非法院却判决被告败诉，理由是：支票的法定定义并不意味着所有其他方面具有正常支票要件的凭据仅仅因为缺乏一项签名即会变成无名的纸张，该凭据仍为待完整的支票，即未签名的支票；法律界和大众都常用“未签名的支票”这一术语，被告宣誓的抗辩陈述中也声称“没有一张支票被签过名”，本案中争议的凭据实际上是未签名的支票；《汇票法》本身中也有数处的表述，如第 16 节第 1 款(a)项规定，汇票和支票在被出票人签署前可以被承兑，该节所源自的英国 1882 年《汇票法》第 18 节显然表明，立法者知道汇票和支票在被出票人签署前是能被承兑的票据；被告签署了这些未被出票人签名的支票并交付以承诺对这些支票的担保付款责任，被告即应当受这种保证承诺的约束。

我国和日内瓦统一法系国家虽无明确的融通出票人、融通背书人或融通承兑人(统称“票据融通人”)之类的概念，但从我国和这些国家票据法的精神实质来看，它们一般也是允许票据融通人存在的，因为票据具有信用职能，出借名字供他人用于票据的出立、流通转让与承兑是一种很正常的商业现象。当然，名字的出借者应承担名副其实的相应责任，这在我国和日内瓦统一法系国家是毫无疑问的。

以上即是两大法系国家关于票据要件规定的基本内容，凡列入票据要件的项目，皆为每个有效票据所不可缺少的。此外，从一些国家或地区的新近判例来看，票据合格出立还有一项前提，即出立者有出立票据的意图。

Balbir Sing 诉 Raj Krishan 案(2015)[②]

上诉方 Balbir Sing 是一个不识字农民，被上诉方 Raj Krishan 是一个佣金代理人。上诉

① See Ray August, *The International Business Law*, Pearson Education Ltd., 2004, pp. 657－659.

② 本案英文判决书可下载于 http://indiankanoon.org/doc/2142721/，2023 年 8 月 24 日最后访问。

方常通过被上诉方出售农作物，后者账簿中创立了一个单独账户显示双方当事人每笔交易贷记/借记的进出。2004 年 11 月 30 日被上诉方持有一份按有上诉方手印的预签支票模样的凭据进行了提示，2004 年 12 月 3 日上诉方的银行以存款不足为由予以退票，在收到司法传票的情况下，上诉方也没有向被上诉方支付票款。初审法院判决上诉方有罪并处以罚款，印度的 Paramjeet Singh 法官 2015 年推翻了该初审法院判决，认定上诉方无罪，其理由之一是：上诉方出立该争议凭据时并无意图使它成为一张票据，而是拟作为一项偿债的担保。

二、不完整票据的处理

不完整票据是指缺乏法定实质要件中的一项或数项的票据，它有时也被称作“缺项票据”。

对不完整票据的处理方法，英美法系国家的规定不太一致。美国规定，这种不完整票据经出票人本人或授权他人添补完整后生效，但在添补完整之前，该票据是不能强制执行的。美国法还规定，出票人以外的人若未经授权而对不完整票据进行添补，则该添补行为即被视作对票据的重大涂改而不能约束出票人，但出票人有疏忽的除外。如出票人将有自己签名的空白支票遗失后被他人拾得并填写完整，此后又被拾得者背书转让或提示付款，在这种情况下，出票人就不得以该支票被涂改为由来对抗善意地支付了对价的持票人及根据正常的商业标准善意地支付了票款的付款人或其他支付对价者。与上述规定有所不同的是，英国强调该不完整票据是否经过交付来判断是否有授权，凡有交付行为的即被视作为当然的授权，因此，一张仅有签名的白条在交付他人备作票据之用时，持条者可将之填补完整而成票据，其所填写的任何金额都是被法律承认的，但签名人已注明的金额除外。

统一综合信托有限公司诉威斯顿案(1976)

被告(威斯顿)为购买一辆汽车而签发了一张空白本票，原告(统一综合信托有限公司)即销售者后来填上了一个不正确的金额，被告发现后即拒绝支付该票款，但英国法院判决被告败诉，理由是，出票人疏于填写付款金额的后果，应由其自己承担。

对其他重要项目，英国规定，若签字人已写明的，持票人就不得更改，持票人有权填补的仅仅是签名人所没有填写的事项，而且持票人也必须在合理的时间内为之。至于何为“合理时间”则由法院依具体的事实而定。对没有交付行为的不完整票据，签名人在英国是可以免责的，因此，一张空白支票忘了锁进保险柜中，被来访者顺手偷走并填写完整，以后这种票据即使到了正当持票人手中，签名人也不负责任，但签名人在这种情况下须有充分证据证明其无交付行为。

大陆法系国家的基本规定是：对不完整票据，可经补充使其补充完整，而其补充不符合原订协议时，付款人不得以此对抗持票人，但持票人以恶意或重大过失取得票据的除外。查阅很多大陆法系国家的有关法律，一般都未见到“原订协议”的主体之规定。但是，从这一规定的基本精神来推论，“原订协议”的主体应是付款人与出票人或付款人与包括收款人在内的某一背书人。因为若“原订协议”的主体是出票人与收款人或出票人与背书人，则该协议本来就不约束付款人，也就谈不上付款人以原订协议进行抗辩的问题。此外，“持票人以恶意或重大过失取得票据”，应理解为明知或理应知道该票据不仅曾是缺项票据，而且还明知或理应知道其后的添补行为也违反了原订协议。

三、瑕疵票据的处理

(一)票据伪造

票据伪造,是指以行使票据权利为目的,假冒他人或者虚构他人的名义签发票据或者为其他票据行为的行为。票据伪造主要表现为对票据中行为人签名的伪造,分为出票伪造和背书伪造两种。本质上来说,出票伪造也属于背书伪造,都是伪造出票人或者背书人的签名的行为。本节主要论述出票伪造,背书伪造将在下节重点阐述。

出票伪造,是指伪造人以被伪造人的名义签发票据的行为。由于出票人的签名系伪造,由此签发的票据从根本上就是无效的,对出票人不产生法律效力。此种情况下,被伪造人不承担任何票据责任,且可以以出票伪造为抗辩事由对抗一切持票人,包括善意持票人和已做出支付的付款人。在这一问题上,英美法和日内瓦统一法规定一致。需要指出的是,虽然被伪造人不承担票据责任,但是在该伪造票据上进行真实签名的人仍应承担票据责任。

(二)票据变造

票据变造,是指无权更改票据内容之人,以行使票据权利为目的,对票据上签章以外的有效记载事项加以改变的行为。在英美法系国家,日期的更改、应付金额的更改、付款时间的更改、付款地的更改以及未经承兑人的同意加注付款地的更改等票据的变造行为被称为票据的实质更改。我国《票据法》规定,票据金额、日期、收款人名称均不得更改,更改的票据无效。此条规定表明无论任何人更改了此三种记载事项,票据都无效。

变造与伪造不同,票据变造时,票据上所有的签章都是真实有效的,且变造前后票据都是有效的。但是对于票据变造前后责任的承担问题,各国规定不同。大陆法规定,签章在变造之前的,按照变造前的文义负责;签章在变造之后的,按变造后的文义负责。英美法规定,未经全体票据前手同意而对票据进行实质性更改的,可以以更改为抗辩理由对抗进行更改的人、授权更改的人和同意更改的人及其后手背书人,但更改不能对抗后来的正当持票人,正当持票人按照原有文义行使票据权利。同时,美国等国近年来的司法实践还表明,从事票据变造行为的人不得指责按行业标准善意处理这种票据者。

CHINO 商业银行诉 Peters 案(2010)①

被告 Peters 是从事建筑生意的 Faux Themes 公司总裁,Charlnoes 则为该公司的财务主管。2008 年 3 月,该公司在 CHINO 商业银行开立了一支票账户,Peters 与 Charlnoes 都是该账户的授权签名人。2008 年 4 月之前,该账户的平均月余额为 3 000～5 000 美元,从未超过 10 000 美元。

2009 年 3 月,被告收到了名为马来西亚公民 Husaine Norman 的电子邮件,称美国和加拿大的某些第三方欠其钱款,因这些欠债公司的新政策而不能将这些钱款汇到美洲大陆以外的任何银行账户,并许诺支付钱款额 12%的代价请求被告协助收款和转移资金。被告答应了这项请求(事后经协商将协助费提高到 15%)。2009 年 4 月 30 日,Faux Themes 公司收到一张 178 000 美元的支票,被告让 Charlnoes 存进原告 CHINO 商业银行。2009 年 5 月 8 日,原告

---

① 本案的判决详情下载于 http://caselaw.findlaw.com/ca-court-of-appeal/1525138.html,2023 年 8 月 24 日最后访问。有关评述可参见 Robert T. Luttrell, III. & Alvin C. Harrell, Update on Deposit Account, Negotiable Instrument, and Payment System Issues and Developments, *Consumer Finance Law Quarterly Report*, Spring/Summer, 2011, pp. 87—88。

确认该支票被清算，Charlnoes 便让该银行电汇 80 000 美元给中国香港的一家银行。2009 年 5 月 8 日和 2009 年 5 月 21 日，Faux Themes 公司分别收到第二张 373 988.90 美元的支票和第三张 257 000 美元的支票，被告都让 Charlnoes 存进原告银行。2009 年 5 月 12 日，Charlnoes 又让原告银行电汇 71 000 美元给香港的同家银行。2009 年 5 月 15 日，原告确认第二张支票被清算，Charlnoes 便让该银行电汇 317 000 美元给中国（内地）的一家银行。

2009 年 5 月 22 日，原告银行获知第一张支票已被更改，使得收款人名称变成 Faux Themes 公司。2009 年 5 月 28 日，原告银行获知第二张和第三张支票遭到类似的更改。由于三张支票都被拒付，导致了被告账户的透支总额度为 458 782.60 美元。原告银行对退回的支票原件进行研究后发现，更改的手段是使用酸性物质去除了原印刷文字的墨迹，并使篡改的表面无任何不正常。

为了追回透支的款项，原告银行向加利福尼亚一审法院申请了对被告 Peters 与 Charlnoes 财产的扣押令。该法院判决仅对被告 Peters 的财产发布扣押令。被告 Peters 不服，提出上诉称：被上诉的原告银行有义务证明其没有过失却没有履行这种证明义务；在支票账户余额先前在 3 000～5 000 美元摆动的情况下，被上诉的原告银行允许 Faux Themes 公司向中国电汇 468 000 美元总额方面有过失。

加利福尼亚上诉法院 2010 年 5 月 25 日确认了原判，理由是：根据加利福尼亚《商法典》第 3406 条规定，应由上诉人 Peters 承担证明被上诉的原告银行有过失的责任，上诉人却没有足够的证据证明这一点；上诉人自己承认没有秉承日常谨慎招致了票据变造的诈骗行为；当事人对被上诉的原告银行支付票款、获得对价或托收票据的行为出于善意的事实没有争议；绝对没有证据表明奉行的商业标准要求银行质疑电汇行为，被上诉的原告银行甚至还提供一些证据证明其符合通行的商业标准。

我国《票据法》第 14 条第 3 款规定："票据上其他记载事项被变造的，在变造之前签章的人，对原记载事项负责；在变造之后签章的人，对变造后的记载事项负责；不能辨别是在票据被变造之前或者之后签章的，视同在变造之前签章。"

第三节　票据的转让与流通

一、票据转让与票据流通的概念

在各国票据法中，"票据的转让"与"票据的流通"是种属关系的两个概念，票据的转让包括票据的流通，但并不是票据的所有转让都能归为票据的流通，它是票据转让给他人的行为。几乎所有的票据，包括那些载明"禁止转让"之意的票据依然是可以转让的，只是这类转让受限制或禁止的票据的受让人权利要受到该票据出让人权利缺陷的约束。例如，一张"仅付约翰 100 美元，不可转让"的票据依然可以通过约翰签发一份转让证书予以转让，但是，如果承兑人拒付票款，受让者便不能以自己的名义对出票人和承兑人起诉，他只能要求约翰代他起诉，而且，如果该票据曾被设置抵押权或担保权，该受让人对该票据的权利也同样受到限制。同时，与其他票据行为一样，票据的占有者必须证明存在"转让"行为才能获得票据受让人的有限权利。

Jack Pinnock & Mazie Pinnock 案(2018)①

美国银行拥有一张本票和未注明日期的抬头为“本票副页(Allonge to Promissory Note)”的文件,该本票拥有适当记录的对债务人财产上的抵押权偿付保障。2018 年 10 月 31 日,美国纽约南区法院破产庭 Hon. Robert D. Drain 法官却判决美国银行不能执行该本票,理由包括:美国银行作为信托人在被给予的数月时间内没有提供证据证明其适格;美国银行实际拥有该本票,但没有证明何时、如何从谁的手中获得该本票;该本票与“本票副页”之间的粘连并不紧密;等等。

票据的流通(Negotiation),是指票据仅凭背书或交付即能易主,可流通的票据在转让时无须填写转让证书,也不需要征得票据上债务人的同意;在该票据被拒付时,受让人(又称后手)可以用自己的名义对出票人、承兑人或在其之前的一连串出让人(又称前手)起诉,这些票据的债务人不得以“无契约关系”作抗辩理由;并且,流通票据的后手正当持票人或合法持票人不受其前手对票据的权利缺陷的约束。

商品经济发达的国家一般都极为重视票据的流通性,其票据法中的主要部分即是关于流通票据的规定,有时甚至将“流通票据”作为“票据”的同义语。因此,本节重点是介绍票据流通的有关规定。

二、票据流通性的条件与流通方式

包括我国在内的很多国家关于票据具备流通性的条件大体是一致的,即除画线支票外,凡未注明“不可转让”或“不得由指定人收款”或“仅付某某”“委托收款”之类字样的票据皆具备流通性;反之,就不具备流通性。

美国诉波士顿第一国民银行案(1967)

麦克唐纳从两个邮局偷得 63 张付款指令和日期印戳,然后便将这些付款指令填好付给一个虚构的人,并在该指令上盖上印戳。有一部分付款指令经背书转让给了第一国民银行即被告并获得付款,被告(波士顿第一国民银行)又将这些指令向美国国营邮局作提示,每张指令获得 100 美元的全部票款。知悉这些指令系偷得伪造后,美国便要求被告返还其所收款项。法院最后判决原告(美国)胜诉,理由是每一付款指令的背面皆注明:受款人必须在所标的“收款人”栏背书,该背书依法不得超过一次。这说明该付款指令并不是流通票据。

英美法规定,票据的流通方式有两种:背书与交付。记名式的指示性票据只能通过背书方式流通转让,但经空白背书后仅凭交付即可流通转让;来人票据一律凭交付流通转让。

日内瓦统一法系国家因为一般只承认记名式的指示性票据,所以,这些国家规定,票据得经背书而流通转让。但是,这些国家同时也规定可对票据进行空白背书或以“来人”为被背书人,经历了空白背书的票据可经交付而流通转让给第三人。

三、背书

背书(Endorsement)是各国票据法中关于票据流通规定中最重要的概念之一,因为票据

① In re Pinnock, 594 B. R. 609, 610—18 (Bankr. S. D. N. Y. 2018).

的交付流通方式很简单，出让人只需将票据交给受让人并只对直接的受让人承担担保责任，并无任何额外的麻烦，但背书流通转让的方式却复杂得多。

背书是指持票人（包括成为持票人的受款人、出票人、承兑人与付款人）基于一定的目的而在票据的背面或符合法律规定的粘页上进行签字的行为，该背书签字者称背书人。背书人背书的目的很多，如委托收款、质押担保或给票据上某债务人以融通等，但票据法中的背书主要是指以流通转让为目的的背书，因此，在本章中只介绍这种背书。

（一）票据流通转让背书的有效条件

两大法系在票据流通转让背书的有效条件方面的规定基本上是一致的，归纳起来，有以下几点：

1. 必须有背书人的签名

由于各国票据法对背书转让人都规定了一系列责任，而只有通过签名才能确定背书人，因此，签名为确定责任承担者所必需的。根据各国票据法，背书人在票据上只签其名即足以构成一项有效背书。

关于背书者行为能力的规定，两大法系的国家基本是一致的，即无行为能力者所为的背书不能约束该无行为能力者，该无行为能力者拒不承担票据责任时任何人不得对他起诉，但票据上其他有行为能力者的签名依然有效。

2. 必须由受款人或持票人或其代表做出

受款人或持票人以外的人亦可以在票据上签字，但各国票据法一般根据情况将之视做出票人、承兑人、票据保证人、参加承兑人等的签字。虽然在某些国家如英国，局外人（出票人、背书人、承兑人、参加承兑人、持票人以外的人）在票据上签名者承担背书人责任，但该人的签名依然称局外人签名而不是背书人签名（即背书），只是两类签名人承担的责任相同。

3. 背书必须具有连续性

所谓“连续性”，是指票据上的第一个背书必须是收款人做出的，第二个背书必须是收款人指定的被背书人做出的，第三个背书必须是第二个背书指定的被背书人做出，其后的背书以此类推。不过，日内瓦统一法规定，空白背书后出现另一背书时，则后一背书人视作前一空白背书的被背书人。实践中，英美法系国家也是这么处理的。

我国《票据法》同样规定背书必须有连续性，在背书不具有连续性的情况下，票据的拥有者将不具有票据权利，最高人民法院 2020 年 6 月 30 日所做出的一项裁定书就典型地表明了这种司法立场。①

4. 背书必须书写于票据上或与票据连成一体的粘页上

由于多次转让的票据上往往容不下很多背书，遇到这种情况时，当事人可在票据上再粘一纸作为续页以便继续背书，这后来加粘的纸称作“粘页”（Allonge）。为防止伪造，各国一般要求票据原纸的最后一次背书应写在票据原纸与粘页的骑缝上，两边各占一半，粘页与粘页之间的背书规则亦如此。

5. 背书必须是无条件的

这里的无条件是指不以某种前提作流通背书生效的条件，如不可在背书签名时附加“等到

① 该案的案号是：（2020）最高法民申 1675 号。其详情可见于：https://wenshu.court.gov.cn/website/wenshu/181107ANFZ0BXSK4/index.html? docId＝3b9F7TAbsXuBjkjjwxEq5D5jNzWCq7X3BjuYjJBWpA＋wgnBu7ZGcV5/dgBY-osE2go/ZCEzlseUPy＋hixgun6geu/TuI1dIMD4pw21uFqx9tmrgbMA4lmV7x1KQVYrMaz，2023 年 8 月 24 日最后访问。

收取××等值对价的票款时背书生效”。若背书人在背书时附加这类条件,两大法系的国家一般都规定,后手持票人和付款人可完全无视这种记载。这里应予指出的是,附条件背书和限制性背书是两个不同的概念,后者是指附加了某些限制性规定的背书,而这些限制性规定并不是该背书生效的条件,如背书人签名时可注明:“禁止再度转让”“用于收款”“用于存款”“向任何银行付款”等,但是包括我国在内的很多国家的票据法都承认这些限制性规定。

6. 必须对票据上的全部金额背书转让才能构成流通

背书人若只对票据的部分金额进行背书转让或将票据的金额分开转让给两个以上被背书人,则该背书人的这种做法只能称作部分背书,部分背书的被背书人不能取得票据权利,即部分背书不能产生使票据流通转让的效果。不过部分背书可用作部分背书人与被背书人之间存在着合约的证明,在这种情况下,部分被背书人可向部分背书人索偿其在该合约中所存在的债权,但这已不是票据权利。

(二)背书种类

各国票据法上所承认的背书主要有以下几种:

1. 记名背书

它是指规定向特定人或特定人所指定人付款背书。票据经记名背书后即成了凭记名被背书人指令付款的票据,该票据还可由该记名背书人做出背书而再度流通转让。如一张载明“付约翰·史密斯或其指定的人 1 000 美元”的汇票,约翰在流通转让给汤姆·琼斯时若采取记名背书,其写法即是先签上约翰自己的名字,然后加注“付汤姆·琼斯”或“付汤姆·琼斯所指定的人”。换句话说,注明被背书人或被背书人指定的人的背书即是记名背书。

两大法系国家皆规定,出票人、承兑人和票据上已有的背书人及其他任何人皆可作为记名被背书人而持有票据,他们不仅拥有票据权利,而且可以在该票据到期前以持票人的身份将该票据再度转让。当然,被背书人在转让时若在票据上签名背书,则需承担背书人的责任。

我国《票据法》要求持票人在转让票据时必须载明被背书人。这意味着,在我国当事人流通票据时必须作记名背书。

2. 空白背书

它是指不具体指明被背书人的背书,背书人作空白背书时只签自己的名字,凭指令付款的票据经空白背书即转成来人票据,持票人可凭交付再度转让该票据或凭票请求付款或追索。不过,对最后一次为空白背书的票据,持票人可加注一项指示,规定该票款付给持票人本人或其指定的人或其他人指定的人,这时空白背书又变成记名背书。

3. 限制性背书

前文已指出,加注某些限制性规定的背书称限制性背书。经限制性背书的票据仍可再度转让或流通,但其后的后手只拥有与限制性背书的被背书人同样的权利并负同样的责任。

4. 融通背书

其与融通出票一样,未取得对价而将名字借与别人在票据上背书的称融通背书,融通背书人对后手对价持票人承担背书人的责任。

(三)背书人的责任

英美法系国家关于背书人责任的规定主要是背书人须对付出过对价的后手作以下担保:

(1)他对票据拥有合法的权利,即对票据享有充分的所有权或拥有充分的授权,并且该项流通转让之背书在其他方面也是正当有效的,所谓“正当有效”即是该票据是被允许背书流通转让的。

(2)票据凭正式提示即会按其文义被承兑和付款，如遭拒付且背书人收到必要的拒付通知和拒付书时，他将向持票人或任何被迫赔过款的后手背书人或受让人予以赔偿，即使其所有前手或其他后手未履行同样义务。

(3)出票人的签字及全部前手的背书都是真实有效的。

此外，美国票据法规定背书人还得担保：票据未经重大涂改，并且他不了解存在本票的出票人或者其他票据的承兑人或未获承兑的出票人破产的诉讼。

日内瓦统一法系国家对背书人的责任要求在前两点上与英美法的规定是一致的，但在第三点上却很不相同，即前者并不要求背书人对出票人及全部前手背书人的背书签字的真实性负担保之责。日内瓦统一法系国家一般只要求背书人在背书时处于善意状态即可，即背书人并不知悉出票人及全部前手背书人的背书签字有伪造或无效之情形存在。由此可见，在英美法系国家的票据背书人要比日内瓦统一法系国家的票据背书人的责任重。

无论英美法系国家还是日内瓦统一法系国家，皆允许背书人在背书时加注“免予追索”这类免责条款以逃避背书人之责，在这种情况下，在票据遭拒付时，持票人只能跳过该背书人转而向其他前手背书人或出票人追偿。此外，日内瓦统一法系国家还规定，背书时注明禁止再背书的背书人对于禁止后再由背书取得票据者，不负担保责任。

我国《票据法》关于背书人责任的规定与英美法较接近。但就背书的真实性而言，我国《票据法》规定，背书人只向后手担保其直接前手的背书是真实的。

(四)伪造的与未经授权背书的后果

关于伪造背书的后果，各国的法律规定很不一致。

英美法系国家一般规定，伪造背书是无效的，伪造背书的后手没有取得票据权利，该票据权利仍属于原所有者，付款人对存在伪造背书的票据占有人付了款后仍须对真正的票据所有人承担付款责任。不过，英国法中的一种例外规定是，银行在正常的业务中按正常的商业标准对载有伪造背书的支票付款后即可解除再次付款责任。美国法对伪造背书的无效性也规定了三种例外情形：票据是伪造者以通信或其他方式引诱出票人向假冒受款人姓名的伪造者或其同伙出立的；以出票人身份或其代表身份签名的人不具有使受款人对票据取得权益的意图；受款人的姓名是出票人的代理人或雇员向伪造者提供的，且该代理人不具有使受款人取得权益的意图。

美国法中例外规定的第一种情形。例如，A 以假名 B 刊登广告称有某技术出售，C 见报后认为该技术正是自己要买的，便通过邮局寄送一张以 B 为受款人的汇票，A 收到这张汇票后即以假名 B 背书转让与 D。本例中，尽管 D 所持的票据有伪造背书，D 仍可取得完整的票据权利，进而可要求该票据的承兑人或付款人付款，并在遭到拒付时有权向 C 追偿。

美国法中例外规定的第二种情形。例如，甲公司经理 A 代表其公司出立一张以 B 为受款人的汇票交给其妻 W，A 授意 W 伪造 B 的签名背书转让给 C。本例中，作为公司代表签发票据的 A 并不具有使受款人 B 取得票据权益的意图，A 只想让其妻在流通转让该票据时贪污该笔票款，因此，尽管存在 B 的伪造背书，C 仍可取得完整的票据权利。

美国法中例外规定的第三种情形。例如，出票人 A 的代理人 B 与伪造者 C 勾结，B 代理 A 出立一张以 D 为受款人的本票，但 B 并不想使 D 得到该笔款项，而是让 C 伪造 D 的背书转让给 E 后共同瓜分该笔款项。在这种情况下，E 亦可取得完整的票据权利，该本票一到期，E 即可向 A 提示付款。

应予指出的是，英美法中所规定的这些例外并不是为了保护伪造者，而是为了保护伪造者之后手中善意地付出了对价的票据受让人及付款人，至于伪造者本人肯定要被追究民事或刑事责任。

日内瓦统一法系国家对伪造背书的后果的规定却没有英美法那样严重。这些国家一般规定，伪造背书并不当然影响后手的票据权利，除了有恶意或重大过失者外，票据的持有者仅以背书之连续即可证明其票据权利的存在，至于这些连续性背书中有一个或几个是伪造者，只要持票人取得票据时处于善意的不知悉状态，即不影响其票据权利。日内瓦统一法系国家做出这样规定的目的是保护善意的后手持票人，促进票据的流通，至于背书伪造者的责任，这些国家当然不会放过，不过这一任务由刑法或民法完成。

我国《票据法》对伪造背书的态度与日内瓦统一法一致。

关于未经授权但又不等于伪造的背书，两大法系国家皆规定，除“本人”事后追认者外，不具备“本人”签名背书的效力。但在具体后果上，各国的规定不完全一致，美国法将这种背书的后果规定得与伪造背书的后果完全相同，而我国和日内瓦统一法系国家则做出有利于善意地支付了对价的后手的规定，即该签名应作为未经授权者自己的签名而生效，在这种情况下，票据的原所有者只能向该未经授权的背书者索偿。

四、交付转让人的责任

来人票据及最后一项为空白背书的票据仅凭交付即可流通转让，未在这类票据上背书的出让人称交付转让人。关于交付转让人的责任，各国的规定大体是一致的，即交付转让人须对直接的后手对价受让人保证：按票据的文义，他有权转让该票据，并在他转让时未曾获悉有使票据失去任何价值的事实，该票据会被承兑和付款。除此之外，交付转让人对其后的任何间接受让人不负如此之责。

如 A 签发一张以 B 或其指定人为受款人的支票交付与 B，B 将之空白背书转让给 C，C 未加任何背书即将该支票转让给 D，D 在向 E 转让时被要求加注背书，E 在提示付款时若遭银行拒付，就只能向背书人 D、B 和出票人 A 追偿，而对非直接的交付转让人 C 无权追诉，但其中的 D 若被迫向 E 偿付了款项，即可向 C 追偿。这里还应指出的是，英国《票据法》规定，交付转让人只要对票据具有充分的所有权或经充分的授权，并在交付时处于善意的状态，他对直接的后手也不承担保兑或保付的责任。在上述事例中，若 C 在交付与 D 时并不知道该支票会被拒付，则 C 也可不对 D 负任何票据责任。

五、过期或被拒付的票据的流通转让问题

过期票据是指付款期限已过的票据。但对其中的即期票据的过期确定问题，两大法系国家的规定是不一样的。英美法系国家一般规定，当其票面显示已流通了一段不合理的时间，便被认为是过期。这里的“合理时间”之判定，仍是以具体情形为依据。日内瓦统一法系国家一般规定，即期票据流通达 1 年后即被视为过期，除非出票人或背书人有相反规定。

两大法系国家一般允许过期票据的流通和转让，但各国对当事人做这种流通转让的法律后果的规定是不一致的。英国法规定：过期票据的流通转让要受到该票据到期时的任何权利缺陷的约束；凡过期后取得票据者不能获得或让出优于其前手的权利，过期票据的受让人即使是善意地不知悉该票据已过期并支付了对价，他也不能成为一个正当的持票人而获得完整的票据权利。属于同一法系的美国在这方面的规定与英国是不同的，美国法规定，过期票据依然

可以流通，并且只要后手对价持票人不知该票据是已过期的，则他便可以成为正当持票人而不受任何权利缺陷的约束。日内瓦统一法系国家一般则规定，除存在本章第六节所述的拒付情形外，票据过期前后的流通效力是一样的，在票据到期日之后所做的背书与到期日之前所做的背书后果也是一样的。

关于被拒付票据的流通问题，两大法系国家的规定仍有差异。英美法系国家一般规定，被拒付过的票据依然是可以流通的，只要后手对价持票人取得票据时善意地不知悉被拒付之事，即能取得正当持票人的地位，享有完整的票据权利。日内瓦统一法系国家却规定，因不获付款做成拒绝证书后，或已过了做拒绝证书的期限，票据即不能再作流通，持票人若对被拒付的票据交付或背书出让，则该项转让仅有通常债权让与的效力。为避免纠纷，日内瓦统一法规定，除有反证外，背书未载明期限的，推定其在做成拒绝证书期限之前做成。

第四节 持票人的权利与责任

持票人是指持有票据的收款人、最后被背书人和来人票据的持有人。

一、持票人的种类与权利

关于持票人种类的划分及各项权限之规定，各国很不相同。

英美法系国家一般将持票人分为三类：单纯持票人、对价持票人和正当持票人。这三类持票人的条件要求及其权利的规定是有很大差别的。单纯持票人的条件要求最松，但其权利受限制的程度最大；对价持票人的条件要求较严，其权利受保护的程度也较高；正当持票人的条件要求最严，其权利受保护的程度也最为充分。下面即对英美法中的有关规定作一详述。

(一)单纯持票人

出票人和付款人以外的占有票据者，不论其如何取得票据(拾得或窃得的票据以来人票据为限)，皆为单纯持票人。但是，除非法律另有规定，存在伪造背书或背书不连续情形之后的票据占有者不能视作单纯持票人，该票据占有者不能取得单纯持票人的票据权利，他(她)若曾向该票据的直接出让人支付过对价，则他(她)就只能向该出让人追偿。

在英美法中，单纯持票人通常与“持票人”概念等同，其权利是：于票据到期时提示要求承兑或付款；将手中的票据转让或流通并解除自己的票据责任；以自己的名义对票据上的责任者起诉并强制他们付款。但一般持票人在主张其票据权利时往往会遭到下列理由的抗辩：

1.未支付对价

如A将一张伪造的票据转让给B，B将该票据作为礼物赠送给C，C于票据到期日提示时遭拒付，在这种情况下，C若对B进行起诉，B即可以未曾收到C的对价为由来否定C的追偿权。

2.票据系恶意取得

如明知是偷窃而来的票据却以低价购得，这样的持票人就不能对抗该票据的真正所有人和其他义务人。

3.票据存在权利缺陷

如该票据已过期或该票据曾被拒付，并且持票人也知悉这一事实(因为得票的时间已越过了付款日或即期汇票或支票已出立了很长时间，以及票据上加注了拒付理由)，在这种场合下，持票人就不能向该票据上的责任者追索。

(二)对价持票人

对价持票人首先应是持票人，但在取得票据时付出过对价。

根据英国《票据法》的规定，下列价值皆为对价：任何足以支持一项简单合约之物，如劳务、货物、货币、技术等；一宗原因债务或负债务，如A欠B的贷款，B便将一张以自己为收款人的支票背书转让给A，这里A取得支票的对价就是B对其所负的债务。此外，如果票据的对价在先前任何时候被付过，则对承兑人和付过对价之前已成为该票据的诸当事人而言，该持票人也被视作对价持票人；根据合约或法律对票据拥有留置权的持票人，则是相当于其留置金额以内的对价持票人。前种情形如：一张X承兑的票据经受款人A背书协议让与B，B将之作为礼物背书转让给C，在这一事例中，对B而言，C不是对价持票人；但是，对出票人及X与A而言，C却是对价持票人，因为这些人都在先前付出了对价的B之前即成为票据上的责任当事者。后一种情形如：A将以自己为受款人、面额为1 000英镑的汇票抵押给银行，借得了500英镑的贷款，则该银行便对票据享有500英镑的留置权，对该票据上的已有当事人而言，该银行即是该票据500英镑部分的对价持票人。对超过留置权份额以外的部分，英国法院的判例中有将之视作由留置权人以信托身份加以保管的判决。

美国法关于对价的规定与英国法大体一致，只是表述得更为明确、简练。

(1)支付了商定的价值，或通过除法律程序以外的方法取得票据的担保权益或留置权，则在所支付的价值或取得权益的限度内，持票人被视为支付了对价。

(2)持票人通过被偿付前存权利主张或将该票据作为该项权利主张的担保而取得票据，该前存权利对抗何人或是否到期则不论。如A借了B的钱，借期为3个月，A则可以预先开立一张以B为收款人的汇票，这里B取得票据的前存权利尽管是在3个月以后到期，但在法律上B被视为付过对价。

(3)持票人通过交付流通票据或对第三人承担不可撤销的义务而取得票据。如A获得B背书转让的一张支票时，向B交付了一张3个月后付款的来人汇票便是一种对价；又如A请求B银行向外国的出口商开一张不可撤销的信用证，A以一张以自己为收款人的汇票向B银行作抵押，B银行取得这些汇票的对价就是它为A承担向外国出口商的不可撤销的付款义务。

对价持票人除拥有一般持票人的权利外，还不受出票人、承兑人及前手中得到过对价的票据责任者所提出的未曾收到对价的抗辩。但对价持票人的权利依然是有限的，即要受其前手权利缺陷的约束并受到非善意取得票据的抗辩。

(三)正当持票人

在英美法系国家，正当持票人(Holder in due Course)是指符合以下两个条件的持票人：

(1)所持的票据表面是完整而合格的，即票据表面符合法定要件的规定。

(2)取得票据时是善意的，并付了对价。所谓善意是指他(她)取得票据时不曾知悉该票据已过期或曾被拒付，并不曾知悉出让者对该票据的权利有任何缺陷，以及未曾参与任何胁迫、欺诈或其他非法行为等。但英国法对票据已过期后取得的票据，无论取得者是否出于善意、有无支付对价，一概不赋予取得者的正当持票人资格。

只有同时具备上述两个条件的持票人才是正当持票人。

关于收款人能否成为正当持票人的问题，英美法的规定并不一致。美国《统一商法典》明确规定，收款人可以成为正当持票人。但是，根据英国1882年《票据法》第29节第1条的规定，票据是被流通转让给正当持票人的。而收款人取得票据并不是经流通转让的方式而是经出票人签发交付的，因此，收款人不能成为正当持票人。

Santander 金融服务公司与 PAGAN 集团纠纷案(2023)[1]

2008年5月20日，本案诉讼中已处于破产状态的PAGAN开出一张凭Santander金融服务公司指示的抵押票据，其票款额为140 952.17美元加10.35%利息，付款义务由经公证和官方登记的抵押契据担保。经诉讼追付该票款后，PAGAN集团与Santander金融服务公司达成了谅解协议，2012年7月24日Pan集团开出了以后者为收款人、金额为18 222.10美元的抵押票据，到期日为2023年5月24日，这第2张抵押票据同样获得了官方登记。

PAGAN集团2015年和2017年都提出了破产申请，却未能如愿。2021年第3次提出了即刻的破产申请，原告被列成了有担保权的索赔方，然而，几经修改的偿付计划都不能令原告满意。为此，原告诉讼请求简易判决执行票款。

美国波多黎各区法院2023年3月9日判决驳回了主张，理由是：原告不仅不拥有抵押票据的原件，而且基于缺乏该票据指定收款人的背书不能成为正当持票人。

正当持票人的权利是最完整的，除具有对价持票人的一切权利外，他还拥有以下两项突出权利：不受任何人对票据提出任何主张的抗辩；不受前手当事人权利缺陷及他们间相互抗辩的影响和约束，并且他可以对抗票据上所有的责任当事人并强制他们付款。

但是，根据英美法，有两项诉讼原则也是正当持票人所不能突破的，这就是：不能对票据上签字的无行为能力者进行追偿；破产法中关于债务人在破产程序结束后依法所享有的对未偿债务豁免的规定。此外，1975年，美国联邦贸易委员会公布了法令，开始严格限制经证明起源于商业消费信贷合同之债票据的正当持票人的权利。该法令规定，消费购买者和借贷者可对正当持票人主张权利或抗辩。[2] 具体地说，为供个人家用或整个家庭使用而购买或通过借贷购买货物或服务的买主或借贷人对卖主、出租人或该笔买卖的贷款人关于货物瑕疵或买卖欺诈所拥有的权利主张或抗辩，适用于买主为该项买卖出立的票据的正当持票人。美国法的这项规定实际上是过去有关判例的成文法化，其目的是保护消费者，并阻止为促成消费者充分履行对第三方的全部价格义务而给予的融通。美国等国甚至在其他类似问题的交易中，对正当持票人的权利给予限制。[3]

日内瓦统一法系国家仅将持票人划分为两类：单纯持票人和合法持票人。

其中，单纯持票人亦和持票人是同一概念，其权利是：依票据文义，对票据进行流通或转让或作抵押等；在票据到期前向付款人提示承兑并于票据到期时向付款人提示请求付款；在遭拒付时，向背书人、出票人及其他的票据债务人行使追索权；不受票据债务人相互之间抗辩事由的约束。但是，单纯持票人在行使票据权利时可能要受到下列抗辩：所持票据的背书不连续；取得票据时存在恶意或重大过失。

合法持票人是指能以背书之连续证明其票据权利的持票人。合法持票人不仅能享有一般

① 2023 Bankr. LEXIS 611, 2023 WL 2435680.

② Susan Block-Lieb & Edward J. Janger, Fit for Its Ordinary Purpose: Implied Warranties and Common Law Duties for Consumer Finance Contracts, *Houston Law Review*, Mar 21, 2022, pp. 571－572 & n116.

③ 赵意奋：《论票据正当持票人的确定规则》宁波大学学报（人文科学版）2022年第6期，第102页。

单纯持票人的权利，而且不受票据债务人所提出的背书不连续的抗辩。此外，即使所持的票据是他人基于任何原因丧失的，合法持票人仍不负返还票据的义务。但是，即使是合法的持票人，其在行使票据权利时亦受取得票据时存在恶意或重大过失的抗辩。

根据我国《票据法》的规定，持票人可以被分为单纯持票人、对价持票人和合法持票人三种，其中对价持票人的概念和法律地位与英美法中的对价持票人相同，单纯持票人和合法持票人的概念与法律地位则同日内瓦统一法的上述规定相同。

辽宁优博特装饰工程有限公司、山东省城勘建设有限公司等纠纷案(2023)①

上诉方辽宁优博特装饰工程有限公司(以下简称优博特公司)，被上诉方山东省城勘建设有限公司(以下简称城勘公司)2021 年 4 月 27 日，上诉方向被上诉方城勘公司背书转让四张电子商业承兑汇票，出票日期均为 2021 年 4 月 27 日，汇票到期日期均为 2022 年 4 月 27 日，金额分别为 500 000 元、500 000 元、200 000 元、300 000 元，共计 1 500 000 元。城勘公司于 2021 年 4 月 27 日向优博特公司支付 800 000 元、于 2021 年 4 月 30 日向优博特公司支付 400 000 元，于 2021 年 5 月 13 日向优博特公司支付 300 000 元，共计 1 500 000 元。2021 年 5 月 13 日，优博特公司向城勘公司支付上述 1 500 000 元票据贴现利息 180 000 元。上诉方与被上诉方都表示彼此没有其他业务往来。

山东省威海市中级人民法院 2023 年 3 月 10 日终审改判被上诉方不是合法持票人而无票据追索权，依据：双方当事人之间的票据转让行为违反了我国《票据法》第 10 条而属于民间票据贴现行为，也违反了我国《电子商业汇票业务管理办法》第 42 条等关于票据贴现的主体为金融机构要求，危害了国家金融管理秩序和损害了社会公共利益而无效。

二、持票人的责任

各国皆规定，持票人在行使其票据权利时，亦须承担一些责任。这些责任主要包括：

(一)不得对票据进行涂改

尽管各国一致禁止持票人对票据进行任何涂改，但其关于涂改的后果规定并非一致。

英国《票据法》视涂改程度来论后果，将涂改区分为“一般涂改”和“重大涂改”两种，对重大涂改采取列举的方式，将票据日期、金额、付款时间、地点的涂改，及未经承兑人的同意而对普通承兑的票据擅自加上付款地点的皆视为“重大涂改”。至于重大涂改以外的“一般涂改”，英国《票据法》虽不赞许，但却规定它不影响票据上任何当事方的责任，各当事人的责任仍依票据的原始条文而定。美国《统一商法典》第 3 条第 4 款第 7 项并未使用以上英国法中的“重大涂改”的概念，而是通过第 1 目将“涂改”界定为旨在任何方面修改一方当事人义务的未经授权的改变或对不完整票据未经授权地做出有关一方当事人义务的添加。该法典同项第 2 目和第 3 目宣示：欺诈性涂改解除未同意涂改且义务受影响的一方当事人的票据责任；其他涂改不能免除一方当事人的票据责任，这些非欺诈性涂改可按其原条件被执行；未获得涂改通知而对欺诈性涂改做出善意支付的付款方银行或票据付款人或对价受让人可以按票据原条款执行权利，

① 本案案号为(2023)鲁 10 民终 173 号，其判决详情可见于 https://wenshu.court.gov.cn/website/wenshu/181107ANFZ0BXSK4/index.html? docId=vU+wdezkKIDCqUGJPoR9mTNjwbm9hbv7BNc1u6lLfzwX1Xo+RVZZ+5/dgBYosE2go/ZCEzlseUPy+hixgun6geu/TuI1dIMD4pw21uFqx9t/KoyNYwKU9eljEmK7qR5X，2023 年 8 月 24 日最后访问。

在发生未经授权填补不完整票据的情况下，前类的当事人可按填补完整的条款执行权利。

大陆法系国家对票据涂改处理的规定很简单：票据文义被涂改时，签名在涂改后的当事人依涂改后的文义负责，签名在涂改前的当事人依原有文义负责。从这一规定来看，持票人若对票据进行了涂改不能解除其前手之间及其前手对其后手按票据原始条文所承担的责任，而持票人对其后手及其后手与后手之间则要按涂改后的票据文义相互承担责任。至于前手对进行涂改的持票人的责任问题，日内瓦统一法系国家票据法一般未作明确规定，但从票据其他有关的规定可以推知，票据的前手当事人包括出票人和承兑人皆可以恶意涂改作为其对持票人债务的抗辩。

(二)正确地进行提示

详见本章第五节。

(三)依法作拒付书、拒付通知，并须恰当地行使追索权

详见本章第六节。

(四)转让或流通票据时须承担保证责任

详见本章第三节有关部分。

第五节　票据的提示、承兑与付款

一、票据的提示

提示是持票人向付款人出示票据以要求承兑或付款的行为。据此，提示又可以分为承兑提示和付款提示两种。前者的目的是获得付款人同意支付票款的承诺，后者则是为取得付款人支付的票款。

(一)承兑提示

1. 须作承兑提示的情形

各国一般规定以下三类票据须作承兑提示：

(1)见票后定期付款的票据，这是为了确定这类票据的付款期限；

(2)出票人或背书人载明必须作承兑提示的票据；

(3)付款地在付款人营业地或住所地以外的票据。

这三类以外的票据是否要作承兑提示，各国一般都规定听持票人自己的决定。

我国《票据法》只规定以下三种汇票须作承兑提示：定日付款的汇票、出票后定期付款的汇票、见票后定期付款的汇票。

2. 承兑提示的做出时间

在这方面两大法系国家的规定是不一致的。英美法系国家一般规定：除票据上另有规定者外，对见票后定期付款的票据，持票人须在合理的时间内做出承兑提示；其他票据则须在付款提示做出之前为承兑提示。这里的“合理时间”依然是根据票据的性质、行业惯例及具体情况而定。日内瓦统一法系国家则一般规定：见票后定期付款的票据，持票人应自出票日起1年内为承兑提示，但出票人可以延长或缩短这一期限，背书人则只能缩短这一期限；其他须作承兑提示的票据，除出票人或背书人另有规定并依其规定者外，持票人或占有票据者亦应在票据的到期之前为承兑提示。

我国《票据法》规定，定期付款或出票后定期付款的汇票应于汇票到期日之前为承兑提示；见票后定期付款的汇票应于出票日起1个月为承兑提示。

3.承兑提示的地点

英美法系国家关于承兑提示地点的原则规定是：票据上有规定的依规定，无规定的则在付款人的营业地或住所地或能找到付款人的地方为承兑提示。大陆法系国家一般按日内瓦统一法的规定，即持票人或仅仅为占有票据者可以在付款人的住所为承兑提示。

4.承兑提示的方式

为承兑而向付款人当面提示票据是各国所共同承认的有效提示方式。但是美国还承认邮寄提示的方式，并将邮件收到的时间视作提示时间。美国却只承认在当事人间有协议或惯例上允许的场合邮寄提示为有效，至于以这种形式提示的时间确定问题，英国法无任何规定，依推论亦应根据当事人间的协议或惯例来确定。日内瓦统一法系国家却不承认邮寄提示的方式。

5.未作承兑提示的后果

我国及两大法系国家在这一点的规定上是一致的，对必须承兑的票据，即持票人若未在适当的时间、地点以适当的方式做出承兑提示，出票人及前手全体背书人对该持票人的责任即告解除。

青岛森麒麟轮胎股份有限公司与重庆力帆乘用车有限公司纠纷案(2020)[①]

2017年4月开始，青岛森麒麟轮胎股份有限公司(以下简称森麒麟公司)陆续为重庆力帆乘用车有限公司(以下简称力帆公司)供应汽车零部件。交货后，力帆公司向森麒麟公司签发5张电子银行承兑汇票付款，合计为255万元。森麒麟公司后将5张汇票又背书转让给了第三方。汇票到期后，承兑人未兑付。森麒麟公司遂起诉请求力帆公司支付前述5张汇票款255万元及其他拖欠货款。

一审的重庆一中法院判决力帆公司完全败诉，理由是：5张汇票到期后却未得到兑付，力帆公司并未实际完成货款的支付义务。二审的重庆高院却认为，力帆公司向森麒麟公司签发5张汇票支付部分货款。将抵做部分货款的汇票背书转让给第三人后，森麒麟公司已不是汇票的持票人，其票据权利已经处分而不再享有票据权利；案涉汇票未经兑付，即使面临最后持票人追索，现并未实际承担责任，也并非案涉票据的最终债务人，在追索过程中也不必然成为实际承担责任人；鉴于森麒麟公司是否实际承担票据责任尚不确定，其请求力帆公司支付与5张汇票相关的255万元货款的诉讼请求不应支持；森麒麟公司可待汇票追索事实确定后另行主张权利。[②]

(二)付款提示

1.须做付款提示的情形

在这方面各国的规定差别很大。英美法系国家一般规定，以下情形以外的票据必须做付款提示：票据明示或默示免除付款提示的；无法做付款提示的，如存在不可抗力之情形或付款

① 本案案号：(2019)渝01民初1096号，(2020)渝民终506号。

② 谭铮、张健：《已将汇票背书转让的债权人不可再主张原因债权》，https://baijiahao.baidu.com/s?id=1721820506574399003&wfr=spider&for=pc，2023年2月5日最后访问。

人是虚构的;付款提示无任何意义的,如付款人已破产;必须做承兑提示的票据经承兑提示而被拒绝承兑的。大陆法系国家一般只允许两种票据不做付款提示:须作承兑而被拒绝承兑并被做成拒绝证书的票据;存在不可抗力情形而无法做付款提示的票据。

我国《票据法》规定,所有票据都必须做付款提示。

2. 付款提示的时间

在这方面各国的规定很不一致。英美法系国家一般规定:见票即付的票据,当事人须在合理的时间内做付款提示;其他票据于到期日做付款提示。日内瓦统一法系国家一般规定:支票的出票地与付款地在同一国家,须于出票日起8日内为付款提示,有些国家如日本则要求在10日内为付款提示;支票的出票地与付款地在不同国家的,须在20日内为付款提示;支票的出票地与付款地在不同洲的,须在70日内为付款提示,但出票地与付款地分别处于欧洲与地中海沿岸不同的国家时仍认为出票地与付款地在同一洲;其他见票即付票据,持票人应自出票日或出票人指定日起1年内做付款提示,但出票人可以延长或缩短这一期限,背书人只能缩短这一期限;即期以外的票据须于到期日或其后的2个营业日内做付款提示,持票人因不可抗力之事由不能于所定的期限内做付款提示的,该所定之期限可以被延长,若不可抗力之事由延至到期日后30日之外时,持票人无须做付款提示即可行使追索权。

我国《票据法》规定:见票即付的汇票自出票日起1个月为付款提示期限;其他汇票自到期日起10日内做付款提示;本地支票自出票日起10日内为付款提示期限,异地支票的付款提示时间由中国人民银行另定;本票的付款提示时间最长为出票日起2个月。

3. 付款提示的地点

两大法系国家皆规定须在付款地点做付款提示,付款地点的确定方式见本章第二节票据的要件中的有关论述。此外,两大法系国家皆允许持票人向票据交换所做付款提示,并规定它与一般的付款提示效力相同。

关于付款提示的方式,两大法系国家的规定一般与它们的承兑提示规定相同。

4. 未做付款提示的后果

无免责理由而未做付款提示的法律后果,各国的规定是很不一样的。英国规定,一旦出现这种情形,出票人与前手背书人对持票人的责任即告解除。美国却规定,在这种情况下,仅所有的背书人对持票人的责任完全解除,但对出票人或承兑人而言,则仅在由于持票人未作提示的延误期间付款人破产或无力付款时,他们才能以将破产债权人的权利转让给持票人的方式解除票据责任,除此之外,出票人和承兑人仍须承担责任。日内瓦统一法系国家规定,除上述无须做付款提示的两种情形外,持票人在向付款人为付款提示并做成拒绝付款证书之前,不得向出票人或前手背书人行使追索权。

我国《票据法》规定,对未按期做付款提示的汇票,承兑人或付款人仍应继续承担付款责任。对未按期做付款提示的本票前手,除出票人外,对出票人解除票据责任。对未按期做付款提示的支票,出票人仍应继续承担票据责任。但是,对承兑人或付款人拒付,汇票持票人的前手背书人或出票人、支票的前手背书人的票据责任是否得以解除的问题,没有规定。

二、票据的承兑

承兑是付款人同意执行出票人付款指令的承诺表示。做出这项表示的付款人又称承兑人。

(一)承兑要件

关于承兑的构成要件,各国的规定略有差异。

1. 承兑人的签名

各国皆规定,签名是构成付款人承兑所必不可少的最基本要件。

2. 承兑签名须写在票据上

这是包括我国在内的世界上绝大多数国家的一致要求,但是美国的《流通证券法》不仅规定了票据上的承兑,而且还承认"票外承兑",即付款人另纸写明承兑的亦有效。

3. 见票后定期付款或指定承兑期限之票据须注明承兑期限

英美法系国家无这项要求,它们规定,遇到这种场合,任何持票人可善意地加填承兑日期并将该日期视作真实的承兑日。所谓"善意",是指持票人基于诚实所认为的真实承兑日。大陆法系国家却有此项要求。

4. 承兑须在法定时间内做出

各国一般都规定承兑须在法定时间内做出,否则即视作对承兑的拒绝。但各国在具体的时限规定上并不一致。英国规定,承兑须在正式提示开始起 24 小时内做出,而美国和多数大陆法系国家规定在持票人提示后的第 2 天营业时间结束前付款人所为的承兑皆有效。很多日内瓦统一法系国家还规定,付款人做出承兑时,可在持票人作承兑提示的第 2 天要求该持票人再作承兑之提示,不过这些国家的法律紧接着规定,除非拒绝证书中有记载者,票据上的其他责任者不得以此项要求未被持票人执行来做出抗辩。

5. 承兑于交付或通知到达持票人时生效

这是各国一致的规定。注明已承兑的票据在交付或通知到达持票人之前,做出该项承兑的付款人皆可以撤销该项承兑,撤销的方式可以是简单地涂销自己的签名。

(二)各种承兑及其法律后果

各国一般将承兑主要分成普通承兑和限制承兑两种,这两种承兑的法律后果是有很大差别的。

1. 普通承兑

这是付款人无条件地同意出票人指令的承诺表示。普通承兑仅有付款人的签名即可构成,此外付款人还可以加上"已承兑"字样或写明承兑时间(日内瓦统一法系国家要求见票后定期付款的票据须注明承兑时间——可参见前述)或付款地点。但是英美法系国家不允许付款人在付款地点加"仅仅"(Only)字样,否则,该承兑即属限制承兑。按包括我国在内的各国票据法,付款人一旦做出普通承兑即须承担下列义务:按其承兑时的票据文义对持票人承担到期付款的责任。此外,在英美法系国家,普通承兑人还须承担以下责任:不得对承兑后的票据受让人否认出票人的存在或其签名的真实性或其签发票据的能力;不得否定受款人的存在及其背书能力。即承兑人不得以此为借口而逃避其作为票据主债务人而对承兑后的票据受让人承担付款责任。

2. 限制承兑

它是指付款人承诺的内容改变了票据原义的承兑,如付款人签名时附上条件,注明俟该条件满足时方予付款;只承诺支付票据上的部分金额;改写了付款时间;改写了受款人;等等。

尽管日内瓦统一法系国家一般要求承兑须是无限制的,但它们和允许限制性承兑的英美法系国家一样,也规定限制性承兑人仍须承担按其承兑时限制性文义对持票人付款的责任。

被作限制性承兑票据的持票人到期时无权向限制性承兑人主张票据原意上的完整票据权利，可见限制性承兑对持票人是很不利的，因此，各国一般都允许持票人将这种承兑视作对承兑的拒绝而立即依法对出票人及前手背书人行使追索权。

关于持票人接受限制性承兑的后果，英美法系国家规定，若未经出票人或前手背书人的事先授权或事后追认，持票人接受限制承兑的，则票据上已有的责任者对持票人的票据责任即告解除。英国规定，票据上已有责任者的授权或追认为明示或暗示皆可。但美国法规定必须为明示方式。这里应予指出的是，英国法对上述责任规则还有一个例外规定，即在受票人对票据作部分承兑的场合，持票人可不经出票人及其前手的同意而接受此种承兑，只要持票人就部分承兑向这些票据上已有的责任者发出正式通知，这些责任者就得对未获承兑的余额承担责任。对国外票据的部分承兑，英国法也允许持票人接受，但持票人必须就未承兑的余额做出拒绝证书。日内瓦统一法系国家并不反对持票人接受限制性承兑，持票人接受了这种承兑后依然可以对票据上已有的责任者进行追索。

三、票据的付款

票据法上的付款是指票据上的付款人对到期票据正式地付款，以结束票据上一切债权、债务关系的行为。它不包括票据上付款人以外的已有责任者对其他享有追索权者的付款，因为这种付款仅解除了票据上部分当事人之间的票据关系。如票据上某一背书人被迫向持票人付款后，仅该背书人及其后手与持票人之间解除了票据关系，而该背书人依然可凭票转向其前手或出票人或承兑人追索。除本票外，其他票据即使由出票人付了款，其票据关系也仍未全部结束，如果该票据存在承兑人的话，那么，该出票人仍然可控告承兑人。

(一)正式付款的有效条件

各国关于正式付款的有效条件的规定大体有以下几项：

1. 必须在票据到期日或到期日以后付款

持票人也可以在票据到期前从上一个持票人那里购入该票据，并将之注销而解除票据上的一切关系，但该做法属注销行为而不属正式付款。而且有时付款人在到期前买下具承担付款责任的票据并不注销而是将之重新投入流通领域，该票据到期时再通过正式付款行为来结束一切票据关系。

2. 必须是善意的付款

所谓“善意”是指付款人并不知悉持票人对该票据的权利有缺陷，如付款人并不知道该票据曾失窃或该票据曾被设置抵押等。此外，英美法系国家还要求付款人对指示票据上的背书的真伪性和连续性负审查之责，即付款人不得对存在伪造背书或背书不连续的票据持有者付款，否则，付款人得承担向票据真正所有人再次付款的风险。日内瓦统一法系国家及我国则规定，付款人只对背书的连续完整性负审查责任，而对背书之真伪无调查义务。

Rowell 诉美国国民银行案(1999)

原告(Rowell)是一位芝加哥的执业律师。1994 年 8 月 30 日，原告向亚利桑拉的一位名为 Patrica O’Connor 的私家调查员签发了一张金额为 38 120 美元的支票以偿还后者的服务费用。该支票并没有被立即兑现。大约 3 周后，发现多写了 1 万多美元金额的原告指示其助手 Fair 女士问询作为支票付款人的被告(美国国民银行)是否支付了票款。在不知道该支票号码的情况下，Fair 女士向负责接待的被告职员提供了原告的事务所账号、支票金额和受款人，并进一步说明该支票号码为1084～1089。实际上该支票号码为1105。被告职员则称：Fair女士仅就号码为1084和1086的支票提出了止付令的请求并得到了满足，该止付令第二天生效；像类似情况下惯常做法一样，Fair女士被提醒止付令发出后不要立即签发支票。

在Fair女士与被告职员洽谈之时到当天银行营业关门的期间，金额为38 120美元的上述支票被兑现。2天后，在未等到止付确认令且未查询原告事务所账号资金状况的情况下，Fair女士签发了一张金额为27 284.50美元的支票快递于Patrica O'Connor，后者很快又将之兑现，从而导致原告的账户在接下来的月份中出现了透支。原告没有阅读或回应止付确认令且数周未开启被告所寄的账户明细信函，直到收到被告的罚款通知时才知道透支情况。1995年10月，原告只得申请自愿破产，并对被告50 081.25美元的担保债权没有异议，但是，原告以被告在处理第一张支票止付请求中存在错误说明并导致第二张支票开出为由要求被告降低其债权请求。美国第七巡回法院最终完全否定了原告的主张，其理由是：止付令包含了特定支票号码的栏目即暗示了其可能对其他号码的支票止付没有效力，非为银行家的原告职员也应当知道这一点；在被告职员做出等几天才可以寄出支票的警告或没有收到有效的止付确认书面通知的情况下，原告方开出第二张支票的行为是不合理的；被告方的行为是善意的，在处理止付请求时还提示原告职员应当关注支票的受款人是否为讲信誉的人。

3.付款必须符合票据的文义

这就要求付款人必须看清票据的文义，按该文义谨慎地付款，否则，由此造成的损失得由自己承担。当然，付款人在这种情况下可向有关不当得利者或违法者追偿。

伦敦共股银行诉麦克米兰与亚瑟案(1918)

麦克米兰（以下简称麦）与亚瑟是两合伙人（被告），麦以合伙人的名义签发了一张来人支票，注明付微量现金，并具体写明了付2英镑。由于2的前后留有空白，麦的私人职员便在2的前后分别加上1和0，然后又大写成壹佰贰拾英镑。该支票后来在伦敦共股银行兑现为120英镑并借记在麦合伙企业的账户上。该合伙人不服，认为付款人未尽谨慎之责，便诉诸法院。一审法院判合伙人胜诉，伦敦共股银行不服提出上诉。最后上诉法院驳回了该上诉，理由是：该支票上注明了只付微量现金，而上诉人付了120英镑，故违反了谨慎之责，不符合支票的文义。

4.必须在法定时限内做出付款

付款人一般应在持票人做出有效提示的当日付款，否则即被视为拒付。但是，英国《票据法》对远期的汇票和本票的付款时限规定了3天的所谓“恩惠日”(Threedays of Graces)，即付款人可以推迟3天付款。美国法也规定，对根据信用证出立的跟单汇票，为合理检验其是否为可付票据而延迟一段时间付款的不构成拒付。日内瓦统一法系国家一般无恩惠日之规定，即付款人应于票据到期时正式提示的当日付款，持票人未在规定期限内做付款提示的，票据上的各债务人可将票据的金额提存于主管部门，该提存费用及风险由持票人负担。

(二)付款的类型及其法律意义

1.全部付款

即付款人支付了全部票款。各国皆规定，所有票据得通过全额付款而解除一切票据关系。

2.部分付款

即付款人仅支付票款额的一部分。关于持票人应否接受部分付款，各国的规定并不一致。

英美法系国家一般允许持票人拒绝接受部分付款而就票款的全额向票据上的债务人行使追索权，当然，英美法系国家也不禁止持票人接受部分付款，持票人得到部分付款总比没有得到好，而票据上其他的债务人少些票款债务总比多些好。持票人就票据款项的全部进行追索时，在遇到出票人或背书人是虚构的或已破产了等场合，则其所持的票款就可能全部落空。再说，接受部分付款的持票人仍然有权就未付的余额向票据上已有的责任者行使追索权。日内瓦统一法系国家一般不允许持票人拒绝部分付款，持票人只能在接受部分付款后就未付部分向票据上的其他债务人追索。

Gena M. King 等与 ABR 批发公司的纠纷案(2019)①

被告 Gena M. King 的继父是另一被告 Hughesco 公司(Hughesco of Buffalo, Inc.)的所有人，其生前向原告 ABR 批发公司(ABR Wholesalers, inc.)赊购了近 9 万美元的货物与材料，该继父去世后，为了换取原告的继续赊销供货，被告 Gena M. King 与第三被告即 Hughesco 公司当时的执行经理 Michael J. Woodward, Jr. 按照货款的余额签署了原告为收款人的本票。原告根据协议获得了 3 笔付款。面对本票下余额的停付，原告提起了诉讼。面对原审法院的不利判决，三被告之一的 Gena N. King 提起了上诉。美国纽约州最高法院的上诉庭 2019 年 3 月 29 日最终驳回了该上诉，理由是：原告通过提交本票复印件和其财务经理关于被告未付的宣誓证词满足了其起诉的初步证据，由此上诉方应举证证明该本票诚信方面的抗辩理由的存在，被告却未能证明；上诉方关于该本票未付对价的主张不成立，根据多次判决中的"允诺人受益与被允诺人受损"等规则，原告承诺继续供货就是一种足够的对价；上诉方在一页、七句且明显标示为本票的单据上签字并 2 次清晰地表明承担其同意的义务。

(三)付款人的权利

各国关于付款人的权利规定大体是一致的，即付款人在付款时须行使下列权利而不构成拒付：

(1)要求持票人出示票据；

(2)合理地验明持票人的身份；

(3)在付款提示者为持票人的代表或代理人的场合，要求其提供充分的授权证明；

(4)要求提示者在票据上签名并注明所收讫的款项；

(5)在付清票款时要求持票人当场交出票据。

第六节　票据的拒付与追索

依英美法，具体的拒付情形是：经及时做出必要的或任意的适当提示而未能获得或未能及时获得应得的承兑或付款；被免除提示的票据未被及时地承兑或付款。我国和日内瓦统一法系国家一般视以下情形为拒付：到期前票据的全部或一部分款项被拒绝承兑；已承兑或未承兑的付款人破产、停止支付或对其财产强制执行而无效果，禁止承兑提示的出票人破产。

① 1367 CA 18-01192，该案的判决详情可见于 http://www.nycourts.gov/courts/ad4/Clerk/Decisions/2019/05-03-19/PDF/1367.pdf，2023 年 8 月 24 日最后访问。

前文已提到，在遭拒付时，持票人或票据上被迫向后手或持票人付了票款的某一责任人立即拥有向出票人、前手背书人或承兑人的追索权。但各国又规定，除法定例外之情形外，追索权的行使须以适当提示、正确地做出拒绝证书、及时地发送拒付通知为前提。因此，在行使追索权之前，持票人必须了解是否要履行这些前提条件。

由于票据的提示在前面已做出详细介绍，因此，这里只论及拒绝证书和拒付通知。

一、拒绝证书

拒绝证书，又称拒付书，是一种证明票据被拒付的正式文件。由于拒付分不获承兑和不获付款两种，因此，拒绝证书又被分成拒绝承兑证书和拒绝付款证书两种。

(一)须做拒绝证书的场合

对此，各国的规定是不一致的。英国《票据法》规定，只有在下列两种场合下才必须做出拒绝证书：国外汇票与支票遭拒付；票据遭拒付后，持票人要求参加承兑或参加付款的。美国法规定，只有在国外汇票遭拒付时才须做拒绝证书(英美法中的国外票据一般是指出票地或付款地在国外的票据)。此外，在票据到期前，承兑人已破产或无力清偿票款的情况下，为保障其利益，英国法建议持票人提前做成拒绝证书以对抗出票人和背书人。美国法认为，只有国外汇票在这种情形下做成拒绝证书，才能增加持票人获得清偿的机会。除以上这些必须做成拒绝证书的情形外，遇到拒付的其他场合，持票人可自行决定是否做拒绝证书。日内瓦统一法系国家则规定，持票人在不获承兑与不获付款时，都须以做成拒绝证书的方式证明，但是票据上已有的责任者签名时注明无须做成拒绝证书或"退票时不承担费用"之类用语的除外。其中，出票人所做的免作拒绝证书的记载对票据上一切签名的人都发生效力，在这种情形下，若持票人坚持做拒绝证书，则该拒绝证书的费用应由持票人自负。如果免予做拒绝证书系背书人或票据保证人所为，则该记载仅对该背书人或票据保证人发生效力。持票人若欲保留对票据上其他债务人的追索，则做成拒绝证书仍为必要，并且该拒绝证书的做成费用可要求票据上的其他一切签名人予以偿还。此外，日内瓦统一法系国家一般还规定，对不获承兑并被做成拒绝承兑证书的票据，持票人即无须再做付款提示和做成不获付款的拒绝证书。

(二)拒绝证书的做成规则

为使拒绝证书有效，持票人还须遵守法定的做成规则，这是各国一致的规定，但在具体规则上，又有一些差异。

1. 拒绝证书的做成期限

英国规定，除非有不可控制的原因，否则，拒绝证书必须于不迟于拒付后的下一个营业日做出。美国则规定，拒绝证书须在拒付后的第 3 个营业日以前做成，但是如果在做成拒绝证书期限内，票据由制作拒绝证书的官员为做成拒绝证书而登记的，则该拒绝证书可在登记日后任何时间内做出。日内瓦统一法系国家一般规定，拒绝承兑证书应于提示承兑的期限内做成，遇到付款人于承兑提示之次日要求做第二次承兑提示之情形，如该第一次提示为承兑期限之末日，则该拒绝承兑证书可于该承兑期限末日之次日做成；即期票据的拒绝付款证书须在付款期限内做出，但其付款提示为期限末日者可于该末日之次日做出；其他票据的拒绝付款证书必须于到期日后 2 个营业日内做成。

2. 拒绝证书的做成地点

英美法系国家一般规定，拒绝证书的做成地点必须是拒付地点，但是票据是以邮寄方式提示而拒付时又以邮寄方式退还的可在退还地点做成拒绝证书。日内瓦统一法系国家大多无拒绝证书做成地点之规定，实践中为便于查证，这些国家的持票人一般也都在拒付地点或票载的付款地点申请做成拒绝证书。

3.拒绝证书的内容

英国法要求拒绝证书上须注明要求做拒绝证书之人、拒绝证书做成的时间与地点、原因或理由，并须写明公证人再次提示及受票人的答复或无法找到受票人的事实。美国法要求拒绝证书须说明票据本身，并证明已做出适当提示或说明免除提示的理由，同时还得说明是拒绝承兑还是拒绝付款。此外，美国法还允许拒绝证书证明已向所有或几个具体的当事人发出拒付通知的事实。日内瓦统一法系国家一般未对拒绝证书的内容做出规定，这些国家实践中的拒绝证书的内容基本上包括了英美法上规定的事项。

4.拒绝证书的做成方式

各国一般都要求以公证的方式做成拒绝证书。但英国《票据法》规定，在拒付地点无法获得公证服务的情况下，持票人可找当地任何一位户主或实际住户在两位见证人面前出示一张由他们签名的证明书，该证明书亦被视作正式的拒绝证书。由于在美国的当事人一般只依法对国外汇票做成拒绝证书，因此美国票据法规定，拒绝证书可由美国领事或副领事或公证处或依拒付地法律有权证明拒付者签名盖章做成。此外，英美法系国家还承认所谓的“拒付记录”。这是一种简式的拒付证明文件，亦须由享有法定权利者做出，但比正式的拒绝证书简单，通常只是将拒付事实与理由加注在票据上并由该做成者签名即可。这种拒付记录的作用是延缓做成正式的拒绝证书的时限要求，因为英美法系国家规定，持票人在做成拒绝证书的限期内做成拒付记录的，则可以在以后任何时间内补做拒绝证书，并且该拒绝证书的做成时间视作拒付记录之日。除公证形式，日内瓦统一法系国家一般允许持票人依拒付地国家的法律所允许的其他合法形式做成拒绝证书，并且对被拒付的支票，这些国家大多允许以支票上记载提示日期并附上付款人的声明或票据交换所的声明做正式的拒绝证书。

根据我国《票据法》第 62 条第 2 款的规定，持票人提示被拒绝的，承兑人或付款人必须出具拒绝证书或退票理由书，否则应承担相应的民事责任。这说明，在我国，拒绝证书或拒付证明是由承兑人或付款人做出的。

(三)未做拒绝证书的法律后果

英美法系国家规定，应必须做拒绝证书的场合持票人未做拒绝证书的，出票人和背书人的责任即告解除。日内瓦统一法系国家则一般规定，在应做拒绝证书而未做拒绝证书之前，持票人不得对出票人和背书人行使追索权。

二、拒付通知

拒付通知是指持票人或已收到通知的票据责任者为避免丧失追索权而就拒付的事实向票据上的其他责任者发出的通知。

(一)需发拒付通知的场合与例外

各国票据法一般规定，在票据因不获承兑或不获付款而遭拒付的场合，持票人或已得到通知的票据责任者必须及时向其前手背书人、票据保证人直至出票人发送拒付通知，否则，未发给通知的当事人票据责任即告解除。

英美法系国家一般还规定了几种免发拒付通知的情形，具体为：票据上承担责任的当事人于拒付之前或之后明示或暗示地表示无须发给拒付通知的；经过适当努力而仍然无法发给拒付通知的；已就不获承兑发出过正式拒付通知的，对其后的不获付款则无须再发拒付通知；对拒付票据或知悉票据会被拒付的当事人本人亦无须发拒付通知。英国对这最后一种情形进行了列举，即出票人与付款人是同一人；或者付款人是虚构的人或无能力履约的人；或者付款人对出票人出立的票据并无付款或承兑之责任；或出票人已发出止付令。在上述这些场合，出票人要么是拒付者本人，要么出票时即知悉该票据会被拒付，因此，对这样的出票人就无须发给拒付通知。美国还规定，对下列情形下的背书人也无须发给拒付通知：背书人在背书时知悉付款人是虚构的或无能力付款的；或者背书人与付款人是同一人；或者背书人是被融通的出票人或承兑人。显而易见，这些背书人完全能知悉与之有关的票据会被拒付，因此，英国法认为无须给他们发拒付通知。

日内瓦统一法系国家一般无免除发送拒付通知的规定，这些国家规定，即使票据上载明“无须做成拒绝证书”或“退票时不承担费用”之语，持票人仍应在所定的期限内做出拒付通知，其他票据在被拒付时发拒付通知自然更无例外。

(二)拒付通知的发送规则

在需要发送拒付通知的场合，当事人须遵循法定规则才能使发送有效。各国关于拒付通知的发送规则主要有以下几项：

(1)通知的发送人须是持票人或已得到通知的对票据承担责任的当事人或其代表；

(2)通知的对象是前手背书人、出票人、票据保证人或其代表；

(3)通知的内容须叙清拒付的事实；

(4)通知须在规定的时间发出。

在这方面，各国的规定是不一致的。英国法根据通知人与被通知人是否同住一地而规定不同的发送时间：同住一地的，通知人须及时发送或寄送，并且要在被拒付的次日送达被通知人；非同住一地的，通知人则须在拒付之次日经最近的邮班寄送，若该日无邮班，则由下一邮班寄出。美国法则根据通知人是否为银行而规定不同的发送时间：银行作为通知人时，须在拒付或收到拒付通知的当日午夜前发出；其他通知人则可延迟到拒付或收到拒付通知后的第 3 个营业日的午夜前发出。日内瓦统一法系国家一般则规定，持票人应于拒绝证书做成后 4 个营业日内，将拒付事由通知背书人与出票人；在免作拒绝证书的场合，持票人应在提示之日后 4 个营业日内做出拒付通知，背书人应在收到拒付通知后的 2 个营业日内将其所收的拒付通知之事由通知其前手，各前手依此规则通知其前手直至出票人与票据保证人。

关于通知的形式与发送方法，各国一般都未作限制性规定。这样，通知的形式既可以是口头的，也可以是书面的；发送方法既可以是直接送达，也可以是邮寄送达，还可以是以退回票据的方式送达。在以邮寄发送的情况下，无论是英美法系国家还是日内瓦统一法系国家，一般都规定，只要通知人将被通知人的地址填写正确，则该拒付通知按法定期限一经投邮即视为正规发送，以后即便发生了邮寄错误，通知人亦可免责。

这里还应指出的是，尽管各国对拒付通知的形式与发送方式未作任何限制性要求，但一般规定，通知人必须能证明其在规定的时间内发出了这样的通知。

(三)未发拒付通知的法律后果

关于未发拒付通知或未及时按法定规则发拒付通知的法律后果，各国的规定是不一致的。

英国《票据法》规定，在被拒付时，持票人或已得到拒付通知的票据责任者若未对票据上其他责任者发出或及时发出拒付通知，则前者即丧失对后者的追索权，后者对前者的票据责任即告解除；但对不获承兑却未发出拒绝承兑通知的票据再流至正当持票人手中，则该正当持票人的权利不因该项怠于拒绝承兑通知之事由而受损害。美国法则规定，未经同意而逾合理时间不发拒付通知的，任何背书人的票据责任即告解除，但是任何汇票的发票人，或在银行付款的汇票承兑人，或在银行付款的本票发票人，仅仅由于付款人或付款银行在因延迟发拒付通知期间变成无力清偿从而使该出票人或承兑人丧失了留存在付款人或付款银行处用作支付该票据款项的资金时，该出票人或承兑人才能将其对付款人或付款银行关于这项资金的权利书面转让给持票人的方式来解除自己的责任。除此之外，美国法不允许未及时得到拒付通知的出票人或承兑人以其他方式来解除其票据责任。日内瓦统一法系国家一般规定，未在规定的期限内发送拒付通知者并不丧失其追索权，但因其怠于通知而致票据上其他责任者受到损害时，则须负不超过票据金额的赔偿责任。

三、追索规则

（一）被追索者的责任

票据上的被追索者对持票人而言是背书人、直接出让人、出票人、承兑人或票据保证人。各国票据法一致规定，这些被追索者不分先后顺序对持票人负连带责任，即持票人不仅可对这些被追索者全体或其中任一人起诉，而且在对其中某一责任者起诉后，还可对该被诉者之前手或后手起诉。

票据上的某一责任者对持票人或其某一后手清偿了票据债务后即处于追索者地位，但其追索对象即被追索者仅限于前手背书人、出票人及其票据保证人与承兑人，这些被追索者对该追索者的责任亦是连带的。出票人仅可以承兑人为被追索者。

（二）追索金额

各国票据法一般规定，持票人的追索金额由以下几个部分构成：票面金额与约定付款时的利息；即期票据自提示日起或远期票据自到期日起的利息；追索费用，包括做成拒绝证书与拒付通知费用、律师费用等。但票据上另有规定的除外，如出票人在票据上注明“退票时不负担费用”的票据，持票人追索时即不能索偿做成拒绝证书的费用。

已清偿的票据责任者向其他票据责任者追索的金额由下列几个部分构成：已清偿之全部金额、已清偿金额自清偿日起的利息、被追索与追索费用。

（三）被追索者的权利

各国一致规定，被追索者有权要求得到清偿的追索者一并交出的票据、拒绝证书及收款清单。

（四）追索时效

关于追索时效，各国的规定是不一致的。英国法的规定是 6 年。美国票据法中却无规定，实践中按一般的民诉时效处理。日内瓦统一法系国家一般规定，对承兑人追索时效为自票据到期日起算 3 年，持票人对汇票的出票人与背书人的追诉时效为适当时间内做成拒绝证书之日起算的 1 年，支票为 6 个月，背书人相互之间及背书人对出票人的追诉时效为背书人自清偿之日或被诉之日起算的 6 个月。根据我国《票据法》第 17 条的规定，持票人对远期汇票、本票的出票人和承兑人的追索时效为自票据到期日起 2 年，持票人对见票即付的汇票、本票的出票人和承兑人的追索时效为自出票日起 2 年,持票人对前手的追索时效为自被拒绝承兑或者被拒绝付款之日起 6 个月,持票人对支票出票人的追索时效为自出票日起 6 个月,持票人对前手的再追索时效为自清偿日或者被提起诉讼之日起 3 个月。不过,按照该法第 18 条的规定,持票人因超过票据权利时效或者因票据记载事项欠缺而丧失票据权利的仍享有民事权利,可以请求出票人或者承兑人返还其与未支付的票据金额相当的利益。

科隆测量仪器(上海)有限公司与江苏常熟农村商业银行纠纷案(2015)①

被告江苏常熟农村商业银行股份有限公司(以下简称常熟农商行)签发了票号为 GA/0104644942 的银行承兑汇票一张,该票据的记载事项为:出票人为江苏银宝实业股份有限公司,收款人为宝应县良种棉加工厂,票面金额为人民币壹拾万元,汇票到期日为 2011 年 8 月 25 日,付款行为常熟农商行。汇票上记载的票据背书人依次为宝应县良种棉加工厂、江苏银宝实业股份有限公司、江西宏大化工有限公司、南昌善发实业有限公司、陕西科隆测量仪器有限公司、原告科隆测量仪器(上海)有限公司(以下简称科隆公司)。江西宏大化工有限公司盖骑缝章时将其印章部分盖进被背书人栏中。收到涉案汇票后,原告委托工行桂林路支行收款。2015 年 4 月 2 日,被告常熟农商行出具拒绝付款理由书,载明拒付理由为"已过承兑期限"。

江苏常熟市人民法院 2015 年 5 月 14 日判决原告负担案件受理费人民币 2 300 元及被告应于 10 日内支付原告人民币 10 万元,理由是:持票人对票据的出票人和承兑人的权利,包括付款请求权和追索权,自票据到期日起两年内不行使的票据权利消灭;持票人因超过票据权利时效或者因票据记载事项欠缺而丧失票据权利的仍享有民事权利;因原告方向被告方出具的情况说明确认因其公司财务失误导致票据权利丧失后才向原告主张权利,导致本案诉讼的责任不在被告而应由原告承担本案诉讼费。

第七节 关于票据的其他规定

除前述部分外,各国对票据还有很多其他规定,本节介绍其中比较重要的几种:成套票据,票据的保证,参加承兑与参加付款,票据的冲突规则。

一、成套票据

成套票据又称复本票据,是指出票人签发同样文义的票据两张以上,且每张均有编号的一组票据。在很多国家票据法中,汇票与支票皆可以被成套地签发,本票却不可成套地出立。

(一)成套票据的构成要件

各国票据法一般规定,构成成套票据的要件有以下几项:

1. 同样文义的票据两张以上(包括两张)

成套票据中的每张票据的文义应是一样的,即每张上面的付款金额、时间、地点、受款人、转让与流通方式、承兑人和付款人姓名等规定应是完全一样的,否则即不是一套票据。

① (2015)熟商初字第 00540 号。

2.每张上面均须有编号

如出票人可对其签发的三张构成一套的票据上分别标上 No. 001,No. 002,No. 003 三个号码。各张上若未被编成号,各国皆将之视为独立的票据。此外,美国法还要求每张票据上还须附上一项索引,以使其能与其他各张票据相互参照。除上述两要件外,美国法还要求成套票据的各张上须注明只有在其他各张未兑付时本张才构成一项付款指令之类的字句。如出票人签发三张标号为 A、B、C 的一套汇票时,即应将 A 号票据写成"同样文义的 B 号和 C 号汇票不付,见票即付汤姆伍仟美元";在 B 号汇票上出票人应写成"同样文义的 A 号和 C 号汇票不付,见票即付汤姆伍仟美元";C 号汇票上的文字照此类推。

(二)成套票据的运行规则

各国关于成套票据的最基本的运行规则是,成套票据中的各张可一同或只让其中一张转让或流通,但付款人只需而且只能对其中的一张支付票款,随后其余各张即告作废。

此外,各国也不禁止成套票据中的各张分开转让或流通,但是,以来人为受款人的出票人若将一套票据中的各张分别交付给不同的人持有,该出票人即须对各张的持有人承担保兑和保付责任;拥有所有各张或其中几张的背书人若将各张分别转让或流通与不同之人,则该背书人及其后手对经其背书的票据须对持票人承担票据责任;付款人虽只需对成套票据中的一张付款,但若付款人对所有各张或其中几张做出承兑,则他须对其承兑的各张票据承担付款责任。

(三)成套票据的作用

成套票据主要被用于对外贸易结算,其主要作用在于出票人可将各张分开而经不同的航班寄出,这样就不至于因其中的一张遗失、延误而造成损失。

二、票据的保证

票据的保证是指票据责任者以外的人为出票人、背书人或承兑人的票据债务所做的保证行为。做出保证行为者称票据保证人,其所保证的对象称被保证人。

英国《票据法》中无关于"票据保证"的规定,但是美国和日内瓦统一法系国家都普遍规定了票据保证制度。根据这些国家的票据法,票据的保证由保证人在票据上签名并加注"担保付款"之类的字样构成,保证人在票据上仅作签名亦足以构成保证。保证人可在签名时注明被保证人;若未注明,各国一般将之视作对出票人的保证。保证人可就票据金额的一部分或全部做出保证,未作说明时,视作对全部金额作保。对后手与持票人而言,保证人在其所保证金额的范围内与被保证人负同一责任,并且对被保证人拥有付款请求权或追索权的后手或持票人无须先向被保证人行使该项权利未果后再向保证人索偿,即后手或持票人可跳过被保证人而直接要求保证人偿付。此外,各国一般还规定,被保证人的票据债务除因方式欠缺而无效者外,保证的票据债务不因任何原因而失效。保证人清偿其保证债务后即在其清偿的范围内取得被保证人的票据地位,拥有对被保证人及其前手、出票人或承兑人的追索权。

美国法中还有"担保收款"的概念。这是一种特殊形式的票据保证,其含义是作此类用语的签名者保证,如果票据到期未得到偿付,持票人在符合以下条件时他将付款:持票人已就其对抗出票人或承兑人的权利主张取得了法院判决,并且该判决因无法执行而被退回;或出票人、承兑人已破产;或另有情况明显表明对出票人或承兑人追偿已无意义。美国法规定,"担保收款”以其在票据上注明者为限，如果未予注明，则视该担保记载为“担保付款”，即票据上的一般担保。

三、参加承兑与参加付款

很多国家的票据法中还有“参加承兑”和“参加付款”的概念，但在具体含义上并不一致。

(一)参加承兑

在英美法系国家，参加承兑是指在不获承兑而遭拒付并已做成拒绝证书且该票据尚未过期的情况下，经持票人的同意，该票据上已有责任者以外的任何人为票据上的某一责任者的信誉而做出的承兑，因此，它又被称作“超越拒绝证书的参加承兑”。日内瓦统一法系国家虽然要求参加承兑须以票据尚未过期且未获承兑为前提，但一般并不要求持票人必须做成拒绝证书，亦无须事先征得持票人的同意。

这些国家之所以规定参加承兑这种制度，是因为考虑到流通票据上往往有众多的责任者，一旦票据遭到拒绝承兑，若按正常的追索程序由后手向前手一个盯住一个地追索起来，费时费力，而有了参加承兑制度，出票人或其中的某一背书人就可为避免这种情况而在票据上列出一个供参考的受理人(一般称“预备付款人”)，并注明如遭拒绝承兑即可向该受理人作承兑提示，如果该指定受理人在该票据被拒绝承兑时确实承兑了该票据，其所作的这种承兑即是参加承兑，该人亦被称作参加承兑人。参加承兑人仅在票据上签名即可构成有效的参加承兑，但他也可以注明其信誉受益人即被参加承兑人，若未注明，各国法律皆以出票人为被参加承兑人，参加承兑人可就票据金额的一部分或全部做出承兑。根据各国票据法，参加承兑人依其承兑时的文义对被参加承兑人的后手及持票人承担承兑人的责任。但是英国《票据法》规定，参加承兑人承担这一责任的前提是，该票据再次向付款人作了付款提示而被拒付且再次做成了不获付款的拒绝证书。

关于持票人可否拒绝参加承兑，各国的规定是不一致的。英美法系国家一般规定，持票人可以拒绝任何种类的参加承兑。日内瓦统一法系国家中的法国和葡萄牙等不允许持票人拒绝任何种类的参加承兑。但德国、日本及日内瓦统一法却采取折中的办法，即出票人或背书人在票据上指定的受理人参加承兑的，持票人不得拒绝，这种票据的持票人不得于票据到期前向该受理人的指定者及其后手行使追索权，但经提示该受理人拒绝承兑且被做成拒绝证书的除外；其他局外人参加承兑，持票人可以拒绝，但持票人一旦允许该局外人参加承兑时，则该持票人对被参加承兑人及其后手不得于到期日前行使追索权。

(二)参加付款

依英国《票据法》，凡票据在遭拒绝付款并被做成拒绝付款证书的情况下，任何人为票据上任一责任者之信誉而作的付款即为参加付款。美国和日内瓦统一法系国家除此之外还允许票据在到期日前遭拒绝承兑的场合下被参加付款。

关于参加付款做成的期限，英美法系国家一般无限制性规定。日内瓦统一法系国家一般则要求，参加付款至迟应在拒绝付款证书做成期限末日之次日。

关于参加付款的证据，美国法规定必须采取公证书的形式，该公证书须以参加付款人或其专职代理人出具的声明书为依据，声明书须声明其参加付款的意愿及为何人而参加付款。美国和日内瓦统一法系国家一般不要求须以公证书证明参加付款，持票人在票据上签名并加注“收讫”字样即可做有效证据。

各国一般规定，票据经参加付款后，其信誉受益人及其全部后手的票据责任即告解除，持票人若拒绝参加付款则丧失对该信誉受益人及其全部后手的追索权；参加付款人在付款时，有权要求持票人交出票据和拒绝证书，付款后有权对被参加付款人及其前手行使追索权。

四、票据的冲突规则

由于各国关于票据的实体规定在很多地方很不一致，因此，各国票据法中都有冲突规则的规定，但各国的冲突规则并非完全一致，这些不一致冲突规则的协调成果目前主要只有前述的日内瓦公约和 1975 年的泛美公约（Inter-American Convention）。[①] 总的来说，以上公约及各国与票据有关的冲突规则主要有以下几个方面：

（一）行为能力

英美票据法中虽无直接关于当事人的票据行为能力的冲突规则，但依其他法律之规定，英、美关于当事人的票据行为能力的确定是依该当事人的住所地法，该当事人无住所时依其居所地法。日内瓦统一法系国家关于票据行为能力的确定则主要依当事人的本国法即国籍所属国法，如果其本国规定适用另一国法律的，则适用另一国法律，即他们承认转致，但是，依这一冲突规则确定为无行为能力的当事人如被其签名的地方法律认为是有行为能力的，则适用该签名地之法律。

我国《票据法》对票据行为能力也以票据行为人的本国法为基本原则。但依本国法无行为能力而依行为地法有行为能力的，我国将依行为地法视其有行为能力。

（二）行为方式

行为方式又称行为的形式要件。关于这方面的冲突规则，英美法的解释是不一致的。依英国《票据法》第 72 条规定，票据行为的方式依票据行为地法，如出票行为的方式依出票地法，背书行为的方式依背书地法，但有两项例外，即在英国境外签发的票据不得仅因未按出票地法贴印花而被认为无效；在英国境外签发并符合英国法律关于形式要件要求的，其后在英国的流通不得以其签发时形式要件不符合签发地法作无效理由。美国对票据并未规定单独的冲突规则。票据行为和其他商业行为一样，其形式要件和下面所说的效力等应采取意思自治原则，即允许当事人在行为时对其行为选择适用某国或某州法律，只是在当事人无这种选择时，美国法才规定要适用与该行为有一定联系的地方法律——通常行为的发生地或完成地或当事人的住所地等被认为与该行为有联系。日内瓦统一法系国家在行为方式方面采用的冲突规则与英国的规定基本相同，只是这些国家一般规定支票的行为形式要件符合付款地法者亦为有效。

（三）行为的效力

行为的效力亦即票据行为的后果。英国规定，出票、背书、承兑、参加承兑等行为效力依行为地法，但在英国签发又在英国付款的国内票据在国外所作背书的效力得依英国法，这一点亦是为美国票据法所要求的。日内瓦统一法系国家一般规定：汇票承兑人及本票与支票的出票人的票据行为的效力依付款地法；票据上其他债务人的行为效力依行为地法。

---

① 该泛美公约的英文全称为“Inter-American Convention on Conflict of Laws Concerning Bills of Exchange, Promissory Notes, and Invoices”。See Sagi Peari, Conflict of Laws Rules Applicable to Negotiable Instruments, *Banking & Finance Law Review*, September 2022, pp. 162－172.

我国《票据法》规定，票据的出立、背书、承兑、付款和保证行为适用行为地法。但支票的出立事项经当事人协议后，可以适用付款地法。

本章小结

票据是现代市场社会中重要的支付工具，但调整票据的法律规范在全球尚未取得完全统一，日内瓦票据统一法仅为多数大陆法系国家所接受，英美法依旧固守其传统。

本章主要介绍和比较了两大法系国家和我国关于票据要件、转让和流通、持票人基本权利和义务、提示、承兑和付款以及拒付和追索等方面的规则。

建议的选读资料

1. 曹守晔：《〈民法典〉实施背景下〈关于审理票据纠纷案件若干问题的规定〉的修改与应用》，《中国应用法学》2023 年第 1 期。

2. 吴京辉：《票据信用风险的共治规则研究—以区块链应用为视角》，《法商研究》2023 年第 1 期。

3. 赵意奋：《论票据正当持票人的确定规则》，《宁波大学学报(人文科学版)》2022 第 6 期。

4. Ross Cranston，Excursions in Legal History：Payment and Consumer Credit，*Banking & Finance Law Review*，September 2022.

5. Jordan Halligan，The Role of Summary Judgment in Commercial Law，*Victoria University of Wellington Law Review*，December 2022.

思考题

1. 票据具有哪些法律特征？
2. 票据的流通规则包含哪几个方面？其具体内容是什么？
3. 持票人行使票据权利时须履行哪些义务？
4. 各国关于被拒付的票据追索规则包括哪几个方面？其具体内容是什么？

案例分析

1. X 接受了 Y 的委托，在 6 月以 1 200 美元的报酬为 Y 粉刷房子。6 月 20 日 X 完成了一半的粉刷工作，Y 因被其公司指派去欧洲洽谈生意，临行前便向 X 签发了一张付款期为 7 月 10 日的本票。第二天，X 即以 1 100 美元的价格向当地的 B 银行贴现了该本票。7 月 12 日，B 银行的代理人持该本票要求 Y 付款时被拒绝，Y 的理由是：X 未完成粉刷工作。

【问题】

(1)Y 的理由是否符合票据法？为什么？

(2)如果该本票上加注了“不可流通”字样，情况又会怎样？

2. D 公司为支付货款，向 M 公司签发了一张以 A 银行为承兑人、金额为 20 万欧元的银行承兑汇票。A银行在票据上签章表示了承兑。M公司为向E公司支付租金,将该票据交付E公司,但未在票据上背书和签章。E公司因需向X公司支付工程款,欲将该票据转让给X公司。鉴于票据上收款人为M公司,却无M公司背书字样,E公司便私自填写了这种背书,并直接记载E公司为被背书人。之后,E公司为偿付欠款,将该票据背书转让给了对伪造背书毫不知情的X公司。D公司收到M公司货物后,发现货物存在严重质量问题,遂主张汇票无效并声称要追究M公司的违约责任。票据到期时,X公司向A银行提示付款,A银行以D公司存入该行的资金不足和背书伪造为由拒绝付款。

【问题】

(1)A银行拒绝向X公司付款的理由是否成立?为什么?

(2)A银行拒绝付款后,X公司可以向哪些当事人进行追偿?为什么?

(3)若X公司在A银行拒绝付款后向D公司进行追索,D公司可否以与M公司之间的买卖合同纠纷尚未解决及背书伪造为由拒绝向X公司承担票据责任?为什么?

3. 甲公司向乙公司购买镀锌板。为了支付价款,甲公司签发了一张以乙公司为收款人、金额为100万元的银行承兑汇票,A银行作为承兑人在票面上签章。为了购买原材料,乙公司将该汇票背书转让给丙公司。但是,丙公司在签约过程中提供的公司文件、库存证明等都是虚假的,且未打算履行合同。丙公司在取得该汇票后,即将其背书转让给丁公司用于购买天然钻石,后便杳无踪迹。

【问题】

(1)A银行是否有权对丁公司拒绝付款?并说明理由。

(2)当乙公司另行对丁公司起诉,请求确认自己为票据权利人时,其请求能否得到人民法院的支持?并说明理由。

第八章 8 国际贸易结算法

教学目的和要求

1. 了解《托收统一规则》关于国际托收法律关系中当事人之间权利和义务的规定

2. 掌握《跟单信用证统一惯例》(UCP600)关于凭信用证结算法律关系中当事人之间权利和义务的规定

第一节　概　述

一、国际结算与国际贸易结算的含义

通过某种支付工具,按某种方式清算、了结不同国家有关当事人之间政治、经济与文化等交往中发生的债权与债务的活动为国际结算。当今国际结算中使用的工具为电子货币、货币现金或票据等货币债权凭据,其中的货币现金一般是指自由通兑的货币现金。货币现金很受债权人欢迎,但是高额的货币现金携带或运输很不方便,并且还存在着被窃、被抢或丢失的风险。因此,目前国际大额的债权与债务的结算常使用作为货币债权凭据的票据或电子货币作为支付手段。

国际结算依其目的可分为国际贸易结算和非国际贸易结算两种。国际贸易结算是指货物、技术及服务进出口贸易所发生的国际债权与债务结算。非国际贸易结算则是指侨民汇款、使领馆经费、国际馈赠等结算。国际贸易结算在国际结算中占最大比重,所涉及的支付方式多样。非国际贸易结算多以汇付方式进行,其在国际结算中所占的比例较小,但对某些国家或地区却常常带来较多的收益。

二、国际贸易结算的方式

目前,国际贸易结算方式主要有汇付、托收和凭信用证结算三种。

(一)汇付

汇付(Remittance)是汇款人通过银行将款项汇交收款人的支付方式。在实践中,汇付的方法又有以下四种:

1. 信汇

信汇(Mail Transfer,M/T)是汇出行应汇款人的申请,将信汇委托书寄给汇入行,授权该汇入行解付一定金额给收款人的一种结算方法。信汇的具体程序是:汇款人填写汇款申请书,连同汇款、汇资交汇出行,以此取得汇出行的信汇回执;汇出行开具信汇委托书邮往汇入行,委托该汇入行向收款人付款;汇入行收到该委托书后即通知收款人取款;汇入行收到收款人签名或盖章的收据后即向其付款,然后将付讫借记通知寄给汇出行。

2. 电汇

电汇(Telegraphic Transfer,T/T)是汇出行应汇款人的申请,拍发加押电报或电传给其在收款人所在地的分行或代理行,委托其向收款人付款的结算方法。电汇程序与信汇很相似,不同之处在于:在电汇方法下,汇款人申请书的内容是要求电汇;汇出行委托汇入行付款所使用的工具为加密押(Testkey)的电报或电传。电汇快捷,但费用很高。

3. 票汇

票汇(Demand Draft,D/D)是汇出行应汇款人的申请,开出以其分行或代理行为付款银行的即期汇票,指令该付款行支付一定金额给付款人的一种结算方法。对票汇方式下的汇票,收款人在不违反汇票票面上限制性规定的前提下可将之流通转让。

4. 电子系统汇付

随着计算机技术的发展,国际银行之间越来越广泛地采用环球银行间财务电信(Society for Worldwide Interbank Financial Telecommunication,SWIFT)系统进行高速度电子资金转移,即电子系统(SWIFT System)汇付。国际贸易关系中的当事人也可以利用这一系统进行结算,具体办法为:汇出行应汇款人的申请,向其分行或代理行发出付款指示,后者按该指示照办后,即通过计算机借记于汇出行在 SWIFT 系统的电子账户上。其中,银行付款责任(Bank Payment Obligation,BPO)是近年来发展较为迅速的一种新型结算工具承诺,即由付款银行(买方银行) SWIFT 等电子平台中在卖方银行提交的数据包与基础交易框架的数据匹配或数据不匹配但被买方接受的条件下向后者做出的独立、不可撤销的即时或延期付款责任承诺。目前包括中国在内的全球多家银行开办这种结算业务。2013 年 4 月,国际商会(ICC)与 SWIFT 合作制定了《银行付款责任统一规则》(Uniform Rules for Bank Payment Obligations,URBPO),该规则于 2013 年 7 月 1 日起正式在全球范围内实施。①

(二)托收

托收(Collection)是国际交易中的债权人开出以债务人为付款人的汇票,委托银行向债务人收取交易款项的一种结算方式。

根据托收过程中的票据等金融单据是否跟有发票、装运单据、装箱单、商检单等商业单据,托收可被分为光票托收和跟单托收两种。

1. 光票托收

光票托收(Clean Collection)是指债权人仅开出汇票而不附带任何商业单据的托收,在国际经济交往中,光票托收通常只限于收取价款的尾数、样品费、佣金和代垫费等。

2. 跟单托收

跟单托收(Document Collection)是指债权人将汇票与商业单据一起交银行委托收款的支付方式。根据商业单据转移的时间,跟单托收又可以分成付款交单和承兑交单两种。

(1)付款交单(Document against Payment,D/P),即代收银行必须在债务人付清票款后才能将商业单据交给债务人。

按照付款时间的差异,付款交单可分成即期付款交单和远期付款交单两种。前者是指代收行向债务人提示汇票和装运单据,债务人经审核无误后就须付款赎单;后者则是指债务人见到汇票和商业单据并经审核无误后先承兑汇票,等汇票到期时再付款赎单。

(2)承兑交单(Document against Acceptance,D/A),指债权人将远期汇票和商业单据交给托收行,由托收行委托代收行向债务人提示承兑,债务人承兑汇票后即可得到商业单据,待汇票到期时,债务人再履行付款义务。

---

① 参见郑培楠:《关注国际结算新产品 BPO》,《农业发展与金融》2014 年第 12 期。See also Agasha Mugasha, Technological Innovation in Trade Finance and the Law: From the Bank Payment Obligation and Blockchain to the Uniform Rules on Digital Trade Transactions, Banking & Finance Law Review, September 2022, pp218－220.

(三)凭信用证结算

根据国际商会2007年实施的现行《跟单信用证统一惯例》(Uniform Custom and Practice for Commercial Documentary Credits/UCP600[①])第2条的规定,信用证(Letter of Credit,L/C)"意为一项约定,无论其如何命名或描述,该约定不可撤销并因此构成开证行对于相符提示予以承兑的确定承诺。"可见,信用证就是允诺按规定单据付款的凭证。

在国际经济交易中,当事人分处于不同的国家或地区,彼此很难信任,唯恐上当受骗,钱货两空,作为"万能中介人"的银行便应需提供这种交易的担保服务,这种中介对交易各方和银行都是有利的。对债权人而言,银行信用应是具有最高保险系数的,债权人只要按照信用证规定按时提交全套合格单据,银行即会予以付款。对债务人来说,付款后即能得到代表某种权利的全套单据。再对银行而言,提供信用证服务无疑会增加其业务收入。凭信用证支付的上述各项优点不仅导致其历史悠久[②],而且长期使之成为国际贸易中最常用的支付方式之一。[③]

不过,开出信用证者并非全部为银行,其中的非银行开证者不仅可能采用与某银行相近的名称,并且也可能利用上述SWIFT系统中的银行转递信用证,这非常容易导致货物的出口方发生混淆而受损。我国已有数家出口企业遭遇此种情况[④],因而应多加注意甄别。

三、调整国际贸易结算关系的法律规范

目前调整国际汇付结算关系的法律规范主要体现为有关国家的国内法,包括合同法和资金转移法等。

托收和凭信用证结算的关系则主要由很多国家广泛接受的国际惯例予以规范。

就托收关系而言,为了确定各当事方之间的权利和义务关系,国际商会于1967年制定了《商业单据托收统一规则》。该规则于1978年被修订并更名为《托收统一规则》,1995年该版本的《托收统一规则》(Uniform Rules for Collection,URC522)[⑤]已得到世界各国银行的广泛采纳。为了适应电子时代的新局面,国际商会于2017年正式启动《跟单托收统一惯例关于电子交单的附则(版本1.0)》(以下简称eURC)的起草工作,并于2019年7月1日正式生效。该规则并非要取代URC522,而是其有益的补充。据此,受eURC约束的托收同样适用于URC522,且无须将URC522明确地纳入托收指示。不过,当eURC适用时,如其与URC522产生不同的结果,应以eURC的规定为准。然而,当托收指示规定其适用于eURC,但交单只包括纸质单据时,则该托收只适用于URC522。另外,URC522所涉及的概念,如果在eURC中没有进行再定义或修改,则仍以URC522的规定为准。[⑥]

关于凭信用证结算关系,国际商会的《跟单信用证统一惯例》一直得到广泛的采纳。该惯

---

① 其中文版内容可下载于 https://baike.baidu.com/item/UCP600%E4%B8%AD%E6%96%87%E7%89%88/6684785? fr=aladdin,2023年5月17日最后访问。

② Dr. Zaid M. Aladwan, Notice of Refusal-Blessing or Curse? *Banking & Finance Law Review*, May 2021, pp. 156—158.

③ See Ebenezer Adodo, Bank's Title to Sue on a Bill of Lading Taken up under an Ill-Fated Letter of Credit, *Journal of International Banking Law and Regulation*, 2015, 30(1), pp. 40—41.

④ 徐倩:《您的信用证一定是银行信用吗——警惕"一带一路"伙伴国开来的非银行信用证》,《对外经贸实务》2019年第2期,第17~19页。

⑤ 该规则的英文本见 https://wenku.so.com/d/4442c93acb4494ebd4a6d6585155c0d7? src=www_rec,2022年9月21日最后访问。

⑥ 参见张率慧、曾多:《首笔电子交单托收业务推动eURC惯例落地》,《中国外汇》2020年第4期,第58页。同时参见赵珣:《eURC惯例初探》,《中国外汇》2019年第19期,第64页。

例最早公布于1933年，第二次世界大战后，国际商会对该惯例已完成了6次修订，它们分别发生于1951年、1962年、1974年、1983年、1993年和2006年。2006年的修订本如前所述被简称为UCP600，自2007年7月1日起正式实施。对于这种关系的电子化惯例的推动成果则可追溯到20多年前，即早在2002年国际商会就推出了《跟单信用证统一惯例关于电子交单的附则》(以下简称eUCP)1.0版本)，用于电子交单。在UCP500修订升级为UCP600之后，相应的eUCP也升级为1.1版本。国际商会2017年6月再次启动了eUCP的修订工作，eUCP2.0版本经三易其稿而问世，并于2019年7月1日正式生效。UCP600与eUCP2.0类似于以上的URC522与eURC的关系，即适用该规则的信用证同时也适用UCP600规则，但适用UCP600规则的信用证则不能认为天然适用eUCP规则。[①]

由于汇付在国际贸易结算中仅起微小的作用，因此，本章只重点根据URC522和UCP600及具有代表性国家的判决实例分别介绍托收和凭信用证结算关系中当事人之间的权利与义务。

第二节 托收结算中的法律关系

一、托收结算法律关系中的当事人

根据URC522第3条的规定，一笔托收业务涉及的当事人可能会达到五个，即委托人、汇出行、代收行、提示行和付款人。

(一)委托人

委托人(Principle)又称本人，指委托银行向债务人收款的债权人。

(二)汇出行

汇出行(Remitting Bank)在中文论著中又称托收行、寄单行，是接受本人的委托处理托收事务的银行。

(三)代收行

代收行(Collecting Bank)是汇出行以外处理托收事务的任何银行。

(四)提示行

提示行(Presenting Bank)是向付款人提示的托收行。

(五)付款人

付款人(Drawee)是根据托收指示书向其提示的委托人票据和要求支付票款的人。

二、委托人和汇出行之间的法律关系

(一)委托人对汇出行的义务

委托人和汇出行之间属于委托代理关系，根据URC522的规定，委托人对汇出行的义务表现在以下几个方面：

---

① 参见郑岩：《解码eUCP2.0》,《中国外汇》2019年第19期，第62页。同时参见丁聪：《国际商会跟单信用证统一惯例关于电子交单的附则(eUCP)2.0变化解读》,《现代商业》2020年第23期，第56～58页。

(1)对汇出行就以下事项做出明确指示：付款人要采取行动的确切时间，托收行的选定，交单条件的确定，向付款人应收取的银行费用，收到付款后的付款方法和通知付款的方式，遇到买方拒付时是否做成拒付书及对货物的处理方式。如果委托人就上述各事项未向托收行做出明确指示，那么汇出行可以自行决定处理这些事务且在符合谨慎和善意原则的情况下对由此造成委托人的任何损失概不负责。

(2)向汇出行支付办理托收所需的手续费和代垫的各项费用。

(3)在接到汇出行有关拒付或发生意外情况的通知时，应及时指示银行对有关单据的处理办法。

(二)汇出行对委托人的义务

(1)执行委托人的指示。根据URC522第5条第4款的规定，基于有效执行委托人指示的目的，汇出行要使用委托人指定的银行为托收行。如果委托人没有指示，汇出行则要利用付款国或承兑国或者表现符合其他条款与条件国家自选的任何银行或另一银行选择的任何银行。

(2)审查所收单据的种类和份数与托收申请书所列者是否相符。如有不符或遗漏，汇出行应毫不延迟地通知委托人。但是，汇出行对任何通知、信件或单据在寄送中的延迟和/或遗失及其他无法控制的原因造成的一切后果免责。未经其同意，汇出行没有提货的义务，即使汇出行主动处理货物，汇出行对货物状况和受委托处理货物的第三人任何行为或疏忽概不负责。

坚锋公司与江苏银行盐城分行纠纷案(2022)[①]

2019年6月19日，受上诉方坚锋公司(全称“盐城市坚锋电动工具有限公司”)所托，第三方天地公司(全称“盐城天地国际贸易有限公司”)将5 000套工具箱于宁波港装箱发出，目的地为希腊比雷埃夫斯港。2019年7月24日，第三方委托被上诉方江苏银行盐城分行(全称“江苏银行股份有限公司盐城分行”)进行单据托收，其所提交的《客户交单联系单》载明：跟单托收请按国际商会现行托收统一规则(URC522)办理；交单方式为D/Patsight，托收行为Piraeus Bank Bulgaria；发票编号是JF2019P&K01-1；金额为USD117 760.00，单据是发票3份、箱单3份、提单3份、提单副本1份。次日，被上诉方即向代收行保加利亚银行做出托收指示，并通过TNT快递公司向代收行寄出托收指示及全套单据。其中，所寄正本提单的签发时间为2019年6月27日，收货人为ENKA公司，卸货港为希腊比雷埃夫斯港。

2019年8月16日，第三方向中国出口信用保险公司江苏分公司提出索赔。2019年11月26日，后者书面回应称：“买方ENKA公司否认本案项下贸易，ENKA公司与贸易单证上所载的买方公司联系人Mr. SerbezKozan没有关系，联系邮箱也不是其公司的官方邮箱，Mr. SerbezKozan曾多次以ENKA公司名义进行欺诈行为，ENKA公司已经向警察报案，向该人提起了诉讼。中国出口信用保险公司江苏分公司的海外渠道始终无法与Mr. SerbezKozan取得联系，渠道分析认为Mr. SerbezKozan很有可能与ENKA公司无关。渠道核实反馈，货物于2019年7月31日在希腊比雷埃夫斯港被‘HGISRIITALIA’公司提走。”

上诉方便向被上诉方起诉索赔损失，一审败诉后前者提出了上诉。被上诉方辩称：现行国际贸易结算方式主要有信用证、托收和电汇等结算方式；在许多国家里，记名提单的收货人可

① 该案案号为“(2022)苏09民终2517号”，其判决详情可见于https://wenshu.court.gov.cn/website/wenshu/181107ANFZ0BXSK4/index.html? docId = 81uw4q6F26fAQ7Ex + 9CV1iNMS7PzubcqmMNetvGKGA87 + e11mLGyyJ/dgBYosE2go/ZCEzlseUOaqRZu/JZQ+OQxMEu0BxHU9PkZ31OMaERM9QRZ1JwZU4SfIDusRd/v，2023年5月2日最后访问。

以不凭提单就可以提货，记名提单如空运提单实际上已经失去了货权的作用，收货人只要凭身份证明就可以提货；在此情况下，选择记名提单及D/Patsight(跟单托收)结算方式对委托人而言本身就存在风险；本案中的土耳其进口商并不承认有该笔进口业务，该代理人多次以该进口商名义进行欺诈行为，该公司已向警察报案，且上诉方联系的进口商代理人在提货后即已失联，这种买卖交易风险应由买卖当事人自行承担而不能转嫁于金融机构。

江苏省盐城市中级人民法院2022年8月1日终审判决驳回上诉，理由是：本案二审的争议焦点为被上诉方在履行受托事务过程中是否存在过错及应否承担赔偿责任；本案中，被上诉方已经举证证明其已经履行寄送托收指示和附随单证的义务，因上诉方指定的付款人并非代收行客户而被退回，可以认定被上诉方在履行受托事务过程中不存在过错；且根据《托收统一规则》(URC522)第14条规定，银行对单证在传送过程中的延误和遗失免责，任何讯息、信件或者单证在传送中因延误及或遗失所引起的后果，或者任何在电信传递过程中所发生的延误、毁损或其他错误，或者对技术术语的翻译及或解释中的错误，银行不承担责任。

(3)对委托人未加明确指示的事项按URC522予以处理。例如，委托人未指定托收行时，汇出行可自行选择托收行。

(4)向托收行寄送托收指示书，注明按URC522办理，并列明完整明确的指示，同时附寄有关托收单据。

(5)将收到托收款项毫不延迟的交付委托人。

(6)对因过错造成委托人的损害负赔偿责任。

三、汇出行和托收行之间的法律关系

两者之间也是委托代理关系。

(一)汇出行对托收行的义务

汇出行对托收行的主要义务是：偿付因执行其托收指示而发生的所有开支及损失，但已由付款人偿付的部分除外。

(二) 托收行对汇出行的义务

托收行对汇出行的主要义务：

(1)代理汇出行执行托收指示。

(2)审查、确定所收到的单据表面上与托收指示书是否相符，且在付款人承兑或付款前必须保管好单据。

(3)应按托收指示书规定的方式向汇出行通知托收情况，并无延误地向汇出行寄送付款通知、承兑通知及对货物采取行动的通知。

(4)对其过错造成汇出行的损失予以赔偿。但汇出行对委托人义务关系中的免责事项同样适用于托收行对汇出行的义务关系。

Linklaters诉HSBC银行案(2003)[①]

在HSBC银行的曼彻斯特分行开了账户的Zeneca有限公司签发了以该HSBC银行为付

① 本案详情可参见E. P. Ellinger, Liabilities of Bank When Crossed Cheque Collected Overseas, Law Quarterly Review, 2004, pp. 226—229。

款人向原告 Linklaters 支付 989 122.66 英镑的支票，该支票在原告的邮件收发室被偷走并最终落到了居住在波多黎各的意大利国民 G 的手中。G 带着伪造了原告空白背书的该支票去了 BPE 银行西班牙分行，要求托收至其为董事的 United Financial Services Corporation（UFSC）账户内，该 UFSC 名义上是一家波多黎各公司。根据顾客的引荐，BPE 以 UFSC 的名义开了 1 美元账户。尽管该支票被划线并标记了“a/c payee only”[①]，但 BPE 将该支票和一封载明按 URC522 为 UFSC 托收该支票的汇付信函寄给了 HSBC 银行的曼彻斯特分行。该汇付信指示 HSBC 贷记该支票财产在 HSBC 银行伦敦营业所中的 BPE 账户内。HSBC 的两位雇员审查后被授权付款。BPE 获通知该支票被付款后，开立了另一英镑账户，贷记于该账户的钱款被迅速取走。原告报告称未收到 Zeneca 的支票款并发现了上述偷窃及票款损失，为此对 HSBC 和 BPE 提起了诉讼且获得了和解。这两家银行相互间却发生了责任划分争议。

英国法院判决 BPE 对上述损失负全部责任，理由是：在托收该支票款的关系中，HSBC 既是付款行，也是 BPE 的代理人；1999 年 Middle Temple 诉 Lloyd 银行案的判决确立了被代理银行默示担保支票得为对该财产具有权力的人托收的规则，如果对银行法中如此重要的问题做出不同的判决将是不幸的，该案中代理人是付款行以外的第三方这一事实与本案中 HSBC 是付款行的事实区别是非实质性的；不能期望 BPE 这样一家外国银行熟悉以一家英国银行为付款行的划线支票上“a/c payee only”的文字效果，然而，尊重西班牙银行惯例的专家证据表明，尽管支票背书的表面没有中断，本案中在没有进一步询问的情况下，UFSC 的账户不应当被开立，顾客不是西班牙国民的性质及支票金额都是应被考虑的因素，贷记于 UFSC 账户的资金被迅速取走也是另一可怀疑的情况；HSBC 的员工没有遵循其自身的守则要求，支票的金额和一家外国银行的提示付款行为应令人警觉，给出票人的 Zeneca 有限公司打个电话可能就会显示 Linklaters 尚未获得付款，然而实践中不能被遵守的银行业烦琐措施可能既有风险也事与愿违；以上情况表明，BPE 存在 2/3 的过错，HSBC 则存在 1/3 的过错，然而，本案应当适用以上的由被代理人承担确保对支票真正主人付款义务的规则并应认定 BPE 违反了此种担保，且考虑到 BPE 担保的是顾客收取资金的权利而不是单据有效性或真实性，URC522 第 13 条关于提示行不负责所提示单据有效性或真实性的规定是不适用的。

四、委托人与托收行之间的法律关系

委托人与托收行之间并无直接的合同关系，但是，根据 URC522 的规定，托收行在代收过程中发生的开支或费用在付款人或汇出行拒绝承担时，托收行可以从代收的款项中予以扣除或留置有关单据。

五、付款人与托收行之间的法律关系

付款人与托收行之间也无直接的合同关系，但是，URC522 规定：付款人拒付时应向托收行说明原因。

---

① “a/c payee only”是“account payee only”的缩写，一般加于划线支票上，旨在确保支票款付给该票上指定的收款人账户，其功能与“不可流通”的文字具有相同的作用。银行未符合该划线文义即构成对其顾客的违约。https://dictionary.cambridge.org/us/dictionary/english/a－c－payee－only? a＝british，2023 年 8 月 24 日最后访问。

第三节 凭信用证结算中的法律关系

一、凭信用证结算法律关系中的当事人

根据UCP600的规定，在凭信用证结算关系中当事人主要有以下几种：开证申请人、开证行、受益人和中间行。

(一)开证申请人

开证申请人(Applicant)是指向银行申请开具信用证的人。实践中，开证申请人常是国际贸易中的货币债务人。不过，UCP600第2条对“开证行”的定义推断，开证银行为自身行事也可以开具信用证，因此，在某些凭信用证结算关系中可能不存在开证申请人。

(二)开证行

开证行(Issuing Bank)是应开证申请人要求为其自身而开立信用证的银行。

(三)受益人

受益人(Beneficiary)是信用证上指定的有权享用该证利益的人。实践中，受益人常是国际贸易中的货币债权人。

(四)中间行

中间行(Intermediary Bank)是开证行以外的参与凭信用证结算活动的银行，如通知行(Advising Bank)、被指定行(Nominated Bank)、保兑行(Confirming Bank)等。

二、开证申请人与开证行的法律关系

双方之间是一种服务贸易合同关系，开证行向开证申请人提供约定的开证和凭信用证向受益人付款的服务，特别是要确保开证行本身和其他中间行在审查单据中按UCP600有关规定履行义务，包括：“不得开立以申请人为汇票付款人的信用证”(第6条c款)；必须“对提示的单据进行审核，并仅以单据为基础，以决定单据在表面上看来是否构成相符合的提示”(第14条a款)；等等。

不过，UCP600中的很多条款也同时规定了开证行在处理单据过程中的免责事项，包括：对单据、信件等中的信息在传递或翻译中发生的丢失或错误概不负责(第35条款)；为执行开证申请人的指示而利用其他银行服务时，风险与费用由开证申请人承担(第37条a款)，在按照开证申请人的要求向其他银行发出指示的情况下，如果所发指示为被执行，开证行概不负责(第37条b款)；外国法律与惯例加于开证行的一切义务与责任，申请人应予补偿(第37条d款)；等等。

开证申请人对开证行的义务即按开证合同的规定向开证行支付各种服务费并按期赎单。在开证申请人与开证行同属一国的情况下，这项义务的确定则完全为该国的国内法。

兴业银行股份有限公司与烟台天茂油脂有限公司等纠纷案(2020)[①]

2018年3月15日，原告兴业银行股份有限公司与被告山东岩海建设资源有限公司、谭德

① 该案的案号为(2020)鲁06民初324号，其判决详情可见于https://wenshu. court. gov. cn/website/wenshu/181107ANFZ0BXSK4/index. html? docId = relZp5rmNdtrwuAScbcQLfkceIVVq2HtcKW7nVMlsYUr/odjOF31QZ/dgBY-osE2go/ZCEzlseUOaqRZu/JZQ+Ira+3pSilwRDYrjWH397lRFTssZ8wVf67jGzKcTdNh/，2023年4月7日最后访问。

敏、邓梅签订的一份《最高额保证合同》，约定其自愿为另一被告烟台天茂油脂有限公司（以下简称天茂公司）在原告处自2019年3月14日至2020年3月14日期间形成的债务在最高本金限额6 000万元及项下利息、罚息、复利、实现债权的费用范围内提供连带责任保证担保。

2019年1月23日，原告与天茂公司签订了《进口信用证开证合同》，约定原告为后者开立1 872 500美元信用证，有效期限为2019年1月23日至2019年3月15日。合同签订后，原告依约向被告天茂公司开立了信用证，在Singapore（新加坡）到期，受益人为Gideona Gripte LTD30 Raffles Place＃22－03Singapore048622。2019年3月18日原告对涉案信用证进行了付款。然而，天茂公司却一直未能按照合同约定偿付该信用证款项和有关费用。原告便诉讼请求以上四被告连带赔偿所有损失。山东省烟台市中级人民法院2020年12月25日判决原告完全胜诉，其实体法依据便是当时的我国《合同法》第206～207条和《担保法》第18条与第31条。

三、受益人和开证行的法律关系

根据UCP600第7条的规定，自信用证开立之时起，开证行就不可撤销地对受益人承担兑付责任的约束。不过，按照该惯例的第15条等，受益人只有在信用证到期前提交与信用证表面相符的单据时，开证行才有义务接受与信用证表面相符的单据，并按信用证规定的即期或远期付款条件向受益人立即付款、延期付款或承兑汇票和于汇票到期时付款。这里应进一步说明的是，"表面相符"的概念在该惯例中有具体的分项规定。如该惯例的第31条就规定了分期转运方面的具体规则。

威能化工进出口公司与某开证行纠纷案[①]

2016年9月，卖方中国威能化工进出口公司获得一份以下内容的合约：出售阿联酋500吨碳酸钙，价格条款为CFR Tianjing，信用证结算（Payment by L/C），发货期为10月，不允许部分发运（Partial Shipment Prohibited）。

卖方收到信用证后，由于库存不足，于10月12日将400吨的货物装上了天津港的"大运"号货轮，同时联系了该公司在大连的分公司提供100吨的碳酸钙，并征得"大运"号货轮同意，于14日顺道去大连装运了100吨碳酸钙，然后继续向阿联酋行驶。10月16日，卖方业务员持全套单据到银行交单议付，却在10月25日收到开证行的拒付通知，理由是："信用证不允许部分装运，但卖方提供的单据里包含了两份提单，一份是发货日为10月12日从天津港发运的400吨的碳酸钙的提单，另一份是10月14日从大连港发运的100吨的碳酸钙的提单。这样构成部分装运，违反了信用证不准部分装运的规定。"

随后卖方向开证行和买方解释："按照UCP600第31条b款，两批货物虽然在12日和14日在不同的港口和不同的时间装运，但两批货物都装上了同一航次的同一艘船，且两份提单显示的目的港一致，不构成部装运"。开证行和买方对此种解释不加认可而拒绝付款。卖方便申请了仲裁。仲裁庭裁决支持了卖方的主张。[②] 开证行最终裁决而解付了货款并支付了相应的利息。

---

① 马连良：《"分期装运"条款辨析——基于CISG与UCP600的相关条款》，《对外经贸实务》2020年第7期，第63页。

② 笔者认为，卖方不按约定和信用证指定装运港装货的行为是否违约和违反信用证规定的问题值得思考。

同时，该惯例的第 4 条等规定，信用证独立于可能为其开立依据的销售合同或其他合同。因此，开证行对受益人做出兑付或履行信用证其他义务的承诺时，并不受前述的基础合同约束，受益人在任何情况下也不得利用开证行与其他银行之间或开证行与开证申请人之间的契约关系。同时，在受益人提交的单据与信用证不符的情况下，开证行无义务接受和兑付。另外，发生基础交易欺诈且存在有管辖权法院的禁令等情况时，开证行也不得向受益人付款。[①]

此外，依照 UCP600 第 16 条规定，对受益人提交的单据，开证行应在收到后的第二天算起 5 个银行工作日内予以审核并决定是否接受或拒收；如果开证行发现单据与信用证表面不符，可以拒绝兑付，但是，除非提示者是其他人，开证行应当一次性通知受益人，该通知应列明单据与信用证的所有不符点；该种异议通知还必须表明开证行依然持有这些单据以等待提示者进一步指示，或者在收到开征申请人弃权和同意接受单据之时或收到提示者同意接受弃权前做出的进一步指示之时持有这些单据，或者退回单据，或者按照提示者先前的指示行事。如果没有遵循以上的规定，则根据 UCP600 第 16 条第 6 款的规定，开证行不得主张受益人(或其他提示者)提交的单据不符合信用证。另一方面，在单据存在不符点已发送拒付通知而开证申请人同意放弃不符点的情况下，开证行的付款到期日自其同意申请人放弃不符点后起算。[②] 同时值得注意的是我国一些法院的司法立场，即错误利用不符点拒付导致受益人损失的，开证行得承担全额赔偿责任。[③]

开证行的上述义务可以通过中间行向受益人履行。但由于天灾、暴动、骚乱、叛乱、战争或其本身无法控制的其他原因，或任何罢工、停工，而中断审核单据或付款，开证行对受益人概不负责。换句话说，对于规定义务之外包括不知且不应知的欺诈[④]等所致的受益人损失，开证行都可以免费。除非经开证申请人特别授权，开证行恢复营业时，对其营业期间到期的信用证无义务向受益人付款或承兑汇票或承担延迟付款责任。

受益人对开证行的义务是向开证行或其指定行提交符合信用证规定的单据。

Heytex Bramsche GmbH 诉 Unity Trade Capital Limited(2022)[⑤]

原告 Heytex Bramsche GmbH 是一家德国公司，被告 Unity Trade Capital Limited (UTC)是一家进行提供金融担保、信用证等服务的英国公司。2020 年 6 月初，原告与 Jibran

① 参见姚文宽：《信用证当事人虚拟基础合同交易欺诈——信用证欺诈例外原则与独立性原则平衡关系的研究》，《江苏商论》2018 年第 2 期，第 59～62 页。

② 陈伟芝：《信用证付款到期日起算研析》，《对外经贸实务》2021 年第 5 期，第 72 页。

③ See Wang Jingen, Damages for Letter of Credit Wrongful Dishonour in China: Reviewing the Humei Case, *Banking & Finance Law Review*, May 2021, pp. 182－208.

④ 正是由于开证行的免责范围较广，信用证结算中的欺诈事件时有发生。这方面的情况可详见马东丽：《新时期国际贸易中信用证欺诈的现状及其防范》，《对外经贸实务》2020 年第 7 期，第 65～68 页。

⑤ [2022] EWHC 2488 (Ch). 该案的判决详情可见于 https://1.next.westlaw.com/Document/I67F2D7004A3A11ED956CEC221E047464/View/FullText.html?navigationPath=Search%2Fv1%2Fresults%2Fnavigation%2Fi0ad74016000001882a906efadb359b7b%3Fppcid%3D626665aa87204d43a4182ad7cd860d72%26Nav%3DINTERNATIONAL－CASES%26navQualifier%3DI1dec5f10a08911e28578f7ccc38dcbee%26fragmentIdentifier%3DI67F2D7004A3A11ED956CEC221E047464%26parentRank%3D0%26startIndex%3D1%26contextData%3D%2528sc.Search%2529%26transitionType%3DSearchItem&listSource=Search&listPageSource=6e7605e5d888e7449517e4b43df6a3ac&list=ALL&rank=1&sessionScopeId=18a4d15d46745ac0ffa36f58bc7017973f28165d353cc48b729a6f8a35ae8960&ppcid=626665aa87204d43a4182ad7cd860d72&originationContext=Search%20Result&transitionType=SearchItem&contextData=%28sc.Search%29#co_tempAnchor，2023 年 5 月 18 日最后访问。

技术服务有限公司达成了一项买卖某种 PVC 涂层织物的合同，规定凭提单日后 90 天的信用证付款。同年 8 月 16 日，通过 MT700 SWIFT 的讯息以原告为受益人的信用证获得了出立。原告认为开证行就是被告。同年 11 月 9 日，通过充作案涉信用证通知行的原告开户行 Sparkasse Osnabruck (Sparkasse)发送 1 则 SWIFT 信息，原告提交了该信用证规定的各种单据。在的情况下，次月 12 日，被告通知称其审查的由买卖双方签订的单据与由"信用证所有方面(all sides of LC)"签署的要求不符。次日，被告向 Sparkasse 回复 1 则 SWIFT 信息称其仍然坚持拒付，但将单据交给了表示接受所有的不符点开证申请方 Jibran。随后，原告与 Jibran 商定了 2 次延迟付款的方案。但是，最终结果是原告财货两空。原告便起诉索赔。英国高等法院 2022 年 10 月 10 日判决被告败诉，理由是：被告关于开证行是在冈比亚登记的 UTB 而非自己的辩称，与事实不符，有 20 多年金融业工作经验的被告董事 Bhowmik 博士在第 1 次证言中就承认是被告而非 UTB 将 MT700 SWIFT 讯息传送给了 Sparkasse，被告之前也没有提出这样的抗辩，涉案信用证也暗示 UTB 不是开证行；涉案信用证注明其为具有不可撤销性，被告对其中"信用证所有方面(all sides of LC)"签署的规定解释成单据要包含自己签字的主张与之矛盾且非常不正常；UCP600 在英国没有正式的法律效力，但它如同标准合同和共同的国际惯例被并入到了当事人之间的协议之中，至于被告所称的信用证提及的信用证标准(The Credit Norms)既未随该证一道寄送，也未被原告及 Sparkasse 所知晓，因而是无效的。

不过，在 2012 年 1 月 27 日关于韩国外换银行诉中国银行案判决中，韩国最高法院认为根据 UCP600 第 2 条和第 9 条第 1 款，通知行的信用咨询仅就开证行的信用和信用证内容向受益人咨询而不需要出示或提交信用证的原件。

四、开证行与中间行的法律关系

根据 UCP600 第 2 条，中间行是依照开证行的授权处理信用证事务的银行。中间行与开证行之间属委托代理关系。中间行对开证行的义务是，在后者的授权范围内按信用证和 UCP600 的标准审查单据并做出付款、延期付款、承兑汇票或议付[1]等行为。开证行对中间行的义务是：在后者凭信用证和 UCP600 的标准对表面上与信用证相符的单据做出付款、延期付款、承兑汇票或议付等行为之后，接受单据提示并向后者偿付有关佣金、费用、成本和开支等。但是，如果开证行认为单证不符，也要按照前述的 UCP600 第 16 条的内容对中间行履行通知等义务。

韩国外换银行株式会社与青岛银行股份有限公司信用证纠纷案(2009)[2]

原青岛市商业银行股份有限公司(2008 年 2 月 20 日变更为青岛银行股份有限公司，以下简称青岛银行)于 2007 年 7 月 25 日开立了编号为 8021011070037 的不可撤销跟单信用证，载明：有效期和有效地点分别为 2007 年 8 月 21 日、韩国；开证申请人为青岛富华和众贸易有限公司；受益人是米若贸易有限公司；结算货币和金额 400 050 美元；任何银行议付；即期汇票付款人为青岛银行，全额付款；允许分装、转运；俄罗斯海装货、中国青岛卸货；2007 年 7 月 31 日为最后装船期；货物为 315 吨海水冷冻的阿拉斯加鳕鱼，每条 20 厘米以上，1 270 美元/MT CFR 中国青岛，纸袋包装，净重 2×11 千克；所有中国境外银行费用，包括酬金和电报费，都由

---

① 根据这些不同行为区分的信用证类型便分别是即期付款信用证、延期付款信用证、承兑信用证。参见王金根：《UCP600 信用证议付内涵解读》，《国际商务财会》2023 年第 7 期，第 3 页，以及议付信用证。

② 本案案号为(2009)鲁民四终字第 37 号。

受益人承担；在信用证有效期内，运输单据开立之后21日内提示交单；议付行必须将汇票和所有文件票据一并寄送给青岛银行，收到所有单据之后，青岛银行会及时承兑并在到期日依指示有效付款；由受益人开具手写签字的商业发票3份原件，并注明本信用证号码和合同号码MRF-PO070622-A；填写全套清洁海运装船待指定提单，并空白背书，提单标注为"运费付讫"并通知开证申请人；标识每包数量/毛重和净重的装运清单3份原件；由官方授权机构出具的一份中英文健康证书原件发给开证申请人；由官方授权机构出具签署的一份货物原产地证明书原件发给开证申请人；54美元或是相当数额的不符点费用将从每套含有不符点的单据收益中扣除，允许数量和金额在1%上下浮动；一份非木质包装材料声明原件；此信用证遵照UCP600。

原告韩国外换银行株式会社(Korea Exchange Bank，以下简称外换银行)2007年7月26日根据上述信用证受益人的申请，做出议付而将404 040.34美元存入其账户。之后该行向青岛银行发出了偿付通知，并提交了汇票、商业发票、提单、装运清单、原产地证明、健康证书、非木质包装材料声明等单据。其中的非木质包装材料声明中记载的信用证号码为8021011070036。2007年8月8日，青岛银行通知确认收到外换银行的交单，同时表明了由于非木质包装材料声明上的信用证号码与信用证严重不符而依据UCP600第16条拒付的立场。

外换银行诉至青岛市中级人民法院索讨议付款项。该法院一审判决外换银行败诉，①该行不服提出上诉称：(1)原审判决在认定外换银行为善意议付行的情况下，将明显的打字错误认定为不符点，判令驳回外换银行诉讼请求不成立；(2)外换银行于2007年7月26日寄单索偿，青岛银行于2007年8月8日提示不符点拒付时间隔日期远远超过了UCP600第14条b款规定的五个银行工作日，从而丧失了提出不符点的权利；(3)原审判决由于上述事实认定错误而不正确地适用了UCP600第16条第1款，本案应当适用《信用证司法解释》第6条第2款、UCP600第14条d款和f款等规定确认不符点不成立。

山东省高级人民法院2009年6月22日做出了维持原判的判决，理由是：在由阿拉伯数字组成的信用证号码中，一个数字的不同应理解为代表不同的信用证，末尾数字的不同直接导致非木质包装材料声明记载的信用证号码与信用证要求的单据商业发票记载的信用证号码及信用证本身相互矛盾，并导致单单、单证之间相互产生歧义，因此，原审法院根据UCP600第14条d款、《信用证司法解释》第6条第2款等规定判断本案信用证存在不符点正确；2007年7月26日是外换银行寄单索偿的日期，青岛银行提交的单据签收登记簿记载的单据收到日期2007年8月2日与外换银行提交的索偿通知上手签的"07.8.2"相一致，在外换银行无其他证据推翻青岛银行主张的单据收到日期的情况下，应认定2007年8月2日为青岛银行收到单据的时间，审单期限应自青岛银行收到单据的次日即2007年8月3日起算五个银行工作日，2007年8月3日是星期五，扣除8月4日、5日两个非银行工作日，根据UCP600第14条d款的规定青岛银行2007年8月8日发出拒付通知，并未丧失提出不符点的权利。②

---

① 该判决案号为(2008)青民四初字第82号。

② 此外，本判决书的部分内容表明：本案中基础关系的买方即米若贸易有限公司于2007年12月5日向开证申请人即青岛国星食品有限公司出具声明承认编号为MRF-PO070622-A的合同项下编号为MYS0707-23C的提单及其他被提交和议付的单据系欺诈和伪造而成。事实上，根本没有任何本案信用证下的阿拉斯加鳕鱼自俄罗斯运抵青岛。米若贸易有限公司同意取消此项付款，并免除青岛国星食品有限公司在本案信用证项下的付款责任。

此外，比较值得关注的是新加坡上诉法院 2016 年对 Grains and Industrial Products Trading Pte Ltd 诉 Bank of India 等案①的判决。在该案中，被告之一的 Bank of India 是涉案信用证的开证行 Indian Bank 的通知行，庭审法官以 2∶1 的多数认为：通知行在接受开证行授权的情况下就形成代理关系，当事人之间若无相反协议，通知行在接受单据提交时就成为开证行处理单据的代理人，被告之一的 Bank of India 则是通过行为成为 Indian Bank 的代理人，从而有义务及时地向开证行提交单据。不过，该庭审法官中 2∶1 的多数同时又判决：从技术角度而言，Bank of India 对开证行 Indian Bank 因原告索赔而造成的损失不必赔偿。

五、开证行与保兑行的法律关系

保兑行是指应开证行的请求或授权而在信用证上加注保兑承诺的银行。信用证经保兑行加注保兑承诺后即被称为保兑信用证(Confirming Letter of Credit)。信用证一经保兑即构成保兑行在开证行以外的一项按该信用证条款的确定的保证。在受益人向保兑行提示与保兑信用证相符的单据时，保兑行即承担了绝对付款的义务。开证行与保兑行之间属于提供保兑服务的合同关系，保兑行依合同有义务在信用证加注保兑并对受益人承担独立的保证人的责任，同时对开证行承担谨慎审查信用证下单据的义务。如果保兑行在审单中有过失，开证行并没有义务赎单。但是，如果保兑行履行了谨慎审单义务，并对受益人做出了支付，开证行则有义务偿付保兑行向受益人履行保兑义务的费用和损失。

另一方面，保兑信用证的修改都要经过保兑行和开证行的同意，否则未予同意的保兑行或开证行对修改后的信用证受益人或其单据受让人皆不承担支付或保兑责任。不过，此种情况下的受益人或其单据受让人可向第三方责任人追偿，2014 年英国上诉法院对渣打银行诉 Dorchester LNG(2)有限公司案的判决就是一个很好的例证。②

Deutsche Bank AG 诉 CIMB Bank Bhd(2017)③

被告 CIMB Bank Bhd 为了便于印度棉花交易而开出了数张信用证，其中的一项相关规定是：所有提交的文件必须使用英文语言，加注英文日期。原告 Deutsche Bank AG 是这些信用证的保兑行。这些信用证的一项修改增加了“由 AQSIQ 发布的进口棉花的海外供应企业登记证书的复印件”，本案争议中的文件就是该种登记证书的复印件，其上没有个人签名而有一红圆印章。原告接受了该复印件，被告拒绝偿付原告在信用证下的垫款，理由：一是该文件不符合信用证的签署要求，二是单据在装运日之后的 21 天以外的时间提交。英国法院 2017 年却判决原告胜诉，其依据：UCP600 第 3 条允许单据以印章、符号或任何其他技术证实的方式签字，本案中印章足以构成一项签署；UCP600 第 1 条关于 21 天内提交单据的规则是在信用证没有明确修改或删除的条件下适用的，本案中的信用证却规定在该有效期截止日即 2016 年 1 月 15 日之前都可提交单据，据此保兑行交单并无延迟。

---

① 该案的编号为[2016]SGCA 32，其判决详情可见于 http://www. conventuslaw. com/report/singapore-letters-of-credit-incorporating-ucp-600，2023 年 8 月 24 日最后访问。

② [2014]EWCA Civ 1382.

③ [2017] EWHC 3380 (Comm)，该案的判决详情可见于 http://www. mondaq. com/x/717402/Financial+Services/Letters+of+Credit+Issuing+Bank+vs+Confirming+Bank+Deutsche+Bank+AG+v+CIMB+Bank+Bhd，2023 年 8 月 24 日最后访问。

六、受益人与中间行的法律关系

受益人只与保兑行存在直接被指定行的保兑合同关系，根据 UCP600 第 8 条的规定，保兑行依其保兑的内容对受益人承担第一位的付款责任，受益人则须提交与保兑信用证表面相符的单据。

依照 UCP600 第 12 条 a 款的规定，受益人与通知行或被指定行等其他中间行无直接的合同关系，除非其他中间行同意并通知受益人，受益人无权利用各中间行之间和中间行与开证行之间合同关系向其他中间行要求付款、承兑汇票或索赔。不过，2009 年我国上海第二中级人民法院审理的一起信用证纠纷案中，针对原告上海楚华公司起诉中行上海普陀支行称后者作为信用证通知行 20 多天后才向自己通知该证致使自身基础贸易利益受损而提出的索赔请求问题，主审法官认为：若通知行同意履行通知义务，则通知行即与受益人间也单独构成了合同关系，须承担相应的责任义务。美国也有法院曾判决通知行向因疏漏通知信用证付款条件而无法得到开证行偿付的受益人做出赔偿（ITM Enterprises vs. Bank of New York）。[①]

七、开证申请人与受益人及中间行的法律关系

开证申请人与受益人之间存在着货物销售或其他合同关系，信用证中可能通过说明条款等方式援引了这些合同。开立信用证既可能是这些合同生效的前提，也可能是受益人交货的前提。

Kronos 环球有限公司诉 Sempra 公司案(2004)

原告（Kronos 环球有限公司）作为卖方根据 FOB 条件与被告（Sempra 公司）签订了一份买卖汽油的合同，规定每月在安全的港口交货，装货时间为 3 天，凭信用证支付货款。对于 2001 年 6 月的一批货物，被告指定了船舶并通知原告称该船会在 6 月 28 日至 30 日到达装运港。该船在 6 月 28 日到达装运港并发布了准备就绪的通知书。此时，因炼油厂的问题而未备好货物的原告要求被告开出信用证。后者于 7 月 5 日至 6 日开出了信用证。自 7 月 9 日开始货物得到装运并于 11 日结束。被告声称，装运时间应从 6 月 28 日至 30 日起算，原告应当支付船舶的滞期费。原告则认为自己没有义务支付滞期费，因为其装货义务直到信用证开出后才开始，且装运时间应从信用证开出后的合理时间起算。英国上诉法院以本案中开立信用证是卖方的交货义务的前提为由支持了原告的主张。

不过，即便信用证援引了开证申请人与受益人之间的合同，开证行或保兑行开出或保兑的信用证不会进一步规定开证申请人与受益人之间在凭信用证结算关系中的权利和义务。开证申请人与受益人之间在货物销售或其他合同关系中的权利和义务由有关的国际条约、惯例或国内法决定，UCP600 一如其前身，概不涉及。开证申请人与中间行在凭信用证结算中一般也没有直接的合同法律关系。

---

① 参见张德新：《SWIFT 系统中信用证通知行的角色与定位》，《时代金融》2019 年 2 月上旬刊，第 38 页。

本章小结

不同国家当事人之间进行国际贸易往来，必然会产生债权与债务关系，只有通过国际贸易结算才能了结这种货币债权与债务关系。因此，国际贸易结算行为是为国际货物、技术或国际服务贸易活动服务的。为了使国际贸易结算行为依法进行，对国际贸易结算提供法律保护，国际社会形成了国际贸易结算的法律制度，本章主要内容在于说明国际贸易结算中有关当事人之间基本的法律权利与义务关系。

建议的选读资料

1. 苗如霞：《信用证流转中银行持有提单的权利属性及权利行使方式》，《对外经贸实务》2022 年第 6 期。

2. 曹远波、许俊铭：《托收实务案例及风险解析》，《中国外汇》2022 年第 10 期。

3. 郭贝妮、赵廷彬：《从法院判例和 DOCDEX 裁决看托收业务风控》，《中国外汇》2022 年第 10 期。

4. 张志成：《eUCP 条款歧义剖析》，《中国外汇》2019 年第 12 期。

5. Wang Jingen，Damages for Letter of Credit Wrongful Dishonour in China：Reviewing the Humei Case，*Banking & Finance Law Review*，May 2021.

6. Zaid M. Aladwan，Notice of Refusal-Blessing or Curse? *Banking & Finance Law Review*，May 2021.

思考题

1. 国际贸易结算主要有哪几种基本方式？

2. 国际托收中当事人之间具有怎样的权利与义务关系？

3. 在国际信用证支付方式中，银行应遵守哪几项审单原则？

案例分析

1. 中国出口商 C 与叙利亚进口商 X 签订了一份出口我国某工艺品的合同，规定支付方式为凭保兑的不可撤销的信用证。根据 X 的请求，叙利亚大马士革商业银行按时开来了不可撤销的信用证，要求中国银行予以保兑和议付，但在该信用证的通知栏中，开证行加注了："凭买方承兑交单"。中国银行在信用证上加了保兑并同意给予议付。C 如期取得了信用证规定的全套单据并从中国银行获得了议付。中国银行通过大马士革商业银行在北京中国人民银行的叙利亚中央银行的账户上借记了该笔货款，并将借记行为通知了大马士革商业银行。大马士革商业银行收到借记通知的几日后，向中国银行发函表示对借方行为的异议，理由是开证申请人即买方拒绝承兑汇票。

【问题】 根据凭信用证结算的国际惯例，大马士革商业银行的异议能否成立？你的理由是什么？

2.2020 年 10 月 5 日，经进口方申请，俄罗斯 W 银行开出了一份不可撤销的信用证。该信用证规定：受益人为 Philips 公司，位于英国曼彻斯特 X 大街 10 号；商业发票上对货物的描述必须为“PHILIPS 2000 recorders”；信用证有效期至 2020 年 12 月 31 日截止。英国 K 银行经 W 银行的请求而成为该信用证的通知行。尽管 W 银行正确地传递了信用证中的以上规定，K 银行收到的信息却为商业发票上对货物的描述必须为“LIPS2000 recorders”。同时由于受益人 Philips 公司除总部在曼彻斯特的上述地址外，其产品制造地却在伯明翰，因此其商业发票显示的地址为曼彻斯特 X 大街 10 号，货物的品质证则显示受益人为伯明翰 S 大街 15 号。2020 年 11 月 7 日出口方备好将货物的描述为“LIPS2000 recorders ”的商业发票和其他单据向 W 银行伦敦分行提出了偿付申请，2020 年 11 月 18 日以下列两个单据不符点做出了拒付的表示：商业发票上的货物与信用证上的货物描述不一致，商业发票上的受益人地址与货物品质证上的地址不同。

【问题】

(1)根据 UCP600，W 银行所称的以上两个不符点是否正确？为什么？

(2)本案中 W 银行的拒付在 UCP600 下是否有效？为什么？

9

第九章 国际技术贸易法

教学目的和要求

1. 掌握国际技术贸易法的概念、特征和主要法律规范
2. 了解国际技术许可合同的主要条款及其基本内容
3. 了解国际技术贸易合同中的限制性条款及其法律规定
4. 掌握 TRIPS 关于国际技术贸易的有关规定
5. 掌握《技术进出口管理条例》的基本内容

第一节 概 述

一、国际技术贸易的概念和特征

国际技术贸易(International Technology Trade)是指不同国家(或地区)的企业、其他组织或个人之间,按照一定的商业交易条件,有偿转让或许可使用知识产权的财产权或者提供技术咨询、技术服务或技术开发的一种国际贸易行为。[①] 专利制度的诞生,是国际技术贸易产生的重要前提。国际技术贸易从第二次世界大战之后,特别是从 20 世纪 60 年代之后,逐步发展成为国际贸易的一种独立贸易形式。随着科学技术的迅猛发展,国际技术贸易在国际贸易中所占的比重及其交易额都有了迅速地增加。许多国家都把取得新的技术作为发展本国经济、增强本国产品在国际市场中竞争力的一种主要手段。国际技术贸易已成为各国之间传播科学技术的一种主要方式。随着世界经济一体化和科技全球化的持续发展,国际技术贸易额在国际贸易总额中的比重持续增加,电子商务技术营销广泛应用,国际兼并与"强强联合"成为直接获取国外先进技术的特殊贸易方式,国际技术贸易向"知识型""信息型"等软件技术倾斜,环境技术贸易兴起。与传统的国际货物贸易不同,国际技术贸易具有以下几个特征:

(一)国际技术贸易的标的是无形的技术知识

国际技术贸易通常包括有偿的技术许可和技术转让贸易,以及技术咨询和技术服务贸易,其标的主要是一种无形的技术知识,不包括货物的单纯买卖和租赁。这就是说,国际技术贸易的标的主要是一种无形的技术知识。技术具有商品属性,是一种系统的、无形的知识。它可以是专利和专有技术等(商标因不具有"系统知识"特征而不能成为技术),也可以是计算机软件、拓扑图、集成电路等。与单纯进口先进设备不同,国际技术贸易标的为无形的技术知识。有时一项国际贸易中既涉及机器设备,即"硬件"(Hardware)的转让,也就是包括与技术转让密切相关的机器设备等货物的买卖,又涉及无形技术知识,即专利权和专有技术等"软件"(Software)的许可或转让,在这种情况下仍可视为技术贸易。如果仅仅购买先进设备,而不附带任何无形技术知识转让或许可等因素,则应视为货物贸易。

(二)国际技术贸易是一种跨国的商业性无形技术交易

国际技术贸易是无固定形状、不能用标尺度量的无形贸易,尽管可以通过纸、磁盘等媒介

---

① 参见冯志刚、张志强、刘昊:《国际技术贸易格局演化规律研究——基于知识产权使用费数据分析视角》,《情报学报》2022 年第 1 期,第 39 页。

交易，尽管国际技术贸易往往是无形技术与有形货物，以及资本、劳务、生产的结合，表现为一项贸易同时涉及硬件与软件的转让、直接投资、合作生产和技术服务等，但交易的标的却是(或主要是)无形技术以及使用技术的权利。同时，国际技术贸易具有跨越国(关)境属性，即技术供应方将技术从一国或地区转让给另一国或地区的接受方。与非商业性的国际技术转让(主要是以政府间援助方式进行)不同，国际技术贸易的国际技术转让属商业性转让。电子商务兴起改善了国际技术贸易的跨国性运行环境，推动了国际技术贸易的大幅度增长，而技术无形性特征往往使得跨越国(关)境属性变得模糊。①

(三)国际技术贸易标的价格往往较难确定

与确定国际货物贸易标的价格相比，技术贸易的价格确定具有特殊性、复杂性。由技术的独占、排他等垄断属性决定了的国际技术贸易标的的价格不是采用成本加利润加费用等构成要件，而更多的是根据引进方使用所引进的技术后预计可获得的经济利益。但是，这种预计具有较大的主观性，因此谈判的技能和计算的依据往往决定国际技术贸易标的价格，而并不完全取决于该技术的价值，更不取决于该技术的开发成本等。

(四)国际技术贸易通常不改变技术所有权的归属

国际技术贸易通常以技术使用权为主要交易标的，主要形式是国际(普通)技术许可合同。与国际货物贸易转移货物的所有权不同，国际技术许可贸易的出让方往往不转让专利权即技术所有人在许可受让方使用其技术的同时，出让方仍享有该技术的所有权，甚至仍可享有该技术的使用权或者许可他人使用该技术的使用权。

(五)国际技术贸易往往是一种合作与矛盾并存的长期行为

与国际货物贸易合同履行时间相对较短不同，国际技术贸易合同履行时间相对较长，往往有一个传授技术和逐步掌握技术的过程，以达到受让方引进技术的目的。因此，国际技术贸易与其说是一种买卖关系，倒不如说是在一定的期限内双方通力合作、共同努力，达到技术引进目的的合作关系。但另一方面，国际技术贸易的双方当事人一般都是同行，这就决定了双方存在着竞争和利益的冲突。因此，国际技术贸易的双方当事人既存在合作关系，又有着内在矛盾和冲突。

(六)国际技术贸易所涉及的法律问题较为复杂

首先，国际技术贸易涉及国际法律，但尚无专门的国际公约规定，主要适用各国的国内法及一些条约的相关规定。其次，国际技术贸易不仅涉及国际贸易的一般法律问题，而且往往还要涉及知识产权的法律保护。有的国际技术贸易的标的受工业产权保护，有的虽然不受工业产权的保护，但也受到反不正当竞争法等其他法律的调整。再次，一些发展中国家为了维护本国利益，往往采取国家干预政策，制定涉外技术贸易的强制性法律和制度。此外，还涉及税收以及争端解决等问题。

二、国际技术贸易的标的和形式

(一)国际技术贸易的标的

国际技术贸易的标的分为工业产权与非工业产权两类，工业产权包括专利，受版权法、计算机软件保护法保护的计算机软件，受专利法、著作权法保护的集成电路布图设计，及其相关

---

① 如同一国家的不同国籍主体之间的技术转让是否具有跨国性，是比较模糊的。

的商标(非单独)转让和许可(单纯的商标权转让或许可不属于技术贸易范畴)。非工业产权主要有专有技术、公开技术。具体地说,大致可分为以下五类:

(1)专利技术,即在一定的国家或地区,在一定的期限内,受到有关国家或地区专利法保护的特定技术方案,通常包括发明和适用新型专利、外观设计专利。由于不少国家规定外观设计不能获得专利,因此,各国对国际技术贸易的专利技术的范畴有所不同。可转让的专利技术具有公开性、排他性、时间性、地域性、可复制性等特征。

(2)专有技术,即具有一定实用商业价值,未被公众所知悉,且经权利人采取保密措施而不被他人得到的工艺流程、设计方案、技术情报、图纸、技术资料、配方、技术规范等技术知识以及管理、商业、财务等方面的商业秘密。专有技术具有实用性、保密性、非独占性和可转让性等特点。与专利和商标等工业产权不同,它主要是由合同法、反不正当竞争法等法律保护,专有技术的持有人不享有独占权和排他权。只要技术未被他人所知晓,持有人就可以长期受益,且没有保护期限的限制。但是,专有技术一旦公开,任何人都可以任意使用,不存在侵权问题。

(3)计算机软件,即计算机程序及其有关文档,其中计算机程序是指为了得到某种结果而可以由计算机等具有信息处理能力的装置执行的代码化指令序列,或者可以被自动转换成代码化指令序列的符号化指令序列或者符号化语句序列。计算机软件包括程序文件和文档材料,前者涉及的源代码和目标代码具有字母、数字和符号等文字形式,后者是指用以描述程序的文字资料和图表,上述表达因素与文字作品具有同构性,属于著作权法上的软件概念。[①]

按其用途分包括系统软件、应用软件和数据库。计算机软件主要由版权法、计算机软件保护专门法、反不正当竞争法等法律保护。计算机软件具有高科技性、排他性、内容广泛性、形式多样性、程序功能性、快速更新性、易复制改变性等特征。

(4)集成电路布图设计(Layout Design)[②],也称拓扑图,即集成电路中至少有一个是有源元件的两个以上元件和部分或者全部互连线路的三维配置,或者为制造集成电路而准备的上述三维配置。布图设计在集成电路产业链中具有低投入、高产出环节,知识、技术密集度高、技术附加值高的特点[③],它主要由布图设计保护专门法、专利法、版权法、反不正当竞争法等法律保护。

(5)公开技术知识和服务,即专门知识和专利以外的那部分技术资料和技术服务。它可以是超过保护时效的专利技术,也可以是公开的专有技术。尽管这种技术是公开的,且可以自由转让。但是要掌握它也必须花费时间和费用。从严格意义上说,公开技术转让的标的主要不是技术本身,而是与公开技术有关的某种技术咨询或技术服务。

(二)国际技术贸易的形式

国际技术贸易的形式多种多样,大致可分为两类:一类是单纯技术许可和转让,如国际技术许可贸易、技术所有权转让、国际技术咨询和服务等;另一类是硬件与软件结合的复合技术转让,如技术、机器设备及相关服务一揽子交易、技贸结合的国际工程承包、国际合作生产、特许经营、原产地制造、自我设计和制造等。此外,国际兼并,引进资本与引进技术相结合(具有国际投资属性)等也视为特殊的国际技术贸易形式。其中,国际技术许可贸易是最常见、最有

---

① 参见吴汉东:《计算机软件专利保护问题研究》,《当代法学》2022年第3期,第3页。

② 参见马可可:《我国集成电路布图设计法律保护研究》,《合作经济与科技》2023年第12期,第46页。

③ 参见雷艳珍:《我国集成电路布图设计专门法保护中的基本问题以布图设计保护范围的确定为中心》,《法律适用》2023年第2期,第124页。

价值的形式。中国作为一个发展中国家，过去往往通过招商引资、设备买卖等方式引进技术，如今在"一带一路"倡议、"走出去"战略指引下，以对外承包工程项目为主要形式的国际技术贸易也得到了发展。国际技术贸易的具体形式主要有以下几种：

1. 国际技术许可贸易

国际技术许可贸易(Licensing)，是指技术供应方通过协议形式允许受方使用技术，或授权其制造、销售该技术项下的产品，并由受方支付一定数额报酬的贸易形式。技术供方称为许可方(Licensor)，技术受方称为被许可方(Licensee)。国际技术许可合同是最典型和最主要的国际技术贸易的形式。其基本类型主要有专利许可和专有技术许可，但专利等技术许可中常常伴有商标许可混合贸易形式。被许可方除了以许可贸易方式引进软件技术之外，还常常通过购买有关产品生产的成套设备、流水线等硬件技术，尽快提升企业的技术水平和生产能力。

2. 国际技术转让贸易

国际技术转让贸易(Assignment)，是指技术所有方通过协议的形式将其技术所有权转让给技术受方的一种国际技术贸易。转让技术的一方称为让与方，接受转让技术的一方称为受让方。广义上技术转让合同包括专利权转让、专利申请权转让、技术秘密转让、专利实施许可合同。本章仅论及专利权转让。

3. 国际技术咨询与服务

国际技术咨询与服务(Technology Consultant and Service)，是指一方以自己的技术性劳务为委托方完成合同约定的某种工作，而由委托方支付一定报酬的行为。技术咨询是为委托人提供解决决策，包括有关技术运用的可行性论证、相关技术的调查、相关技术成果的分析和评估等。技术服务是为委托人解决特定的技术问题，包括员工培训、技术的指导和现场设备的安装和调试等。提供技术性劳务的一方称为咨询方、供应方或顾问方；接受技术咨询的一方称为受方或委托方。技术咨询与服务主要有技术运用的可行性论证、相关技术的调查、相关技术成果的分析和评估等，因而是一种技术性劳务。

4. 国际技术工程承包

国际技术工程承包(Turn-Key Project)，是指一方接受境外业主的委托，按照双方约定的条件完成某项工程建设，而由业主支付价款的一种贸易方式。常常通过招投标方式由中标人为招标人承建相关的工程项目。承担工程建设的一方称为承包方，委托一方称为业主或发包方。国际技术工程承包是一种资金、技术、设备、劳务等综合性的国际技术合作形式，它涉及包括技术转让在内的各种法律关系，是一种典型的技贸结合的贸易形式。其特点是工程规模大、投资多、技术工艺新、要求高、项目内容以及环节多、建造时间长、风险大。

5. 国际合作生产

国际合作生产(Joint Venture)，是指两个或两个以上的不同国家或地区的当事人就生产某种产品，相互供应或由一方向另一方提供技术、零部件，相互合作生产的一种贸易形式。其特点是技术转让是在合作过程中实现的。合作生产所涉及的技术转让，可以是具有产品生产技术管理经验的一方向另一方提供，也可以相互提供，还可以通过共同组织力量进行技术开发，并按照约定享有技术成果。

6. 商业特许经营

商业特许经营(Franchising)，在我国的日常生活中一般也被称为"加盟"[①]，是指通过签订

---

① 参见房绍坤、柳佩莹：《商业特许经营合同效力认定瑕疵及矫正思路》，《山东大学学报（哲学社会科学版）》2021年第2期，第110页。

合同，特许人将有权授予他人使用的商标、商号、经营模式等经营资源，授权被许可人使用；被许可人按照合同约定在统一经营体系下从事经营活动，并向特许人支付特许经营费。特许经营是以包括专利、商标等知识产权的许可使用为核心，以一方的声誉、技术信息、专门知识与另一方的投资结合的一种特殊经营模式。

7. 补偿贸易

补偿贸易(Compensational Trade)，是指技术引进方以融资的方式在信贷基础上引进成套设备，通过生产产品或双方约定的其他产品抵偿设备价款的贸易形式。它是一种货物贸易、技术贸易和信贷相结合的新型的贸易形式。设备的引进方通过这种方式可以在设备提供方的帮助下获得相关的生产技术。补偿贸易大多采用产品返销的直接补偿形式，但也有的采用回购的间接补偿形式。

8. BOT，BOO 和 BOOT

BOT(Build-Operate-Transfer)，即建设-经营-转让，是指政府部门就某个基础设施项目与外国私人企业(项目公司)签订特许权协议，授予签约方的外国私人企业来承担该项目的投资、融资、建设和维护，在协议规定的特许期限内，许可其融资建设和经营特定的公用基础设施，并准许其通过向用户收取费用或出售产品以清偿贷款、回收投资并赚取利润。政府对这一基础设施有监督权、调控权。特许期满，签约方的私人企业将该基础设施无偿或有偿移交给政府部门。BOT 是基本形式。

BOO(Build-Own-Operate)，即建造-拥有-经营，项目公司不将此项目移交公共部门，而是由其继续经营。

BOOT(Build-Own-Operate-Transfer)，即建造-拥有-经营-移交，是指项目公司既有经营权又有所有权，但特许期一般比基本的 BOT 稍长。

9. 直接投资

投资方通过兼并、收购或建立新企业的方式，直接在东道国设厂生产，即“技术资本化”，国外投资者将技术折价作为其投资的资本。一方面，发展中国家可以通过举办合资经营企业的方式引进国外先进技术；另一方面，国际性跨国公司可以通过国际直接投资实现全球化经营的重要战略内容。国际直接投资的投资方以技术和技术设备作价作为投资的方式日趋增多。

国际技术贸易的形式是适应当事人的不同需要而形成的。它受科学技术和工业发展水平的制约。一般来说，在发达国家之间进行的国际技术贸易，主要是采用软件技术交易的形式，如各种许可贸易、技术服务和咨询。而发展中国家科技水平较低，因此，不得不采用引进硬件技术(以机器设备为载体的技术)的形式，即在引进技术的同时，不得不同时引进必需的机器设备，客观上提高了引进技术的代价。有些发展中国家因缺乏外汇，所以鼓励采用引进技术与引进外资相结合的形式，如举办合资经营企业等，目的是通过技术引进提高本国或企业的制造能力和技术水平。

三、国际技术贸易的法律规范

调整国际技术贸易的法律规范可分为国际条约和国内立法。这两类技术贸易法律规范都可以分为直接调整国际技术贸易的法律规范，如《与贸易有关的知识产权协议》(TRIPS)、《国际技术转让行动守则(草案)》，以及《技术进出口管理条例》等；非直接调整国际技术贸易的法律规范，如国际和国内专利、商标、著作权，以及反垄断法、反不正当竞争法等法律规范。直接调整国际技术贸易的国际条约很不完备，强制执行力弱，故称为“软法”，因此，直接调整国际技术贸易的主要法律形式是各国的国内法。

(一)国际条约

调整国际技术贸易的国际条约大致可分为多边国际条约和区域性条约两大类。与技术贸易有关的国际公约主要有WTO的《与贸易有关的知识产权协议》和世界知识产权组织(WIPO)单独或者共同制定和管理的一系列知识产权公约的有关规定。此外,1978年10月联合国贸发会议制定了《国际技术转让行动守则(草案)》,尽管经过多次修改,却由于行动守则涉及各国经济、政治利益,讨论中发达国家与发展中国家意见不一、分歧较大,未获通过,但其影响和意义不可低估。

区域性条约主要有欧盟的《欧洲专利公约》;其他调整国际技术贸易的区域性条约包括《卡塔赫纳协定》《班吉协定》《美国-墨西哥-加拿大协定》《东盟自由贸易区协定》《欧亚专利公约》等。

1.《与贸易有关的知识产权协议》

《与贸易有关的知识产权协议(TRIPS)》是世界贸易组织管辖的一项多边贸易协议,1994年与WTO所有其他协议一并缔结。TRIPS强调通过建立与贸易有关的知识产权法律规制和规范,保护知识产权私有权;保护知识产权的成员法制的基本公共政策目标;认可最不发达国家成员为建立一个稳固可行的技术基础而在国内实施法律和条例方面对最大限度的灵活性具有的特殊需要;通过引入WTO争端解决机制解决与贸易有关的知识财产问题争端(是WIPO所缺乏的),并对知识产权执法标准及执法程序做出规范,因此,TRIPS成为国际技术贸易中最主要的国际条约。但TRIPS是建立在发达国家知识产权保护水平基础上的。对发展中国家所处的经济发展与技术水平而言,该协定所规定的知识产权保护标准和要求可谓相当苛刻。

TRIPS明确将技术转让或扩散作为重要内容写入其宣言、目的和原则中,且在具体条文中加以规定,如第40条规定"协议许可中反竞争惯例的控制",第66条关于发达国家采取激励措施鼓励本国企业向最不发达国家转让技术的规定。2005年增加了发展中国家和最不发达国家可对专利药品实行强制许可作为临时性措施实施的新规定。在新冠疫情期间,印度和南非就曾据此联合寻求实施此种新规定。①

2. WIPO管理的国际公约

WIPO管理的国际公约包括《保护工业产权的巴黎公约》(以下简称《巴黎公约》)《专利合作条约》等。这类公约不是专门规范国际技术贸易,而是通过规定知识产权的取得、范围、期限、效力等,为国际技术贸易的各方提供间接法律保护。例如,各成员国应保证外国专有技术和商标可进入本国市场,保证外国专利技术和商标持有人享有国民待遇等(见本章第五节)。

1884年生效的《巴黎公约》确立了国民待遇、最惠国待遇和专利独立性三大原则,为专利权和商标权设定了最低保护标准。1970年缔结的《专利合作条约》(PCT)是《巴黎公约》之下的一个专门性国际公约,由参加该条约的国家组成联盟,对保护发明的申请的提出、检索和审查进行合作,并提供特殊的技术服务。PCT主要为专利申请的提交、检索、审查以及其中包括的技术信息的传播的合作性和合理性提供一套统一程序与标准。

3. 欧盟区域性条约

对技术贸易具有影响力的是《技术许可协议集体豁免条例》(EC Technology Transfer

① See Qian Yin, Compulsory Licenses for Pharmaceutical Patents in China in Light of the Trips Agreement, *Asian Journal of WTO & International Health Law & Policy*, March 2023, pp. 132—135.

Block Exemption Regulation,TTBER)。1984 年欧盟委员会发布了《专利许可协议集体豁免条例》(2349/84),1988 年发布了《技术秘密协议许可协议集体豁免条例》(556/89),1996 年欧盟将上述两条例合并为《技术许可协议集体适用欧共体条约第 85 条第 3 款的第 240/96 号条例》(240/96 条例)。2004 年修订了《技术许可协议集体豁免条例》,现行 TTBER 是 2014 年版的(Commission Regulation EU No. 316/2014)。TTBER 旨在提高经济效率,并有利于竞争,协议减少重复的研究和开发,加强激励创新性的研究和开发,促进渐进式创新,促进技术扩散,形成产品市场竞争。1973 年签订的《欧洲专利公约》则极大地简化了获得欧洲专利的程序和途径。①

4. 其他调整国际技术贸易的区域性条约

1969 年生效的《卡塔赫纳协定》(1995 年改名为安第斯一体化体系)由五国成员(玻利维亚、哥伦比亚、厄瓜多尔、秘鲁和委内瑞拉)签订,②该协定的主要内容之一是统一成员国在技术转让时必须遵守的共同规则,并对成员国的工业产权法的程序和实体部分做了规定。1977 年通过的《班吉协定》在非洲知识产权组织成员国范围内适用,③2002 年为改善投资环境、鼓励创新吸引外资和技术转让,对此进行了修改。1994 年生效的《北美自由贸易协定》(North American Free Trade Agreement,NAFTA)由美国、加拿大和墨西哥为实现能源、人力资源和技术互补,扩大贸易和投资而签订。它现被《美墨加协定》(USMCA)所取代。④ 1995 年生效的《欧亚专利公约》(Eurasian Patent Convention)维持了统一的专利体系。⑤ 此外,《中国-东盟自由贸易区协定》《加勒比共同体条约》等都涉及知识产权的保护及其技术贸易。但上述区域性条约采用专门调整国际技术贸易的多边协定形式并不多见。

此外,国际技术贸易惯例具有指引意义,通常表现为订立技术合同时多采用的习惯做法,如专利技术使用费中的技术入门费加提成支付,因为此做法将产品销售与专利使用费挂钩,有利于技术贸易双方合作。然而,另一些所谓的"限制性商业惯例"可能产生不利于世界贸易、特别是不利于发展中国家贸易和发展等种种消极的弊端。对此,很多国内立法与国际文件做出了禁止或限制的规定,其对象可能包括通过滥用或谋取和滥用市场力量的支配地位等限制进入市场或以其他方式不适当地限制竞争。⑥

(二)国际技术贸易的国内立法

调整国际技术贸易的国内法律规定主要有三类:一是保护工业产权和保护专有技术的法律;二是关于技术转让合同的法律;三是关于技术转让管制的法律。在国际技术贸易法律制度

---

① 《欧洲专利公约》为各成员国提供了一个共同的法律制度和统一授予专利的程序。审查程序采取早期公开、延迟审查及授权后的异议制度。提出欧洲专利申请时,可以指定一个、几个或全部成员国。一旦依照公约授予专利权,即可在所有指定的成员国生效,与指定的各成员国依据授予的专利具有同等效力,欧洲专利权有效期是自申请日起 20 年。

② 1996 年协议签署国是智利,但智利于 1976 年退出。委内瑞拉于 1973 年加入,2006 年退出。现有成员国 4 个。巴西、阿根廷、乌拉圭、巴拉圭、智利是联系国。西班牙为观察员国。

③ 《班吉协定》是非洲知识产权组织成员国(包括贝宁、布吉纳法索、喀麦隆、中非、刚果、科特迪瓦、加蓬、几内亚、几内亚比绍、赤道几内亚、马里、毛里塔尼亚、尼日尔、塞内加尔、乍得和多哥 16 个成员国)范围内的法律文件。根据该协定及其附件的规定,在该组织成员国中应受到保护的知识产权包括:发明专利权、发明使用权、商标、工业设计和使用权、商用名称、区域名称、文化艺术版权和著作权。

④ 参见《从 NAFTA 到 USMCA:投资争端解决机制的变化、成因及启示》,《国际展望》2021 年第 3 期,第 58～60 页。

⑤ 该公约由解体后的苏联的加盟共和国组成的 11 个独联体国家签订,该地区性国际公约仅涉及发明专利。

⑥ 参见刘兴、顾海英:《知识产权许可交易中的限制性做法及各国法律调整》,《情报科学》2008 年第 12 期,第 1798～1800 页。同时参见范征:《专利转让合同中技术改进条款 制定与法律规制》,《专利代理》2023 年第 1 期,第 11～21 页。

尚不完善的情况下，国内立法成为国际技术贸易的主要形式。但是，各国在技术贸易方面的立法很不统一。许多发达国家没有专门技术贸易方面的立法，主要通过工业产权法、反垄断法和外国投资法等法律对技术贸易加以调整。但也有些发达国家制定过一些国际技术转让的法律，如 1970 年法国颁布的《关于与外国人订立获得工业产权和技术知识合同的法令》和 1973 年西班牙颁布的《技术转让法令》等。

由于发达国家经济发达、技术领先，它们在技术贸易中处于明显优势地位，因此，原则上它们不希望对技术贸易加以更多干预。与之相适应的技术贸易法律制度，主要由技术出口管制、知识产权法、反垄断和不正当竞争法、投资法以及为数不多的技术转让法等组成。例如，美国尽管有特殊 301 条款（主要是对国外不公平的立法、政策和贸易做法的报复性法律）和技术出口管制（主要是为了政治和军事目的而进行的管制）①，如 1979 年的《出口管理法》和《出口管理条例》。

与发达国家相比，发展中国家对国际技术转让的国内立法十分积极。由于发展中国家希望通过引进技术发展本国经济；同时又希望本国企业在国际技术贸易中受到平等的待遇，并使引进的技术能够符合本国的经济发展的目标。因此，从 20 世纪 60 年代之后，许多发展中国家纷纷制定技术转让和技术管理方面的国内立法，并通过设立技术转让行政管理机构，加强国家对技术贸易的干预。其法律特点主要是通过规定技术贸易的对象、范围、对技术转让合同的管理和审批以及对技术贸易中的限制性行为的禁止，以求在改善引进国外先进技术的国内环境的同时，增强本国在技术引进谈判中的地位，维护本国的经济利益。

四、我国技术进出口管理的法律规定

我国一直实行技术进出口管理，除《对外贸易法》外，相关的法律法规主要有 2018 年《技术出口许可证》和第 2 次修订的《知识产权海关保护条例》、2020 年《出口管制法》②，2020 年第 3 次修订的《技术进出口管理条例》和 2021 年《中国禁止进口限制进口技术管理目录》等法规规章。

根据《技术进出口管理条例》的规定，所谓"技术进出口"，是指从中华人民共和国境外向中华人民共和国境内，或者从中华人民共和国境内向中华人民共和国境外，通过贸易、投资或者经济技术合作的方式转移技术的行为。技术进出口行为包括专利权转让、专利申请权转让、专利实施许可、技术秘密转让、技术服务和其他方式的技术转移。技术进出口合同包括专利权转让合同、专利申请权转让合同、专利实施许可合同、技术秘密许可合同、技术服务合同和含有技术进出口的其他合同。

（一）技术进出口原则

我国技术进出口的主要原则包括：

1. 有限制技术贸易自由化原则

除法律、行政法规另有规定外，实行准许技术自由进出口制度。国务院商务部会同其他有

---

① 技术出口管制对象主要是社会主义国家及美国认为的敌对、无赖、恐怖主义国家或地区，管制的主要是尖端技术，以及与战略物资、资源或军事用途有关的技术等。

② 该法出台客观上具有应对一些国家滥用出口管制措施、泛化国家安全、动用国家力量干预正常技术贸易、拼凑出口管制小圈子等新情况的考量。其主要修改内容包括：将"国家安全"改为"国家安全与利益"并强调其优先等级；将相关的技术资料等数据纳入管制范围；鼓励建立出口管制企业内部合规制度；完善出口管制名单管理制度；明确法律责任等。

关部门，制定、调整并公布禁止或者限制进出口的技术目录。

2. 统一管理原则

国家对技术进出口实行统一的管理制度，商务部（科学技术部承担部分管理事务）依法负责全国的技术进出口管理工作。省、自治区、直辖市人民政府有关部门根据商务部授权，负责本行政区域内的技术进出口管理工作，以维护公平、自由的技术进出口秩序。

3. 促进我国科技进步和对外经济技术合作的发展原则

技术进出口应当符合国家的产业政策、科技政策和社会发展政策，有利于促进我国科技进步和对外经济技术合作的发展，有利于维护我国经济技术权益。

(二)进出口技术的分类

我国进出口技术可分为禁止进出口的技术、限制进出口的技术、自由进出口的技术和外商投资企业进出口的技术。

1. 禁止进出口的技术

属于禁止进口的技术，不得进口。对禁止进出口的技术作了具体规定。禁止进口的技术参考原则内容包括：(1)进口后将危害我国国家安全或者社会公共道德的技术；(2)进口后将严重影响人的健康或者安全，严重影响动、植物的生命或者健康，或破坏我国生态环境的技术；(3)进口后将对我国社会公共利益造成重大影响的技术；(4)依照法律、行政法规需要禁止进口的技术；(5)根据我国所缔结或参加的国际公约、国际协定的规定需要禁止进口的技术。

属于禁止出口的技术，不得出口。我国《出口管制法》对禁止出口的技术作了明确规定，根据维护国家安全和利益、履行防扩散等国际义务的需要，经国务院批准，或者经国务院、中央军事委员会批准，国家出口管制管理部门会同有关部门可以禁止相关管制物项的出口，或者禁止相关管制物项向特定目的国家和地区、特定组织和个人出口。

2. 限制进出口的技术

属于限制出口的技术，实行许可证管理；未经许可，不得出口。根据我国《出口管制法》规定，属于出口管制清单所列管制物项或者临时管制物项，出口经营者应当向国家出口管制管理部门申请许可。[①] 国家出口管制管理部门综合考虑下列因素，对出口经营者出口管制物项的申请进行审查，做出准予或者不予许可的决定：(1)国家安全和利益；(2)国际义务和对外承诺；(3)出口类型；(4)管制物项敏感程度；(5)出口目的国家或者地区；(6)最终用户和最终用途；(7)出口经营者的相关信用记录；(8)法律、行政法规规定的其他因素。

属于限制进口的技术，实行许可证管理；未经许可，不得进口。限制进口技术参考原则：(1)进口后将对国家安全、社会公共利益或者公共道德造成不利影响的技术；(2)进口后将一定程度上影响人的健康或者安全，动物、植物的生命或者健康，或对生态环境产生不利影响的技术；(3)依照法律、行政法规的规定需要限制进口的技术；(4)根据我国缔结或者参加的国际公约、国际协定的规定需要限制进口的技术。

3. 自由进出口的技术

属于自由进出口的技术[②]，实行合同登记管理。合同自依法成立时生效，不以登记为合同

---

① 此外，出口经营者知道或者应当知道，或者得到国家出口管制管理部门通知，相关技术可能存在三大风险之一的：(1)危害国家安全和利益；(2)被用于设计、开发、生产或者使用大规模杀伤性武器及其运载工具；(3)被用于恐怖主义目的，应当向国家出口管制管理部门申请许可。

② 除法律、行政法规禁止或限制技术进出口规定外，都属于自由进出口的技术。

生效的条件。技术进出口经营者应登录商务部政府网站上的“技术进出口合同信息管理系统”进行合同登记[①]。

自由进出口技术合同号实行标准代码管理。技术进出口经营者编制技术进出口合同号总长度为17位，前9位为固定号：第1～2位表示制合同的年份（年代后2位）、第3～4位表示进口或出口国别地区（国标2位代码）、第5～6位表示进出口企业所在地区（国标2位代码）、第7位表示技术进出口合同标识（进口Y，出口E）、第8～9位表示进出口技术的行业分类（国标2位代码）。后8位为企业自定义。

4. 外商投资企业进口的技术

中外合资、中外合作和外资企业成立时作为资本入股并作为合资章程附件的技术进口合同按外商投资企业有关法律规定办理相关手续。

（三）让与人的法定义务

由于技术进口合同双方当事人可能在技术水平、经济实力、谈判能力等方面存在差距，《技术进出口管理条例》出于维护我国经济技术权益的考虑，对技术进口合同的让与人应当遵守的义务作了明文规定，以从制度上保障技术进出口合同的公平性。

让与人的义务主要包括：

(1)权利担保，即保证自己是所提供技术的合法拥有者或者有权转让、许可者。如果技术进口合同的受让人按照合同约定使用让与人提供的技术，被第三方指控侵权的，受让人应当立即通知让与人；让与人接到通知后，应当协助受让人排除妨碍。如果技术进口合同的受让人按照合同约定使用让与人提供的技术，侵害他人合法权益的，由让与人承担责任，但当事人另有约定除外。[②]

(2)技术担保。技术进口合同的让与人应当保证所提供的技术完整、无误、有效，能够达到约定的技术目标。

(3)保密义务。技术进口合同的让与人应当在合同约定的保密范围和保密期限内，对所提供的技术中尚未公开的秘密部分承担保密义务。此外，技术进口合同的受让人也承担同样的保密义务。在保密期限内，承担保密义务的一方在保密技术非因自己的原因被公开后，其承担的保密义务即予终止。

此外，技术进口合同期满后，技术让与人和受让人可以依照公平合理的原则，就技术的继续使用进行协商。

第二节　国际技术许可合同

一、国际技术许可合同的概念和种类

国际技术许可合同，又称许可协议，是指许可方同意跨国境的被许可方在合同规定的范围和期限内使用许可方的技术，而由被许可方支付一定报酬的民商事合同。合同的标的是专利、专有技术、计算机软件著作权、集成电路布图设计专有权（拓扑图）、植物新品种权等无形财产

① “技术进出口合同信息管理系统”网址：jsjckgl.mofcom.gov.cn。

② 参见《民法典》第874条规定。

的使用权。国际技术许可合同是国际技术贸易的一种最主要形式。国际技术合同根据不同的标准,可进行不同的划分。

(一)根据合同的标的不同划分

1. 专利许可合同

由许可方将其在某一国家或几个国家取得的专利技术授予被许可方使用,而由被许可方支付一定报酬的合同。专利许可合同通常包括一部分专有技术转让合同,或者另行签订一个专有技术转让合同。[①] 各国国内法都明文规定,未经权利人许可,不得生产、销售其专利产品。

味之素诉大成公司及 HELM 公司案(2007)

原告味之素株式会社和味之素欧洲赖氨酸股份有限公司(合称味之素)指控被告长春大成生化工程开发有限公司、长春大合生物技术开发有限公司和其控股公司大成生化科技集团有限公司(开曼群岛)、大成生化科技有限公司(香港)(合称大成公司),以及德国的 HELM 公司和比利时的 HELM BENELUX 公司(合称 HELM 公司)侵犯了其 3 件欧洲专利:733710 号(EP710 专利)、733712 号(EP712 专利)和 796912 号(EP912 专利)。起因是 HELM 公司向荷兰境内的一家公司销售了大成公司生产的赖氨酸(一种饲料添加剂),而味之素认为该产品专利涉及赖氨酸生产中使用的 DNA、生产菌和赖氨酸的生产方法。尽管大成公司针对 EP710 专利和 EP712 专利提出了专利权无效的反诉,而且在一定程度上是成功的(在诉讼过程中,味之素修改了 EP712 的权利要求书,限制了权利要求的范围)。最终,荷兰海牙法院于 2007 年 8 月 22 日判决被告侵权。

澳大利亚多堆垛国际股份有限公司诉深圳富威冷暖设备有限公司专利侵权案

1992 年,澳大利亚多堆垛国际股份有限公司在中国取得了申请号为 85106145 的组合式制冷系统发明专利,且其所有的组合式制冷系统发明专利都得到了美国机械工程师协会(A. S. M. E)及电气试验室(E. T. L)的认证,并先后在 43 个国家申请专利。番禺速能冷暖设备有限公司是唯一在中国境内获得使用许可的企业。但深圳富威冷暖设备有限公司未经许可非法使用该发明专利在中国境内生产、销售产品。深圳市技术监督局和深圳市产品质量监督检验所鉴定意见,证明被告所生产的产品的技术结构特点,与多堆垛国际股份有限公司的发明专利类同,法院也认定深圳富威冷暖设备有限公司生产和销售的该产品,具有多堆垛国际股份有限公司专利产品所要求保护的必要的技术特征,已构成专利侵权。经调解,双方当事人自愿达成调解协议:深圳富威冷暖设备有限公司同意停止专利侵权行为,并赔偿人民币 226 990 元。

2. 专有技术许可合同

专有技术(Proprietary Technology/Know-how)是指已被合法所有者采取相应措施进行保护的,具有秘密性和商业价值的信息[②],包括非专利技术知识、工艺流程、设计方案、公式、配

① 在国际技术贸易中,单纯的专利技术许可合同并不很多。因为专利申请人通常会想方设法将某些关键技术隐藏起来,使公开的内容尽量从简,专利保护的范围尽可能扩大。当专利申请被批准之后,那些隐蔽的关键技术部分就不属于专利保护的范围。而且,专利技术只是部分技术,并非整个工艺流程,被许可方取得专利编号和专利说明书并不一定能生产所需的专利产品。

② 参见刘亚军、郭璇慈:《国际技术转让中知识产权保护立体之维》,《社会科学战线》2022 年第 8 期第 261 页。

方、技术情报、经验和技能及其组合等信息。专有技术具有实用性、秘密性、可转让性,但无专利权的独占性、时间性和地域性属性。专有技术是一种秘密的、相对成熟的、不受工业产权法保护的技术(受合同法、侵权法和反不正当竞争法保护)。专有技术持有人在法律上不享有独占权的特征决定了这种许可合同的订立,应当明确专有技术的内容和授权范围、技术资料、技术指导、技术保证和技术保密等内容。

3. 混合许可合同

该合同也称捆绑许可合同,即在合同中包含专利技术许可、商标许可和专有技术许可多项技术转让内容的合同。这种许可合同是国际许可贸易的主要形式。

国际技术许可合同还包括计算机软件许可合同等。[①]

(二)根据被许可方对许可方的技术所享有的使用权权限的不同划分

1. 独占许可合同

独占许可(Exclusive Licence),是由许可方授权被许可方在合同规定的地区内,享有使用许可方的专利或专有技术制造和销售有关产品的独占权。其合同特征是:独占许可合同一经签订,在合同的有效期内,许可方不得在合同规定的地区向任何第三方授予同一合同标的许可,许可方自己也不得在这一地区内使用该项技术制造或销售产品。所谓的"合同规定的地区",可以是一国或者几个国家,也可以约定某一特定的区域。这种合同具有人为划分某项技术的市场范围性质,被许可方取得在一定地区内某项技术的独占使用权之后,还可以签订从属许可合同。独占许可合同的被许可方所需支付的使用费比普通许可合同高得多,被许可方之所以愿意支付高额许可费用,目的几乎都是为了垄断合同产品的销售市场,谋求高额垄断利润。

2. 排他许可合同

排他许可合同也称全权许可合同或独家许可(Sole Licence)合同,是指许可方授予被许可方在合同规定地区内,排他地享有使用某项技术制造和销售合同产品的权利。其特征是:在合同规定地区内,许可方不得再向任何第三方许可与合同标的相同的技术,但是,许可方本人保留在该地区内使用该项技术的权利。

3. 普通许可合同

普通许可合同也称非独占许可(Simple Licence)合同,是指许可方授予许可方在合同规定地区内,使用技术制造和销售合同产品的权利。其特征是:在合同规定地区内,许可方本人不仅保留在该地区内使用该项技术的权利,而且也可以向任何第三方许可与合同标的相同的技术。这种许可合同的使用费较低,我国企业引进技术时,大多采用这类合同。但是,普通许可合同的被许可方的法律地位较独占许可合同的被许可方要逊色得多,如果发现在合同规定地区内侵犯许可合同的专利权时,后者有权对侵权行为提起诉讼;而前者则不能以自己的名义起诉,只能要求许可方对侵权行为提起诉讼。

4. 交叉许可合同

交叉许可合同又称互换许可(Cross Licence)合同,技术的许可方和被许可方以价值相当

① 计算机软件是指计算机系统中的程序及其文档。程序是为了得到某种结果而可以由计算机等具有信息处理能力的装置执行的代码化指令序列,或者是可以被自动转化成代码化指令序列的符号化指令序列,或者是符号化语句序列;文档是用来描述程序的内容、组成、设计、功能规格、开发情况、测试结果及使用方法的文字资料和图片等,如程序设计说明书、流程图、用户手册等。

的技术相互授权对方使用自己拥有的专利权或者专有技术的一种特殊许可。通常在具有合作生产或开发研究关系的双方当事人之间适用。

此外，还有一种非自愿的强制许可，它是出于公共利益或者针对权力滥用而适用的一种特殊措施，属公法范畴。

(三)根据被许可方是否将许可使用的技术再行转让划分

1. 可转让的许可合同

该合同也称分许可合同或从属许可合同，是指被许可方有权将其从许可方得到的技术使用权再转让给第三方的合同。其特征：被许可方再行转让权是由许可方同意的，通常是由原许可合同明确规定的。

2. 不可转让的许可合同

在许可合同中规定被许可方不得将其从许可方得到的技术再行转让。

二、国际技术许可合同的主要条款

国际技术许可合同当事人的权利和义务是由合同的具体条款决定的，合同具体条款的订立，直接关系到合同当事人的经济利益和交易结果。目前，这类合同没有统一的格式，不同种类的技术许可合同，有不同的具体条款。现就国际技术许可合同通常应当包含的主要条款简介如下：

(一)序文和定义

序文和定义为介绍性条款。序文是国际技术许可合同必不可少的开头部分。它包括合同的名称和编号、签约的时间和地点、双方当事人的名称、国籍和法律地位、法定地址以及鉴于条款。

鉴于条款与序文的其他内容同样重要。它说明当事人签订合同的意图及其转让技术的合法性，具有明确当事人签订合同的目的、愿望和某些法律上的保证作用。如写明“鉴于许可方拥有合同产品的专利权和商标权，并在研究和开发合同产品过程中取得了一定的专有技术”，许可方必须保证对合同产品享有合法的工业产权，并且拥有相对成熟的专有技术。鉴于条款对裁判人员明确当事人的法律责任，尤其是明确许可方的法律责任，具有重要意义。

休斯公司诉某钻头厂专利侵权案

我国某省钻头厂从美国史密斯公司进口一项地矿钻头生产专利技术，并很快生产出合同产品。当该产品销往美国市场时，美国休斯公司指控我钻头厂与史密斯公司的许可合同中有一条鉴于条款，即“史密斯公司拥有某地矿钻头生产专利，能够合法地向引进方授予制造某地矿钻头的生产许可证”。根据此鉴于条款，我钻头厂要求史密斯公司应诉。由于史密斯公司所授予钻头的技术法从休斯公司非法窃取，因此法院判休斯公司胜诉。最终，史密斯公司分别承担了侵权责任与合同违约责任，赔偿了休斯公司和我钻头厂的经济损失。

在该案中，合同规定的鉴于条款起到了至关重要的作用。它明确了许可方史密斯公司对其转让的某地矿钻头的生产专利技术的合法性承担保证责任。如果无此鉴于条款，我钻头厂将处于较为被动的地位。当然，从合同条款效力上讲，合同正文条款的效力要大于鉴于条款。钻头厂也可以在合同正文中以担保条款的形式规定史密斯公司的权利保证责任。

定义是对合同的名词和术语的解释，它在合同中通常用单独一章列出。由于合同当事人的国籍不同，语言和法律也不同，因此，对同一个名词或术语的解释和使用可能不一致，为避免在执行合同过程中产生分歧，推卸责任，防止利用合同漏洞钻空子，有必要在定义条款中把合同使用的一些关键词汇做出解释性的专门定义。

例如，1984年中国某制药厂（甲方）引进某国制药有限公司（乙方）若干品种西药的技术，合同规定甲方以提成的方式按产品净销售额的5%向乙方支付技术费，但是合同未对“产品净销售额”加以定义解释，以致双方在执行合同过程中发生了争议。甲方认为：产品净销售额＝产品销售总额－销售退回－销售折让－包装费－运输费－保险费－销售费用－税金。按照此定义计算，产品净销售额为400万美元，应支付的提成费为20万美元。而乙方则认为：产品净销售额＝产品销售总额－销售退回－销售折让。按照此定义计算，产品净销售额为500万美元，应支付的提成费为25万美元。双方经过多次谈判，最终以甲方支付22万美元提成费，才解决了因定义而引发的争议。

此案例告诉我们，在国际技术贸易中，对重要的名词必须加以定义。此外，对有些在合同中多次使用而全称又很长的名称术语，也应规定专门的定义，以节省篇幅，便于称呼。

（二）技术转让的标的和内容

技术转让合同的标的，在技术贸易中习惯称为许可合同范围，转让技术的范围和内容条款又称标的条款，主要内容包括：

1. 转让技术的名称、具体内容和要求

技术许可合同首先应当明确技术的名称、用途、技术参数和指标，同时应当明确合同产品的名称、型号、规格、种类、要求达到的性能和技术指标等。所谓“合同产品”，是指利用转让技术设计制造出来的符合合同规定的产品。它是技术内容和价值的具体化，也是考核验收的依据。如果转让的是专利技术或商标，则应明确专利、商标的名称，批准的国家和机关，批准登记的内容、期限和范围等。

2. 授权范围

技术许可合同应当明确转让技术的使用范围，包括使用权、制造权和销售权的范围。具体地说，应当明确合同项下的技术用于何种目的及其应用范围；应当明确许可合同的种类，即许可方的授权是独占的、可转让的许可，还是非独占的、不可转让的许可；应当明确被许可方使用许可技术的范围和使用许可技术制造、销售合同产品的地区，但不得出现非法的限制性条款。

A公司为某工厂签订技术进口合同，合同规定合同产品不得出口到M国。但合同产品生产后，某工厂却委托B公司把合同产品出口到M国。技术进口合同供方提出交涉，为制止违约行为，供方中止了拟议中的合作事项，使某工厂和A公司均遭受损失。此案中，合同规定被许可方A公司及某工厂使用许可技术制造、销售合同产品的地区十分明确，某工厂委托B公司将合同产品出口到M国的行为显然构成违约。为避免此类情况，应事先通过谈判获得M国合同产品的销售权。

3. 提供技术资料

技术资料是被许可方掌握和实施技术的最重要的条件。它包括实施许可技术所需要的一切数据、公式、图纸等技术资料。许可方应当将所需的技术资料详细开出清单，作为合同的组成部分，并保证全部、完整、正确、及时地提供约定的技术资料。

4. 技术传授

由于被许可方仅获得技术资料往往还不能完全掌握合同技术，因此，许可方通常承担向被许可方提供技术培训与技术服务的合同义务。合同及其承担附件中应当明确技术传授的人员、内容、方式、时间、所要达到的要求以及所需要的费用等内容，以免在执行过程中引起纠纷。

(三)合同的价格及其支付方式条款

1. 合同的价格

与一般有形商品不同，合同的价格条款是整个合同的核心，它包括计价方法、合同金额、币种和时间等内容。与一般有形商品不同，技术价格的高低不取决于投入开发研究费用的多少，也没有一种现成的衡量尺度可供参考，技术价格是一个相对的价格，很大程度上取决于被许可方使用该技术增加利润的大小。

国际技术许可合同中技术价格由供方与受方协商确定。供方通常考量转让交易成本、研发成本、机会成本和预期增值等因素，受方通常主要考量受让成本与预期收益的性价比。一般来说，出让方向受让方报价时，要考虑以下几种费用：出让方研究发展该技术所花的费用；受让方使用这项技术所能得到的经济收益；技术的生命周期和技术所处的周期阶段；供方所提供技术服务量；技术使用的目的、范围和时间；供方对受方授权程度，供方对技术的担保和受方接受能力；技术供求状况；受让方支付合同价款的时间和方式；受方国家政治环境和对产权保护状况；等等。在前面提及的 1984 年中国某制药厂引进若干西药技术一案中，甲方的产品净销售额为 400 万美元，利润为 40 万美元，支付乙方技术使用费 22 万美元(双方协商后确定的数额)，而甲方只剩下 18 万美元的利润。乙方得到了总利润的 55%，这一比例远远高出国际技术许可贸易中许可方通常取得 30%利润的惯例。可见，合同规定的提成率具有明显的不合理性。另一方面也反映了甲方没有处理好产品净销售额、利润与提成率的比例关系。出口技术价格偏低，是对外技术出口合同中较常见问题。如某公司一项非常有销售前景的技术，其入门费仅收 5 万美元，而且要从以后的提成费中扣除，实际上等于没有入门费。

值得注意的是，从 2020 年 8 月 26 日英国最高法院对 Unwired Planet 与华为等公司纠纷案的判决情况来看，国际专利技术许可价格有些情况下可能得按全球基价计算，否则达不成协议的情况下可能会遭某国法院发布的禁令制约。①

2. 支付方式

根据是否以货币形式支付，分为以货币形式支付与以非货币形式支付。

以货币形式支付的计价方式主要有三种：一是统包价格(Grand Total)，即由技术供方与受方协商确定一笔总的技术转让金额，由受方一次或分期支付；二是提成价格(Running Royalty)，即由技术受方在合同有效期内或在项目建成投产后，按合同产品的生产数量、销售价格

---

① [2020] UKSC，该判决详情可见于 37https://1.next.westlaw.com/Document/IFF2C8A504E6311EBA559BDA63F2774ED/View/FullText.html? navigationPath=Search%2Fv1%2Fresults%2Fnavigation%2Fi0ad62aee0000018843e5077cc4a7253c%3Fppcid%3D4196073f4c4d43e0a75cb1f5cd734d3c%26Nav%3DINTERNATIONAL-CASES%26navQualifier%3DI1dec5f10a08911e28578f7ccc38dcbee%26listQualifier%3DI1dec5f10a08911e28578f7ccc38dcbee%26fragmentIdentifier%3DIFF2C8A504E6311EBA559BDA63F2774ED%26parentRank%3D0%26startIndex%3D1%26contextData%3D%2528sc.Search%2529%26transitionType%3DSearchItem&listSource=Search&listPageSource=187e90e362c6a2757fde514aa4ab556d&list=INTERNATIONAL-CASES&rank=2&sessionScopeId=50ccdac9767f6aa2663172b33bfd5f052b04463e852bbfdf0b64e6c6bb40d65e&ppcid=4196073f4c4d43e0a75cb1f5cd734d3c&originationContext=Search%20Result&transitionType=SearchItem&contextData=%28sc.Search%29，2023 年 5 月 22 日最后访问。

或利润等提取一定百分比的费用，按期向供方支付；三是入门费与提成费结合的价格(Initial Payment and Running Royalty)，即由受方在合同签订后或收到第一批技术资料后的一定时间内向供方支付一笔约定的费用(称入门费)，然后再按约定(如固定比例、逐年递增比例或者逐年递减比例)支付提成费。上述三种计价方式各有利弊。总的趋势是以提成(有固定提成和滑动提成之分)为主，因为这种方法较为合理，能促使供方帮助受方迅速掌握技术，共担风险、共享利益。此外，以货币形式支付的，还应明确使用货币的名称、汇款的方式和时间等内容。

以非货币形式支付的计价方式主要有：以技术使用权作为投资的方式，以(受方使用该技术生产的)产品抵偿方式等。

(四)技术改进和发展

技术许可合同是一种长期的合同。合同期间，供方或受方都有可能对合同项下的技术进行改进或取得新的发展[①]，各国法律对此有着不同规定，因此，有必要在合同中对与此有关的问题做出明确的约定。根据互惠和对等原则，合同中一般规定技术改进交换条款，即在合同有效期间内，双方都有义务彼此提供各自取得的技术改进和发展。供方对受方无偿提供改进和发展后的技术，称为“继续提供技术援助”或“继续授权”(Grant Forward)；受方对供方无偿提供新的技术改进，称为技术反馈或“回授”(Grant Bank)。通常将规定许可方向被许可方提供改进和发展技术的条款称为“继续提供技术援助条款”，将被许可方向许可方提供改进和发展技术的条款称之为回授条款。当事人未作约定或约定不明确的[②]，改进技术的成果属于改进方。

我国《技术进出口管理条例》第 27 条明确规定，“在技术进口合同有效期内，改进技术的成果属于改进方。”据此，技术改进和发展成果的所有权应当属于做出改进和发展一方所有，如果符合申请专利条件的，专利申请权也应当归做出改进和发展的一方享有。另一方未经改进方的同意，不得申请专利。如果另一方要将改进和发展的技术转让给第三方时，应规定须征得改进方的同意。

(五)保证条款

在国际技术许可合同中，一般要求许可方对其提供的技术做出技术保证和权利保证。

技术保证的主要内容是：许可方应当保证其按照合同约定的时期和方式交付技术资料；所提供的技术资料是完整的、清晰的、可靠的和正确的；并且应当保证其所提供的技术在被许可方正确使用该技术的情况下，能达到合同所规定的合同产品的标准。技术保证应包括四个方面的内容：(1)技术资料；(2)合同产品性能；(3)设备性能；(4)技术服务和人员的培训。

权利保证的主要内容是：许可方应当保证其所转让的专利技术确实属于许可方所有，并在申请专利之前，未曾使用过或以其他任何方式公开过；应当保证专利技术的有效性，按时缴纳专利年费；应当保证注册商标的无争议性；应当保证所提供技术的合法性，保证使用转让技术的被许可方不受侵权行为的指控，否则，由许可方负责与第三方交涉，并负责由此而产生的一切法律和经济上的责任。

权利担保条款的规定应当明确无误，否则易产生纠纷。例如，我国一家企业从 A 国某公司引进一项技术，不久产生出合同产品，但在该产品打开销路之后，B 国某厂商指控我国企业

① 改进是指与被许可技术有关的任何技术进步，包括使得产品的性能更好、成本更低、适用范围更广等。

② 《民法典》第 875 条确立了“合同无约定且不能依法确定归属时，适用归改进方”规则。

侵犯了其专利权，要求我国企业停止该合同产品的销售。由于在合同中未涉及权利担保，该企业只能与B国厂商协商，最终以每一件产品支付1美元提成费的代价解决了此纠纷。

此外，当许可方把其专利等技术提供给被许可方使用时，许可方可以要求订立保证条款，要求被许可方保证合同产品的质量。因为被许可方的粗制滥造的行为会影响许可方产品信誉。

(六)保密条款

在国际技术许可合同中，专利技术的转让一般不存在保密问题，但涉及专有技术的转让时，则许可方为保护自身的利益，也需要被许可方对专有技术承担保密的义务。有时被许可方也要将自己的某项技术提供给许可方，因此，也会要求许可方承担保密的义务。

专有技术主要依靠合同的保密条款维护其专有性。因此，许可方在转让专有技术时，尤其关注保密条款，包括正式谈判时签订保密协议，以期在谈判不成时可通过合同约束受方。所谓"保密条款"，通常是指技术许可合同中规定的被许可方对许可方转让的专有技术或其他技术秘密承担保密义务，保证不将这些技术向第三方泄露。

友谊食品厂员工泄密案

1986年，我国某省友谊食品厂从德国某食品有限公司引进一项非独占性的、生产某种食品的专有技术。1990年，友谊食品厂发现厂工程师王某擅自将该技术以1万元人民币的价格非法转让给一乡镇企业，该乡镇企业得到该专有技术后，生产并销售与友谊食品厂相同的产品，使得友谊食品厂失去了部分市场。当友谊食品厂决定追究该乡镇企业侵权责任时，德国某食品有限公司也获悉王某泄密一事，要求友谊厂对王某泄密行为承担违反保密义务的责任，并赔偿由此造成的损失。由于合同条款规定友谊厂(包括接触技术核心秘密的员工)负有保密义务，因此，友谊厂不得不因王某的泄密行为赔偿德国某食品有限公司预期利润损失12万元。

被许可方承担的保密义务通常只限于从许可方获得的技术。保密的期限多与合同的期限相同，但有时也可以不一致，这主要取决于技术的性质及其所处的生命周期长短。一旦许可方向第三方公开或泄露该专有技术，被许可方就不再对已经公开的部分承担保密义务。

保密条款应当对保密的对象、内容、范围、期限、保密人员、保密措施和泄密责任等加以明确规定。保密对象除技术外，还应约定在合同谈判或履行中获得的对方经营状况、经营信息商业秘密等，各方都有义务替对方保密。保密条款对合同双方当事人都适用。由于技术秘密的实际价值很大程度上是在该技术处于保密状态时取得的，其竞争力正是信赖这种秘密状态来维持的，因此，让与人也负有保密义务。让与人为了防止受让人在合同履行完毕后把其秘密技术予以公开，往往不仅把保密期限规定为合同期限内，而且还要把受让人的保密义务延长到合同终止后的若干年。

(七)税费

税费是国际许可合同不能回避的一个问题，应当在许可合同中明确规定，受方所在国根据其现行税法对受方征收的与执行本合同有关的一切税费由供方负担，对供方征收的一切税费由供方负担；在受方所在国境外征收的与本合同有关的一切税费由供方负担。

实践中，有些许可方总是提出各种理由不想纳税或者尽可能少纳税，主要的理由有二：一是许可方在其本国也要纳税，如果被许可方所在国再要征税的话，就会产生双重征税；二是许可方在报价时没有考虑到纳税问题，否则会考虑提高报价。但是，这两条理由均不成立。因为对技术使用费由技术使用国征税是各国普遍适用的一种做法，而且，各国税法中一般都规定税收抵免，以避免双重征税。至于报价时没有考虑纳税问题只能是许可方的一种托辞或者疏忽，并不能成为不纳税的理由。

在技术引进中，我国企业应当按照《企业所得税法》和《个人所得税法》规定，在拟订税费条款时，不得在合同中订立包税条款，即技术受方国家政府课征的税费，一律由技术受方负担。也不得未经审核批准擅自在合同中约定减税或免税条款。但是，也有个别企业没有按照我国涉外税收规定与外方签订技术贸易合同。例如，某石化公司引进一项聚醚生产技术时，在合同的税费条款中规定："在中国境内发生的与执行本合同有关的一切税费由技术受方负担；在中国境外发生的与执行本合同有关的一切税费由技术供方负担。"该合同条款违反了我国现行的税收法律制度，因为根据我国技术引进方面有关的涉外税收规定，供方应当向我国税务机关缴纳预提所得税，受方是该预提所得税的扣缴义务人。法律禁止作为受方的中方企业签订这种保税条款。

此外，支付方式、技术资料的交付、人员培训、索赔、授权、不可抗力、违约及其救济方法、争议的解决、法律的适用、合同生效等也是国际技术许可合同的主要条款。限于篇幅，不作详述。

上述是技术许可合同的基本条款。但是，技术贸易合同有多种多样，当事人在订立合同时应根据需要考虑其他一些条款，如检验和验收条款、包装条款、最优惠待遇条款[①]等。总的原则是要从商务上、技术上和法律上通盘考虑，保证合同条款内容完整、结构严密、责任明确。

实践中，有些技术合同纠纷的发生，往往是由于合同条款的疏忽引起的。例如，我国某一洗衣机厂通过某外贸公司向外国某公司引进洗衣机生产设备和专有技术。合同履行期间，该洗衣机厂在查阅专利文献时，才偶然发现许可方已向专利局申请了该洗衣机的外观设计专利，而在合同中未订立有关专利许可条款。这就意味着只要该外观设计专利有效，该洗衣机厂就不能擅自在我国生产和销售与该外观设计相同或近似的洗衣机，而且基于相同原因也不能向有关国家出口该洗衣机。

第三节　其他国际技术贸易合同

一、国际技术转让合同

国际技术转让合同是指技术所有人将其技术的占有、使用、收益和处分的权利转让给受让方的一种合同。[②] 技术转让的标的包括专利权转让、专利申请权转让、技术秘密转让等。

国际技术转让合同一般应具备如下条款：项目名称或专利名称和内容；专利类别、专利申请日、申请号、专利号或编号、批准国、保护范围和有效期；专利实施和许可的情况；所有权转让及其权利保证（让与方应保证该专利技术不存在任何侵权或设有质押等情形）；专利权转移手续及期限；专利无效法律责任；技术资料清单及必要技术指导约定（受让方可以要求分享让与方对已转让的专利有关的新成果，及其实施专利技术时免费获得转让方帮助指导）；价款及支付方法（由于是所有权一次性转让，让与方一般要求一次性支付费用）；技术保密义务及不竞争

---

① 最优惠待遇条款，即当许可人就同一个工业产权与一个以上的被许可人签订许可合同时，如果后来的许可合同条件与条款更为优惠，则先前的被许可人可以援引最优惠条款要求予以同等优惠的待遇。

② 国际技术转让合同分为商业性的和非商业性的，此处仅讨论商业性技术转让合同。

条款；让与方不参与主张专利权无效义务；赔偿金及其计算方法；法律适用及争议解决方法等。转让合同应保证受让方及其被转让方取得转让合同前原所有人所享有的一切权利。技术转让合同和技术许可合同中关于提供实施技术的专用设备、原材料或者提供有关的技术咨询、技术服务的约定，属于合同的组成部分。此外，转让合同往往需要经有关国家的专利局或主管部门批准或登记备案，并予以公告。

技术转让合同的让与人和技术许可合同的许可人应当保证自己是所提供的技术的合法拥有者，并保证所提供的技术完整、无误、有效，能够达到约定的目标。技术转让合同的受让人和技术许可合同的被许可人应当按照约定的范围和期限，对让与人、许可人提供的技术中尚未公开的秘密部分，承担保密义务。

二、国际技术咨询与技术服务合同

(一)国际技术咨询合同

国际技术咨询合同是根据委托方要求，由被咨询方提供所掌握的科技知识、信息、经验等，就工程技术、管理等问题提出设计方案，而由委托方支付一定报酬的合同，包括就特定技术项目提供可行性论证、技术预测、专题技术调查、分析评价报告等合同。技术咨询是利用外部智囊机构解决技术问题的重要途径。技术咨询合同内容范围较广，主要包括：可行性研究和决策咨询，工程技术咨询或技术预测，专题技术调查或专业咨询，管理咨询，信息咨询，技术分析评估等涉及社会发展、工程技术和管理等的领域。目的是为委托人提供合理的设计方案、可供选择的决策依据或技术来源。由于咨询公司拥有专家、资料和整体服务的优势，因此，技术咨询合同的被咨询方通常是专业的咨询公司。

国际技术咨询合同除具有跨越一国界线的国际性之外，具有以下两个特点：一是被咨询方所提供的技术通常只是公知的技术或普通技术，一般不涉及专利或专有技术等。二是被咨询方通常只是提供技术项目决策参考或建议，除合同另有约定外，被咨询方通常可免于因委托方实施咨询报告所造成的风险损失。

国际技术咨询合同一般应具备如下条款：项目名称；有关术语的定义、咨询内容、范围和要求；履行计划、进度、期限、地点、地域、方式；委托方协作事项；技术情报和资料保密；验收、评价标准和方法；价款、报酬或者使用费及其支付方式；技术成果归属(未约定的依有关国家法律或惯例确定)和收益的分成方法；实施技术方案的风险归属；违约责任；法律适用及争议解决方法等。我国《民法典》第885条规定：在技术咨询合同履行中，受托人(被咨询方)利用委托人的工作成果完成的新的技术成果，属于受托人；委托人利用受托人的工作成果完成的新的技术成果，属于委托人。当事人另有约定的，按照其约定。

由于国际技术咨询合同的种类和范围广泛，双方当事人的权利与义务主要由合同约定。我国《民法典》对此作了原则规定：技术咨询合同的委托人主要义务：按照约定阐明咨询的问题，提供技术背景材料及有关技术资料、数据；接受受托人的工作成果，支付报酬。技术咨询合同的受托人主要义务：按照约定的期限完成咨询报告或者解答问题；提出的咨询报告应当达到约定的要求。技术咨询合同的委托人主要责任：未按照约定提供必要的资料和数据，影响工作进度和质量，不接受或者逾期接受工作成果的，支付的报酬不得追回，未支付的报酬应当支付。技术咨询合同的受托人的主要责任：未按期提出咨询报告或者提出的咨询报告不符合约定的，应当承担减收或者免收报酬等违约责任。

国际技术咨询合同与国际许可贸易合同的不同点包括：(1)后者是以技术成果为贸易标

的，而前者是以技术咨询为交易对象；(2)后者技术供方所提供的技术通常具有垄断性质的新技术，包括专利和专有技术，而前者咨询方所提供的技术多属于一般技术；(3)后者需要在合同签订后完成一定的工作成果，前者则是将现有的技术许可交付即可。

(二)国际技术服务合同

国际技术服务合同也称国际技术协助合同，是指服务方以技术知识为受托方解决特定技术问题、提供技术性服务或管理而由受托方支付一定报酬的合同。技术服务合同不包括建设工程合同和承揽合同。国际技术服务合同除具有跨越一国界线的国际性之外，还具有以下特点：服务方不仅要向受方提供解决特定技术问题的意见，即技术工作成果；还要运用自己的技术知识为受方提供一定的劳务，即技术服务工作。

技术服务合同大致可概括为两类：一是合同标的是物化技术工作成果的一般技术服务合同。如产品设计、工艺编制、设备改造、计算机程序设计等；二是传授和传递技术知识和情报的合同，如技术培训合同(服务方对受托方特定人员进行特定项目和专业训练的协议)和技术中介合同(中介服务方以其知识、技术、经验、信息为一方当事人与第三方订立合同进行的居间活动的协议)。

我国《民法典》规定的技术服务合同主要条款与技术咨询合同内容一致。

该法典规定的技术服务合同的委托人主要义务：按照约定提供工作条件，完成配合事项；接受工作成果并支付报酬。

技术服务合同的受托人主要义务：按照约定完成服务项目，解决技术问题，保证工作质量，并传授解决技术问题的知识。

技术服务合同的委托人主要责任：不履行合同义务或者履行合同义务不符合约定，影响工作进度和质量，不接受或者逾期接受工作成果的，支付的报酬不得追回，未支付的报酬应当支付。

技术服务合同的受托人主要责任：未按照合同约定完成服务工作的，应当承担免收报酬等违约责任。

(三)技术咨询与技术服务合同内容主要事项

技术咨询与技术服务合同应规定技术咨询与服务的具体内容、技术指标和技术参数，通常以合同附件形式逐项列明。服务方义务条款应明确完成技术咨询与服务的期限，担任咨询任务的人数、人员的学历、资历和等级，应提交的资料、最终报告、图纸、计算数据，最终审查办法，受托方派遣培训人员的人数和培训时间。受托方义务条款应明确受方为服务方专家履行咨询服务业务所应提供的条件，包括工作条件、生活条件和必需的技术资料等。报酬的计算和支付条款应明确规定计价内容、计价方法和支付方式。“当事人对技术咨询合同受托人进行调查研究、分析论证、试验测定等所需费用的负担没有约定或者约定不明确的，由受托人承担。”[①]计价内容包括专家费、为进行咨询与服务而支付的直接费用、经营管理费和支付咨询公司的酬金。计价方式有开口价、按百分比计价和固定总额计价等之分。在风险责任条款中，委托方可以要求供方在咨询报告的实施风险问题上承担全部或者部分责任。考虑到工作性质、风险程度、报酬数量等因素，服务方可同意在合同中约定承担实施风险的全部或部分责任。

① 2004年最高人民法院《关于审理技术合同纠纷案件适用法律若干问题的解释》第31条。

三、国际工程承包合同

国际工程承包合同是确定工程业主与跨国工程承包人之间权利和义务关系的合同，承包方的主要义务是以承包方式为业主完成某项工程建设，业主的主要义务是向承包方支付一定的报酬。承包方可以是一家公司，也可以是几家公司。由几家公司联合承包时，通常其中一家为总承包商，其余为分包商。分包商仅对总承包商负责，总承包商对业主负责。

国际工程承包合同不是一种单纯的国际技术转让合同，其标的包括有形财产，如全套生产设备、厂房等；无形财产，如专利、商标及专有技术等；技术劳务，如培训技术人员、派遣专家传授技能和指导生产。因此，国际工程承包合同是一种既有技术转让内容，又有商品交易，还有劳务输出和技术服务的综合性合同。

国际工程承包合同有不同的种类。依承包人承包责任不同，可以划分为分项工程承包合同、工程总承包合同和产品到手工程承包合同。分项工程承包合同是由发包人将一项总的工程项目分为若干部分，每个部分包括一个或几个项目。发包人分别与若干承包人签订合同，由他们分别承包一定的项目。每个承包人仅对自己承担的具体项目负责，发包人负责整个项目的协调工作。工程总承包合同是由承包人从勘察、可行性研究、设计、制订施工计划、工程建设、安装和试车，一直到正式投产全部承包。并且，经一定时间批量生产，在产品质量、产量及原材料消耗方面全部达到合同规定标准，承包人才算全部履行了合同义务。产品到手工程承包合同是在工程总承包合同承包人义务的基础上，进一步保证在工厂投产和工程项目使用后的一定时间(一般为2～3年)内进行技术指导、设备维修和技术培训等，确保生产出质量稳定、产量逐步提高、符合合同规定标准的产品。此外，依合同的计价方式不同，国际工程承包合同可分为总包价格合同和成本加酬金合同。

国际工程承包合同的内容复杂，形式多样，采用较多的是国际工程联合会和国际建筑及公共土木工程联合会拟定的合同格式。由于国际工程承包合同多数采用国际指标的方式成交，因而这类合同通常由多种法律文件组成，包括招标通知书、投标须知、合同条约、投标书、中标通知书和协议书等。其中，合同条约是合同的主要部分，它包括一般条约和特殊条约。一般条约是适用发包人与承包人一般权利、义务的合同条款；特殊条约是适用于每次交易中的具体合同条款，如发包人与承包人名称、工程项目内容、计价与支付、竣工日期等。

四、国际合作生产合同

国际合作生产合同是两国企业签订的合作生产某种产品、合作研究某个项目或联合设计某种产品的经济合作和技术转让合同。它是一种综合性合同，包括共同制订生产计划、转让生产技术、共同研制以及相互提供零部件等事宜。

国际合作生产合同的特点是：合作的双方根据共同签订的合作合同，确定双方权利、义务关系，合作各方相互独立，分别核算。这与合资经营不同，不涉及共同投资设立合资经营企业、共同经营、共享利润、共担风险与亏损的问题，而只是就生产所需的技术和零部件装配等事宜，规定合作各方各自的义务。合作各方又相互合作，以交换技术和零部件等为纽带，分工负责，分享利益。这与加工装配不同，它不是简单地加工装配产品并向供方收取加工费或装配费，而是具有技术转让内容的合作生产。

合作生产的基本形式有：(1)由一方向另一方提供技术和零配件，然后受方制成整机交供方销售或以其他方式销售，双方按一定比例分享利润。(2)相互提供对方所需的技术及零配件,分别装配,分别销售。(3)双方共同进行新产品的研制,分享科研成果和产品利润。其中,第一种合作生产形式最为常见。它又可分为两种情况:一是由一方向另一方提供全部零配件,由后者组装,即全分解装配;二是由一方向另一方提供部分零配件,由后者结合自己生产的零配件组装成整机,即半分解组装。

原设备制造(Original Equipment Manufacture)是一种合作生产形式。它是指原设备制造方利用自己的品牌优势,从一个或多个供应商处购买指定产品,并进行改装、包装或简单改进后以自身品牌再出售的营销方法。其供货方多为具有一定制造优势的中小企业,负责按照买方的要求生产产品,并将产品交付买方销售。买方(原设备制造商)多为具有市场优势、技术优势的跨国公司,负责购买供货方产品并以自己产品的形式投放市场。中国企业在原设备制造环节中作为供货方居多,如格兰仕微波炉、长虹空调都从事贴牌生产。通常合作双方为同行业的厂商,其法律关系主要表现为买卖合同关系,同时存在着较强的合作性。就技术层面而言,一方面,供货方可以在买方的指导下,学习和掌握所需技术,通过消化吸收迅速提高本身的技术水平和制造能力,达到改进、扩展目的。另一方面,跨国公司只愿提供有限的技术,仅为了保障产品质量而已。供货商的经营活动受到买方的严格限制,长此以往,供货方的竞争力势必削弱。自主开发核心技术,是“建设创新型国家的重要支撑和掌握发展主动权的关键”。[①]

五、特许经营合同(中的技术转让)

特许经营分商业特许经营和政府特许经营。[②] 商业特许经营是指拥有注册商标、企业标志(商号名称)、专利、专有技术以及经营管理的方法或经验等经营资源的企业(以下称特许人,通常是取得成功经验的企业),以合同形式将其拥有的经营资源许可其他经营者(以下称被特许人)使用,被特许人按照合同约定在统一的经营模式下开展经营,并向特许人支付特许经营费用(Franchise Fee)的经营活动。[③] 特许人与被特许人就上述特许经营事宜所签订的合同,即为特许经营合同。特许专营不仅适用于商业和服务行业,也适用于工业。被特许人不是特许人的分支机构或子公司,对其经营自行承担责任。

特许经营是通过技术和品牌而不是现金资本扩张经营规模的商业活动,其运作的法律基础是特许经营合同,即特许人通过合同使被特许方投资特许加盟店并拥有该店所有权,但该店必须使用特殊方的商标、商号、经营模式,其经营管理制度、财务制度、采购渠道等主要由特殊方控制。但是,他们法律地位却又是相互独立,所有权关系清晰,与连锁经营有着本质区别。

特许经营主要集中于服务业。从表面上看,特许经营主要体现品牌许可,但实质是包括技术在内营销体系的推行。该体系的核心就是特许人将其各特许店经营管理技术加以规范,形成标准化的技术管理体系。就技术而言,可能涉及专利、专有技术、计算机软件技术等。其中,涉及技术转让内容主要是特许经营中的商业秘密,商业秘密是一种特殊的专有技术,主要包括配方、秘密公式、商业模式和计划、定价策略、营销技巧等。相关的特许经营合同条款中应当明确技术内容;技术资料交付及交付的时间、地点和方式;技术实施的方式;验收标准和方法;技术服务;技术后续改进的提供和分享;技术无效和侵权的处理;违约责任等。但特许经营优势不仅表现在这些技术上,还反映在商标、商号的知名度、产品和服务质量、经营诀窍和管理水平

---

① 参见 2008 年国务院印发的《国家知识产权战略纲要》。

② 陈朋、张朝枝:《国家公园的特许经营:国际比较与借鉴》,《北京林业大学学报(社会科学版)》2019 年第 1 期,第 81 页。

③ 参见 2007 年 5 月 1 日施行的《商业特许经营管理条例》第 1 条。

等多方面要素上。因而，特许就是使用上述商标、商号、技术、经营模式等经营资源要素的过程，被许可人因而应向许可人定期或一次性支付特许经营费和其他费用。

商业特许经营按其特许权的形式、授权内容与方式、总部战略控制手段的不同，可分为：(1)生产特许。被特许人投资建厂，或通过OEM的方式，使用特许人的商标或标志、专利、技术、设计和生产标准来加工或制造取得特许权的产品，然后经过经销商或零售商出售，被特许人不与消费者直接交易。(2)产品-商标特许。被特许人使用特许人的商标和零售方法来批发和零售特许人的产品。作为被特许人仍保持其原有企业的商号，单一地或在销售其他商品的同时销售特许人生产并取得商标所有权的产品。(3)经营模式特许。被特许人有权使用特许人的商标、商号、企业标志以及广告宣传，完全按照特许人设计的单店经营模式来经营；受许人在公众中完全以特许人企业的形象出现；特许人对受许人的内部运营管理、市场营销等方面实行统一管理，具有很强的控制力。特许经营对特许人而言，能够在实行集中控制的同时保持较小的规模，既可赚取合理利润，又不涉及高资本风险，更不必兼顾加盟商的日常琐事。对被特许人而言，投资一家业绩良好且有实力的特许人，借助其品牌形象、管理模式以及其他支持系统，其风险大大降低；并从特许人处获得培训、先进管理手段、统一广告、技术转让等各种商业利益。

从较早在我国出现的肯德基、麦当劳等特许经营开始，很快进入高速增长期。我国《商业特许经营管理条例》对特许人资质、条件和义务作了明确规定：(1)特许人从事特许经营活动应当拥有成熟的经营模式，并具备为被特许人持续提供经营指导、技术支持和业务培训等服务的能力。(2)特许人从事特许经营活动应当拥有至少2个直营店，并且经营时间超过1年即“2+1”要求。[①] (3)特许经营的产品或者服务的质量、标准应当符合法律、行政法规和国家有关规定的要求。(4)特许人应当向被特许人提供特许经营操作手册，并按照约定的内容和方式为被特许人持续提供经营指导、技术支持、业务培训等服务。(5)特许人应当依照国务院商务主管部门的规定，建立并实行完备的信息披露制度。向被特许人提供“特许人的注册商标、企业标志、专利、专有技术和经营模式的基本情况”，且要求此信息“真实、准确、完整”。[②] (6)特许经营合同约定的特许经营期限应当不少于3年，但被特许人同意的除外。此外，该条例还规定，特许人应当自首次订立特许经营合同之日起15日内，依照该条例规定向商务主管部门备案。商务主管部门应当将备案的特许人名单在政府网站上公布，并及时更新。

曹某诉济南乾豪科技发展有限公司案

2010年9月26日，曹某与乾豪公司签订了《AA国际动漫专营(标准店)合作协议》。协议约定，曹某向乾豪公司支付品牌加盟费、合作保证金等费用；乾豪公司则同意曹某在河南省洛阳市建西区开设专营店，经营AA国际动漫品牌授权经营范围内的所有产品。曹某按约支付了有关款项后，以其不适合从事加盟的业务且未实际开展经营为由，请求判令解除涉案协议，返还其支付的全部费用。

法院经审理认为，曹某作为被特许人应当享有我国《商业特许经营管理条例》中“冷静期”条款[③]规定的单方解除涉案协议的法定权利，而涉案协议对此未作约定，乾豪公司作为特许人

① See Dominic Hui, Danny Tsui, A Primer on Franchising in China, *Franchise Law Journal*, Fall 2020, pp. 295—297.

② 参见《商业特许经营管理条例》第22条第2款、第23条。

③ “冷静期”条款，即《商业特许经营管理条例》第12条规定：特许人和被特许人应当在特许经营合同中约定，被特许人在特许经营合同订立后一定期限内，可以单方解除合同。

对此具有缔约过失,应承担不利法律后果。并且,曹某在支付加盟费等各项费用后,尚未着手实施涉案协议,没有实际利用乾豪公司的经营资源,乾豪公司的经营利益不会因涉案协议解除而受到实质性影响。据此,法院判决解除涉案协议并返还曹某支付的全部费用。[①]

"冷静期"条款侧重保护被特许人的利益,突破了民事法律中"禁止反言"的原则,这是特许经营行业中在被特许人相对弱势的情况下做出的立法选择。在特许经营合同签订之前,由于合同双方在谈判实力、经验方面的差别,或者由于被特许人受到某些误导,可能导致被特许人一时冲动而决定签约,从而没有反映被特许人的真实意图。"冷静期"条款与《澳大利亚特许经营行为准则》第13条"被特许人有权在签订特许经营合同的7天之内解除合同"的规定相同。

《商业特许经营管理条例》第12条规定了特许经营合同中"应当"约定被特许人一定期限内的单方解约权。但合同解除后,守约方有权要求损失赔偿。当被特许人行使了单方解约权后,作为守约方的特许人有权获得赔偿。为了避免争议,双方最好在合同中事先约定损失赔偿的金额,这一金额可以根据特许人为签订和履行这个合同支付的相关费用来设定,如特许人考察被特许人所支付的费用、对被特许人进行培训服务的费用等;同时可以在合同中约定合同解除后向被特许人返还加盟费、保证金的条件、方式和金额,以防范被特许人滥用单方解约权。

第四节　国际技术贸易合同中的限制性条款及其法律规定

一、限制性条款的概念和特征

限制性条款(Restrictive Business Clauses)[②],通常是指在国际技术贸易合同中,许可方对被许可方施加的不合理限制性的条款。在国际技术贸易中,供方与受方往往因在某些限制性条款上不能达成一致,导致谈判破裂;或者由于受方所在国对订有限制性条款的技术转让合同不予登记或不予批准,导致合同无效。可见,限制性条款成了国际技术贸易一大障碍,其特征如下:

(一)它是一种滥用合法权利的行为,具有不合理性

在国际技术转让中,常常伴随着专利技术、商标、专有技术的转让。这些工业产权受到法律和合同条款的保护,在一定时间和一定地域内具有独占性,一定程度上表现为具有垄断性和限制性的条款,这是一种基于合法权利的合理垄断和限制。限制性条款正是利用了这种合法的独占性,不适当地扩大独占权范围,构成权力的滥用,表现为超越了工业产权等权利保护范围、进行不合理的或没有正当理由的限制。

(二)它是一种主要由许可方对被许可方施加的单方面权利限制的行为,具有不平等性

合同是双方当事人平等协商一致所达成的协议。但是,在国际技术市场中,总是表现为卖方市场,以西方跨国公司为代表的技术供方往往以其拥有专利等知识产权有利地位或市场支配地位,提出各种各样的限制性条款,并把这些对供方有利的合同条款强加给受方,以形式上平等协商的合同条款掩盖事实上的不平等。这些条款的特点是当事人权利和义务的不对等,

---

① 参见张帆:《山东法院公布2013年度知识产权审判十大案件》,http://w.dzwww.com/p/5368.html,2023年8月24日最后访问。

② 黄奎聪:《论对技术贸易中限制性条款的法律规制》,《现代企业》2020年第1期,第92页。

是供方对受方单方面进行权利限制，受方接受供方不合理限制的条款是被迫的，是供方不合理利用其谈判中优势地位的结果。

(三)它是一种违反有关法律规定的行为，具有违法性

有些合同条款具有限制性规定，并且可能具有不合理性，但是，并非这些具有限制性规定的不合理条款都是限制性条款。这里所称的限制性条款是指违法的或法律禁止的合同条款，即具有违法性。虽然各国对限制性条款定义、内容、认定标准等方面存在分歧，但是，总的来说各国对不合理的限制性条款都加以制止，并通过不同的法律加以规范。

限制性条款的实质是以谋取高额利润为目的，通过滥用专利等知识产权或以其他不正当竞争方式，不合理地利用谈判中的优越地位，向对方提出不平等的单向权利限制的行为。

二、限制性条款的种类

在国际技术贸易中，各种限制性条款的表现形式不同，具体内容也各不相同，而且，各国法律对限制性条款的规定也不完全相同。一般认为，以下做法或约定应视作限制性条款：

(一)不竞争条款

许可方要求被许可方只能通过许可方获得所需技术，限制被许可方通过其他渠道获得与许可方类似的技术，或者从许可方的竞争者获得与许可方同样的技术。甚至有的还限制被许可方与许可方的竞争者或其他第三者签订有关产品销售、原材料购买等协议。这类条款违反了缔约自由的原则，限制了被许可方获得所需技术的选择自由，进而也限制了被许可方与许可方之间的竞争。

日本天野制药公司诉丹麦诺波因达斯特利公司案

1966年，日本天野制药公司与丹麦的诺波因达斯特利公司签订了引进一种碱性细菌蛋白分解酶合同。合同规定，日本天野公司不得在合同终止后3年内生产和销售与引进技术竞争的工业用碱性细菌蛋白分解酶；不得在合同地区生产和销售与引进技术竞争的其他细菌系统的碱性细菌蛋白分解酶。1968年，丹麦诺波因达斯特利公司提出解除合同，1969年12月合同终止。但是，在1972年12月底前，丹麦公司一直禁止日本天野公司生产和销售与原引进技术竞争的工业用碱性细菌蛋白分解酶，同时也禁止其生产和销售与原引进技术竞争的其他细菌系统的碱性细菌蛋白分解酶。为此，天野公司向日本公平交易委员会投诉，指控丹麦公司有不公平竞争行为，违反了日本反垄断法的有关规定，要求取消原引进合同规定的不合理限制。日本公平交易委员会认为：限制生产和销售竞争产品是一种限制竞争的行为。这类条款原则上属限制性条款。但是，引进合同规定日本天野公司取得的是独占实施许可权，也就是说，只有日本天野公司才有权在合同规定的地区实施生产和销售引进技术产品。为保障日本天野公司有效地生产和销售引进技术产品，限制其生产和销售其他竞争产品，这不能简单地按限制竞争对待。本案限制竞争之处在于：日本天野公司在合同期满后，不再享有独占实施许可权。在此情况下，就不能限制天野公司生产和销售竞争产品，否则，应属不合理、不公平的限制竞争行为。

(二)搭售条款

许可方在合同中规定被许可方在取得所需技术的同时，必须同时接受已经过时的工艺、设计，或者被许可方并不需要的设备、零部件和服务等。这种一揽子交易的限制性规定剥夺了被许可方选择交易标的的权利，具有硬性搭售的不合理性质。

Chicken Delight 公司诉 Siegel 公司案

20 世纪 60 年代中期，美国 Siegel 公司与 Chicken Delight 公司签订了一项技术转让合同。合同规定 Siegel 公司允许 Chicken Delight 公司经营其快餐食品，使用其注册商标和商号，并向其传授经营管理技术诀窍。同时，还规定 Chicken Delight 公司必须购买 Siegel 公司一定数量的煮锅、煎锅、餐具、包装和调料等作为交换条件。而这些商品的价格都高于同类商品的市场价格。后 Chicken Delight 公司向地方法院指控 Siegel 公司有搭售行为，并获胜诉，获得 3 倍于原告实际损失的赔偿。

搭售条款是许可方牟取超额利润的一种常用方法。如有的外商在向我国企业转让技术时，规定必须使用许可方的原材料和零部件。在无正当理由的情况下，这一规定应视为搭售条款。但是，如果只有购买许可方的原材料和零部件才能保证合同产品质量时，就不构成限制性条款。

(三)限制研究和发展条款

许可方在合同中规定被许可方只能使用转让技术，但不得对转让的技术进行改进和更新，使之更好适应被许可方的生产需要；也不得从事新产品、新工艺的研究和发展。如转让方在合同中约定：“未经转让方书面同意，受让方不得对技术(设计、图纸、规格等)进行任何修改”。这类条款阻碍了技术进步，具有明显的不合理性。《反垄断法》第 13 条第 4 项规定，禁止具有竞争关系的经营者达成“限制购买新技术、新设备或者限制开发新技术、新产品”的协议。如果这类研究和发展是被许可方自行负责的，并且不使用许可方的名称、商标等，那么许可方无权对此加以限制，除非被许可方对技术的更改影响到许可方的质量保证或性能保证责任。

(四)回售条款

许可方要求被许可方将取得技术后做出改进的技术无偿地或非互惠地提供给许可方，而许可方并没有将其自己改进的技术提供给被许可方使用的义务。有的甚至还规定被许可方改进的技术的所有权属于许可方所有，被许可方只享有使用权。这类条款是典型的不平等条款，诚然，被许可方的技术改进与原有转让技术存在着一定的联系，但是，技术改进仍是智力劳动的产物，应由改进者享有财产权。因此，订立技术改进交换条款才是合理、平等的。

(五)限制生产能力和产品价格条款

许可方在合同中规定被许可方利用转让技术的生产产品的数量及其价格。这类条款已经超过了技术独占性范围，如无正当理由，原则上属于不合理的限制。

北京锐邦涌和科贸有限公司诉强生(上海)医疗器材有限公司、强生(中国)医疗器材有限公司案①

原告锐邦公司作为被告强生公司医用缝线、吻合器等医疗器械产品的经销商，与强生公司已有 15 年的经销合作关系。2008 年 1 月，强生公司与锐邦公司签订经销合同及附件，约定锐

① 参见《最高人民法院公报》2014 年第 2 期，或《锐邦涌和科贸有限公司诉强生(上海)医疗器材有限公司、强生(中国)医疗器材有限公司纵向垄断协议纠纷案》，中国法院网，2013 年 10 月 22 日。下载网址：http://www.chinacourt.org/article/detail/2013/10/id/1110845.shtml。

邦公司不得以低于强生公司规定的价格销售产品。2008年3月，锐邦公司在北京大学人民医院举行的强生医用缝线销售招标中以最低报价中标。2008年7月，强生公司以锐邦公司私自降价为由取消锐邦公司在阜外医院、整形医院的经销权。2008年8月15日后，强生公司不再接受锐邦公司医用缝线产品订单，2008年9月完全停止了缝线产品、吻合器产品的供货。2009年，强生公司不再与锐邦公司续签经销合同。原告向上海市第一中级人民法院起诉，主张被告在经销合同中约定的限制最低转售价格条款，构成反垄断法所禁止的纵向垄断协议，诉请法院判令被告赔偿因执行该垄断协议对原告低价竞标行为进行“处罚”而给原告造成的经济损失人民币1 439.93万元。

上海市高级人民法院二审认为，本案相关市场是中国大陆地区的医用缝线产品市场，该市场竞争不充分，强生公司在此市场具有很强的市场势力，本案所涉限制最低转售价格协议在本案相关市场产生了排除、限制竞争的效果，同时并不存在明显、足够的促进竞争效果，应认定构成垄断协议。强生公司对锐邦公司所采取的取消部分医院经销资格、停止缝线产品供货行为属于反垄断法禁止的垄断行为，强生公司应赔偿上述垄断行为给锐邦公司造成的2008年缝线产品正常利润损失。据此判决强生公司赔偿锐邦公司经济损失人民币53万元。

本案判决的法律依据是《反垄断法》，也是国内首例纵向垄断协议纠纷案件。限制最低转售价格的协议、决定或其他协同行为，具有排除、限制竞争的效果，才能构成垄断协议。分析评价限制最低转售价格行为的经济效果，可以从相关市场竞争是否充分、实施企业在相关市场是否具有很强的市场地位、实施企业是否具有限制竞争的行为动机、限制最低转售价格行为的竞争效果四个方面进行综合判断。

（六）不合理的出口限制条款

出口限制条款的形式主要包括：在无正当理由的情况下，许可方在合同中规定被许可方出口使用转让技术生产的产品必须经许可方同意；或者对出口合同产品实行地区、数量或出口渠道的限制；或者通过规定出口合同产品的价格必须事先取得许可方同意的方法，间接限制被许可方出口合同产品；或者规定合同产品的包销权或独家代理权必须授予许可方等。出口限制条款是我国技术引进中最常见的一种限制性条款。例如，我国某公司在一项引进荷兰某公司挖泥船设备和制造挖泥船专有技术时，许可方提出挖泥船用户在中国境外注册的，必须与许可方无利害冲突，有无利害冲突的认定则由许可方最终单方决定。这一要求等于剥夺了被许可方出口挖泥船的权利，即使许可方以后同意出口，也会找借口索取高额补偿。

（七）经营管理限制条款

许可方要求被许可方提供合股资本，共同经营，或者由许可方委派若干人员参与被许可方的经营管理，以此作为转让技术的先决条件。这显然超出了技术独占性范围。

（八）对技术人员使用限制条款

许可方要求被许可方不得使用当地的技术人员，或者在一些关键性生产部门必须使用许可方指定的技术人员而不得任用受让方自己的技术人员。但许可方为了保证技术转让的质量和开始使用时的效率而有此需要的除外。

（九）技术使用范围限制条款

许可方在合同中规定被许可方使用转让技术的范围和合同产品的范围。这一规定限制了被许可方将引进技术运用到其他领域，造成人为的障碍。

(十)工业产权失效后支付条款

许可方要求被许可方在其引进的专利技术期满后或专有技术失效后还要继续承担支付义务，或者禁止被许可方继续使用上述技术。

(十一)不质疑条款

许可方要求被许可方对所转让的专利或其他工业产权的有效性不得提出异议。

(十二)反溯源条款

反溯源条款(Anti-Reverse Engineering Clauses)主要存在于计算机软件许可的合同之中，其内容一般规定被许可方不得拆看软件源代码等。①

三、关于限制性条款的法律规定

国际技术贸易中存在着各种限制性做法，产生的原因也多种多样。有的是出于正当的动机，如出于维护产品的质量和声誉的考虑；有的则是利用经济地位的不平等，甚至是利用对方的无知，通过不合理的合同条款谋取更大的商业利润。因此，各国法律并非一概禁止限制性条款，而只是在不同程度上禁止或限制不合理的技术贸易条款。

但是由于各国在经济、政治和法律等方面存在差异，因此，在评判限制性条款的规定方面也存在分歧。早在讨论制定《国际技术转让行动守则(草案)》时，这种分歧就十分明显，发达国家坚持竞争标准，即以对竞争是否具有限制作用作为衡量限制性条款的标准，如果合同条款对竞争起着限制作用，就属限制性条款。而发展中国家则主张发展标准，即以合同条款是否不合理阻碍技术进口方所在国的经济与技术发展作为衡量限制性标准的标准，如果合同条款中存在不合理限制进口方所在国的经济、技术的发展的内容，就属限制性条款。

尽管如此，在讨论《国际技术转让行动守则(草案)》时，各方对限制性做法已有了不少共识(如认为限制受方改进供方所提供的技术、限制受方雇用当地人员、限制出口、固定价格、搭售条款、单方回授等，均属不合理限制)。之后，在20世纪80年代初，世界知识产权组织制定了《技术转让合同管理示范法》，其中列举了17种限制性商业条款。在90年代，对所有WTO成员国都具有约束力的TRIPS协定，原则上规定了各国可采取立法等措施，防止知识产权持有人滥用权利和采取不合理限制贸易的做法。②

中国在立法机构、判断限制性商业行为的标准等方面都与发达国家的相关制度存在不同。发达国家没有制定专门的立法，而是用一般性的法律来补充和完善其反垄断法。中国制定了专门的技术法规来对限制性商业行为进行规制，从判断标准看，发达国家采用竞争标准，中国考虑的标准是“发展标准”，判断技术转让协议是否会控制中国企业的生产、技术和销售等活动，从而影响经济发展和创新。③ 基于“发展标准”，长期以来，我国一直践行《国际技术转让行动守则》(草案)，在2001年《技术进出口管理条例》第29条中列举了技术进口合同中不得含有7种不合理的限制性贸易条款的规定。2004年《最高人民法院关于审理技术合同纠纷案件适

---

① See Yang Chen, Enforceability of Anti-Reverse Engineering Clauses in Software Licensing Agreements: The Chinese Position and Lessons from the United States and European Union'S Laws, *University of Pennsylvania Journal of International Law*, Spring 2022, pp. 784—819.

② TRIPS协定仅规定了“限制受方对知识产权的有效性提出质疑、进行强制性一揽子许可、在许可合同中规定排他性反售条件”三种不合理限制贸易情形。

③ 参见黄莉蓉:《国际技术转让贸易中的限制性商业行为比较研究》,《科技与创新》2019年第17期,第134页。

用法律若干问题的解释》第10条对具有不合理限制性的"非法垄断技术、妨碍技术进步"做出6项解释。但"在美国等一些国家或地区的影响下,专门的技术法规近年来也做出了一些重要的修改,较多地体现了对契约精神的尊重。"[①]源于并体现了2020年实施的《外商投资法》关于"鼓励基于自愿原则和商业规则开展技术合作"和"技术合作的条件由投资各方遵循公平原则平等协商确定,行政机关及其工作人员不得利用行政手段强制转让技术"的原则。

根据上述原则,2022年修订的《技术进出口管理条例》删除了第29条的规定[②];2020年修订的《最高人民法院关于审理技术合同纠纷案件适用法律若干问题的解释》通过对《合同法》和《民法典》解释[③]平等地规范了国际技术贸易双方当事人,采用"非法技术垄断"表述等方式规范"限制性条款"做法[④],体现了"非行政手段"和"自愿、平等"原则。

不过,我国对一些特种技术如软件技术许可中的反溯源条款是否具有可执行性问题尚无具体规定,有学者已建议在综合考量欧美模式的基础上结合国情选择合适的规范。[⑤]

第五节 与国际技术贸易相关的国际立法

与国际技术贸易相关的国际立法主要有《保护工业产权的巴黎公约》《与贸易有关的知识产权协定》等。此外,《国际技术转让行动守则(草案)》对国际技术贸易及其立法也起过重大影响。

一、《保护工业产权的巴黎公约》

《保护工业产权的巴黎公约》(以下简称《巴黎公约》)于1883年在巴黎签订,先后修订6次,最后修订的1967年文本,即斯德哥尔摩文本。我国于1985年加入该公约。

(一)《巴黎公约》的保护范围

《巴黎公约》第1条规定:工业产权保护的对象:发明专利、实用新型、外观设计、商标、服务商标、商标名称、产地标记或原产地名称、制止不正当竞争。对工业产权应作广义解释,不仅适用工业、商业,也适用农业和采掘业等。发明专利包括成员国法律规定的各种专利,如进口专利、改进专利、附加专利和证书等。

(二)《巴黎公约》的基本原则

1. 国民待遇原则

《巴黎公约》第2条规定:任何成员国的国民,在工业产权保护方面,在其他成员国内应享

① 参见单晓光:《论强制技术转让》,《东方法学》2020年第6期第68～69页。

② 由于第29条限制性条款仅对技术进口合同的让与人(外方)适用,难免遭到外方控诉其违反TRIPS协定国民待遇原则。

③ 如该解释第10条明确地规定了"非法技术垄断"的6种情形,通过对国内法的解释规范了"限制性条款"的做法。

④ 《技术进出口管理条例》是行政法(公法),具有强制性,《合同法》和《民法典》属私法范畴,根据国际私法准据法规则,国际技术贸易合同也可能不适用中国法律,换言之,《技术进出口管理条例》未规定"限制性条款"非法,而相关的司法解释又可能不能适用,当事人(中方)在签订合同时的自我保护意识应当更加强化。

⑤ See Yang Chen, Enforceability of Anti-Reverse Engineering Clauses in Software Licensing Agreements: The Chinese Position and Lessons from the United States and European Union'S Laws, *University of Pennsylvania Journal of International Law*, Spring 2022, pp. 784－819.

有各国法律现在或将来给予其本国国民的各种便利。他们只要遵守对该国国民适用的条件与手续，就可以享有与该国国民同等的保护，当他们的权利遭到任何损害时，也可以得到同样的法律救济。非成员国的国民，如果在某一成员国国内有永久住所或有真实与正当的工商营业地，也可享有与成员国国民同等的待遇。

由于各成员国对工业产权保护水平不同，《巴黎公约》只能规定最低标准，各成员国在实施保护的同时，还有权对司法、行政程序、送达和委托代理人等方面做出特殊规定。

2. 优先权原则

优先权，是指一成员国的国民在某一成员国国内提出工业产权的正式申请后，如该申请人在一定期限内又向其他成员国提出同样的申请，则其他成员国应视在第一个成员国的申请日为在该国的申请日。《巴黎公约》第4条规定：凡是已在一个同盟国申请注册的商标，可以享受自初次申请之日起计算的为期6个月的优先期限，以便其考虑是否向其他成员国提出同样的注册申请。如果他在规定的6个月期限以内，再向其他成员国提出同样的申请，其后来的申请的日期应视同初次申请的日期。在这个期限内，任何第三人使用该项商标或已向有关的成员国提出了同样商标申请，均不得用以对抗初次申请人。

上述规定适用于发明专利、实用新型专利和外观设计专利。其他工业产权不适用优先权原则。发明专利和实用新型专利的优先期限为12个月；外观设计专利和商标注册的优先期限为6个月。申请人在其后一项申请的客体必须与前一项申请的客体相同。

3. 独立性原则

各成员国在授予专利（商标）权的条件、期限或专利（商标）权无效或撤销等方面，有权根据本国法律具体规定独立做出决定，不受其他成员国就同一专利或商标所做出的决定的影响。即各成员国在授予专利权或商标权方面，相互独立。体现平等主体之间无管辖权原则。具体地说，商标权和专利权的取得与保护，各成员国有权按照本国规定的条件及程序执行；对商标与专利的保护标准与保护范围相互独立，各成员国按本国标准予以确定；在权利的消灭期限上各自遵守各自的规定。

二、《与贸易有关的知识产权协定》

《与贸易有关的知识产权协定》规定，各成员国应当减少国际贸易中的扭曲与阻力，保证知识产权执法的措施与程序不至于变成合法贸易的障碍。

（一）基本原则

1. 国民待遇原则

该协定规定，各成员方在知识产权保护方面对其他成员方国民提供的待遇，不得低于本国公民的待遇。

2. 最惠国待遇原则

在知识产权保护方面，某一成员方给予其他任何成员方国民的任何利益、优惠、特权或豁免，都将立即无条件地适用于其他成员方国民。此原则法定例外的情形是，提供的待遇不得低于本国公民的待遇。

3. 透明度原则

各成员方所实施的与本协议内容有关的法律、条例以及普遍适用的终审司法判决和终局行政裁决以及成员方政府之间签订的协议均应公布，并将文件的全部内容通知WTO知识产权理事会，以便该理事会检查执行情况。各成员方有义务在其他成员方要求知道有关立法、司法情况时，满足他们的要求。

(二)适用范围

《与贸易有关的知识产权协定》适用于专利、版权和相关权利、商标、工业品外观设计、集成电路布局设计、未公开信息、地理标志等知识产权。

(三)保护技术权利有关的内容及其标准

1. 版权与相关权利

《与贸易有关的知识产权协定》规定必须遵守《伯尔尼公约》第1～21条及其附件的规定，并对计算机软件、数据编辑作品以及影视产品相邻权等作了具体规定：(1)无论是以源代码或以目标代码表达的计算机软件，均应作为《伯尔尼公约》1971年文本的文学作品给予保护。(2)数据及其他材料的汇编，无论是机器可读形式还是其他形式，只要其内容的选择或安排构成智力创作，即应予保护。

2. 工业品外观设计

《与贸易有关的知识产权协定》规定：(1)外观设计所有人有权制止第三方未经许可而为商业目的制造、销售或进口带有或体现有受保护外观设计的复制品或实质性复制品。(2)成员方可以对工业品外观设计保护规定有限的例外，但必须保证该例外并未与受保护的外观设计的正常利用发生不合理的冲突，且未不合理地损害受保护的外观设计所有人的合法利益。(3)工业品外观设计的保护期限不少于10年。

3. 专利

《与贸易有关的知识产权协定》对专利保护范围、保护期限以及举证责任等方面的规定较之前国际公约有所改进：(1)专利的客体应包括所有技术领域内的任何发明，无论是产品还是方法，除非为了保护公共秩序、保护人类生存或健康、动植物的生长、避免环境破坏和对人和动物的治疗。(2)成员方对发明授予专利时，对专有权可以规定有限的例外，但要顾及第三方的利益，且与专利的正常使用没有发生不合理的冲突，并未不合理损害专利所有人的合法权利。(3)产品专利所有人有权制止第三方未经许可制造、使用、提供销售、销售或为上述目的进口该产品；方法专利所有人有权制止第三方未经许可使用该方法以及使用、提供销售、销售或为上述目的进口按上述方法获得的产品。(4)专利的保护期不少于20年，自申请之日起计算。(5)若无相反证据，未经方法专利所有人的许可而制造任何相同的产品的，应视为使用该专利方法获得的产品，成员国可以规定被告承担举证责任，证明其获得相同产品的方法不同于该专利方法。

4. 集成电路的布图设计

《与贸易有关的知识产权协定》规定：(1)为商业目的进口、销售或以其他方式发行受保护的布图设计，为商业目的进口、销售或以其他方式含有保护布图设计的集成电路，属非法行为。(2)行为人在获得上述物品时，不知道也没有理由应当知道物品中含有非法复制的布图设计的，则不认为非法。但在知晓后，则有义务向权利人支付报酬。(3)布图设计的保护期不得少于10年，从注册申请之日起或从首次付诸商业利用时起计算。上述规定与《集成电路知识产权条约》基本一致。

5. 未披露的信息保护

《与贸易有关的知识产权协定》规定：(1)各成员方应根据《巴黎公约》有关反不正当竞争的规定，对未披露的信息保护提供法律保护。(2)对于旨在取得进入药品或农产品市场而提供的有关测试数据,各成员应给予知识产权保护。

此外,《与贸易有关的知识产权协定》还规定,各成员方有权在国内立法中具体说明哪些许可证贸易活动或条件可能构成对知识产权的滥用,而对竞争产生消极影响,并采取措施防止或控制这类活动。

(四)强制许可

许多国家的法律规定,当无法获得专利产品或以过高的价格才能获得专利产品时,政府可根据公共利益授权有兴趣的生产商使用该专利,同时要求使用者向专利权人支付适当的使用费。但是,该协定对这种许可规定了严格的条件,以保证只有在例外的情况下并在客观的基础上才实行强制许可。它尤其规定了只有当有兴趣的生产商以合理的条款和条件争取授权,并且在其争取获得授权的努力失败后才可授予强制许可。但是,专利所有权人应得到有关使用的通知。

(五)保护期限

《与贸易有关的知识产权协定》对不同的财产权确立最低法定期限:专利从递交专利申请之日起 20 年;工业品外观设计至少 10 年;集成电路布局设计从注册之日起 10 年,如不要求注册,从第一次使用之日起 10 年。

(六)限制性贸易行为

为确保知识产权保护不对以合理商业条件转让技术产生不利影响,协定规定各国可采取适当的措施,包括立法,以防止知识产权持有人滥用他们的权利和采取不合理限制贸易或对技术转让不利影响的做法。《与贸易有关的知识产权协定》第二部分对限制性条款作了如下禁止性规定:

(1)独占的返授条款(Exclusive Grant back Conditions),即要求技术的被许可方取得技术后对技术做出的改进,必须无条件地返授给技术的许可方或许可方指定的其他企业。

(2)禁止对有关知识产权的有效性提出异议的条款(Conditions Preventing Challenges to Validity)。

(3)强迫性一篮子许可证条款(Coercive Package Licensing),即强迫被许可方接受捆绑在一起的技术,并以此作为收取报酬的依据,而不论具体技术的费用与有效性。

(七)协定的实施

《与贸易有关的知识产权协议》不同于由世界知识产权组织制定和管理的公约的一个特点是,它强调其成员国实施其规定的标准和规则。为此,《与贸易有关的知识产权协议》阐述了成员国应采取的管理机制、程序和救济手段以使知识产权持有人能根据民法得到补偿,并且依据刑法追究假冒者和盗版者责任,提供临时救济以及防止海关当局放行假冒、盗版和其他侵犯知识产权的货物。

本章小结

国际技术贸易法是调整各国技术贸易的法律规范。本章主要介绍国际技术贸易的特征和形式,国际技术贸易的国际立法和国内立法,我国技术进出口管理的原则、分类及其有关规定,各种主要国际技术贸易合同的具体条款及其应当注意的有关事项,以及国际技术贸易合同中各种限制性条款及其法律规定。

建议的选读资料

1. 肖海、饶家宁:《我国孤儿药独占许可制度建构思考》,《医学与社会》2022 年第 12 期。

2. 张铁:《论专利独占许可的法律属性》,《法律科学(西北政法大学学报)》2023 年第 3 期。

3. 贺辉:《区块链技术国际贸易应用场景法律问题论纲》,《法律科学(西北政法大学学报)》2022 年第 7 期。

4. Peter K. Yu, The U. S. —China Forced Technology Transfer Dispute, *Seton Hall Law Review*, 2022.

5. Li Yang, Hui Pang & Charlie Xiao—chuan Weng, Dancing in Chains: Reassessing China's Foreign Investment Legislation (Part I & Part II), *Hong Kong Law Journal*, 2022.

6. Anne Orford, How to Think about the Battle for the State at the WTO, *German Law Journal*, February 2023.

思考题

1. 国际贸易法的主要特征是什么?

2.《与贸易有关的知识产权协定》对国际技术贸易作了哪些实质性规定?

3. 国际技术转让合同的种类及其基本内容有哪些?

4.《技术进出口管理条例》规定不得在技术进口合同中含有的限制性贸易条款有哪些?

5. 你对《商业特许经营管理条例》第 12 条冷静期的规定是如何认识的?

案例分析

1. 美国 W 公司生产的某种低效杀毒剂技术于 1992 年在我国取得了专利权。1993 年,我国甲公司购买了这项专利技术 10 年的独家许可权。两年之后,甲公司发现乙公司也在使用该技术。经查,我国某农研所于 1988 年已开发了这项技术,并于 1990 年将之卖给了乙公司使用,但农研所并没有申请专利。为此,甲公司便诉诸法院,指控该农研所和乙公司侵犯了其独家许可权。农研所和乙公司则辩称:该技术在中国申请专利时已不具备新颖性,该专利权本身就是无效的,因此该独家许可是非法的。

【问题】

(1)你认为被告的抗辩是否成立? 为什么?

(2)如果甲公司败诉,它是否可以向 W 公司主张什么权利,为什么?

2. 1996 年,福建省某制药厂与荷兰一有限公司订立了一份合同。合同是关于荷兰公司向福建某制药厂提供一项技术。其中的条款有:在合同有效期间内,技术受让方在使用合同项下技术过程中,对该技术的任何改进和发展,都应当无偿提供给出让方。受方对总机构在中华人民共和国以外注册的用户,如对技术出让方的利益无冲突,可以利用合同项下技术生产的产品向该用户销售。

【问题】 你认为该合同存在哪些问题? 为什么?

3. 2015年初爱立信公司与苹果公司专利授权协议到期，签署新的协议时，双方在专利授权定价问题上产生分歧，苹果公司认为爱立信公司要价太高。1月中旬，苹果公司向联邦法庭提告，认为爱立信公司的无线技术专利不是手机标准的基本专利，而且爱立信公司还针对这些专利收取了高额使用费。爱立信公司于1月14日向美国得克萨斯州东区联邦地区法院提起申诉，回应苹果公司的举动。爱立信公司要求法院对爱立信公司向苹果公司提出的全球专利授权费做出判决，要求法院判定其向苹果公司提供的爱立信标准核心专利组合符合“FRAND”原则(即 Fair 公平、Reasonable 合理和 Non-Discriminatory 非歧视原则，很多电信组织在把专利纳入电信标准时，都要求专利拥有者签署关于“FRAND”的声明，以确保专利持有者获得利益的同时，对他们的权利进行一定的约束)。2月26日，爱立信公司向美国国际贸易委员会(United States International Trade Commission，USITC)提起两项诉讼，并向美国得克萨斯州东区联邦地区法院提起七项诉讼。这七项诉讼起诉苹果公司侵犯41项专利，包括8项移动通信标准必要专利、33项手机相关专利，并且提出禁售 iPhone、iPad、Apple TV 及包括新品 apple watch 在内的苹果产品。继在美国起诉苹果公司之后，爱立信公司5月8日又在德国、英国和荷兰对苹果公司提起诉讼，指控苹果公司在 iPhone 和 iPad 中使用了爱立信公司的专利却未支付专利费。

【问题】

(1)你认为爱立信公司与苹果公司专利授权协议到期后，专利授权定价应当如何确定？根据“FRAND”原则能否解决专利授权定价问题？

(2)在合同双方当事人之间不能就继续使用专利的授权定价达成协议时，应当继续沿用原合同的定价条款，还是应当由法院判决确定？(如法院可能综合考量专利对产品的贡献率、专利对标准的贡献率、同样专利对他人收取的许可费、使用人就类似专利缴纳给他人的许可费、市场经济环境和科技发展状况，以及双方在前期磋商中的意思表示等。)

(3)苹果公司与爱立信公司专利授权定价之争及其最终达成协议一案对我国相关手机企业有何启示？

第十章

10

国际电子商务法

教学目的和要求

1. 了解国际电子商务的概念、特点、主体和涉及的主要法律问题
2. 掌握《电子商务法》的主要内容
3. 了解电子合同的主要法律规则
4. 掌握《电子签名法》的主要规定
5. 了解《电子商务示范法》《联合国国际合同使用电子通信公约》的主要内容
6. 了解国际电子商务中知识产权保护的基本内容

第一节　概　述

一、国际电子商务的概念及其分类

(一)概念

国际电子商务(Electronic Commerce)是指利用互联网、万维网及移动设备上运行的移动APP和移动浏览器来进行的商业交易。[①] 国际商务可分为三个主要阶段:广告和搜索阶段、订货和付款阶段,以及送货阶段。从广义上说,任何一个或者全部阶段都可通过传真、电报、电传、电子支付及货币转账系统、电子数据交换和互联网的方式进行,因此,电子商务涵盖上述这些手段。狭义电子商务,特指用来表示互联网以及其他以网络通信技术为基础的商业活动,参与主体包括商品和服务的提供者、广告商、消费者、中介商等。虽然电子数据交换(EDI)也是电子商务的一种方式。但在国际商务中,由于EDI使用复杂、费用贵,而且需要专门的增值网络,因此除了在具有长远利益的高价值供货伙伴关系的大企业之间应用之外,尚未真正得到普及。

国际电子商务针对的是跨境商业交易,它具有全球化、多边化[②]、便利化[③]、需求多样性[④]、小批量高频率[⑤]、税收监管难度大等特点。它对国际贸易方式带来的革命性变革已日益显现,极大地增强了各国贸易活动能力。与传统商务模式相比,国际电子商务具有交易主体虚拟、交易信息载体无纸、交易成本低、交易效率高、交易机会多、交易范围广(全球化)、交易周期短、交易速度快、规则国际协调化等特征。

电子商务是数字经济和实体经济的重要组成部分,是催生数字产业化、拉动产业数字化、推进治理数字化的重要引擎,是提升人民生活品质的重要方式。

(二)国际电子商务分类

根据交易的主体不同,国际电子商务主要分为以下三类:

---

① [美]Kenneth C. Laudon, Carol Guercio Traver著,劳帼龄译:《电子商务——商务、技术、社会》(第13版),中国人民大学出版社2021年版,第7~9页。其中的互联网是由建立在通用标准上的计算机网络组成的全球性网络。万维网则是一个在互联网基础设备上运行的信息系统。APP的吸引力则超越了万维网。

② 即多边贸易形式化。

③ 即环节少、时间短、成本低和效率高。

④ 也可以通过双向沟通的交互性保证。

⑤ 即个性化、定制化。

(1)企业与企业之间的电子商务(Business to Business 或 B2B),是指企业之间采取在线交易市场和会员专用网络等形式进行交易的商务活动。B2B 电子商务活动除了须遵守国际贸易规则之外,还须遵守国际惯例及行业惯例。

(2)企业与消费者的电子商务(Business to Customer 或 B2C),是指商业企业通过互联网等与消费者进行交易的商务活动。由于它是商业企业与消费者之间的商务行为,因而涉及消费者保护问题,其适用的规则与 B2B 有所不同。

(3)消费者与消费者之间的电子商务(Customer to Customer 或 C2C),是指消费者之间通过大型网络平台或个人服务网站等进行交易的形式。

此外,还有企业、消费者、代理商三者相互转化的电子商务(Agent、Business、Consume 或 ABC),以消费者为中心的全新商业模式(Customer to Business-Share 或 C2B2S),以供需方为目标的新型电子商务(Provide to Demand 或 P2D)等。

根据在线交易的标的不同,电子商务还分为以下三类:

(1)货物贸易,包括供应链销售(B2B)、网上零售(B2C)都实行网上订货和支付,而送货则在网下进行。其中网上订货和支付活动须适用电子商务法律规则。

(2)数字贸易,是指货物之外的其他作品等智力成果、服务和其他信息的销售。包括:数字化商品(以 0 和 1 二进制数字形式存在的数字产品),如电子书刊、影音资料、电脑软件、游戏等;信息产品(属信息使用权交易而非知识产权交易范畴)。这类标的具有知识产权或者经济价值的性质,其交易和履行往往涉及著作权等知识产权法律保护,或者适用不同于货物销售的各种交易规则,且这类电子合同完全可以在网上交易并履行。

(3)网上服务贸易,是指通过网络向企业或消费者提供跨国的各种咨询和服务,包括金融、保险、房地产、旅游、专业服务、商业服务、健康服务和教育服务等。

电子商务在世界范围内为商业企业以及消费者提供了各种产品、服务及其价格和销售条件等信息,使得商业企业以及消费者能以可接受的条件得到所需产品或服务。电子商务为供应方提供了在线营销服务,使得供应方开展业务时不需要在海外开设商业机构或雇用代理商。互联网的虚拟商店和联络点借助于通信的便利,降低了供给流动中的某些延误。快速和保证供应的有效性也可以使企业、批发商和零售商减少他们所持的存货和库存。这将帮助企业,尤其是中小型企业,降低成本。

总之,国际电子商务是一种跨越国界的商务活动的新形式,它通过采用现代信息技术手段、以数字化通信网络和计算机装置替代传统交易过程中纸质信息载体的存储、传递等环节,达到高效率、低成本、数字化、网络化和全球化等目的。

二、国际电子商务法的概念和原则

(一)国际电子商务法的概念

国际电子商务法,是指调整国际商务过程中数据电文交易方式的法律规范的总称。其主要调整国际商务活动中通过信息网络,以数据电文为手段的交易方式,以及由此所产生的交易关系,而不是国际贸易本身。其目的是保证数据通信的安全性和可靠性。其内容大致分为数据电文、电子签名和电子商务认证三个方面。

国际电子商务的发展须有两大前提:一是技术支持,二是法律规则的保障。目前,电子商务立法及其法律规则仍处于国内立法为主阶段。一方面,电子商务迅速发展,使得企业之间或消费者与企业之间通过网络购买外国产品或接受外国服务变得十分容易;另一方面,这类交易可能会遇到复杂的电子合同问题、税收问题(包括关税)、支付问题、法律适用及管辖问题等。因此,协调各国之间的电子商务法律制度,对国际电子商务的发展具有十分重大的意义。

(二)国际电子商务法的基本原则

(1)中立原则,即国际电子商务平等、公平原则,包括:①技术中立原则,是指对电子交易的技术手段一视同仁,法律上不得厚此薄彼。②媒介中立原则,是指无论采用何种媒介形式和通信手段进行商务活动都给予相同的地位和待遇。也就是说,无论是采用有线通信、无线通信,还是电视、广播及增值网络,都一视同仁地对待。③实施中立原则,是指符合法定要求的数据通信与传统纸质文件具有同等的法律地位和作用,应享有同等的待遇,不应对使用数据通信用户施加更加严格的安全标准(功能相等原则)。④法律待遇中立原则,指对不同的主体(企业与消费者、本国人与外国人)在本国电子商务或国际商务活动中的尽可能在法律待遇一视同仁(同等保护原则)。

(2)交易自治原则,是指电子交易当事人有选择交易方式和交易规则的自由。

(3)安全性原则,是指电子交易的工具、手段、形式和技术方案都必须符合安全性要求,消除各种不确定性。

(4)国际协调性原则,是指国际电子商务法应促进电子商务规则国际化,减少国际电子商务贸易法律障碍。

三、国际电子商务的法律问题

国际电子商务的虚拟性、无国界性、无纸化等特征向现有的法律规则提出了诸多法律问题,主要包括:

(一)电子商务合同

电子商务合同与传统合同有着较大的不同,因此,需要明确电子商务合同的要约、承诺和签名的效力,合同成立的时间、地点以及合同的有效性和可执行性,电子签名及身份认证等,以保证电子合同具有与传统合同同等的法律效力。

(二)知识产权保护

电子商务的虚拟性使得知识产权的保护出现新的困难,大量的电子文件、CD、软件以及报刊新闻等被任意的下载,构成对他人著作权的侵犯,域名抢注现象严重,域名无地域性使得这一问题的解决难度增大。

在2014年至2018年审结的12 731件案件中,商标权案件4 740件,占37.23%,侵权形态多为通过平台销售假冒商品,或在网页上使用他人注册商标;著作权案件4 678件,占36.74%,侵权形态主要是销售侵害他人著作权的商品,以及在网页上使用他人作品;专利权案件3 109件,占24.42%,侵权形态为销售、许诺销售侵害他人专利权的商品。[①] 2020年最高人民法院出台了《关于审理涉电子商务平台知识产权民事案件的指导意见》,其中第3条规定,电子商务平台经营者知道或者应当知道平台内经营者侵害知识产权的,应当根据权利的性质、侵权的具体情形和技术条件,以及构成侵权的初步证据、服务类型,及时采取必要措施。采取的必要措施应当遵循合理审慎的原则,包括但不限于删除、屏蔽、断开链接等下架措施。平台内

---

① 参见浙江省高级人民法院联合课题组:《关于电商领域知识产权法律责任的调研报告》,https://www.chinacourt.org/article/detail/2020/03/id/4871104.shtml,2023年3月7日最后访问。

经营者多次、故意侵害知识产权的，电子商务平台经营者有权采取终止交易和服务的措施。

(三)电子商务的税收

电子商务的无国界性产生了对诸如通过互联网提供电子出版物、软件数字化产品和网上各种服务等电子商务是否应当纳税以及如何纳税等问题。又由于电子商务是无纸化交易，税收凭证也是税收征收的一大困难，这对海关统计以及税收征收来说也是一大难题。再如如何规范跨国税收规则、避免双重征税以及如何确定税收管辖权等都是一些棘手问题。

(四)电子商务的支付

电子商务需要通过电子方式进行支付和结算，明确电子支付命令的签发和接受、有关银行对发送方命令的执行、有关当事人的权利与义务以及网上支付中的电子货币、电子现金、电子钱包等，是保障电子支付和发行与安全性的前提条件。所有这些问题都需要相关的法律加以规范。

(五)电子证据

电子商务合同以及其他单证主要是以电磁记录物等电子形式表现出来的，由于使用磁性介质，记录的内容容易遭到篡改；并且由于计算机程序或者操作人员的过失也会出现差错，进而影响电子商务的真实性和安全性。因此，需要明确电子证据的可用性、有效性以及审查规则。

某电子公司诉某网络公司合同纠纷案①

2010 年 12 月 21 日，某电子公司与某网络公司签订《外贸网络营销服务合同》，约定电子公司购买一套外贸营销系统，由网络公司负责服务平台的搭建及推广，电子公司分期向网络公司支付货款。电子公司称网络公司未能按约依期履行合同，起诉请求网络公司返还已付合同款项。网络公司提交 QQ 聊天记录，以证明双方通过 QQ 聊天平台协商变更了合同内容，辩称其不存在违约事实。

法院认为，电子公司认为网络公司没有完成平台搭建及推广的义务，网络公司提交 QQ 聊天记录证明双方仍处于交流和协商过程。电子公司否认 QQ 聊天记录的证据效力，但同时又引用聊天记录的部分内容作为网络公司违约的证据，故可以确认 QQ 聊天记录内容的真实性。从聊天记录的内容看，直到 2011 年 6 月初双方仍在就网络平台的建立沟通交流和更正、调整有关数据资料，可见双方在履行合同中以实际行为对合同约定的网络平台建立期限做出了变更，因此，电子公司主张网络公司延迟履行合同义务与事实不符，故判决驳回电子公司的诉讼请求。

(六)电子商务的管辖权

国际电子商务的虚拟性对传统的管辖权理论与实践提出了新的问题。例如，如何确定合同签订地、(网上履行)合同履行地、(网上侵权)侵权行为发生地？网址能否构成新的管辖依据？网上消费者合同管辖权如何确定？其根本问题使原有的管辖权理论能否套用于电子商务，也就是说，是否需要确定新的电子商务管辖权规则以及如何确定。

---

① 刘冬梅、何海涛：《广州中院发布十大电子商务纠纷典型案例》，https://www.gzcourt.gov.cn/ck487/ck335/ck490/2014/04/7502875314593529.html，2023 年 8 月 24 日最后访问。

薛某诉海关总署不履行职责违法案[①]

薛某于2017年6月7日向海关总署以邮寄挂号信方式书面举报北京麦乐购科技有限公司在跨境电子商务贸易中销售的“澳洲BioIsland婴幼儿全天然液体乳钙胶囊(28天以上)90粒”存在生产日期虚假、保质期虚假[②]、无中文标签以及营养成分不符合我国食品安全标准的违法行为。2017年8月15日,海关向薛某做出《信访事项答复书》[③],建议薛某依法咨询相应的国家主管部门。2017年8月17日,薛某向海关总署提出信息公开申请,申请公开上述受理情况,以及答复时间、答复方式。2017年12月11日,海关总署向薛某做出《海关信息公开申请告知书》,答复称:“您的申请内容属于对信访事项受理、办理情况进行查询,我署已转信访部门办理,信访答复内容附后。”薛某以海关总署对其所提举报事项未进行处理或告知为由,诉至法院,请求确认海关总署对其所提举报事项未在法定期限内答复的不履行职责行为违法,判令被告海关总署限期办结并予以答复。

法院认为,上诉人薛某系中国公民,所购商品交易渠道是通过与海关联网的电子商务交易平台“麦乐购进口母婴商城”进行跨境交易,订单性质为保税区订单,属跨境贸易电子商务性质。[④] 海关对跨境电商进口食品的监管集中在通关管理、税收征管、物流监控等方面。在通关管理环节,仅要求电子商务企业、支付企业、物流企业等提交交易、支付、物流等信息;在税收征管、物流监控等方面,亦无针对涉案食品安全问题进行监管的职责,故薛某所举报的事项不属于海关监管职责范围。据此,做出对薛某的请求不予支持的判决。

(七)电子商务的隐私权

远程交易、联机购买、网上俱乐部或免费电子邮件都需要提供购买者的个人资料,电子商业企业可能由此在其网络数据库中建立客户资料档案,收集有用的客户信息,商业企业可依此有的放矢地推销其产品或服务,而用户或消费者可能深受电子垃圾的侵扰。更为令人担忧的是如个人账号、消费者爱好等个人的隐私,也可能被某些人泄露或利用。因此,需要解决在网络公开性情况下如何有效保护个人隐私权问题。[⑤]

---

① 参见北京市第二中级人民法院行政裁定书(2018)京02行初26号。

② 商品销售页面明示保质期为24个月,但收货后发现有的商品有效期至2018年10月16日,有的有效期至2019年3月3日,即其提前一年收到了涉案商品。薛某先向食品药品监督管理部门举报,被告知该商品属于保税区发货跨境电商,不属于食品药品监督管理部门管辖。后薛某向海关总署进行举报,请求海关总署督办并书面告知处理受理情况、处理期限及结果,并依法给予举报奖励。

③ 主要内容为:“进口商品涉及的监管部门不仅是海关,口岸相关部门按照分工依法对进口商品进行监管。根据我国《食品安全法》第91条规定:‘国家出入境检验检疫部门对进出口食品安全实施监督管理。’第92条规定:‘进口的食品、食品添加剂、食品相关产品应当符合我国食品安全国家标准。进口的食品、食品添加剂应当经出入境检验检疫机构依照进出口商品检验相关法律、行政法规的规定检验合格。进口的食品、食品添加剂应当按照国家出入境检验检疫部门的要求随附合格证明材料。’此外,根据《食品安全法》第98条规定:‘进口商应当建立食品、食品添加剂进口和销售记录制度,如实记录食品、食品添加剂的名称、规格、数量、生产日期、生产或者进口批号、保质期、境外出口商和购货者名称、地址及联系方式、交货日期等内容,并保存相关凭证。记录和凭证保存期限应当符合本法第50条第2款的规定。’对于信函提及的商品生产日期及保质期等问题,建议薛某向进口商咨询。”

④ 在对投诉举报线索进行调查核实后,东城食药监局保税区曾以发货跨境电商不属于食品药品监督管理部门管辖为由,对上诉人薛某做出告知书,决定对被举报人北京麦乐购公司不予立案。

⑤ 2012年全国人民代表大会常务委员会通过了《关于加强网络信息保护的决定》。

(八)消费者权益保护

在虚拟的网络市场中,需要通过立法强化对在线消费者的特殊保护,特别是保障消费者对商品或服务知情权、退货权等各项消费权利,保证网上商品或服务信息的真实性,保障网上商品或服务的质量,提供有效的救济手段和途径等,有效维护消费者合法权益。

(九)电子商务安全

电子商务的安全性要求有效地保障通信网络、信息系统的安全,保证信息的真实性、完整性、保密性和不可抵赖性,防止他人非法侵入使用、盗用、篡改和破坏。它涉及立法、社会环境、操作人员素质和安全防范技术水平,需要解决的技术有防火墙技术、密钥加密技术、数字签名技术、身份认证技术等。

(十)虚拟财产保护

虚拟财产是指狭义的数字化、非物化的财产形式,包括网络游戏、电子邮件、网络寻呼等一系列信息类产品。其虚拟性、可支配和交易性、有限的空间性等特点,产生了虚拟财产保护否定论与肯定论之争的法律问题,占据主导地位肯定论也存在着物权、债权或知识产权不同法律定性与保护的主张。

此外,还有技术标准、信息基础设施和市场准入、信息内容等法律问题。

四、调整电子商务的法律规范

调整电子商务的法律规范可分为国内法和国际法。目前,调整电子商务的法律呈现国内立法和国际立法并举的局面。电子商务的国际立法以示范法为主,而各国电子商务立法则方兴未艾。

(一)国际立法

国际立法又可分为国际组织和区域性组织两个方面。国际组织立法中最具代表性的是联合国贸易发展委员会(UNCITRAL)1996 年通过的《电子商务示范法》,该法为电子商务提供了一套框架性规则,并为各国的电子商务立法提供了示范性规则文本。2001 年 3 月,该委员会又公布了《电子签名示范法》,该法为电子商务的数字签名和身份确认等安全方面提供了一套规则。4 年后(2005 年),联合国大会通过了该委员会制定的《联合国国际合同使用电子通信公约》。该公约自 2013 年 3 月 1 日得到实施,我国是其缔约国之一。2017 年,该委员会推出了《电子可转让记录示范法》(The Model Law on Electronic Transferable Records, MLETR)。[①] 此外,还有 2021 年生效的《联合国亚洲及太平洋跨境无纸贸易便利化框架协定》。

世界知识产权组织(WIPO)早在 1996 年 12 月在日内瓦召开的关于版权与邻接权若干问题会议上缔结了《版权条约》和《表演和录音制品条约(草案)》,其内容涉及在电子商务的环境下对版权等知识产权的保护。

世界贸易组织早对电子商务已有了工作计划,内容涉及电子商务的分类、司法管辖权和协议

① See Nisreen Mahasneh, Electronic Transferable Records: A Gap in Qatari Law That Urgently Needs Filling, *Uniform Law Review* (UK), August 2021, pp. 532—535. Agasha Mugasha, Technological Innovation in Trade Finance and the Law: From the Bank Payment Obligation and Blockchain to the Uniform Rules on Digital Trade Transactions, *Banking & Finance Law Review*, September 2022, pp. 218—243.

的签署、关税和国民待遇等问题。世界贸易组织在1997年达成的《全球基础电信协议》《信息技术协议》和《开放全球金融服务市场协议》为电子商务和信息技术的发展确立了法律基础。

国际商会(ICC)于1997年通过了《国际数字保证商务通则》(UUIDEC),目前正在制定《电子贸易和结算规则》。

区域性组织的立法主体主要有欧盟和经济合作与发展组织等。如欧盟《关于内部市场中与电子商务有关的若干法律问题的指令(草案)》、1997年的《远程销售指令》、1998年的《电子签名法律框架指南》和《隐私保护指令》、1999年的《数字签名统一规则(草案)》、2000年的《协调信息社会的版权和相关权利有关方面的指令》、2000年5月的《电子商务指令》、2016年的《欧盟通用数据保护条例》(GDPR)①、2022年的《数字服务法案》(DSA)②和《数字市场法案》(DMA)。

由于"恶意人士"利用Facebook(脸书)的漏洞窃取用户个人信息,脸书约5.33亿用户的个人数据被黑客窃取,这些数据涉及106个国家,包括脸书ID、用户全名、位置、生日、个人简介以及电子邮件地址等。2022年爱尔兰数据保护委员会(Data Protection Commission,DPC)对社交软件脸书处以2.65亿欧元(合约20亿元人民币)的罚款,理由是该软件中超5亿用户数据被泄露。处罚的依据是欧盟《通用数据保护条例》。脸书母公司Meta(Nasdaq:Meta)已因隐私泄露被该监管机构罚款近10亿欧元。③

值得一提的是RCEP中电子商务章节规定是区域性电子商务国际规则构建取得突破,覆盖区域最广、内容全面、水平较高的电子商务国际规则。④

(二)国内立法

美国是世界上电子立法最发达的国家,1995年美国犹他州制定了世界上第一部《数字签名法》,最具代表性的是1997年的《全球电子商务政策框架》、1999年的《统一电子商务法》、2000年的《国际国内商务电子签名法》、2006年的《美国网络安全法》和2015年的《网络安全信息法》。

其他国家和地区的电子立法包括:2000年法国的《信息技术法》、爱尔兰的《电子商务法案》、菲律宾的《电子商务法》、日本的《电子签证服务法》;1999年加拿大的《统一电子商务法》、韩国的《电子商务基本法》、澳大利亚的《电子交易法》、哥伦比亚的《电子商务法》和中国香港的《电子交易法令》;新加坡1998年的《电子商务法》和2010年的《电子交易法》、印度1998年的《电子商务支持法》和2020年的《电子商务规则》等。

除了直接规范电子商务立法外,各国还都颁布了诸如个人信息保护等与电子商务有关的立法。如新加坡2020年通过的《个人数据保护法(修正案)》,其中该法的数据处理原则包括,

---

① 被称为史上最严隐私保护法案,其内容主要包括:规定了用户的"被遗忘权"(Right to be Forgotten),即用户个人可以要求责任方删除关于自己的数据记录;网站经营者必须事先向客户说明会自动记录客户的搜索和购物记录,并获得用户的同意,否则按"未告知记录用户行为"作违法处理;企业不能再使用模糊、难以理解的语言,或冗长的隐私政策来从用户处获取数据使用许可;对违法企业的罚金最高可达2 000万欧元(约合1.5亿元人民币)或者其全球营业额的4%,以高者为准。

② DSA旨在建立一个确保用户安全、平台责任清晰明了的在线环境。它规定了一系列关于欧洲单一市场中的在线平台责任与义务的新规则,适用主体指向大型在线平台;平台义务与其规模挂钩;强调算法的透明度。

③ 参见秦天弘:《超5亿用户数据遭泄露 Meta被罚款2.65亿欧元》,http://www.jjckb.cn/2022-11/30/c_1310680768.htm,2023年4月30日最后访问。

④ 其中电子商务章涵盖了丰富的促进电子商务使用和合作等相关内容,主要包括了促进无纸化贸易、推广电子认证和电子签名、保护电子商务用户个人信息、保护在线消费者权益、加强针对非应邀商业电子信息的监管合作等规则。

目的限制原则：机构收集、使用或披露个人数据只能在提供的产品或服务的合理范围内；透明原则：收集个人数据之前，应向数据主体说明收集、使用或披露个人数据的目的；准确原则：机构应做出合理努力，以确保该机构或代表该机构收集的个人数据是准确和完整的；安全原则：机构必须采取适当的技术措施，保护个人数据免遭未经授权的访问、收集、使用、披露、复制、修改、处置或存储丢失；存储限制原则：个人数据的存储时间不能超出实现个人数据处理目的所必需的时间。[①]

（三）我国电子商务立法

我国最重要的电子商务立法是 2019 年 1 月 1 日起施行《电子商务法》以及 2005 年 4 月 1 日起施行的《电子签名法》。据一些学者的研究，其中的《电子商务法》抓住了中国数字经济发展的核心要素，从多个方面开创了电子商务法治的先河，突破了法国《民法典》、德国《民法典》、日本《民法典》以来传统民事商事法治的惯例，首创"电子商务合同"、突破了传统合同法治的线下束缚，在网络时代重塑了电子商务合同法律关系的全新时代。[②] 此外，还有 2021 年 11 月 1 日起实施的《个人信息保护法》、2004 年 9 月信息产业部通过的《中国互联网络域名管理办法》、2005 年 2 月信息产业部颁布的《电子认证服务管理办法》以及 2006 年施行的《信息网络传播权保护条例》等。

第二节 国际电子商务主体及其权利义务

一、国际电子商务主体

广义的国际电子商务主体，是借助于计算机、互联网技术和通信技术从事与国际商事活动有关的法人、自然人和其他组织，包括互联网接入商、服务商、信息服务提供商等。狭义上的国际电子商务主体，仅指以营利为目的、从事国际电子商务的企业和个人（电子商务企业）。

根据国际电子商务安全性原则要求，电子商务交易法律关系主体主要有以下两类：一类是采用电子商务形式从事国际贸易的企业和个人，另一类是网络服务提供者（即电子商务平台经营者）。

（一）电子商务企业和个人

从事国际贸易的企业和个人可以通过自己的网站或租用他人的网络交易平台开展商务贸易。

1. 企业和个人商务网站

网站是互联网的一个站点，主要功能在于提供信息交流和信息服务。电子商务企业和个人，主要是指以互联网为基础，以网站或网页形态出现的企业和个人。从事国际贸易的企业，尤其大型贸易企业都建立了自己的网站。许多国家规定，个人可以通过申请网站注册登记，从

① 参见 W. Ch：《新加坡〈个人数据保护法〉十问十答》，https://mp.weixin.qq.com/s?__biz=MzA5MDcxNjgxMQ==&mid=2651596966&idx=1&sn=4df244eccb738c9e9b27da3e1c6fc16f&chksm=8bffe742bc886e5457b8b856f27bd1f96764c9fbb9ef45df66fc8c1e8e9d275e7144d8826df3&scene=27，2023 年 4 月 30 日最后访问。

② 参见赵宏瑞、李树明、张春雷、杨悦：《在 WTO 全球电子商务谈判中分享中国〈电子商务法〉经验：基于后疫情时代背景》，《北京航空航天大学学报（社会科学版）》2021 年第 4 期，第 42 页。

事电子商务活动。2012 年 5 月 29 日起实施的《中国互联网络信息中心域名注册实施细则》规定："任何自然人或者能独立承担民事责任的组织均可在本细则规定的顶级域名下申请注册域名。"即将域名注册主体由原来的组织扩大到自然人，个人店铺将由经营产品过渡到经营品牌新阶段，个人店铺互联网应用也将得以大幅提高。

2. 在线超市、在线专卖店

在线超市，是指公司或个人建立的，直接销售有形商品的在线企业。大型商场和超市都会设立在线超市，不仅可以提供商品、服务信息，还能实行网上(B2C)交易。在线专卖店，是指通过租用某一购物平台或在线商城网络空间，开设商品专卖店或特色商店。

3. 在线交易平台

在线交易平台是由专业的网络公司为商务企业或个人提供的虚拟经营场所，其经营实质是网络服务。

(二)网络服务提供者

网络服务提供者主要是通过提供网络技术服务和在线信息服务、网络中介服务的企业，也称网络服务商。它们既不是卖方，也不是买方，而是提供交易平台，组织、介绍和促成交易的电子商务交易第三方。

(1)在线交易中心，是指专门用于某个行业或者某种性质的商品交易。通常由行业协会或大型企业设立，实行会员制，适应 B2B 交易。

(2)在线商城，是指为商家和个人提供虚拟经营场所的专业网络公司。在线专卖店为在线商城的会员。

网站型企业可自己直接参与电子商务，并直接向他人提供信息(ICP)；也可以作为中介服务的提供者，即网络服务提供者(ISP)，也可以兼具两者功能，如新浪等门户网站。

此外，与电子商务有关的其他主体还包括但不限于：(1)认证机构，即提供身份验证的权威性组织。(2)电子银行，即根据电子交易一方的指示，从事电子资金划拨的企业，通常为银行。(3)独立物流企业，包括储存、运输和配送企业。

二、主体认定

(一)主体认定原则

主体认定原则主要有：(1)主体真实原则，即确定或验证电子商务交易主体的身份真实性；(2)资格法定原则，即作为国际电子商务企业应当依法取得营业执照或营业登记；(3)主体公示原则，即交易主体应当公开其真实的主体资格和身份。

(二)认定

1. 一般企业和个人

一是具有自己的域名，采用电子商务从事国际贸易的传统企业和个人。主要通过域名登记认定。二是以主页形态存在的在线经营者，通常为中小企业(我国实行网站自行管理)，通过其他网站交易平台上设立自己的在线店铺进行商务活动。网站自行管理者通常对企业要求其注册成为会员或者用户，或者进行身份实名认证。在 B2C 交易中，对个人消费者往往不做或难以严格限制，但在线经营者往往要求或鼓励其成为会员或者用户，或者实行身份认证。

2. 在线服务提供商

网络交易平台运营商、为网络交易主体提供交易的服务商，以及辅助服务提供商，通常都必须办理登记程序，具有相关的技术方案、专业技术人员、网络安全保障、信息安全保密，以及用户安全管理等条件。在我国，须经审批程序，取得经营许可证。

三、国际电子商务主体的权利和义务

电子商务交易是一种双务、对等法律关系，一方义务对应的是另一方的权利；一方有权利，也意味着另一方负有对应的义务。

（一）电子商务交易者的义务

（1）国际贸易电子商务交易的双方通常应当使用真实身份和真实信息，以便对方了解和查询。

（2）如实发布商品或服务信息，保证信息的完整性和准确性。

（3）保证所提供商品或服务的质量。

（4）使用可靠的电子签名，选择合法的电子认证服务。

（5）不得存在任何侵犯知识产权的情形。

（二）在线服务提供商的义务

（1）依法取得电子商务在线交易服务资格。

（2）建立必要的用户注册制度、平台交易规则制度。

（3）以合理方式披露相关信息，建立广告发布审核制度、商业秘密和隐私权保护制度。

（4）建立用户投诉、监督和争议解决制度，保护用户和消费者权益。

（5）建立数据备份制度，保存交易记录，保障交易安全。

（6）维护系统安全。

淘宝商城事件

2011年10月，淘宝商城发布《2012年招商标准》，升级商家管理系统，向商家宣布年费从每年6 000元上涨至3万元和6万元两档，商铺违约保证金从1万元调整至5万元到15万元，由此引发中小商家强烈反应。次日，5万多名网友针对部分淘宝商城大卖家，实施“拍商品、给差评、拒付款”的恶意操作行为，多家店铺商品因此被迫下架。之后，商务部要求淘宝商城妥善处理此事件，并敦促双方进行和谈。为此，淘宝商城作了让步，对原淘宝商城商家延迟至明年9月30日执行新规，新商家明年1月1日起执行新规，所有商家保证金在2012年减半支付并投入10亿元作为消费者保障基金。但一些中小在线经营者并不认同上述让步，约5 000家前期参与围攻淘宝商城的中小在线经营者呼吁中小商家和用户对支付宝进行提现，以此导致支付宝的资金链断裂；有些人还制造“支付宝将用户资金挪用，资金链断裂”等舆论。支付宝随即向公安机关报案。

淘宝商城事件反映了电子商务市场准入法律缺失。由于一些没有经过工商登记、没有固定营业场所，甚至连网络认证的姓名、地址等资料都是虚假的卖家也加盟了淘宝商城，客观上具有逃避税收和销售责任的效果。在淘宝商城电子商务中，买家和卖家信息不对称，消费者只能被动地接收卖家发布商品信息，无法查验，处于劣势地位，不法商家通过虚假广告欺诈消费者现象屡禁不止。为此，淘宝商城为整治而提高加盟门槛。然而，这是在淘宝商城B2C领域市场份额位居第一情形下决定的，其大幅提高年费及保证金行为存在垄断之嫌。不仅整体性影响卖家经济利益，还必然使一些微利个体卖家难以继续生存，由此引起如此激烈纷争；中小商家恶意不付款和鼓动其他商家、网络用户对支付宝账户进行提现存在触犯刑律之嫌。

第三节　《电子商务示范法》和《电子签名示范法》的主要内容

在电子商务国际法渊源中，联合国国际贸易委员会起草的、经联合国大会讨论通过的1996年《电子商务示范法》和2001年《电子签名示范法》最具影响力。

一、《电子商务示范法》

《电子商务示范法》(The United Nations Commission on International Trade Law Model Law on Electronic Commerce)是联合国国际贸易委员会向各国推荐的示范性法律文本，其目的是向各国立法者提供一套国际公认的规则，消除电子商务的法律障碍，为电子商务创造较为可靠的法律环境。《电子商务示范法》分为"电子商务一般规则"和"特殊领域中的电子商务"两大部分，共4章17条。电子商务一般规则的主要内容如下：

(一)适用范围和有关术语

1. 适用范围

该法适用于商务活动中采用数据电文形式的任何种类的信息。所谓的"商务"应作广义的解释，即包括一切契约性或非契约性的商务性质的事项，包括但不限于以下交易：以提供或交换货物或服务为内容的任何贸易交易，经销协议、商业代表或代理，经营管理，租赁，工厂建造，咨询，工程设计，许可贸易，投资，融资，银行业务，保险，开发协议或特许，合营或其他形式的工业或商业合作，航空、海上、铁路或公路货物或旅客的运输。

虽然在该法的制定时未特别考虑需要保护消费者而引起的问题，但该法并不妨碍任何旨在保护消费者利益的法律的适用。

2. 术语

该法对下列6个主要术语做了定义，以免人们在理解该法时产生歧义。

(1)数据电文(Data Message)，是指经由电子、光学或类似的手段生成、储存或传递的信息，这些手段包括但不限于电子数据交换(EDI)、电子邮件、电报、电传或传真等。

(2)电子数据交换(Electronic Data Interchange)，是指在电子计算机之间采用某种商定标准来规定信息结构的信息电子传输。

(3)数据电文的"发端人"(Originator)，是指可认定是由其或代表其发送或生成该数据电文的人，也包括生成这种数据电文，没有传递而加以储存的人，但不包括与该数据电文有关的中介人。

(4)数据电文的"收件人"(Addressee)，是指数据电文的发端人意欲其接受该数据电文的人，但不包括与该电子数据有关的中间人。

(5)中间人(Intermediary)，是指就某一特定数据电文而言，代表他人发送、接受或储存该数据电文或就该数据电文提供其他服务的人。

(6)信息系统(Information system)，是指生成、发送、接受或者以其他方式处理数据电文的系统。

(二)对数据电文适用的法律要求

1. 数据电文的法律确认

第5条规定，不应对数据电文加以歧视的原则，即"不得仅仅以某种信息采用数据电文形式为由而否定其法律效力、有效性或可执行性”。

2. 书面形式

第6条规定,“如果法律要求信息需采取书面形式,则只要一项数据电文所含信息可以调取以备日后查阅”就符合了书面形式的要求;而不论法律规定书面形式是否强制性的,也不论法律是否仅仅规定了信息未采取书面形式的法律后果。

3. 签名

第7条规定,如果满足了以下两个条件,一项数据电文就符合了法律要求的签名要求。(1)采用一种方法确定了签名人的身份,并且表明该签名人认可了数据电文内容的信息;(2)就所有情况而言,包括根据任何相关协议,所用的方法是可靠的,对数据电文的生成和传输的目的来说也是适当的。显然,该规定侧重于签名的两大功能,即确定一份数据电文的作者;证实该作者同意了该电文的内容。

4. 原件

在国际贸易活动中,法律经常要求某项商业行为必须提供相应的正本文件(原件),如海运提货需要有正本提单,进口报关需要提供正本合同等,对此该法第8条规定,如果符合以下两个条件,一项数据电文就符合了法律对正本提交并保存信息的要求:(1)有办法可靠地保证,自信息首次以其最终形式生成,并作为一项数据电文或充当其他用途之时起,该信息保持了其完整性。需要注意的是,对原始信息作必要的添加,如背书、证明等,不影响其原件性质。(2)如果要求将该信息展现,可以将该信息显示给查阅该信息的人。

5. 数据电文的可接受性和证明力

第9条规定,在任何法律诉讼中,证据规则的适用在任何方面均不得以下列任何理由否定一项数据电文作为证据的可接受性:(1)仅仅以它是一项数据电文为由;(2)如果它是举证人按照合理预期所能得到的最佳证据,以它不是原样为由。对于以数据电文为形式的信息,应给予应有的证据力。在评估一项数据电文的证据力时,应考虑到生成、储存或传递该数据电文的办法的可靠性,考虑到保持信息完整性的办法和可靠性,考虑到用以鉴别发端人的办法以及任何其他相关因素。

6. 数据电文的保存

第10条规定,如果法律要求某些文件、记录或信息应当保存,则只要满足以下三个条件,就可通过保存数据电文的方式满足此种法律要求:(1)须以书面形式保存,即该数据电文中所记载的信息可以调取,以备日后查用;(2)所储存的信息只需能准确地反映当初发出时的数据电文即可,即按生成、发送或接收时的格式保存该数据电文,或者以可被用来准确再现所生成、发送或接受信息的格式保存该数据电文;(3)须保存所有的信息,除了保存数据电文本身外,还包括用以确定该数据电文的传送信息,即保存可据以查明该数据电文的来源和归属以及该电文的收发日期和时间的任何信息。

(三)数据电文的传递

1. 合同的订立、有效性及其承认

就合同订立而言,除非当事人各方另有协议,要约和承诺都可以采用数据电文的形式表示。如果在订立合同时采用了数据电文的形式,则不得仅仅因为使用了数据电文为由而否定该合同的有效性和可执行性。

就一项数据电文的发端人和收件人而言,也不得仅仅因为其采用了数据电文的形式而否定其意思表示或陈述的法律效力、有效性和可执行性。

2. 数据电文的归属

确定数据电文的归属的主要目的在于确定有关数据电文对发端人是否具有法律约束力。该法第 13 条规定一项推定原则，即"发端人如果事实上发送了一项数据电文，它就要受到该电文的约束"。具体地说，就发端人与收件人而言，视为发端人发送的数据电文的情形有：(1)由有权代表发端人行事的人发送的数据电文；(2)由发端人设计程序或他人代为设计程序的一个自动运行的信息系统发送的数据电文。

收件人可以相信一项数据电文是发端人的数据电文的情形有两种：(1)收件人妥善地运用了事先经过发端人同意的鉴定程序；(2)数据电文是某一个人的行为的结果，该人由于其与发端人的关系而得以动用发端人的核证程序。但是，收件人上述推定受到两种情况的限制：第一，自收件人收到发端人的通知，获悉有关数据电文并非该发端人的数据电文之时起，且收件人有合理的时间采取相应的行为，则该发端人可免受该数据电文的约束。第二，如果有关的数据电文的收件人知道，或者只要其适当地谨慎或使用任何约定程序便理应知道该数据电文并非发端人的数据电文之时起，上述情形(2)所规定的推定规则不适用。

数据电文归属的法律意义在于：若一项数据电文是发端人的或视为发端人的数据电文，或者该数据电文的收件人有权按此推定行事，则就发端人与收件人之间而言，该收件人有权将所收到的数据电文视为发端人所要发送的数据电文，并按此推定行事。但是，如果当收件人只要适当地谨慎或使用任何约定程序便知道或理应知道所收到的数据电文在传送中出现错误，则该收件人无此种权利。

3. 确认收讫

第 14 条规定，如果在发端人发送数据电文之时或之前，或者通过该数据电文的方式，发端人已经要求或与收件人约定了后者须向前者确认其收悉数据电文的事实，则收件人便有义务向发端人确定其收悉数据电文的事实。具体地说：如果发端人未与收件人约定以某种特定方式确认收讫，可以通过下列足以向发端人表明该数据电文已经收到的形式进行：(1)收件人任何自动化传递或其他方法的传递；(2)以收件人和行为人来确认收讫。这就意味着如果发端人与收件人已经约定了确认收讫的特定形式，则收件人就必须按此特定形式进行。

如果发端人已声明有关数据电文须以收到该项确认为条件，则只有在收到确认时，该数据电文才视为已发送。如果发端人并未声明有关数据电文须以收到该项确认为条件，而且在规定或约定的时间内，发端人并没有收到此项确认时，则发端人可以：(1)通知收件人其尚未收到数据电文收讫的确认，并规定收件人须做出确认收讫的合理时间；(2)如果在上述合理时间内仍未收到该项确认，通知收件人该数据电文视为从未发送，或行使其享有的其他任何权利。

如果发端人收到收件人的收讫确认，则推定有关数据电文已由收件人收到。但这种推定并不含有该数据电文与所收到电文相符的意思。

如所收到的收讫确认指明有关数据电文符合约定的技术要求，或符合所适用标准中规定的技术要求时，即可推定这些要求已经满足。

4. 发出和收到数据电文的时间和地点

确定发出和收到数据电文的时间和地点不仅与合同的成立时间与地点有关，而且还关系到合同履行的时间和地点。根据该法第 15 条的规定，除非发端人与收件人另有约定，一项数据电文发出的时间应当是该电文进入发端人控制范围之外的某一信息系统的时间，这一系统可以是中间人的信息系统，也可以是收件人的信息系统。该条还规定，除非发端人与收件人另有约定，否则数据电文收到的时间按下列规则确定：(1)如果收件人为接收数据电文而指定了某一信息系统，则以数据电文进入该指定系统时为收到时间；或如果数据电文发送至收件人的其他信息系统，则以收件人检索到该数据电文时为收到时间。(2)如果收件人并没有指定某一信息系统，则以数据电文进入收件人的任何一个信息系统的时间为收到时间。

除当事人另有约定外，发端人的营业地应视为数据电文的发出地，而收件人的营业地则视为数据电文的接受地。如果发端人或收件人有两个以上的营业地，则以与交易有最密切关系的营业地为准；如果原没有交易的基础，则以其主要营业地为准。如果发端人或收件人没有营业地，则以其习惯居住地为准。

二、《电子签名示范法》

《电子签名示范法》(The United Nations Commissionon International Trade Law Model Law on Electronic Autograph)共 12 条，规定了有关电子签名各方的基本行为守则，既是对《电子商务示范法》的具体说明，同时本身又是一部独立的法律文件。其主要内容如下：

(一)适用范围

《电子签名示范法》适用于商务活动过程中的电子签名，但并不减损旨在保护消费者权益的任何法律规则。

(二)定义

该法以《电子商务示范法》为基础，所使用的术语也与《电子商务示范法》保持一致。《电子签名示范法》第 2 条规定的专有术语主要包括：

(1)电子签名，是指用以鉴别数据电文有关的签名人和表明该签名人确认数据电文所含信息，并在数据电文中以电子形式包含或者在逻辑上与电子商务有联系的数据。

(2)签名人，是指持有电子生成数据并以本人的身份或以其所代表的人的名义行事的人。

(3)证书服务提供者，是指签发证书或可以提供与电子签名相关的其他服务的人。

(4)依赖方，是指可以根据证书或电子签名行事的人。

(三)签名技术平等对待

在签名技术问题上存在多个方案，具有代表性的有“技术特定化”(认为只有用非对称密钥加密技术做出的数据签名，才具有与亲笔签名同等的法律效力，而其他技术如计算机口令、对称密钥加密、生物笔迹辨别法、眼虹膜网等技术，不是安全系数不高，就是运用成本过高)和“技术非特定化”(认为技术特定化限制了其他同类技术的发展，也不利于对消费者的保护)方案之争。《电子签名示范法》第 3 条明确规定签名技术平等对待原则，即不排斥、限制或剥夺可生成满足本法所要求或符合适用法律要求的电子签名的任何方式的法律效力。

(四)电子签名的基本要求

该法认可两类电子签名：

一类是《电子签名示范法》第 7 条规定的电子签名，即在对《电子签名示范法》进行解释时，当法律规定要求有某人签名时，如果根据各种情况，包括根据任何有关协议，使用电子签名既适用生成或传送数据电文所要达到的目的，而且也同样可靠，则对该数据电文而言，即满足了该项签名要求。其目的是保证可靠的电子签名与手写签名具有同等的法律效果。视为可靠的电子签名的条件是：(1)在使用电子签名情况下，签名生成数据签名人而不是与其他任何人相关联。(2)签名生成数据在签名时处于签名人而不是其他任何人的控制之下。(3)任何在签名后对电子签名所做的篡改均可被察觉。(4)当对电子签名的法律要求是为了保证签名涉及的信息完整性时，任何在签名后对该信息所做的篡改均可被察觉。

另一类是可能为国家机构、私人开证实体或当事人本身承认符合示范法指定的技术可靠性标准的电子签名方法，这种承认的优点是，在这类电子签名技术的使用者实际使用电子签名技术之前，即可为它们带来确定性。

采纳国可以指定任何的个人、公共或私人团体和机构决定哪些电子签名符合上述基本要求，但其所做的任何决定应当符合公认的国际标准，并且影响国际私法规则的适用。

Global & Local Investments Advisors (Pty) Ltd 与 Fouche 纠纷案(2020)[①]

上诉方 Global & Local Investments Advisors (Pty) Ltd 是一家金融服务提供商。2015年11月23日，被上诉方 Fouche 书面委任上诉方为其代理人向 Investec 银行进行资金投资。该委任书规定：所有的指示必须含有委托人签名通过传真或电子邮件发给[××××]。上诉方开了个按月收费的账户管理被上诉方的资金。2016年8月，诈骗分子侵入了被上诉方的账户，该月15日、18日和24日发了3封电子邮件指令上诉方向指名的第三方账户付款，这些邮件的结尾用词分别是"问候，Nick"和"谢谢，Nick"。这些邮件表面上发自被上诉方的电子邮件账户且看上去像真的。

上诉方总共从被上诉方账户中支走了804 000兰特。知晓此事后，被上诉方便索讨该笔款项。上诉方则辩称：指示发自被上诉方电子邮件地址，每封电子邮件尾部打印的姓名符合所在国《电子通信与交易法》(the Electronic Communications and Transactions Act，ECTA)第13条的签名要求，一审法院却认定签名无效而判决上诉方败诉。南非最高法院2020年3月18日终审维持原判，理由是：在解释委任书时，必须综合考虑背景；在商界和法律界，签名用于确认目的，是授权的依据并能被认证核实；签署一份文件意味着证实其所表达或意在代表将要认证的人；上诉为所称的被上诉方的电子发送地址上的名称具有认证目的是很牵强的；下级法院关于即使电子传送的"签名"也应是通常意义上手签的认定是没错的。

(五)签名人的义务

《电子签名示范法》第8条规定签名人如要生成具有法律效力的签名，应当做到：

(1)采取合理的防范措施，避免他人擅自使用其签名生成的数据；

(2)签名人知悉签名生成数据已经失密，或签名人知悉的情况引起签名生效生成数据可能已经失密，应毫不迟延地向签名人所合理预期可能依赖电子签名辅助服务的任何人发出通知；

(3)在使用证书支持电子签名时，采取合理的谨慎措施，确保签名人做出的有关证书整个周期的或者需要列入证书内的所有重大表述均精确无误和完整无缺。

(六)证书服务提供者(认证服务商)的义务

为保证电子签名的安全性和可靠性，《电子签名示范法》第9条规定，如证书服务提供者为证明一个作为签名使用可具有法律效力的电子签名而提供服务，则该证书服务提供者应当做到：

(1)兼顾行业政策和惯例，按其所做出的声明行事；

(2)采取合理的谨慎措施，确保在证书有效期内其做出的所有与证书有关或需要列入证书内的所有重大表述的准确性和完整性；

(3)提供合理手段，使依赖方得以从证书中确认证书服务提供者的身份、证书中所指明的

① 该案判决的详情可见于 http://www.saflii.org/za/cases/ZASCA/2020/8.html，2023年2月18日最后访问。

签名人在签发证书使拥有对签名生成数据的控制和在证书签发之时或之前签名生成数据有效性等；

(4)提供合理手段，使依赖方得以在适当情况下从证书或其他方面确认用以鉴别签名人的方法、对签名生成数据或证书的可能用途或使用金额上的任何限制、签名生成数据有效和未发生失密、对证书服务提供者规定的责任范围或程度的任何限制以及是否提供了及时的撤销服务等；

(5)确保提供及时的撤销服务；

(6)使用可靠的系统、程序和人员，提供其服务。

(七)依赖方的义务

基于依赖电子签名的当事人(包括消费者)也应当根据具体情况判断其依赖是否合理，《电子签名示范法》第11条规定，如不履行下列义务，依赖方应承担法律责任：

(1)采取合理的步骤核查电子签名的可靠性；

(2)在电子签名有证书证明情况下，采取合理的步骤，核查证书是否有效、是否被中止签发或撤销；

(3)遵守对证书的任何限制。

(八)对外国证书和电子签名的承认

(1)在确定某一证书或电子签名是否具有法律效力或在多大程度上具有法律效力时，不得考虑签发证书或使用电子签名的地理位置，或者签发人或签名人的营业地所在国。在电子签名跨国承认问题上，该法采用了“来源地本身(签名的地理位置)不能构成判断其法律效力的因素”的原则。

(2)在采纳国境外签发的证书，如具有基本同等的可靠程度，则应与在采纳国境内签发的证书具有同等的法律效力。在电子签名跨国承认问题上，该法采用了“基本等同的可靠性”标准。

(3)在采纳国境外生成或使用的电子签名，如具有基本同等的可靠程度，则与在采纳国境内生成或使用的电子签名具有同等的法律效力。

(4)在确定某一证书或电子签名是否具有基本同等的可靠程度时，应考虑公认的国际标准和任何相关的因素。

(5)如果当事人各方之间协议约定使用某种电子签名或证书，除该协议所依据的法律无效外，均应视为足以成为跨国境承认的依据。

第四节 国际电子商务合同与《国际合同使用电子通信公约》

一、国际电子商务合同概述

电子商务合同是指以电子、光学及其他类似形式表现合同内容的各类合同。其特点是将合同的内容存储于计算机磁性介质上的一组数据通过网络实现订立、确认、修改等，从而明确合同双方的权利义务关系。电子商务的核心内容是商务，它主要是以合同的形式表现交易活动。使用计算机程控通信是电子商务与以纸质文件为基础的传统商业活动的根本区别。法律是否承认电子合同的效力是电子商务的前提。

电子商务的法律基础是：电子商务只是改变了市场交易所使用的交易手段，没有改变以合同为核心的市场交易的本质属性。尽管电子商务合同表现为无纸化，但是合同双方的权利义务关系并不因为非纸质这一事实而受到实质性的影响。一方面，电子商务合同是通过互联网以数据电文形式出现，承认电子商务合同的有效性，就是对当事人采用数据电文形式有效性和合法性的确认。另一方面，由于数据电文具有超文本性、技术性等特点，法律需要对电子商务合同做出特殊规定。

电子商务合同的特点之一是采用数据电文形式。数据电文包括电子数据交换、电子邮件、电报、电传或传真等所有无纸形式。之所以将电报、电传等纳入数据电文，是因为其本身是非纸质的，而且在实践中往往与电子数据交换或电子邮件等形式交替使用，无法截然分开（如新加坡不使用数据电文概念而使用“电子记录”一词，而澳大利亚则使用“电子通信”概念）。但从严格意义上讲，电子商务合同与数据电文仍存在差异，所以电报、电传或传真常被视为一般合同范畴（在计算机网络之前就存在），而电子数据交换和电子邮件才具有电子商务合同的本质特征。

电子商务合同的特点之二是采用超文本性的数据电文。数据电文的超文本性是合同的许多内容并没有在作为合同的数据电文中完整地记录下来，而只是提及一下而已。实践中，大量的数据电文的信息通常较短，对其他的数据电文的内容多采用提及或引证的方式。如果规定电子商务合同必须将所有的信息复制在同一个电子文本上，与效率、交易成本和习惯都不符，并且在使用公共密钥证书的电子签名认证系统等情况下，往往难以做到。因此，各国法律都承认电子商务合同的超文本性。当然，超文本性仍然以合同的完整性和有效性为前提，也就是说，数据电文提及或引证的内容能够插入该数据电文相应的条款之中，并能够为对方当事人容易地了解、查阅和修改。

电子商务合同的特点之三是电子商务合同的技术性。由于电子商务合同采用数据电文形式，无法按照传统的纸质合同标准操作，同时，又必须遵守合同法的各项原则、原理和规则。因此，为了保证电子商务合同与纸质媒体合同具有同等的功能和作用，必须采用各种技术手段，并予以法律上的承认。由此产生了具有纸质合同功能和作用，又不同于纸质合同形式的各种技术手段，如数字签名和密钥技术等。

电子商务合同的特点之四是采用数据电文自主性。交易各方享有同意或者拒绝使用数据电文的自由，也享有在某一项交易中使用数据电文而在另一项交易中不使用数据电文的自由。交易的当事人是否同意采用数据电文的合同形式，主要通过明示的方式确定，在特定的场合或情况下，也可以通过推定的方式确定。但应当注意两点：一是在有交易习惯时，应当依据交易惯例；二是应当注意保护消费者的权利。

电子商务合同的特点之五是合同成立时间、地点的法定性。电子合同疾速传输、瞬即达到方式使传统合同成立中“合同撤回”概念失去了实际意义，合同成立的时间与地点需要由适应电子合同的新规则调整。

国际电子商务合同的主体主要是各国的商业企业，但由于电子商务的法律规则对 B2C（如跨国网上消费）和 B2A（如政府采购）等也同样适用，因此，国际电子商务合同也可包括这些合同的所有主体。

电子合同的标的与一般合同的标的大致相同，不同之处在于电子合同存在大量的数字化标的，主要有数字化的货币及其衍生物、数字化有价证券、数字化软件以及其他有价值的信息等。电子合同的不足之处在于：电子数据易改动和消失、证据保存易受病毒威胁、书面形式无原件、现有技术尚不能解决当事人签字问题等。

二、电子商务合同的订立

(一)电子合同当事人

电子合同当事人是指在电子合同法律关系中享有权利、承担义务的人。

1. 电子合同当事人的确认

由于电子合同不可能像传统合同那样通过面对面谈判,最终通过在书面合同上签名或盖章形成有约束力的合同,因此,双方当事人一般都通过约定的电子密码确认数据电文的发件人与实际生成并发送该电文的人是同一主体。同理,由此而形成的电子合同,如同确认传统合同当事人的依据是各方的签名和盖章那样,确认电子合同各方当事人的依据是电子密码。

2. 电子合同主体的缔约能力的确定

由于电子商务在网络虚拟空间进行,所以在电子交易中,有时难以辨认交易对方的真实身份。例如,电子合同的当事人很容易以某一化名进入某一网站,通过提供或登录虚假的身份与他人进行交易。如同纸质合同需要确认对方当事人是否具有行为能力和权利能力一样,电子商务合同也需要确认对方当事人的缔约能力。

对于B2C电子商务合同,则存在保护消费者、明确电子商店身份资格的需要。不少国家的法律规定B2C电子商务的经营者必须披露其有关信息,主要是经营者的名称、法定地址、经营执照的内容和联系方式等,以保证消费者能在交易之前了解经营者的基本情况,提高电子交易的信用基础,防止不法经营者的欺诈行为。如2000年实施的欧盟《远程销售指令》规定,经营者在向消费者远程销售时,应在其网站中显示:经营者身份,如要求提前付款的还需注明其地址;介绍其商品或服务的主要特点;明确全部价格,包括税款的承担;如总价款中包含运费,应注明该运费;明确消费者有撤销合同的权利;明确使用远程通信的互联网费用的承担。

对于B2B电子商务合同,存在确认交易主体的问题,以保证电子合同的不可抵赖性。目前主要是采用数字签名的方式。而对数字签名本身的真实性的辨认,主要通过由权威的认证机构予以认证。这一方式对确保国际电子合同效力及其交易安全十分有利。

3. 电子合同代理人

电子合同代理人是指“不需要人的审查或操作,而能独立地发出、回应电子记录,以及部分或全部地履行合同义务的计算机程序”。电子代理人并不是传统民法上的独立的主体概念,它只是执行合同主体设定的程序,并能智能化运作的交易工具。由于电子代理人本身没有独立思维判断能力,且有可能出现机器故障、信息错误,因此,不具有独立的法律人格。

在电子合同中确实存在大量的通过计算机程控程序自动完成的电子交易,其特点是电子合同的订立以及合同的履行由计算机程序自动完成,而无须人的介入、操作或干预。例如,A企业设有一套接受订货的程序,B公司通过电子合同要约的形式向A企业订购一批某型号的原材料,当A企业设定的程序接收到B公司的电子要约,并确认电子要约的内容等符合程序参数时,该程序就自动做出接受(承诺)并交付履行。这一交易过程如同饮料自动售货机,消费者只要将一定的货币投入自动售货机(要约),后者确认(承诺)后就会自动送出所要的饮料(履行合同行为)。这种格式化、自动化的正常交易方式所产生的合同通常都被认为具有法律效力,即电子代理人具有订立合同的效力,电子代理人在正常情况下完成的订立合同行为后果由被代理人(预先设定该程序的人)承担。

美国《统一电子交易法》第206条规定:“合同可以用电子代理人之间的相互交流而订立。

如果该交流导致正在运行的电子代理人在一定环境下表示了承诺，合同便成立。”此外，点击合同（即网上经营者将交易双方的权利义务登载在网页上，由求购者先阅读这些条款，然后点击“我同意”，或“确认”所成交的合同）一般具有法律效力。但可比照格式条款处理。

（二）电子合同的订立

同纸质合同一样，电子合同订立也包括要约和承诺两个阶段，并且要约和承诺的实质性条件几乎没有区别，所不同的只是要约与承诺的电子手段以及对这种手段的法律承认。

1. 电子合同的要约

国际电子商务合同的要约成立的要件与纸质合同基本相同，也存在要约与邀请要约的区别。众所周知，由于价格低廉、信息量大以及迅速及时等特点，在互联网上存在着越来越多的电子广告。一方面，这些广告以及具有广告特征的电子信息可以通过网站发布，也可以向无数个电子信箱发送；另一方面，国际电子商务合同的要约可以向特定的人发出，但往往是以各种不同的形式在世界范围内向不特定的人发出。如何区别具有广告形式的电子要约与邀请要约性质的广告成为一个需要加以明确的现实问题。

一般来说，区别两者的主要标准仍然是合同法有关要约与邀请要约的原理。也就是说，要约一般是向特定的受要约人发出；要约的意思表示应当内容具体、明确；并表明经受要约人承诺，要约人即受该意思表示的约束。但是，电子商务就是一种在虚拟的网络中从事的现实交易，商家为方便用户和消费者，乐意采用及时迅速交易的形式，也就是说，不少商家发布电子广告的同时，也表示其明显的电子要约意向。例如，商家在广告中不仅介绍商品的名称、规格、性能和价格等信息，而且标明“购买”类型的指示菜单，用户或消费者只要键击“购买”，即可成交。对于商家而言，可能会不在乎上述类型的电子广告究竟是一个要约还是邀请要约，而只关注这一过程是否能够顺利完成。但在法律上，这可能是一个有争议的问题，因为按照传统的合同法原理，认定上述电子广告一个要约或者邀请邀约的人都可以自圆其说。类似的广告还有：商家通过网站向其会员提供有关销售其各类商品的广告等。考虑到商务电子技术的进步，并根据要约的构成要件（尤其是商家明显的定约意图），认定上述电子广告构成一项要约更符合合同法原理。尽管存在交易主体、交易者人数以及交易数量的不特定性，而且商家有可能收到来自世界各地无数个承诺，但只要在电子交易系统中设置软件程序（如设置一定供货量的范围内按先后顺序），就能够当即对任何承诺做出接受与否的确认。

由此会产生这样的问题：根据合同法原理，只要购买方键击“购买”，就是对要约的承诺，也就意味着合同的成立，不应当产生再对“购买”这一承诺行为进行“确认”的问题。这也是认定上述广告为邀请要约的一个重要理由。解决这类问题的一个基本原则应当是，法律规范应当适应电子商务的发展趋势。因此，有必要对商务电子合同的要约与承诺的特殊性做出某些新的解释或规定，如对这类即时交易形式的要约，规定其效力以事先确认的销售数量为限；只能采用与要约形式相同的方式做出承诺，否则视为一项要约；在要约人出售产品有限的情况下，按照承诺时间先后决定买受人；如果商家无货销售，就不得以要约形式发布广告等。

在判断电子要约或邀请邀约时，也应当遵循纸质合同类似的规则，有法律明文规定时按其规定，有交易习惯时从习惯。

各国（或地区）在电子合同要约的生效问题上基本采取“到达主义”原则，即达到收件人指定的系统或者收件人的任何系统（见本章《电子商务示范法》部分）。

与纸质合同不同，采取数据电文形式的要约一般不存在要约的撤回问题，因为数据电文传送得非常迅速，难以做到在要约到达之前撤回该要约。但是，电子商务合同的要约撤销是可能的，最典型的例子是通过电子邮件的方式发出的要约，只要在受要约方做出承诺之前，在符合合同法规定的前提下，要约人可以撤销其要约。但是，对采用 EDI 形式的要约，由于通常都是按照事先设定的程序进行交易，受要约方的计算机收到要约后，整个交易过程自动迅速完成，无须人员介入，因此，一般不存在要约的撤销问题。

2. 电子合同的承诺

电子商务合同的承诺方式一般应当与要约的形式相适应，也就是说，一般也应当通过网络做出承诺，或采取电子邮件，或采取键击即时交易，或采取 EDI 方式。在采取电子邮件的情况下，存在着承诺达到的问题。《电子商务示范法》和各国的电子商务法都采取到达主义原则，即达到收件人指定的系统或者收件人的任何系统。我国《民法典》第 137 条也采取此原则。但需要注意的是，《电子商务示范法》的规定更加严谨合理，其第 15 条规定，在收件人指定某一系统时，而数据电文送达收件人的其他信息系统时，"以收件人检索到该数据电文的时间为收到时间"。在采用键击即时交易的情况下，可能存在着对承诺确认的问题（见上述要约部分）和承诺撤销问题。一般而言，在瞬间完成交易的键击式承诺时，根本不存在撤销承诺问题。但是，考虑到承诺人可能没有得到充分的审查合同的机会（如美国《统一计算机信息法》第 112 条对合同条款的审查机会作了明确规定），或者会发生误击等纸质合同不易发生的各种意思表示不真实的情况，有些法律规定（如欧盟《远程货物销售指令》）可以在承诺后的一段时间内撤销该承诺。这尤其有助于对 B2C 合同中消费者的保护。在采取 EDI 方式的情况下，要约与承诺可能没有明确的界限，有时呈现互换性。

为明确电子合同的确定性，《电子商务示范法》和一些国家的国内法（如美国《统一计算机信息法》第 2 部分第 15 条、韩国《电子商务基本法》第 2 部分第 12 条和新加坡《电子交易法》第 4 部分第 14 条等都有这方面的规定）都规定了确认数据电文收讫的程序，尽管这些规定都属任意性规范，但它有利于保证合同的确定性。对承诺的确认，不仅可以使对方明确是否要做履行合同的准备，还可以为合同成立提供证据。但是，这种确认本身并不能证明发送的数据电文内容与收到的收据电文内容相一致，要做到两者内容一致，则要通过电子签名和认证机构的签名证书等途径，如要达到权威的确认程度，则还需采用在线公证等方式。

夏某诉亚马逊中国网站案（2013 年）[①]

2012 年 9 月 5 日，在亚马逊中国网站举办的名表促销活动中，夏先生以 396 元的价格订购了两块依波表、一块海鸥表，下单时约定货到支付余款。当天上午 9 点，夏先生陆续收到亚马逊公司的订单确认邮件，其中一款海鸥表显示有货，另外两块依波表显示缺货，但表示一旦确认发货日期，将会向夏先生发货。然而 9 月 8 日，夏先生收到亚马逊邮件通知，称其购买的 3 块手表因不能采购到货，无法为夏先生发货，并在没有通知夏先生的情况下，直接将订单删除。2013 年 3 月 18 日，北京朝阳法院对这起电商删单案做出一审判决。判决亚马逊公司继续履行订单，向夏先生交付其订购的 3 块手表。

法院审理认为，亚马逊网站关于"使用条件"的规定，是对消费者基于一般消费习惯所认知的交易模式的重大改变，对消费者的合同利益会产生实质的影响，亚马逊网站对此应当做出合理的、充分的提示，提醒消费者注意该项特别约定。亚马逊公司未就使用条件的格式条款以合

① 参见言回：《2013—2014 年度中国电子商务法律报告》，http://www.100ec.cn/detail-6183995.html，2023 年 5 月 21 日最后访问。

理的方式提请消费者注意,特别是没有在消费者提交订单之前予以明确提示,因此认定亚马逊公司关于"使用条件"的相关条款应视为没有订入合同,当然也不应对消费者产生效力。

电子商务经营者发布的商品或者服务信息符合要约条件的,用户选择该商品或者服务并提交订单成功,合同成立。当事人另有约定的,从其约定。

电子商务经营者不得以格式条款等方式约定消费者支付价款后合同不成立;格式条款等含有该内容的,其内容无效。电子商务经营者应当清晰、全面、明确地告知用户订立合同的步骤、注意事项、下载方法等事项,并保证用户能够便利、完整地阅览和下载。电子商务经营者还应当保证用户在提交订单前可以更正输入错误。

(三)电子合同的成立时间、地点

1. 电子合同的成立时间

各国合同法一般规定,合同自承诺生效时成立。电子合同的成立时间一般遵循承诺"到达生效"原则。所谓"到达",最具权威的规定是联合国《电子商务示范法》第 15 条第 2 款的表述:如果收件人为接收数据电文而指定了某一信息系统,则以数据电文进入该指定系统时为收到时间;或如果数据电文发送至收件人的其他信息系统,则以收件人检索到该数据电文时为收到时间。如果收件人并没有指定某一信息系统,则以数据电文进入收件人的任何一个信息系统的时间为收到时间。我国《电子签名法》第 11 条和《民法典》第 137 条第 2 款都采用了与该示范法类似却并不完全相同[1]的规定。现实中采取"确认收讫"的做法有助于发现电子传递错误等问题。

2. 电子合同的成立的地点

电子合同的成立的地点与法律的适用与管辖权相关。各国合同法一般都规定:合同承诺生效地为合同成立地。但是,电子合同订立完全可以通过不同地点的计算机完成,收件人可以在飞机上、旅馆里收到承诺。为避免收件人收件(信息系统)地点不确定性,联合国《电子商务示范法》第 15 条第 4 款采用了(除另有约定外)"营业地""最密切关系地"和"习惯居住地"依次为序的数据电文到达地点标准。[3] 我国《民法典》第 492 条采用了(除另有约定外)主要营业地为原则,住所地为补充的类似规定。但当事人另有约定的,从其约定。

三、电子签名

当事人在合同上签名是保证交易真实的必要手段。电子商务合同也有同样需要,只是采用电子签名方式而已。所谓"电子签名",是指以电子形式存在的、依附于电子文件或与其有某种逻辑关联、能够识别主体身份、表明其同意该文件内容并对签名承担法律责任的任何符号、代码等。其特点是:电子签名是一种数据;一般需要通过网络进行;可以采取多种方式;一般需要计算机系统识别。电子签名的方式多种多样,广义上电子签名包括个人口令、密钥、非对称

---

① 我国 2021 年施行的《民法典》中的该款全文:以非对话方式做出的意思表示,到达相对人时生效。以非对话方式做出的采用数据电文形式的意思表示,相对人指定特定系统接收数据电文的,该数据电文进入该特定系统时生效;未指定特定系统的,相对人知道或者应当知道该数据电文进入其系统时生效。当事人对采用数据电文形式的意思表示的生效时间另有约定的,按照其约定。

② 除当事人另有约定外,发端人的营业地应视为数据电文的发出地,而收件人的营业地则视为数据电文的接受地。如果发端人或收件人有两个以上的营业地,则以与交易有最密切关系的营业地为准;如果原没有交易的基础,则以其主要营业地为准。如果发端人或收件人没有营业地,则以其习惯居住地为准。

加密、生物计量法、使用个人识别码、手写签名的数码版本等，而且根据技术中性原则，电子签名技术仍处于发展之中，现有的或将来的任何一种技术，在符合法定要求的情况下都可能被用作电子签名。

狭义的电子签名通常是指数字签名，它是一种用以确定有关签名人和表明该签名人认可的数据电文所涵盖的信息。数字签名是基于非对称加密技术，通过加密算法对数据进行加密和解密变换实现的。将原文转化成一系列字符或数字（密文）的程序称为加密程序，收件人在收到信息后将对其解码的程序称为解密程序。加密技术可以防止信息在传送的过程中被窃。与其他技术相比，数字签名具有安全可靠和成本不高的优点，并能够保证收件人核实发件人对数据电文所含信息的签名，起到使发件人不能抵赖对该信息的签名，同时使收件人不能伪造该签名的作用（手写签名更容易被人伪造）。因而被不少国家确认为法定的签名技术，并赋予数字签名具有手书签名同样的法律效力。我国《电子签名法》第 3 条规定，当事人约定使用电子签名、数据电文文书的，不得仅因为其采取电子签名、数据电文的形式而否定其法律效力。

此外，还有一种增强式电子签名，也称安全电子签名或折中式电子签名，它是指经过一定的安全应用程序，能够达到与传统签名同样效果的电子签名技术。与广义电子签名相比，它更具安全性。与数字签名相比，它不是采用非对称性公钥加密技术，而是强调同样的签名效果，凡是能达到数字签名同样功能的各种签名技术都包括在内。对增强式电子签名的认可，为生物计量法等电子签名新技术的开发与应用开辟了一条发展之路。

虽然使用电子签名能帮助确认身份，但是，为确认其签名本身的真实性，还可以通过认证机构等中介服务的认证。如同传统合同的公证，认证机构是专门提供网络交易人信息服务的第三方，认证机关也称证书服务提供者，它可以由官方机构或私营服务商担任。认证的作用在于确认交易双方真实有效身份。

四、《联合国国际合同使用电子通信公约》

《联合国国际合同使用电子通信公约》（United Nations Convention on the Use of Electronic Communications in International Contracts，以下简称《公约》）于 2005 年经联合国贸易法委员会会议通过，弥补了 1980 年《联合国国际货物销售合同公约》在适用电子订约时的规则缺失。《公约》已于 2013 年生效，我国是最早签署国之一。该公约共 4 章 25 条，调整国际合同使用电子通信时如何确定一方当事人在电子环境中的所在地、电子通信的收发时间和地点、使用自动信息系统订立合同、确立电子通信和纸面文件，以及电子认证方法和手写签名功能上等同所使用的标准问题。

（一）《公约》的适用范围

《公约》适用于“与营业地位于不同国家的当事人之间订立或履行合同有关的电子通信的使用”。所谓“营业地”（Place of Business），是指当事人为了从事一项经济活动，但并非从某一处所临时提供货物或服务而保持一非短暂性营业所的任何地点。所谓“电子通信”（Electronic Communications），是指当事人在一项合同的订立或履行中，以数据电文方式发出的，包括要约和对要约的承诺在内的任何陈述（Statement）、声明（Declaration）、要求（Demand）、通知（Notice），或者请求（Request）。这里的“合同”，涵盖仲裁协议及其他具有法律拘束力的协议。

《公约》不适用于：(1)为个人、家人或家庭目的订立的合同。(2)金融市场已有规则的交易，包括受管制交易所的交易；外汇交易；银行间支付系统、银行间支付协议或者与证券或其他金融资产或票据有关的清算和结算系统；对中间人持有的证券或其他金融资产或票据的担保权的转让、出售、出借或持有或回购协议。(3)汇票、本票、运单、提单、仓单或任何可使持单人或受益人有权要求交付货物或支付一笔款额的可转让单证或票据。

(二)当事人的所在地

《公约》第6条规定:"当事人的营业地推定为其所指明的所在地,除非另一方当事人证明该指明其所在地的当事人在该所在地无营业地。"当事人未指明营业地并且拥有不止一个营业地的,与有关合同关系最密切的营业地为其营业地,但须考虑双方当事人在合同订立前任何时候或合同订立时所知道或所设想的情况。自然人无营业地的,以其惯常居所为准。上述规定与我国相应规定相比,更加适合互联网环境下当事人所在地的确定。因为远程网络交易当事人通常会在其网页上指明其营业地所在的位置。欧盟《欧盟电子商务指令》(2000/31/EC号)第5条也要求当事人有披露其营业地或提供其他信息的积极义务,以减少商业欺诈机会。

由于"信息系统的设备的所在地""与某一特定国家相关联的域名或电子信箱地址",特别是"其他当事人可以进入信息系统的地方"与当事人在物理空间的实际联系有限,不应作为确定当事人营业地的唯一依据。因此,《公约》第6条第4款规定:"一所在地并不仅因以下两点之一而成为营业地:(1)系一方当事人订立合同所用信息系统的支持设备和技术的所在地;(2)系其他当事人可以进入该信息系统的地方。"第5款规定:"仅凭一方当事人使用与某一特定国家相关联的域名或电子信箱地址,不能推定其营业地位于该国。"

《公约》对提供情况的要求并不能替代国内法等其他对未遵守其披露要求而产生的法律后果,因此第7条规定:"本公约中的规定概不影响适用任何可能要求当事人披露其身份、营业地或其他情况的法律规则,也不免除当事人就此做出不准确、不完整或虚假说明的法律后果。"

(三)对电子通信的法律承认与形式要求

《公约》第8条遵循《电子商务示范法》对"数据电文法律承认"原则,规定"对电子通信的法律承认"规则,即"对于一项通信或一项合同,不得仅以其为电子通信形式为由而否定其效力或可执行性(不歧视原则)"。"本公约中的规定概不要求当事人使用或接受电子通信,但可以根据当事人的作为推断其是否同意使用或接受电子通信(意思自治原则)"。

《公约》第9条规定对电子合同"形式要求",即书面形式要求、签字形式要求和原件要求三方面。

1. 书面形式要求

"本公约中的规定概不要求一项通信或一项合同以任何特定形式做出、订立或证明。""凡法律要求一项通信或一项合同应当采用书面形式的,或规定了不采用书面形式的后果的,如果一项电子通信所含信息可以调取以备日后查用,即满足了该项要求。"

2. 签字形式要求

《公约》延续了《电子商务示范法》确定的手写签名和电子识别功能等同原则,但也确立了新的规则。"凡法律要求一项通信或一项合同应当由当事人签字的,或法律规定了没有签字的后果的,对于一项电子通信而言,在下列情况下,即满足了该项要求:(1)使用了一种方法来鉴别该当事人的身份和表明该当事人对电子通信所含信息的意图('表明该当事人对电子通信所含信息的意图'规则,因为并非所有的签名都表示签名人对文件内容的认可);(2)而且所使用的这种方法,从各种情况来看,包括根据任何相关的约定,对于生成或传递电子通信所要达到的目的既是适当的,也是可靠的;或者其本身或结合进一步证据事实上被证明已履行以上(1)所说明的功能('适当性、可靠性'规则)。"

3. 原件要求

“凡法律要求一项通信或一项合同应当以原件形式提供或保留的，或规定了缺少原件的后果的，对于一项电子通信而言，在下列情况下，即满足了该项要求：(1)该电子通信所含信息的完整性自其初次以最终形式——电子通信或其他形式——生成之时起即有可靠保障①；而且(2)要求提供电子通信所含信息的，该信息能够被显示给要求提供该信息的人。”

(四)发出和收到电子通信的时间和地点

《公约》第 10 条规定了“发出和收到电子通信的时间和地点”，涉及要约、承诺的生效时间、要约的撤回与撤销、承诺的撤回三个方面，适用以下相同规则：

电子通信的发出时间是其离开发件人或代表发件人发送电子通信的当事人控制范围之内的信息系统的时间，或者，如果电子通信尚未离开发件人或代表发件人发送电子通信的当事人控制范围之内的信息系统，则为电子通信的收到时间。

电子通信的收到时间是其能够由收件人在该收件人指定的电子地址检索的时间。电子通信在收件人的另一电子地址的收到时间是其能够由该收件人在该地址检索并且该收件人了解到该电子通信已发送到该地址的时间。当电子通信抵达收件人的电子地址时，即应推定收件人能够检索该电子通信。

电子通信将发件人设有营业地的地点视为其发出地点，将收件人设有营业地的地点视为其收到地点，营业地根据《公约》第 6 条确定。

(五)要约邀请

《公约》第 11 条延续通过互联网向不特定人提议原则上为要约邀请规则，明确了在互联网中广告的法律性质。即：“通过一项或多项电子通信提出的订立合同提议，凡不是向一个或多个特定当事人提出，而是可供使用信息系统的当事人一般查询的，包括使用交互式应用程序通过这类信息系统发出订单的提议，应当视作要约邀请，但明确指明提议的当事人打算在提议获承诺时受其约束的除外”。

然而，自动谈判和自动缔约的自动电文系统(Automated Message System)，因其高效和广泛使用而具有了可执行性的必要要求。《公约》第 12 条规定：“自动电文系统在合同订立中的使用通过自动电文系统与自然人之间的交互动作或者通过若干自动电文系统之间的交互动作订立的合同，不得仅仅因为无自然人复查或干预这些系统进行的每一动作或由此产生的合同而被否定效力或可执行性。”所谓“自动电文系统”，美国称“电子代理人”(Electronic Agent)②，是指一种计算机程序或者一种电子手段或其他自动手段，用以引发一个行动或者全部或部分地对数据电文或执行生成答复，而无须每次在该系统引发行动或生成答复时由自然人进行复查或干预。《公约》没有使用“电子代理人”概念，因为多数自动电文系统只能在预先设定程序的技术结构内工作的特征，将自动电文系统的行动归责于个人或其他法律实体。各国国内法仍可基于其他原因判定合同无效，只是不得仅以合同采用自动电文系统方式订立而

① 评价完整性的标准应当是，除附加任何签注以及正常通信、存储和显示过程中出现的任何改动之外，信息是否仍然完整而且未被更改；而且所要求的可靠性标准应当根据生成信息的目的和所有相关情况加以评估。

② 美国《统一电子交易法》第 14 条规定：“合同可以由当事人的电子代理人之间的交互动作而订立，即使无人知道或审查电子代理人的行为或产生的条款和协议。”“合同可以由电子代理人和为自己或他人利益的某人之间的交互动作而订立，包括某人实施其本可以拒绝实施的行为，而且其知道或有理由知道此行为会导致电子代理人完成交易或履行的交互动作。”

否定合同的效力和可执行性。

(六)合同条款的备查

如果数据电文存在的合同条款仅能短暂保留或只能由提供信息系统的一方获得，对接受合同条款的一方显然不利，为此，法律应规定提供合同条款的一方承担提供合同条款备查的义务。《公约》第 13 条规定："一方当事人通过交换电子通信的方式谈判部分或全部合同条款的，本公约中的规定概不影响适用任何可能要求其以某种特定方式向另一方当事人提供含有合同条款的电子通信的法律规则，也不免除一方当事人未能这样做的法律后果。"如何确定因违反该规则而产生的后果，属国内法调整事项。

(七)电子通信中的错误

在传统的仅仅涉及自然人的交易中，双方当事人在行为时较为容易更正错误。而在一方是自然人、另一方是计算机系统的交易中，自然人的行为发生的错误一般不可撤回，那么在对方当事人的计算机系统依赖自然人错误的通信采取行动之前，自然人没有机会更正错误。电子通信中错误的法律后果，因为需要国内法中强制性的惩罚规定来保证其实现，所以应该属于国内法的范畴。正是考虑到这一点，《公约》将其规范的错误限定在电子通信过程中的输入错误这一领域。输入错误是指在与自动电文系统往来的通信中输入错误数据所引起的错误。《公约》第 14 条规定："一自然人在与另一方当事人的自动电文系统往来的电子通信中发生输入错误，而该自动电文系统未给该人提供更正错误的机会，在下列情况下，该人或其所代表的当事人有权撤回电子通信中发生输入错误的部分：(1)该自然人或其所代表的当事人在发现错误后尽可能立即将该错误通知另一方当事人，并指出其在电子通信中发生了错误；而且，(2)该自然人或其所代表的当事人既没有使用可能从另一方当事人收到的任何货物或服务中所产生的任何重大利益，也没有从中接收任何重大利益。"

第五节　我国《电子商务法》的主要内容

《电子商务法》是调整企业和个人以数据电文为交易手段，通过信息网络所产生的，因交易形式所引起的各种商事交易关系的法律规范。我国《电子商务法》自 2019 年 1 月 1 日起施行，在我国境内从事电子商务活动的，适用《电子商务法》。所谓"电子商务"，是指通过互联网等信息网络销售商品或者提供服务的经营活动。但法律、行政法规对销售商品或者提供服务有规定的，适用其规定；金融类产品和服务，利用信息网络提供新闻信息、音视频节目、出版以及文化产品等内容方面的服务，不适用《电子商务法》。

一、电子商务经营者的概念

电子商务经营者，是指通过互联网等信息网络从事销售商品或者提供服务的经营活动的自然人、法人和非法人组织，包括电子商务平台经营者、平台内经营者以及通过自建网站、其他网络服务销售商品或者提供服务的电子商务经营者。

电子商务平台经营者，是指在电子商务中为交易双方或者多方提供网络经营场所、交易撮合、信息发布等服务，供交易双方或者多方独立开展交易活动的法人或者非法人组织。

平台内经营者，是指通过电子商务平台销售商品或者提供服务的电子商务经营者。

二、电子商务经营者的义务

1. 注册登记

电子商务经营者应当依法办理市场主体登记。① 但是，个人销售自产农副产品、家庭手工业产品，个人利用自己的技能从事依法无须取得许可的便民劳务活动和零星小额交易活动，以及依照法律、行政法规不需要进行登记的除外。

2. 依法纳税

依法履行纳税义务，并依法享受税收优惠。②

3. 依法取得行政许可

电子商务经营者从事经营活动，依法需要取得相关行政许可的，应当依法取得行政许可。③

4. 遵守关于商品或服务的强制性规定

电子商务经营者销售的商品或者提供的服务应当符合保障人身、财产安全的要求和环境保护要求，不得销售或者提供法律、行政法规禁止交易的商品或者服务。

5. 依法开具发票

电子商务经营者销售商品或者提供服务，应当依法出具纸质发票或者电子发票等购货凭证或者服务单据。电子发票与纸质发票具有同等法律效力。

6. 保障消费者的知情权和选择权

电子商务经营者应当全面、真实、准确、及时地披露商品或者服务信息，保障消费者的知情权和选择权。电子商务经营者不得以虚构交易、编造用户评价等方式进行虚假或者引人误解的商业宣传，欺骗、误导消费者。

王某与当当网买卖合同纠纷案④

王某在当当网购买商品，因不满意货物质量，遂向合同履行地广州市白云区人民法院起诉当当网。当当网提出管辖权异议，称其已在官方网站上的交易条款中载明“所有争端将诉诸北京某某网所在地的人民法院”，因此案件应当由当当网所在地北京市东城区人民法院管辖。

法院认为，案件属于买卖合同纠纷，当当网提出管辖权异议的主要依据是王某完成在当当网上的用户注册后即知悉并同意该网站的《当当网交易条款》，即应遵循条款内的协议管辖条款。但是，当消费者进入该网注册页面时，已经默认选定为同意《当当网交易条款》，同时，网站没有通过合理、明确的方式让消费者注意到该协议管辖条款，消费者难以注意到该格式条款的具体内容。因此，未能保障消费者的知情权和选择权。网站用户注册界面的用户协议属格式

① 网店需要办理登记，且应按照规定需要在首页显著位置持续公示营业执照信息、与其经营业务有关的行政许可信息。个人销售自产农副产品、家庭手工业产品，个人利用自己的技能从事依法无须取得许可的便民劳务活动和零星小额交易活动，以及依照法律、行政法规不需要进行登记的除外的规定，主要是考虑保障底层民众谋生的需要。

② 不需要办理市场主体登记的电子商务经营者在首次纳税义务发生后，应当依照税收征收管理法律、行政法规的规定申请办理税务登记，并如实申报纳税。

③ 从事一些特殊行业，比如烟草、酒类、药品等方面的售卖，必须进行行政许可，即和实体店一样需要行政许可约束。例如，除属于法律规定的例外，通过电子商务销售食品的个人，应当在开展业务前依法办理个体工商登记营业护照及食品经营许可证。

④ 刘冬梅、何海涛：《广州中院发布十大电子商务纠纷典型案例》，https://www.gzcourt.gov.cn/ck487/ck335/ck490/2014/04/7502875314593529.html，2023 年 8 月 24 日最后访问。

合同,不得对消费者的权利做不合理的限制。而且,网上购物往往具有买卖双方地理位置相距较远的特征,该条款使得当当网所在地以外的所有消费者负担大量额外的、相比购物价格明显不合理的差旅和时间花费,导致消费者的诉讼权利无法正常实现。因该条款对消费者做出不合理限制,故裁定驳回当当网提出的管辖权异议。

7. 给予新、老顾客同样价格(不得“杀熟”)

电子商务经营者根据消费者的兴趣爱好、消费习惯等特征向其提供商品或者服务的搜索结果的,应当同时向该消费者提供不针对其个人特征的选项,尊重和平等保护消费者合法权益。

8. 遵守《广告法》

电子商务经营者向消费者发送广告的,应当遵守《广告法》的有关规定。

9. 不得搭售

电子商务经营者搭售商品或者服务,应当以显著方式提请消费者注意,不得将搭售商品或者服务作为默认同意的选项。

10. 承担运输风险

电子商务经营者应当按照承诺或者与消费者约定的方式、时限向消费者交付商品或者服务,并承担商品运输中的风险和责任。但是,消费者另行选择快递物流服务提供者的除外。

11. 公开透明约定押金退还

电子商务经营者按照约定向消费者收取押金的,应当明示押金退还的方式、程序,不得对押金退还设置不合理条件。消费者申请退还押金,符合押金退还条件的,电子商务经营者应当及时退还。

12. 不得排除、限制竞争

电子商务经营者因其技术优势、用户数量、对相关行业的控制能力以及其他经营者对该电子商务经营者在交易上的依赖程度等因素而具有市场支配地位的,不得滥用市场支配地位,排除、限制竞争。

13. 保护个人信息

电子商务经营者收集、使用其用户的个人信息,应当遵守法律、行政法规有关个人信息保护的规定。电子商务经营者应当明示用户信息查询、更正、删除以及用户注销的方式、程序,不得对用户信息查询、更正、删除以及用户注销设置不合理条件。电子商务经营者收到用户信息查询或者更正、删除的申请的,应当在核实身份后及时提供查询或者更正、删除用户信息。用户注销的,电子商务经营者应当立即删除该用户的信息;依照法律、行政法规的规定或者双方约定保存的,依照其规定。

14. 依法向监管部门提供数据信息

有关主管部门依照法律、行政法规的规定要求电子商务经营者提供有关电子商务数据信息的,电子商务经营者应当提供。有关主管部门应当采取必要措施保护电子商务经营者提供的数据信息的安全,并对其中的个人信息、隐私和商业秘密严格保密,不得泄露、出售或者非法向他人提供。

15. 遵守跨境电子商务规定

电子商务经营者从事跨境电子商务,应当遵守进出口监督管理的法律、行政法规和国家有关规定。

三、电子商务平台经营者的义务与责任

1. 入驻商家主体身份登记、核验义务

主体身份登记、核验义务是电商平台法律义务之一，也是电商平台对入驻商家的准入性要求。电子商务平台经营者应当要求申请进入平台销售商品或者提供服务的经营者提交其身份、地址、联系方式、行政许可等真实信息，进行核验、登记，建立登记档案，并定期核验更新。

2. 报送平台经营者身份信息、纳税信息

所有在平台经营交易的商家均需要登记身份信息，填报纳税资料。电子商务平台经营者应当按照规定向市场监督管理部门报送平台内经营者的身份信息，提示未办理市场主体登记的经营者依法办理登记，并配合市场监督管理部门，针对电子商务的特点，为应当办理市场主体登记的经营者办理登记提供便利。电子商务平台经营者应当依照税收征收管理法律、行政法规的规定，向税务部门报送平台内经营者的身份信息和与纳税有关的信息。

3. 监督平台内的商品和服务信息

电子商务平台经营者发现平台内的商品或者服务信息存在违反行政许可规定或有关商品或服务强制性规定的①，应当依法采取必要的处置措施，并向有关主管部门报告。

4. 保证网络交易安全

电子商务平台经营者应当采取技术措施和其他必要措施保证其网络安全、稳定运行，防范网络违法犯罪活动，有效应对网络安全事件，保障电子商务交易安全。电子商务平台经营者应当制定网络安全事件应急预案，发生网络安全事件时，应当立即启动应急预案，采取相应的补救措施，并向有关主管部门报告。

5. 商品和服务及交易信息保存不少于三年

电子商务平台经营者应当记录、保存平台上发布的商品和服务信息、交易信息，并确保信息的完整性、保密性、可用性。商品和服务信息、交易信息保存时间自交易完成之日起不少于三年；法律、行政法规另有规定的，依照其规定。

6. 不滥用平台优势地位

电子商务平台经营者不得利用服务协议、交易规则以及技术等手段，对平台内经营者在平台内的交易、交易价格以及与其他经营者的交易等进行不合理限制或者附加不合理条件，或者向平台内经营者收取不合理费用。

7. 明确公示自营业务

电子商务平台经营者在其平台上开展自营业务的，应当以显著方式区分标记自营业务和平台内经营者开展的业务，不得误导消费者。电子商务平台经营者对其标记为自营的业务依法承担商品销售者或者服务提供者的民事责任。

8. 连带责任及相应的责任

电子商务平台经营者知道或者应当知道平台内经营者销售的商品或者提供的服务不符合保障人身、财产安全的要求，或者有其他侵害消费者合法权益行为，未采取必要措施的，依法与该平台内经营者承担连带责任。②

---

① 所谓“违反行政许可规定或有关商品或服务强制性规定”，见本节前述电子商务经营者义务第 3 项和第 4 项规定。

② 电子商务平台经营者违反本规定，对平台内经营者侵害消费者合法权益行为未采取必要措施，或者对平台内经营者未尽到资质资格审核义务，或者对消费者未尽到安全保障义务的，由市场监督管理部门责令限期改正，可以处五万元以上五十万元以下的罚款；情节严重的，责令停业整顿，并处五十万元以上二百万元以下的罚款。

电子商务平台经营者知道或者应当知道平台内经营者侵犯知识产权的，应当采取删除、屏蔽、断开链接、终止交易和服务等必要措施；未采取必要措施的，与侵权人承担连带责任。

电子商务平台经营者接到（知识产权权利人受到侵权的）通知后，应当及时采取必要措施，并将该通知转送平台内经营者；未及时采取必要措施的，对损害的扩大部分与平台内经营者承担连带责任。

对关系消费者生命健康的商品或者服务，电子商务平台经营者对平台内经营者的资质、资格未尽到审核义务，或者对消费者未尽到安全保障义务，造成消费者损害的，依法承担相应的责任。①

9. 建立健全信用评价制度

电子商务平台经营者应当建立健全信用评价制度，公示信用评价规则，为消费者提供对平台内销售的商品或者提供的服务进行评价的途径。电子商务平台经营者不得删除消费者对其平台内销售的商品或者提供的服务的评价。

10. 竞价排名和广告标注义务

电子商务平台经营者应当根据商品或者服务的价格、销量、信用等以多种方式向消费者显示商品或者服务的搜索结果；对于竞价排名的商品或者服务，应当显著标明“广告”。

11. 建立知识产权保护规则

电子商务平台经营者应当建立知识产权保护规则，与知识产权权利人加强合作，依法保护知识产权。知识产权权利人认为其知识产权受到侵害的，有权通知电子商务平台经营者采取删除、屏蔽、断开链接、终止交易和服务等必要措施。通知应当包括构成侵权的初步证据。电子商务平台经营者接到通知后，应当及时采取必要措施，并将该通知转送平台内经营者；未及时采取必要措施的，对损害的扩大部分与平台内经营者承担连带责任。因通知错误造成平台内经营者损害的，依法承担民事责任。恶意发出错误通知，造成平台内经营者损失的，加倍承担赔偿责任。

12. 依法提供服务与交易

除提供网络经营场所、交易撮合、信息发布等服务外，电子商务平台经营者可以按照平台服务协议和交易规则，为经营者之间的电子商务提供仓储、物流、支付结算、交收等服务。电子商务平台经营者为经营者之间的电子商务提供服务，应当遵守法律、行政法规和国家有关规定，不得采取集中竞价、做市商等集中交易方式进行交易，不得进行标准化合约交易。

四、电子商务合同的订立与履行

电子商务当事人订立和履行合同，适用本章《电子签名法》等法律的规定。

1. 民事行为能力推定

电子商务当事人使用自动信息系统订立或者履行合同的行为对使用该系统的当事人具有法律效力。在电子商务中，推定当事人具有相应的民事行为能力。但是，有相反证据足以推翻的除外。

2. 要约规则

电子商务经营者发布的商品或者服务信息符合要约条件的，用户选择该商品或者服务并

---

① 从法律责任的种类来看，损害消费者生命健康权可能会导致行政责任、民事责任甚至是刑事责任；从承担法律责任的形式来看，责任形式也包括连带责任、补充责任和按份责任。《电子商务法》难以也没有必要专门对每种情形应承担的法律责任进行列举，具体适用时可直接援引相关的特殊法规定。因此，《电子商务法》采用了“相应的责任”一说。

提交订单成功,合同成立。当事人另有约定的,从其约定。

3. 格式条款特别规定

电子商务经营者不得以格式条款等方式约定消费者支付价款后合同不成立;格式条款等含有该内容的,其内容无效。

4. 订立合同时特别规定

电子商务经营者应当清晰、全面、明确地告知用户订立合同的步骤、注意事项、下载方法等事项,并保证用户能够便利、完整地阅览和下载。电子商务经营者应当保证用户在提交订单前可以更正输入错误。

5. 交付时间

合同标的为交付商品并采用快递物流方式交付的,收货人签收时间为交付时间。合同标的为提供服务的,生成的电子凭证或者实物凭证中载明的时间为交付时间;前述凭证没有载明时间或者载明时间与实际提供服务时间不一致的,实际提供服务的时间为交付时间。合同标的为采用在线传输方式交付的,合同标的进入对方当事人指定的特定系统并且能够检索识别的时间为交付时间。合同当事人对交付方式、交付时间另有约定的,从其约定。

6. 货物交付

电子商务当事人可以约定采用快递物流方式交付商品。快递物流服务提供者为电子商务提供快递物流服务,应当遵守法律、行政法规,并应当符合承诺的服务规范和时限。快递物流服务提供者在交付商品时,应当提示收货人当面查验;交由他人代收的,应当经收货人同意。

7. 支付价款规则

电子商务当事人可以约定采用电子支付方式支付价款。电子支付服务提供者为电子商务提供电子支付服务,应当遵守国家规定,告知用户电子支付服务的功能、使用方法、注意事项、相关风险和收费标准等事项,不得附加不合理交易条件。电子支付服务提供者应当确保电子支付指令的完整性、一致性、可跟踪稽核和不可篡改。电子支付服务提供者应当向用户免费提供对账服务以及最近三年的交易记录。

电子支付服务提供者提供电子支付服务不符合国家有关支付安全管理要求,造成用户损失的,应当承担赔偿责任。

支付指令发生错误的,电子支付服务提供者应当及时查找原因,并采取相关措施予以纠正。造成用户损失的,电子支付服务提供者应当承担赔偿责任,但能够证明支付错误非自身原因造成的除外。

电子支付服务提供者完成电子支付后,应当及时准确地向用户提供符合约定方式的确认支付的信息。

8. 用户注意事项

用户在发出支付指令前,应当核对支付指令所包含的金额、收款人等完整信息。用户应当妥善保管交易密码、电子签名数据等安全工具。用户发现安全工具遗失、被盗用或者未经授权的支付的,应当及时通知电子支付服务提供者。

9. 电子支付服务提供者责任

未经授权的支付造成的损失,由电子支付服务提供者承担;电子支付服务提供者能够证明未经授权的支付是因用户的过错造成的,不承担责任。电子支付服务提供者发现支付指令未经授权,或者收到用户支付指令未经授权的通知时,应当立即采取措施防止损失扩大。电子支付服务提供者未及时采取措施导致损失扩大的,对损失扩大部分承担责任。

五、电子商务争议解决

电子商务争议可以通过协商和解，请求消费者组织、行业协会或者其他依法成立的调解组织调解，向有关部门投诉，提请仲裁，或者提起诉讼等方式解决。

李某诉A电子商务有限公司买卖合同纠纷案(2021)①

李某通过A公司经营的跨境电商平台购买一件古驰(GUCCI)腰带，之后，李某在B网购平台寄售，但因“鉴别为假”被B平台退回。接着李某又向C服务平台申请“鉴定”，结论为“此商品经在线初审结论为不通过”。李某认为A公司承诺该商品为正品而向其销售了假冒的“古驰”品牌商品，属于欺诈，遂向法院提起诉讼，要求A公司退一赔十。

广州互联网法院2021年7月30日判决认为：A公司所提交的发票、电子邮件、物流单据、《中华人民共和国海关进口货物报关单》，以及海关总署知识产权备案信息查询页面等证据与订单查询信息相符，足以证明涉案商品的清晰来源和境内外流转路径。在销售者能够通过流转记录、法律文件等对跨境商品的来源进行证明的情况下，应当认为该商品的来源清晰，属于合法销售的跨境电子商务零售进口商品，并非假冒品牌商品。而李某提交的鉴别意见并非由具备相应资质的鉴定机构出具，当事人未提交证据证明上述第三方平台具有鉴定资质以及鉴定人员具备鉴定能力，相关鉴别意见或者“鉴定报告”缺乏中立性、客观性、权威性，不足以证明案涉商品为假冒的“古驰”品牌商品。或者“鉴定报告”不足以证明案涉商品为假冒商品。因此，A公司做到了依法保证产品的合法性和可追溯性，不存在告知消费者虚假情况或者隐瞒真实情况的情形。李某关于A公司对其存在欺诈行为的主张缺乏事实依据，对李某据此提出的各项诉讼请求，法院不予支持。

1. 电子商务经营者义务

电子商务经营者应当建立便捷、有效的投诉、举报机制，公开投诉、举报方式等信息，及时受理并处理投诉、举报。

在电子商务争议处理中，电子商务经营者应当提供原始合同和交易记录。因电子商务经营者丢失、伪造、篡改、销毁、隐匿或者拒绝提供前述资料，致使人民法院、仲裁机构或者有关机关无法查明事实的，电子商务经营者应当承担相应的法律责任。

印度尼西亚D公司诉深圳C公司等买卖合同纠纷案②

印度尼西亚D公司和C(香港)公司于2012年底签订买卖合同，由C(香港)公司向印度尼西亚D公司提供电脑，印度尼西亚D公司分两次支付货款。C(香港)公司收取货款后却未能按照约定如期供货，后印度尼西亚D公司提出解除买卖合同关系并且要求退还货款，但双方协商至2014年9月仍然未能达成一致意见。印度尼西亚D公司认为深圳C公司与C(香港)

---

① 该案案号为(2021)宁0502民初3179号，其判决详情可下载于https://wenshu.court.gov.cn/website/wenshu/181107ANFZ0BXSK4/index.html?docId=CXSP9+ncADg0/TPHB6DpwsfPLpD8feKXr0/GxXrhrZeBIl3pqrBivJ/dgBYosE2go/ZCEzlseUOaqRZu/JZQ+OQxMEu0BxHU9PkZ31OMaEQO+Kgk/OjkojunmaSNh8oO，2023年4月30日最后访问。

② 参见《前海法院涉外涉港澳台商事审判十大典型案例》，北大法宝V6官网的引证码为：CLI.CR.316916295，https://www.pkulaw.com/pal/a3ecfd5d734f711deb8e430f8538344077429f0f931e2fb1bdfb.html?articleFbm=CLI.CR.316916295，2023年5月21日最后访问。

公司系人格混同的关联公司，应共同承担责任，且提交了电子邮件作为证据。

法院认为，本案电子邮件打印件作为电子数据的表现形式，其虽然没有公证机关公证，但与证人证言，以及印度尼西亚D公司提供的电子邮件、银行申请表、确认信函等证据相互印证，形成充分的证据链，构成事实上的真实性和完整性的证据认证体系，依此可以确定印度尼西亚D公司与C(香港)公司之间存在涉案货物买卖关系，双方均应按约定履行各自的义务。深圳C公司作为C(香港)公司的唯一股东，不能证明C(香港)公司财产独立于自己的财产，应对C(香港)公司的上述债务承担连带责任。法院判决确认解除买卖合同关系，深圳C公司、C(香港)公司向印度尼西亚D公司返还其支付的货款。

2. 电子商务平台经营者协助义务

消费者在电子商务平台购买商品或者接受服务，与平台内经营者发生争议时，电子商务平台经营者应当积极协助消费者维护合法权益。电子商务平台经营者可以建立争议在线解决机制，制定并公示争议解决规则，根据自愿原则，公平、公正地解决当事人的争议。

第六节 我国《电子签名法》的主要内容

2004年8月通过的《电子签名法》，是我国第一部电子商务法，共5章36条。该法一般特点是：(1)电子签名技术规范性。电子商务只是载体变化，因而只需采用功能等同于传统法律的规定，即重点规定电子签名技术。(2)电子签名国际性。电子商务特点在于全球性网上交易，因而电子签名法律应当具有国际性。我国《电子签名法》与联合国《电子商务示范法》基本一致。(3)电子签名技术中立性。即法律只规定安全可靠的电子签名所应达到的标准，至于采用何种技术法律不作规定，因而该法可以避免签名技术发展而失效。该法具体特点是：(1)非强制性。在电子商务活动中，可以使用电子签名，也可以不使用电子签名；可以用第三方认证，也可以不用第三方认证。(2)非封闭性。该法主要适用于电子商务，但又不完全局限于电子商务；且规定电子签名不局限使用某种技术，具有开放性。

《电子签名法》遵循"最少干预、必要立法"的原则，目的是为数据电文、电子签名的法律有效性消除法律障碍。从技术层面讲，电子签名具有真实性、完整性、不可抵赖性、不可篡改性这四大属性。从法律层面讲，明确电子签名法律效力是电子商务一个不可缺少的重要保证环节。我国《电子签名法》的主要内容如下：

一、适用范围

《电子签名法》主要适用于电子商务，但不限于商务活动。该法第三条规定：民事活动中的合同或者其他文件、单证等文书，当事人可以约定使用或者不使用电子签名、数据电文。当事人约定使用电子签名、数据电文的文书，不得仅因为其采用电子签名、数据电文的形式而否定其法律效力。但下列文书不适用该法：(1)涉及婚姻、收养、继承等人身关系；(2)涉及土地、房屋等不动产权益转让；(3)涉及停止供水、供热、供气、供电等公用事业服务；(4)法律、行政法规规定的不适用电子文书的其他情形。

二、数据电文

数据电文，是指经由电子手段、光学手段、磁手段或者类似手段生成、发送、接收或者储存的信息。《电子签名法》规定，能够有形地表现所载内容，并可以随时调取查用的数据电文，视为符合法律、法规要求的书面形式，即实行“功能等同法”。符合下列条件的数据电文，视为满足法律、法规规定的原件形式要求：(1)能够有效地表现所载内容并可供随时调取查用；(2)能够可靠地保证自最终形成时起，内容保持完整、未被更改。

数据电文不得被拒绝作为证据使用，即实行“非歧视性原则”。审查数据电文作为证据的真实性，应当考虑以下因素：(1)生成、储存或者传递数据电文方法的可靠性；(2)保持内容完整性方法的可靠性；(3)用以鉴别发件人方法的可靠性；(4)其他相关因素。

杨先生与韩女士纠纷案

2004 年 1 月，杨先生结识了韩女士。同年 8 月 27 日，韩女士发短信给杨先生，向他借钱应急，短信中称：“我需要 5 000 元，刚回北京做了眼睛手术，不能出门，你汇到我卡里。”杨先生随即将钱汇给了韩女士。一周后，杨先生再次收到韩女士短信，又借给韩女士 6 000 元。两次汇款均无借据。后杨先生向韩女士催要未果，便向北京市海淀区法院起诉，要求韩女士归还其 11 000 元，但韩女士辩称这是杨先生归还以前欠她的款项。在庭审中，杨先生在向法院提交了银行汇款单存单两张，以及自己使用的飞利浦移动电话一部，其中记载了上述短信内容。经核实，该短信由韩女士使用的手机发送。法院认为，依据《电子签名法》的规定，经法院对杨先生提供的移动电话短信息“生成、储存、传递数据电文方法的可靠性；保持内容完整性方法的可靠性；用以鉴别发件人方法的可靠性”进行审查，可以认定该移动电话短信息内容作为证据的真实性。根据证据规则的相关规定，录音录像及数据电文可以作为证据使用，但数据电文直接作为认定事实的证据，还应有其他书面证据相佐证。杨先生提供通过韩女士使用的号码发送的移动电话短信息内容中载明的款项往来金额、时间与中国工商银行个人业务凭证中体现的杨先生给韩女士汇款的金额、时间相符，且移动电话短信息内容中亦载明了韩女士偿还借款的意思表示，两份证据之间相互印证，可以认定韩女士向杨先生借款的事实。据此，杨先生所提供的手机短信息可以认定为真实有效的证据，证明事实真相，法院对此予以采纳，对杨先生要求韩女上偿还借款的诉讼请求予以支持。

三、电子签名

电子签名，是指数据电文中以电子形式所含、所附用于识别签名人身份并表明签名人认可其中内容的数据。电子签名同时符合下列归属推定和完整性推定共四个条件的，视为可靠的电子签名：(1)电子签名制作数据用于电子签名时，属于电子签名人专有；(2)签署时电子签名制作数据仅由电子签名人控制；(3)签署后对电子签名的任何改动能够被发现；(4)签署后对数据电文内容和形式的任何改动能够被发现。前两项为归属推定，后两项为完整性推定。但是，当事人也可以选择使用符合其约定的可靠条件的电子签名。可靠的电子签名与手写签名或者盖章具有同等的法律效力。

四、认证

电子认证服务提供者，是指能够为电子交易当事人提供认证服务的法人或自然人。签名需要第三方认证的，由依法设立的电子认证服务提供者提供认证服务。提供电子认证服务，应当具备下列条件：(1)具有与提供电子认证服务相适应的专业技术人员和管理人员；(2)具有与提供电子认证服务相适应的资金和经营场所;(3)具有符合国家安全标准的技术和设备;(4)具有国家密码管理机构同意使用密码的证明文件;(5)法律、行政法规规定的其他条件。

电子认证服务提供者的责任:收到电子签名认证证书申请后,应当对申请人的身份进行查验,并对有关材料进行审查。

电子认证服务提供者签发的电子签名认证证书应当准确无误,并应当载明:(1)电子认证服务提供者名称;(2)证书持有人名称;(3)证书序列号;(4)证书有效期;(5)证书持有人的电子签名验证数据;(6)电子认证服务提供者的电子签名;(7)国务院信息产业主管部门规定的其他内容。此外,电子认证服务提供者应当保证电子签名认证证书内容在有效期内的完整、准确,并保证电子签名依赖方能够证实或者了解电子签名认证证书所载内容及其他有关事项。电子认证服务提供者应当妥善保存与认证相关的信息,信息保存期限至少为电子签名认证证书失效后 5 年。

经国务院信息产业主管部门根据有关协议或者对等原则核准后,中华人民共和国境外的电子认证服务提供者在境外签发的电子签名认证证书与依照本法设立的电子认证服务提供者签发的电子签名认证证书具有同等的法律效力。

五、法律责任

电子签名人知悉电子签名制作数据已经失密或者可能已经失密未及时告知有关各方、并终止使用电子签名制作数据,未向电子认证服务提供者提供真实、完整和准确的信息,或者有其他过错,给电子签名依赖方、电子认证服务提供者造成损失的,承担赔偿责任。

电子签名人或者电子签名依赖方因依据电子认证服务提供者提供的电子签名认证服务从事民事活动遭受损失,电子认证服务提供者不能证明自己无过错的,承担赔偿责任。

第七节 国际电子商务中知识产权的保护

如同传统商务一样,国际电子商务同样也涉及知识产权及其保护。一方面,电子商务所使用的数字化技术使得国际商务的快速和低成本运行成了现实,这就为具有知识产权性质的各种信息或智力成果大量复制和传播提供了可能性,并能够达到与原件相同的效果。“知识产权的‘专有性’‘地域性’被大大减弱”。[①] 另一方面,数字化技术也给予电子商务有关的知识产权带来了不少新问题,例如,以数字化形式表现的各种信息或智力成果很容易受到非法复制或传播,而且很容易对这些信息进行篡改,又不留篡改痕迹。此外,还有域名及其与商标权的关系等诸多问题。

一、专利权和商标权

(一)专利权

国际电子商务同样存在着专利纠纷和侵权问题,而且可能因数字化技术进步又使得原有的专利纠纷和侵权问题变得更加复杂。众所周知,专利权受地域性限制,专利权人或专利产品独家经销商一旦发现专利侵权产品进入受保护国家的海关或者在这些国家的市场上销售时,

---

① 参见郭鹏主编:《电子商务法》,北京大学出版社 2013 年版,第 156 页。

有权通过海关禁止其进入或者通过行政或司法部门禁止其销售。但由于有些专利产品(如计算机软件)可以通过数字化的方式在互联网上实现销售,这些产品可以不通过海关而直接在互联网向消费者传送,这使得原先不能从正常的商业途径通过海关进入一国并进行正当销售的存在专利权瑕疵的产品,有可能不采用明显犯法的传统走私方式实现销售。

通过数字化技术也是电子商务中复制和传播具有著作权作品的主要方法。但与著作权保护不同,专利更具有明显的地域性。一般而言,专利权人不可能在许多国家都申请专利权。因此,在专利权人未申请专利权或申请未获批准的国家,生产与专利产品相同的产品一般都不视为专利侵权。这些国家的商家虽然不能将其产品通过海关销往对该专利产品实行专利保护的国家,但是,他们可能会通过互联网在世界范围内进行销售,也包括向对该专利产品实施保护的国家进行销售。尽管这种销售也涉及专利侵权问题,但由于证据和管辖权等一系列问题,都增加了对专利权人保护的难度。

各国的专利法及其保护范围的不同,是产生各种专利纠纷的主要原因,它同样会影响到电子商务。同时,电子商务的发展也对专利权保护提出了新的课题,它需要国际社会的共同努力,在一个更大的范围内强化对专利权的保护。就目前而言,为了避免可能涉及专利产品的纠纷,从事电子商务的商家可以通过有关专利文献或 IBM 网站等查找有关的国内外专利,避免在网上向对某一产品实施专利保护的国家销售该产品。

与电子商务有关的专利保护还涉及电子商业方法可专利性问题。电子商业方法是指全部或部分利用计算机技术完成一定步骤的商业方法。就整体而言,电子商业方法仍是智力活动的规则和方法,但其采用的技术手段属专利保护范围,只有达到了专利的技术性和创造性标准的电子商业方法,才具有可专利性。换言之,只是利用公知的自动化技术将已知的交易程序、方法自动化的做法,不具有可专利性。

(二)商标权

国际电子商务在拓展地域范围的同时,也使得企业的商标有了广泛被认知的地域空间。这有助于提高从事国际电子商务企业商标的认知度。另外,还可以在互联网上用不断变化的形状、图形、色彩和伴音展现其商标,增强商标的可视性和识别性。

同专利权一样,商标权保护也存在着地域性问题,也就是说,只有当某一商家就其提供的商品或者服务向有关的国家提出商标注册并获批准后(有些国家实行先使用原则),才能得到该国的商标法保护。通常只有那些著名的国际大公司才可能在世界许多国家申请商标注册。相对而言,绝大多数中小企业通常只考虑在其商品或者服务覆盖的地域申请商标注册。

商标的地域性与网络的全球性存在着一定的冲突,由此就会带来一个无法回避的问题:在某些商品或服务领域中,在不同的国家或地区可能存在两个或者两个以上的近似甚至相同商标的所有权人。因此,在互联网上使用注册商标时也应当注意,如果向未申请注册商标的国家或地区发布电子广告或从事网上销售,就不能与该国的同类商品或服务的注册商标相同或相似,否则就可能侵害了该注册商标权人的利益。英美法系国家的法律一般都规定,对任何擅自使用他人注册商标的行为,商标权利人都有权申请禁令,禁止他人继续实施侵权行为,并有权要求赔偿由此而产生的一切损失。

与域名相比,注册商标的地域性存在两大不足:一是使用地域范围的限制,即注册商标通常应在申请注册并受保护的国家使用,在未申请注册的国家或地区使用商标就会存在侵犯他人的注册商标权的问题。二是使用对象范围的限制,即一个注册商标通常只在一类或几类商品或服务上使用,也就是说,相同或者相似的注册商标的各个所有权人可以在不同种类的商品或服务上使用该注册商标。由于域名通常不会产生这类问题,因此,在互联网上使用具有与注册商标(或企业)相同或近似的域名,不仅可以提高企业的识别度,而且可以间接扩大商标的知悉度。此外,在无法使用其商标的情况下,与其商标相同的域名还具有间接替代功效。

AOL 诉 AT&T

原告 AOL 经营着全世界最大的在线服务业务,服务范围超过 160 000 000 用户,用户通过计算机联网可获得 AOL 发布的各种信息,并且可以通过 AOL 提供的服务联结互联网。用户在连接到 AOL 时,在屏幕上将会显示"You have mail"或"You've got mail"的提示,AOL 采取这种方式将近 10 年,在 1997 年初,AOL 开始使用美国的一种老式信箱,当用户有新的邮件时,信箱伴随着红色的旗子跳到屏幕上,同时可以听到"You have mail"的声音。同时,AOL 还向用户提供称为"BUDDY LISY"的服务,以实现用户网上聊天的功能。AOL 将"You have mail","You've got mail","BUDDY LISY"都注册为商标。AOL 的这两项服务,已被视为其特色服务的一部分。

从 1998 年 12 月 15 日开始,AT&T 开始采用与 AOL 上述两种方式相同的方式向用户提供服务。为此,AOL 向法院提起了诉讼,主张 AT&T 侵犯了其注册商标并构成不正当竞争。而 AT&T 则要求法院判定"You have mail","You've got mail","BUDDY LISY"都属于普通用语,不应当受到商标法的保护。该案在未做出判决前,原被告双方达成和解,被告 AT&T 将停止使用上述标语,原告 AOL 则将其诉讼请求撤回。

二、域名

域名在电子商务活动中代表着一个企业的形象,与企业的商标权一样,属知识产权范畴。域名有着传统意义上商标的基本特征,它表明域名的经营者与其他产品或服务的经营者之间的区别,在一定程度上代表着经营者的信誉和质量。而且,域名还有商标所没有的表明计算机所处的地理位置(地址)的功能,即如电话号码或门牌那样的地址作用。它还如同商号一样,具有表明企业标志的功能。拥有一个与商标或品牌紧密联系的适合的域名,就意味着销售额或贸易量的增加。对从事电子商务的企业而言,注册和培育合适的域名的重要性不言而喻。

域名分为两大类:一类是按照组织类别划分的,即 generic;另一类是按照国别划分的,即 country。前者所使用的规则是由美国国家标准协会(National Standards Institute,NSI)制定的,顶级的 generic 域名包括:com. 用于商业组织;net. 用于网络用户;org. 用于综合性组织;edu. 用于教育组织(可能还将有 museum 用于博物馆、coop 用于企业、aero 用于航空公司、pro 用于医生和律师等专业人员、biz 用于个人网页以及 info 用于提供信息的组织等域名)。后者是以国际范围内被认可的两个字母缩写代码为基础划分的,如中国为 cn.,法国为 fr. country 域名是由国家官方命名机构根据先申请先注册原则进行注册。中国互联网络信息中心(以下简称 CNNIC)工作委员会负责管理和运行中国顶级域名 CN。我国采用逐级授权的方式确定三级以下(含三级)域名的管理单位。各级域名管理单位负责其下级域名的注册。二级域名管理单位必须定期向 CNNIC 提交三级域名的注册报表。

域名具有专属性(任何一个域名都是独一无二的,不可重复的)、命名方式规定性(用字母、中文、数字和连字符组成,各级域名之间用实点连接,且长度不能超过 20 个字符)、不受时间与空间的限制(没有严格地域性的限制,域名一经获得即可永久使用,并且无须定期续展)。因此各类企业,尤其是世界著名企业都注册了自己的域名。

由于域名实行先申请先注册原则,出现了不少知名企业商号和商标被他人恶意抢注的情形。被抢注的企业欲得到该域名时,就不得不花费巨额款项从抢注者手中购回该域名,否则就必须使用用户或者消费者不熟悉的域名。即便如此,各国有关域名的法律以及法院判决,不同程度地做出了不利于恶意抢注行为的规定和判决。以下是两例英国20世纪末的判例,均以传统的法律原则对新颖的域名纠纷做出判决。

Marks & Spencer 诉 One in a million 案(1998)

One in a million 有限公司是从事互联网域名交易的公司,它们在包括 Nominet. uk(英国域名注册管理机关)在内的官方注册管理机关注册域名,然后将注册的域名卖给潜在的客户。在未经过原告许可的情况下,One in a million 公司将原告的公司名称和商标作为互联网域名进行注册,然后向他人兜售。原告 Marks & Spencer 公司因此向法院提起诉讼。原告的诉讼行为受到 J. Sainsbury 上市公司、Virgin Enterprises 有限公司、Ladbrokes 上司公司、British Telecommunications 上市公司和 Securicor Cellular Radio 有限公司支持。这些原告都声称被告的行为构成假冒和侵权威胁,它们有权寻求禁令的救济。被告承认所有这些原告的商标都是驰名商标,且有良好的商誉;同时被告也承认注册这些域名的目的在于获取商业利润,即通过将域名卖给商誉的所有权人。但是,被告坚持认为其行为并没有构成假冒或假冒的威胁。被告在一审中败诉,之后上诉法院又驳回其上诉,并颁发一份永久性禁令。上诉法院认为被告注册 Marks & Spencer. com 等域名,这与被告的名称相去甚远,很容易给那些查阅登记簿的人造成被告与被注册域名所代表的名称之间有着某种联系或者相当联系的错觉,因而,该种行为构成了法律上的假冒行为。①

Harrods 诉 Michael Lawrie 案(1997)

著名的 Harrods 百货公司发现一位名叫 Michael Lawrie 的人向美国国家标准机构(NSI)注册登记了 Harrods. com 的域名,就向 NSI 申请暂停该域名的使用,NSI 同意了 Harrods 公司的申请,但是,Lawrie 拒绝向 Harrods 公司转让该域名。于是 Harrods 公司起诉 Michael Lawrie 和其他被告侵犯其 Harrods 的商标权和从事假冒活动。由于原、被告均在英国,因而在英国诉讼,同时 NSI 确认它将执行英国法院可能做出的任何裁决。结果,其中的一个被告承认了法院做出的令原告满意的裁决,其余被告则在继续诉讼中败诉。②

对于域名纠纷,英美法系国家一般都是先通过判例确立一些基本原则,然后逐步制定较为完整的成文法。1999年美国的《反网络不法占用消费者保护法案》(Anti-Cybersquatting Consumer Protection Act)便是一例。该法对恶意抢注行为做出了清晰界定,明确规定法院在认定被告是否存在恶意时应当考虑:被告在该域名上是否具有有关的商标权或其他知识产权;该域名包含被告的真名或在通常情况下用以表明其称谓的程度;被告在提供任何商品或服务过程中可能存在的对该域名善意在先使用;被告在通过该域名可进入的网站上对该商标所为的善意的非商业使用或者合理使用;被告是否具有将消费者从商标权人的在线地址诱导到具有

① [英]斯帕罗(Sparro W. A.)著,林文平、陈耀权译:《电子商务法律》,中国城市出版社2001年版,第25~26页。

② 同①,第24~25页。

该域名标识的网站的意图，并且有可能通过在网站来源、网站发起人的关联关系或网站建立的核准等方面制造混淆等方式，为获取商业利益或故意败坏或贬损该商标而损害由该商标所代表的商誉；被告是否为获得经济利益而向商标权人或者第三方发出转让、出售或以其他方式让与该域名的要约，但却并没有为了提供任何商品或服务而善意地使用或意图使用该域名，或者被告以前的做法表明其一贯如此；被告在申请域名注册时提供重大误导性的错误联络信息，以及被告故意不维护准确的联络信息，或者被告以前的做法表明其一贯如此；被告是否注册了或取得了多个域名，而且知道这些域名注册时已经具备显著性的与他人商标相同或具有足以导致误认的相似性，或者足以造成在这些域名注册时已经注明的商标淡化，不论各当事人经营何种商品或服务。被告的注册域名中包含的商标在何种程度上具备或不具备显著性，以及是否为商标法意义上的著名商标。

与商标抢注相比，域名的抢注问题更为突出。考虑到域名抢注没有一个统一的法律调整，1999 年 10 月，国际互联网域名系统最高管理机构(ICANN)颁布的《统一域名争端解决政策》和《统一域名争端解决政策规则》，为各国制定有关域名方面的立法及司法提供了示范性规则。据此，投诉人向 ICANN 投诉应符合三大条件：(1)注册域名与投诉人享有权利的商标相同或者存在能引起混淆的近似之处；(2)域名注册人就其域名不享受权利或合法利益；(3)域名被恶意注册和使用。

有以下情形之一的，为恶意注册：(1)被投诉人注册或获得域名的主要目的是高价向商标权人或其竞争对手出售、出租或者以其他方式转让域名；(2)被投诉人屡次实施了抢先注册与注册商标对应的域名；(3)注册域名的目的是扰乱竞争对手的经营活动；(4)使用域名可能使网络用户误以为该域名与投诉人注册商标存在联系，进而达到吸引网络用户的目的。

我国也已发生了多起域名抢注和域名纠纷案件。以下是两起中美域名纠纷解决的实例。

抖音公司诉贝游特公司案(2022)①

原告抖音公司的全称是“北京抖音信息服务有限公司”，被告的全称则为“成都贝游特教育科技有限公司”。原告成立于 2012 年 3 月，是最早将人工智能应用于移动互联网场景的科技企业之一，在全国和世界都具有很高的知名性原告注册并使用的域名、商号如下：(1) bytedance. com 域名，创建时间 2011 年 11 月 16 日；(2)“北京字节跳动科技有限公司”商号，注册时间 2012 年 03 月 09 日。同时，原告注册 bytedance. net、bytedance. cn、bytedance. org 域名，并在工业和信息化部 ICP/IP 备案系统与 bytedance. com 一同备案。原告享有以下注册商标专用权：(1)第 13563467 号“字节跳动”商标，第 41 类，“教育；教育信息；培训”等服务，注册日期 2015 年 03 月 14 日。(2)第 15124211 号“字节跳动 BYTEDANCE”，第 41 类，“教育；提供在线录像(非下载)”等服务，注册日期 2015 年 09 月 28 日。(3)第 15190413 号“字节跳动”，第 41 类，“在计算机网络上提供在线游戏；提供在线音乐(非下载)”等服务，注册日期 2014 年 08 月 20 日。(4)第 13563633 号“BYTE”，第 41 类，“教育；安排和组织大会；组织文化或教育展览；安排和组织专家讨论会；培训；教育信息”等服务，注册日期 2015 年 02 月 21 日。

被告以 bytedancing. com 和本案争议域名为其官方网站域名，byteedu. com 域名创建时

① 该案案号为(2021)京 0491 民初 24209 号，其判决详情可见于 https://wenshu. court. gov. cn/website/wenshu/181107ANFZ0BXSK4/index. html? docId＝rPSgzzRgvWawco4cpNNLVgzQtklm6beN2QRw＋tB4B/4alMZ0lT721p/dgBYosE2go/ZCEzlseUOaqRZu/JZQ＋JcAjw48aZWPEvOVxPYVpi＋/L0uLwM3TtNykSdu55＋j1，2023 年 5 月 21 日最后访问。

间为2018年8月8日，bytedancing. com域名创建时间为2018年7月9日。被告通过其官方网站、微信公众号等，以图片、文章等方式大量地使用“字节教育”“BYTE”文字标识其服务来源，并且被告在成立伊始，甚至采用“字节跳动”作为其公司名称。后经原告维权，被告更名为“成都贝游特教育科技有限公司”，但被告仍通过其官方网站、微信公众号等，以图片、文章等方式大量地使用“字节教育”“BYTE”文字标识其服务来源，同时继续使用以上的域名。

北京互联网法院2022年12月27日判决被告成都贝特游教育科技有限公司立即停止使用“byteedu. com”，并由原告北京抖音信息服务有限公司注册使用域名“byteedu. com”，其理由是：商业标识的近似性判断主要应从标识本身具有显著特征的部分进行考虑，对此可以借助于商标的显著性判断理论；原告自2015年起即在第41类（教育，培训等）商品或服务项下申请注册了“字节跳动”“字节跳动 ByteDance”“byte”等商标，对上述商标享有合法权利。“byte”虽然本身是一个通用词汇，但经过原告的长期宣传使用已具有第二含义，与原告之间产生一一对应的紧密联系，可以起到区分商品或服务来源的作用，故应认定“byte”标识本身具有显著性；被告在2018年8月8日首次注册本案诉争域名“byteedu. com”并作为其官方网站进行商业运营与推广，诉争域名由“byte”“edu”两部分组成，后缀“edu”为表明行业的常见英文词汇，显著性低，主要识别部分为“byte”；诉争域名完整地包含原告的注册商标“byte”，在英文单词构成、读法及音译等方面较为相近，构成对“byte”商标的复制、模仿；诉争域名指向的网站用于提供计算机语言教育服务，而“byte”商标核定使用的商品和服务类别为第41类“教育；培训；教育信息”，两者服务内容、服务方式具有较强关联性；基于域名与商品或服务之间的联系作用，在原告的相关商业标识广为人知的情况下，被告使用诉争域名极易使相关公众产生混淆，误认为诉争域名相关产品和服务的提供主体与原告之间存在授权许可、赞助、关联企业关系等特定联系；被告公司于2018年7月9日注册成立时曾用名为“成都字节跳动科技有限公司”，其名称主体部分与原告公司完全相同，此时原告已经经营具有一定规模且具有较大知名度，可以认定被告在注册诉争域名前理应知晓原告享有在先权益的事实而应依法确认其对涉案域名的注册并使用具有恶意。

微软公司诉段某域名纠纷案(2009)

2009年1月7日，段某从pool. com竞价拍卖获得了“hotmaiil. com”域名。1月12日，微软公司向美国国家仲裁委员会提出诉讼请求，以段某的“hotmaiil. com”域名侵犯其“HOTMAIL”商标为由，要求将段某上述域名转移到其名下。美国国家仲裁委员会认为，段某的域名只是比微软公司的商标增加了“i”和通用顶级域名“. com”，没有任何实质意义的区分，属于混淆性的相似；段某上述有争议的域名不广为人知，且没有真正提供商品或服务或其他合理使用，有恶意注册和使用的动机。3月2日，美国国家仲裁委员会判定“hotmaiil. com”域名应从段某转移到微软公司，同时通知段某，上述裁决将在10日内执行，除非段某在合适的司法权限内提起对微软公司的诉讼。①

基于恶意注册域名的案件不断发生，其中对“恶意”的认定是案件事实的关键。为此，《最高人民法院关于审理涉及计算机网络域名民事纠纷案件适用法律若干问题的解释》第5条明确规定，具有下列情形之一的，应当认定其具有恶意：(1)为商业目的将他人驰名商标注册为域

① 后段某为阻止上述裁决的执行，于3月11日向汕头市中级人民法院提起诉讼。经合议庭调解，段某申请撤诉。

名的；(2)为商业目的注册、使用与原告的注册商标、域名等相同或近似的域名，故意造成与原告提供的产品、服务或者原告网站的混淆，误导网络用户访问其网站或其他在线站点的；(3)曾要约高价出售、出租或者以其他方式转让该域名获取不正当利益的；(4)注册域名后自己并不使用也未准备使用，而有意阻止权利人注册该域名的；(5)具有其他恶意情形的。这一规定有助于阻止和减少恶意注册域名案件的发生。

三、版权

版权也称著作权，是作者或其他著作权人对作品享有的专有的权利。传统意义上的作品是指有形的文学、艺术和科学作品；而网络作品则是一种数字化和无纸化作品。根据我国《著作权法》及其有关规定，受《著作权法》保护的作品，包括该法第 3 条规定的各类作品的数字化形式，以及在网络环境下无法归于该法第 3 条列举的作品范围。

一方面，通过二进制代码可以将文学作品、音乐等艺术作品和科学作品再现于网络世界之中，也可以对这些作品进行任意的排列组合，创造出新的网上作品。借助于互联网这一神奇的媒介，可以极大地节省社会资源和自然资源，降低作品制作和传播成本，而且也极大地提高了作品的传播速度和容量。另一方面，网络作品已对著作权保护提出了新的课题。例如，如何协调版权的专有性与网络作品和信息事实上存在的公开、公知和公用的问题；如何协调知识产权的地域性与网络世界的无国界性问题。对此，世界知识产权组织于 1996 年通过了《WIPO 版权条约》(WCT)和《WIPO 表演和录音制品条约》(WPPT)。两个条约规定了作者在网络上享有“向公众传播的权利”。如《WIPO 版权条约》第 8 条规定，在不损害《伯尔尼公约》第 11 条和第 14 条的有关规定的情况下，文学和艺术作品的作者享有专有权，可授权将其作品以有线或无线方式向公众传播。包括将其作品向公众提供，使公众中的成员在个人选定的地点和时间可获得这些作品。而且，与专利权、商标权的地域范围保护有限性不同，版权保护范围具有全球性特征。

康能普视株式会社诉北京久合成数字系统技术发展有限公司案(2002)

原告康能普视株式会社(Canopus Co.，Ltd.)于 2003 年 3 月开发出了 EDIUS 软件，应用于非线性编辑领域，并在市场上取得了良好的销售业绩。原告称被告北京久合成数字系统技术发展有限公司、北京创新久合成科技有限公司在其非线性编辑产品中使用的“创新 DV21-XP”软件中擅自修改、伪装了 EDIUS 软件界面，删除其中的原告身份标识，加入两被告的产品标识，使购买者误认为该软件是两被告开发以获取高额的非法利润，其行为侵犯了原告的软件著作权。法院认定两被告未经原告许可，在其“创新 DV21-XP”软件中复制、修改了原告的 EDIUS V3.50 软件的整体基本内容，且标注被告名称，其行为侵犯了原告的署名权、复制权和获得报酬权等权利，已经构成擅自整体复制，应当承担停止侵权行为、公开赔礼道歉和赔偿损失的法律责任。

我国《著作权法》第 10 条规定的著作权各项权利均适用于数字化作品的著作权。根据我国的司法解释，将作品通过网络向公众传播，属于著作权法规定的使用作品的方式，著作权人享有以该种方式使用或者许可他人使用作品，并由此获得报酬的权利。“未经著作权人许可，以营利为目的，复制发行其作品”的，构成侵权。1996 年 12 月通过的《版权条约》也有类似的规定，即《伯尔尼公约》第 9 条所规定的复制权及其所允许的例外，完全适用于数字环境，尤其是以数字形式使用作品的情况。

但是，考虑到要求网络服务商逐一取得已在报刊上刊登或者网络上传播的作品的作者许可显然会带来诸多不便，降低网络的效率，因此，不少发达国家采用了除著作权人声明或者上载该作品的网络服务提供者受著作权人的委托声明不得转载、摘编的以外，各网站均可予以转载、摘编，但应当按有关规定支付报酬，并注明出处。

网络作品著作权人的权利还受到合理使用的限制，对此，《版权条约》第10条和《表演和录音制品条约》第16条都有原则性规定，即允许缔约方将其国内法中按照《伯尔尼公约》认为是可接受的限制或例外继续适用并适当延伸到数字环境中。但合理使用是针对特定情形而言的，不得与作品的正常使用相冲突，也不得不合理损害著作权人的合法利益。以下是一个有关合理使用的典型判例。

美国 Los Angeles Times 诉 Free Republic 案(2000)

原告《洛杉矶时报》(Los Angeles Times)和《华盛顿邮报》不仅出版印刷版报纸，同时也向访问者收费和刊登广告等有偿出版网络版报纸。被告自由共和国(Free Republic)是一家网络公司，拥有一个公告版网页和两万多名注册网友。该公司几乎每天都选择大量感兴趣的文章粘贴在公告版上，供公司或访问者评论，包括原告《洛杉矶时报》网页和《华盛顿邮报》网页在内的各种文章被粘贴在公告版上。被告辩称，之所以将原告等的网页上的整篇文章粘贴在其公告版上，是为了对这些文章进行批评或评论。但法院认为，被告几乎每日原封不动地大量复制原告等人的文章，已经远远超出供他人评论和批评的目的。尽管被告的作品含有某些表达因素，但被告及其成员的评论或批评没有对原告的作品增加多少内容，更没有创造出新的作品。被告原封不动地大量使用原告的文章的行为已超出合理使用的范围。有关证据证明，被告网页的访问者可以阅读原告完整的作品，包括往期刊物上的文章，而可以不再访问原告的收费网站。据此，法院认为，被告的行为已经影响原告版权作品的市场价值，被告合理使用的辩解不成立。

电子版权侵权一个特点是音乐和电影作品被下载的情况下直接侵权者为数众多，权利人难以追究所有侵权者的责任。与此相对应，几乎所有的侵权资料都存在于各种各样的网络服务器中，通过网络在侵权者之间传输。如从网络传输的角度切断侵权资料传输的途径，权利人就能够有效地遏制侵权。鉴于此，一些国家案例认定，网络服务提供者如果明知道他人侵权而协助其实现侵权，或者有能力控制直接侵权行为而不予控制，且从他人侵权行为中获利，可对网络服务提供者追究侵权责任。如2005年6月美国最高法院判决的“Grokster”一案中，被告向P2P的使用者提供电影和音乐等作品的下载软件，被判定为协助侵权。判决理由是：如果有人提供了便于他人侵犯版权的设施或产品，并且知道他人会利用该设施或产品从事侵权活动，那么提供者应当承担侵权责任。我国司法解释也认为：提供内容服务的网络服务提供者，明知网络用户通过网络实施侵犯他人著作权的行为，或者经著作权人提出确有证据的警告，但仍不采取移除侵权内容等措施以消除侵权后果的，与该网络用户共同承担侵权责任。提供内容服务的网络服务提供者，对著作权人要求其提供侵权行为人在其网络的注册资料以追究行为人的侵权责任，无正当理由拒绝提供的，应当承担相应的侵权责任。

Frank Peterson 诉 YouTube LLC 及其母公司谷歌侵权案(2021)[①]

2008 年，音乐制作人弗兰克.彼得森(Frank Peterson)向德国法院起诉 YouTube LLC 及其母公司谷歌侵犯了其版权，原因是当时某些用户在 YouTube 上传了一些他的受版权保护的录音制品。由于类似情形在线平台之间不断出现，因此，德国法院向欧洲法院寻求建议。欧洲法院佐审官建议法院裁定 YouTube 原则上未"向公众传播"。因此，平台无须对用户非法上传受保护作品的侵权行为承担直接责任。佐审官还表示，已经根据 2019 年针对 YouTube 等运营商颁布的新指令建立了针对用户非法上传的作品的具体责任制度。不过，由于新指令在该案件的初步裁决程序中刚刚生效，因此不适用于主要诉讼程序中的争议。

欧洲法院在 2021 年 6 月 22 日发布了裁决："就目前的情况而言，在线平台的运营商原则上并没有向公众传播这些平台的用户在网上非法发布的受版权保护的内容。但是，这些运营商确实在侵犯版权的情况下进行了传播，不仅仅是提供了开放的平台，还使公众能够访问受版权保护的内容。"欧洲法院表示，如果平台没有采用适当的技术工具来解决用户侵犯版权的问题，或者平台本身提供了用于共享非法或未经授权的内容的工具，那么它们可能也要承担责任。

该案件对有关在线平台责任的长期辩论做出了明确的结论。当平台处于被动地位时，就无须承担责任，但是，如果平台处于主动地位，则可能负有责任。但是，法院没有给出任何指导意见来区分平台的主动和被动角色。在此裁决之后，YouTube、Facebook、Instagram 等平台将不得不采用防止用户上传受版权保护材料的机制。

与电子商务有关的计算机软件是著作权保护的作品，但由于其软件的功能性作用，作者不享有作品的完整性，其修改权也受限制。

本章小结

国际电子商务法是调整国际贸易及其相关的活动中因采用电子手段而发生的各种关系的法律规范。本章主要介绍国际电子商务的分类、国际电子商务法的基本原则、电子商务的主要法律问题、电子商务的国际立法与国内立法、电子商务合同，及《电子商务示范法》《电子签名示范法》和我国《电子商务法》《电子签名法》的主要内容，以及国际电子商务中的知识产权保护。

建议的选读资料

1. 陈寰琦、陆锐盈：《DEPA 数据安全规则解析及对中国的启示——基于和 CPTPP/USMCA/RCEP 的比对》，《长安大学学报(社会科学版)》2022 年第 2 期。

2. 吴双：《论电子商务合同格式条款的法律配置：问题、进路与方法》，《东北大学学报(社会科学版)》2022 年第 5 期。

3. 郑佳宁：《电子商务市场主体的认定与规范》，《东方法学》2022 年第 5 期。

① 参见王丹译、刘鹏校：《欧洲法院：YouTube 等平台无须对用户发布的侵权内容负责》，http://ipr.mofcom.gov.cn/article/gjxw/gbhj/om/oum/202107/1963324.html，2023 年 4 月 30 日最后访问。

4. 杜勇、李冉、马文龙:《跨境电子商务企业欺诈风险成因与防范措施研究》,《财务管理研究》2020 年第 10 期。

5. 赵霞:《请求权竞合视域下电子商务平台“二选一”行为的三元规制路径及其完善》,《法律适用》2021 年第 10 期。

6. 郑德群:《论未经授权电子支付损失分配规则》,《财经理论与实践》2023 年第 2 期。

7. Miikka Hiltunen, Social Media Platforms within Internal Market Construction: Patterns of Reproduction in Eu Platform Law, *German Law Journal*, December 2022.

8. Huanmin Lin& Hong Wu, A Right to an Explanation of Algorithmic Decision-Making in China, *Hong Kong Law Journal*, 2022.

思考题

1. 电子代理人是否为合同当事人?为什么?
2. 简述电子商务经营者的主要义务。
3. 简述电子商务平台经营者的主要义务和责任。
4. 简述电子商务平台经营者在电子商务争议解决中的义务。
5. 如何保证电子信息在传送过程中没有被修改?
6. 简述《联合国国际合同使用电子通信公约》的主要内容。

案例分析

1. 2012 年 6 月 19 日,卢某在腾讯公司经营的“QQ 网购”网站上购买了四款“贝佳斯”品牌的化妆品,化妆品由某电子商务公司开具发票。卢某向贝佳斯公司咨询后认为“QQ 网购”上销售的贝佳斯是假货,故起诉腾讯公司、某电子商务公司,要求两家公司共同赔偿卢某货款损失。

经查,在“QQ 网购”中涉案四种商品的详情页面均载明“本商品由天天网提供”,而腾讯公司的经营范围并无销售普通商品的项目。某电子商务公司是商品的销售者,腾讯公司是提供“QQ 网购”网络交易平台服务的经营者,腾讯公司与卢某构成服务合同关系而非买卖合同关系,因此,法院判决驳回卢某对腾讯公司的诉讼请求。

【问题】 你认为腾讯公司是否构成侵权?是否存在承担连带责任的可能?

2. 王某诉好药师大药房买卖合同案

2015 年 3 月 25 日,王某通过在北京的好药师大药房经营管理的“好药师”网站购买了“澳洲直邮 Healthy care propolis 蜂胶胶囊”2 瓶,并通过支付宝付款。在该大药房的“好药师”网站上,涉案商品展示页上标注了如下相关信息及其他信息:(1)通用名称:澳洲直邮 Healthy care propolis 蜂胶胶囊 1 000mg200 粒;(2)生产厂家:Healthy care;(3)产地:澳大利亚;(4)成分:高浓缩蜂胶精华。后该大药房依约通过澳洲直邮方式向合同履行地(收货地)广州市黄埔区南岗寄送了所购的上述商品。王某认为,该大药房的商品不符合相关法律和药品、食品的相关规定,故起诉请求。“海淘”平台的身份之争是本案争论的焦点。

【问题】 谁是卖家?

3. 2000 年《大学生》杂志诉“首都在线”的一个“个人免费主页”未经许可将该杂志的增刊《考研胜经》上载到其主页上。原告《大学生》杂志认为被告“首都在线”是个人免费主页的提供者，因而该主页上的侵权行为当然应由被告承担。而被告则认为《考研胜经》的文字著作权人应是作者，《大学生》杂志只享有对该书的装帧设计等权利；而且将《考研胜经》上载的责任人不是“首都在线”，而是上载《考研胜经》的那位网民。被告还认为，被告只是网络服务提供商，只提供个人主页的平台，并不提供个人主页的内容，并且被告对“个人主页”不实行收费。另外，被告在事后已采取了相应的措施。

【问题】 你认为“首都在线”的行为是否构成侵权，是否应当承担连带责任？

4. 张岩参加了北京金贸网拍电子技术有限公司（以下简称金贸网拍公司）与国安五龙国际拍卖有限责任公司（以下简称国安五龙公司）于 1999 年 10 月 1 日至 5 日联合举行的网上拍卖活动，购得 3 台电脑，并已将货款汇出，但金贸网拍公司却以拍卖系统出现故障为由，对拍卖结果不予认可。张岩起诉要求二被告实际交付其所购电脑，并赔偿因电脑市价贬值而造成的损失人民币 12 103 元。

金贸网拍公司辩称，其按法定期限通过计算机系统在网上发布拍卖公告，写明拍卖期为 1999 年 10 月 6 日至 10 日。因计算机系统出现故障，导致拍卖程序在拍卖活动正式开始之前自行启动，但公告内容并未发生变化，考虑到确系网站系统故障导致上网浏览的用户可以报价，被告决定接受 10 月 5 日之前的所有报价。但张岩的报价低于委托方的保留价，故其报价不具备法律效力。另外，被告称其并没有对原告出具任何有效的确认手续，故不同意张岩的诉讼请求。

北京市海淀区人民法院认为，被告的计算机系统出现故障，张岩的应价虽然经过拍卖系统确认，但低于委托人的保留价，其应价无效。二审法院维持原判。

【问题】 根据《联合国国际合同使用电子通信公约》第 12 条“自动电文系统”和第 14 条“电子通信中的错误”的规定，你是否同意法院的判决及理由？

11

第十一章

国际产品责任法

教学目的和要求

1. 掌握产品责任与缺陷的概念与特征
2. 了解美国产品责任理论及其抗辩理由
3. 了解欧盟《产品责任指令》的基本内容
4. 掌握我国《产品质量法》《民法典》中有关产品责任规定的基本内容
5. 掌握《消费者权益保护法》关于网络购物和精神赔偿的规定

第一节 概 述

一、产品责任法的概念和特征

产品责任法是调整产品的制造者、销售者因制造、销售缺陷产品造成消费者、使用者或其他人人身伤害或财产损害所引起损害赔偿关系的法律规范总称。

产品责任法的主要特征如下：

(1)调整范围为缺陷产品造成的人身伤害和缺陷产品以外的其他财产损害所引起的赔偿关系，单纯产品本身损坏的民事赔偿主要由合同法调整。在缺陷既造成了产品本身损失又引发了其他损害的，该产品本身损害补偿问题可能会另案解决。①

(2)内容为调整以消费者为主体的使用者与生产者、销售者之间因缺陷产品所产生的民事侵权关系的法律制度，但产品责任法是“侵权法中过失、严格责任以及买卖合同法中的欺诈的混合物”②，不排斥基于合同对产品质量担保而产生的担保责任。③

(3)赔偿责任原则一般为严格责任或无过错责任，但不排斥过错责任原则(包括推定过错原则)。

(4)法律性质以私法为主，兼有公法属性。产品责任法主要调整因缺陷产品遭受损害的消费者或使用者提起损害赔偿之诉，属私法范畴；同时规定生产者、经营者对产品质量的责任和义务不能以任何方式排除，这种强制性具有公法属性。

二、产品责任法的产生和发展

从世界范围产品责任法产生和发展的进程看，在100多年之前，消费者只能以合同买方身份向卖方提起违反明示担保或者存在过错或欺诈的民事诉讼。但是，自从工业革命后，缺陷产品给人们带来的损害程度剧增，这种基于合同关系的救济手段显然不能适应随之而产生的大规模产品生产和销售的经济发展状况，原因十分简单：大多数产品通常没有明示担保，且大多数产品通常没有明示担保，试图证明卖方存在过错或欺诈往往十分困难。

早期的产品责任法产生于英、美等发达国家。其产生的原因绝非历史偶然，而是英美法律制度适应工业化发展的需要。最早的产品责任可追溯到只存在于合同的当事人之间的赔偿责

---

① 这方面较新的实例可参见河南省汝州市人民法院2021年3月17日对焦某某与张某及呼某某纠纷案的判决，其详情可见于 http://rzsfy.hncourt.gov.cn/public/detail.php? id=3210，2023年5月23日最后访问。

② [美]戴维·G.欧文著，董春华译：《产品责任法》，中国政法大学出版社2012年版，第2页。

③ 我国产品责任主要是一种侵权责任，但理论上并不排除合同(质量)担保的责任或合同欺诈责任。

任，最具代表性的是1842年英国最高法院受理的温特伯顿诉赖特（Winterbottom v. Wright，1842）一案。

原告温特伯顿是一名受雇的马车夫，雇主与赖特订有一份由赖特提供一辆安全的马车供雇主用于运送邮件。被告按照约定将马车交给雇主，后者让原告驾驶马车运送邮件。但是，原告在驾驶时，马车的一个轮子突然塌陷，造成原告受伤。为此，原告向赖特提起损害赔偿之诉，而被告则以原告不是合同的当事人为由拒绝赔偿。法院认为，动产的债务不发生侵权行为的损害赔偿请求权。而合同责任则仅仅存在于合同的当事人之间，对于非合同的当事人，商品的制造者无注意义务。据此法院判原告败诉，由此确立了“无契约无责任”原则。

显然，“无契约无责任”原则确定的救济权仅限于具有直接合同关系的当事人之间，对于非合同的当事人来说很不公平，并且有可能使得真正的责任者逃避损害赔偿责任。1852年美国Thomas诉Winchester一案突破了“无契约无责任”原则的限制。

被告（Winchester）将误贴有与标签内容不符的有毒药品颠茄经某药店出售给原告（Thomas），原告购买了被告制造并误贴蒲公英标签的药品后，按照该药品标签的指示服用了该药品，结果导致身体受伤。尽管原告与被告之间没有合同关系，但是，纽约州最高法院认为，药品的制造商虽然与原告不存在直接的合同关系，但是，被告的行为将人的生命置于现实可知的危险之中，被告有义务防止该损失的发生，但怠于履行注意义务，因此应按过失行为论处。此案确立了药品制造商对于无合同关系的第三方因使用其药品而受到本可防止的损害也应承担损害赔偿责任。

但是，上述对“无契约无责任”合同关系限制突破的判例仅限于“固有的危险性”责任。一般认为，现代意义上的产品责任法的标志是美国的麦克弗森诉别克汽车公司案（MacPherson v. Buick Motor Co.，1916）。

别克汽车公司（Buick Motor Co.）将汽车交经销商经销，经销商将其中的一辆汽车卖给了原告麦克弗森（MacPherson）。原告在驾驶该车时汽车的轮胎发生了爆炸，致使原告受伤。为此，原告起诉被告别克汽车公司。被告称原告受伤是由于汽车轮胎爆炸造成的，而汽车的轮胎并非被告制造，而是由另一家公司提供，因而被告不应当承担损害赔偿责任。法官卡多佐（J. Cardozo）依据证据，摒弃合同责任原则，认为如果被告在制造该汽车时，只要检查了车轮就能发现其瑕疵，但被告疏于检查。而该瑕疵轮胎足以危害使用者的生命健康，属危险商品。被告可以预见买方不经检验会使用该产品，因此，被告应对该商品承担注意义务，如果被告未尽到合理的注意义务，则无论买方与制造商有无合同关系，均应承担赔偿责任。

该案确立了产品的提供者对有危险的毒品或爆炸物以外的其他危险产品，制造商可合理预见第三人因制造商的过失行为而受到损失的，也应承担赔偿责任。该案还确认了以下原则：产品依其本质足以危害人体生命健康即为危险产品，制造者应对其可预见性后果做出警告；制造者如果可预知购买人以外的第三人会不经检验就予以使用时，则不论与当事人间有无合同关系，制造者都对该产品负有注意义务；制造者违反此项注意义务对第三人造成损害的，应承担赔偿责任，即过失责任。

1932年，英国上议院审理的多诺霍诉史蒂文森（Donoghue v. Stevenson）案也突破了英国长期适用的产品责任仅限于合同当事人原则的限制。

原告多诺霍是一位女士，在1928年8月26日与其友在一家咖啡店喝啤酒时发现酒内有腐烂的蜗牛躯体，随即晕厥过去，而且还患上了严重的胃肠炎。之后她起诉生产商史蒂文森要求赔偿。上议院认为："如果某一产品的制造商以其出售方式表明，该产品将不经过合理的中间检验环节达到消费者手中，并意识到如该产品的制造缺乏合理注意将造成消费者人身和财产的损害，就应当对消费者承担合理的注意义务。"

20世纪同期，德、法等发达国家也通过最高法院对民法典中侵权法的扩大解释或法院判决，建立了超越合同关系的过失产品责任制度。德国也很早就有产品责任的判例，如在1915年合成盐案件中，帝国法院判决一位因使用从药店买回含有玻璃的合成盐受伤而直接起诉制药商的妇女胜诉。

随着科技与生产力的高速发展，产品责任问题不断增多，对消费者造成的损害也越发严重，专业化和高技术使得消费者不仅对许多商品失去了识别和检查、防范能力，缔约能力的不平等也使得消费者不可避免地接受各种免责条款。保护消费者权益成为一项重大的社会问题。1962年，美国总统肯尼迪在向国会提交消费者权利咨文中提出消费者四项基本权利反映了时代的要求，其中消费者的首项权利就是要求产品安全的权利。

与此时代要求相一致，20世纪60年代产品责任领域法律制度确立了严格产品责任理论。1963年，美国加州最高法院首次在判例中使用了产品制造商承担无过失责任。1968年，德国最高法院也确立了可以举证责任倒置原理推定商品制造商的产品责任。20世纪70—80年代，是发达国家产品责任制度不断发展与完善的年代，期间，各国制定了大量的成文法。如这一时期美国有关产品责任法案有《统一消费者买卖实务法案》《消费者产品安全法案》《联邦食品、药品和化妆品法案》《公平标签与包装法案》。此外，还有《侵权法重述》和《统一商法典》等。英国最具代表性的是1987年的《消费者保护法》，德国最具代表性的是1989年的《产品责任法》(该法将欧共体《产品责任指令》的规定纳入其国内法)，日本最具代表性的是1994年的《制造物责任法》，韩国最具代表性的是2001年的《产品责任法》。此外，一些国家及地区主要通过《消费者保护法》及《民法》规制产品责任，如俄罗斯、印度、马来西亚和我国台湾地区。除成文法之外，以美国为代表的判例法国家，由大量判例形成的产品责任原则成为产品责任制度的重要组成部分。

与欧盟、日本相比，美国的产品责任制度更为严厉。美国企业面临的产品责任范围较欧盟、日本的大得多，所支付的赔偿金和保险金也多于欧盟、日本企业，因而影响到其产品的企业成本和产品价格，并且影响到产品创新。20世纪90年代，美国国会出现了产品责任公平法的提案，各州也纷纷通过立法对产品责任制度进行改革，以减少和限制产品责任。1998年美国法律学会正式通过的《侵权法重述：产品责任》(第三次)标志着美国的产品责任制度开始向限制生产者责任为目的的方向转变。

第二节　美国的产品责任法

在发达国家中，美国的产品责任法客观上起着示范导向的作用，故本章单列一节予以介绍。

一、产品责任的理论和归责原则

美国的产品责任法大致可以分为判例法和成文法两大部分。成文法调整产品责任主要由1979年美国商业部公布的《统一产品责任示范法》《统一商法典》《侵权法重述》以及《联邦食品、药品和化妆品法案》等各调整具体产品的法案构成，而其产品责任理论与归责原则则基本是由判例法形成的。

(一)产品责任的理论

在产品责任的理论发展过程中，主要存在四种学说，即疏忽说、违反担保说、误示说和严格责任说。

1. *疏忽说*

疏忽说(Doctrine of Negligence)这一理论首先将产品责任纳入侵权责任的范畴，其核心观点：生产者或销售者存在疏忽致使产品缺陷，并且正是这种产品缺陷导致消费者受到人身损害或财产损失，生产者因此应承担产品责任，赔偿消费者的损失。最具典型的案例是美国纽约上诉法院于1916年3月14日审理的麦克弗森诉贝克汽车公司案。该案判决的意义在于：突破了产品责任限于合同当事人的限制，扩大了制造承担产品侵权责任的范围，产品责任不再像过去那样限于食品、药品或爆炸物等固有危险品；并且明确将产品责任扩大到实际购买人以外的人。

所谓“疏忽”，是指行为人(制造商)没有做到合理的注意①，也就是说违反了“合理注意”义务(Duty of Care)。衡量行为人是否违反疏忽义务的标准主要有法律和行政规章以及司法判决确定的行为标准。在没有上述标准的情况下，依据每个个案具体的行为人情况，采用合理人(Reasonable Person)客观判断标准衡量行为人是否能够合理地预见到对消费者所造成的损害。

因疏忽而产生的产品责任起初仅适用于产品的制造商，即因产品制造商在制造过程中未尽到合理的注意，使产品产生不合理的危险，因而对该产品可预见的消费者或使用人所受到的损害或损失承担赔偿责任。后来逐渐扩大其适用范围。主要包括：

(1)设计上的疏忽，即产品制造商在对产品设计时未尽到合理的注意义务。包括疏于作适当的测试就将商品投放市场，或者疏于安置安全措施而造成消费者损伤等行为。法院将制造商过失责任理论适用于设计上的过失的典型案例是，1961年美国波音飞机公司(Boeing Airplane Co.)诉布朗(Brown)案。

(2)警示上的疏忽，即产品制造商已知晓或应知晓产品存在对消费者不合理的危险，未做出适当的警示或说明的行为。警示义务来源于产品制造商已知晓或应知晓产品本身具有的危险，或者消费者不易察觉的危险。如制造商没有对一种有毒的清洁剂做出适当的警示，该制造商就必须对误食该清洁剂的婴儿的死亡承担产品责任。此外，还有检验方面的疏忽等。

疏忽说是以传统的侵权之诉为特征，尽管原告无须证明其与被告之间存在直接的合同关系，但是原告仍须证明：(1)被告存在疏忽；(2)产品的缺陷确由被告的疏忽所致；(3)原告的损失确由产品缺陷引起。在产品高度发达的今天，原告要证明产品缺陷，尤其是要证明被告确有疏忽，是十分困难的。因此，这种疏忽理论有时对保护消费者权益不利。现在主要以“事实本

---

① 行为人主要指生产者、经营者，且所谓生产者、经营者存在疏忽，主要是由于企业员工过错(包括故意和过失)的行为造成，生产者、经营者必须为此承担产品责任。

身说明"(存在疏忽)规则减轻原告举证责任,从而使该学说得以继续。

2. 违反担保说

违反担保说(Doctrine of Breaching Warranty)是指生产者或销售者违反了对产品明示或默示的担保,使买方因缺陷产品受到损害,买方可以违反担保为理由提起诉讼,要求被告赔偿其损失。违反担保说源于合同责任,包括明示担保和默示担保,即不限于合同的保证条款,违反法律默示保证(如产品适用于一般使用目的)也视为违反担保。由于这种产品责任通常基于合同关系,因此,原告无须证明被告确有疏忽致使产品有缺陷。但是,原告必须证明:(1)被告违反了对产品明示或默示的担保;(2)产品存在缺陷;(3)原告的损失确由产品缺陷所致。

明示担保是基于当事人的意思表示而产生,主要是产品的制造商对产品的品质、用途、性能等做出保证性的声明或陈述,常见于产品说明书、标签和广告之中。由于违反明示担保是基于合同关系提起诉讼,因而从法理上讲原、被告之间应当具有直接的合同关系。但这对消费者权益的保护不利。有鉴于此,美国在很早的审判实践中就不要求原、被告之间存在直接合同关系。典型案例为Baxter诉福特汽车公司案(1932)。

原告(Baxter)向汽车零售商购买了被告(Ford Motor Co.)制造的一辆福特牌汽车,被告以书面形式保证汽车的挡风玻璃是防碎玻璃。但是,当原告在驾驶汽车时被一颗小石子击中挡风玻璃,玻璃的碎片伤及原告的眼睛。为此,原告以被告违反担保为由起诉被告。法院认为,尽管原、被告之间无合同关系,但是,被告能够预见到对其产品的明示担保范围涉及受买人和使用者,如果被告的产品不具有原告相信的广告说明中的功能,仍应承担赔偿责任。

默示担保不是基于当事人的意思表示而产生,而是一种法定的责任。美国第一个默示担保判例出现于1913年梅泽特诉阿穆尔公司案。较有代表性的是Tacob E. Decker and Sons诉Capps案(1942)。

原告(Tacob E. Decker and Sons)购买了被告(Capps)的变质香肠,其家人食用之后均得病,并致使其中一人死亡。尽管陪审团认为被告无过失,但是法院仍依据默示担保理论判决被告应当承担赔偿责任。其理由是,食品是供人食用的,食用不卫生食品对人类健康及其生命会产生严重后果,为保护消费者利益,应当使制造商承担卫生、清洁默示担保责任。

在1960年新泽西州最高法院审理的Henningsen诉Bloomfield Motor. Inc.一案中,又赋予默示担保新的内容,即产品由制造商推向市场之后,产品制造商的默示担保责任也随之跟着产品而存在,最终消费者可追究制造商默示担保责任。由此拓宽了原告范围,使所有受到产品缺陷损害的人都有权提起诉讼,从而更好地保护了消费者的权益。但违反担保也有不利之处,大多数州要求"违反担保的诉讼只在产品销售后4年内有效"。[①]

美国的违反担保说融合了合同基础(原告无须证明被告违反了合理的注意义务)与侵权责任(原告可以是与被告无合同关系的被害人)优势,与此相适应的是著名侵权行为法专家普鲁塞教授的理论,即产品责任的担保具有融合合同与侵权行为的性质。违反担保既可以构成合同责任,又可以构成侵权责任。司法实践中通常根据当事人的请求,采用尊重原告选择对其最有利的赔偿依据等方法,解决这一法律竞合关系。

① 美国博钦律师事务所著,博钦律师事务所北京代表处译:《美国产品责任法》,法律出版社2013年版,第3页。

3. 误示说

误示说(Doctrine of Misrepresentation)是指销售者通过广告、报纸、杂志、电视、电台或其他方式向公众宣传其产品时，对其产品的特征和性质做出不正确的表示，以致消费者产生错误判断而购买、使用该产品，因此而受到损害时，销售者应承担侵权责任。《侵权法重述》第402条对此有明确的表述：从事商品的经营者，如通过广告、标签或其他方式对由其销售的产品的性能和质量方面的主要事实向社会公众做出错误的说明，该制造商就必须对合理依赖这种说明而受到损害的消费者承担赔偿责任。即使这种误示并非故意或者过失所致，或者该消费者并未向销售者购买该产品或与之发生任何其他合同关系，也应承担赔偿责任。

误示说是以侵权行为之诉为特征，因此，原、被告之间不需要存在合同关系。但是，原告需要证明销售者通过宣传媒介向公众做出不符合实际情况的表示，是使其信以为真，购买、使用了与表示不符的产品，以致造成损害的直接原因。

豪特诉热卡茨基案(1975)

原告豪特在使用一种高尔夫球训练器具击球时被该器具击伤。为此，原告以误示说向法院起诉，诉称之所以购买该器具是因为相信了被告热卡茨基所做出的“绝对安全，绝不会伤害球员”的说明。最后加利福尼亚州最高法院认为，被告的上述说明构成对该产品主要事实的误示，因此判原告胜诉。

误示说与违反担保说不同，前者是基于被告在出售某种产品以前就该产品所做的错误说明，原告与被告之间可能没有合同关系。例如，被告制造了产品X，在卖出前对X做出了错误说明，导致A购买了X，后来A的妹妹按照该错误说明使用了X而遭受了损害，本例中，被告与A有买卖合同关系的存在，与A的妹妹却并不存在合同关系。然而，根据误示说，A的妹妹仍然有权追究A的产品责任。后者违反担保说则是基于被告违反了根据合同所应当承担的明示或默示义务。误示说与警示上的疏忽也有所不同。前者通常是被告在出售某种产品以前就该产品所做的错误性积极行为；后者则是被告对已知晓或应知晓产品存在着对消费者不合理的危险，未做出适当的警示或说明的消极行为。

由于误示说不要求原、被告之间存在合同关系，也不要求原告证明被告做出的不实表示是出于欺骗或者疏忽，因此，在被告存在误示时，适用该原则对保护消费者权益比较有利。

4. 严格责任说

严格责任说，是指只要产品存在缺陷，对使用者或消费者具有不合理的危险，而使其受到人身伤害或财产损失，该产品的生产者和销售者都应承担赔偿责任。严格责任说是以侵权行为之诉为特征的，因此，不要求原、被告之间存在直接的合同关系，而且原告无须证明被告存在疏忽，因此，严格责任说对保护消费者利益最为有利。

Escala诉可口可乐瓶装公司案(1944)

原告(Escala)是一位餐馆女服务员，当她将可口可乐放进冰箱时，其中一瓶发生了爆炸，致使原告严重受伤。虽然原告没有提出被告(Coca Cola Bottling Company)过失的证据，且被告提供了有关可口可乐瓶子的制造、检验以及装气的适当性证明，但是，加利福尼亚州最高法院仍判原告胜诉，理由是当制造商将产品投放市场时，明知其产品将不经检验就会被使用，如果这种产品被证明具有致人伤害的缺陷，那么制造商就应承担绝对责任。

Greeman 诉 Yuba Power Products 公司案(1963)

原告(Greeman)之妻在零售商处购买了被告(Yuba Power Products Inc.)制造的一种多功能电动工具作为圣诞礼物送给原告。之后原告又买了必要的附件。当原告按说明书的要求使用该工具锯木时,一块木头突然从电器中飞出击伤其头部。为此,原告提起损害赔偿之诉。法院认为,为使制造商承担严格责任,原告一方不必证明明示担保的存在,只要制造商将其产品投放市场,明知产品将不经检验而使用,如果该产品表明具有致人伤害的缺陷,那么制造商就应当对损害者承担严格责任。

这就是侵权责任法上的"格林曼规则",其意义在于:法院审理的重点从制造商的行为转移到产品的性能;原告无须在证明被告疏忽或违反担保情况下承担责任,而只需证明原告是在使用被告的缺陷产品时受到损害;缺陷产品所造成的损害应当由将这类产品投放市场获得利润,并且最有能力了解和控制损害风险的制造者来承担,其目的是通过对制造者严格责任的追究,达到阻碍制造商向市场投放缺陷产品的目的,并减轻受害人在产品责任诉讼中的举证责任。

在严格责任说的基础上,进一步延伸出若干产品责任理论,主要包括:(1)选择责任理论,即若两个或者两个以上的被告人存在疏忽,原告无须证明哪个被告存在疏忽,而由各被告自行证明其没有疏忽(举证责任倒置)。(2)共同责任理论,即原告只需要证明被告参与了一项产品的共同计划和设计,且该产品的缺陷导致原告受到伤害或损害,不需要证明被告之间是否存在共同计划和设计的书面协议(扩大被告范围)。(3)市场份额理论,即根据各被告产品数量在市场上所占份额确定其应承担的责任大小。如在 Sildell 诉雅培公司(Abbott Laboratories)(1971)一案中,原告 Sildell 因服用 11 个制药厂生产的己烯雌酚,但不能确定哪家制药厂产品致其患上腺癌,法院依此理论判决。

严格(产品)责任说从违反担保责任法演化而来,兼有疏忽说和违反担保说的优点。与疏忽说相比,它无须证明被告存在过错,这对不能认定被告存在过错或者难以举证的原告十分有利;与违反担保说相比,它不以被告违反合同信赖义务为要件,而是以产品缺陷为认定责任的标准,原告无须证明被告违反担保义务。尽管如此,并不意味着严格产品责任是一种绝对责任,受害者仍必须证明:(1)被告是专门从事某产品生产的商人;(2)产品存在缺陷(包括制造、设计和警示缺陷);(3)产品出厂时该缺陷已经存在;(4)产品缺陷是造成了受害者损害的直接原因或与损害事实存在因果关系。

1965 年,美国《侵权法重述》第 402 条 A 款归纳了产品责任理论:任何产品因缺陷对最终使用者和消费者的身体或者财产造成不合理的危险且有下列情况的,产品制造者应对损害承担赔偿责任:(1)销售者是从事经营这类产品的销售;(2)产品在预期到达使用者或消费者手中时,仍保留原出售时的状态,并无实质性的改变。上述规定仍适用于下列的情形:(1)销售者对于产品的准备程序与销售尽到了合理的注意;(2)使用者或消费者没有从卖方那里购买产品或与销售者形成任何合同关系。

由疏忽说向严格责任说发展的过程,记录了产品责任法发展的轨迹,反映了产品责任法逐渐向更有效地保护消费者权益方面发展。但是,这并不意味着严格责任说已经取代了其他的理论而成为唯一的诉讼理由。事实上在美国,原告仍可依据各种理论所确立的原则提起产品责任之诉,也就是说,原告可以在疏忽说、违反担保说、误示说和严格责任说中选择对己最为有利的原则提起诉讼。例如,原告往往愿意选择违反合同诉讼而不愿选择侵权诉讼,原因是合同责任可以扩展到间接损失或者可预见的损失。又如，以误示说提起的诉讼，不要求证明产品本身存在缺陷。

(二)归责原则

所谓“归责原则”，是指确定责任归属所依据的法律准则，即确定行为人对其行为所造成的损害是否承担民事责任的标准。归责原则分为主观归责和客观归责。主观归责，是根据行为人的主观意志状态确定责任的归属，即行为人主观上有过错是确定行为人承担责任的必要条件，有过错才能有责任，无过错则无责任。客观归责，是以人的意志以外的某种客观事件(如特定损害或损失的结果)作为确定责任归属的依据，主要有无过错责任原则或严格责任原则。产品责任法的发展也集中地反映在产品责任的归责原则上，是从过错责任原则逐步向严格责任原则方面发展。这表现在现代的产品责任法，一般都采用严格责任原则和实用过错推定原则。如上所述，除疏忽说采用的是过错责任原则外，违反担保说、误示说、严格责任说均采用无过错责任原则；严格责任原则已被普遍认同，并得到广泛地采用。即使疏忽说，也可采用过失推定原则。

所谓“过错推定原则”，是指举证责任由被告承担，被告只有证明自己没有过错，也就是证明损害或损失是由不可抗力或不能归咎他的外因所引起的，才可能免除责任，如果被告不能举证，则推定被告存在过错，应赔偿原告的损失。过失推定原则实质上是一种举证责任倒置证据制度，原告只要证明存在损害事实，并且这种损害是因被告的产品所引起，而自己没有过错。

二、承担产品责任的条件及其抗辩理由

(一)承担产品责任的条件

承担产品责任的条件是因各种产品责任的理论不同而各不相同。下面就是严格产品责任情况下，产品生产者应当承担产品责任的条件：

1. 必须有损害或损失的事实

即受害者遭受了人身的损害或财产的损失。没有这种实际的损害或损失事实存在，就不属于产品责任法调整范围。如果仅仅是产品质量低劣，产品的价值与价格严重不符，但没有引起其他实际损失，则消费者只能根据合同法等规定向有直接合同关系的销售者索赔。

2. 产品具有缺陷

所谓“缺陷”，主要是指产品存在对使用者或消费者的人身、财产安全的不合理的危险。由于原告要证明产品存在缺陷有困难，因此产生了缺陷推定原则。产品缺陷主要有三类：制造缺陷、设计缺陷、警示或说明缺陷。在可适用缺陷推定情况下，原告只需证明：按照通常使用的方法使用某产品，却发生了损害结果，而这种损害通常不可能因这种使用发生，就可推定产品存在缺陷。

3. 产品的缺陷是造成损害的直接原因

无论以何种侵权责任原则向生产者、销售者要求赔偿，侵权行为与损害结果之间存在因果关系都是一个必要的条件。一般来说，产品的缺陷与损害结果之间必须存在着直接的因果关系(原则上以被告对损害结果的发生是否可能预见为限)，即近因(Proximate Cause)。这种因果关系的判断分为事实上的因果关系和法律上的因果关系，前者通常由陪审团裁定，后者由法官判定。

4. 产品的缺陷是在生产者把该产品投入市场时就存在的

产品在脱离卖方控制时，产品的缺陷就已经存在，脱离卖方控制之后，没有其他原因致使产品发生足以产生此种缺陷的变化。通常受害者应当证明自己得到该产品之后，没有改变其

结构和用途，并且是按照说明书的要求或通常使用的方法使用该产品，但仍然导致了损害结果，且并非是因为使用不当或其他原因。

上述四个条件均需要原告负责举证。但在使用推定原则的情况下，被告如要推翻推定，必须提出反证。

(二)抗辩理由

对于原告的指控，被告有权进行抗辩，以排除或减轻其产品责任。抗辩的理由因基于疏忽说、违反担保说、误示说、严格责任说不同而不同，主要包括：

1. 对过失责任的抗辩

(1)原告及原告以外其他人的过错(如粗心或错误使用、对产品的改变)行为。受害人因自己的过失而对产品缺陷未能发现或对缺陷可能引起的损害未能适当地加以预防所应承担的一部分责任。也就是说，原告负有保护自己安全的义务，如果因为疏忽大意未能发现或者阻止本能够避免的危害，就应对此承担一定的责任。在特尔克拉诉麦克伍斯(1977)一案中，原告在操作一印刷机时未使用安全保护装置而导致事故发生，原告受伤。法院认为原告未使用安全装置本身证明他自己存在过错，因此，判原告败诉。

为避免因原告一旦存在过失就可能完全丧失取得任何赔偿的权利的不公平结果，美国法院较多适用双方过错原则(共同疏忽规则)，也就是说，当原告和被告都存在过错的情况下，法院并非采取要么允许原告获得全部赔偿，要么禁止原告获得任何赔偿的方式；而是根据原告的疏忽行为在导致伤害发生的原因中所占的比例减少原告的赔偿额。例如，原告原可得到的赔偿额为 10 万美元，但由于原告过失行为在损害的因素中占 20%，法院可能减去其 20%赔偿额，原告只能得到 8 万美元。《侵权法重述：产品责任》(第三次)确定了上述比较过错或责任分担制度。

(2)自冒风险。即原告明知产品有危险仍自动或故意加以使用致使其受到损害时，责任应当由原告自己承担。在高伯乐斯诉西部滚轧机公司(1976)一案中，原告因使用一碾米机受伤而起诉被告。因为原告明知玉米未晒干就进行加工会发生危险，但仍使用该机器加工，所以法院以自冒危险为由判决原告败诉。

(3)不当使用。即明显的危险或非正常使用。

(4)被告在将产品投入流通时的科学与技术水平尚不能发现产品存在的缺陷。

2. 对违反担保责任的抗辩

担保责任原是一种契约责任，因此，被告可能提出抗辩的有：

(1)原告与被告之间没有合同关系；

(2)损害发生后，原告没有在合理的时间内告知被告；

(3)有关的文字和内容仅为商业宣传，不构成一种对消费者信赖的担保。

3. 对误示责任的抗辩

(1)吹嘘。如果被告能够证明其对产品的说明仅仅是一种主观上的看法、观点，明显具有吹嘘或夸耀的意思，那么原告可能难以依据误示说得到赔偿。如在伯克比尔家属诉布兰特利直升机公司一案中，伯克比尔在驾驶由被告公司生产的直升机飞行时因飞机坠毁而死亡。原告以被告公司在一则广告中将其飞机描述为“安全”“可靠”“易操作”，并且是一种“初学者与职业飞行员都认为性能极好的飞机”为由，向被告提起诉讼，要求赔偿。法院确认为上述文字并未构成对飞机主要事实的错误说明，而仅仅是为了推销产品所作的一般吹嘘，因此判被告胜诉。

(2)原告没有依赖错误说明。根据误示说,原告必须证明被告对其产品做了实质性的误示,并且原告合理地依赖这种误示。如果被告能够证明原告并没有依赖于其错误说明,或者被告的错误说明对原告决定购买和使用被告产品并非决定性的,法院就可能判定原告败诉。

4. 对严格责任的抗辩

尽管严格产品责任对消费者保护最为有利,但是,被告仍可以下列理由进行抗辩:

(1)原告未将其产品投入流通;

(2)在产品投入流通时缺陷并不存在;

(3)一般的人很容易发现缺陷的存在;

(4)被告已经对缺陷产品作了充分的说明和指示;

(5)原告自行改变产品的结构和用途;

(6)原告明知危险而使用缺陷产品。

上述各种抗辩理由并不一定局限于某一学说之下。此外,时效是各类抗辩的重要理由之一。

三、主体范围

美国产品责任法中的当事人早已超出合同关系的范围,其承担产品责任的主体和受保护的主体十分广泛。

(一)承担产品责任的主体

(1)产品制造商,包括表见生产商①;

(2)批发商、经销商或零售商;

(3)零部件制造商;

(4)动产出租者;

(5)不动产销售者;

(6)服务提供者。

上述主体对产品责任并非承担相同的责任。一般来说,产品制造商是缺陷产品的制造者,因此是过失责任、担保责任和严格责任的主体,应对消费者因其缺陷产品而受到的损害承担严格责任。对服务提供者通常只适用担保责任或过失责任,而其他责任者也应承担相应的担保责任或严格责任。

美国《侵权法重述:产品责任》(第三次)还通过市场份额责任规则确定赔偿责任主体。即在某些涉及通用类有毒物质的案件中,如果原告无法在很多生产者中区分出谁制造了对其造成伤害的缺陷产品,就不应要求原告指明具体的生产者,而应要求原告列明每一个生产者,由法院按照生产者各自的市场份额确定赔偿额。

辛德尔诉阿伯特制药公司案(1980)

辛德尔是一名乳腺癌患者。辛德尔母亲在孕育她期间服用了 DES 药物,使得辛德尔成年之后患上了癌症。但无法证明其母亲所服用的 DES 药物是谁生产的,辛德尔便将占当时市场份额 90%的 5 个制药公司一并列为被告。初审法院不愿受理,但加利福尼亚州上诉法院从公

① 参见李继伟、王太平:《产品责任法中的表见制造者研究》,《河南财经政法大学学报》2022 年第 6 期,第 71～75 页。

共政策角度出发,认为在无辜的原告和有过错的被告间,由后者承担缺陷产品所导致的损害责任更加合适,因而要求被告证明原告母亲所服用的 DES 药物不是其生产的,否则承担损害赔偿责任,赔偿原告患癌症引起的损失。5 名被告均因为无法证明原告母亲服用的 DES 药物不是其生产的。上诉法院认为,被告的产品所占市场份额越大,被告卖药给原告母亲的可能性就越大,因而按照每个被告在 DES 药物市场总量中的比例确定其可能给原告造成的损失,进而分配其赔偿份额。本案判决确立了市场份额责任规则,并以保护弱势消费者的原则替代了严格的因果关系规则。之后,美国其他州法院在处理本州内的"DES 案"及其他缺陷产品引发的侵权案件中也效仿上述做法。与此同时,此规则的司法适用也引发了诸多争议。①

进入 21 世纪以后,如亚马逊平台之类的中介也逐步被纳入到了平台上销售产品的责任主体。②

(二)受保护主体

严格产品责任保护的主体为产品的购买人、使用者(如购买者的亲眷朋友)和法院认可的任何第三人(如过路行人等)。上述人员只要遭受了缺陷产品的不法损害,即可作为产品责任诉讼中的原告。

四、损害赔偿的范围

损害赔偿的一般原则是补偿缺陷产品造成的可预见的人身伤害损失或财产损害损失。但在特殊案情中还可能包含惩罚性赔偿。

(一)人身伤害损失

该部分包括经济损失和非经济损失(精神损失)。已经发生和将要发生的医疗费和康复费,因受伤而耽误的和未来将会减少的收入(谋生能力降低或丧失所产生的损失),这两部分通常称为经济损失。非经济损失是指难以衡量、无法货币化的损失,如肉体伤残痛苦的补偿,以及伤残带来自卑感等精神痛苦(有时包括配偶和其他家庭成员)的补偿。其中,精神痛苦的补偿数额在很多案件中被判得很高。受害人死亡的,受害人的继承人可追偿上述款项。受害人的亲友可预见的精神等损失亦可追偿。如一位妇女在得知其丈夫或儿子开车时因车子部件缺陷而车毁人亡时当即晕倒在家中一病不起,法院判决该车子的制造商对该妇女的医疗费和精神方面损失得一并赔偿,理由是该部分的损失属可预见的范围。但是,一孕妇在马路上看见了一有缺陷的车子撞死了一行人而吓晕了,法院却认为该缺陷车子的制造商对该孕妇的损失不负责任,因为它超出了可预见的范围。

(美国)布列顿诉西尔斯百货公司案(1970)③

1970 年 4 月 23 日,西尔斯百货公司的一台有缺陷的电暖气引起火灾,布列顿及其女儿海

---

① 市场份额责任规则引发争议主要有:相关市场的范围界定不明,"相当比例的市场份额"的标准不清,承担赔偿责任方式不明,可替代性标准不清等争议。

② 参见唐惠钦、陈鼎庄:《亚马逊平台产品责任转变对我国跨境电商行业发展的影响及对策》,《商业经济研究》2022 年第 12 期,第 108～109 页。

③ 该案详情可见于 https://www.baidu.com/link? url=ESb1IJk3DZxHAiST7V68TMm0XS5IYoDDMlcvflFA_jett-OmnVsqIBp9MYi6oh213l5qnbQD4moGts45RGsgsq&wd=&eqid=dbe3362a000997440000004644c9784,2023 年 4 月 29 日最后访问。

伦·布列顿均被严重烧伤，为此原告起诉西尔斯百货公司和缺陷电暖气及其部件制造商，要求赔偿200多万美元。法院考虑到海伦全身有40%烧伤，造成了永久的伤害和外形缺陷，现在和将来其身体、精神和情感已经并还将受到伤害，将来还会产生医疗和心理治疗费用，身体、精神伤害和缺陷的存在还会影响其将来的谋生能力。据此，法院依据“最大限度赔偿额规则”，判令被告支付原告200余万美元赔偿金。

(二)财产损失

财产损失不限于被损坏财产的直接损失，合理可预见的间接损失也为多数法院的判决所支持。

(三)惩罚性赔偿

在产品责任事故性质异常严重的案件中，受害人除可以要求一般的人身或财产损害赔偿外，还可以提出额外的惩罚性赔偿。不过，根据1979年的《统一产品责任示范法》规定，要获得惩罚性赔偿，原告必须证明自己所受的损害是由于生产者或销售者的明知而根本不顾产品的使用者、消费者或其他可能受伤害的人的安全或者粗心大意所致。至于惩罚性赔偿的具体数额则由陪审团决定，不过，1996年美国的一法院判决已宣布：超过50 000美元以上的惩罚性赔偿要求违反美国宪法。

五、诉讼管辖

在美国，产品责任法属于各州的立法权限范围，因此，产品责任的诉讼案件一般由各州的法院审理。[①] 一般来说，一个州的法院只对本州居民有管辖权。但在过去的几十年间，由于美国跨州贸易的发展，各州之间的政治、经济联系日益密切，美国的法院逐步采取了本州法院对另一州的居民也享有管辖权的态度。这就是大多数州采用的“长臂管辖”原则，即只要被告与某一州有最低限度(Minimum Contact)的联系(接触)，该美国州法院就有了对非本州居民的司法管辖权。所谓最低限度的联系，主要指被告(1)在该州进行商业活动的；(2)签订合同在该州供应劳务或货物的；(3)在该州的作为或者不作为造成损害，如果他在该州经常从事商业或招揽商业，或从事其他任何持续性的行为，或从在该州所使用或消费的商品或提供的劳务获得相当收入者。

(美国)弗吉尼亚州业主诉(中国)泰山石膏股份有限责任公司等案(2009)

2005年特里娜飓风和Wilma飓风之后，美国大量进口了中国制造的石膏板等建筑材料用于重建家园。但不久新建房屋业主开始投诉电线和空调等金属部件出现腐蚀，还抱怨新屋有臭鸡蛋的味道，甚至还有眼睛和皮肤刺痛、咳嗽等健康问题。对此，美国消费者产品安全委员会进行调查。多个业主向和中国石膏板相关的房屋建造商、建筑商、安装商、中介、供应商、进口商、出口商、经销商以及制造商提出诉讼。该诉讼于2009年6月被美国路易斯安那州东部区地区法院合并为一项跨地区综合诉讼案。

原告中国泰山石膏股份有限责任公司(以下简称泰山公司)于2009年8月得到法院通知，起诉书已经通过海牙公约体系传递至泰山公司。但在被告应诉之前，美国路易斯安那州东区

① 联邦法院一般不受理产品责任案件，除非得到法令授权。如原、被告分别来自不同的州，且诉讼标的超过75 000美元。

联邦地区法院已对泰山公司做出缺席判决，判决其向七处物业的业主赔偿 2 609 129.99 美元及自 2010 年 5 月起计算的利息。对此，中国公司曾以不存在管辖权等理由，提出撤销缺席判决、撤销初步缺席判令、驳回诉讼等动议，但这些动议都被驳回。

2014 年 7 月，美国地区法院还判定泰山公司藐视法庭，判令其支付原告代理律师 1.5 万美元的律师费，并支付 4 万美元作为藐视法庭行为的罚款，判令泰山公司在参加本审判程序前，禁止其以及任何关联方或子公司在美国进行任何商业活动。如果违反禁止令，被告必须支付当年盈利的 25%作为进一步的罚款。此外，泰山公司的控股股东也于 2015 年 2 月 12 日接到美国路易斯安那州东区联邦地区法院通过北京市高级人民法院转送达的民事诉讼传票，传票要求被告在 60 日提交答辩书或动议。原告以石膏板质量问题为由，对多家中国公司提起诉讼，并且声称原告和集体成员的至少 3 700 个住房、居所或其他结构中安装了由被告生产的石膏板，主张超过 15 亿美元的赔偿。

被告方可能认为，其销往美国的石膏板是按照美国采购商的要求来生产的，也要符合美国 ASTM 的相关标准，美方检测报告表明，中国石膏板产品的物理性能和化学成分都符合现有的美国石膏板和建筑空气质量等相关标准的明确要求。但这是一个实体法问题，需要通过诉讼加以解决。被告还可能认为，其在大洋彼岸，美国州法院没有管辖权。事实上，美国州法院对在其所在州或地区注册登记成立，或者在当地进行了连续和系统的商业活动的被告，可以行使管辖权。

对于产品责任，美国州法院还可以依据"长臂管辖"原则行使司法管辖权，即只要非居民被告经常、直接或通过代理人在其(州)境内从事商业交易；进行商业活动或招揽业务；拥有、使用或掌控房地产，并在该州因其作为或不作为造成了他人受害，即可构成"最低限度的联系"，从而取得管辖权。美国各州都采用了"最低限度的联系"标准。

六、法律适用

产品责任属侵权责任，因此，在美国早期的产品责任诉讼中，法院采用和其他侵权诉讼一样的法律适用原则：以侵权地法为主，兼顾法院地法。随着保护消费者利益水平的提高，美国现在的多数州法院倾向由原告在数个与案件有联系的连接因素中选择对自己最为有利的法律。与案件有联系的连接因素包括加害地、受害地、产品购买地、原告或被告的住所地或营业地、法院地等。

七、美国产品责任法的新变化

美国产品责任法由判例形成，1979 年《统一产品责任示范法》则为各州提供了统一的规则蓝本。该法将缺陷分为：制造缺陷、设计缺陷、警示缺陷和说明缺陷；对缺陷的判别采用"消费者期待"标准和"风险和利益平衡"标准；规定损害包括财产损害[①]、人身肉体伤害、疾病和死亡以及由此引起的精神痛苦或情感伤害。但决定损害的严格产品责任越来越呈现出绝对责任的倾向，司法实践中出现了不少有利于原告的巨额赔偿判决及惩罚性赔偿，其结果迫使保险公司不得不采取措施，提高保险费或限制保险险种，由此出现了产品责任保险危机。对此，法律界、企业界和学术界都意识到，此危机根源在于过分有利于原告的严格产品责任制度。《侵权法重

① 财产损害的范围不包括直接或间接的经济损失，那是属于合同法的问题。

述:产品责任》(第三次)正是在此背景下出台的,其主要变化如下:

(一)对缺陷产品的分类及其认定标准

《侵权法重述:产品责任》(第三次)共有4章,其核心和显著进步在于:规定了三种缺陷及其认定标准。

1. 制造缺陷

如果在出售或分销时,产品偏离其设计,即具有制造缺陷,即使在制造和销售中用尽了所有的努力,该产品仍视为缺陷产品。据此,可以认为这一标准体现的是严格责任的归责原则。与《侵权法重述:产品责任》(第二次)相比,《侵权法重述:产品责任》(第三次)更为严格,删除了有争论的"不合理风险"(Unreasonably Dangerous)一词,仅保留产品制造存在"缺陷"的要求。但是,对于设计缺陷、指示和警示缺陷仍保留"不合理风险"的要求。

2. 设计缺陷

如果在出售或分销时,产品存在可预见的损害风险是销售者或其他分销者或商业流通链条中的前手通过采纳合理替代设计本来可以避免或减少的,但该合理替代设计未采纳而使该产品不够合理安全,则该产品的缺陷即为设计缺陷。据此,可以认为这一标准客观上体现的是过错责任的归责原则(非严格责任原则),即该产品在投入流通时存在可预见的致害风险,且存在针对该产品的合理替代设计,而合理替代设计可减少或消除该致害风险,但是被告未采纳合理替代设计以减少或消除本来可预见到的致害风险(即合理替代理论)。也就是说,被告可以采纳更好的设计避免或减少该致害风险时,却以此种方式避免或减少该致害风险,被告就具有过错。与《侵权法重述:产品责任》(第二次)相比,《侵权法重述:产品责任》(第三次)在设计缺陷上强调行为人的主观心理状态。

3. 警示缺陷

所谓"警示缺陷",是指产品的包装、说明缺乏合理的指示和警示。如果在出售或分销时,出售者未提供合理的指示和警示用以避免本来可以避免或减少的可预见的产品致害风险,产品因此不具有合理的安全性能,该产品的缺陷即为指示和警示不足缺陷。据此,可以认为这一标准客观上体现的是严格责任(警示缺陷、设计缺陷)与过错责任(不合理的安全性能)结合的归责原则。

《侵权法重述:产品责任》(第三次)对设计缺陷和警示缺陷采用了风险-收益(Risk-utility)标准,判断产品是否具有不合理的安全性能,即对该产品具有的社会效益和它可能带来的风险之间进行权衡。近年来,美国发生的较为瞩目的警示方面的缺陷包括麦当劳等快餐食品含糖高所引发的肥胖诉讼纠纷案中所提及的缺陷,这些纠纷案的解决也给加拿大的学者带来了很好的启发。①

(二)举证责任以及抗辩

对于制造缺陷的产品,原告需证明产品偏离了设计,且此种偏离造成了原告的损害。对于设计缺陷的产品,原告需证明在产品投入流通时存在合理替代设计的可能。如果被告的产品设计明显不合理或者产品不符合法定标准,则原告可无须证明存在合理的替代设计;对于指示和警示不足的产品,原告需证明在产品投入流通时缺乏合理的指示和警示,即未提供合理的指

---

① See Jacob J Shelley, A Reflection on the Duty to Warn after Létourneau v JTI-MacDonald: A Future for Obesity Litigation in Canada? *McGill Journal of Law and Health*, 2021, pp. 91—144.

示和警示以避免本来可以避免或减少的可预见的产品致害风险。证明存在缺陷的方法主要有“专家意见、政府行业标准、政府报告、类似事件，以及事故后产品的改变。”①

被告的抗辩理由主要包括：

1. 不可预见性

发展风险是制造缺陷的抗辩理由之一，被告对其既无法预见也无法防止的产品缺陷不应当承担责任。而对设计缺陷和警示不足缺陷，不可预见性（Unforseeability）是排除其过错及其责任的主要理由。

2. 明显危险

产品生产者、销售者对显而易见或大多数人知晓的危险[明显危险（Obvious Danger）]或避险措施可以不承担未适当警示或指示的义务。

Marcie Faye Haslett 诉 Keirton 及 Keirton 美国公司案（2022）②

在某农场使用被告生产的修叶机时 3 根手指受伤，原告便起诉被告没有提供适当的警示，被告做出了警示适当的抗辩。美国 Colorado 区法院 2022 年 12 月 28 日判决支持了该抗辩，依据：被告举证充分，原告没有按指示关掉机器后清理废树叶，原告也没证明有其他警示会产生无损害的后果。不过，该判决中同时表示允许保留原告新提出的设计缺陷方面的指控待审。

3. 滥用或改装

当原告采用不可预见的不合理方式[滥用或改装（Product Misuse and Alteration）]使用产品，并由此受到损害时，被告可以不承担责任或只承担部分责任。

第三节 欧盟的产品责任统一法

欧盟的产品责任统一法主要由《斯特拉斯堡公约》《产品责任指令》和《欧共体产品安全指令》等构成。欧盟的各成员国有义务使其国内的产品责任法与后两项指令相符。目前，欧盟的各成员国都已完成了此项义务。

一、《斯特拉斯堡公约》

该公约全称是《关于造成人身伤害和死亡的产品责任公约》（Convention on Product Liability in regard to Personal Injury and Death，本节中简称《公约》）。它由欧洲理事会拟订并在 1976 年欧洲理事会会议上获得通过，次年 1 月起由各成员国正式签订。《公约》共有 19 条和 1

① 参见美国博钦律师事务所著，博钦律师事务所北京代表处译：《美国产品责任法》，法律出版社 2013 年版，第 10 页。

② 2022 WL 16557637 (D. Colo. Oct. 28, 2022)，该判决详情可见于 https://1.next.westlaw.com/Document/Ic5c35b7058db11edbd1ad64d9d8e2c54/View/FullText.html?navigationPath=Search%2Fv1%2Fresults%2Fnavigation%2Fi0ad62aef00000188484ed73b929a30bd%3Fppcid%3D6460037b9cf3487780becc8766fde72f%26Nav%3DCASE%26fragmentIdentifier%3DIc5c35b7058db11edbd1ad64d9d8e2c54%26parentRank%3D0%26startIndex%3D1%26contextData%3D%2528sc.Search%2529%26transitionType%3DSearchItem&listSource=Search&listPageSource=ac448b5a868cbd658b1a12b49a18c6fd&list=CASE&rank=10&sessionScopeId=2624ec8597ec9c8ca94aa18c3b12536681ec87ac27dadfc51ae687ec3baf4b1a&ppcid=6460037b9cf3487780becc8766fde72f&originationContext=Search%20Result&transitionType=SearchItem&contextData=%28sc.Search%29，2023 年 5 月 23 日最后访问。

个附件。其基本内容包括：

(一)适用范围

《公约》只适用于缺陷产品(产品有瑕疵)[1]造成的人身伤害或死亡的产品责任案件。缺陷产品包括天然的产品、加工或未加工的工业品，以及被组装在动产或不动产内的产品，但不包括不动产。《公约》不适用于生产者之间的责任以及对抗第三方的追索权；不适用于核损害。

(二)应负产品责任的生产者范围

下列四类人为《公约》中应负责任的生产者：

(1)制造商，即成品或零配件的制造者以及天然产品的生产者。

(2)产品进口商，即任何以将产品投入商品流通为目的按商业惯常做法进口产品者。

(3)任何使自己名字、商标或其他标识特征出现在产品上将其作为自己产品的出示者。

(4)产品供应商，即产品没有标明生产者时，每一供应者应视为生产者，除非根据索赔人的要求，供应者将生产者或前供应者的身份在合理的时间内通知索赔人。

(三)归责原则及赔偿责任

《公约》规定了严格责任原则。如果数人对同一损害都负有责任时，则每个人应承担全部(即连带)责任。此外，《公约》不影响受害人合同责任等法律规则，包括卖方依其惯常商业做法出售货物的义务规则，可能享受的任何权利。

(四)生产者的抗辩事由

存在下列情形时，生产者不负责任：未将产品投入流通；产品投入流通时，造成损害的缺陷尚不存在或缺陷是投入流通后由第三人造成的；该产品的制造既非为销售、出租或生产者为了经济目的进行其他形式的分销，又非按其惯常商业做法制造或分销；受害人或索赔人本身的过失。不过在最后一种情况下，应考虑所有情况后再决定免除或减少生产者的责任。此外，《公约》第 8 条还明确规定：本公约规定的生产者责任，不得以任何免责或解除义务的条款加以排除或限制。

(五)赔偿限额

《公约》附录规定：对每一死者或伤者的赔偿额不得少于相当于 7 万特别提款权的国内货币；对同类产品的相同缺陷所造成的一切损害，偿付不得少于约批准公约时国际货币基金组织规定的 1 000 万元特别提款权的国内货币。

(六)诉讼时效与除斥期间

索赔人的诉讼时效为自其知道或应当知道损害、缺陷及生产者身份之日起算 3 年；生产商对其产品负责的时效为 10 年，自其造成损害的产品投入流通之日起计算。上述两种时效以先过者为准。

除斥期间是另一种法定的负责时限，该时限一过，相关的责任人也不负责。在美国，不同产品的除斥期间并不完全相同，有些产品的除斥期间为 10 年，对航空器部件产品的除斥期间却规定为 18 年。与诉讼时效起算标准不同的是，除斥期间通常从产品(包括整机或零部件)首

---

① 考虑到包括产品说明在内的所有情况，如果一项产品没有向有权期待安全的人提供安全，该产品即有“瑕疵”。

次出售或交付时开始计算。①

二、《产品责任指令》

该指令的全称为《缺陷产品责任指令》(*Directive Concerning Liability for Defective Products*,本节中简称《指令》),于1985年正式获得欧共体理事会通过。该指令不是一般自行生效,而是为成员国提供范本,要求所有成员国于1988年7月30日前立法采纳,如英国于1987年提前履行了将《指令》转化为国内法义务,通过了《消费者保护法》。但许多国家未能按期履行,如德国1990年通过了《缺陷产品责任法》,法国则在1998年才通过国内立法,直到2003年欧盟15国才完成相应国内立法程序。《指令》的基本内容如下:

(一)实行严格责任

《指令》第一条明确法律原则:"生产者应当对缺陷产品所造成的损害承担责任。"该原则未提及"过错",因而确立了生产者承担严格责任原则。《指令》规定,如果产品使用者因使用某一有缺陷的产品而遭受了损失(死亡、致残或财产损失)时,受害人应当对损害、缺陷及两者之间的因果关系负举证责任,即只需证明产品有缺陷且他所受的损失就是由该缺陷造成的,无须证明被告存在过失。

(二)明确了产品定义

《指令》所指的产品是指除初级农产品和狩猎产品以外的所有动产产品,包括被组合在不动产内的物品,但不包括赌博用品。但《指令》允许各成员国对初级农产品和狩猎产品做出不同于《指令》的国内立法,因此,法国、瑞典、奥地利、芬兰、希腊等国立法均未将初级农产品排除。1999年,欧共体理事会通过了第34号《指令》,将初级农产品和狩猎产品纳入"产品"之中,德国《产品责任法》也做了相应修改,不再排除对初级农产品的适用。现各成员国的规定趋于统一。

(三)规定了生产者范围

《指令》规定的生产者包括:产品生产商;原材料生产商;零部件制造商;任何在产品上标注其名称、商标和其他标志附于产品上标明自己是生产者的人;任何将产品进口至欧洲共同体内用于销售、雇用、出租或任何经销的人等;若不能确认实际生产者时,则由供应商承担生产者责任。如进口商品未标明进口商的,则由供应商承担产品责任。

(四)采用了客观标准界定缺陷

《指令》规定,在考虑所有情况后,如果某产品未能提供消费者有权期待的安全,该产品就被认为是缺陷产品。所有应考虑的情况,包括产品状况、产品的使用说明、对产品的合理预期及产品投入流通的时间等。《指令》将缺陷定义在安全性之上,表明了严格责任立法理念。德国《产品责任法》直接采用了"产品安全的合理期待"标准。值得注意的是,随着人工智能技术的发展,有学者认为,以上的缺陷标准已不再适当,未来的标准应从专家而不是消费者的角度加以确定,欧盟的官方已在组织讨论这方面的方案。②

---

① 参见张超汉:《航空产品责任诉讼中的免责抗辩事由——欧美镜鉴与中国建构》,《北方法学》2022年第4期,第152~153页。

② See Joasia Luzak, A Broken Notion: Impact of Modern Technologies on Product Liability, *European Journal of Risk Regulation*, September 2020, pp. 649.

(五)列举了抗辩理由

《指令》允许被告提出的抗辩理由包括:(1)未将产品投入流通领域;(2)在产品投入流通时缺陷并不存在;(3)产品非生产者为销售或经济目的而制造或分销;(4)产品的缺陷是由于遵守了政府强制性法规所致;(5)在将产品投入流通时的科学与技术水平尚不能发现产品存在缺陷(发展风险①);(6)被害者自己的误用或过失是否可作为抗辩理由,由各国自行决定;(7)如果伤害是由于产品设计中的缺陷或者生产者所提供的说明不当所致,则产品零部件及原材料的供应者不承担责任;(8)在某些情况下,原告的过失,被告只能减轻责任。

此外,时效也能作为被告抗辩理由之一。《指令》规定,受害者的索赔权利自生产者将缺陷产品投放市场之日起10年届满即告消灭。《指令》要求成员国在立法中规定提起损害赔偿的诉讼时效,此诉讼时效为3年,从原告知道或者应当知道受到损害及缺陷产品生产商之日起计算。

(六)规定了损害赔偿的范围

损害分为绝对赔偿和有条件赔偿,前者是指对于死亡、人身伤害,任何受害者都有权要求赔偿;后者是指对缺陷产品本身以外任何财产的损害或灭失,其价值不低于500欧元货币单位,但该财产必须是属于通常用于个人使用或消费的财产,或者主要由受害人为其个人使用或消费目的使用。

《指令》允许各成员国通过国内立法规定生产者对同类产品的同样缺陷造成的人身伤害或死亡的赔偿总额不得多于7 000万欧洲货币单位。②《指令》并不影响成员国对非物质损害(精神损害)的赔偿责任。

第四节　关于产品责任法律适用的国际公约

随着国际贸易的深入发展,国与国间涉及不同国家当事人的产品责任诉讼案件逐步增多,但世界各国有关产品责任法的规定不同,有必要统一各国在这一领域的法律规定。目前有关产品责任法律适用方面的全球性公约主要有海牙国际私法会议通过的《产品责任法律适用公约》(Convention of the Law Application to Product Liability,以下简称《海牙公约》)。该公约于1973年签订,从1977年10月1日起开始生效。

一、《海牙公约》的适用范围

(一)《海牙公约》适用的产品责任案件类型

《海牙公约》主要适用于有关产品责任的国际性诉讼案件,而且仅适用于无合同关系的当事方之间所发生的纠纷。换言之,公约只适用于货物进口国的产品使用者而非产品购买者,在因所使用产品有缺陷而受到伤害后,依侵权理由起诉出口国的产品制造者或者进口国的产品进口商以索取赔偿的情况。

---

① 对于发展风险,《指令》允许各成员国决定是否采纳。英、德等多数成员国规定发展风险可以免责。但卢森堡、芬兰未作规定,西班牙则规定不适用于人用药品和食品。

② 该指令同时规定,损害是指财产损失,但其价值不得低于500欧洲货币单位。低于此数额,则不认为是本指令所称的"损害"。

(二)《海牙公约》对产品、损害及责任主体的规定

《海牙公约》所规定的产品含义极其广泛,包括各种天然物品与工业产品,既可以是动产,也可以是不动产,但《海牙公约》允许缔约国做出该公约不适用于未经加工的产品的保留声明。

《海牙公约》规定的损害,是指因产品有缺陷或虽然产品无缺陷,但由于对产品的错误说明或对其质量、特性或使用方法未提供适当说明而致使消费者所遭受的人身伤害和财产损失,但不包括单纯产品本身的损失。

《海牙公约》规定承担产品责任的主体包括:(1)成品或零部件的制造者;(2)自然产品的生产者;(3)产品的供应者;(4)在产品准备或销售等整个商业环节中的有关人员,包括修理员及仓库管理人员;(5)上述4类主体的代理人或雇员。

二、《海牙公约》规定的法律适用原则

《海牙公约》第4～7条规定了如下法律适用原则:

(1)以侵害地所在国的国内法(侵权地国内法)为基本适用法律。只有同时是侵害地又是直接受害人的惯常居所地或被请求承担责任人的主要营业地,或者是直接受害人取得产品的地方,侵害地所在国的国内法才能适用。

(2)以直接受害人的惯常居所地国的国内法(原告惯常所在地国内法)作为基本的适用法律。其适用条件是:①直接受害人的惯常居所地是被请求承担责任人的主要营业地;或者②直接受损人的惯常居所地是直接受害人取得产品的地方。

(3)如上述两项原则所确定的法律都无法适用时,则除非原告选择侵害地国家的国内法,适用的法律应为被请求承担责任人的主营业地国家的国内法(被告主营业地国内法)。

(4)如被请求承担责任人证明他不能合理地预见该产品或他自己的同类产品会经商业渠道在侵害地国家或直接受害人惯常居所地国家出售,则上述(1)至(3)侵害地国家和直接受害人的惯常居所地国家法律均不适用。

三、准据法的适用范围

根据《海牙公约》第8条规定,依上述法律适用规则确立的准据法特别应适用于解决下列问题:(1)责任的依据和范围;(2)免除、限制和划分责任的依据;(3)可以得到赔偿的损害的种类;(4)赔偿的方式及其范围;(5)损害赔偿的权利能否转让或继承;(6)有权要求赔偿的人;(7)委托人对其代理人行为或雇主对其雇员行为所负的责任;(8)关于产品责任法律适用规则的举证责任;(9)时效规则,包括有关时效的开始、中断和中止规则。《海牙公约》也允许缔约国对本项做出保留。

此外,《海牙公约》规定,缔约国在加入公约时最多享有两项保留,即对上述(9)时效规则的保留,对公约不适用未加工的农产品的保留。

第五节 我国的产品责任法

一、我国产品责任法概述

我国有关产品责任方面的法律,最早由《民法通则》规定,该法第122条借鉴了美国产品责

任法和欧共体产品责任指令，确定了产品制造者和销售者的严格责任制度，即“因产品质量不合格造成他人财产、人身损害的，产品的制造者、销售者应当依法承担民事责任。运输者、仓储者对此负有责任的，产品制造者、销售者有权要求赔偿损失”。但是，该法对产品质量的规定过于原则和简单，造成法律实施困难。

1993年通过的《产品质量法》不仅提升了产品质量法的立法规格，而且提高了对受到产品责任侵害的消费者的保护力度，明确了医疗费、误工费、残疾者生活补助费、丧葬费、抚恤费、死者生前抚养的人必要的生活费等侵害者承担损害赔偿的范围，增加了法律实施的可操作性。2000年修改后的《产品质量法》除了强化产品质量的行政管理和行政责任之外，还增加了残疾赔偿金和死亡赔偿金等精神赔偿的内容，扩大了人身伤害赔偿责任的范围。

2009年第二次修正的《侵权责任法》和2021年取代该法施行的《民法典》都采用了泛指的“被侵权人”取代“消费者”概念，增加了警示、召回等补救措施和惩罚性赔偿的规定。

“产品质量”，是指产品满足需要的适用性、安全性、可用性、可靠性、维修性、经济性和环境等所具有的特征和特性的总和。因此，《产品质量法》是一部全方位调整（旨在提高）产品质量的法律，客观上具有从源头规范生产者、销售者的生产、销售行为①，具有引导性、保障性和事前预防效果。在明确生产者、销售者的责任的同时②，也规定了政府的职责。③ 产品质量责任包括承担相应的行政责任、民事责任和刑事责任。即便是民事责任，也不限于产品责任法所调整的（具有不合理危险的）产品缺陷责任。

此外，《食品安全法》《药品管理法》《民事诉讼法》以及《民法典》等法律在各自的调整范围内也对产品质量作了相应的规定。尤其是1994年1月1日生效、2013年10月修正的《消费者权益保护法》，明确规定了经营者向消费者承担的各项产品质量的义务和责任，增加了网络购物和精神赔偿的规定。④ 其中将经营者向消费者承担的保证产品安全义务作为首要义务，该法第48条规定：“经营者对消费者未尽到安全保障义务，造成消费者损害的，应当承担侵权责任。”第55条规定：“经营者明知商品或者服务存在缺陷，仍然向消费者提供，造成消费者或者其他受害人死亡或者健康严重损害的，受害人有权要求经营者依照本法第49条、第51条等法律规定赔偿损失⑤，并有权要求所受损失两倍以下的惩罚性赔偿。”其中将经营者向消费者承担的保证产品安全义务作为首要义务，并规定了因经营者产品缺陷造成消费者人身和财

---

① 如《产品质量法》第3条规定：生产者、销售者应当建立健全内部产品质量管理制度，严格实施岗位质量规范、质量责任以及相应的考核办法。又如第13条规定：可能危及人体健康和人身、财产安全的工业产品，必须符合保障人体健康和人身、财产安全的国家标准、行业标准；未制定国家标准、行业标准的，必须符合保障人体健康和人身、财产安全的要求。禁止生产、销售不符合保障人体健康和人身、财产安全的标准和要求的工业产品。

② 如《产品质量法》第4条规定：生产者、销售者依照本法规定承担产品质量责任。

③ 如《产品质量法》第7条规定：各级人民政府应当把提高产品质量纳入国民经济和社会发展规划，加强对产品质量工作的统筹规划和组织领导，引导、督促生产者、销售者加强产品质量管理，提高产品质量，组织各有关部门依法采取措施，制止产品生产、销售中违反本法规定的行为，保障本法的施行。《产品质量法》不仅“禁止生产、销售不符合保障人体健康和人身、财产安全的标准和要求的工业产品（第13条）”，同时也规定国家“对可能危及人体健康和人身、财产安全的产品”进行抽查（第15条）。

④ 《消费者权益保护法》第44条规定：“消费者通过网络交易平台购买商品或者接受服务，其合法权益受到损害的，可以向销售者或者服务者要求赔偿。”“网络交易平台提供者明知或者应知销售者或者服务者利用其平台侵害消费者合法权益，未采取必要措施的，依法与该销售者或者服务者承担连带责任。”精神赔偿见下一个脚注。

⑤ 《消费者权益保护法》第49条规定：“经营者提供商品或者服务，造成消费者或者其他受害人人身伤害的，应当赔偿医疗费、护理费、交通费等为治疗和康复支出的合理费用，以及因误工减少的收入。造成残疾的，还应当赔偿残疾生活辅助具费和残疾赔偿金。造成死亡的，还应当赔偿丧葬费和死亡赔偿金。”第51条规定：“经营者有侮辱诽谤、搜查身体、侵犯人身自由等侵害消费者或者其他受害人人身权益的行为，造成严重精神损害的，受害人可以要求精神损害赔偿。”

产损害的产品责任。

二、《产品质量法》的主要内容

(一)产品的定义

我国《产品质量法》的产品概念与欧盟和美国的相关概念基本相同,但外延相对较小。该法第 2 条规定:“本法所称的产品是指经过加工、制作,用于销售的产品。建筑工程不适用本法的规定,但是,建筑工程使用的建筑材料、建筑构配件和设备,属于前款规定的产品范围,适用本法的规定。”根据这一规定,必须符合下列三个条件才符合该条规定的产品含义:

(1)必须是通过工业加工、手工制作等生产方式所获得的具有特定使用性能的物品,不包括自然物品,如农作物或渔牧业产品在收获后经过加工处理属于本法所指的产品。未经加工的天然形成的产品,如原矿、原煤、石油、天然气等;以及初级农产品,如农、林、牧、渔等产品,不适用本法规定。这一规定与欧盟《指令》规定基本相同。

(2)必须是用于销售的物品。虽然经过加工、制作,但不投入流通领域,不用于销售目的的,不是该法所指的产品。这一规定与美国《侵权法重述》第 402 条 A 款规定相同。

(3)必须是可移动的,不包括土地、房屋等类不动产,但是,建筑工程使用的建筑材料、建筑构配件和设备包括在内。我国没有采用动产概念,但与欧盟的动产概念基本相同,只是没有明文将电力包括在内。

(二)归责原则

我国《产品质量法》采取根据不同情况分别适用无过错责任与过失责任相结合的原则。对于生产者,该法第 41 条规定:“因产品存在缺陷造成人身、缺陷产品以外的其他财产损害的,生产者应承担损害赔偿责任。”这一规定明确了生产者承担责任的条件是产品存在缺陷,并因此造成了人身和财产的损害,但没有要求受害者证明产品生产者具有过失作为承担产品责任的前提条件,因此,生产者承担的是无过错责任。

对于销售者,《产品责任法》第 42 条第 1 款规定:“由于销售者的过错使产品存在缺陷,造成人身、他人财产损害的,销售者应当承担赔偿责任。”这一规定明确了销售者只对因自己的过错造成的产品缺陷造成人身财产损害时承担赔偿责任,即销售者的产品责任属于过错责任。但是,在实践中要求原告消费者证明被告销售者具有过错有时十分困难,因此,对销售者实际适用的是推定过错责任,即销售者应证明自己在进货、仓储、销售的各个环节中都已履行了谨慎之责,否则就推定其具有过错,须对售出的产品承担产品责任。同时,该法第 42 条第 2 款还规定了销售者向受害人指明产品的生产者或供货者的义务,“销售者不能指明缺陷产品的供货者的,销售者应当承担赔偿责任”。也就是说,即使销售者证明了自己不存在过错,但不能指明产品的生产者或供货者时,仍须承担产品责任。

(三)连带责任

《产品责任法》第 43 条规定,生产者与销售者承担连带责任,即“因产品存在缺陷造成人身、他人财产损害的,受害人可以向产品的生产者要求赔偿,也可以向产品的销售者要求赔偿。属于产品的生产者的责任,产品的销售者赔偿的,产品的销售者有权向产品的生产者追偿。属于产品的销售者的责任,产品的生产者赔偿的,产品的生产者有权向产品的销售者追偿”。根据这一规定,受害人有权选择对生产者起诉或者对销售者起诉。在决定对销售者起诉的情况下,即使销售者证明了自己不存在过错,且能指明产品的生产者或供货者(包括国外的出口商)

时，受害方仍可以要求销售者先行承担赔偿责任。这一规定对保护进口商品的消费者权益十分有利。

（四）缺陷

我国《产品质量法》第46条规定："本法所称的缺陷，是指产品存在危及人身、他人财产安全的不合理的危险；产品有保障人体健康、人身、财产安全的国家标准或行业标准的，是指不符合该标准。"根据该条规定，确定一项产品是否有缺陷，有两项标准：

1. 具有不合理的危险

产品缺陷是指产品存在危及人体健康，人身、财产安全的不合理的危险。包括设计上的缺陷、制造上的缺陷和指示上的缺陷。我国的产品缺陷概念与美国《侵权法重述》的不合理危险标准相同，而未采用欧盟标准，即不能给按生产该产品的目的加以合理使用的消费者提供其有权期望的安全性标准。

2. 不符合法定的安全标准

有国家标准或行业标准的产品，不符合该项标准规定的，即被认为有缺陷。产品不符合保障人体健康，人身、财产安全的国家标准、行业标准中的安全、卫生要求的，是产品存在缺陷。产品不符合社会普遍公认的安全性，亦是产品存在缺陷。

（五）损害赔偿的范围

根据《产品质量法》第44条的规定，侵害人承担的损害赔偿的范围应包括下列几个方面：

造成人身伤害[①]的，应赔偿：(1)医疗费；(2)因误工减少的收入等费用。

造成受害人残废者，还应支付：(1)残疾者生活自助费；(2)生活补助费；(3)残疾赔偿金；(4)由其扶养的人所必需的生活费等费用。

造成受害人死亡的，还应当支付：(1)丧葬费；(2)死亡赔偿金；(3)由死者生前扶养的人所必需的生活费等费用。

造成受害人财产损失[②]的，侵害人应当：(1)对财产进行修理等使其恢复原状；(2)折价赔偿；(3)赔偿受害人因财产损失而遭受的其他重大损失[③]。

《产品责任法》不仅加大了对受害人财产损害的赔偿力度，增加了医疗期间的护理费、残疾者生活自助费以及由残疾人扶养的人所必需的生活费等费用，而且还规定了残疾赔偿金和死亡赔偿金等精神损害赔偿性质的费用。[④]

（六）产品责任的抗辩

根据《产品责任法》第41条的规定，生产者能证明下列情形之一的，不承担赔偿责任：(1)未将产品投入流通领域；(2)产品投入流通时，引起损害的缺陷尚不存在；(3)将产品投入流通时的科学技术水平尚不能发现缺陷的存在，即该法根据我国现阶段生产力发展水平的状况允许产品的生产者将"开发风险"作为抗辩理由。

（七）请求权的时效

《产品责任法》规定了普通时效和排斥时效。

---

① "人身伤害"包括人的肢体损伤、残废、灭失等，以及造成身体疾病、死亡等。

② "财产损失"是指除缺陷产品之外的其他财产的灭失、损毁或者功能的丧失、使用价值的降低等。

③ "其他重大损失"是指其他经济等方面的损失，含可得经济利益的损失。

④ 但与《消费者权益保护法》第55条关于精神赔偿的规定相比，这一规定显得精神赔偿范围狭窄。

1. 普通时效

《产品责任法》第 45 条第 1 款规定:"因产品存在缺陷造成损害要求赔偿的诉讼时效期间为 2 年,自当事人知道或者应当知道其权益受到损害时起计算。"对于时效的中止和中断按我国《民事诉讼法》的规定处理。

2. 排斥时效

即请求权期间。《产品责任法》第 45 条第 2 款规定:"因产品存在缺陷造成损害要求赔偿的请求权,在造成损害的缺陷产品交付最初消费者(即自交给第一个用户或者消费者之日起计算)满 10 年丧失(请求赔偿权);但是,尚未超过明示的安全使用期的除外(指产品明示的安全使用期超过十年,请求权期间适用明示的安全使用期限)。"

(八)解决争议途径

《产品质量法》第 47 条规定,产品损害赔偿责任属于民事责任,因产品质量发生民事纠纷时,当事人可以通过以下途径解决:

(1)协商或者调解解决。

(2)仲裁。当事人不愿通过协商、调解解决或者协商、调解不成的,可以根据当事人各方的协议向仲裁机构申请仲裁。

(3)诉讼。当事人各方没有达成仲裁协议或者仲裁协议无效的,可以直接向人民法院起诉。

三、《民法典》的主要内容

《民法典》第 7 编第 4 章对产品责任做了专门规定,规定了生产者、销售者的产品责任,被侵权人的请求权和生产者与销售者之间的追偿权,第三人过错导致产品缺陷①时生产者、销售者的追偿权,缺陷产品危及人身、财产安全时的侵权责任,缺陷产品的警示与召回,以及惩罚性赔偿等内容。

同时,该法典中关于侵权责任的规则对很多产品责任纠纷中被侵权人的权益的保护也有直接的适用性。

(一)产品责任主体与责任

1. 生产者责任

《民法典》规定,因产品存在缺陷造成他人损害的,生产者应当承担侵权责任,即生产者对其生产的缺陷产品承担无过错责任(严格责任)。但是,因销售者的过错使产品存在缺陷的,生产者赔偿后,有权向销售者追偿。

2. 销售者责任

《民法典》明确销售者对其销售的缺陷产品对被害人承担严格产品责任。同时又规定销售者对于缺陷产品的成因及其后果承担过错责任,即因销售者的过错使产品存在缺陷,造成他人损害的,销售者应当承担侵权责任。过错责任是相对于与生产者、运输者、仓储者等第三人责任区分而言,对于被侵权人,经营者则需承担先行赔付责任。

销售者既不能指明缺陷产品的生产者也不能指明缺陷产品的供货者的,销售者应当承担

---

① 产品缺陷是指由于制造、设计中的原因或者警示说明不充分、未尽召回警示义务而导致产品存在的危及人身、财产安全的不合理危险,包括制造缺陷、设计缺陷、警示说明缺陷和跟踪观察缺陷。

侵权责任。这同样是确定产品责任主体内部责任规则。从过错视角而言，销售者违反了进货检验等内部管理制度；从责任推定视角而言，不管销售者对缺陷产品本身是否存在过错，都需承担责任。

3. 运输者、仓储者等第三人责任

《民法典》第1204条规定，因运输者、仓储者等第三人的过错使产品存在缺陷，造成他人损害的，产品的生产者、销售者赔偿后，有权向第三人追偿。上述“第三人”，主要是指产品的零部件或原材料提供商等。产品的零部件提供者或者原材料提供者，可以认定为“其他第三人”；但产品的零部件、原材料对于产品的构成具有独立性，与产品具有重大关联，以及有其他特别情形的，可以将零部件提供者或者原材料提供者认定为“生产者”。

因运输者、仓储者等第三人的过错导致产品存在缺陷，造成他人人身、财产损失，生产者、销售者不能承担赔偿责任，因而无法向第三人追偿的，被侵权人可以直接起诉第三人，要求第三人承担侵权赔偿责任。

(二)责任形式

1. 生产者、销售者对被侵权人承担无过错责任

缺陷产品的生产者、销售者无论是否存在过错，被侵权人不仅依法享有要求生产者、销售者承担缺陷产品侵权责任(对于非侵权责任一方而言，被侵权人实际享有要求先行赔偿权)，而且可以根据其自身利益和便利享有选择先行赔偿责任主体的权利，即被侵权人因产品存在缺陷造成损害的，可以向产品的生产者请求赔偿，也可以向产品的销售者请求赔偿(求偿选择权)。且被侵权人根据无过错原则，在行使求偿选择权时享有追偿全部侵权责任的权利。

2. 运输者、仓储者等第三人过错责任

当导致产品缺陷产生的损害结果是由该产品运输者、仓储者等第三人过错行为引起的，则应对其过错导致产品缺陷产生承担过错责任。当然，销售者对被侵权人的责任与运输者、仓储者等第三人不同，前者对被侵权人承担先行赔偿的无过错责任；后者只有在运输者、仓储者等第三人存在过错时，生产者、销售者才有权向其追偿。

3. 生产者、销售者对被侵权人承担连带责任

缺陷产品的被侵权人常常同时起诉生产者和销售者，如果导致产品缺陷的原因，既有生产者过错，也有销售者或其他第三方的过错，且不能确定具体侵权人的，行为人承担连带责任。事实上，由于生产者、销售者承担无过错责任，被侵权人享有要求先行赔偿权，因此具有了不真正连带责任的性质。换言之，无过错的生产者或销售者一方享有追偿权利。产品缺陷由生产者造成的，销售者赔偿后，有权向生产者追偿。但是，对于被侵权人而言，生产者和销售者可以作为同时起诉的对象，因而可谓是连带性质的责任。

(三)售后警示、召回缺陷

《民法典》将违法售后警示、召回义务纳入产品责任范畴。产品投入流通后发现存在缺陷的，生产者、销售者应当及时采取警示、召回等补救措施。未及时采取补救措施或者补救措施不力造成损害扩大的，对扩大的损害应当承担侵权责任。所谓“售后警示缺陷”，是指产品投放市场后，生产者、销售者发现产品存在缺陷时，应当及时采取必要警示措施而未做出必要警示或者警示不充分的行为。与一般产品警示缺陷相比：一是发现缺陷时间不同(售后发现)，两是警示主体不同(经营者须承担售后警示义务)。

所谓“召回缺陷”，是指产品投放市场后，生产者发现产品存在缺陷，具有危害人身和财产

的不合理危险，且采用警示等其他措施尚不足以避免此类危险时，应当及时采取召回措施而不予召回或者召回不当的行为。召回义务与售后警示义务相比：一是风险程度和补救措施选择程度不同，二是程序严格程度不同。根据《食品召回管理规定》《儿童玩具召回管理规定》《药品召回管理方法》和《缺陷汽车产品召回管理规定》等召回制度规定，产品生产者是缺陷产品召回主体，应当依照特定程序收回、退回、更换等方法召回缺陷产品，并承担与此相关的费用。产品的批发商和销售者为召回义务辅助人，违反此义务的，也应当承担相应的侵权责任。最高人民法院第一国际商事法庭对广东本草公司与贝斯迪药厂产品责任纠纷案的判决较为典型地实证了此种缺陷引发的法律关系。[①]

《民法典》还规定，因产品缺陷危及他人人身、财产安全的，被侵权人有权请求生产者、销售者承担排除妨碍、消除危险等侵权责任。

(四)惩罚性赔偿

为惩罚故意置他人安全于不顾的生产者、经营者，《民法典》第 1207 条规定，明知产品存在缺陷仍然生产、销售，造成他人死亡或者健康严重损害的，被侵权人有权请求相应的惩罚性赔偿。惩罚性赔偿金应当在赔偿实际损失之外，根据侵权人的主观恶意程度以及实际损害的情形等因素酌定。

(五)抗辩事由

产品生产者主张对缺陷产品造成损害免除责任的，适用《产品质量法》相关规定的抗辩事由的规定。《民法典》明确规定的抗辩事由主要有以下三大方面：

1. 受害人过错

被侵权人对损害[②]的发生也有过错的，可以减轻侵权人的责任(第 1173 条)。损害是因受害人故意造成的，行为人不承担责任(第 1174 条)。

2. 第三人过错

损害是因第三人造成的，第三人应当承担侵权责任(第 1175 条)。

3. 不可抗力

因不可抗力造成他人损害的，不承担责任，但法律另有规定的除外(第 180 条)。

4. 不存在因果关系

被侵权人请求侵权人承担侵权责任，通常应当证明行为人的加害行为以及他人的行为或者行为人对其管领的物未尽必要注意的行为与损害之间存在引起与被引起的因果关系。与产品责任(严格责任)相适应，法律规定了因果关系推定原则，受害人只要证明因果关系可能存在；而行为人不能证明因果关系不存在的，推定因果关系成立。

两个以上的原因造成同一个损害结果的，行为人应当按照其行为的原因承担赔偿责任，或者分担相应的责任份额。

5. 符合国家强制性标准

行为人主张其产品符合国家强制性标准无疑也是一个有力的抗辩理由。

此外，常见的还有非正常使用等抗辩理由。

---

① 参见孟强：《论涉外产品召回的损害赔偿——基于广东本草公司与贝斯迪药厂产品责任纠纷案的思考》，《法律适用》2020 年第 10 期，第 78～93 页。

② 损害，既包括缺陷产品造成受害人的人身、财产损害，也包括缺陷产品本身的损害。受害人在起诉缺陷产品造成自己人身、财产损害的同时，一并起诉缺陷产品本身损害的违约损害赔偿责任的，人民法院应当予以支持。

四、完善产品责任法

(一)建立相对独立的产品责任法律制度

目前,我国调整产品责任的法律主要是《产品质量法》和《民法典》。但是,产品质量责任与产品责任有着明显区别:(1)调整范围不同。前者包括刑事责任、行政责任和民事责任;后者主要是民事侵权责任。(2)判定依据不同。前者判定依据是法律规定、强制性标准和合同约定,包括违法默示担保和明示担保;后者判定依据仅指产品存在不合理危险。(3)损害条件不同。前者只要产品质量不符合要求,无论有无实际损害,都应承担相应的责任;后者承担责任的条件必须是实际造成了他人人身伤害、财产损失。因此,建立一套独立的产品责任法律制度有助于完善我国的产品责任法。

(二)明确产品的范围和缺陷标准

目前,我国的《产品质量法》《消费者权益保护法》《民法典》等对自动驾驶汽车等中的人工智能软件是否为法律意义上的"产品"以及其创造者是否承担产品责任等问题均未明确规定。[①] 对此,我国应通过修改立法或出台新的司法解释予以明确。在产品缺陷标准方面,《产品质量法》规定了两种:(1)具有不合理的危险;(2)不符合法定的安全标准。事实上不合理危险属于产品缺陷的本质特征,而国家强制性标准只是判定缺陷的一种方法,将这两者并列并不科学。从逻辑上讲,存在着符合国家强制性标准而具有不合理危险的产品,如该产品致人损害,应作为抗辩事由,并不能否定其存在缺陷的事实。《产品质量法》规定的产品是指经过加工、制作,用于销售的产品。其中"用于销售"应该为"投入流通"更有利于保护被害人利益。《民法典》第 1206 条不仅改用"投入流通",而且增加了售后警示和召回缺陷。

(三)明文规定三种产品缺陷及其归责原则

借鉴美国《侵权法重述:产品责任》(第三次)规定的三种缺陷及其归责原则,即区分制造缺陷,设计缺陷,指示、售后警示、召回缺陷,并对三种不同的缺陷适用不同的归责原则。此外,应当明确惩罚性赔偿的适用标准。

(四)完善涉外产品责任的法律适用制度

参照《产品责任法律适用公约》,完善我国涉外产品责任的法律适用制度。

本章小结

国际产品责任法是调整与国际贸易有关的缺陷产品所引起的各种损害赔偿的法律规范。本章主要介绍产品责任法的产生、发展及其特征,美国产品责任法律制度,欧共体产品责任法的基本内容,《产品责任法律适用公约》的基本内容以及我国《产品质量法》《民法典》的基本内容。

建议的选读资料

1. 最高人民法院司法研究院:《侵权赔偿纠纷中国法院 2022 年度案例》,中国法制出版社

① 参见张鹏飞:《自动驾驶汽车的产品责任探析》,《汽车与安全》2022 年第 10 期,第 50 页。同时参见邓建志、程智婷:《自动驾驶汽车适用产品责任的困境与对策》,《时代法学》2022 年第 3 期,第 14～18 页。

2022 年版。

2. 王乐兵:《自动驾驶汽车的缺陷及其产品责任》,《清华法学》2020 年第 2 期。

3. 李宗录、荣文玺:《销售者产品责任归责原则的再思考——〈民法典〉删除〈侵权责任法〉第 42 条之解读》,《华北水利水电大学学报(社会科学版)》2020 年第 6 期。

4. 魏宁:《论商标许可人的严格产品责任》,《电子知识产权》2020 年第 6 期。

5. Johanna Chamberlain, The Risk-Based Approach of the European Union's Proposed Artificial Intelligence Regulation: Some Comments from a Tort Law Perspective, *European Journal of Risk Regulation*, March 2023.

6. Yanisky-Ravid, Jonathan Fenste, Decoding DaVinci: A Novel Approach to Accountability and Liability for Medical Devices Operated through Artificial Intelligence Based on "AI Work Made for Hire" Model, *Intellectual Property Journal*, November, 2022.

7. Michael L. Rustad, Products Liability for Software Defects in Driverless Cars, *Southern California Interdisciplinary Law Journal*, Fall 2022.

8. Mark A. Geistfeld, Journal of Tort Law, Strict Products Liability 2.0: The Triumph of Judicial Reasoning over Mainstream Tort Theory, October 2021.

思考题

1. 产品责任法的主要特征有哪些?
2. 美国产品责任法中有哪几种理论?
3. 欧洲《产品责任指令》中生产者的抗辩理由有哪几项?
4. 我国《产品质量法》与发达国家的产品责任法有何区别?
5. 我国《消费者权益保护法》对产品责任方面有哪些新的规定?

案例分析

1. H 国的公民 A 听说日本的食品很昂贵,便在指派去日本出差前在国内购买了很多本国产的方便面。由于该方便面不太卫生,A 在日本食用时中毒,为此花去了医疗费和康复费数万日元。

【问题】

(1)依《产品责任法律适用公约》,该方便面的生产商应根据哪国法对 A 的损失承担产品责任?为什么?

(2)如果该方便面从未经商业渠道销往日本,情况又会怎样?

2. 菲利浦是一名高中生。一次他在学校餐厅吃饭,在吃一块火鸡时,火鸡里的一块骨头伤了他。为此,他以违反担保为由起诉市政府。

【问题】 根据产品责任法原理,你认为原告是否有可能胜诉?为什么?

3. 2005 年 3 月 15 日,19 个月的女婴陈若宁在食用华元"盛珍香"果冻时被卡住,经抢救无效后死亡。陈若宁的父母(台商)向法院起诉,要求果冻的生产厂商(上海华元食品有限公司)召回并停止生产和销售所有的果冻产品;并提出赔偿陈俊超夫妇医药费、丧葬费、死亡赔偿金和精神损失费等在内共计208.33万元人民币。原告向法庭提供了致使陈若宁哽塞而死亡的果冻及其包装、陈若宁死亡的医院方面证明、大量果冻致死案例、华元"盛珍香"在美国等国家败诉案例等一系列证据。被告则认为:其生产的完全符合国家标准,无论是产品质量还是包装,都不存在任何缺陷。其产品有醒目的警示用语,内径大于3.5厘米,警示标识明显、用词恰当。原告的保姆无法看懂果冻包装上的警示标示,而家长也没有尽到告知保姆的责任,即监护人的疏忽是造成陈若宁死亡的直接原因。2005年底,国家发布首个果冻强制性国家标准《果冻》(GB19833-2005),并于2006年10月1日起正式实施。

【问题】

(1)根据《产品责任法》规定,华元食品生产的该类果冻是否构成缺陷产品?为什么?

(2)华元食品公司是否应承担产品责任?为什么?

4. 原告李某于2005年11月5日因交通事故被送往第一被告高邮医院住院治疗,同年11月10日在该院行左额开颅血肿清除手术,期间输入由第二被告扬州血站提供的红细胞悬液1.5U和新鲜冰冻血浆100ml。因经济困难,原告于次月6日提前出院。2007年经江苏省苏北人民医院血液检验,确认原告感染丙型肝炎病毒,原告遂起诉。原告感染丙肝病毒与两被告的供血及输血行为之间是否存在因果关系是责任认定焦点问题。

一审法院根据江苏省高级人民法院在2001年《全省民事审判工作座谈会纪要》中关于输血感染丙肝案件的处理已明确,患者就医期间因输血感染丙肝要求医疗机构、血站赔偿的,实行举证责任倒置。患者能够证明其曾经接受输血、输血后6个月内感染丙肝或者虽在6个月后确诊但能够明确判断出丙肝系输血感染的,可推定其感染丙肝与输血行为之间存在因果关系;医疗机构、血站应就其履行了法定义务,以及医疗行为或血液质量与损害后果之间无因果关系负举证责任。在案件审理中,被告扬州血站对法院的调查取证工作不予配合,怠于行使自己的举证义务,故不能排除扬州血站提供的血液及其制品存在感染丙型肝炎病毒的可能。被告提出原告系在接受输血后超过6个月才检测出丙肝病毒,不能排除除输血外其他途径感染丙肝病毒的可能的主张,被告对此未能举证证明。据此,一审判决被告扬州市红十字中心血站应给付原告李某因输血感染丙肝病毒所致人身损害赔偿款合计6万余元;驳回原告李某要求被告高邮市人民医院承担赔偿责任的诉讼请求。扬州血站不服一审判决,提起上诉。经江苏省扬州市中级人民法院调解,高邮医院与扬州血站共同赔偿了原告损失。

【问题】

(1)《产品责任法》关于产品责任有哪些规定?本案因输血引发医疗纠纷是否适用过错责任原则?

(2)根据2010年《产品责任法》的规定,如果此案发生在今天,一审法院是否依然可以采用过错推定原则?为什么?

5. 2016年5月7日,Joshua驾驶一辆特斯拉Model S在佛罗里达的一个交叉路口与一辆拖挂车发生了剧烈碰撞,导致其不幸丧生。[①] 随后美国国家公路交通安全管理局对该事故进行了长达7个月的调查,认为特斯拉自动辅助驾驶的自动紧急制动系统与自动辅助驾驶系统中未发现存在任何设计或表现缺陷。[②] 由于Model S自动驾驶技术至多属于L2级,需要驾驶

① 我国也发生过类似的事故。2016年1月20日,京港澳高速河北邯郸段发生一起追尾事故,一辆特斯拉轿车直接撞上一辆正在作业的道路清扫车,特斯拉轿车当场损坏,司机高雅宁不幸身亡。

② 如果无法认定产品存在缺陷,不仅意味着特斯拉无须承担侵权责任,而且也暗示着可能由驾驶者不当操作所致。

员保持注意力。在特斯拉的使用手册中，也明确对“双手撒把”等危险动作做出了警告。2022年深圳市出台的《深圳经济特区智能网联汽车管理条例》，明确规定了“有驾驶人的智能网联汽车[①]发生交通事故造成损害，属于该智能网联汽车一方责任的，由驾驶人承担赔偿责任。”

【问题】

(1)你认为特斯拉自动辅助驾驶的自动紧急制动系统与自动辅助驾驶系统是否属于“产品”?

(2)本案中的特斯拉 Model S 是否存在“不合理的危险”或“消费者的期待”，为什么？

(3)智能网联汽车中有条件自动驾驶、高度自动驾驶和完全自动驾驶三种类型是否都应当适用严格责任原则?

(4)你认为美国国家公路交通安全管理局是否存在保护自动辅助驾驶技术的倾向？若是，是否符合侵权责任法的基本原理?

---

① 所称智能网联汽车，是指可以由自动驾驶系统替代人的操作在道路上安全行驶的汽车，包括有条件自动驾驶、高度自动驾驶和完全自动驾驶三种类型。有条件自动驾驶，是指自动驾驶系统可以在设计运行条件下完成动态驾驶任务，在自动驾驶系统提出动态驾驶任务接管请求时，驾驶人应当响应该请求并立即接管车辆。高度自动驾驶，是指自动驾驶系统可以在设计运行条件下完成所有动态驾驶任务，在特定环境下自动驾驶系统提出动态驾驶任务接管请求时，驾驶人应当响应该请求并立即接管车辆。完全自动驾驶，是指自动驾驶系统可以完成驾驶人能够完成的所有道路环境下的动态驾驶任务，不需要人工操作。

12

第十二章 国际商事仲裁法

教学目的和要求

1. 了解国际商事仲裁法的主要渊源
2. 掌握关于国际商事仲裁协议的法律规则
3. 了解国际商事仲裁员资格要求和仲裁庭的组成
4. 掌握关于国际商事仲裁程序的法律规则
5. 掌握《纽约公约》的基本内容

第一节 概 述

一、国际商事仲裁的概念和特征

国际商事仲裁(International Commercial Arbitration),是指国际商事交易中的当事人按照协议的方式自愿地将他们之间商事方面的权利与义务的争议交给他们选定的第三人(称仲裁人或仲裁员)审议,并由该第三人做出对争议各方皆有约束力裁决的活动。

国际商事仲裁主要具有如下几项特征:

(一)强制性

与协商、调解等其他非诉讼解决纠纷的手段相比,国际商事仲裁具有一定的强制性。无论是协商还是调解,其过程和结果皆以各方当事人一致同意为基础。在协商或调解过程中,当事人中的任何一方不愿继续协商或调解的,协商或调解过程只好终止;即使协商和调解取得了各方一致同意的争议解决方案,事后任何一方反悔了,其他当事人仍不能根据该解决方案直接请求法院强制执行。换句话说,通过协商或调解达成的争议解决方案即便在事实上和法律上皆属公正,任何国家的法律也未赋予它们可强制执行的效力。

与协商或调解不同的是,仲裁程序一经开始,当事人中的任何一方皆无权单方面终止仲裁程序,即便有某当事方不参加或拒绝参加仲裁程序,仲裁庭(或独任仲裁员)仍有权做出缺席审理和裁决。除少数仲裁程序或裁决存在违反法律的强制性规定或严重不当等情形外,世界上绝大多数国家在绝大多数场合皆承认或直接强制执行国际商事仲裁裁决。

(二)自愿性

与诉讼相比,国际商事仲裁具有很大的自愿性。只有在当事人于商事争议发生之前或之后达成了仲裁协议,有关的仲裁机构才有权对该争议进行审理和裁决;否则,任何当事人都无权强迫另一当事人接受商事仲裁,任何仲裁机构也无权管辖该争议。此外,国际商事仲裁的自愿性还体现在仲裁地点、仲裁机构、仲裁员、仲裁规则等的选择上,即存在国际商事纠纷的当事人可按自己的意愿选择仲裁地点、仲裁机构、仲裁员和仲裁规则等。

诉讼则无上述特点。在无仲裁协议或诉讼管辖协议的情况下,任何当事人都可不经对方当事人同意,将有关商事争议提交有管辖权的法院审理和判决。该法院管辖权的依据并不是当事人的自愿协议,而是法律的强制规定。此外,在国际商事诉讼中,任何当事人都无权按自己的意愿越过级别管辖原则选择审判机构,也无权指定审判员、审判地点和审判程序等。

(三)快速、简单、私密和灵活性

国际商事仲裁还具有快速、简单、私密和灵活等特征。

由于仲裁员具有裁决权,因此国际商事仲裁可以避免协商或调解中经常出现的久商不决或久调不决的弊病。另一方面,由于国际商事仲裁中的仲裁员大多不仅谙熟法律,而且还精通与案件相关的专业知识,因此,他们所做出的裁判有时可能要比诉讼判决更合情理而易为当事各方所接受。国际商事仲裁一般都不公开审理,近年来一些国家或地区的仲裁制定法[①]对仲裁的公开报道等也作了较多的限制,从而使国际商事仲裁的私密性得到更高程度的保护。同时,尽管很多国家规定仲裁员得依法裁决,但仲裁员在具体案件的处理过程中仍然可以运用各种手段快速、简单、灵活地处理问题。而国际商事诉讼大多公开审理,并且依法定程序按部就班地进行。此外,世界上大多数国家都承认国际商事仲裁的一裁终裁制,而国际商事诉讼在很多国家至少得两审终审。因此,国际商事仲裁不仅省时,而且在有些场合下也省钱。

正是由于国际商事仲裁有上述各项特征,因此它已成为国际商事纠纷中最常用的解决手段。

二、国际商事仲裁的类型

依据不同的标准,国际商事仲裁可被分成不同的类别。

(一)一般仲裁和友谊仲裁

根据是否依法进行划分,国际商事仲裁可被分为一般仲裁和友谊仲裁。

一般仲裁(General Arbitration),又称依法仲裁,即依照法律进行仲裁。依世界各国的通行做法,国际商事纠纷的当事人有权通过协议选择仲裁时所应根据的实体法。在当事人未约定仲裁应该适用的实体法时,仲裁庭或仲裁员可按其认为合适的冲突规则适用某种准据法。

应予指出的是,尽管"意思自治"是确定准据法的一项最基本原则,但各国一般要求当事人所选择的准据法与本应适用的国家或地区强制性的法律规定不相违背,亦不得违反仲裁地所属国的公共秩序。

友谊仲裁(De Facto Arbitration),又称事实仲裁或友好仲裁[②],是指仲裁员有权根据自认为公平合理的原则(而非法律),做出对各当事人皆有约束力裁决的仲裁。世界上承认友谊仲裁制度的国家很多,包括法国、德国、意大利、荷兰、比利时、西班牙、葡萄牙、瑞士、希腊、土耳其、阿根廷、古巴、罗马尼亚、乌克兰、匈牙利、波兰等。一些有影响的国际商事仲裁公约和仲裁规则也规定了"友谊仲裁制度",如《关于国际商事仲裁的欧洲公约》《关于解决各国与他国的国民之间投资争端公约》《联合国国际贸易法委员会仲裁规则》《国际商会调解和仲裁规则》《美洲国家商事仲裁委员会仲裁规则》等。不过,由于友谊仲裁不必依据法律,而所谓"公平合理"原则并无客观的硬性标准,因此,友谊仲裁的裁决结果很可能因人(仲裁员)而异。正是基

---

① 如尼加拉瓜 2005 年《仲裁与调解法》第 3 条、多米尼加 2008 年《仲裁法》第 22 条、挪威 2004 年《仲裁法》第 5 条、新西兰 2007 年《仲裁法》第 14～141 条、新加坡 2009 年《国际仲裁法》第 22～23 条、澳大利亚 2010 年《国际仲裁法》第 23C～23G 条、苏格兰 2010 年《仲裁法》规则 26、中国香港 2010 年《仲裁条例》第 18 条等。有关国际仲裁保密性的近期代表性探讨可参见:Mohamed H. Negm and Huthaifa Bustanji, Particularity of Arbitration in International Intellectual Property Disputes, *Asian International Arbitration Journal*, Volume 14, Issue 1, 2018, pp. 88－116; Michael Kotrly and Barry Mansfield, Recent Developments in International Arbitration in England and Ireland, *Journal of International Arbitration*, Volume 35 Issue 4, 2018, pp. 481－496.

② 我国还有学者采用"衡平仲裁"这一术语。参见牛鹏、赵勇:《我国台湾地区衡平仲裁制度的实践及其启示》,《海峡法学》2023 年第 1 期,第 20～28 页。

于友谊仲裁的这种主观性和不确定性，一些英美法系国家和我国等至今尚未采纳友谊仲裁制度。[①] 即使在那些承认友谊仲裁制度的国家，它们的法律和仲裁规则仍强调：友谊仲裁须以当事人间的明示协议为前提；如果当事人在仲裁协议中没有明确规定仲裁庭（员）可以按"公平合理"原则仲裁，则仲裁庭（员）只能依照有关法律做出裁决。

（二）常设机构仲裁和临时仲裁

从国际商事仲裁纠纷是否有常设仲裁机构负责组织管理的角度，国际商事仲裁可被分成常设机构仲裁和临时仲裁。

常设机构仲裁是指由常设性机构负责组织管理的仲裁。这种常设性机构长期存在，它们拥有固定的地址和一定的组织机构，并制定了仲裁程序规则。多数常设仲裁机构还配备有可供当事人选择的仲裁员名单，并为仲裁提供相应的辅助服务，如当事人选择仲裁员出现僵局时负责指定仲裁员，为仲裁案件配备秘书负责文件的记录、送达、存档等。一些学者经考证后指出：对初期使用者而言，选择常设机构仲裁才能使仲裁得以较顺利地进行。[②]

临时仲裁一般是指没有常设机构参与的仲裁，不过，仅将常设机构选为仲裁员的任命机构而对其他全部或绝大多数程序规则自留决定的仲裁现在也往往归入临时仲裁范畴。在法律允许的情况下，有丰富的仲裁体验的当事人、具有较高诚信水准的当事人，特别是今后仍必须保持交往的当事人选择临时仲裁作为有约束力的争议解决方式，可以降低大额的常设仲裁机构服务管理费，并能节省时间成本等。[③] 由于种种原因，我国《仲裁法》尚不允许内地举办临时仲裁，这在世界其他国家或地区非常罕见。

三、规范国际商事仲裁关系的仲裁法

（一）规范国际商事仲裁关系的统一法

1.《关于国际商事仲裁的欧洲公约》

该公约于1961年通过，并于1964年生效，参加国主要为欧洲大陆国家，包括法国、德国、意大利、丹麦、罗马尼亚、波兰、匈牙利、保加利亚以及白俄罗斯和乌克兰等。此外，美洲的古巴也参加了该公约。该公约的目的是要"尽可能地克服阻碍不同的欧洲国家自然人和法人之间的组织和实施的某些困难，以促进欧洲贸易的发展"。为此，该公约对仲裁组织、仲裁管辖权、适用的法律、裁决理由、裁决的撤销等都做了具体的规定。关于"友谊仲裁"，该公约明确规定，如果当事人有此选择，并且仲裁员根据其适用的法律许可这样做时，仲裁员便可进行友谊仲裁。

2.《美洲国家间关于国际商事仲裁的公约》

该公约于1975年通过，并于1976年生效，成员国包括美国、墨西哥、巴西和中南美洲的其

---

① 对于我国是否为不允许友谊仲裁的国家的问题，学者尚无统一的看法。一些学者认为，我国《仲裁法》第4章第3节的标题含有"裁决"二字，该节中有数条显示是专门针对"裁决"的规范，却不见任何与实体争议裁决依据有关的任何痕迹。一些学者认为，该法"总则"中的第7条提供了解决实体争议的依据，且并不排斥友谊仲裁。笔者赞同的另一些学者则持相反的主张。这两派学者的代表性观点可参见贺季敏的《论友好仲裁》（载《司法改革评论》2009年第9辑第94页）、郭玉军的《国际商事仲裁中的友好仲裁问题》（载《武汉大学学报》1999年第6期第13页）等。

② Lauren D. Rachlin, A Guide to Effective International Arbitration; Practical Considerations in International Arbitration Proceedings, International Law Practicum, Spring, 1997, p. 29；亦可参见 Joseph L. Daly, Arbitration; The Basics, *Journal of American Arbitration*, 2006, p. 20。

③ 参见陆炯：《对临时仲裁制度的法律思考》，载《仲裁研究》2005年第1期。

他十多个国家。该公约对仲裁协议的效力、仲裁员的指定、仲裁裁决的执行等做了明确的规定。

3.《美洲国家间关于外国判决和仲裁裁决域外效力的公约》

该公约签订于1978年，并于1983年生效，成员国有秘鲁、乌拉圭等。根据该公约的第一条，其适用范围为缔约国在民事、商事和劳资纠纷中所作的仲裁裁决，以及上述《美洲国家间关于国际商事仲裁的公约》中所未包括的仲裁裁决，但缔约国在批准该公约时明确做出保留的除外。该公约对应在缔约国境内具有域外效力的其他缔约国仲裁裁决的条件、请求执行外国仲裁裁决所需的证明文件以及执行外国仲裁裁决所依据的程序法等作了明确详细的规定。

4.《关于仲裁条款的议定书》

该议定书订于1923年，成员包括英国、法国、德国、奥地利及瑞典和我国香港等50多个国家和地区。该议定书赋予各缔约方承认不同缔约方管辖权下合同当事人之间就可交付仲裁的争议达成仲裁协议的义务。不过，该议定书也允许缔约方将其上述义务限制在只对依其本国法属于商事范围的仲裁协议的承认。此外，该议定书还对仲裁程序和外国仲裁裁决的执行作了简要的规定。

5.《关于执行外国仲裁裁决的公约》

该公约签订于1927年，1923年的《关于仲裁条款的议定书》的成员方绝大多数都参加了此公约。该公约对仲裁裁决的承认或执行所应具备的条件及所应提交的证明文件、拒绝承认或执行仲裁裁决的情形等作了详细规定。

6.《关于承认和执行外国仲裁裁决的公约》

该公约又称《纽约公约》，签订于1958年6月10日。目前，包括我国在内共172个国家和地区[①]参加了此公约，并且在成员方之间，该公约已取代了1927年的《关于执行外国仲裁裁决的公约》。与1927年的《关于执行外国仲裁裁决的公约》相比，《纽约公约》的适用范围更宽，包括在一国领土内做成而在另一国领土内请求承认和执行的关于自然人和法人之间争执的仲裁裁决，以及在一国做成并在该国承认和执行，而该国又不认为是其国内裁决的仲裁裁决。可见，该公约的适用范围并不以缔约方领土为限，也未将可执行的仲裁裁决限定为商事仲裁裁决或依缔约方国内法可交付仲裁的争议的仲裁裁决。不过，该公约也允许缔约方于加入公约时声明保留，将公约对其适用范围以互惠为条件，或者限于依其本国法为商事关系的裁决。

在其他方面，《纽约公约》也比以前的有关公约有所进步，主要是放宽了仲裁裁决承认和执行的限制条件，并简化了执行裁决的程序。实践证明，《纽约公约》对国际商事仲裁的生存和发展做出了重大贡献。

7.《关于解决各国与他国的国民投资争端的公约》

该公约又称《华盛顿公约》，订立于1965年。目前，此公约的参加者已超过100个国家和地区，主要成员包括美国、英国、日本、德国、法国、意大利、韩国、澳大利亚及巴西和中国等世界上最大的资本输出国和资本输入国。根据该公约的第一章，成员国建立了“解决投资争端的国际中心”，作为解决一缔约方和其他缔约方的民间投资者之间纠纷的专门性仲裁机构。该公约对“解决投资争端的国际中心”的管辖条件、仲裁程序、仲裁所应适用的法律、仲裁庭的保全措施建议权限及仲裁裁决的效力、承认与执行等皆作了详细规定。从该公约的上述有关规定中

---

① https://uncitral.un.org/zh/texts/arbitration/conventions/foreign_arbitral_awards/status2，2023年2月18日最后访问。

可以看出,其投资争端仲裁制度有别于其他常用的国际商事仲裁制度。

8.《联合国投资人与国家间基于条约仲裁透明度公约》

2014 年 12 月 10 日通过的该公约于 2017 年 10 月 18 日生效。[①] 在有些中文论著中,它被简称为《透明度公约》。目前它仅有澳大利亚、贝宁、玻利维亚、喀麦隆、加拿大、冈比亚、伊拉克、毛里求斯、叙利亚 9 个缔约方。[②] 该公约共由 11 个条文所组成,其中第 2 条具有关键条款的性质。自 2010 年以来,联合国国际贸易法委员会(UNCITRAL) 就一直致力于推进国际投资仲裁的透明度改革,并在 2013 年通过的《贸易法委员会投资人与国家间基于条约仲裁透明度规则》[③](常被简称为《透明度规则》)。该《透明度规则》于 2014 年 4 月 1 日生效。以上的《透明度公约》第 2 条就确定了《透明度规则》何时及如何适用于《公约》范围内的投资人与国家间仲裁。

9.《联合国国际商事仲裁示范法》

尽管世界上已出现了某些区域性或全球性的仲裁公约,但它们只涉及国际商事仲裁的某些方面的问题,即主要是涉及承认仲裁条款的效力和对仲裁裁决的承认与执行方面的问题,而且其中一些公约的参加国也为数不多,因此,国际商事仲裁法的全球统一化任务依然非常艰巨。有鉴于此,联合国国际贸易法委员会于 1985 年通过了《联合国国际商事仲裁示范法》(The UNCITRAL Model Law on International Commercial Arbitration,以下简称 1985 年版《示范法》)最终草案。联合国大会在其 1985 年 12 月 11 日的 40/72 号决议上建议各成员国在其国际商事仲裁中应适当注意 1985 年版《示范法》。目前,印度(1996)、德国(1998)、日本(2003)、挪威(2004)、丹麦(2005)、奥地利(2006)、中国香港(2010)、澳大利亚(2010)、西班牙(2011)、荷兰(2014)等国家和地区已基本上采纳了 1985 年版《示范法》。我国 1994 年 8 月 31 日通过的《仲裁法》亦深受 1985 年版《示范法》影响。

1985 年版《示范法》分 8 章,共 36 条。

在第 1 章"总则"中,《示范法》规定其适用范围限于依不同国家当事人之间有效的仲裁协议所进行的国际商事仲裁。此外,"总则"还解释或列举了一些关键性术语的定义,如仲裁、仲裁庭、法院等,以及书面通信的接受、异议权的放弃、法院干预的范围、法院或其他当局对仲裁的协助与监督的某些职能等事项。

第 2 章是关于"仲裁协议"的规定,包括仲裁协议的定义与形式、仲裁协议与向法院起诉、仲裁协议与法院的临时措施等。

第 3 章是对"仲裁庭组成"的规定,包括仲裁庭的仲裁员人数、仲裁员的任命、辞去仲裁员的理由、程序、仲裁员法律或事实上的行为不能、替代仲裁员的任命等。

第 4 章是关于"仲裁庭管辖"的规定,该章主要涉及仲裁庭管辖权和命令采取临时措施的权力问题。

第 5 章是关于"仲裁程序"的规定,涉及当事人之平等待遇、决定仲裁程序的规则、仲裁地点、仲裁程序的开始、仲裁程序所使用的语言、当事人权利主张与抗辩之声明、听证与书面程序、当事人的缺席、仲裁庭对专家的任命、取证时的司法协助等事项。

第 6 章是对"仲裁裁决的做成和仲裁程序的终止"的规定,包括适用于实质争议的规则、仲

---

① https://uncitral.un.org/zh/texts/arbitration/conventions/transparency,2023 年 2 月 18 日最后访问。

② https://uncitral.un.org/zh/texts/arbitration/conventions/transparency/status,2023 年 2 月 18 日最后访问。

③ 其详情可参见卢悦阳:《国际投资仲裁透明度问题研究》,《河南司法警官职业学院学报》2021 年第 1 期,第 70～71 页。同时也可参见孙南申:《国际投资仲裁中透明度原则的适用与发展》,《法治现代化研究》2022 年第 5 期,第 68～77 页。

裁小组的决定、争议的解决、仲裁裁决的形式与内容、仲裁程序的终止、裁决的校正与解释等事项。

第 7 章是关于“对仲裁裁决上诉”的规定。该章列举了可以和不可以提请法院驳回仲裁裁决的情形。

第 8 章是关于“仲裁裁决的承认与执行”的规定，包括对仲裁裁决的承认与执行原则，以及拒绝承认或执行仲裁裁决的理由等事项。

从上述体例安排中，我们可以看出，1985 年版《示范法》是比较科学而又周详的；再从已获得的实际反响来看，它是有生命力的。不过，由于在实践中也暴露出一些问题，同时也鉴于一些国家创新规范的宝贵经验，联合国贸易法委员会在 10 多年前便酝酿着对 1985 年版《示范法》进行修订，经过多方的努力，新版本的《示范法》终于在 2006 年面世(以下简称 2006 年版《示范法》)。2006 年版《示范法》与先前版本的主要区别是：将第 7 条改成两个备选的案文；将第 4 章中的第 17 条关于仲裁庭采取临时措施及其执行问题抽了出来扩展为 11 个分条，组成单独的第 4A 章。目前，新西兰(2007)、澳大利亚(2010)、爱尔兰(2010)和中国香港(2010)、比利时(2013)等国家或地区已基本上采纳了 2006 年版《示范法》。可以预见，被进一步完善的 2006 年版《示范法》肯定能为更多不同法律、社会和经济制度的国家所接受。

(二)国内法

由于仲裁是国际商事纠纷解决的最常用手段，国际商事仲裁本身也是一项可创汇的重要服务，因此世界上很多国家特别是那些国际商贸大国非常重视国际商事仲裁立法，并注重顺应时势地加以修改，以期为本国成为国际商事仲裁中心提供良好的法律环境。下面介绍的即是在这方面有代表性的几个国家仲裁法。

1. 法国仲裁法

法国仲裁法被收编在《民事诉讼法典》中，很多其他大陆法系国家如德国、奥地利和意大利的仲裁法都效法法国的这种立法体例①，其最新修订为 2011 年。

法国仲裁法对国际商事仲裁表现出极大的宽容性，意思自治原则、友谊仲裁等做法皆受到充分承认。仲裁人不仅可就事实与法律问题做出决定，而且即使仲裁人有明显的错误，法院也不能推翻仲裁裁决。法国法对国际商事仲裁的主要禁止性规定便是裁决的做成及其执行不得违反法国的国际公共秩序。例如，仲裁裁决不能要求被诉人清偿赌债，仲裁裁决不得仅根据一方当事人提出并为对方当事人所不知的证据文件做出等。正是由于法国法的上述诸多规定，使得法国长期保持着国际商事仲裁主要中心之一的地位。

2. 英国仲裁法

英国现行的仲裁法为《1996 年仲裁法》。英国早先仲裁法的特点是仲裁受法院的严格监督，具体表现在三个方面：(1)法院有权撤免行为不当或未能以应有速度进行仲裁和做出裁决的仲裁员；(2)法院有权以法律或事实上的理由审查或撤销仲裁裁决，并认为当事人以协议排除法院监督和干预的条款无效；(3)对仲裁中出现的“法律问题”，仲裁员须列成“特别案件”(Special Case)提请法院解释和决定，除少数例外，仲裁人一般不能决定法律问题。

由于上述特别规定赋予了英国法院太多的干预权，国际商事纠纷的当事人大多不愿选英国为仲裁地。为扭转这种局面，英国制定了《1979 年仲裁法》，以削弱法院对仲裁的监督和干

① 不过，属于大陆法系的日本、挪威、丹麦、西班牙等都已有了单独的仲裁法。

预，并且承认仲裁员有权决定法律问题以及当事人有在一定条件下以协议排除向法院提出上诉复审之权。英国现行的《1996 年仲裁法》明确规定，在国际仲裁中，当事人可在任何时间内以协议排除法院"对实体法律问题"的司法复审。

3. 美国仲裁法

美国联邦现行的仲裁法制定于 1925 年，它约束洲际或国际商事仲裁。美国《联邦仲裁法》也深受英国普通法制的影响。此外，美国各州有自己的仲裁法，为了统一各州自己的仲裁法，美国制定了《统一仲裁法》，其最新修订的版本为 2000 年版本。美国仲裁法的重要特征之一是允许仲裁的事项日益扩大并将支持仲裁作为一项公共政策，从而使得美国仲裁服务业非常发达。

（三）我国的国际商事仲裁法制

我国目前的国际商事仲裁法制主要由下列法律中的有关规定所构成：我国缔结或参加的国际条约或公约、《民事诉讼法》《仲裁法》和 2021 年施行的《民法典》等。总的来说，我国关于国际商事仲裁方面的法律规定与世界上很多国际商事仲裁大国的通行规定也有不少一致之处，加上我国国际商事仲裁界的努力，我国也变成了世界上重要的国际商事仲裁中心之一。不过，我国的国际商事仲裁法制依然存在着一些不完善之处。

四、世界上有影响的国际商事仲裁机构和仲裁规则

（一）《联合国国际贸易法委员会仲裁规则》

该规则最早制定于 1976 年，最新修订于 2021 年[①]。它不属于任何仲裁机构规则，却经常得到国际商事仲裁关系中当事人的选用，包括我国在内很多国家的国际商事仲裁机构都参照该规则制定自己的仲裁规则。

（二）国际商会仲裁院及其仲裁规则

国际商会成立于 1919 年，其仲裁院则设立于 1923 年。仲裁院本身并不直接参加仲裁争议，如当事人把争议提交该院，该院即请有关国家的国际商会国家委员会具体办理。该院的主要任务是提供解决国际商事争议的仲裁规则，与审理争议的有关国家委员会一起，主持一些审理程序上的事务，包括：保证该院制定的仲裁规则的实施，指定仲裁员或确认当事人所指定的仲裁员，决定对仲裁员的异议是否正当，规定仲裁裁决的形式等。国际商会仲裁院现行的仲裁规则为 2021 年 1 月 1 日生效的新规则。[②]

（三）伦敦国际仲裁院及其仲裁规则

伦敦国际仲裁院（The London Court of International Arbitration，LCIA）的前身名为"伦敦城仲裁院"（The City of London Chamber of Arbitration），正式成立于 1892 年，1903 年又被命名为"伦敦仲裁法庭"（London Court of Arbitration），1981 年更为现名。其现行的仲裁规则自 2014 年 10 月 1 日生效。[③]

---

① 该规则的英文可下载于 https://uncitral.un.org/sites/uncitral.un.org/files/media-documents/uncitral/en/21-07996_expedited-arbitration-e-ebook.pdf，2023 年 2 月 17 日最后访问。

② 该规则的英文可从以下网址下载：https://iccwbo.org/dispute-resolution-services/arbitration/rules-of-arbitration/，2023 年 2 月 29 日最后访问。

③ 该规则的英文可下载于 http://www.lcia.org/Dispute_Resolution_Services/lcia－arbitration－rules－2014.aspx，2023 年 2 月 17 日最后访问。

(四)斯德哥尔摩商会仲裁院及其仲裁规则

该仲裁院成立于1917年，是世界上著名的商事仲裁机构，经常处理东西方经贸仲裁纠纷，其现行的仲裁规则自2023年1月1日生效。[①]

(五)美国仲裁协会及其国际仲裁规则

该仲裁协会成立于1926年，其现行的国际商事仲裁规则[②]制定于2014年。

(六)中国国际经济贸易仲裁委员会及其仲裁规则

中国国际经济贸易仲裁委员会(CIETAC)的前身为“对外贸易仲裁委员会”，成立于1956年，其现行的仲裁规则自2015年1月1日起施行。[③] 随着我国国际商事仲裁法制的完善及该仲裁机构本身的长期努力，该仲裁机构近年来的年收案数经常位居世界第一，这足以说明我国已成为国际商事仲裁的重要中心。

除上述非常有影响的仲裁机构和仲裁规则外，亚洲及远东经济委员会商事仲裁中心及其仲裁规则、我国香港国际仲裁中心及其仲裁规则、瑞士苏黎世商会仲裁院及其仲裁规则、美洲国家商事仲裁委员会及其仲裁规则等亦有较大影响。

第二节 国际商事仲裁协议

一、国际商事仲裁协议的概念和形式

国际商事仲裁协议(以下简称仲裁协议)是指国际商事关系中的当事人愿意将他们之间的商事争议交付仲裁的共同的意思表示。根据不同标准，仲裁协议可被分成不同的形式。

(一)根据是否有书面形式划分

仲裁协议可分成书面和口头两种形式。

传统上，很多国家通过立法或司法实践确立的强行法规定：国际商事仲裁协议必须采取书面形式，否则该仲裁协议无效或不能强制执行，对根据非书面形式的国际商事仲裁协议做出的仲裁裁决可以拒绝承认和执行。西班牙、葡萄牙、摩洛哥、哥伦比亚和委内瑞拉等甚至曾做出必须经过公证或法院批准等其他更严格的形式要求。中外学者们认为，当时有关国家对国际商事仲裁协议做出必须采取书面等形式的强行法要求的主要原因在于：国际商事仲裁协议是一种特殊的合同，要求该合同符合某些严格形式条件的目的是确保当事人确实是明白无误地同意了该合同，并使当事人意识到该合同的重要性。否则，在没有符合法定形式仲裁协议的情况下，任何国际商事交易中的当事人都不应当被剥夺通过一国法院解决争议的权利；对不符合法定形式仲裁协议所做成的仲裁裁决可以以违反本国公共政策为由拒绝承认和执行。

1923年《关于仲裁条款的日内瓦议定书》和1927年《关于执行外国国际仲裁裁决的日内瓦公约》等早期的国际条约，对各国关于国际商事仲裁协议特殊形式的强行法要求除了给予确

① 该规则的英文和瑞典文可从以下网址的各自标签中下载 http://www. cietac. org/index. php? m=Page&a=index&id=14，2023年2月17日最后访问。

② 该规则可见于 https://www. adr. org/sites/default/files/ICDR_Rules. pdf，2023年2月17日最后访问

③ 该规则可见于 http://www. cietac. org/index. php? m=Page&a=index&id=14，2023年2月17日最后访问。

认以外，没有进行任何限制。

第二次世界大战以后，随着国际商事活动的频繁化，越来越多的国家意识到，对国际商事仲裁协议形式过严的强行法约束不利于国际商事仲裁的健康发展和国际市场的繁荣，国际社会应当制定国际条约控制各国的强行法标准。这些国家的共识在1958年的《纽约公约》中得到了集中体现。《纽约公约》第2条和第5条规定，在不违反其他方面规定的前提下，构成书面形式标准的国际商事仲裁协议和据之做出的仲裁裁决，各缔约国应当予以承认和强制执行。限于当时的技术手段，《纽约公约》第2条第2款列举的“书面”国际商事仲裁协议“包括当事人所签署的或者来往书信、电报中所包含的合同中的仲裁条款和仲裁协议”。

在《纽约公约》制定后的十多年中，强行地坚持国际商事仲裁协议必须采取较窄的几种书面形式的国家在世界上仍然居于多数，这一期间达成的1961年《欧洲国际商事仲裁公约》和1975年《美洲国际商事仲裁公约》在书面形式问题上也没有对《纽约公约》做出实质性的发展。

然而，自20世纪80年代以后，随着确保当事人对国际商事仲裁协议同意真实性形式意义认识的加深、促进国际商事仲裁发展观念的加强及国际通信技术的进步，原先对国际商事仲裁协议实行严格书面形式强行法要求的国家纷纷通过立法界定或司法解释的方式，使书面形式越来越宽松化。1985年版的《示范法》适时地反映了国际社会的这一动向，并且扩大了书面形式的内容，其第7条第2款规定：“仲裁协议应是书面的。协议如载于当事人各方签字的文件中，或载于往来的书信、电报或提供协议记录的其他电信手段中，或在申诉书和答辩书的交换中当事一方声称有协议而当事他方不否认，即为书面协议。在合同中提出参照载有仲裁条款的一项文件即构成仲裁协议，如果该合同是书面的而且这种参照足以使该仲裁条款构成该合同的一部分的话。”20世纪90年代以后制定的仲裁法将更多形式的仲裁协议视为书面形式的仲裁协议，如英国1996年《仲裁法》第5条在吸收1985年版《示范法》上述规定的基础上添加了非以书面形式同意援引书面条件，以及非书面形式的协议由当事人授权之一方当事人或第三者录制等形式也视为书面形式的协议。1996年中国《澳门仲裁法》、1998年德国《民事诉讼法典》、2000年中国香港《仲裁(修订)条例》等对仲裁协议的书面形式也作了较为宽松的规定。

凡无书面文件作凭据的仲裁协议即为口头形式。目前，丹麦、瑞典等少数国家的仲裁制定法未明文禁止当事人采取口头的仲裁协议形式，但这些国家在实践中都倾向鼓励当事人采取书面形式。美国等虽未限定当事人采取书面仲裁协议形式，但法律却明文规定，根据口头仲裁协议做出的仲裁裁决是不能要求法院强制执行的。

2006年版《示范法》采用了两种备选的方案解决仲裁协议的形式问题。方案一是继续坚持仲裁协议应当采取书面形式的原则，同时吸收了过去十多年间国家社会关于书面形式类型方面宽松化的各种代表性的新发展，将任何记录形式和可以调取以备日后查用的电子通信信息添加为书面形式的种类。方案二则是放弃对仲裁协议的书面形式要求。法国2011年的《民事程序法典》第1443条尽管要求国内仲裁协议必须采取书面形式，第1057条却规定国际仲裁协议可采用任何形式。

以上情况表明，对国际商事仲裁协议必须采取书面形式的强行法要求在世界范围内出现了越来越宽松或弱化的趋势。但是，当事人对国际商事仲裁协议最好采取较规范的书面形式，因为即使在那些无强行法要求采取书面或其他特定形式的国家，由于存在严格证据的标准，非书面的口头形式仲裁协议非常难以被承认。

(二)根据是否包含在原国际商事合同中划分

仲裁协议可体现为仲裁条款或单独仲裁协议两种形式。

为便于纠纷的快速有效解决，多数周详完整的国际商事合同都包含了一项将未来可能发生的争议提交仲裁的条款，该条款即仲裁条款(Arbitration Clause)，它在绝大多数国家都被承认为一种有效的书面仲裁协议形式。

单独的仲裁协议(Submissions)，是指当事人于有关国际商事争议发生之前或之后，专门就该争议的仲裁问题达成一个单独的协议。该仲裁协议的当事人之间原来可能并无商事合同关系，如经济侵权赔偿关系的当事人之间即是如此。单独仲裁协议的当事人之间原来也可能存在商事合同，并在仲裁协议中提及的标的与该商事合同有关，但该仲裁协议并不是原商事合同的组成部分，两者是相互独立的，除非当事人在仲裁协议中规定，它是原合同的一部分。

最后，应予指出的是，仲裁条款与单独仲裁协议的效力是相同的，只是仲裁条款一般仅针对其所在合同中发生的特定争议，而单独仲裁协议涉及的问题则可能包含当事人间已存在的多个合同关系或非合同关系中的一切争执。因此，单独仲裁协议涉及问题往往要比仲裁条款广得多。

二、仲裁协议的内容

在不违反法律中强制性规定的前提下，各国听凭当事人自由地确定他们之间仲裁协议的内容。根据国际上常见的可算作标准化的仲裁协议，其主要内容包括仲裁事项、仲裁地点、仲裁机构、仲裁程序规则及仲裁裁决的效力等。

(一)仲裁事项

仲裁事项是指当事人提交仲裁解决的争议内容，有些学者将之称为“仲裁协议的标的”。凡慎重的当事人都不应笼统地规定将彼此之间的争议交付仲裁，而是应根据法律规定、自身利益、个案情形等，斟酌商定将哪些争议事项提交仲裁。

世界上没有一个国家允许当事人将任何性质的纠纷都提交仲裁。各国的通例是只赋予一定范围内的争议具有可仲裁性。各国的可仲裁性规则具有强行法性质，当事人只能将那些具有可仲裁性的争议提交仲裁，否则，该仲裁协议无效，依此仲裁协议做出的仲裁裁决亦无效。传统上，很多国家在其仲裁法中概括地规定，凡允许当事人和解的争议或当事人拥有自由处分权的民商事争议都可交付仲裁。但是，在传统的仲裁法中，以下民商事纠纷不得提交仲裁：当事人权利能力和行为能力之民事地位关系纠纷；配偶关系、收养关系和监护关系等亲属关系有效性纠纷；工业产权和版权有效性纠纷；涉及公共利益的证券交易、反垄断或破产纠纷等。目前，法、美、德等绝大多数发达国家和一部分发展中国家的法律已大大地扩展了可仲裁性纠纷的范围，知识产权、证券交易、反垄断或破产等不具有可和解性或可和解性范围受到诸多限制的争议已被允许提交仲裁。但是，各国的仲裁法发展仍然是不平衡的，如在德国，关于知识产权有效性的纠纷依然不具有可仲裁性，2005 年奥地利《民事程序法典》第 582 条将整个家庭法下的纠纷排除在可仲裁性的范围之外，2003 年日本《仲裁法》第 13 条第 1 款及修订于 2005 年法国《民法典》第 1060 条则仅将离婚、分居这两种家事纠纷排除在可仲裁性的范围之外。

我国的争议的可仲裁性法制规范主要体现于《仲裁法》第 2 条和第 3 条、2001 年《著作权法》第 54 条、2007 年《企业破产法》第 20 条、我国证监会在 1994 年 10 月 11 日颁发的《关于证券争议仲裁协议问题的通知》(证监发字〔1994〕139 号)及 2004 年 1 月 18 日该机构与国务院法制办联合颁发的《关于依法做好证券、期货合同纠纷仲裁工作的通知》等，其基本内容是：平等主体的公民、法人和其他组织之间发生的合同纠纷和其他财产权益纠纷具有可仲裁性；婚姻、收养、监护、扶养、继承纠纷以及应由行政机关处理的行政争议不具有可仲裁性；著作权争议具有可仲裁性；人民法院受理破产申请后，已经开始而尚未终结的有关债务人的仲裁应当中止，在管理人接管债务人的财产后，该仲裁继续进行；证券经营机构之间以及证券经营机构与证券交易场所之间因股票的发行或者交易引起的争议具有可仲裁性，所发生的仲裁案件由中国国际经济贸易仲裁委员会受理；证券期货市场主体之间发生的与证券期货经营交易有关的纠纷具有可仲裁性。

此外，尽管一些争议事项在法律上具有可仲裁性，然而，如果仲裁协议对具体的争议事项规定得很不明确，有关国家的法院可能也不承认该协议具有约束性或者仅认定其只涵盖部分争议。

D诉U(ASBL)UR(2019)[①]

上诉方当事人RFC Seraing作为第三方俱乐部隶属于简称为UR的被上诉方即比利时足联（Union Royal Belge des Sociétés de Football-Association）。该上诉方在2015年与另一上诉方当事人Doyen体育投资有限公司就某些足球运动员转会分成等达成了数项协议，这些协议却被简称为FIFA的另一被上诉方即国际足联（the Fédération Internationale de Football Association）所禁止。国际足联调查了两个上诉方当事人之间的交易且最终对RFC Seraing做出了罚款决定并宣布这些协议中涵盖的运动员不得在4年内转会，国际足联的上诉委员会赞同了该决定。2017年3月9日，在瑞士的国际体育仲裁院（Court of Arbitration for Sport，CAS）下的一个仲裁庭做出的一项裁决降低了禁止转会的年限却确定了其他所有处罚措施。上诉方RFC Seraing在瑞士对该裁决进行了质疑却未获成功，但其连同另一上诉方Doyen体育投资有限公司同时在比利时进行的宣告该仲裁协议无效的诉讼请求却在2019年获得了布鲁塞尔上诉法院的支持。该比利时法院的理由是：相关协议以一般条款的方式规定当事人之间的所有争议提交仲裁，这不符合比利时《司法法典》中"某种确定的法律关系（a defined legal relationship）"的要求；该要求的用语与规定仲裁统一法的《欧洲公约》和《纽约公约》相同。

（二）仲裁地

在国际商事仲裁中，仲裁地与当事人利益密切相关，因为程序问题须依仲裁地已是普遍宣布的冲突规则，这就意味着在何地仲裁就得遵守该地的仲裁法。虽然很多国家允许当事人选择仲裁程序法，但当事人选择的结果也不能违背仲裁地必须适用的强行法，否则可能导致有关裁决被仲裁地法院撤销。前文已指出，各国的仲裁法尚未统一，当事人在对有关国家的仲裁法不太了解的情况下即选择在该国仲裁，则在仲裁进行过程中，该当事人就可能陷于很被动的地位。还有一点尤为重要的是，当事人如事先未选定准据法，仲裁员或仲裁庭往往也是根据仲裁地的冲突规则来确定争议的准据法，而各国的冲突规则及其具体运用也不尽相同，因此，选择一个对其立法和司法不甚了解的地方作仲裁地，当事人就可能使自己的权利和义务处于很不确定的状态。

正是基于对上述因素的考虑，国际商事交易的当事人一般都力争在本国进行仲裁，因为当事人总是对本国的立法与实践有较多或容易获得较多的了解。本国立法在不影响对外交往的情况下总是较多地考虑本国人的利益。但是，各方都要求在本国仲裁，协议就无法达成，为避

---

① 该判决的详情可参见Stephan W. Schill (ed), Yearbook Commercial Arbitration, *Kluwer Law International*, Volume 44, 2019, pp. 1—9.

免这种情况的发生，当事人可选择被索赔人所在地仲裁。从国际商事仲裁协议订立的实践来看，以被索赔人所在地作仲裁地占很大一部分比例，尤其在涉及货物品质不良、延迟交货或不交货、不开信用证等商事纠纷中更为常见。当事人做出这种选择时往往还包含了为便于财产保全程序和仲裁裁决的执行等可操作性因素的考虑。不过，被索赔人主义并不是一切国际商事纠纷中选择仲裁地的最理想的准则，有时为获得权威性的公正，选择当事人所在国以外的第三国作仲裁地也是十分可行的。

最后应予指出的是，在选择仲裁地时，当事人一定要事先了解有关地区的仲裁法，特别是其中的强行规则。此外，在选择外国（包括被索赔人所在地）作仲裁地时，当事人还应考虑有关仲裁费用和花费，以及往返签证的容易与否等因素。

（三）仲裁程序规则

仲裁程序规则是当事人提交仲裁和仲裁员进行仲裁时必须履行的手续和准则。各常设的国际商事仲裁机构一般都订有仲裁程序规则，并大多规定，如选择该机构仲裁，则必须适用其仲裁程序规则。但也有些仲裁机构允许当事人选择其他组织制定的仲裁规则。如瑞典斯德哥尔摩商会仲裁院仲裁规则规定，当事人选择该院的程序规则或《联合国国际贸易法委员会仲裁规则》都是被允许的。美国仲裁协会同样允许当事人选择《联合国国际贸易法委员会仲裁规则》或《美洲国家商事仲裁委员会仲裁规则》。

（四）仲裁员的确定

当事人应在协议中指定仲裁员或规定指定仲裁员的方式，特别是要规定仲裁员的人数。当事人选择临时仲裁时尤其要注意此点，因为在选择临时仲裁的情况下，当事人如未订明仲裁员或指定仲裁员方式或甚至没有规定仲裁员人数的，则事后在指定仲裁员阶段很可能会拖延或纠缠不清，该仲裁协议最终可能会因无法执行而失效。当然，允许临时仲裁的国家或地区的仲裁制定法一般都含有法院协助指定仲裁员的规则，但这种协助工作总要经一定手续和时日，且由于法院不专门负责仲裁而并非能经常指定令当事人满意的合适仲裁员。有鉴于此，新加坡和中国香港等国家或地区的仲裁制定法[①]已确立特定的仲裁机构为解决临时仲裁中指定仲裁员僵局问题的专门机构。常设机构的仲裁规则大多规定，在当事人无相反约定的情况下，该机构有权为当事人确定仲裁员人数和指定仲裁员。

（五）仲裁裁决的效力

仲裁裁决的效力是指仲裁裁决对当事人有无终局约束力的问题，换句话说，就是当事人能否对仲裁裁决提出上诉。

目前，世界上大多数国家规定，除非存在明显地或实质性地违反法律的强制性规定外，仲裁裁决具有终局性约束力。因此，在这些国家的当事人只能在其仲裁协议中明示接受该规定或默示地不作与这些规定相冲突的措辞，否则即可能被有关法院宣布当事人间不存在有效的仲裁协议。

目前，世界上仍然有一些国家或地区（如英国、沙特阿拉伯等）允许当事人对仲裁裁决向法院上诉。一些行业的仲裁规则允许当事人向上一级仲裁机构上诉，如总部位于英国伦敦、成员遍布近 80 个国家或地区的谷物及饲料贸易协会（GAFTA）的仲裁规则即规定：不服第一审裁决的当事人可以向 GAFTA 的上诉委员会提起上诉。因此，选择这些国家或地区仲裁法为准

① 如中国香港 2010 年《仲裁条例》第 13 条就指定香港国际仲裁中心为这样的负责机构。

据法的当事人一定要根据相关规定明确地进行相应约定，否则，可能出现意外的上诉纠纷。

以上五项是一个较规范的仲裁协议所应具备的最基本内容。此外，为避免发生更多的争议和使现有争议及时解决，仲裁协议最好还应包括其他一些与仲裁有关的内容，如仲裁所使用的语言、做出裁决的期限、仲裁过程应否公开、裁决中应否附上仲裁员的个人意见、仲裁费用的承担等。

三、仲裁协议的效力要件

仲裁协议的效力是指仲裁协议是否为有关国家承认其合法性的问题。凡为有关国家承认为合法的仲裁协议，在该有关国家即被视作有效的仲裁协议，它对协议的当事人、协议指定的仲裁庭及国家皆有约束力；相反，被有关国家视作非法的仲裁协议对任何人都无约束力。

（一）仲裁协议的有效要件

各国皆规定，只有满足了法定条件的仲裁协议才被承认为合法有效。各国关于仲裁协议有效要件的具体规定不尽相同，但在大的方面却是一致的，即仲裁协议须在下列诸方面符合法定要求：

1. 当事人必须具有缔结仲裁协议的权利能力和行为能力

各国法律规定，未成年人、禁治产人、破产者皆不具备和他人订立仲裁协议的资格；一个尚未成立而处于创建阶段的公司也不能成为仲裁协议的签约人。比利时、阿根廷等一些国家规定，国家或其机构、国有企业等所谓的公法法人皆不得作为仲裁协议的当事人。还有一些国家虽然允许公法法人缔结仲裁协议，但附加了一些限制条件，如比利时现行的《司法法典》第1676条和第1700条分别规定：公法法人只有对合同成立或履行所引起的争议才可以缔结仲裁协议；在公法法人为仲裁协议一方当事人的情况下，仲裁员必须一直适用法律。但是，很多国际仲裁庭和那些对公法法人缔结国际商事仲裁协议能力不作限制的国家法院已通过裁决或判决宣布：在合同具有国际性时，限制国家或公共实体订立仲裁协议能力的本国法律不得适用。瑞士和瑞典等国甚至采用制定法支持这些裁决或判决中的主张，如瑞士1987年的《联邦国际私法》第177条第2款规定："如果仲裁协议的一方当事人为国家，或者为国家所控制的企业或组织，该国家、企业或组织不得援引其本国法上的规定，对其作为仲裁协议的一方当事人的行为能力或该仲裁协议项下的争议的可仲裁性提出抗辩。"1999年3月11日由16个欠发达国家组成的非洲商法协调组织（OHADA）制定的《仲裁统一法》第2条第2段更是以国际条约的形式确定："国家、地方当局和公共实体也可以是仲裁程序的当事人但是不可以声称具有质疑争议的可仲裁性、自身进行仲裁的能力或仲裁协议有效性的权利。"

某有限责任公司诉希腊案（2019）[①]

上诉方某有限责任公司2006年与被上诉方希腊达成了一项特许合同，约定水下隧道的建设与运营。2010年，一份仲裁裁决指令被上诉方赔偿履约延迟造成的损失。其后，被上诉方提请了司法审查并在上诉法院成功地撤销了该仲裁裁决。

希腊最高法院2019年2月16日仍决定维持支持被上诉方的原判，其依据：希腊《民法典》对该国订立非国际性仲裁协议和任命仲裁员有特别要求；尽管上诉方三股东中曾有两位处于

① 该案详情可见于 https://documents-dds-ny.un.org/doc/UNDOC/GEN/V20/070/86/PDF/V2007086.pdf?OpenElement，2023年2月16日最后访问。

荷兰，2007 年后却不再是股东且未参加仲裁程序，因此该仲裁不是国际性的。

不过，从美国纽约南区联邦法院 2018 年 6 月 15 日对 CBF Industria de Gusa S/A 诉 AMCI 持股公司（AMCI Holdings，Inc.）案的判决[①]结论来看，对于破产案件中破产申请人订立仲裁协议能力的判断方面，该国法官考虑的时间节点可能会倾向于订立仲裁协议而不是仲裁审理之时。

2. 当事人订立仲裁协议的意思表示必须真实自愿

意思表示真实自愿是指当事人同意提交仲裁及所接受的仲裁协议的内容不是欺诈、胁迫或误解的结果。

很多国家法律规定，以欺诈、胁迫的手段诱使或强迫对方当事人订立的仲裁协议无效。我国的判决实践也持类似的态度。

中国技术进出口公司诉瑞士工业资源公司案

被告（瑞士工业资源公司）以欺骗的手段诱使原告（中国技术进出口公司）与其签订了一份钢材买卖合同，并在合同中列有一个仲裁条款。事后被告通过伪造的议付单据骗得了原告的钢材货款。原告了解真相后即向上海市中级人民法院起诉。受理法院判决该合同和仲裁条款皆无效，理由是它们皆是被告以欺诈手段订入的。上海市高级人民法院最后也确认了该判决。不过，为减少法院对仲裁的干预，有些国家的法院越来越多地采用所谓的“仲裁协议独立性原则”，开始对欺诈合同进行区别。美国联邦最高法院在 1969 年“普里曼涂料公司诉福依德公司”案中就将欺诈行为分成两类：一般欺诈行为；旨在诱使达成仲裁协议的欺诈行为。对一般欺诈行为达成的合同而产生的纠纷，当事人可订立有效仲裁协议将之提交仲裁，对后一类欺诈行为达成的仲裁协议须依法院裁判决定其效力。

至于基于误解而订立的仲裁协议，很多国家虽原则上规定为无效，但是为防止一方当事人借口误解而擅自毁约以致取消了另一方当事人本来预期应获得的争议解决手段，这些国家在适用此原则时又附加了一项前提，即产生误解的当事人无任何过错。而在大多数场合，法院认为，发生误解本身即是当事人自己的过错。

3. 仲裁协议的内容必须合法

一般而言，只有符合下列两项要求的仲裁协议，才可视为内容合法：

（1）协议中规定的提交仲裁的事项为有关国家所允许提交仲裁的。

（2）协议中的有关规定不与有关国家的强行法规相冲突。

有关国家的强行法规形形色色，当事人应事先有所了解。如瑞士法和德国法规定，当事人不得在仲裁协议中约定禁止法律工作人员在仲裁中担任仲裁员、秘书或当事人的代理人等。

4. 仲裁协议必须具有合法的形式

目前世界上包括我国在内多数国家或地区的仲裁制定法都要求仲裁协议必须采用书面形式，但对该形式的内涵常常做出非常宽泛的解释。[②]

5. 仲裁协议的达成必须符合合同法中的意思表示一致的规则

---

① 该案的判决详情可见于 Stephan W. Schill (ed)，Yearbook Commercial Arbitration，Volume 44，*Kluwer Law International*，2019，pp. 1－25.

② 参见陈杭平：《仲裁协议主观范围理论的重构》，《法学研究》2023 年第 2 期，第 192～194 页。

北德意志州银行与江苏东方造船有限公司纠纷案(2010)[①]

上诉人(原审被告)北德意志州银行(Norddeutsche Landesbank Girozentrale,以下简称北德银行)的国籍国为德意志联邦共和国,其与江苏东方造船有限公司(以下简称东方公司)达成的船舶建造合同第十三章中规定:"(a)船级社的决定。如果各方就本合同或说明书发生任何技术上的争议或任何分歧,各方可在协商一致后将争议提交船级社或类似的其他专门机构,其决定将是最终的,决定性的,并对各方均有约束力;(b)如果各方不同意按上述(a)节解决争议,可将争议按下述内容提交仲裁……"合同中对仲裁地点、仲裁程序、仲裁组织的构成、仲裁裁决的效力做出了明确的约定。合同第18章约定"本合同一式三份,双方同意,本合同各章节和各部分的效力和解释接受英国法律管辖"。

后因船舶建造合同解除后发生了返还造船款及利息需缴纳的税款纠纷,东方公司诉至上海海事法院,北德银行以存在仲裁条款为由对该法院的管辖权提出了异议。被裁定[②]驳回后,北德银行不服该裁定而上诉称:无论按照中国法律还是英国法律,本案争议均应通过仲裁解决,原判所作关于船舶建造合同及解除合同的通知中均未明确涉案纠纷属于当事人约定仲裁事项的认定是错误的。

上海市高级人民法院2010年11月25日驳回了该上诉,理由是:双方当事人签订仲裁条款应当意思表示一致;本案中,涉及合同解除后代缴税款的返还问题,此项争议不属于双方当事人合同约定的内容范围,当然也不属于仲裁条款约定的事项。

(二)仲裁协议的无效

仲裁协议的无效是指仲裁协议不被有关国家承认而对任何人皆无约束力的情形。归纳起来,在下列三种场合下,仲裁协议的有效性可能会受到质疑甚至被法院或仲裁机构否定。

1. 欠缺法定的有效要件

一项仲裁协议如果缺乏法定的有效条件,如不具有法定的书面形式或将不具有可仲裁性的争议列入仲裁协议的标的,则该仲裁协议肯定是无效的。不过,各国家或地区关于仲裁协议有效要件的规则并不一致,从而使得有关法院和仲裁庭的结论并不一致。例如,根据很多国家的制定法或判例法规则,针对公司争议的国际仲裁协议是有效的。然而,在一起涉及一方当事人是OJSC NLMK这家大金属公司且标的达95亿卢布的案件中,莫斯科市商事法院在不承认对另一方当事人有利的仲裁裁决时给出的数项理由之一就是,公司纠纷不具有可仲裁性,涉及公司争议的国际仲裁协议无效。[③] 再如不动产争议在很多国家和地区都具有可仲裁性,在埃及却没有。[④]

2. 仲裁协议所指定的仲裁员不存在

出现此种情形是否导致仲裁协议无效,很多国家和地区并无法律规定。不过,有的学者认为这种仲裁协议应宣布无效,如日本学者小山升在其著作《仲裁法》中即是这么阐释的。

---

① 本案案号为(2009)沪高民四(海)终字第90号。

② 该裁定的编号为(2008)沪海法商初字第877号。

③ See Maren Heidemann, Joseph Lee(ed), The Future of the Commercial Contract in Scholarship and Law Reform, Springer Nature Switzerland AG, 2018, p. 67.

④ See Yehya Ikram Ibrhaim Badr, Party Autonomy under the Egyptian Arbitration Code: The Freedoms and the Limits, *Willamette Journal of International Law and Dispute Resolution*, January 2021, pp. 35—45.

3. 主合同无效

主合同无效，仲裁条款或单独的仲裁协议是否无效？对此，各国的理论界和司法界经常发生争论。一些学者和一些国家法院认为主合同中的仲裁条款是主合同不可分割的组成部分，被包含于其中的仲裁条款应与主合同一同无效；至于单独的仲裁协议，它虽与主合同各自独立，但它是针对主合同的法律关系而缔结的，因此，主合同无效，该单独的仲裁协议也就失去了存在基础而理应无效。不过，越来越多的国家承认分离原则(Separable Doctrine)。这些国家的司法判例和学术著作都常常赞同下列观点：仲裁协议确实是针对主合同中的实体权利与义务而订的，但它的目的是解决当事人间主合同关系纠纷，包括主合同关系是否有效这一争议，而该争议亦属可仲裁的事项，因此，除少数存在欺诈胁迫等情形外，主合同与其中的仲裁条款或有关的单独仲裁协议应是相互独立的；该仲裁条款或单独仲裁协议是否有效应根据法定的仲裁协议的有效要件来判断。晚近制定的仲裁法几乎都吸收了这一原则。1989 年《瑞士联邦国际私法》第 178 条第 3 款规定："不得基于主合同无效对仲裁协议的有效性提出异议。"1998 年比利时《司法法典》第 1697 条第 2 款规定："合同无效的裁决不应当在法律上导致其中的仲裁协议无效。"1998 年德国《民事诉讼法典》第 1040 条第 1 款规定："仲裁庭可以决定自己的管辖权，并同时对仲裁协议的存在或效力做出决定。为此，构成合同一部分的仲裁条款应被视为独立于合同其他条款的协议。"1999 年瑞典《仲裁法》第 3 条规定："构成其他协议一部分的仲裁协议，其效力如必须和仲裁庭的管辖权同时确定，则仲裁协议视为独立的协议。"

仲裁协议的分离性(或称"独立性")原则还得到了世界上有影响的国际文件和仲裁规则的确认。如《联合国国际货物销售合同公约》第 81 条第 1 款规定："宣告合同无效不影响合同中关于解决争端的任何规定。"该条中的"合同中关于解决争端的任何规定"显然包括了仲裁条款。联合国《示范法》也规定："……作为某项合同组成部分的仲裁条款得被视为独立于该合同其他条款的协议。"

鉴于全球的上述趋势，我国《仲裁法》第 19 条也明确规定："仲裁协议独立存在，合同的变更、解除、终止或无效，不影响仲裁协议的效力。"

此外值得注意的是，在我国除涉及自贸区外，未包含选定仲裁机构的仲裁协议也是无效的。①

(三)仲裁协议效力的确认

仲裁协议本身是否有效或是否失效常会在当事人间发生争议，因此，确认仲裁协议效力的规则亦具有重要意义。

仲裁协议效力的确认规则基本上包含两个方面的内容：仲裁协议效力的确认机构；确认仲裁协议所应依据的法律。

1. 仲裁协议效力的确认机构

(1)法院。在很多国家，法院虽不一定是确定仲裁协议效力的唯一机构，但一般是仲裁协议效力确定的终局机构。如《瑞士联邦苏黎世州民事诉讼法》第 241 条规定："(一)如果对仲裁协议的合法与否有争议，仲裁庭应依第 111 条就其管辖权做出裁判；(二)对这种裁决允许向高等法院提出上诉。"1958 年《纽约公约》第 2 条第 3 款也规定，有关法院有权认定仲裁协议是否有效，如果该仲裁协议是无效的或尚未生效或不可能执行的，法院可以受理此案；如果该法院查明仲裁协议是有效的，则应依一方当事人请求，命令当事人把案件提交仲裁。可见，法院是

① 参见傅攀峰：《"选定的仲裁委员会"要件认定及解释新论》，《重庆理工大学学报》2023 年第 3 期，第 141～150 页。

最有权力确定仲裁协议的机构。

Assaubayev 诉 Michael Wilson 有限合伙公司案(2014)[①]

被上诉方 Michael Wilson 是一家哈萨克斯坦家族公司的成员，上诉方是一家英属维京岛被许可从事哈萨克斯坦法律服务的公司，其执行董事为一名英国律师。被上诉方就哈萨克斯坦方面的纠纷聘用上诉方提供法律服务。上诉方的标准条款申明其不是律师事务所且英国1974年《律师法》和《律师行为准则》中的要求对其不适用。上诉方在解决前述争议与协议和解中做了大量的工作，被上诉方向前者支付了340万英镑的报酬但拒绝支付另外的480万英镑。根据聘用协议中的LCIA仲裁条款，上诉方登记了仲裁请求，被上诉方则提起了诉讼救济。英国上诉法院2014年判决满足了上诉方关于搁置诉讼和交付仲裁的要求，理由是：聘用协议中并未表明其上诉方是一家英国律师事务所；取得整体和解并不需要上诉方是一家律师事务所；……没有证据表明仲裁协议无效或不能执行。

意大利卖方与阿尔及利亚买方纠纷案(2022)[②]

意大利卖方(以下简称卖方)依约向阿尔及利亚买方(以下简称买方)出售了一家工厂。为担保该厂能适当地运行一段时间，卖方为买方争取了一份某银行(以下简称银行)保函。卖方后来获得了一张禁付令阻止银行向买方付款，二审撤销了该禁付令，银行便向买方支付了保障款并借记于卖方的账户上。

尽管各当事人之间都有国际仲裁协议，卖方仍在意大利法院提起了针对买方和银行的索赔诉讼。意大利最高法院2022年5月三审判决卖方和银行之间的仲裁协议仍有约束力，但同时宣告买卖双方当事人之间的仲裁协议不再有约束性，理由是：买方对该诉讼程序的缺席等于放弃仲裁协议，这种放弃可以是默示的。

(2)被请求承认和执行仲裁裁决的主管机关。仲裁机构或仲裁庭皆无权强制执行其裁决，因此，如果当事人不愿意执行该裁决时，该裁决还存在由其他机关承认和执行问题；而主管机关在承认和执行仲裁裁决时也往往会对据以做出裁决的仲裁协议做出审查，一旦该仲裁协议被认定无效，则也会拒绝承认和执行该仲裁裁决。《纽约公约》第5条第1款规定，被请求承认和执行裁决的主管机关根据双方当事人选定适用的法律，或在没有这种选定的时候，根据做出裁决地国家的法律，认定仲裁协议是无效的，可以根据一方当事人的请求，拒绝承认和执行该项裁决。可见，被请求承认和执行裁决的主管机关也有权确定仲裁协议是否有效，只是该项确定等到申请承认和执行仲裁裁决时才发生。应予指出的是，在很多国家，承认和执行仲裁裁决的主管机关大多亦为法院。

(3)仲裁庭。仲裁庭有权确定仲裁协议效力的原则已为包括我国在内的很多国家和很多仲裁庭的仲裁规则所确认。联合国《示范法》第16条也规定："仲裁庭可以对其管辖权包括仲裁协议的存在或有效性的异议做出决定。"仲裁庭的这项权力又常被称为自裁管辖权(Kompe-

---

① [2014]EWHC 821 (QB).

② See Italian Court of Cassation Equates Lack of Appearance to Waiver of Arbitration Clause, *Construction Law International*, December 2022, pp. 25—26.

tenz-Kompetenz)[①]不过，如前所述，仲裁庭在很多国家尚不是仲裁协议效力的最终确定机构，在这些国家的当事人可对仲裁庭关于仲裁协议效力的裁决提出撤销的请求。

2. 仲裁协议效力的准据法

确定仲裁协议效力所依据的法律称仲裁协议效力的准据法。

根据各国立法、司法与仲裁实践及有关国际公约，确认仲裁协议效力的准据法主要有以下几种：

(1)当事人选择的法律。不过，当事人选择的法律在某些场合下也不会被适用。首先，作为仲裁协议效力要素之一的当事人缔结仲裁协议能力的问题一般根据具有强行法性质的当事人属人法加以解决。其次，当事人所选择的法律适用结果与仲裁地国家有关强行法相冲突的，该所选法律就不能适用。如关于仲裁地国家规定，当事人不得选择与仲裁协议或原商事争议毫无联系国家的法律，则当事人违背此项规定所选择的法律就不能被授用，否则由此所做成的仲裁裁决很可能会被撤销。再次，当事人还必须遵从承认和执行仲裁裁决国家法律的强行规定，否则，依当事人所选法律做出的仲裁裁决也不会得到该国承认和执行。

(2)仲裁协议缔结地国家法律。行为的形式依行为地法也是一条被各国广泛接受的冲突规则，因此，仲裁协议缔结地国家的法律对确定仲裁协议的形式是否合法具有特别重要的作用。

奥地利纺织厂诉德国织物制造商案

原告(奥地利纺织厂)通过其在德国的常驻代表将人造羊毛纤维售给被告(德国织物制造商)，被告以货物质劣为由而拒付全部货款。原告依其售货确认书中所包含的仲裁条款向维也纳商品交易所仲裁庭提起了仲裁，并获得了对己有利的裁决。被告以仲裁协议无书面形式为由主张该仲裁裁决无效。德国法院最后驳回了被告的这种辩解。其理由是：虽然德国、奥地利双方都加入了 1958 年的《纽约公约》和 1961 年的《欧洲公约》，且这两公约皆要求仲裁协议得采取书面形式，但是，《欧洲公约》在其第 1 条第 2 款第 1 项中对此又做了补充规定，即“在本国法律并不要求仲裁协议书面形式的国家间，任何仲裁协议只要依这些国家法律允许的形式订立就能符合要求”。由于《欧洲公约》的这项规定在时间上比《纽约公约》晚，因此应被优先适用。根据仲裁协议是在德国订立这一事实，其形式可以适用德国法。德国《民事诉讼法典》第 1027 条第 2 款规定，当事人双方如都是商人，并且订立合同都是从事商事交易时，则仲裁协议不需书面形式。由于原告寄发给被告的销售确认书由后者发还时未对其中的仲裁条款提出异议，因此应认为仲裁协议已有效成立。

不过，仲裁协议缔结地法并不是仲裁协议形式的唯一可适用法。为顺应国际社会的尽可能地承认仲裁协议有效性的趋向，很多国家规定：与当事人及其商事争议或仲裁协议本身有关的因素，如当事人的共同的国籍、共同的住所地或被申诉人的所属国或住所地、仲裁地等，可根据情况被选为确定仲裁形式准据法的联结点。

(3)当事人的属人法。当事人的属人法是指当事人的国籍所属国法或当事人的住所地法。不过，在越来越多的国家，属人法常指当事人的住所地法。如前所述，当事人的属人法在确定

---

① See Panfeng Fu, The Doctrine of Kompetenz-Kompetenz: A Sino-French Comparative Perspective, *Hong Kong Law Journal*, 2022, pp. 258—285.

当事人缔结仲裁协议的权利能力时常具有决定性的意义。

(4)与主合同或仲裁协议有最密切联系国家的法律。很多国家已承认此原则。但何为"最密切联系",各国尚无一致观点,各国司法或仲裁实践在解决这一问题时常参考下列因素:当事人的所属国或住所地、缔约地、仲裁标的所在地、纠纷的性质、仲裁地等。

荷兰某私营公司诉比利时某公营公司案

被诉人(比利时某公营公司)向申诉人(荷兰某私营公司)定购折叠式印刷品和招贴画。双方达成三项协议,其中一项以书面形式加以确认,另两项系口头订立。申诉人在其第一批交易的要约中曾明确提到那份已呈请阿姆斯特丹地区法院注册备案并包含了仲裁条款的"印刷交货条件"。为请求付清余款,申诉人据该仲裁条款提请了仲裁。被诉人在答复中辩称:仲裁协议尚未成立,因为第一项协议中提交的交货条件所包含的条款并未为被诉人接受,而这一点是比利时法律所要求的。对此,仲裁庭的裁决是:本案涉及被诉人向申诉人订购印刷品在荷兰制作的协议,这种协议应视为承揽合同而受工作成果即合同最重要的成分得以实施国家的法律支配,因此,上述三项协议得依荷兰法律;第一次的要约明确提到的印刷业的交货条件包含了一项仲裁条款,被诉人以信件方式同意了此项要约,因此接受了共同交货条件;其他两项系口头订立并未明确地提及上述条件,但是,荷兰法律规定,凡是当订购适用于惯例性条件的印刷品在此后不久向同一印刷商再次订货时,除明确表示与通常情况相反外,得推定他也接受此条件。

(5)仲裁地法。仲裁地法也是常用的仲裁协议效力的准据法。特别应指出的是,仲裁地的强行法规则是当然适用于仲裁协议的。

(6)被请求承认和执行仲裁裁决的国家法律。有关国家在承认和执行仲裁裁决时,不仅要依其本国法审查该仲裁裁决的可承认性和可执行性,而且还要依其本国法(包括冲突规则)审查据以做出该仲裁协议的有效性。如果认为该仲裁协议是无效的,该国也不会承认和执行该仲裁裁决。总之,在审查仲裁协议有效性时,只有适当地考虑可能被请求承认和执行仲裁裁决的国家法律,才不至于劳而无功,否则,劳民伤财地获得的仲裁裁决就有可能因仲裁协议违反有关国家的法律而得不到承认和执行。

四、仲裁协议的作用

这里的仲裁协议是指有效的仲裁协议。至于无效或已经失效的仲裁协议,如前所述,它们对任何人都不产生约束力,因而谈不上有什么作用。根据各国立法、司法与仲裁实践,以及有关的国际公约,有效的仲裁协议的作用主要表现在以下几个方面:

(一)对各方当事人具有约束力

仲裁协议只要有效,各方当事人就得受之约束。事后除发生法定失效的情由外,任何当事人不得就仲裁协议中约定的争议事项向法院起诉,否则,另一方当事人可根据仲裁协议要求受理法院终止诉讼。如有关法院不顾有效的仲裁协议而强行判决,当事人可以以有效的仲裁协议作为拒绝执行判决的抗辩理由。

(二)排除法院对有关争议的管辖权

这一作用已得到包括我国在内很多国家的广泛承认。法国1980年的《仲裁法令》规定:"当一项根据仲裁协议提交仲裁机构的争执又被提交国家的法院时,该法院应宣布无权受理。"

德国《民事诉讼法》规定:"法院受理诉讼,而当事人就诉讼中的争议订有仲裁契约时,如被告提出仲裁契约,法院应以起诉不合法驳回之。"美国《联邦仲裁法》规定:"当事人一方出示仲裁协议申请仲裁而对方当事人拒绝时,法院应命令双方进行仲裁。但如果对方当事人否认仲裁协议存在,法院即对此争执做出决定,如果决定有利于申请仲裁的一方,应命令进行仲裁,否则,驳回申请。"我国《民事诉讼法》第 257 条规定:"涉外经济贸易、运输和海事中发生的纠纷,当事人订有仲裁条款或事后达成仲裁协议的,不得向人民法院起诉。"世界上其他国家的仲裁法中大多亦有类似的措辞。《纽约公约》也宣布了此原则,该公约的第 2 条规定:"(一)如双方当事人书面协议把由于某个可通过仲裁方式解决的事项的有关特定的法律关系,不论是否为合同关系,已产生或可能产生的全部或任何争执提交仲裁,每个缔约方应承认这种协议……(三)如果缔约方的法院受理一个案件,而就这个案件所涉及的事项是无效的、未生效的或不可能实行的,应依一方当事人的请求,命令当事人把案件提交仲裁。"

N. B. Three 运输有限公司诉 Harebell 运输有限公司案(2004)

本案中的当事人签订了一份光船租船合同,规定租约下的纠纷将提交英国法院解决。但是,该合同同时规定,船东有将争议提交仲裁的选择权。由于当事人对相关款项的支付产生了争议,租船方便诉请英国法院解决。船东却根据提交仲裁的选择权租约条款,要求英国法院搁置诉讼程序。英国法院满足了船东的这一要求,理由是:租约使船东保留了将争议提交仲裁的权利,船东应被允许实施该权利。

(三)作为仲裁机构受理案件的最主要依据

这里提"最主要依据"而不是"唯一依据",是因为在某些国家,仲裁机构受理案件的依据并不总是案件当事人之间存在的仲裁协议,而是有时为法院指定或法律规定。例如,英国伦敦国际仲裁院就既可以根据双方的协议进行仲裁,也可以对法院转交的商事案件进行仲裁。

除了法院指定或法律另有强制规定外,有效的仲裁协议确实是仲裁机构受理案件的唯一依据。这里"依据"的含义包括两个方面:(1)只有经有效仲裁协议的指定,仲裁机构才有权对仲裁协议中规定的纠纷事项进行仲裁;(2)仲裁机构所进行的仲裁不得与仲裁协议规定的内容相冲突,如不可对仲裁协议指定事项以外的当事人间其他纠纷进行仲裁,仲裁过程不得违背当事人意愿而将之公开,仲裁裁决须在约定期限内做出等。

(四)作为有关主管机关承认和执行仲裁裁决的主要依据之一

各国法律皆规定,当事人在请求主管机关承认和执行仲裁裁决时,必须提交有效的仲裁协议。仲裁协议的这一作用也为《纽约公约》所确认。

第三节　仲裁员和仲裁庭

一、仲裁员的资格

只有具备一定条件的人才有资格担任仲裁员,这是各国法律和各常设仲裁机构的仲裁规则的一致要求,其目的是保证仲裁的公正性。各国法律和各常设机构的仲裁规则关于仲裁员资格的规定可分为两个方面:一般仲裁员的资格要求;个案仲裁员的资格要求。一般仲裁员的资格要求对法定管辖范围内的一切仲裁员皆适用;而个案仲裁员的资格要求则只对实际办理具体案件的仲裁员适用。这里应予说明的是,实际办案中的仲裁员须同时符合一般仲裁员和个案仲裁员的资格要求。

(一)一般仲裁员的资格要求

不同的国家或不同的常设机构对一般仲裁员的资格要求不尽相同,但大体上可分为以下几个方面:

1. 仲裁员依法应具有完全的民事权利能力和行为能力

这是各国和各常设机构的一致规定。因此,未成年人、精神病人或禁治产人皆不具有一般仲裁员的资格。

2. 仲裁员必须具有完全的公民权

公民权相当于我国刑法中的"政治权利"。很多国家的法律都要求仲裁员必须具备完全的公民权。德国《民事诉讼法》第 1032 条第 3 款规定,经法院宣告剥夺其公职资格的人不具有仲裁员资格。瑞士《联邦仲裁协约》第 18 条第 1 款也规定,犯了不名誉的轻重罪行而受到自由刑的处分者无仲裁员资格。

3. 只有自然人才有资格充任仲裁员

这是世界上大多数国家的实践做法,它也是由仲裁性质决定的。仲裁是一种脑力活动,只有自然人才具有这种本领。不过,也有少数国家允许当事人在国际商事仲裁中选择非自然人作为仲裁员。如在 1977 年 5 月 3 日对 Italian 诉 Lux 航空公司的判决中,法国最高法院即承认选择卢森堡某一商法法院作为仲裁员的仲裁条款是有效的。不过,在那些允许选择仲裁机构或其他组织作为仲裁员的国家,实际的仲裁工作仍然是由作为这些机构或组织代表的自然人承担的。

4. 仲裁员应具有一定的专门知识和资历

只有具有一定专门知识和资历的人才有能力合理、公正和有效地处理当事人之间的纠纷。不过,基于私法关系意思自治原则,多数国家的法律并不要求国际商事纠纷的当事人只能选择有专门知识和资历的人作仲裁员。但是,当事人一般只相信具有专门知识和资历人士的能力,因此,很多常设仲裁机构的仲裁规则或推荐名单中列举的仲裁员一般都是具有一定专门知识和资历的知名人士。

鉴于我国国情,我国《仲裁法》第 13 条明文规定了仲裁员的资格条件,该条的内容如下:"仲裁委员会应当从公道正派的人员中聘任仲裁员。仲裁员应当符合下列条件:(一)从事仲裁工作满 8 年;(二)从事律师工作满 8 年;(三)曾任审判员满 8 年;(四)从事法律研究、教学工作并具有高级职称的;(五)具有法律知识,从事经济贸易等专业工作并具有高级职称或具有同等专业水平的。仲裁委员会按不同专业设仲裁员名册。"

5. 仲裁员应具有良好的道德品质

即使具有丰富的专门知识和经验,但如果没有良好的道德品质,有关人员也不能取得仲裁员资格,这一要求是为保证仲裁的公正性和独立性所必需的。前述第三点中提及的仲裁员必须具有公民权的要求也是仲裁员必须具备良好道德品质规定的一个体现。当然,有些人尽管拥有公民权,但又存在不诚实、不公正、不负责任等不良习性,这些人不应拥有仲裁员的头衔。根据 2010 修订的《联合国国际贸易法委员会仲裁规则》第 12 条规定,对上述具有不良品质而取得仲裁员资格的人,任何人都可提出异议。很多常设仲裁机构及一些民间的国际组织在其仲裁规则或单独关于仲裁员的行为守则中亦对仲裁员品格做出要求。其中对仲裁员的道德品质进行较集中规范的著名规则包括美国仲裁协会与美国律师协会的《国际仲裁员行为准则》与《国际商事仲裁利益冲突指南》等,它们都为仲裁员提供了包含下列道德内容要求的指导原则:披露影响公正和产生偏向印象的利害关系;独立、公正、勤勉地受理案件;在仲裁中保守秘密;等等。

6. 只有不拥有某种公职的人才能担任仲裁员,就像法官或政府官员不能同时兼做律师一样

一些国家规定,在任法官或具有某种公职的人员不得取得仲裁员资格,如比利时和奥地利法律就有如此规定。不过,大多数发达的资本主义国家并不禁止法官充任仲裁员。法国还明确规定,在上级有关部门同意的情况下,法官也有资格充任仲裁员。

(二)个案仲裁员的资格要求

一位人士在某国或某常设仲裁机构中拥有一般仲裁员的资格,或者在某案的临时仲裁庭中担任过仲裁员,并不意味着该人士在任何一个仲裁案件中都有资格担任仲裁员。在某一具体案件中担任仲裁员者除必须符合一般仲裁员的资格要求外,还得满足由该具体案情所决定的特殊条件。不过,尽管个案情形不尽相同,但个案仲裁员的特殊资格要求仍然可以表述为以下几点积极条件或消极条件(其中的积极条件是指应具备某条件;消极条件是指不应具备某条件):

1. 个案仲裁员任职的依据应符合当事人的协议

各国允许当事人以协议约定处理他们间的争议。如果个案中仲裁员任职的依据不符合当事人的自愿协议时,有关当事人就可以仲裁员的资格不合约定(或称仲裁程序不当)为由要求法院发布禁令,终止该仲裁程序,或者撤销已做出的裁决。当然,有些仲裁协议并未选定仲裁员或未规定指定仲裁员的方式,但如果该仲裁协议是有效的,则该协议中肯定规定了仲裁机构或选定了仲裁程序规则或仲裁地。在这种情况下,依该仲裁机构的仲裁规则或依仲裁地法确定的仲裁员也应视作符合当事人间的协议。

2. 个案中的仲裁员应不具有仲裁回避条件

和诉讼中审判回避问题一样,仲裁案件中也存在仲裁员的回避问题,解决好这一问题也是保证仲裁过程的公正性和独立性的前提条件之一。大体上而言,很多国家在其仲裁法中仅笼统规定,在当事人有正当理由怀疑某仲裁员的独立性和公止性的情况下,该仲裁员应当回避。少数国家如瑞典《仲裁法》第 8 条和我国《仲裁法》第 34 条等也列举了仲裁员应予回避的情形。

Roulas 诉 J. Tepra 案(2005)①

本案缘起 1993 年原告(Roulas)与几家银行及其所属的 Poulimatka 公司之间的一宗股票销售纠纷,被告(J. Tepra)为受理该纠纷的三人仲裁庭的主席。该仲裁庭在 1995 年做出了对原告不利的裁决。后来,原告获知被告在仲裁之前和仲裁期间都向另一方当事人提供法律建议并收取费用。1997 年芬兰赫尔辛基上诉法院判决认为,尽管所提供的法律建议与该仲裁庭裁决的案件完全无关,被告仍然不具有上述纠纷案的仲裁员资格并撤销了上述裁决。原告随后提起了针对被告的索赔之诉。芬兰最高法院最终判决原告胜诉,理由是:被告在仲裁之前向另一方当事人提供与仲裁案情无关的法律建议不应当影响对其公正性和独立性正当怀疑,但是在仲裁期间仍然提供这种建议并收取 38 010.47 欧元的费用,原告对其怀疑便是正当的;对这种利害关系不予披露导致了原告需要新的仲裁程序所发生的额外成本与费用;被告未能证

---

① See Gustaf Moller, The Finnish Supreme Court and the Liability of Arbitrators, *Journal of International Arbitration*, 23(1), 2006, pp. 97—98。

明裁决的撤销和由此导致的原告损失不能归因于其过失。

所有常设仲裁机构的仲裁规则也对仲裁员的回避问题做出规定，但多数仲裁员规则仅是泛泛规定：具有非公正性和非独立性之嫌的人员应回避作仲裁员。但也有个别的仲裁规则，如奥地利《经济联合会仲裁中心仲裁与调解规则》等，对仲裁员的回避情形作了列举。根据该规则，下列人员须提请回避作仲裁员：在该案中，本人为一方当事人或一方当事人的债权人或债务人，或受当事人追索的人；或该案争议涉及其配偶或直系血亲或姻亲等在内的血亲，或二亲等内的旁系姻亲；或该案争议涉及其养父母或养子女，或涉及同居的养父母或养子女或监护人；或其曾经并仍然是一方当事人的代理人；或在该案争议中他曾作过证人而举证，或作过鉴定人而受讯问；或存在有足够理由可以怀疑其不公正的情形。

最后应予指出的是，各国一般也允许当事人以一致同意的方式选择法定回避情形中的人士作为他们间纠纷的仲裁员。

3. 个案仲裁员的国籍要求

目前，世界上多数发达国家不再禁止外国人担任仲裁员。我国目前的国际经济贸易仲裁委员会推荐的仲裁员名单中就有来自30多个国家的外国人。不过，一些国际公约或国际商事仲裁规则规定，在当事人无一致约定而任命仲裁员时，最好任命与当事人国籍不同的仲裁员。1965年《华盛顿公约》第38条、《国际复兴开发银行公约》第38条、《联合国国际贸易法委员会仲裁规则》第6条等，就是最好的例证。

二、仲裁庭

(一)仲裁庭的人数

如果当事人以协议约定了仲裁庭的人数，很多国家认可这种约定。但是，巴西、哥伦比亚、哥斯达黎加、厄瓜多尔、西班牙、委内瑞拉、叙利亚、意大利、匈牙利等国的法律强行规定仲裁庭的人数必须为奇数。

SEEE诉南斯拉夫案(1956)①

本案的原告(SEEE)为一家法国公司，被告则是南斯拉夫共和国。原、被告之间发生了纠纷，根据仲裁协议，只任命两名仲裁员在瑞士Vaud州做出仲裁裁决，1956年7月2日瑞士拒绝对该裁决进行登记，理由为仲裁庭的人数不是仲裁地Vaud州程序法所要求的奇数。

法国2011年《民事程序法典》第1451条、荷兰2015年《民事程序法典》第1026条第1款等也要求仲裁庭的人数必须是奇数。不过，这两国的上述规则不适用于国际商事仲裁。然而，如果国际商事仲裁纠纷的当事人选择这些国家的法律为程序法，则上述规定也是必须适用的。

La Moirette公司与LTM公司纠纷案(1995)

当事人将争议提交了2名仲裁员，并约定在2名仲裁员不能形成一致意见的情况下将争议交第3名仲裁员裁决。1995年9月13日巴黎上诉法院对该案的判决中指出，当事人之间

① 本案资料来源于Pippa Read，Delocalization of International Commercial Arbitration：Its Relevance in the New Millennium，*The American Review of International Arbitration*，1999，10 Am. Rev. Int'l Arb. 177，第181页。

的这种仲裁条款违背了法国的强行标准，因而是无效的。

如果当事人对仲裁庭的具体人数未作约定，各国法律、仲裁规则或国际公约大多规定，仲裁庭应由三名仲裁员组成。不过，个别国家却有与上述内容不同的规定。如德国《民事诉讼法》第 1028 条规定，当事人未作约定时，仲裁庭由当事人各选一名(即两名仲裁员)组成。从仲裁实践来看，由三人组成的仲裁庭场合最多。但有些简单的案件，为快速、低费地结案，当事人也会只议定一名独任仲裁员组成仲裁庭；而在个别较复杂的案件中，当事人也可能选定五人组成仲裁庭。

(二)仲裁庭成员的任命

仲裁庭成员简称仲裁员。其任命方式问题，各国一般采取意思自治原则，即允许当事人选任仲裁员或规定选任仲裁员的方式。只是在当事人间未对仲裁员的选任或选任方式做出约定时，各国的法律、仲裁机构规则或有关的国际公约关于依何种方式任命仲裁员的规则才予适用。

如前所述，在无相反约定时，仲裁庭一般由三名人员组成。在这三名仲裁员中，有两名应由当事人分别指定，另一名一般应由这两名仲裁员指定。在当事人拒绝履行或拖延履行指定仲裁员义务或当事人所选定的两名仲裁员不能就另一名仲裁员达成一致时，多数国家法律规定，在这种情况下由法院根据一方当事人的请求代为指定仲裁员。此外，大多数国际商事仲裁机构在其仲裁规则中规定，其仲裁机构的最高权力机构也有代为指定仲裁员之权。

关于仲裁员的挑选范围，各国的法律或有关的国际公约一般规定，当事人或有权任命仲裁员的机构可以从符合法定的一般仲裁员和个案仲裁员资格的人士中任意挑选。但是，各常设仲裁机构的仲裁规则的规定差别很大，大体上可分为两类制度。第一类为当今大多数国际商事仲裁规则的规定，即当事人或有任命权的机构可以从这些仲裁机构备用名单上列举的人员中选出仲裁员，亦可从备用仲裁员名单以外的人士中选任仲裁员。第二类则是以《美国仲裁协会规则》为代表的名单征询制度。按此制度，当事人无约定时，仲裁协会从仲裁员名单中挑选若干名，各当事人各方发出一份或两份征询名单，限定在指定期限内将各自否定的人员删除，而将同意者按先后次序编列送还。如任何一方在规定期限内未送还，仲裁协会视作已同意，并依名单次序加以任命。如一方或双方当事人全部否定名单，或选任的仲裁员不能受任，仲裁协会将递送第二次名单。不过，当第二次名单遭同样否定或不能执行时，仲裁协会即不再发送名单，而由自己任命一名独任的仲裁员。

(三)对仲裁庭成员的异议和替换

在仲裁庭成员不具备一般仲裁员和个案仲裁员资格，或仲裁员在仲裁程序中行为不当时，当事人可对该仲裁庭成员甚至整个仲裁庭提出异议，请求该仲裁员回避或撤销该仲裁员甚至整个仲裁庭。

关于异议提出的期限，不少国家的仲裁法或仲裁机构的仲裁规则并无明确规定。因此，当事人在知悉可提出异议的理由时应立即提出，否则事后即可能被有关机关视作放弃提出异议的权利。美国仲裁协会的仲裁实践就是如此。

也有些国家的法律或仲裁规则对当事人向仲裁庭提出异议的时间做出明确规定，如瑞士《联邦仲裁协约》第 20 条规定，要求回避，应在仲裁开始时提出，或者申请人在知悉回避原因后立即提出。《联合国国际贸易法委员会仲裁规则》第 11 条第 1 款规定，对仲裁员准备提出异议的一方当事人应在该仲裁员的任命已通知提出异议的一方当事人后 15 日内或该方当事人知悉存在异议理由后15日内，发出异议通知书。该规则还进一步规定，异议通知书应说明异议理由。

对仲裁员异议，可向有任命仲裁员之权的机构或有管辖权的法院提起。异议一旦为有权机构确认成立，则其后果可能就是仲裁协议无效或撤销该被异议的仲裁员。如仲裁员不合格并不导致仲裁协议无效而仅构成撤销仲裁员的理由时，则涉及对该被撤销的仲裁员的更换问题。

仲裁员的更换还可能因仲裁员自行回避、辞职、不能执行职务或死亡等原因而产生。各国法律或仲裁规则对仲裁员更换程序的规定大体一致，即按选任或任命被更换的仲裁员程序选任或任命接替的仲裁员。

(四)仲裁庭成员的权限差别

目前，各国基本上都实行仲裁庭成员的平权制度，即所有仲裁员在仲裁程序和仲裁裁决中享有平等的权利。不过，除独任仲裁员组成的仲裁庭外，数人组成的仲裁庭成员中也不得不有一个先后顺序的排列问题，而在仲裁程序或裁决的某些方面也必须有一个仲裁员领头或做出最终决定。因此，很多国家的法律或仲裁规则也规定，在多人组成的仲裁庭中须有一人作首席仲裁员或公断人或仲裁庭主席(这三个概念大体相当)。总的来说，首席仲裁员在至关重要的仲裁程序或裁决中并无优越于其他仲裁员的权利。但是，有些仲裁法或仲裁规则或仲裁协议等却规定，首席仲裁员在特殊情况下有优先决定权。如瑞典1999年《仲裁法》第30条第2段规定：在仲裁庭的成员是单数时，双方当事人应约定“在表决时，双方票数相等，由公断人决定；或者由仲裁庭全体一致票或特别多数票决定之”。1998年《国际商会仲裁院与仲裁规则》第25条也规定：“仲裁庭由数名仲裁员组成时，裁决以多数票决定之，得不到多数时，裁决将由首席仲裁员单独做出。”此外，在一些细小问题上，首席仲裁员也可能有些特权或特殊职责，如《联合国国际贸易法委员会仲裁规则》第31条第2款规定：“关于程序问题，在未取得多数的情况下或由仲裁庭授权时，首席仲裁员须单独做出决定，但仲裁庭可以改变之。”

(五)仲裁庭的任务范围

根据各国的仲裁法、仲裁规则和仲裁实践，归纳起来，仲裁庭的任务范围主要包括以下几个方面：(1)收受仲裁案件双方当事人的仲裁申请或答辩文件、证据影本，询问双方当事人的地址，及时地将该仲裁申请或答辩理由通知对方当事人并使其充分陈述；(2)在当事人未约定时，决定仲裁地点、适用于争议的实体法等；(3)按照有关法律或仲裁规则进行听证，听取当事人的充分陈述，并做出与案情有关的客观调查；(4)在当事人无约定时，决定仲裁程序；(5)做出与有关法律不相抵触的裁决。

(六)仲裁庭成员的权利与义务

仲裁庭成员的权利可以概括为三个方面：仲裁员有权独立地参与仲裁审理程序和对裁决做出表决，任何当事人或其他机关或个人皆无权干预；仲裁员有权为其仲裁工作取得合法的报酬；仲裁员无正当理由不得被撤职。

仲裁庭成员同时也应依法或依有关的仲裁规则承担一定的义务。概括起来，这些义务有以下几个方面：(1)必须秉公仲裁并保守仲裁秘密；(2)接受仲裁任务后不得无正当理由辞职，否则须对由此而造成的当事人损失负赔偿责任；(3)依合法合理原则，迅速仲裁和对裁决做出表决；(4)仲裁员不得接受一方当事人提供的贿赂或其他不正当利益；(5)仲裁员不得做出与双方当事人仲裁协议或有关法律相冲突的行为。

第四节　仲裁程序

仲裁程序是当事人提请仲裁和仲裁庭进行仲裁时经历的手续、步骤、活动规则与次序的统称。前已指出，各国一般允许当事人约定具体的仲裁程序，只有无约定时，仲裁地国家的法律和审理该案件的常设机构的仲裁规则或临时仲裁庭安排的仲裁程序规则才可适用。根据国际商事仲裁当事人的约定习惯、各国仲裁法和各常设仲裁机构规则及仲裁实践，仲裁程序主要涉及下列问题：仲裁的申请、答辩与反诉；仲裁员的选任，仲裁庭的审理、取证和临时保全措施；裁决与做成裁决及仲裁程序的终止等。其中，关于“仲裁员的选任”可见本章第三节。

一、仲裁的申请、答辩与反申请

（一）仲裁的申请

仲裁申请是一方或双方当事人根据仲裁协议将现存的有关争议提请仲裁的意思表示。它是仲裁程序开始的第一步。

世界上各常设的仲裁机构皆要求提请仲裁的当事人必须做仲裁申请书。如果仲裁申请书是一方当事人做的，则该仲裁申请书又称申请书，该当事人又称申请人。如果仲裁申请书是由各方当事人共同做的，则该申请书亦为各方当事人间仲裁协议的一部分。各方当事人共同做的仲裁申请书被有关仲裁机关接受后，最先主张权利的人亦称申请人，其所做的权利请求书亦称申请书。申请书中指控的对方当事人称被申请人。

各常设仲裁机构的仲裁规则对申诉书的内容皆有一定的要求。一般而言，申诉书应包括以下事项：申请人和被申请人的名称和地址，申请所依据的仲裁协议，关于案情的说明和各方当事人的争执点，申请人的权利主张及有关证据，申请人指定的仲裁员姓名，等等。

在提请常设机构仲裁时，申请人提交的申诉书及有关附件（主要为证据材料）的正本或副本套数至少应够分送给每个被申请人和每个仲裁员及受理该案件的常设仲裁机构各一份。在提请临时机构仲裁的情况下，申请人还必须做成提交仲裁的通知书，并连同申诉书一道送交对方当事人。

在申请仲裁时，申请人还必须提交有关费用，主要为案件登记费和预计的仲裁费用保证金。如申诉人最后获得了有利的裁决，他可就该保证金的一部分或全部向败诉方求偿。

（二）仲裁的答辩与反申请

仲裁的答辩是被申请人针对申请人的指控和要求而作的答复和辩解。答复和辩解的书面文件称答辩书。

各常设机构的仲裁规则对被诉人提交答辩书大多规定了时限。我国的国际经济贸易仲裁委员会仲裁规则规定的时限为 45 天。

与诉讼中的反诉一样，在仲裁实践中，被申请人向申请人提出反申请的请求也是常见的。仲裁中的反申请是指被申请人以申诉人为被诉人，针对申请人原申请依据的同一合同关系或侵权关系而提出的与申请人原申请请求相对抗的反请求，其目的在于抵消申诉人的原申请请求或维护自己的其他有关的正当权利。

为使反申请请求被接受，被申请人应遵守一定的规则。

首先,反申请请求必须在规定的时限内提出。中国国际经济贸易仲裁委员会的仲裁规则规定时限为自收到仲裁通知之日起 60 天,仲裁庭认为有正当理由的可适当延长此期限。

其次,反申请一般也要做成书面文件,并应包含申请书中所应具备的事项,其书面份数亦与申请书相同。

再次,反申请和原申请依据的必须是同一仲裁协议和同一商事法律关系。

最后,被申请人得对因反申请而可能增加的仲裁费用及时缴纳保证金。

二、仲裁的审理、取证与临时保全措施

(一)仲裁的审理

1. 仲裁审理的概念和原则

仲裁审理是指仲裁庭对案情所做的审查和核实活动的总称。各国仲裁法和各常设机构的仲裁规则对仲裁审理的基本原则皆有规定。归纳起来,这些原则大体为以下几项:尊重各方当事人的意愿、公正、快速审理。

2. 仲裁审理的范围

各国的仲裁法一般规定:仲裁审理的范围应仅限于各方当事人在仲裁协议中约定的可交付仲裁的事项。常设机构的仲裁规则对仲裁审理的范围大多亦无明确具体的规定。世界上只有少数仲裁规则列举了仲裁审理的范围,《国际商会仲裁院调解与仲裁规则》第 13 条第 1 款的规定即为一例证。

实践中,仲裁审理的范围是因案而异的。但是,归纳起来,仲裁审理对象可分为下列部分或全部问题:仲裁协议是否有效;仲裁庭对该案有无管辖权;申诉人或被诉人的资格是否合格,即申诉人或被诉人是否为仲裁协议的当事人,且是否存在仲裁协议中规定的商事纠纷;各方当事人对实体争执的陈述与举证;对其他途径取得的证据材料的审查核实等。

3. 仲裁审理的方式

审理可分为口头和书面两种形式。口头审理又称听证。在此方式下,仲裁员和当事人各方规定时间集中于规定的场所,由仲裁员做口头查问,当事人做口头陈述。不过,在听证过程中,仲裁员查问时也可向当事人出示书面证据供当事人口头辩论和解释,而当事人在对案情做口头陈述时也可以有书面证据作凭据。目前,世界上大多数仲裁规则已不再将听证为一例常的审理程序,但它们一般也规定,只要有一方当事人提出听证申请,仲裁庭即应安排听证,无任何当事方提出听证申请时,仲裁庭可自行决定是否举行听证,除非当事人在仲裁协议中有相反的规定。经正式有效的通知,一方当事人拒不到庭参加听证而又未提出延期听证的合理理由,原先安排的听证仍可照常进行。

在书面审理的方式下,当事人不需要共同出庭陈述,仲裁员只根据当事人提交的书面材料进行审理。在国际商事仲裁中,当事人往往分处于不同的国家,听证安排费时、费力,因此,如果当事人无明确要求时,国际商事仲裁大多以书面审理为主。当今极为发达的通信条件亦为书面审理提供了极大的方便。

4. 仲裁审理的地点

当事人有协议的,依协议决定仲裁审理地点;无协议时,各常设机构的仲裁规则一般规定,仲裁员有权决定仲裁审理地点。至于仲裁员间协商碰头,向证人、专家或当事人调查、取证或听取意见,以及对货物或其他财产检验、对有关文件验证等与审理有关的活动,只要当事人间无协议明确表示反对,就不必限于在当事人或仲裁庭安排的仲裁审理地点进行。

5. 仲裁审理的程序

当事人对仲裁审理程序可加以约定。无当事人约定时，仲裁庭可自主安排。在实践中，仲裁审理程序与法院的程序大体相同，只是在很多环节上，仲裁要比诉讼快速灵活得多，且除有当事人协议同意，仲裁审理应秘密进行。

（二）取证

为确保仲裁的公正性，仲裁庭必须获取证明案件事实真相的证据。

1. 证据种类

对此，很多仲裁规则仅概括地规定为书证、物证和其他证据三类。一般而言，“其他类型证据”是指书证、物证以外的能直接或间接证明案件事实情况的凭据”。我国《民事诉讼法》规定的证据类型除书证、物证外，还有视听资料、证人证言、当事人陈述、鉴定结论和勘验笔录五种。其他国家诉讼法中的规定有的更详细，有的却更概括，但也可以将之概括或具体地分成我国《民事诉讼法》中的七大类。

2. 证据的取得方式

仲裁庭取得各类证据的方式可以有多种。很多仲裁规则规定，当事人各方对其申诉或答辩所依据的事实负有举证责任。因此，仲裁庭取证的第一条途径就是要求当事人提供证据。此外，仲裁庭也可亲自调查、询问证人并做出由证人签名的笔录，以及亲临现场或委托专家赴现场作勘验笔录。在涉及技术性问题时，仲裁庭还可决定邀请有关专家作鉴定结论。仲裁庭取证的另一重要途径就是举行各方当事人和有关证人参加的听证会，在听证会上，仲裁庭不仅可能取得新证据，核实已有的证据，而且还可能获得对案情的新思维。

（三）临时保全措施

临时保全措施是指在仲裁程序开始以后而仲裁裁决尚未做出之前，基于一方当事人的请求而对另一方当事人的财产或争议中的财产采取一种临时性强制措施。其目的是保证日后做出的仲裁裁决得以执行，从而不至于使胜诉一方的利益实际落空。

在各国，有管辖权的法院（有关财产所在地法院或被申请采取临时保全措施的当事人住所地法院等）肯定有权决定采取临时保全措施。各国现在普遍承认，在仲裁程序之前或进行之中，当事人向法院提出临时保全措施申请的，不得被认为是与仲裁协议的规定相抵触的行为，亦不得被认为是对仲裁协议的放弃。因此，有关当事人向有管辖权的法院申请采取临时保全措施的，肯定为一不影响仲裁的举措。但是，在仲裁过程中，如果仲裁庭不仅有权进行审理，而且有权根据已掌握的案情决定做出临时保全措施，那么该项决定可能更合理。目前众多国家或地区在保留法院仍为仲裁临时救济措施发布主体的同时，在现行仲裁制定法中明确宣布仲裁庭也是有权力发布保全措施的主体。如瑞士 1987 年《联邦国际私法法规》第 183 条、英国 1996 年《仲裁法》第 38 条第 3～4 款和第 39 条第 1 款、瑞典 1999 年《仲裁法》第 25 条第 4 款、德国 1998 年《民事程序法典》第 1041 条第 1 款、澳门 1998 年《涉外商事仲裁法规》第 17 条、瑞典 1999 年《仲裁法》第 25 条第 4 款、新加坡 2002 年《仲裁法》第 28 条和 2009 年《国际仲裁法》第 12 条、日本 2003 年《仲裁法》第 24 条第 1 款、波兰 2005 年《民事诉讼法》第 1181 条[①]、奥地利 2006 年《民事程序法典》第 593 条第 1 款、柬埔寨 2006 年《商事仲裁法》第 25 条、新西兰

① 参见中国国际经济贸易仲裁委员会：《“一带一路”沿线国家国际仲裁制度研究》（二），第 5 页，http://www.cietac.org/Uploads/201612/5867bc7699b6d.pdf，2018 年 6 月 16 日最后访问。

2007年修订《仲裁法》表1第17A条、迪拜2008年《仲裁法》第24条第1款、卢旺达2008年《商事仲裁与调解法》第19条、文莱2009年《仲裁法令》第28条及《国际仲裁法令》第15条、美国佛罗里达2010年《国际仲裁法》第18条、爱尔兰2010年《仲裁法》第19条和表1第17条、苏格兰2010年《仲裁法》规则35、澳大利亚2010年《国际仲裁法》表2第17条、中国香港2010年《仲裁条例》第35条、法国2011年《民事程序法典》第1468条、比利时2013年《司法法典》第1696条等。①

临时性强制措施的形式有多种,如扣押一方当事人的财产或争议中的财产;命令一方当事人将其有关财产或其控制的争议中的财产交仲裁庭、司法当局或第三人保管;为确保可能败诉一方当事人的偿债能力,命令其将有关财产拍卖并将有关款项交仲裁庭、司法当局或第三人保管;为避免发生更大的损失和确保败诉一方当事人的偿债能力,命令将一方当事人的易腐货物或其控制的争议中的易腐货物立即拍卖;等等。这些强制措施之所以称“临时性”的,是因为仲裁裁决尚未做出,当事人谁胜诉谁败诉尚无定论。

为避免临时性强制措施给对方当事人造成不应有的损失,很多仲裁法和仲裁规则规定,只有法律上或事实上有理由时,有关机构才能准允临时保全措施的申请,并须要求申请采取保全措施的当事人为实施该项保全措施的费用提供担保。南非德班(DURBAN)高等法院2015年12月23日对Nadella公司诉Mv Falcon客轮等纠纷案做出了费用担保指令就是典型的一例。②

由于立法规范的不完善,我国内地人民法院对仲裁保全措施的申请人往往未要求提供担保。

唐亮与吴红丽仲裁纠纷案(2018)③

汉中仲裁委员会受理申请人唐亮与被申请人吴红丽关于合伙协议纠纷一案后,申请人唐亮于2018年5月17日向汉中仲裁委员会提出财产保全申请,请求对被申请人吴红丽账户中的存款62 000元进行冻结,并以担保人郭小东在勉县农村信用合作联社存款50 000元作为担保。2018年6月6日,汉中仲裁委员会根据我国《仲裁法》第28条的规定,将申请人唐亮的财产保全申请书、担保材料等提交给陕西省勉县人民法院,该法院裁定的全部内容为:冻结被申请人吴红丽账户中的存款62 000元,期限为2019年6月5日止,立即开始执行;案件申请费640元,申请人预交,待案件审结时由汉中仲裁委员会依法确认。

(四)仲裁审理中的调解

在包括我国在内的一些东亚国家常设机构的仲裁规则中常常包含了在当事人不反对的前提下赋予仲裁庭以调解之权的规定。在仲裁中,调解成功了,好处很多,最大的好处可能是双方当事人一般能自愿执行调解协议,以及各方当事人之间的友好关系不至于中断。

如果调解成功且当事人有要求时,仲裁庭应以裁决的形式记载调解结果。该裁决与一般的裁决具有相同的效力,只是各国法律和各仲裁规则不要求这种裁决附具裁决理由。

但是,调解也可能不成功。在久调不解,特别是当事人约定的或法定的仲裁期限临近时,

---

① 参见张圣翠:《中国仲裁法制改革研究》,北京大学出版社2018年版,第89~90页。

② (A74/2015)[2015] ZAKZDHC 90 (23 December 2015),该案的判决详情可见于http://www.saflii.org/cgi-bin/disp.pl?file=za/cases/ZAKZDHC/2015/90.html&query=%20admiralty,2019年3月28日最后访问。

③ 该仲裁保全案号为(2018)陕0725财保17号。

仲裁庭应停止调解而径自裁决。

英国E公司与中国C公司纠纷案

E与C在中国秋交会上签订一农产品买卖合同。后来,E因C交货延迟而向C索偿4 000德国马克(当时牌价约合人民币30 000元),C拒绝后,E根据合同提交仲裁。北京仲裁庭先试图推动双方和解,C作了很大的让步,同意偿付对方25 000元,但对方得寸进尺,要求比原先更高的赔偿。最后,仲裁庭按国际惯例即合同价格与交货时国际市场价格之间差价为损害赔偿额的确定原则,裁决C只需向E支付11 530元。对此,E反而不再提出异议。

调解不成的另一大弊病是在调解过程中所了解的案情可能给仲裁员造成先入为主的印象,从而影响其公正裁决,因此西方发达国家和地区的很多学者反对案件的调解人继续充任仲裁员做出裁决,其中一些国家和地区的仲裁制定法已对调解员和仲裁员之间的角色转换做出了明确的约束规范,如新加坡2002年《仲裁法》第62～63条、2012年《国际仲裁法》第16～17条、日本2003年《仲裁法》第38条、加拿大2009年修订的《仲裁法》第38条、中国香港2010年《仲裁条例》第32～33条。①

三、仲裁裁决及其做成规则

(一)仲裁裁决的概念和种类

仲裁裁决是仲裁庭对当事人提出仲裁的争议问题所做出的处理结论。根据不同的标准,仲裁裁决可被分成不同的类型。

1. 根据是否具有书面形式划分

仲裁裁决可被分成口头裁决和书面裁决两种。口头裁决是指仲裁庭仅以口头形式表示对争议问题处理结论的裁决。由于口头裁决难以正规和严肃,且使以后的举证发生困难,目前世界上允许以口头形式做成裁决的国家、仲裁机构或当事人非常罕见。书面裁决是指仲裁庭以书面文件的形式表示其对争议问题处理结论的裁决。世界上有影响的仲裁法和仲裁规则皆明确规定,裁决须以书面形式做成。

2. 根据裁决的做成票数要求划分

仲裁裁决可被分成全数票裁决、多数票裁决和首席仲裁员单独裁决。全数票裁决是指处理意见经全体仲裁员一致同意做出的仲裁裁决。目前,世界上实行全数票裁决主义的国家很少见。在德国、奥地利等少数国家中,其民事诉讼法或常设机构的仲裁规则允许由两名仲裁员组成仲裁庭,对这由两名仲裁员组成的仲裁庭必须实行全数票裁决制。如奥地利《民事诉讼法典》第591条规定,如果仲裁员只有两人而两人意见不能一致时,仲裁员应将此点通知当事人;如果当事人对此种情形事先没有约定,任何一方当事人可提请法院宣告仲裁协议失效,或仲裁裁决在这种情况下失效。

多数票裁决又可分成绝对多数票裁决与相对多数票裁决两种。绝对多数票裁决是指必须经过仲裁庭成员中2/3或3/4或更高比例以上的多数同意所做出的裁决。目前,世界上只有德国、奥地利等国仍然规定,无当事人相反的约定时,裁决必须经过绝对多数的仲裁员的同意做成。相对多数票裁决是指经仲裁庭成员中过半数的同意做出的裁决。包括我国在内的世界

① 参见张圣翠:《中国仲裁法制改革研究》,北京大学出版社2018年版,第249～251页。

上绝大多数国家为便于裁决的快速做成而规定，裁决可根据过半数的仲裁员的共同意见做出，除非当事人约定了更高的比例要求。此外，如前所述，越来越多的国家和常设机构的仲裁规则规定，在数名仲裁员组成的仲裁庭中，如果不能形成多数，则由首席仲裁员单独做成裁决。

3. 根据裁决的范围划分

仲裁裁决又可被分成全部裁决、部分裁决和补充裁决三种。全部裁决是指仲裁庭对当事人提交仲裁的事项一并做出裁决。各国仲裁法和各仲裁规则皆允许仲裁庭将当事人提交仲裁中的所有事项一并做出裁决，但当事人提交仲裁的事项中依法具有不可仲裁的部分除外。

部分裁决是指仲裁庭仅针对当事人提交仲裁事项中的一部分做出裁决。做出部分裁决的原因可能是：当事人提交仲裁的事项中仅有一部分具有可仲裁性；当事人提交仲裁的事项中有些部分在规定做出裁决的期限内未能查清；当事人提交仲裁的事项中有些部分无须做出裁决等。各国仲裁法和各仲裁规则一般规定，当事人未作相反约定时，仲裁庭有权作部分裁决。

补充裁决是指仲裁裁决做成之后，仲裁庭就漏裁事项补充所作的裁决。仲裁庭漏裁事项的情形并不多见，因此，很多仲裁法和仲裁规则对补充裁决问题并无明确规定。但是，在万一出现漏裁情形时，为当事人或仲裁庭提供一解决途径计，法国《民事程序法典》、我国《仲裁法》和《联合国国际贸易法委员会仲裁规则》等也对补充裁决做出了明确的规定。如《联合国国际贸易法委员会仲裁规则》第 37 条规定：在收到裁决后 30 天内，任何一方当事人，经通知他方后，得申请仲裁庭就其仲裁程序中已提出而在裁决中漏掉的请求做出补充裁决；如仲裁庭认为补充裁决是合理的，并认为补充原裁决中的遗漏部分可以不必再进行听证或调查证据而予以纠正时，应在收到该要求后 60 天内完成其裁决；在做出补充裁决时，应适用本规则中第 32 条第 2 款至第 7 款中关于其他类型仲裁裁决做成规则的规定。

4. 依其效力划分

仲裁裁决可被分成临时裁决、终局裁决、可上诉的裁决、无效裁决和可撤销的裁决等数种。

临时裁决又称中间裁决，是指仲裁庭对当事人的请求事项做出的并非有终局意义的裁定，如仲裁庭做出的临时保全措施的裁定即是一例。

终局裁决是指在法律上具有稳定的自始约束力的裁决。只有不存在非法因素的裁决才会被有关国家承认为终局裁决并予以强制执行。

可上诉的仲裁裁决是指依法或依有关的仲裁规则可向有关法院或上一级仲裁机构上诉请求驳回或更改的裁决。前文已指出，目前世界上只有少数国家允许对仲裁裁决上诉。

无效的仲裁裁决是指自始绝对不发生法律效力的裁决。这种裁决不必经法院或有关仲裁机构的宣告而在任何时候、任何场合下对任何人无约束力。可见，无效的仲裁裁决和可撤销的裁决是不同的，可撤销的裁决超过了依法请求撤销的时限之后或撤销请求未被法定机关核准后仍然要发生效力。

包括我国在内的很多国家对可撤销的仲裁裁决都有明确规定，但目前世界上仅有意大利等少部分国家对无效仲裁裁决做出明文列举。究其原因，可能是很多国家为避免当事人滥借无效仲裁裁决之名以抗拒对其不利的仲裁裁决。在真正出现不公正的仲裁裁决时，这些国家的须撤销的仲裁裁决之规定一般也足以使当事人获得救济的手段。

兴业担保有限责任公司与田驰果业有限责任公司等纠纷案(2018)①

就其与甘肃天水市田驰果业有限责任公司(以下简称田驰公司)、李永录、段凯军之间的担保合同纠纷,同市的兴业担保有限责任公司(以下简称兴业担保公司)向天水仲裁委员会提出了仲裁申请,该仲裁机构受理后向田驰公司最先发送的仲裁庭组庭通知书载明杨晓云、姚彦军、赵侃为三人仲裁庭中的仲裁员。2017 年 10 月 16 日开庭前,因首席仲裁员杨晓云有事主动退出案件审理,天水仲裁委员会临时指派王林鹤担任该案首席仲裁员。新的仲裁庭于 2017 年 12 月 15 日做出了对兴业担保公司很有利的仲裁裁决[(2017)天仲裁字 12 号]。

田驰公司则以仲裁庭的组成违反法定程序、对案件关键证据认证失当导致实体裁决错误两项理由请求司法撤销该裁决,甘肃省天水市中级人民法院 2018 年 12 月 24 日仅认可前一项理由就支持了该请求,其依据:本案的焦点为涉案仲裁庭的组成是否存在违反法定程序的情形;依据《中华人民共和国仲裁法》第 31 条第 1 款规定,“当事人约定由三名仲裁员组成仲裁庭的,应当各自选定或者各自委托仲裁委员会主任指定一名仲裁员”,第三名首席仲裁员由当事人共同选定或者共同委托仲裁委员会主任指定;按照该法第 37 条第 1 款规定,“仲裁员因回避或者其他原因不能履行职责的,应当依照本法规定重新选定或者指定仲裁员”;根据《天水仲裁委员会仲裁规则》第 22 条第 3 款,首席仲裁员产生方式依次是双方当事人共同选定、书面委托各自选定的仲裁员共同选定等中的一种;由于首席仲裁员在仲裁庭无法形成多数意见时拥有对仲裁裁决的决定权,故首席仲裁员在案件仲裁过程中处于重要地位,其更换应严格按照上述规定办理,否则将可能影响案件的公正裁决;本案中,仲裁庭原首席仲裁员为杨晓云,在其不能履行职责需进行更换的情况下,应严格依照上述规定重新产生首席仲裁员;本案仲裁卷宗未显示依照上述任一方式指定王林鹤为首席仲裁员的证据,而且关于王林鹤为首席仲裁员的仲裁庭组庭通知书上未注明三名仲裁员产生方式,也没有任何一方受送达当事人在该通知书上签字,由此应认定更换王林鹤为首席仲裁员不符合仲裁法及相关仲裁规则的规定从而应视为仲裁庭的组成违反法定程序的情形,且该问题可能影响案件的公正裁决,据此本案中兴业担保公司以仲裁庭组成违反法定程序为由要求撤销涉案仲裁裁决的意见成立;至于兴业担保公司所持仲裁庭证据采信不当导致实体裁决错误的撤销涉案仲裁裁决主张,因不属于我国《仲裁法》第 58 条规定撤销仲裁裁决法定事由,故其该主张依法不能成立。

Smarter Tools 公司与重庆神驰进出口贸易公司纠纷案(2023)②

2011—2013 年 6 月,Smarter Tools 公司作为买方(以下简称买方)向两家中国重庆神驰(Chongqing SENCI)进出口贸易公司(以下简称卖方)订购和收取了 17 212 台发电机,合同的总价为 6 337 256.57 美元。卖方出售的发电机有多款:一批获得了美国环保署的批文,可在加州以外的任何州买卖。另一批同时获得了美国环保署和加州官方 CARB 的批文,在包括加州在内的所有州都可买卖。

纠纷缘起其中的一批产品是否应符合加州的标准。该批产品实际不符合加州的标准而使

---

① 本案的案号是:(2018)甘 05 民特 3 号。该裁定的详情可参见环中仲裁团队:《案例评析》,http://www.sohu.com/a/298633788_650578,2019 年 5 月 2 日最后访问。

② 该案的详情可见于 https://www.casemine.com/judgement/us/63c8c75211c0173e31eddbd3,2023 年 1 月 26 日最后访问。

得买方遭到CARB罚款507 000美元的处罚，据此买方拒向卖方支付2 402 680.43美元的货款，卖方便根据仲裁协议向美国仲裁协会(AAA)提起仲裁，并获得了有利的裁决。在简单描述了当事人的情况和仲裁程序之后，做出该裁决的仲裁庭仅写了很短的两段文字分别肯定卖方否定卖方的立场。

基于以上裁决没有附具理由且明显违反法律之诉因，买方于2018年5月提出了撤销的司法审查请求，负责一审的纽约南区法院部分地支持了买方的主张而初裁发回仲裁庭重审。2020年1月22日，新修改的裁决对买方的失利原因做出了稍详细的说明并在随后被该一审法院确认。

2023年1月17日，二审的美国第2巡回法院同样表示拒绝撤销后来修改的仲裁裁决时指出：对于不影响争议实体的事由发回仲裁庭重审是对当事方仲裁意愿的尊重；仲裁庭修改的裁决理由是良好的；买方关于仲裁庭没有适用CISG[①]规范而构成《联邦仲裁法》中"明显违反法律"的主张与当事人之间的交易记录不符。

不过，就国际商事仲裁纠纷而言，发达国家或地区的法院目前仅对仲裁地在本国或本地的仲裁裁决提供撤销救济。[②] 一部分发展中国家或地区的法院近年来也采取了这种立场，如肯尼亚高等法院在2017年对Tracer Limited诉SGS Kenya Limited et al案的判决就宣称：其无权撤销以巴黎为仲裁地的仲裁裁决。[③]

5. 依其国籍划分

仲裁裁决主要可被分为本国裁决和外国裁决两种。国际商事仲裁裁决一般也有其"国籍"，尽管确定其国籍的依据并无世界统一的模式，但是大体上而言，以本国为仲裁地做出的裁决一般被视为"本国裁决"；而"外国裁决"一般是指"本国裁决"以外的裁决。区分"本国裁决"和"外国裁决"在仲裁裁决的承认和执行程序上很有意义，详见本章第五节。

(二)仲裁裁决的做成规则

为确保仲裁裁决的权威性、公正性和规范性，各国的仲裁法或各仲裁规则一般都为仲裁裁决规定了做成规则。归纳起来，这些规则主要体现为以下几项要求：

(1)仲裁裁决必须经法定的相对多数或绝对多数或全体仲裁员的通过才能做出。

(2)仲裁裁决必须以书面形式做出。

(3)仲裁裁决不得超过当事人要求，也不能与当事人的要求有所不同。例如，在某些案件中，有效的仲裁协议对可交付仲裁事项的范围规定得很宽，但申诉人或反诉人只择其中的一部分提交仲裁，这时，尽管当事人对仲裁协议中的其他事项也存在争议，仲裁庭也不得超过申诉或反诉范围而对其他事项做出裁决。同样，仲裁庭也不得做出与申请救济手段不同的裁决，如当事人仅请求仲裁庭作降低价金的裁决时，仲裁庭就不能做出退货的裁决。当然，仲裁庭裁定当事人请求降价的主张无根据时，不能认为仲裁庭的裁决与当事人的要求有所不同，因为所有仲裁庭都没有一定要做出准允当事人请求的裁决的义务。

(4)仲裁裁决必须尊重当事人各方的共同意愿。

---

① 这里的CISG是《联合国国际货物销售合同公约》的英文缩写。

② See Gary B. Born, International Commercial Arbitration, *Kluwer Law International*, 2014, pp. 1526－1531. 同时参见樊堃:《仲裁在中国:法律与文化分析》,法律出版社2017年版,第26页。

③ See Stephan W. Schill (ed), Yearbook Commercial Arbitration, Yearbook Commercial Arbitration, Volume 44, *Kluwer Law International*, 2019, pp. 1－14.

(5)仲裁裁决书至少应包含规定的内容。很多仲裁法或仲裁规则对仲裁裁决应包含的内容作了明确的规定。以我国《仲裁法》为例，其第 54 条规定："裁决书应当写明仲裁请求、争议事实、裁决理由、裁决结果、仲裁费用的负担和裁决日期。当事人协议不愿写明争议事实和裁决理由的，可以不写。裁决书由仲裁员签名，加盖仲裁委员会印章。对裁决持不同意见的仲裁员，可以签名，也可以不签名。"

(6)仲裁裁决应在当事各方约定的时限内做出，当事各方未约定时，应在有关的仲裁法或仲裁规则规定的时限内做出。

(7)除非有关国家或地区允许"友谊仲裁"且当事各方也有此共同明确的选择时，否则仲裁裁决必须依照有关法律做出。

(8)除非事先征得了当事各方的一致同意，否则仲裁裁决应秘密做出。

(三)仲裁裁决书的送达、解释和更正

当事人有权知悉仲裁裁决书的内容和获得仲裁裁决书，从而获得据此执行或提出异议的凭据。因此，仲裁庭有义务向当事人送达仲裁裁决书。

和判决书一样，仲裁裁决书常常表述得很简洁和规范，这样它就有可能使有关当事人在理解上发生歧义。此外，仲裁裁决书中也难免出现一些错误。这两个问题的解决便涉及仲裁裁决书的解释和更正问题。

很多著名的仲裁规则对仲裁裁决书的解释与更正问题做出了明确规定。例如，2010 年《联合国国际贸易法委员会仲裁规则》第 37 条和第 38 条对仲裁裁决书的解释与更正规则规定为：在收到裁决书后的 30 天内，任何一方当事人，经通知他方后，须要求仲裁庭对该裁决进行解释；仲裁庭应于收到要求后 45 天内做出书面解释，此项解释应构成裁决的一部分，并适用裁决的做成规则；在收到裁决书后 30 天内，任何一方当事人，经通知他方后，须要求仲裁庭更正任何计算上的错误、誊抄或打字上的错误，或其他类似性质的错误，仲裁庭在送达仲裁书后 30 天内亦得自行做出更正；此项更正应以书面形式做出，并适用仲裁裁决的做成规则。

1985 年版《示范法》与 2006 年版《示范法》及很多国家或地区的仲裁制定法也对仲裁裁决书的解释与更正问题做出了明确规定。如 2006 年版《示范法》第 33 条规定：除非当事人约定了另一期限，一方当事人在收到裁决书后 30 天内，可以在通知对方当事人后请求仲裁庭更正裁决书中的任何计算错误、任何笔误或打印错误或任何类似性质的错误，或者在当事人有约定的情况下请求仲裁庭对裁决书的具体某一点或某一部分做出解释，仲裁庭认为此种请求正当合理的，应当在收到请求后 30 天内做出更正或解释且解释应构成裁决的一部分；仲裁庭可在做出裁决之日起 30 天内主动更正上述任何错误；如有必要，仲裁庭可以将依照以上规则做出更正、解释的期限予以延长；裁决的更正或解释应符合法定的裁决形式和内容规则。我国《仲裁法》仅在第 56 条中对裁决书的补正问题做出了规定，对解释问题则没有涉及。

第五节　国际商事仲裁裁决的承认与执行

国际商事仲裁裁决的承认与执行，是指法院或其他法定的有权机关承认国际商事仲裁裁决的终局约束力，并予以强制执行的制度。

一、对本国国际商事仲裁裁决的承认和执行

依本国法确认为本国的国际商事仲裁裁决的承认和执行，包括我国在内的很多国家对此处理得很简单。即和本国的纯国内商事仲裁裁决的承认和执行制度一样，由获得有利裁决的一方当事人向有管辖权的法院提出申请，该法院收到申请后即对仲裁协议和裁决做出形式审查，经审查认为形式上合法后，即发布执行该裁决的命令予以强制执行。但是，在执行过程中，若对方当事人依法提出了有效的异议，则强制执行行为应予以中止，待异议经法院审查不成立后再接续强制执行。当然，对方当事人的异议经法院审查认为成立，该仲裁裁决就不能被执行。

根据我国 2007 年修订的《民事诉讼法》第 258 条规定，对我国涉外仲裁机构做出的仲裁裁决(其中的绝大多数可称为我国的国际商事仲裁裁决)，被申请人提出证据证明仲裁裁决有下列情形之一的，经人民法院组成合议庭审查核实，裁定不予执行：(1)当事人在合同中没有订立仲裁条款或事后没有达成书面仲裁协议的；(2)被申请人没有得到指定仲裁员或进行仲裁程序的通知，或者由于其他不属于被申请人负责的原因未能陈述意见的；(3)仲裁庭的组成或仲裁的程序与仲裁规则不符的；(4)仲裁的事项不属于仲裁协议的范围或者仲裁机构无权仲裁的。

二、对外国国际商事仲裁裁决的承认和执行

各国对外国的国际商事仲裁裁决的承认和执行制度一般都较复杂，其原因主要是它涉及本国的国家利益和有关当事人利益。为维护本国国家利益和本国当事方的切身利益，世界上很多国家对承认和执行外国的国际商事仲裁裁决作了严格的限制。这些限制主要表现为：本国存在承认和执行该类裁决的条约义务；该裁决做成地国家对本国的同类裁决互惠承认和执行；对该裁决的承认和执行不违反本国的公共秩序等。

为统一缔约方承认和执行外国仲裁裁决特别是外国商事仲裁裁决制度，促进国际仲裁特别是国际商事仲裁的发展，《纽约公约》规定各缔约方应承担下列义务：应相互承认仲裁裁决具有约束力，并应依执行地的程序规则及公约所载的条件予以执行；各缔约方在承认和执行其他缔约方的仲裁裁决时，不应在实质上比承认和执行本国的仲裁裁决提出更为麻烦的条件或征收更高的费用。

《纽约公约》同时要求申请承认和执行仲裁裁决的当事人在申请时应提交：原裁决的正本或其正式副本；据以裁决的仲裁协议的原本或其正式副本；如上述裁决或仲裁协议所用文字不是执行地国的正式文字，申请者还必须提交关于裁决和仲裁协议的执行地国正式文字的译本，该译本还应经外交、领事或有关译员的认证。

此外，《纽约公约》对各缔约方拒绝承认和执行其他缔约方的商事仲裁裁决的情形作了明确的限定。根据该公约第 5 条，缔约方只有在下列情况下才可以拒绝承认和执行：

(1)当事人一方向申请承认和执行的主管机关提供了证明，证明裁决有下列情形之一的：

①签订仲裁协议的当事人依对其适用的法律有某种无行为能力的情形，或该协议依当事人约定的准据法或当事人无约定时依裁决地国家的法律无效。

②当事人一方未接到关于指派仲裁员或仲裁程序的适当通知，或因其他原因未能对案件进行申辩。

③裁决所处理的争议不是交付仲裁的标的，或超出仲裁协议范围。但交付仲裁事项的裁决部分与未交付仲裁事项可区分时，裁决中关于交付仲裁事项的裁决部分应予承认和执行。

④仲裁庭的组成及仲裁程序与各方当事人间的协议不符，或无协议时与仲裁地国家的法

律不符。

⑤裁决对当事各方尚无约束力，或者已经裁决地国家或据其法律做出裁决的国家的主管机关撤销或停止执行。

（2）申请承认及执行地国家的主管机关认定有下列情形之一的：

①依该国法律，争议事项不能以仲裁解决。

②承认或执行裁决有违该国公共政策。

另一方面，由于很多国家都有仲裁裁决的承认与执行时效的规定，从而使“超过执行时效”也能成为一项拒绝执行的理由，该理由在《纽约公约》规定的范围之外[1]，但被很多缔约方的法院引用过。如仲裁业发达的瑞士，其最高法院在 2013 年一项司法审查判决中也支持当事人援引这项理由。[2] 在世界经济头号强国的美国，其 Arizona 区法院 2019 年对 John Lindsey et al. 诉 Punta Vista Bahia S. A. 案下拒绝执行仲裁的判决也给出了该理由。[3] 我国司法实践中也有当事人已成功地使用过这一理由。[4] 以下则是两起相关判例。

某巴拿马公司集团与塞舌尔群岛某公司纠纷案（2021）[5]

原告某巴拿马公司集团收到了以比利时为仲裁地的一项裁决，该裁决指令其向被告塞舌尔群岛某公司支付数百万美元。不服该裁决的原告向比利时布鲁塞尔的原审法院提出了撤销申请，该法院做出了一项中间判决（an Interlocutory Judgment），命令在其做出实体判决前暂停该裁决的执行。

与此同时，被告凭该裁决取得了对原告在卢森堡的数家银行机构中资产的扣押令，原告便在尝试申请解除这些扣押令。经紧急听审，卢森堡区法院于 2021 年 4 月 6 日判决准许了该申请，并宣告了该仲裁裁决暂时不能执行，理由是：根据《民法典》第 963 条，扣押的前提是仲裁裁决必须在寻求执行地的卢森堡获得承认；《新民事程序法典》第 1251 条列举了本国法院根据国际公约拒绝执行外国仲裁裁决的理由；与一些法律观点和判例法相反[6]的是，本院只适用国际公约；根据《纽约公约》第 5 条，仲裁裁决在其作成国的中止会阻止寻求执行国的执行；总之，在比利时暂停执行的仲裁裁决在卢森堡不能被承认或执行。

印度政府与 Vedanta 有限公司等纠纷案（2020）[7]

被上诉方 Vedanta 有限公司等曾与上诉方印度政府达成了一项开发位于该国 Ravva 的石油与天然气合同。2011 年 4 月，被上诉方获得了一份仲裁地在马来西亚吉隆坡的针对该合

---

① See Katia Fach Gomez & Ana M. Lopez-Rodriguez (eds), 60 Years of the New York Convention: Key Issues and Future Challenges, *Kluwer Law International*, 2019, pp. 85—86.

② See Daniel Girsberger & Nathalie Voser, International Arbitration: Comparative and Swiss Perspectives (Third Edition), *Kluwer Law International*, 2016, pp. 130—131.

③ See Stephan W. Schill (ed), Yearbook Commercial Arbitration, Yearbook Commercial Arbitration, Volume 44, *Kluwer Law International*, 2019, pp. 1—10.

④ 参见张志：《仲裁立法的自由化、国际化和本土化》，中国社会科学出版社 2016 年版，第 146 页。See also Lin Yifei, Judicial Review of Arbitration: Law and Practice in China, *Kluwer Law International*, 2018, pp. 29—62.

⑤ 该案详情可见于 https://documents-dds-ny.un.org/doc/UNDOC/GEN/V21/098/22/PDF/V2109822.pdf?OpenElement，2023 年 2 月 5 日最后访问。

⑥ 这里应指一些国家或地区的某些法院在一段时间内执行被外国撤销的裁决，这种情况可参见张圣翠：《仲裁司法审查机制研究》，复旦大学出版社 2020 年版，第 279～280 页。

⑦ 该案详情可见于 https://indiankanoon.org/doc/177552381/，2023 年 2 月 17 日最后访问。

同纠纷的仲裁裁决。该裁决要求印度政府向被上诉方偿付278 870 000美元的开发费用。印度政府随后在马来西亚寻求质疑该裁决失败。印度德里高等法院2020年2月19日判决命令执行该裁决。

印度最高法院2020年9月16日支持以上判决而驳回了印度政府的上诉，其依据：《纽约公约》美元规定申请执行外国裁决的时限，该公约第3条规定按执行国的程序规则承认和执行裁决；高等法院先前的判决在时效方面因援引《时效法》中不同条款而有12年和3年的不一致差别，这导致了可适用的时效条款缺乏明确性，从而使较晚的执行申请有充足理由被谅解；就上诉方提出的公共政策抗辩，执行法院不是马来西亚法院的上诉法院，马来西亚法院依据其法律做出判决的正当性不应再受审查；执行法院应按照《纽约公约》审查裁决的异议；基于印度1996年的《仲裁和调解法》第48条列明的拒绝执行理由是穷尽的，本院不提供仲裁裁决实体事实上的上诉，也不应重新评估仲裁中引入的证据；国际裁决的终局性及执行国司法干预公共政策抗辩的限度在国际仲裁中已被很好地解决；执行该仲裁裁决既不抵触印度的公共政策，也不违反基本的正义理念。

此外，值得注意的是，一些国家或地区的法院将仲裁裁决的执行对象扩大到相关的第三人。如英国最高法院就曾在Taurus Petroleum Ltd诉伊拉克State Oil Marketing Co. of the Ministry of Oil案中判决指令信用证下的资金付给获得有利仲裁裁决的债权人。①

本章小结

国际商事仲裁法调整国际商事仲裁关系的法律规范。本章主要介绍国际商事仲裁法渊源、世界上著名的国际商事仲裁机构及其仲裁规则、国际商事仲裁协议的内容及其法律效力、关于国际商事仲裁员和仲裁庭的法律规则、国际商事仲裁程序及国际商事仲裁裁决的承认和执行规则。

建议的选读资料

1. 黎群：《论国际商事仲裁合作机制的构建》，《法商研究》2023年第3期。

2. 李天生、伍方凌：《布鲁塞尔体系下仲裁独立性的回归及其对"一带一路"仲裁合作的启示》，《江苏大学学报(社会科学版)》2023年第3期。

3. 孙子涵：《我国知识产权效力争议仲裁的理论基础与实现路径》，《现代法学》2023年第1期。

4. Petra ButlerInternational Commercial Arbitration Put to the Test in the Commonwealth, *Victoria University of Wellington Law Review*, October, 2020.

5. Christopher Boog, Swiss Supreme Court: No Extension of Arbitration Agreement to Subcontractor Based on Involvement in the Performance of the Main Contract, *Construction Law International*, September 2021.

---

① See Nigel Blackaby, Constantine Partasides & Alan Redfern, Redfern and Hunter on International Arbitration (Seventh Edition), Oxford University Press, 2023，其详情可见于 https://www.kluwerarbitration.com/document/KLI-KA-Blackaby-2022-Ch11，2023年5月22日最后访问。

6. Hamish Lal & Brendan Casey, EU, UK & US "Sanctions": Procedural and Substantive Impact on International Arbitration? *Dispute Resolution International*, October 2022.

思考题

1. 仲裁为什么能成为国际商事争议解决的最常用手段之一？
2. 仲裁庭做成裁决时须遵守哪些规则？
3.《纽约公约》规定的承认和执行仲裁裁决的条件有哪几项？

案例分析

1. 中国甲公司与美国A公司于2018年6月签订了一份货物买卖合同，约定由A公司售给甲公司一套化工生产设备，当年10月交货，60%价款在A公司交付货物的货运单据时支付，另40%凭银行承兑汇票在次年1月26日到期付清，并规定"因本合同的履行所发生的一切争议，均提交中国C仲裁委员会仲裁"。同年7月，甲公司与A公司又达成了一个补充协议，约定合同发生纠纷后根据原告的选择也可以向被告所在地有管辖权的法院起诉。A公司按期交货后，甲公司拒绝开出汇票承诺付清余款，并以货物不符合约定目的为由反索赔。A公司诉至甲公司所在的H市第一中级人民法院，甲公司则以存在仲裁协议为由，对该法院的管辖权提出了抗辩。

【问题】

(1)本案当事人发生纠纷后依法应当通过什么方式解决纠纷？为什么？

(2)本案当事人可以通过何种途径解决仲裁协议效力的争议？为什么？

(3)如果本案通过C仲裁委员会处理，A公司申请该仲裁委员会对甲公司的财产采取保全措施，C仲裁委员会应当如何处理？

2. 中、乙和丙三国都是《纽约公约》的缔约国。甲国X公司和乙国Y公司发生了经济合同纠纷。根据X公司和Y公司之间的仲裁协议，丙国的W仲裁机构组织的仲裁庭做出了裁决。该裁决到甲国申请承认和执行时，X公司向负责承认和执行外国仲裁裁决的主管部门提出以下主张：在Y公司变更和增加诉讼请求的情况下，仲裁庭没有增收仲裁费，而甲国的仲裁法明确规定"当事人应当按照规定缴纳仲裁费用"，据此应当以违反甲国法为由拒绝承认和执行该裁决。

【问题】 X的主张是否符合《纽约公约》的规定？为什么？